Das Tempo-Virus

Peter Borscheid

Das Tempo-Virus

Eine Kulturgeschichte der Beschleunigung

Campus Verlag
Frankfurt / New York

Bibliografische Information der Deutschen Bibliothek
Die Deutsche Bibliothek verzeichnet diese Publikation in der Deutschen Nationalbibliografie.
Detaillierte bibliografische Daten sind im Internet über http://dnb.ddb.de abrufbar.
ISBN 3-593-37488-9

Copyright © 2004 Campus Verlag GmbH, Frankfurt/Main
Umschlaggestaltung: Guido Klütsch, Köln
Umschlagmotiv: Giacomo Balla, Schnelligkeit eines Automobils (1913).
© VG Bild-Kunst, Bonn 2004
Druck und Bindung: Druckhaus »Thomas Müntzer«, Bad Langensalza
Gedruckt auf säurefreiem und chlorfrei gebleichtem Papier.
Printed in Germany

Besuchen Sie uns im Internet: www.campus.de

Inhalt

TEIL III: Tempophase seit 1950

Einleitung: Zeit-Los

Tempolust und Tempolast

Am Anfang war die Langsamkeit – die Langsamkeit der Agrargesellschaft. Die Schnelligkeit haben die Menschen geschaffen – Kaufleute, Militärs, Industrielle, Ingenieure, Informatiker. Nach einem türkischen Sprichwort ist das Tempo dagegen ein Werk des Teufels, eine Schöpfung des großen Verführers. Wer auch immer Recht hat, das Bekenntnis zur Schnelligkeit fällt höchst unterschiedlich aus. Wenn wir dem türkischen Sprichwort glauben, sündigen wir alle fast pausenlos. Wenn wir uns hingegen auf die Seite der vielen Beschleunigungsekstatiker stellen, die Tempo als göttlich preisen, steht uns das Paradies weit offen. Die einen verdammen das Tempo dieser Welt und wünschen es zur Hölle, andere sehen in ihm das Heil. Die Interpretationen des modernen Temporauschs schwanken zwischen krank machendem Virus und heilsamem Glücksbringer.

Das Tempo dieser Welt ist voller Widersprüche, die beschleunigte Welt steckt voller Paradoxien. Die meisten Phänomene der Geschwindigkeit, vor allem die vielen täglich benutzten Beschleunigungsinstrumente vom Motor über Fast Food bis zum Computer, scheinen auf den ersten Blick vernünftig und sind es in der Regel auch. Ihre Entwicklung versteht sich als Antwort auf ein eindeutig erkennbares Bedürfnis, ihre Weiterentwicklung als eine nützliche Perfektionierung. Auf den zweiten Blick wird jedoch auch viel Überflüssiges und Unsinniges erkennbar, Entwicklungslinien bar jeder Vernunft, Nutzloses und Absurdes in Reinkultur, vielfach Reaktionen auf einen enormen Zeitdruck, dem der Einzelne im Arbeits- wie im Privatleben ausgesetzt ist. Dazu gehören überdimensionierte Rennraketen im Straßenverkehr, Zeitmessung in Tausendstelsekunden im Sport, weitere Arbeitsverdichtung trotz Dauerstress oder simultane Aktivitäten wie Frühstücken während der Autofahrt auf dem Weg zur Arbeit. Angesichts solcher Entwicklungen ist vermehrt vom Wahnsinn die Rede, den man am liebsten nicht mehr mitmachen möchte, um am nächsten Tag dennoch lustvoll mit durchgetretenem Gaspedal auf die Überholspur zu wechseln.

Das latent vorhandene Unbehagen an der Beschleunigung speist sich nur zu einem geringen Teil aus dem Aufmarsch der vielen technischen Geräte, die Produktion, Transport und Kopfarbeit beschleunigen. Die Skeptiker verweisen vielmehr auf die vielen Mutationen, die der pressierte Mensch im täglichen Umgang mit den unterschiedlichen Tempomachern erfahren hat. Vielen treibt es den Angstschweiß auf die Stirn, weil nach ihrer Ansicht eine Art von Geschwindigkeitsvirus tief in die Poren des menschlichen Lebens und Denkens eingedrungen ist, weil dieses Virus den Menschen verändert hat: seine Lebensweise, sein Verhalten, seine Werte, seine Mentalität und seine Erwartungshaltung. In Deutschland spricht man von Hektik, in Amerika von Hurry Sickness – hier wie dort diagnostiziert man eine Art Geschwindigkeitskrankheit. Der dafür verantwortlich gemachte Erreger übt tief im Inneren einen diffusen Druck aus, der ständig wächst. Fast jeder spürt ihn, wenn er innehält und versucht, von dem immer weiter beschleunigten Zug der Zeit abzuspringen oder zu der auf Lichtgeschwindigkeit beschleunigten Kommunikation Abstand zu gewinnen. Ein Banause, wer am Alten festhält; ein Zurückgebliebener, wer die neueste Technik nicht präsent hat; ein Faulenzer, wer beim Essen keine neuen Geschäfte anbahnt; ein potenzieller Arbeitsloser, wer sich zurücklehnt. Wer rastet, der rostet. Wir werden nervös, wenn uns Menschen aus anderen Zeit- und Tempozonen mit ihrer Bedächtigkeit und Langsamkeit begegnen. Wir werden unsicher, wenn wir sie an den Fernstraßen in Afrika und Asien treffen, wo sie stundenlang, manchmal einen ganzen Tag auf den Überlandbus warten können, ohne permanent mit hochrotem Kopf auf die Uhr zu blicken. Wir erinnern uns, wie wir voller Ungeduld auf der Stelle treten, wenn ein Zug nur ein paar Minuten Verspätung hat, wie uns die Langeweile packt, wenn die Zeit stillzustehen scheint und sich nichts ereignet. Manchmal werden wir uns in solchen Momenten bewusst, dass wir alle mit einer Uhr im Kopf leben, die uns laut tickend einen immer schnelleren Takt vorgibt.

Offenbar beschränkt sich die Beschleunigung des Lebens nicht nur auf ein gestiegenes Tempo beim Transport von Menschen, Waren und Nachrichten mit Hilfe von Hochgeschwindigkeitszügen, Düsenflugzeugen, Raketen und Internet sowie bei der Produktion von Gütern mit Hilfe von immer schneller drehenden Maschinen, fixen Katalysatoren und schlanken Organisationsstrukturen oder im Alltag in Form von Minibeschleunigern wie Reißverschluss, Fast Food und Sofortbildkamera. Geschwindigkeit endet keinesfalls bei der hochtechnisierten Zivilisation mit Transrapid und E-Mail; sie reicht weit darüber hinaus. Sie ist heute vielfach zum Selbstzweck geworden nach dem Motto: Der Weg ist das Ziel. Geschwindigkeit ist ›in‹, sie ist ein gesellschaftlicher Wert geworden. Wer heute langsam durch die Welt geht, wird als Hinterwäldler und zurückgeblieben belächelt. Der moderne Mensch begreift das Leben trotz aller Appelle von Ärzten, einen Gang zurückzuschalten, als sportliche Herausforderung und drückt immer weiter aufs Gaspedal. Obwohl stundenlanges Fernsehen, zielloses Surfen im Internet oder wochenlanger Strandurlaub weit verbreitet sind und in scharfem Kontrast zu den rasenden Zeiten stehen, dominieren die Lust auf Geschwindigkeit und deren Zwänge unsere Lebens- und Arbeitswelt, Lebensgestaltung und Arbeitsorganisation. Nach den Worten des Geschwindigkeitsphilosophen Paul Virilio bewohnen wir heute nicht mehr so sehr unsere Wohnung »als vielmehr die Gewohnheit der Schnelligkeit«.[1]

Auf dem laut lärmenden Basar der Gegenwartskritik gehört das Mäkeln am Leben auf der Überholspur, an der Hetze des Alltags und den Geschwindigkeitsräuschen spätestens seit der Wende zum 20. Jahrhundert zum guten Ton. Als Werner Sombart in der Weimarer Republik angesichts der allgemeinen Nervosität und Zeitnot diesen »Drang nach Beschleunigung des Lebenstempos« als ein Signum der »hochkapitalistischen Epoche« beschrieb, nannte er als Beispiele: »Man hält es für wichtig, wertvoll, notwendig, [...] rasch zu gehen und zu reisen, am liebsten zu fliegen; rasch zu produzieren, zu transportieren, zu konsumieren; rasch zu sprechen (Telegrammstil!), rasch zu schreiben (Kurzschrift!). Mit Vorliebe setzt man das Wort ›Schnell‹ vor alle möglichen Vorgänge und Vornamen: Schnellzug, Schnelldampfer, Schnellpresse, Schnellbleiche, Schnellphotographie.«[2] Heute könnte er weitere Beispiele und Steigerungen nennen, die zum Teil ins Irrationale tendieren. Warum adeln wir Rennfahrer, die den Raum mit einer solchen Geschwindigkeit durchqueren, dass sie von der sie umgebenden Landschaft nichts wahrnehmen können und zu einer Gefahr für sich und ihre Umwelt werden? Warum quälen sich Spitzensportler über lange Jahre hinweg, um schließlich einen Rekord um eine Hundertstelsekunde zu verbessern? Warum wollen wir am Wahlabend Sekunden nach Schließung der Wahllokale wissen, wer als Sieger aus dem Volksentscheid hervorgegangen ist, obwohl die mit großem Aufwand erstellten Prognosen und Hochrechnungen an der Zusammensetzung des Parlaments nichts mehr ändern und das schnell und unter hohen Kosten präsentierte Wissen nach nur wenigen Stunden bereits ohne jeden Wert ist?

Spätestens seit der Wende zum 20. Jahrhundert versuchen Gegner der Schnelligkeit immer wieder, gegen den Strom zu schwimmen und der Zeit nicht atemlos hinterherzulaufen. Als Flaneure schlagen sie die Zeit demonstrativ tot, plädieren für ein Leben mit angezogener Handbremse und präsentieren mit ruhigem Schritt die Vorteile der Langsamkeit. Werke wie »Auf der Suche nach der verlorenen Zeit« oder »Ulysses« wären ohne den Flaneur nicht geschrieben worden. Auch andere Querköpfe, Langsamdenker und Langschläfer zeigen permanent, dass einem Leben ohne Effizienzdruck weiterhin Sinnvolles entspringen kann. Doch bereits vor einem Jahrhundert war die Betonung der Langsamkeit nur noch eine nette Idee, obwohl gleichzeitig ein großer Teil der mittel- und westeuropäischen Welt abseits der großen Städte immer noch in der Bedächtigkeit ihr Fortkommen suchte. Inzwischen haben sich auch diese Regionen von Tempolust, Temposucht und Tempozwang vereinnahmen lassen. Im heutigen Leben zählt Tempo und nichts anderes. Unbeantwortet bleibt weiterhin die Frage, wie viel Tempo der Mensch braucht und wie viel Beschleunigung Wirtschaft, Gesellschaft und Umwelt vertragen. Ärzte vergleichen den auf der Beschleunigung des Lebens beruhenden Stress mit einer Geigensaite: Sie reißt bei zu viel Spannung, sie klingt verstimmt bei zu wenig. Wie aber findet jeder Einzelne die für ihn richtige Spannbarkeit, die Höchstleistungen und Euphorie erzeugt? Wo beginnt die Überspannung, die in Krankheit endet? Wo endet die Gleichung: Lebendigsein gleich Geschwindigkeit, die der französische Philosoph Paul Virilio aufstellt?[3]

Die Beschleunigung von Transport, Produktion und Lebenswelten ging seit der Hochindustrialisierung einher mit einem Wertewandel, der »Tempo« schließlich ganz weit nach oben auf die Werteskala befördert hat. Spätestens an der Wende zum 20. Jahrhundert wurde Schnelligkeit ein positiv besetzter Wert. »Tempo« stand noch im 19. Jahrhundert für ein »angemessenes Zeitmaß«, bald aber schon für eine hohe Geschwindigkeit. Dieser semantische Wandel sowie der wachsende Prestigewert von Tempo, wie er etwa im Besitz schneller Autos oder der Rekordversessenheit zum Ausdruck kommt, lassen erkennen, dass sich die Einstellung der Gesellschaft zur Geschwindigkeit im Laufe der letzten beiden Jahrhunderte grundlegend verändert hat, dass man seitdem vor allem im abendländischen Kulturkreis das Beschleunigungsprinzip als zentrale Fortschrittskomponente ansieht und verinnerlicht hat. Während viele andere Kulturen diesem Prinzip auch heute noch kaum Wert beimessen, ist es für uns meist unbewusst Quelle und Synonym für Fortschritt.

Dieses Buch folgt den historischen Entwicklungspfaden der Geschwindigkeit. Es fragt nach den Ursprüngen des Beschleunigungsprinzips im mittel- und westeuropäischen Kulturkreis und sucht die Herkunft und die Verbreitungswege des »Erregers« festzumachen. Es zeigt, wie zuerst die spätmittelalterlichen Kaufleute im beschleunigten Transport von Gütern und Nachrichten ein sehr profitables Mittel zur Mehrung von individuellem Gewinn und Wohlstand entdeckten, wie immer mehr Fernhändler dieses Rezept übernahmen, schließlich auch der Staat zur Hebung des allgemeinen Reichtums. Während sich das Beschleunigungsprinzip als Fortschritt zunächst vor allem im Transport und zum Teil auch im militärischen Sektor erfolgreich durchsetzte, stieß es im Produktionsbereich, in Landwirtschaft und Gewerbe über Jahrhunderte hinweg auf massivsten Widerstand. Erst mit der Industrialisierung in England begann es sich seit der zweiten Hälfte des 18. Jahrhunderts im westlichen Kulturkreis rascher auszubreiten und in immer neuen Lebensbereichen Anwendung zu finden, obwohl das alte zünftige Handwerk und ein Großteil der Arbeiter wie in einem Glaubenskrieg dagegen ankämpften und mit Gewalt gegen die modernen Maschinen als Repräsentanten der Geschwindigkeit anstürmten.

Steigerung und Beschleunigung gehören zu den wichtigsten Grundprinzipien bei der Entwicklung der Produktions- und Konsumkulturen der westlichen Welt, für die Stillstand inzwischen Rückschritt bedeutet. Wie kaum ein anderes Handeln des Menschen folgt die immer weiter gesteigerte Beschleunigung von Tätigkeiten der unserem Wirtschaftssystem und unserem Denken zugrunde liegenden Steigerungslogik, die sich mit dem einmal Erreichten nicht zufrieden gibt, die ganz auf Verbesserung und Wachstum angelegt ist, die jede erreichte Stufe als Absprungbalken zum Erreichen einer weiteren Stufe nutzt und in ihrer Steigerungsfähigkeit prinzipiell nach oben hin offen ist.[4] Ganz im Sinne dieser Steigerungslogik arbeiten die Menschen auf den unterschiedlichsten Gebieten und mit den unterschiedlichsten Mitteln unaufhörlich daran, alles besser, komfortabler, preiswerter, zahlreicher, wirksamer oder aber schneller zu machen; es gibt viele Bezeichnungen in diesem Steigerungsspiel.

Seitdem sich im Spätmittelalter die Beschleunigung mehrfach als erfolgreicher Problemlöser erwiesen hatte, fand dieses Prinzip in den folgenden Jahrhunderten immer öfter Anwendung bei immer neuen Aufgaben. Wir werden in den nachfolgenden Kapiteln sehen, wie am Anfang der modernen Geschwindigkeitskultur Probleme von Staaten und Wirtschaftsorganisationen standen, die es zu lösen galt, um zu überleben. Anschließend erfolgte eine Ausweitung des Erfolgsrezeptes auf andere Ziele. So bemühte man sich zunächst unter Aufwendung erheblicher Mittel, neben Nachrichten auch Menschen und Güter schneller als bisher zu transportieren. Auf die Erweiterung folgte regelmäßig die Perfektionierung, da jede Problemlösung mit dem Wunsch verbunden ist, das Ziel in optimaler Weise zu erreichen. Die Ergebnisse sind bekannt. Mit Hilfe von Eisenbahn, Telegraf und Telefon, im 20. Jahrhundert zusätzlich mit Flugzeug, Rundfunk, Fax und E-Mail lassen sich Menschen, Güter und Nachrichten sehr viel komfortabler transportieren als mit Reiter und Postkutsche.

Hinzu kam die Vermehrung und Verallgemeinerung beziehungsweise Demokratisierung von Geschwindigkeit. Als die Bevölkerung die Vorteile der Beschleunigung schätzen gelernt hatte, gab sie sich etwa im Transport nicht mehr mit einigen wenigen Postkutschen- oder Eisenbahnlinien zufrieden, sondern forderte einen komfortableren Zugang zur Geschwindigkeit, das heißt vor der eigenen Haustür, wie ihn im 20. Jahrhundert der eigene Pkw bietet.[5] Nur wenig später erfolgte mit der Kommunikationsrevolution der Jahrtausendwende nach den Worten von Paul Virilio »die Trennung vom Lebendigen zugunsten wesenloser Schnelligkeit«, die bereits mit Einführung der elektromagnetischen Telegrafie ihren Anfang genommen hatte.[6] Gleichzeitig übersprang die Beschleunigungsmaschinerie bis dahin gültige natürliche Grenzen, indem sie mit der nanotechnologischen Miniaturisierung zuerst in Form von Herzschrittmachern auch physisch Teil des menschlichen Körpers wurde und seither dem zu langsam erachteten Biorhythmus immer öfter ihr Tempo aufzwingt. Schon im frühen 20. Jahrhundert begann sich das Beschleunigungsprinzip zudem teilweise von seiner wirtschaftlichen Grundlage zu lösen und zu verselbstständigen. Es ging und geht immer öfter um Beschleunigung an sich, nicht mehr primär um Beschleunigung für etwas. Geschwindigkeitsfanatiker jagten mit riesigem finanziellen Aufwand dem Geschwindigkeitsweltrekord für Landfahrzeuge hinterher, schossen auf weltraumtauglichen Raketen in wenigen Sekunden über ausgetrocknete Salzseen, um ihr Rekordfahrzeug anschließend im Museum abzustellen.

Die sich über Jahrhunderte hinziehende Steigerung der Geschwindigkeit von Transport, Produktion und Konsum bis hin zur Verinnerlichung des Beschleunigungsprinzips verlief nur deshalb höchst erfolgreich, weil Akteure aus den unterschiedlichsten Teilgebieten von Wirtschaft und Wissenschaft, Technik, Staat und Gesellschaft sich nach und nach zusammenfanden und sich gegenseitig immer weiter antrieben. Immer mehr Menschen aus ganz verschiedenen Berufen nahmen an diesem »Steigerungsspiel« – wie der Soziologe Gerhard Schulze es nennt – teil und verhalfen gemeinsam den weltumspannenden Beschleunigungsaktivitäten zu ihrer Dynamik. Seitdem dieses Immer-schneller mit spektakulären Resultaten die allgemeine Aufmerksamkeit auf sich zog, strahlte es in einem wechselseitigen Prozess zunehmend auch auf Bereiche ab, denen der Steigerungsgedanke mit seinem Schneller, Weiter und Höher im Grunde fern liegt, unter anderem Familie, Kunst, Architektur und auch viele von der Natur gesteuerte Tätigkeiten.[7]

So versteht sich das Buch denn auch als eine moderne Kulturgeschichte, die als Kultur nicht allein den schmalen Raum zwischen der Bücherwand mit Goethe und Schiller und der Opernbühne gelten lässt, sondern die technische und wirtschaftliche Kultur ebenso einbezieht wie die Alltags- und Freizeitkultur, die Bilderwelt des Alltags ebenso wie die gebaute Welt, also Werbung und Architektur. Es nimmt das für unser aller Leben so entscheidende Wirken von Unternehmern, Technikern und Politikern ebenso in den Blick wie die Tätigkeit von Sportlern, Hausfrauen und Künstlern. Es zeigt, wie sich – je nach Sichtweise – als Folge der Attraktivität des Beschleunigungsprinzips oder der Infektionskraft eines Tempovirus der Alltag von Männern und Frauen ebenso veränderte wie das künstlerische Schaffen von Malern, Musikern und Filmemachern. Indem aber Künstler mit den ihnen eigenen Mitteln das Tempo der Zeit verarbeiteten, sorgten sie für eine weitere Verbreitung des Beschleunigungsprinzips beziehungsweise des Virus. Das Buch zeigt freilich auch die negativen Folgen der Geschwindigkeit für die Menschen, wenn im Krieg hochbeschleunigte Geschosse auf Körper aus Fleisch und Blut treffen. Es lässt die Opfer der Geschwindigkeit ebenso zu Wort kommen wie die Sicherheitsingenieure, die für eine rasende Wirtschaft und ein rasantes Leben einen riesigen Sicherheitsapparat aufgebaut haben, der die Menschen vor den negativen Folgen der Beschleunigung schützen soll, gleichzeitig aber für eine noch weitergehende Beschleunigung sorgt.

Die gesamte Geschichte der Beschleunigung verlief stufenförmig; abrupte Steigerungssprünge wechselten mit scheinbaren Ruhephasen, während der sich die jeweils neue Technologie verbreitete und Ingenieure, Künstler und andere den nächsten Schritt vorbereiteten. Ähnlich stufenförmig ist dieses Buch aufgebaut. Es setzt ein im Spätmittelalter, als Kommunikationsprobleme bei der Organisation von Flächenstaaten und Fernhandelsunternehmen zu Lösungen führten, die in der Beschleunigung des Nachrichtentransports bestanden. Es endet im frühen 21. Jahrhundert, als die globale, lichtschnelle Kommunikation via Internet bereits in allen Ländern nahezu selbstverständlich und »Geschwindigkeit« gewissermaßen bis in die Blutbahnen der Natur vorgedrungen ist – mit Hilfe der Gentechnologie lässt sich heute die natürliche Evolution extrem beschleunigen. Das Buch erfasst alle – fast alle – Lebensbereiche, um zu zeigen, wie sehr die Beschleunigung inzwischen alle und alles durchsetzt: Transport und Produktion, Krieg und Frieden, Stadt und Land, Arbeit und Freizeit, Kunst und Kommerz, selbst die Sicherheitsindustrie – ohne ihre vielgestaltigen Netze gäbe es keine Schnelligkeit. Es wechselt mehrfach die Seite, indem es neben den Geschwindigkeitsproduzenten auch die Geschwindigkeitskonsumenten mit ihrer Gier nach oder ihrer Angst vor Tempo in den Blick nimmt. Es ist kein Buch, das die Beschleunigung verteufelt, sondern das darzustellen versucht, wie sich ein Teilbereich unserer technischen Umwelt mit allen ihren Licht- und Schattenseiten entwickelt hat, wie das Beschleunigungsprinzip im Guten wie im Bösen Arbeit und Leben immer mehr vereinnahmt und unsere Normen, Werte und Mentalitäten verändert hat und weiter verändert.

Teil I

Startphase 1450–1800

1. Zeit des Dorfes

Das Prinzip Langsamkeit

Am Anfang war die Langsamkeit. Der agrarischen Welt war die Hetze fremd. Warum sich beeilen, wenn die allmächtige, alles beherrschende Natur von ihrem gemächlichen Wachstumstempo nie ablässt? Das Getreide benötigt Monate, um reif, das Vieh benötigt Jahre, um schlachtreif, und die Kinder benötigen noch mehr Zeit, um erwachsen zu werden. Warum durch das Land hasten, wenn die Widerspenstigkeit des Raums mit seinen starken Reibungskräften jede Beschleunigung mit Entkräftung bestraft und zur Langsamkeit zwingt? Die agrarische Welt des ausgehenden Mittelalters und der frühen Neuzeit lebt mit der Natur und sie richtet sich nach der Natur. Sie lässt sich von der Natur den Rhythmus diktieren, da diese Natur die eigentliche Ernährerin der Menschen ist. Sie allein gibt Mensch und Tier das Notwendigste, und das können weder Arbeit noch Fleiß noch größte Eilfertigkeit garantieren. Bodenständigkeit und Langsamkeit sind älter als Mobilität und Hast. Zugleich ist die Natur aber auch feindlich und nicht verfügbar – die Menschen müssen sie schicksalhaft hinnehmen, müssen sich ihr unterordnen. Denken und Handeln der Bauern – und damit des überwiegenden Teils der Bevölkerung – sind fest an die Natur gebunden. Die ländliche Bevölkerung agiert daher beständig und ruhig, bisweilen statisch, was sich auch in ihrer Abneigung gegen Neuerer, Beweger und Macher äußert.[1] Die Zeit der Bauern ist nicht die Zeit der Händler.

Zeitorientierung im Dorf

In ihrem Zeitempfinden passt sich die frühneuzeitliche ebenso wie schon die mittelalterliche Welt dem Land weitgehend an – die Menschen orientieren sich an der natürlichen Zeit. Sonnenaufgang und Sonnenuntergang, die Wochentage und Jahreszeiten mit ihren jeweiligen Anforderungen an die bäuerliche Arbeit, die Mondphasen sowie die Feste des Kirchenjahres sind bestimmend für dieses Zeitverständnis. Im Vordergrund stehen Erscheinungen der Natur, die die Menschen geradezu auffordern, etwas zu tun, so zum Beispiel der Aufgang der Sonne, das Erwachen neuen Lebens im Frühling oder das Erstarren des Lebens im Winter. Diese Naturzeit diktiert den Lebensrhythmus der Menschen ebenso wie den der Vögel und Pflanzen.[2] Die Natur erteilt dem Menschen Befehle, und dieser gehorcht fast automatisch. Die Natur gibt das Kommando zu arbeiten und das Kommando zu ruhen. Nicht die Uhrzeit läutet den Arbeitsbeginn ein, sondern das erste Tageslicht; nicht der Glockenschlag, sondern der Hahnenschrei gilt als Signal.

Die Menschen markieren die Tageszeiten zudem nicht mit exakten Ziffern und Zahlen, sie lassen sie naturverbunden und damit recht vage, zumal auch der Grad der Zivilisation keine präzise Zeitangabe erfordert. »Nach Sonnenuntergang«, »bei Einbruch der Nacht«, »beim ersten Hahnenschrei« pflegt man zu sagen.[3] Was bedeuten schon Minuten, zumal auch die meisten mechanischen Uhren bis ins 18. Jahrhundert hinein höchst unpräzise bleiben? Verabredungen beziehen sich immer auf Zeiträume, nicht auf Zeitpunkte. Selbst die Natur scheint wenig präzise zu arbeiten. Sie lässt die Länge von Tag und Nacht je nach Jahreszeit schwanken und gestaltet die Übergänge fließend. Sie schaltet das Tageslicht nicht von einer Sekunde auf die andere an, sondern lässt es langsam heller werden. Auf gleiche Weise begnügen sich die Menschen mit wenig präzisen Zeitangaben: gegen Abend, bei Sonnenuntergang. Die Bewohner des Dorfes treffen sich »nach der Feldarbeit«, und diese ungefähre Verabredungsspanne, diese ›Gummizeit‹, zwingt sie zur Muße. Zugleich dient die Zeit dazu, Wegstrecken oder Flächen zu messen: eine Tagereise weit oder ein Tagewerk groß. Auch das ist wenig präzise, doch warum soll man genauer sein? Solche ungefähren natürlichen Wegweiser genügen, um zu überleben. Sich an ihnen zu orientieren, scheint in hohem Maße rational. Kühe müssen gegen Abend gemolken werden; Fischer müssen ihre Arbeit an den Gezeiten ausrichten. Es ist dies eine aufgabenorientierte Zeiteinteilung.[4] Im Jahresrhythmus beziehen sich die Menschen auf die vier Jahreszeiten und die damit verbundenen bäuerlichen Arbeiten: »während der Roggenernte«, »während der Rübenernte«, »vor der Aussaat«. Die Gesellschaft ordnet sich mit ihrer Zeitgliederung der Natur unter und versucht nicht, sich zum Herrn der Zeit aufzuschwingen.

Neben der Naturerfahrung bringen religiöse Vorstellungen Rhythmus ins Leben. Die Religion verleiht den natürlichen Gesetzlichkeiten gewissermaßen die höhere Weihe und fügt neue Rhythmen hinzu. Judentum und Christentum propagieren die Sieben-Tage-Woche, wobei es sich bei diesem Wochenrhythmus um kein Naturphänomen, sondern um ein willkürlich gesetztes Maß handelt. Wichtig an diesem Rhythmus ist das Element der Pause, der Ruhe, des Entspannens, der seelischen Erneuerung, des Neubeginns, letztlich der Rückkehr zur Langsamkeit.[5] Eckpunkte des religiös begründeten Zyklus sind neben den einzelnen Wochentagen die Hauptereignisse des Kirchenjahres: Weihnachten, Ostern, Himmelfahrt, Palmsonntag, die Heiligenfeste. Selbst im evangelischen Raum behalten Heiligentage kulturelle Bedeutung: An Georgi treten Knechte und Mägde ihren Dienst an, Schäfer und Hirten treiben die Herden auf die Sommerweide, an Martini sind Zahlungen fällig, und Dienstboten wechseln ihre Herrschaft.[6] Aus der religiösen Praxis werden zudem Zeitmaße abgeleitet: die Dauer eines »Vater unser« oder eines ganzen Rosenkranzes. Insgesamt aber hat die mittelalterliche Welt eine eher lose Vorstellung von Zeit. Sie markiert sie mit einigen herausragenden Ereignissen – religiöse Feste, Jahrmärkte, Wechsel der Jahreszeiten – um die herum das Alltagsleben ohne genaue Zeitmessung seinen Lauf nimmt.[7] Gleichwohl ist das im Mittelalter gelebte Zeitkonzept bereits nicht mehr das einer »Gesellschaft ohne Zeit«, in der sich die Menschen ganz spontan an die Rhythmik der Natur anpassen wie in der entwicklungsgeschichtlichen Phase der Sammler und Jäger. Die ehemals organische Zeit ist bereits von der zyklischen Zeit abgelöst worden, die weitestgehend an die Rhythmen der Natur angelehnt und religiös überformt ist. Davon abgesehen ist es aber eindeutig die Natur, die den Menschen die Schlagzahl vorgibt, und diese Natur kennt keine Hektik. Sonne und Mond ziehen langsam ihre Bahn, ohne dass beim Hinsehen eine Bewegung erkennbar wäre. Das Wachstum von Pflanzen und Tieren verläuft ähnlich langsam. Und trotz dieser augenscheinlichen Bedächtigkeit gelingt der Wärme spendenden Sonne Tag für Tag der Aufstieg. Auch gelangen die Hunger stillenden Pflanzen auf diesem Weg zur Reife. Die Orientierung an der Natur gilt als lohnendes Lebensrezept. Langsamkeit verspricht Erfolg.

Die Orientierung an der Naturzeit weist zudem auf den Kreislauf der Jahreszeiten hin. Offensichtlich dreht sich die Zeit im großen Kreis und alles beginnt nach einer gewissen Zeitspanne von neuem: Sommer und Winter, Aussaat und Ernte, die fetten und die mageren Jahre, Geburt und Tod.[8] Die zyklische Zeitvorstellung beruhigt, indem sie den Menschen die Sicherheit vermittelt, dass auch eine momentane unglückliche Lebensphase einmal zu Ende gehen wird und vergangenes Glück zurückkehrt. Im Gegensatz zur linearen Zeitvorstellung mit ihrem andauernden »Fortschritt« weiß der Einzelne ungefähr, was ihn erwartet, auf was er sich vorbereiten muss. Er freut sich auf ein Wiedersehen mit Altbekanntem, indem er in der Sylvesternacht den Beginn des neuen Jahres feiert oder zu Fastnacht das Ende des Winters. Er findet Vergnügen daran, dass im Jahresrhythmus das meiste wiederkehrt, und begrüßt das Vertraute mit immer denselben Liedern und Refrains.[9] Das Leben gleicht einer Tretmühle: Wer schneller läuft, verschwendet lediglich seine Kraft, aber einem Ziel kommt er nicht näher.

Die Menschen ordnen sich unter, weil sie wissen, die Zeit nicht beeinflussen zu können. Sie loben den Morgen ebenso wie den Abend und unternehmen keinen Versuch, zu Herren der Zeit zu werden. Kaum jemand macht sich daran, die Zeit als ausbeutbare Ressource zu nutzen. Das will nicht heißen, dass sie nie vom täglichen Trott abweichen und ihr Tun nicht beschleunigen. Auch dazu zwingt sie die Natur. Wenn Sturm und Gewitter aufziehen und die Ernte noch nicht im Trocknen ist, wenn ein Orkan naht und der Fischer sich noch auf hoher See befindet, wenn ein plötzlicher Wintereinbruch erfolgt und die Herden noch auf hochgelegenen Almen weiden, ist Eile geboten. Hier geht es ums Überleben. Die Menschen rennen und sputen sich, wenn sie ihr Leben, ihre Nahrungsgrundlage sowie ihr Hab und Gut vor Feinden und Naturgewalten retten wollen. Diese Art von Eile wird jedoch nicht als Temposteigerung in knapp bemessener Zeit erlebt, sondern als Orientierung an zu erledigenden Aufgaben. Die Dimensionen von Zeit und Aufgabe haben sich nicht verselbständigt, sie sind Teil des großen sozialen Ganzen.[10] Daran können vorerst auch die von der Obrigkeit diktierten, nach der Uhr ausgerichteten Marktzeiten nur wenig ändern. Zwar zwingen die Städte die Bauern immer öfter, ihre Waren nur zu ganz bestimmten Uhrzeiten und Tagen auf den städtischen Märkten anzubieten,[11] eine Veruhrzeitlichung des Alltags und ein neues Zeitbewusstsein finden dadurch jedoch noch nicht Eingang in die Welt des Dorfes.

Marc Bloch hat das mittelalterliche Zeitverständnis als »weitgehende Gleichgültigkeit der Zeit gegenüber« charakterisiert.[12] Zeit spielt für die Menschen eine so geringe Rolle, dass sie bisweilen Vergangenheit und Zukunft geradezu ineinander denken. Ein Beispiel dafür bietet die von der Kirche unterstellte, die Generationen übergreifende Kollektivschuld der Juden am Tode Christi. Die Kreuzfahrer des ausgehenden 11. Jahrhunderts sind sich sicher, »nicht die Nachfahren der Henker Christi, sondern diese Henker selbst zu bestrafen«.[13] Die Vergangenheit überlappt die Gegenwart; beide verwischen sich. Der Mensch ist nicht fähig oder befugt, beide zu trennen oder bestimmend einzugreifen.

Aus der Fernsicht des Historikers scheint die agrarische Welt der frühen Neuzeit trotz vereinzelter Beschleunigungsmomente von Langsamkeit beherrscht, bedächtig und schwerfällig. Der Eindruck entsteht auch, weil sich »Arbeiten« und »Leben« aufs Engste vermischen. Arbeit geht bruchlos in persönliche Kontakte über, Schwerarbeit wird durch ein Schwätzchen oder den Gang zum Markt unterbrochen. Die Menschen sind relativ autonom in ihrer Zeitgestaltung, zumal Bauernarbeit alles andere ist als monotone Fließbandarbeit und mit ihren vielen Übergängen von einer Tätigkeit zur nächsten Platz lässt für Muße und Sozialkontakte. Zeitgenössische Bilderfolgen zeigen den heiligen Wenzel, den Schutzpatron der Böhmen, bei einer Vielzahl typischer Tätigkeiten, die den meisten Bauern geläufig sind: beim Säen und Mähen, beim Dreschen und bei der Weinlese, beim Mahlen, Mehl sieben und Backen.[14] Nach dem Zeit- und Arbeitsverständnis des 20. Jahrhunderts ist dieses Nebeneinander unterschiedlichster Tätigkeiten, die völlig verschiedene Fertigkeiten verlangen, höchst unrationell, da es mit viel Zeitverlust verbunden ist, da angeblich Zeit verschwendet und Prioritäten missachtet werden. Aus heutiger Sicht geht eine derart organisierte Arbeit nur langsam voran; sie wäre bei geänderter Organisation und verbesserter Technik in einer kürzeren Zeitspanne zu Ende zu bringen. Es bleibt jedoch die Frage: Wozu? Wozu wäre die »gewonnene« Zeit zu nutzen? Wie könnte der dazu notwendige höhere Kalorienverbrauch bei den meist knappen Erträgen gedeckt werden? Auch die Enge des Nahrungsspielraums zügelt in Mittelalter und früher Neuzeit das Arbeitstempo.

Zeitorientierung im Handwerk

Ein ähnlicher Arbeitsrhythmus wie auf dem Lande findet sich gleichzeitig auch im städtischen Handwerk. Auch die Handwerker passen sich in ihrem Zeitempfinden der natürlichen Zeit an, und niemand stört sich daran. Zwar scheinen bereits im Mittelalter einige Prediger den Menschen zu raten, aufs Tempo zu drücken, doch zielen sie damit nicht auf eine Beschleunigung der Arbeit. Als der Franziskaner Berthold von Regensburg zu Mitte des 13. Jahrhunderts von der Kanzel dazu aufruft, mehr der »snellichkeit« zu huldigen, will er damit sagen, die Zeit nicht zu verschlafen und nicht in Müßiggang zu verfallen.[15]

Ähnlich wie auf dem Bauernhof ist auch für das städtische Handwerk die unregelmäßige Arbeitsorganisation charakteristisch sowie die Ausübung mehrerer Tätigkeiten nebeneinander. Der Handwerker weiß aus Erfahrung, in welchem Zeitraum Kleidungs- oder Möbelstücke angefertigt werden, doch wie er dazu seine Zeit einteilt, bleibt ihm überlassen. Auch im Handwerk findet eine Vermischung von »Arbeiten« und »Leben« statt, es findet sich auch hier eine gewisse Freiheit von Kommen und Gehen, ein Nebeneinander von Eile und Muße. Solange in den Werkstätten die Arbeitsteilung noch nicht Einzug gehalten hat, muss die Arbeit nicht synchronisiert werden. So spielt die Zeit nur eine geringe Bedeutung, und eine Beschleunigung der Arbeit macht wenig Sinn. Der Handwerker hat seine Arbeit gut zu machen, nicht so schnell wie möglich. Überall dort, wo Menschen ihren Arbeitsrhythmus selbst bestimmen können – Künstler, Schriftsteller, Kleinbauern und Studenten sind Beispiele – wechselt höchste Arbeitsintensität mit Müßiggang.[16]

Das spätmittelalterliche und frühneuzeitliche Zeitverständnis mit seiner Orientierung an Natur und Notwendigkeit findet seinen Niederschlag auch im »ökonomischen Traditionalismus« und der mit ihm verbundenen »Beharrlichkeit im Althergebrachten«, ebenso in einem ruhigen und gelassenen Auftreten von Meistern und Unternehmern. Der Geschäftsmann der Renaissance schreitet bedächtig dahin, niemals in Eile. Werner Sombart zitiert einen Unternehmer aus dem Florenz des 15. Jahrhunderts, der meint, er habe noch nie einen fleißigen Menschen anders als langsam gehen sehen.[17]

Langsamkeit symbolisiert Beständigkeit, Festigkeit und Unerschütterlichkeit. Wer als Bauer oder Handwerker an den Rezepten der Väter festhält, dem wird gesellschaftliche Achtung zuteil, nicht dem forschen Neuerer, der als unstet, wankend und unberechenbar gilt. Der ewige Kreislauf der Natur lehrt Beharrungsvermögen und Stabilität, keinesfalls Beweglichkeit und Labilität. Dieses Denken findet seinen Niederschlag in den Zunftordnungen, die die unruhigen Innovatoren an die Kandare nehmen, damit sich ein einzelner Meister mit Hilfe veränderter Produktionsmethoden oder dem Einsatz von Maschinen keinen Vorteil zu Lasten der übrigen Zunftmitglieder verschaffen kann. »Kein Handwerksmann soll etwas Neues erdenken oder erfinden oder gebrauchen, sondern jeder soll aus bürgerlicher und brüderlicher Liebe seinem Nächsten folgen und sein Handwerk ohne des Nächsten Schaden treiben«, heißt es in der Thorner Zunfturkunde von 1523.[18] Noch Ende des 17. Jahrhunderts versuchen Kaiser und Reichstag, den Einsatz von Wassermühlen zur schnelleren Herstellung von Schnüren zu unterbinden, weil der Einsatz der Wasserkraft Tausende Personen und Familien an den Bettelstab bringen würde.[19] Dieses Denken hält trotz oder gerade wegen wirtschaftsliberaler Forderungen auch noch im 18. Jahrhundert an. Im französischen Amiens werden im Jahre 1742 zwei Fabrikanten gerichtlich verfolgt, weil sie auf Innovationen setzen und durch Einrichtung einer Manufaktur mit 200 Webstühlen die Arbeit besser überwachen und beschleunigen wollen.[20]

Ansehen genießt der Traditionsbewusste, der Einheimische, der fest mit seiner Heimat verwurzelt ist, nicht der Fremde, der rastlos durch die Welt wandert. Der Ortsansässige, der auch in seinen Sitten und Gebräuchen Unbewegliche, ist der ehrbare Bürger. Der Mobile gilt dagegen als Vagabund, dem die Gesellschaft bisweilen drohend entgegentritt.[21] Selbst der wandernde Kaufmann, der mit Hilfe von Fernhandel zu Reichtum und Ansehen zu gelangen sucht, bleibt in dieser Gesellschaft, für die primär der Bodenbesitz Wert und Macht bedeutet, ein Außenseiter. Der französische Philosoph und Mathematiker Blaise Pascal schreibt noch zur Mitte des 17. Jahrhunderts: »Das ganze Elend kommt daher, daß die Menschen nicht zu Hause bleiben«, sie müssten ihre Körper nicht übermäßigen Strapazen aussetzen und die Seele hätte Muße. Sesshaftigkeit und Ruhe bedeuten Sicherheit, Geborgenheit und Vernunft.[22] Langsamkeit und Beständigkeit schaffen Würde, Schnelligkeit und Beweglichkeit dagegen graben sich als Makel ein.

In allen Lebensbereichen hinterlässt das Credo der Langsamkeit seine Spuren, auch in der Kunst. So fehlt den in den romanischen und gotischen Kirchen und Klöstern gepflegten Gregorianischen Gesängen jede zeitliche Strukturierung. Sie schweben geradezu im Raum wie zeitvergessene Gebete, sie sind weder gemessen noch streng gegliedert, sie plätschern ohne Tempo und Rhythmus dahin.[23] Die Akustik der romanischen und gotischen Kirchen mit ihren langen Nachhallzeiten erzwingt darüber hinaus eine Verlangsamung dieses Gesangs, ebenso der Rede. Langsamkeit ist hier Ausdruck einer feierlichen Würde.[24]

Wie die Gregorianischen Gesänge geben sich auch die Volksepen zeitlos. Sie spielen in einer imaginären Zeit ohne jede Jahreszahl. Die Dynamik des in späteren Jahrhunderten so sehr beschworenen Fortschritts findet hier keinen Platz.[25] Am Ende des Mittelalters dominiert das ruhige Abwarten. Auf Eile zu verzichten, empfinden die Menschen als Tugend.[26]

Noch findet die ökonomisch unterlegte Forderung, die Zeit zu nutzen, kaum Beachtung. Mehr Gehör schenkt man denen, die sich ganz eindeutig von der Zeit distanzieren, die wie die Mystiker vor aller zeitlichen Beeinträchtigung zu fliehen suchen, um Gott möglichst nahe zu sein. Der Dominikaner Meister Eckhart mahnt zu Beginn des 14. Jahrhunderts: »Gott ist kein Ding so sehr zuwider als die Zeit. Nicht allein die Zeit, auch das Haften an Zeit.«[27] Die Mystiker versuchen, die Zeit und damit jegliche Dynamik auszuschalten.

Reisen in Zeitlupe

Die mittelalterliche und frühneuzeitliche Gesellschaft praktiziert ihre Einstellung zu Zeitlosigkeit und Langsamkeit in Lebensregeln, Normen und Gesetzen, sie meißelt sie schließlich in Stein und gestaltet die Landschaft danach. Sie errichtet Städte, die jeden Beschleunigungsversuch abrupt abbremsen. Die Architektur der mittelalterlichen Stadt gebietet Stillstand: In ihren verwinkelten Gassen und dicht zusammengedrängten Häusern kann sich keine Geschwindigkeit entfalten. Für die plumpen, ungelenken Reisewagen gibt es hier kein Durchkommen. Die Stadtmauern zwingen jeden zum Halt: Kaufleute, Boten und Angreifer. In der Nacht bleiben die Stadttore fest verschlossen, sodass selbst eilige Kuriere sich gedulden müssen. Als sich im Jahre 1603 der Kaiserlich Thurn- und Taxissche Postmeister Vogel aus Cannstatt beim Magistrat der Reichsstadt Esslingen beschwert, man habe seine Knechte einfach stehen lassen und ihnen »verwaigert zu Esslingen bei nacht durchzulassen« und sie »biß gegen tag warten lassen«, erhält er zur Antwort, die Stadttore seien bei Nacht geschlossen und würden weder der Ordinari Post noch sonst jemandem aufgetan. Und weiter: »Und keine Statt im Reich, wo die Ordinari gehet und nachts nicht durchkann, öffnet sie, nicht allein den Handelsleuthen nicht, so das wenigst ist, Sondern auch Kayserl. Majestät, den Churfürsten, und den ReichsStänden nicht.«[28] Daran können auch verschiedene kaiserliche Befehle nichts ändern.[29] Von Aigues-Mortes in Südfrankreich über Rothenburg ob der Tauber bis nach Wisby auf Gotland ist der mitteleuropäische Raum zugestellt mit solchen Festen, die die Wucht angreifender Truppen und schneller Waffen auffangen sollen.[30] Unbeweglichkeit verspricht Sicherheit und Schutz.

Wie die Städte ist auch die Landschaft auf Bremsung angelegt. Die schnelle Raumüberwindung liegt nur im Interesse einiger weniger. Die Masse der Bevölkerung dagegen nutzt die Widerstandskraft des Raumes zum Schutz. Unwegsames Gelände schützt vor marodierenden Söldnern, plündernden Heerscharen und diebischen Vagabunden. Dagegen zeigen gut ausgebaute Straßen lediglich Räubern, Banditen und auch der nahrungsraubenden Konkurrenz den Weg, wo etwas zu holen ist, und erlauben ihnen, von dort wieder schnell zu verschwinden. Noch im 18. Jahrhundert vertritt neben vielen anderen Friedrich II. von Preußen die Meinung, die Sicherheit seines Landes sei durch schlechte Wegeverhältnisse, die den Vormarsch fremder Truppen behindern, am besten geschützt.[31] Zudem belastet der Erhalt der Straßen die Anlieger. Auch legen ihnen die Straßen die Verpflichtung auf, den König, dessen Hofstaat sowie alle im Auftrag des Königs Reisenden kostenlos zu befördern und zu verpflegen.

Es ist daher kein Wunder, dass das gut ausgebaute Straßensystem, welches das Römische Reich zusammengehalten hatte, im Mittelalter nach und nach verfällt und von den Anwohnern als Steinbruch genutzt wird. Die Bevölkerung weiß, je schlechter die Straßen, desto weniger Durchzüge von Truppen und Privilegierten, desto mehr lässt sich an Durchreisenden verdienen, indem man für den Vorspann Pferde zur Verfügung stellt, gebrochene Wagenräder und Achsen repariert und Rastplätze bereithält.[32] Noch zu Ende des 18. Jahrhunderts lassen zahlreiche Gemeinden den ortsansässigen Fuhrleuten, Stellmachern und Wagnern zuliebe die Straßen verlottern.[33] So sind denn auch die meisten Straßen lediglich Feldwege; sie besitzen keinen festen Belag. Eine Decke aus Steinen und Schotter würde zwar den Rollwiderstand deutlich verringern und eine höhere Geschwindigkeit gestatten, was jedoch nicht im Sinne der Bevölkerung ist. »Die mittelalterliche Straße ist zum Verzweifeln lang, es geht entsetzlich langsam voran«, so die Beschreibung der Verkehrsverhältnisse des Mittelalters durch den französischen Historiker Jacques Le Goff.[34] Oder mit den Worten Fernand Braudels: »Bis zum 18. Jahrhundert nehmen die Schiffsreisen kein Ende, ist der Landtransport wie gelähmt.«[35]

Reisen bereitet im ausgehenden Mittelalter und in der frühen Neuzeit kein Vergnügen. Die Fortbewegung ist wie schon seit Urzeiten in zweifacher Hinsicht an die Natur gebunden: an die natürliche Umwelt mit ihren Bergen, Tälern, Flüssen und Meeren sowie an die natürlichen animalischen und menschlichen Fortbewegungskräfte. Auf den mit Schlaglöchern übersäten, morastigen oder sandigen Straßen sind Fahrende und Reitende selbst über relativ kurze Entfernungen tage- und wochenlang unterwegs. Die »gute« Straße ist flach und trocken, nicht sandig und nicht ausgefahren. Nur auf ihr kann der Reisende mehr als 60 Kilometer am Tag vorankommen. Doch derartige Straßen sind selten. Die Angabe von Durchschnittswerten würde angesichts der mittelalterlichen Reisebedingungen einen völlig falschen Eindruck erwecken. Fast jede Reise wird von freiwilligen oder unfreiwilligen Ruhetagen unterbrochen, da Mensch und Tier Erholung benötigen. Krankheit, Hochwasser, Schnee, ungünstige Winde, ein lahmendes oder erschöpftes Pferd und Überfälle vereiteln jedes ›fahrplanmäßige‹ Reisen. Von Lübeck nach Bergen rechnen die Hansekaufleute als reine Segelzeit neun Tage; unterwegs sind sie jedoch drei bis vier Wochen.[36] Erst im Spätmittelalter steigt die Reisegeschwindigkeit auf ganz wenigen Routen infolge der Zucht leistungsfähigerer Pferde, der Anlage von Pferdewechselstationen, dem Bau schnellerer Schiffe sowie dem vermehrten Interesse von Kaufleuten und Herrschern an einer Verbesserung der Kommunikationsmöglichkeiten. Dennoch bleibt die ganze frühe Neuzeit über das Reisen ein langwieriges Unternehmen.

Jeder ausgiebige Regenguss kann Straßen und Wege in bodenlosen Morast verwandeln und Flussübergänge unpassierbar machen. Der geübte Reisende nimmt Balken, Reisigbündel und Stricke mit auf den Weg, um die in Schlamm versunkene oder umgekippte Kutsche wieder flott zu machen. Er studiert zuvor vielleicht die vorhandene Reiseliteratur oder Karten: im Mittelalter die Itinerarien,[37] seit Mitte des 17. Jahrhunderts die »Wegzeiger« mit ihren Karten und Sehenswürdigkeiten, etwa von Martin Zeiller »Die Vornehmsten Europaeischen

Reisen [...] Vermittelst der dazu verfertigten Reise-Carten, nach den bequemsten Post-Wegen anzustellen / und was auff solchen curieuses zu bemercken. Wobey die Neben-Wege / Unkosten / Müntzen und Logis zugleich mit angewiesen werden.«[38] Die Kartographen legen besonderen Wert auf die Wiedergabe von Reisehindernissen und Gefahren. Eine Karte der von Aurich und Leer nach Oldenburg gehenden Postwege aus dem Jahre 1720 warnt den Reisenden an vielen Stellen vor »Morast« und Überschwemmungsgebieten: »Hier kann das Wasser bißweilen 7 Fuß tieff stehen«.[39]

Besonders Vorsichtige lassen vor Antritt einer Reise eine Messe lesen und schicken Stoßgebete für einen glücklichen Verlauf der Reise gen Himmel. Fast zur Normalität gehören Achsen- und Deichselbruch oder das Umkippen des Wagens.[40] Als Papst Johannes XXIII. sich zum 16. allgemeinen Konzil nach Konstanz (1414–1418) auf den Weg macht, findet auch er sich unversehens kopfüber im Straßengraben wieder.[41] Anders die Masse der frommen Pilger, die vor der Reformation jährlich zu Hunderttausenden nach Rom oder Santiago de Compostela ziehen: Sie gehen zu Fuß, den Wanderstab in der Hand, auf dem Kopf der breitkrempige Hut als Schutz gegen Regen und Sonne, die große Ledertasche über der Schulter, die Pilgerflasche am Gürtel und an den Füßen über den Knöcheln verschnürte Schuhe, damit »kein kott darein falle«, wie ein Pilgerbuch von 1499 empfiehlt. Solche Pilgerführer beschreiben die Wege zu den heiligen Stätten, nennen Unterkünfte und Gefahren und zeigen immer wieder, wie die vielen Hindernisse, die sich den wandernden Pilgern in den Weg stellen, am besten zu überwinden sind. So warnt das »Jakobsbuch« die in Richtung Santiago de Compostela ziehenden Pilger vor den Fährleuten nahe dem Ort St. Jean de Sorde und ihren zum Übersetzen benutzten Einbäumen: »Oftmals lassen die Fährleute, nachdem die Pilger bezahlt haben, eine große Menge in das Boot einsteigen, damit das Schiff kentert und die Pilger im Wasser ertrinken. Dann freuen sie sich hämisch und bemächtigen sich der Habe der Toten.«[42]

Im Mittelalter und der frühen Neuzeit sind Wallfahrten beschwerlich bis zum Tode. Dem Wallfahrer nach Rom stellen sich zahlreiche, ganz unterschiedliche Gewalten in den Weg: die Alpen, Tiere, Räuber, das Wetter. Es existieren viele Orte und Regionen, die lange Geschichten erzählen könnten über die urwüchsige Kraft, mit der die Natur Könige und Bettler, Gottesfürchtige und Heiden in die Knie und zum Halt gezwungen beziehungsweise ihren schnellen Vorwärtsdrang in Langsamkeit verkehrt hat: die Pfade, über die Hannibal mit seinen Elefanten die Alpen überquerte, der vereiste Weg, den Heinrich IV. in Richtung Canossa nahm, die Felsschluchten, in die Pilger gestürzt sind. Die natürliche Umwelt der Zeitenwende lässt Könige und Päpste, Pilger und Wandergesellen schmerzhaft

Abbildung 1: Schiffbruch eines Kauffahrers. Holzschnitt aus »Petrarcas Trost-spiegel« von 1539[43]

spüren, wie kraftvoll und hartnäckig sie sich gegen jede Beschleunigung wehrt und mit welcher Gewalt sie den Menschen Langsamkeit aufzwingt (Abb. 1).

Der Briefverkehr vermittelt eine ungefähre Vorstellung vom Reibungswiderstand dieser Welt. Relativ lange Laufzeiten sind die Folge. Im 15. Jahrhundert sind Briefe von Lübeck nach Brügge – auf einer rund 700 Kilometer langen Strecke – im Sommer durchschnittlich elf bis 20 Tage unterwegs, im Winter 13 bis 24 Tage.[44] Für die 1 900 Kilometer lange Strecke von Brügge nach Riga benötigen Briefe 39 Tage im Sommer und 47 im Winter.[45] Über Jahrhunderte hinweg ändert sich daran nur wenig, sieht man einmal davon ab, dass im Mittelalter vieles noch langsamer geht. Während der Römischen Republik ließ sich ein Brief im schnellstmöglichen Fall in zehn Tagen von Rom nach Paris befördern – noch während der Französischen Revolution geht es nicht schneller.[46] Der normale Kaufmannsbrief ist auf dieser Strecke um 1400 etwa 26 Tage unterwegs.[47]

Zugleich vermitteln Zeugnisse von Reisenden einen Eindruck von der Langwierigkeit des Reisens. Der Kaufmann Ulrich Krafft benötigt gegen Ende des 16. Jahrhunderts für die Reise von Augsburg nach Marseille 14 Tage, wobei er die Strecke von St. Esprit bis Avignon auf einem Schiff in nur vier Stunden zurücklegt.[48] Jeder Raum kennt unterschiedliche Transportgeschwindigkeiten, die nur schwer zu unterbieten sind. Wer es dennoch versucht, muss auf mehrfache Weise teuer bezahlen – mit Erschöpfung, Tod oder viel Geld. Das Augsburger

Handelshaus Paumgärtner entlohnt im Jahre 1490 seine Boten für die Strecke von Venedig nach Nürnberg, die diese im Normalfall in sechs Tagen zurücklegen, mit der stolzen Summe von 25 Gulden. Ein Eilkurier, der dieselbe Strecke in vier Tagen zurücklegt, bekommt dagegen 80 Gulden.[49] Wie viele andere klagt Montaigne zu Ende des 16. Jahrhunderts: »Das Reisen würde mir noch angenehmer sein, wenn es nicht so viel kostete. Die Kosten sind groß und übersteigen meine Kräfte!«[50] Die gewaltige Widerstandskraft des Raums schlägt sich in hohen, für die meisten viel zu hohen Kosten nieder.

Die Sesshaften treiben diese Kosten weiter in die Höhe, indem sie zahlreiche Mobilitätssteuern erheben. Grundherren verlangen Straßen-, Brücken- und Torzölle, errichten Zollstationen und zwingen den Verkehr immer wieder zum Halt oder zu mühsamen Umwegen. Auch an den schiffbaren Flüssen, den schnellsten Verkehrswegen für den Güterverkehr, wird eine Vielzahl an Barrieren errichtet, die Stillstand gebieten. Ende des 14. Jahrhunderts zählt man am Rhein 46 Zollerhebungsstätten, an der Elbe 35 und in Unterösterreich an der Donau ganze 64.[51] Hinzu kommt das Stapelrecht, das die durchziehenden Kaufleute dazu verpflichtet, ihre Waren in der betreffenden Stadt eine Zeitlang zum Verkauf anzubieten.[52]

Die Hindernisse, welche die Natur dem Menschen bei seiner Bewegung im Raum in den Weg stellt, werden nur höchst selten künstlich überbrückt. Der Bau von steinernen Brücken, den die Römer in Deutschland begonnen hatten, wird im Mittelalter nicht fortgeführt. Erst im 12. Jahrhundert kommt es in Basel und Regensburg zu ersten Neubauten.[53] Am Mittelrhein hatte Karl der Große im Jahre 803 auf den Überresten einer zerstörten Römerbrücke eine neue Holzbrücke errichten lassen, die jedoch bald nach ihrer Fertigstellung abbrannte. Dabei beließ man es über Jahrhunderte. Wer über den Rhein wollte, war auf die wenigen Überfahrten angewiesen, deren Anzahl unter anderem der Rheinische Städtebund von 1254 strikt begrenzte, »damit den Feinden des Friedens kein Uebergang über den Fluß möglich sei«.[54] Als die Schweden im Dreißigjährigen Krieg eine Schiffsbrücke in der Nähe von Mainz über den Rhein schlagen und eine zweite bei Kostheim über den Main, werden beide nach Abzug der Truppen sofort wieder entfernt.[55] Erst Napoleon plant 1 000 Jahre nach Karl dem Großen im Jahre 1812 den erneuten Bau einer festen Rheinbrücke bei Mainz, die jedoch nie gebaut wird. 1862 wird schließlich die Eisenbahn-Rheinbrücke zwischen Mainz und Gustavsburg und 1882/85 die Straßenbrücke zwischen Mainz und Kastell errichtet.[56]

Natürliche Hindernisse, die den Mobilen im Wege stehen, werden selten beseitigt. Kaum eine Hand rührt sich, um auf dem wichtigsten Verkehrsweg Mit-

teleuropas, dem Rhein, die Steine aus dem Weg zu räumen und dem Handel freie
Bahn zu schaffen. Weiterhin ist das Binger Loch nur bei hohem Wasserstand zu
befahren. Ansonsten werden Schiffe und Ladung mit großem Kraftaufwand weit
über Land getragen: von Rüdesheim über den Kammerberg bis Lorch.[57] Noch
1755 berichten Rheinreisende, dass sie das Schiff in Bingen verlassen müssen,
»wo die Fahrt sehr gefährlich ist, und gemeiniglich alle Passagiere, selbst die
Schiffer aussteigen und nur der Steuermann bleibet«.[58] Das Wasser des Rheins
stürzt bei Bingen weiterhin in einem Wasserfall von fünf Fuß Höhe hinab.[59] Charakteristisch für die mittelalterlichen und frühneuzeitlichen Verkehrsadern sind
Verlangsamung und Halt, weniger Beschleunigung und Bewegung.

Zusammenfassung

Die Agrargesellschaft des Mittelalters und der frühen Neuzeit drückt nicht aufs
Tempo. Sie richtet sich notgedrungen nach den relativ ruhigen Vorgaben der Natur und überlässt Sonne und Mond die Rolle des Taktgebers. Arbeit und Leben
sind eingebunden in die Zyklen der Natur. Exakte Gleichförmigkeit und Regelmäßigkeit sind hier nicht anzutreffen, da Hitze und Kälte, Dürre und Wachstum,
Licht und Dunkel nie genau vorausberechenbar sind. Die Helligkeit des Tages
gibt lediglich einen ungefähren Rahmen für mögliche Aktivitäten ab. Regen,
große Hitze oder Unwetter zwingen zur Unterbrechung der Arbeit.[60] Diese Haltung hat nichts mit Rückständigkeit zu tun, sondern ist den wirschaftlichen Mitteln und verfolgten Zielen angemessen, in gewisser Weise ist sie eine optimale
Reaktion angesichts der geringen technischen und wirtschaftlichen Spielräume.
Warum schneller pflügen oder die Schafe schneller scheren, wenn die dadurch
gewonnene Zeit nicht zur Verbreiterung der Nahrungsgrundlage zu nutzen oder
mit sinnvollen Tätigkeiten auszufüllen ist? Die gesamte Neuzeit über sucht die
agrarische Welt nicht in der Beschleunigung, sondern in Tradition und Bedächtigkeit ihr Fortkommen.

2. Zeit der Stadt

Die Anfänge des Beschleunigungsprinzips

Während sich die agrarische Welt weiter an der Natur orientiert, entwickelt sich in der städtischen Welt langsam ein neues Verhältnis zur Zeit. Zwischen dem späten 14. und dem 16. Jahrhundert etabliert sich in Europa ein neues Sozialgefüge mit neuen Verhaltensweisen, zu denen auch die Anfänge eines neuen Zeitbewusstseins gehören. Darunter ist ein rationaler und rechenhafter Umgang mit der Zeit zu verstehen, ebenso eine Gleichsetzung von Zeit und Geld. Spätere Generationen haben im Aufkommen der mechanischen Uhr ein Symbol für diesen Bewusstseinswandel gesehen. 1937 schreibt Pitirim A. Sorokin: »Ein anderer Aspekt dieser maßgebenden Rolle der Zeitkategorie in unserer Mentalität ist die mechanische Zeitmessung [...], die Verwendung von Zeiteinheiten als Markierungssystem für die Gliederung von Ereignissen, Phänomenen und Prozessen und die Unterordnung unseres ganzen Lebens unter zeitliche Kontrolle. Nicht zufällig wurde die Räderuhr erfunden, als die temporalistische Mentalität aufkam (im 14. Jahrhundert)«.[1]

Das Ticken der Uhr

Die eigentliche Neuerung der spätmittelalterlichen Räderuhren besteht aus der Kombination eines Räderwerks mit einem Gewicht als Antriebskraft und einer Hemmung, welche die sich ansonsten immer weiter beschleunigende Bewegung des Gewichts in regelmäßigen, kurzen Abständen zum Stillstand bringt. Im Gegensatz zur Sonnenuhr, über deren Ziffernblatt der Zeiger lautlos und ohne Unterbrechung schleicht, produziert die Räderuhr nach den Worten von Ernst Jünger »neue Takte, die die Natur nicht kennt« – statt Naturzeit Uhrzeit. Gleichzeitig wird die Zeit von ihren biologisch-ökologischen Fesseln befreit, in künstliche, standardisierte Einheiten zerschnitten und während der folgenden Jahrhunderte im Zuge der Beschleunigung von Arbeit und Leben immer weiter in Minuten, Sekunden und Nanosekunden unterteilt. Die mechanische Uhr bricht das Monopol der Natur als Zeitgeber, und an die Stelle eines konkreten Ereignisses tritt als Zeitmarke ein ereignisunabhängiger Termin.[2]

Die Räderuhr ist ein Symbol des neuen Zeitbewusstseins – mehr nicht. Sie ist weder dessen Ursache noch dessen Motor. Die mechanische Uhr begünstigt zwar den rationalen Umgang mit der Zeit, steigert die Kontroll- und Verwaltungseffizienz und erleichtert die Herausbildung der abstrakten Zeit-Geld-Äquivalenz, bei der Beschleunigung des Lebens und des Arbeitens aber spielt sie im Spätmittelalter und der frühen Neuzeit eine wenig entscheidende Rolle. Die spätmittelalterlichen Kirchturmuhren sind keine Vorboten des Taylorismus. Auch in den Klöstern dienen sie lediglich als Wecker. An eine Glocke gekoppelt rufen sie auf zum ersten Gebet vor Tagesanbruch sowie zu den übrigen Gebeten und den Mahlzeiten. Sie koordinieren die monastische Gemeinschaft[3] und unterstützen die klösterliche Disziplin; Pünktlichkeit gilt hier als unabdingbare Tugend.[4] Dennoch ist der Rhythmus des klösterlichen Dienstes keinem exakten Takt unterworfen.[5] Das dem italienischen Uhren-Baumeister des 15. Jahrhunderts, Alberti, zur Charakterisierung der Zeit-Revolution in den Mund gelegte Bonmot »Vor der Revolution hatten die Menschen Zeit, aber keine Uhren«, nach der Revolution hatten die Menschen Uhren, aber keine Zeit«, führt in die Irre. Auch die Schifffahrt und das Militär, diese wichtigsten Antriebskräfte zur Weiterentwicklung der Uhren-Technik, zielen mit ihren Bemühungen während der frühen Neuzeit nicht auf Beschleunigung, sondern allein auf eine Verbesserung der Messtechniken ab. Der Schifffahrt geht es um eine exaktere Bestimmung der Längengrade, dem Militär um eine bessere Berechnung der Ballistik.[6] Die mechanischen Uhren, die sich im 14. und 15. Jahrhundert vor allem in Folge städtischer Prestigekonkurrenz über ganz Europa ausbreiten, eröffnen neue Möglichkeiten zeitlicher Präzisierung, die in der Folgezeit von immer mehr Gesellschaftsgruppen genutzt werden.[7] Impulse zur Dynamisierung des Lebens senden sie jedoch nur in äußerst schwacher Form aus. Der Großteil der Bürger, die sich fortan nach der Rathaus- oder Kirchturmuhr richten, könnte auch wie bisher ohne diesen neuen Zeitmesser und Taktgeber auskommen. Über Jahrhunderte hatten einzelne Gesellschaftsgruppen ein eigenes Glockensignal besessen. Die Kirchenglocken riefen die Gläubigen zum Gebet, die Stadtglocken die Bürger zum Versammlungsort, die Werkglocken verkündeten Anfang und Ende der Arbeit, die Schmiedglocken begrenzten die Arbeitszeit der Lärm verursachenden Handwerke, die Marktglocken eröffneten und beendeten den Markt, und die Kehrglocken erinnerten an die fällige Straßenreinigung.[8] Die Städter des Spätmittelalters erfuhren die Zeit durch ihren Klang.

An die Stelle dieser reglementierenden Glocken tritt seit dem 14. Jahrhundert ganz allmählich das getaktete Signal der Schlaguhr, das jede Stunde und später jede Viertelstunde ertönt. Nach und nach wählt jede Gruppe bestimmte Uhrzeiten für Arbeitsbeginn, Arbeitsende oder Pausen und verzichtet auf ein eigenes Glockenzeichen und eine eigene Glocke. Auch hier dient die Uhr zunächst lediglich der Koordination und Organisation. Auch der Deutsche Orden, der schon früh wesentliche Züge eines modernen Verwaltungsstaates annimmt, macht sich seit Ende des 14. Jahrhunderts die Vorteile der modernen Zeitmesstechnik zu Nutze und verordnet allen Konventen, die in ihrer Länge variablen kanonischen Stunden durch die neue gleichmäßige Stundenzählung zu ersetzen.[9] In den Deutschordenskonventen, besonders aber in den Kontoren der Fernhändler erkennt man schon bald, dass die mechanische Uhr praktisch ist, und dieser praktische Nutzen verdrängt langsam die Tradition.[10] Ihr Nutzen ergibt sich auch aus der exakteren Gliederungsmöglichkeit des Tages in Stunden, halbe und Viertelstunden, was den Anforderungen der städtischen Gesellschaft weitaus besser entspricht als die Dreiteilung der alten Sonnenuhren in Terz, Sext und None oder die Ausrichtung nach Sonne und Mond.[11] Die mechanische Uhr dient als Zeitgeber, nicht aber als Taktgeber für ein beschleunigtes Arbeiten.

Aber selbst, um die Beschleunigungsprozesse, die von der städtischen Gesellschaft Europas seit dem Spätmittelalter ausgehen, zu registrieren und zu steuern, bedürfte es nicht der neuen Räderuhren. Um festzustellen, ob ein Handwerker schneller arbeitet als ein anderer, ob ein reitender Bote einen Brief schneller an sein Ziel bringt als ein Läufer, ist das komplizierte Räderwerk einer mechanischen Uhr nicht notwendig. Die Geschwindigkeit ist »eine reine Relationsbestimmung«, das heißt, sie ergibt sich aus dem Vergleich von Bewegungsabläufen oder Wandlungsvorgängen.[12] Kaufleute, die früher als ihre Konkurrenten am Zielort ankommen wollen, benötigen keine Uhr, sondern geübte Schiffsführer, schnelle Schiffe, günstige Winde und ausdauernde Tragtiere. Die Räderuhr hat das Leben nicht beschleunigt, sie hat die allgemeine Beschleunigung als Planungs-, Koordinierungs- und Kontrollinstrument lediglich begleitet, ebenso die Entwicklung eines linear-dynamischen und auf Nützlichkeit ausgerichteten Zeitbewusstseins.

Das lebhafteste Interesse an dieser technischen Neuerung zeigt denn auch mit den Kaufleuten die dynamischste Gruppe innerhalb der spätmittelalterlichen Gesellschaft. Während den auf Stabilität eingeschworenen Handwerkern die überkommenen Hilfsmittel zur Einteilung des Tages weiterhin ausreichen, sind die Kaufleute mit ihrem oft engen und wechselnden Terminplan auf ein dichteres Zeitraster angewiesen. Sie wollen möglichst viele Termine möglichst exakt festlegen, und dabei erweist sich die Räderuhr als eine größere Hilfe als alle bisherigen Zeitgeber. Seit dem 16. Jahrhundert demonstrieren besonders die Kaufleute durch den Besitz teurer Hals- und Tischuhren, dass ihre Zeit kostbar ist und sie als Geschäftspartner gefragt und zahlungsfähig sind.[13] Unter allen Berufsgruppen sind sie die ersten, bei denen die neue Form der Zeitgliederung und -messung in Zeit-Sparen und Zeit-Rationierung übergeht. Die Zeit beginnt zuerst für die Kaufleute zu ticken.

Der Druck der Bevölkerung

Noch bleibt die Frage unbeantwortet, wo und wann der bis heute andauernde Dynamisierungsprozess einsetzt. Wo liegen die Anfänge dieses »Steigerungsspiels« (Gerhard Schulze)? Wo finden wir die Ursprünge jener Idee, durch gesteigertes Tempo die Lebensbedingungen zu verbessern? Man kann ohne Zweifel zahlreiche Ansätze zur Dynamisierung der Wirtschaft – also zu wirtschaftlichem Wachstum – in der europäischen Antike und in anderen Kulturen ausmachen. Alle diese Impulse verebbten jedoch im Laufe der Zeit; eine direkte Verbindung zu heute fehlt. Auch setzt – wie gezeigt – die Agrargesellschaft des Mittelalters und der frühen Neuzeit nicht auf Dynamik, sondern bleibt weiterhin der natürlichen Langsamkeit verbunden. Dagegen gehen von Teilen der städtischen Gesellschaft des Spätmittelalters unübersehbare und erfolgreiche Beschleunigungsimpulse aus, die zur Nachahmung reizen und innovationsbereite Städter veranlassen, das Prinzip der Beschleunigung auch auf andere Tätigkeitsfelder zu übertragen.

Wichtige Beschleunigungsimpulse des Spätmittelalters haben ihren Ursprung in der Verdichtung des Sozialraums, also im Bevölkerungswachstum und in den Bevölkerungsballungen des 15. und 16. Jahrhunderts, welche eine Koordinierung der menschlichen Aktivitäten erzwingen. Nach verschiedenen Schätzungen steigt die Bevölkerung in Europa von rund 50 Millionen zur Mitte des 15. Jahrhunderts auf über 81 Millionen um 1500 sowie auf rund 105 Millionen ein Jahrhundert später.[14] Seitdem müssen sich die Menschen vermehrt aufeinander abstimmen und ihr Zusammenleben anders organisieren als in einer Gesellschaft einsamer Hirten. Als mit dem Städtewachstum auch die Arbeitsteilung zunimmt, steigt der Koordinationsbedarf noch weiter an. Im Zuge dieser vermehrten Arbeitsteilung verändern sich die Wirtschaftsstrukturen der Städte und es entstehen neue Formen des Handels, der Buchführung und des Kreditwesens. Es sind die Kaufleute,

die mit ihrem länderübergreifenden Transport von Waren und Informationen entscheidend zum Auf- und Ausbau von Handelsnetzen beitragen, die die Anzahl
der Interaktionen im globalen Raum forcieren und deren Intensität steigern. Bei
Nutzung dieser Netzwerke suchen die Fernhändler unter dem Druck der Konkurrenz permanent nach Techniken, ihre extrem hohen Transport- und Informationskosten zu verringern, da die schlechten Verkehrsbedingungen in Verbindung
mit einem sehr trägen und weitmaschigen Nachrichtenwesen diese Kosten über-
proportional zu den Entfernungen ansteigen lassen. Zu den zahlreichen Lösungs-
vorschlägen gehört auch, mit Hilfe von Beschleunigung die Gewinne derart zu
erhöhen, dass der Anteil der Transport- und Informationskosten am Gewinn
sinkt, obwohl eine Beschleunigung des Transports zunächst weitere Kosten verursacht. Die Fernkaufleute arbeiten darauf hin, den Raum durch Geschwindigkeit
zu verkleinern beziehungsweise die für seine Überwindung benötigte Zeit zu verringern.[15] Die Unterschiede zur bäuerlichen Bevölkerung sind evident: Während
das wirtschaftliche Handeln der Bauern weiterhin dem Diktat der Natur gehorcht
und zumindest die größeren Höfe eine weitgehende Autarkie anstreben, müssen
sich die Kaufleute auf ihre Kunden und Konkurrenten einstellen.[16] Sie müssen
Strategien entwickeln, um gegenüber Kunden und Konkurrenten zu bestehen.
Mit ihrem Tun verdichten sie zudem die Beziehungen zwischen Menschen und
Regionen, und zwar deutlich mehr als alle anderen Berufsgruppen.

Die Dimension Zeit gewinnt gleichzeitig durch die zunehmende Arbeitsteilung an Gewicht, da zwischen den zerteilten Produktionsbereichen ein Zusammenhang hergestellt werden muss. Dies geschieht durch eine produktionstechnische wie zeitliche Koordination, ebenso über den Warenwert, in den die aufgewendete Arbeitszeit einfließt.[17] So können beim Hausbau die Dachdecker nicht
vor den Maurern tätig werden, und der Preis ihres Werkes setzt sich zusammen
aus dem Materialwert sowie dem für sie üblichen Zeitlohn multipliziert mit der
benötigten Arbeitszeit. Beschleunigungsimpulse werden hier freigesetzt, indem
mit wachsender Komplexität und der daraus entstehenden Vernetzung und Ho-
mogenisierung von Handlungsabläufen ein erhöhter Synchronisierungsbedarf
entsteht.[18] Da die den einzelnen Produktionsphasen zwischengeschalteten Leerzeiten den gesamten Herstellungsprozess zunächst verlängern, gilt es, diese zu
reduzieren, um die wirtschaftlichen Vorteile der Arbeitsteilung zu realisieren.
Damit gewinnt das Streben nach einer rationelleren Nutzung der Zeit an Bedeutung.

Die Zeitnot des Fernkaufmanns

Es ist die Stadt, die Menschen und Waren wie magisch anzieht. Hier kreuzen sich viele Wege: die der Händler, der Handwerker, der Künstler und der Wissenschaftler. Sie alle hinterlassen in der Stadt ihre Spuren in Form von Handelshäusern, Zünften, Kunstwerken, Schulen und Universitäten. Sie alle demonstrieren mit ihrem Tun und ihren Werken, dass der zivilisatorische Fortschritt am ehesten über eine berufliche Spezialisierung, also über eine vermehrte Arbeitsteilung zu erreichen ist.[19] Die Stadt wird Ausgangspunkt für das massenweise Voranschreiten auf dem Steigerungspfad und letztlich für die Dynamisierung des Lebens. In der Stadt wird die naturale Steuerung des Arbeits- und Lebensrhythmus zuerst abgelöst durch ein rationales, kalendarisch neutrales Ordnungsschema. Hier wird die Zeit zuerst rationalisiert und säkularisiert, und die Städter leisten einen wesentlichen Beitrag zum Übergang vom Natur- zum Kulturzustand. Es sind an erster Stelle die Großkaufleute, die in ihrem Bemühen um geschäftlichen Erfolg und um Vervollkommnung ihrer Geschäftstechniken die Zeit als zentrales Element der Ökonomie entdecken. Sie sind es auch, die in ihren Geschäftsverträgen der Zeit eine neue Bedeutung zuerkennen, obwohl sie damit ausdrücklich der kirchlichen Lehrmeinung zuwider handeln. Lange bevor Wilhelm von Ockham gegen Mitte des 14. Jahrhunderts seine tiefschürfenden Studien über die Zeit veröffentlicht und damit den Weg bereitet zu einem neuen Zeitverständnis und zur persönlichen Zeiterfahrung der Menschen,[20] leben die Kaufleute in und mit der neuen Zeit. Sie beginnen ohne Rücksicht auf die Kirche, die Zeit in bare Münze umzurechnen, und dieses Geld kennt im Gegensatz zur Natur kein Genug.

Im Gegensatz zu den Wanderhändlern des Hochmittelalters, die ihre Waren selbst begleitet und gegen andere Waren eingetauscht hatten, die weder rechnen noch schreiben konnten und nur ein dürftiges Rechnungswesen besaßen, konzentriert sich der federgewandte Kaufmann des Spätmittelalters auf die Leitung seines Unternehmens. Der große und mittlere Kaufmann der Hansestädte ist im 14. und 15. Jahrhundert sesshaft geworden.[21] Sein Arbeitsplatz ist seine »scrivekamere« in seinem eigenen Hause. Dort steht sein Schreibpult, auf dem er seine Korrespondenz mit seinen Geschäftspartnern, Vertretern und Gehilfen in den anderen Hansestädten oder ausländischen Kontoren erledigt. Dieser Kaufmann hat in den neuen, von den Städten für ihre Bürger eingerichteten Elementar- und Lateinschulen Schreiben und Rechnen gelernt. Er kalkuliert mit Hilfe der arabischen Ziffern, die ein schnelleres Rechnen erlauben. Er verfügt über Sprachkenntnisse – vor allem des Lateinischen.[22] Schließlich profitiert er bei seinen

Kreditgeschäften und Verträgen von den neu eingerichteten städtischen Büchern – Schuldbüchern und Grundbüchern zumal. Des Schreibens mächtig, sieht er sich imstande, nach dem Vorbild der italienischen Fernhändler Geschäftsbücher zu führen, so einfach die Rechnungslegung zunächst auch noch ausfällt.

Die Buchführung ist Ausdruck der kaufmännischen Rationalität. Vor allem in die doppelte Buchführung geht der Faktor Zeit als konstitutives Element ein, indem der Kaufmann die Geschwindigkeit, mit der das eingesetzte Kapital umgeschlagen wird, registriert. Nach Werner Sombart ist der Kapitalismus ohne die Exaktheit der doppelten Buchführung nicht denkbar.[23] Die Bedeutung eines schnellen Warenumschlags ist am Ausgang des Spätmittelalters kein Geheimwissen mehr. Der Kaufmann weiß um die finanziellen Vorteile eines schnellen Transports und eines schnellen Verkaufs, eines »Einsparens« von Zeit. So wie sich die neue abstrakte Zeit der Räderuhren durchsetzt und in den Schreibstuben und Kontoren der Handelshäuser Eingang findet, so setzt sich auch in der Buchführung der reine Geldwert als gemeinsamer Nenner und gemeinsame Maßeinheit der Waren durch.[24]

Ein Blick in die spätmittelalterliche Geschäftskorrespondenz zeigt diese neue Rationalität und Zeitorientierung. Ein Beispiel ist die Große Ravensburger Handelsgesellschaft – oder wie sie die Zeitgenossen nannten – die magna societas mercatorum altioris Alamanniae, jener Zusammenschluss mehrerer im Fernhandel tätiger Familiengesellschaften seit dem Jahre 1380. Die Fusion verbessert die Marktsituation der beteiligten Kaufleute, ihre Einkaufs- und Absatzbedingungen, sie trägt zur Risikostreuung bei und ermöglicht eine rationellere und effektivere Geschäftsführung. Zeitweilig kommt die Gesellschaft auf bis zu 90 Teilhaber. Die Geschäftsleitung hat ihren Sitz in Ravensburg. Von hier aus dirigieren und kontrollieren zwei oder drei »Regierer« die dreizehn Hauptniederlassungen in den wichtigsten Handelsstädten, unter anderem in Lyon, Genf, Mailand, Barcelona, Saragossa, Brügge, Antwerpen und Wien. Noch weiter ist das Handelsnetz gespannt; Vertreter der Gesellschaft sitzen in Südspanien und Süditalien, in London und Krakau.[25] Zwar findet die doppelte Buchführung, die in Italien seit 1340 bekannt ist, in der Großen Ravensburger Handelsgesellschaft vor 1505 nirgends Anwendung, aber von deren Geist sind Rechnungslegung und Geschäftskorrespondenz bereits lange vorher durchdrungen. Man begnügt sich nicht mehr mit einer systemlosen, schlecht geführten Aufzeichnung, wie dies die kaufmännischen Handwerker gleichzeitig noch immer tun, sondern führt penibel Buch, registriert und kontrolliert.[26]

Das Zeitbewusstsein der Großhandelskaufleute wird weiter geschärft durch die Annahme und Vergabe von Krediten. Mit der Entfaltung des Handels und des Umfangs der einzelnen Geschäfte wachsen auch die Geldsummen, die den Besitzer wechseln. Das zur Bezahlung ganzer Schiffsladungen notwendige Geld kann der Kaufmann abgesehen vom Sicherheitsrisiko nicht mehr an seinem Körper tragen – es ist viel zu schwer. Schon die italienischen und provenzalischen Kaufleute, die im 12. Jahrhundert die Champagnermessen besuchten, um Tuch und andere Handelsgüter zu kaufen, waren gezwungen, mit mehreren Saumtieren anzureisen, um das Münzgeld zu transportieren.[27] Seit dem 12. Jahrhundert mussten die Kaufleute notgedrungen neue Instrumente entwickeln, um die Bargeldzahlungen zu verringern. Sie errichten zunächst an den Messeorten Clearing-Stellen und erproben neue Formen bargeldloser Zahlungen, an erster Stelle den Wechsel. Mit ihm kommt die Zeit ins Spiel. Die Clearingtermine werden am Ende der großen Messen anberaumt, wodurch Zahlungen nur noch an einigen Tagen im Jahr getätigt werden können. Da bei bargeldloser Zahlung per Wechsel zwischen Ausstellung und Auszahlung einige Zeit vergeht, um die meist größeren räumlichen Distanzen zu überwinden, eröffnet diese Zahlungsart dem Schuldner einen, wenn auch nur kurzfristigen Kredit.

Die Gläubiger erkennen schnell, dass sie während der Laufzeit des Kredites mit diesem Geld nicht arbeiten können. Sie suchen einen Ersatz für den entgangenen Gewinn und verlangen zusätzliche Geldleistungen. Dem steht jedoch das kirchliche Zinsverbot entgegen, dessen Begründung sich im 12. Jahrhundert änderte: Zu dem bisherigen Argument, der Zins sei Diebstahl von Eigentum, tritt fortan verstärkt das theologische Argument des »Zeitdiebstahls« hinzu. Der Wucherer handele mit fremdem Eigentum, indem er sich die allein Gott gehörenden Tage und Nächte aneigne, um sie ohne eigene Anstrengungen gegen Geld zu verleihen. Zinsnahme ist aus dieser Sicht ein unmoralischer »Zeitverkauf«.[28] Geldleihe verkehre die Natur des Geldes, das seiner Natur nach nicht wertbildend sei, sondern allein in Verbindung mit menschlichem Fleiß eine Quelle des Gewinns sein könne. Bei Darlehensgeschäften entstehe jedoch der Gewinn durch den Verkauf der zwischen Leihe und Rückzahlung verstreichenden Zeit. Die dem Menschen von Gott geschenkte Zeit sei ihrem Wesen nach aber unverkäuflich.[29] Der Mensch habe kein Verfügungsrecht über die Zeit, sie sei Eigentum Gottes.[30]

Für die Kirche ist die Gewährung eines Darlehens gegen Zins Wucher, der zu Gier und Habsucht sowie zur Ausbeutung Notleidender führt. Gleichwohl suchen Landesherren und Städte in ihrer permanenten Geldnot nach Schlupflöchern, um das Zinsverbot zu umgehen. In der Praxis setzt sich alsbald die Meinung durch, der Schuldner habe für einen erlittenen Schaden des Gläubigers aufzukommen. Von dort ist der Weg nicht mehr weit bis zur Vergütung des entgangenen Gewinns. 1515 übernimmt die Kirche schließlich die Lehre des Bischofs Antonin von Florenz (1389–1459), der das Darlehen als stille Gesellschaftsbeteiligung an einem Unternehmen interpretiert, was eine Gewinnbeteiligung – nicht aber eine Verlustbeteiligung – ermöglicht. Auch wird die Rückzahlungsfrist für Darlehen möglichst kurz bemessen, wobei sich hinter der bei Vertragsabschluss festgesetzten Konventionalstrafe, die bei Überschreitung der Frist fällig wird, nichts anderes als Verzugszinsen verbergen. Alternativ schreiben Darlehensgeber und -nehmer in den Schuldschein eine größere Summe als tatsächlich ausbezahlt. Andere deklarieren den Zins als Geschenk zur Abdeckung der Unkosten des Gläubigers bzw. als Belohnung für dessen Mühen. Sie sichern sich gegen alle Eventualitäten ab, indem sie bekräftigen, der Gewinn sei wirklich ein Geschenk »aus reiner Liebe und Freundschaft«. Andere wiederum verlangen ohne jede Umschweife »usurae«, also Zinsen, so unter anderem die Großschäffer des Deutschen Ordens bei der Gewährung von Darlehen: »tenetur 20 marc, do sal her uns von czinsen alle jar 2 marc uff weynachten«.[31]

Landesherren und auch die Kirche nutzen die vielen legalen Möglichkeiten zur Umgehung des Zinsverbots ohne Zögern;[32] nicht anders die Kaufleute. Großzügig gehen die Fugger mit ihnen um. So bieten sie der Großen Ravensburger Handelsgesellschaft nach einer Warenlieferung zwei Zahlungstermine an: den ersten einen Monat später auf der nächsten Messe; dann sind 1 170 Pfennig zu entrichten, sowie einen alternativen Termin in einem Jahr; dann jedoch wären 1 260 Pfennig fällig.[33]

Oft kommen die Kaufleute nicht umhin, ihre Waren auf Kredit zu verkaufen, wollen sie nicht auf ihnen sitzen bleiben. Auf den Champagnermessen beträgt 1311 der von den Ordonnanzen genehmigte Zinsfuß 20 Prozent, nicht viel anders in Venedig, Genua und Florenz. Nicht selten bewegt er sich deutlich darüber. Kaiser Friedrich II. zahlt römischen Kaufleuten 36 Prozent Zinsen, und als er die Rückzahlungstermine nicht einhalten kann, erhöht sich der Zinssatz auf 48 Prozent. Lehrbücher der Rechenkunst unterrichten die Kaufleute ohne Rücksicht auf die Gebote der Kirche, wie die Zinsen zu berechnen sind, so Leonardo Pisano zu Beginn des 13. Jahrhunderts. Sie zeigen, wie die Zeit in die Berechnung einzubringen ist. Sie machen deutlich, dass Zeit Geld ist.[34] Dies lernen und erkennen selbst Kaufleute an, die sich nach außen hin streng an das kirchliche Zinsverbot halten, etwa die Kaufleute der Großen Ravensburger Handelsgesellschaft. Wie alle anderen verlangen sie eine pünktliche – im Sprachgebrauch der Gesellschaft »richtige« – Bezahlung. Gleichzeitig betonen sie aber auch: »Was sollen wir das unsere verstecken und große Kosten, Mühe und Arbeit haben, die nichts ertragen wollte.« Und dann ganz im Geist des sehr frühen Kapitalismus:

»Laßt uns niemand etwas zu leid tun, denn allein uns zu nutzen [...] Uns ist nicht Not nach keinen Dingen, denn allein nach dem Nutzen«.[35] Umgekehrt rechnen dieselben Kaufleute bei einer Vorauszahlung eines Kunden schnellstens aus, wie viel Geld sie dabei weniger einnehmen im Vergleich zu einer nachträglichen Bezahlung. Das Augsburger Handelshaus Paumgartner leitet eine solche Berechnung mit der Frage ein: »Was verlür ich in 12 monat?«[36] Der Warenkredit lässt die Kaufleute sehr klar den Wert der Zeit erkennen, die für sie mit einem möglichen Gewinn verbunden ist. Die Händler hoffen, aus der Zeit Nutzen zu ziehen. Sie horten in Erwartung einer Hungersnot, sie suchen für den An- und Verkauf den günstigsten Augenblick, sie ziehen Schlüsse aus dem Verlauf wirtschaftlicher Wechsellagen und versuchen, die Gesetzmäßigkeiten des Lebensmittel- und Metallmarktes zu verstehen.[37]

Die Welt der Geldwirtschaft unterscheidet sich in vielfacher Weise von der der Naturalwirtschaft. Dort ist Geld zu einem gemeinsamen Nenner geworden, um höchst unterschiedliche Güter zu vergleichen, zu verhandeln und zu tauschen. Geld wird zudem das Maß für die in eine Aktivität investierte Zeit, für die Herstellungszeit, Transportzeit, Abnutzungszeit, in Form von Zinsen auch für die ›ausgeliehene‹ Zeit. Während die Uhr die Zeit in kleine und kleinste Einheiten zerlegt und sie sichtbar macht, ermöglicht das Geld, die Zeit zu zählen, »aufzubewahren« und zu tauschen. Geld wird vor allem im Denken und Handeln der Kaufleute »gespeicherte Zeit«,[38] es hält die Zeit fest, es lässt die flüssige Zeit in Metall erstarren und verwandelt sie in Zahlen, mit denen gerechnet werden kann.[39] Die Diskussion um den Zins offenbart diese Materialisierung von Zeit.

Der Kaufmann hat sich in seinem Denken und Handeln sehr weit vom Bauern und Handwerker entfernt. Wo in dem zünftig-agrarischen Kosmos die »Nahrung« als Ziel allen Wirtschaftens gilt, ist es in der Welt des Kaufmanns der Gewinn – oder wie sich die Ravensburger ausdrücken: der Nutzen. Während bei den Handwerkern Arbeit über das notwendige Maß hinaus als unbotmäßige Bereicherung gilt, ist sie bei den Kaufleuten bereits Abkehr vom Müßiggang und damit ein wirklicher Gottesdienst.

Das Denken vom Markt her äußert sich auch bei dem Bemühen des Kaufmanns, den Raum möglichst schnell zu überwinden, obwohl jeder Ortswechsel fast einer Weltreise gleichkommt. Er möchte rasch an seinem Ziel ankommen, schneller als die anderen, um noch vor dem Eintreffen der Konkurrenz einen Preisvorteil zu ergattern, einem Preisverfall zuvorzukommen und Verluste zu vermeiden. Ein Beispiel: Als der Kaufmann Hildebrand Veckinchusen im Jahre 1420 in Brügge erfährt, dass in diesem Jahr kein Baiensalz nach Livland verschifft würde, beschließt er, alle Salzvorräte Livlands aufzukaufen. Er schickt ei-

nen berittenen Boten nach Riga zu einem dortigen Geschäftsfreund. Nach 25 Tagen ist der Bote bis Danzig vorgedrungen; von dort reitet er über Dorpat nach
Livland weiter. Er muss sich beeilen, denn auch andere Kaufleute möchten diese
Gewinnchancen nutzen und haben einen Boten nach Riga geschickt, der jedoch
einen Rückstand von vier Tagen hat. Ob die Spekulation gelingt, wissen wir
nicht, dies ist auch zweitrangig.[40] Wichtiger ist, dass die Kaufleute die ökonomische Bedeutung von Geschwindigkeit begriffen haben. Wie Jacques Le Goff
schreibt, entdeckt der Kaufmann im selben Moment den Preis der Zeit, in dem er
den Raum erobert.[41]

Ebenso wichtig ist es, das eingesetzte Kapital möglichst schnell umzuschla-
gen und sich schnellstmöglich Informationen zu beschaffen. Als der Kaufmann
Andrea de' Tolomei 1265 aus der Messestadt Troyes in der Champagne einem
seiner Neffen und Geschäftsteilhaber in Siena einen Brief schickt,[42] ist darin viel
von Boten die Rede, die die Sienesen in ganz Europa bis nach England einsetzen.
Sie befördern Geschäftsbriefe mit Zahlungsaufforderungen und Informationen
über Marktpreise. Die Händler aus Siena wollen möglichst schnell über Erntemengen und Ernteprise sowie über Preisschwankungen Bescheid wissen, um zu
handeln. Sie werden hellhörig, wenn von Schiffsladungen und Schiffsbrüchen
die Rede ist. Sie wollen bei hohen Preisen umgehend mit ihren Waren präsent
sein. Der Schreiber wird unruhig, weil der Bote mit den Preisen für die flandrischen Wollstoffe noch nicht angekommen ist. »Gott möge ihn uns mit guten
Nachrichten senden, denn es dauert schon zu lange«, schreibt er von Troyes nach
Siena. Die Zeit drängt. Auch der Schreiber hat keine Zeit zu verlieren und kürzt
die Jahreszahlen und immer wiederkehrende Wörter ab.

Die Fernhändler gieren nach den neuesten Nachrichten, um sie für geschäftliche Zwecke zu nutzen. Die Nachfrage nach Informationen steigt. Rom als Sitz
des Papstes und als Weltstadt entwickelt sich im Spätmittelalter zu einem der
größten Nachrichtenzentren der damaligen Welt. Der Augsburger Johannes Zink
und der Nürnberger Engelhard Schauer leiten hier um 1500 als Faktoren der
Fugger deren Post- und Zeitungswesen und übermitteln ihren Herren oft Nachrichten, bevor ein anderer in Deutschland davon erfährt. Zu Beginn des 16. Jahrhunderts bauen Jakob und Anton Fugger am Weinmarkt in Augsburg eine Art
Nachrichtenzentrale auf, in der die eingehenden Kaufmannsbriefe nach ihrer politischen und wirtschaftlichen Bedeutung ausgewertet, neu zusammengestellt und
an Geschäftsfreunde und Fürsten verschickt werden.[43] 1536 eröffnet in Venedig
ein kaufmännisches Nachrichtenbüro, das kontinuierlich Informationen über
Handelstendenzen, ein- und auslaufende Schiffe sowie Warenpreise vertreibt.[44]
Damit verlieren einige ihren Informationsvorsprung und müssen neue Techniken

entwickeln, um ihn zurückzugewinnen. Die Spirale der Beschleunigung beginnt sich zu drehen, und das kapitalistische Steigerungsspiel zieht immer mehr Mitspieler an.

Bei ihren Geschäften drücken die Kaufleute vermehrt aufs Tempo. Nur wer schnell ist – schneller als die Konkurrenz – kann mit Gewinn rechnen. In ihren Briefen an die Hauptniederlassungen und die Vertreter drängt die Zentrale der Großen Ravensburger Handelsgesellschaft immer wieder auf möglichst frühe Einkäufe, ehe die anderen Großhändler erscheinen und die Preise in die Höhe treiben: »Ihr müßt es zu seiner Zeit kaufen und nicht warten, bis die Schiffung kommt; denn auf diese Zeit muß man es teurer kaufen denn sonst.«[45] Ebenso ermahnen die »Regierer« die Leiter der Niederlassungen, die Waren mit dem ersten Schiff an den Bestimmungsort zu senden: »Kommt man mit der ersten Passage, so verkauft man statt 15 Ballen deren 50.«[46] Noch klarer haben im Venedig des Spätmittelalters die Kaufleute den Wert der Zeit entdeckt und Modellrechnungen erstellt, wie unter Berücksichtigung von Erntetreminen, Vorratsbeständen, Transportwegen und lokalen Preisen und Zinsen die höchsten Gewinne zu erzielen sind.[47] In einem mittelalterlichen Ratgeber für Kaufleute ist nachzulesen: »In Genua ist das Silber teurer im September, Januar und April wegen der Abfahrt der Schiffe [...] in Rom oder wo der Papst sich aufhält variiert der Preis des Silbers mit der Anzahl der vakanten Pfründen und den Reisen des Papstes, der überall, wo er sich aufhält, den Preis des Silbers ansteigen lässt.«[48] In Ravensburg ist die Geschäftsleitung dagegen, dass »das Geld lange auf der Ware schliefe«. Lässt sich eine Ware nicht mit Gewinn abstoßen, soll man sie nicht zu lange auf Lager behalten und auf einen Preisanstieg hoffen, »denn es ist besser ein Verlüstle als ein Verlust«.[49] Zeit ist Geld, und jeder Ladenhüter lässt den Verlust Tag für Tag weiter ansteigen. Langsamkeit wird zum Risiko; die Langsamen schreiben schnell Verluste. Um das Risiko von Preisschwankungen zu reduzieren, beginnen die Kaufleute mit Unterstützung der Obrigkeit schon früh, gedruckte Preislisten etwa von Amsterdam aus in ganz Europa zu verbreiten, damit die dortigen Preise für Gewürze, Wein oder Zucker den Preistrend im Binnenland setzen. Dazu gehört auch der Ausbau des Terminhandels in Waren und Wertpapieren.[50]

Gleichzeitig treiben die Leiter der Handelshäuser ihre Untergebenen zu höchster Eile an und sind selbst Vorbilder. Viele persönliche Briefe, die uns der italienische Fernhandelskaufmann Francesco di Marco Datini aus Prato bei Florenz hinterlassen hat, sind immer wieder »in Eile« unterschrieben. Auch seine Mitarbeiter lässt er von dem Zeitdruck wissen, dem er ausgesetzt ist und dem er sich selbst aussetzt.[51] Ähnlich einem modernen Manager formuliert er: »Mir fehlt die Zeit, es ist die einundzwanzigste Stunde, und ich habe weder gegessen noch getrunken.«[52] Früher als für die oberdeutschen ist für die italienischen Kaufleute Zeit gleich Geld.

Nördlich der Alpen übernehmen die Kaufleute erst nach und nach die Praktiken ihrer italienischen Kollegen. Dazu gehören auch deren Methoden zur Beschleunigung der Nachrichtenübermittlung. Als das Augsburger Handelshaus Paumgartner im Jahre 1506 seine jahrzehntelangen Erfahrungen auf den verschiedenen europäischen Märkten schriftlich niederlegt, gehören dazu Listen mit Botenlöhnen. Danach erhält ein Eilbote, der die beschwerliche Strecke von Venedig nach Nürnberg in sechs Tagen zurücklegt, 33 rheinische Gulden, schafft er sie in fünf Tagen, bekommt er 50 Gulden ausgehändigt und sogar 80, wenn er bereits in vier Tagen angekommen ist. Doch bei vielen derartigen Geschäften geht es Anfang des 16. Jahrhunderts bereits nicht mehr um Tage, sondern um Stunden. So vermerkt denn auch die Liste der Botenlöhne für die Strecke von Venedig nach Rom: in 60 Stunden 24 Dukaten, in 48 Stunden 34 Dukaten und in 40 Stunden 44 Dukaten.[53] Im Hanseraum übernimmt das 1517 gegründete »Collegium der Olderlyde des gemeinen Kopmans« als Interessenvertretung der gesamten Hanse auch die Kontrolle der Boten, führt zur Sicherung von Brief- und Geldsendungen Kautionen und zur Beschleunigung der Nachrichtenübermittlung ebenfalls feste Laufzeiten sowie Strafgelder bei Verzögerungen ein. Die Beschleunigungseffekte sind recht überzeugend. Während zu Beginn des 15. Jahrhunderts ein Brief von Lübeck nach Brügge im Sommer noch elf bis 20 Tage und im Winter 13 bis 24 Tage benötigte, sind die Briefe Anfang des 17. Jahrhunderts nur acht beziehungsweise zehn Tage unterwegs.[54]

Den Zeitgenossen bleiben das völlig andersartige Zeitverständnis der Kaufleute, die Umwertung der Zeit zur Ware und die oft atemlose Zeitnutzung nicht verborgen. Viele reagieren irritiert und kritisieren die Unruhe, mit der diese aufsteigende Gesellschaftsschicht ihren Geschäften nachgeht. Mit erhobenem Zeigefinger treten ihnen kirchliche Moralisten entgegen und werfen ihnen vor, das rastlose Erwerbsstreben lasse ihnen keine Zeit für die Sorge um das eigene Seelenheil.[55] Die Kaufleute antworten, indem sie einen Teil ihres Gewinns an die Bedürftigen weitergeben. Die Große Ravensburger Handelsgesellschaft zweigt, um dem Zorn der Kirche zu entgehen, bei jedem Jahresabschluss erhebliche Mittel für wohltätige und religiöse Zwecke ab. Die Kaufleute beteiligen den Herrgott, von dessen Gnade und Milde der Erfolg der Gesellschaft letztlich abhängt, gewissermaßen an ihrem Gewinn.[56] Sie wollen, wenn ihr Ende naht, den Weg ins Jenseits und in die Ewigkeit möglichst zügig nehmen. Mit der Offenlegung ihres Reichtums, sei es in Form von prachtvollen Häusern oder üppigen milden Gaben, demonstrieren die Kaufleute vor aller Öffentlichkeit die Attraktivität ihrer wirtschaftlichen Prinzipien. Sie zeigen allen, wie man mit Hilfe der Beschleunigung zum Erfolg kommen kann, und animieren zur Nachahmung.

Die Beschleunigung des Warentransports

Für alle erkennbar sind Anwendung und Nutzen des Beschleunigungsprinzips beim Transport von Nachrichten und Gütern. Nicht ohne Grund liegen die zentralen Ausgangspunkte des Fernhandels innerhalb von Europa an den schnellsten Verkehrsstraßen des Mittelalters und der Neuzeit: am Meer sowie an den großen Flüssen. Man denke an Venedig und Genua; beide überragen alle anderen Handelsorte im westlichen Mittelmeerraum. Man denke ferner im Hanseraum an Hamburg, Stettin, Danzig und Lübeck, im Landesinneren an Köln, Magdeburg und Lyon. Die Widerstandskraft des Raums lässt sich für die Menschen des Mittelalters am leichtesten auf dem Weg über das Wasser brechen, wobei sie über das Meer am schnellsten vorankommen.[57] Im Landesinneren sind die Flüsse die Schnellstraßen der vorindustriellen Jahrhunderte. Lediglich bei leichtem Gepäck hat der Mensch auf dem Rücken von Pferden die Möglichkeit, auch auf dem Landweg sein Ziel relativ schnell zu erreichen. Während die Fahrtgeschwindigkeit von Warentransporten auf dem Lande maximal fünf bis sieben Meilen beträgt, erreichen die Seeschiffe eine Tagesleistung von 18 bis 20 Meilen, bei direkter Fahrt 24 bis 32 Meilen.[58]

Es sind immer wieder die Kaufleute, die seit dem Spätmittelalter bei wachsender Erkenntnis über die ökonomische Bedeutung der Zeit auf eine Beschleunigung des Warenverkehrs dringen. In ihren Geschäftsbüchern können sie die Folgen der technischen Rückständigkeit der Transportmittel und der Verkehrswege in Form von Verlusten nachlesen. Sie fordern daher von den Werften schnellere Schiffe und von den Handelsstädten eine verbesserte Infrastruktur, um ein schnelleres Umladen der Waren zu ermöglichen. Zwar lässt sich die Verkehrswertigkeit der Seeschiffe auch durch eine Vergrößerung des Ladevolumens erreichen, doch werden die damit verbundenen Vorteile sehr schnell wieder durch die geringe Tiefe der Hafenanlagen zunichte gemacht, die die größeren Schiffe dazu zwingt, auf Reede vor Anker zu gehen und die Waren zeitraubend auf kleinere Boote umzuladen. So liegen die Koggen mit ihrem großen Tiefgang die längste Zeit des Jahres im Hafen, warten auf günstigen Wind und sind wegen der unzureichenden Wassertiefen unverhältnismäßig lange Zeit mit dem Löschen oder Einbringen der Ladung beschäftigt.[59] Lübecker Koggen bringen es im Jahr lediglich auf zwei Reisen nach Flandern oder eine Fahrt in die Baie und zurück.[60] Daher setzen die im Spätmittelalter und der frühen Neuzeit erfolgreichen Handelshäuser in erster Linie auf schnellere Schiffe. Den Schiffsbauern gelingt dies im Spätmittelalter zunächst durch eine Weiterentwicklung älterer Schiffstypen, in der frühen Neuzeit dagegen durch eine weitgehende Neukonstruktion der großen Segler.[61]

Bereits zu Beginn des 14. Jahrhunderts war die Kogge ins Mittelmeer gelangt und hatte dort zum Teil die bis dahin gebräuchlichen, auf den Werften von Venedig, Genua und Katalanien gebauten schweren Galeeren verdrängt. Aber bereits Mitte des 15. Jahrhunderts segeln die meisten Hansekaufleute den von den Holländern benutzten spanischen Schiffen weit hinterher.[62] Die Werften reagieren, indem sie die neuen Koggen mit drei Masten versehen, um die Geschwindigkeit zu erhöhen, zumal es so möglich wird, auch bei seitlichem Wind Fahrt aufzunehmen.[63] Mitte des 15. Jahrhunderts löst zudem die Kraweelbeplankung den Klinkerbau ab, das heißt, die Planken werden nicht mehr dachziegelartig angeordnet, sondern greifen scharf aneinander. Die dreimastigen Kraweelschiffe mit ihren Rahsegeln am Fock- und Großmast sowie den dreieckigen Lateinersegeln am Besanmast, die so genannten Karacken, liegen besser im Wind und ihre Takelung erlaubt ein schnelleres Einholen der Segel bei aufkommendem Sturm.

Von Gibraltar bis Lübeck und London beginnt ein regelrechter Wettlauf um das schnellste Handelsschiff. Die Entdeckungsreisen sowie der Ausbau von Handelsstützpunkten außerhalb von Europa stellen neue Anforderungen an die Schiffe und verleihen dem Schiffsbau neue Impulse. Am Ausgang des 15. Jahrhunderts haben die Spanier und Portugiesen mit ihren »Caracas«, »Naos« und »Carawellen« die Nase vorn. Letztere verdrängen die im Mittelmeerraum noch weiter verbreiteten Galeeren fast vollständig; sie sind billiger in der Unterhaltung, verfügen über einen größeren Laderaum, sind bei Wind schneller, selbst wenn dieser in einem Winkel von 60 bis 65 Grad von hinten bläst, und können mit ihrem schmalen und flachen Schiffsrumpf leichter in einen Hafen einlaufen.[64]

Die Nachfrage nach noch schnelleren Schiffen steigt mit der Kolonisierung Amerikas, genauer mit Beginn des Sklavenhandels von Afrika nach Brasilien und den Westindischen Inseln. Nachdem im Jahre 1563 der Freibeuter John Hawkins, der spätere Schatzmeister der englischen Flotte, die ersten Sklaven auf der ehemaligen »Jesus von Lübeck« von der Sierra Leone nach Haiti transportiert hat, entwickelt sich ein brutal geführter Kampf um den so genannten »asiento« – das ausschließliche Recht der Belieferung der spanischen Kolonien mit Ar-

Abbildung 2: Niederländische Fleuten[65]

beitskräften. Es liegt zunächst in portugiesischer Hand. Riesige Gewinnchancen beim Sklavenhandel locken aus ganz Europa Händler an. Sie haben nur dann Aussicht, ihre Ware gewinnbringend an Land zu bringen, wenn sie auf schnelleren Schiffen als die Kontrollmächte unterwegs sind. Die Kontrolleure reagieren ihrerseits mit dem Bau noch schnellerer Schiffe.

Der Aufstieg der Holländer als den gefährlichsten Rivalen der Hanse sowie ihr Sieg seit dem 15. Jahrhundert sind zu einem entscheidenden Teil auf die größere Geschwindigkeit ihrer Schiffe zurückzuführen. Im 15. Jahrhundert dringen die holländischen Schiffe auf der Suche nach Baiensalz und französischem Wein bis in den Atlantik vor und vermehren auf der Suche nach Getreide ihre Aktivitäten in der Ostsee, wobei sie sich schon bald nicht allein auf den Getreidehandel beschränken. Sehr viel rascher als die Hanse bauen die Holländer ihre Handelsflotte aus. Deren Tragfähigkeit beträgt Ende des 16. Jahrhunderts bereits rund 120 000 Last; Mitte des 17. Jahrhunderts sogar mehr als doppelt so viel. Dagegen verfügen die Hansestädte gegen Ende des 16. Jahrhunderts lediglich über eine Handelsflotte mit einer Tragfähigkeit von rund 45 000 Last, das sind rund 90 000 Tonnen. Damit behaupten sie zwar immer noch den zweiten Platz unter den Handelsflotten Europas vor Frankreich, doch sie sind weit von der Leistungsfähigkeit der Holländer entfernt.[66]

Die Holländer können ihre Überlegenheit in der Tonnage zudem durch eine bessere Schiffsbautechnik weiter steigern. Das von ihnen gebaute Frachtschiff, die Fleute, lässt alle bis dahin bekannten Handelsschiffe an Schnelligkeit weit hinter sich (Abb. 2). Mit ihr kann auch die schnellste Kogge nicht mehr mithalten. Die Fleute mit ihren drei hohen, dreigeteilten Masten ist länger und schmaler als die Kogge; sie ist wesentlich schneller bei geringerem Tiefgang und kann mit einer kleineren Mannschaft gesegelt werden. Sie erreicht auch stromaufwärts gelegene Häfen, wodurch das zeitaufwändige Umladen in Schuten entfällt. Ihre Schnelligkeit erlaubt den Besitzern deutlich mehr Fahrten zu unternehmen als mit anderen Schiffstypen. Im Jahre 1585 passieren 19 dieser Fleuten achtmal den Sund, sechs sogar zehnmal. Auf jedes niederländische Schiff von über 100 Last entfallen im Jahre 1565 rund 2,2 Sundpassagen, 1625 sind es bereits 4,2 Durchfahrten. Mit den Fleuten können die Holländer die Zahl ihrer jährlichen Fahrten in die Ostsee und andere Seegebiete verdoppeln bis verdreifachen und ihre Konkurrenten abhängen. Mit den schnelleren und tragfähigeren Schiffen beschleunigen sie Waren- und Kapitalumschlag und damit das Wachstum ihrer Vermögen. In Lübeck dagegen legt Schiffsbaumeister Karsten Dettmers erst 1617 die erste Fleute auf Kiel.[67] Inzwischen sind die Holländer schon lange hinter dem Horizont enteilt – die Schnellen haben gesiegt.

Auch in den Häfen wollen die Kaufleute keine Zeit verlieren. Zunächst hatten die Seeschiffe auf der Reede geankert, und Löschen und Beladen war durch flache Schuten erfolgt. Schneller ging es dort, wo das Fahrwasser bis nahe ans Ufer reichte und Ladeplanken eingesetzt werden konnten. Solche Bedingungen sind jedoch nicht überall gegeben. Um das Umladen zu beschleunigen, lassen die großen Handelsstädte Molen und Piers in Pfahlbauweise errichten. In Lübeck ersetzt man den fehlenden Kai durch die Prähme: tragkräftige, mit einer Schmalseite am Ufer vertaute Flöße, die als schwimmende Lösch- und Ladebrücken dienen.[68] Wo immer es der Baugrund zulässt, rücken zudem die Speicher direkt ans Wasser, um jeden zeitaufwändigen Zwischentransport zu vermeiden.[69]

Nicht überall sind die Lade- und Löschmöglichkeiten so gut wie in Bergen mit der »Deutschen Brücke«. In der Regel werden die ankommenden Kaufleute vor eine harte Geduldsprobe gestellt, da die meisten Häfen nur über einen einzigen Kran verfügen, der den gesamten ein- und ausgehenden Seeverkehr bewältigen muss. Wenn wie in Brügge durch Schleusen, Verschlammung und Wassermangel noch andere Schwierigkeiten hinzukommen, dauern Entladung und Transport in die Stadt oft zwei bis drei Wochen.[70] Gewiefte Kaufleute, die jeden Zeitverlust als Geldverlust interpretieren, verlassen das Schiff vorzeitig, um über Land vorauszufahren, eine rasche Abfertigung vorzubereiten und sich nach der Marktlage zu erkundigen.[71]

Weitaus zeitraubender als auf See gestaltet sich der Transport der Waren im Binnenland. So sehr auch der Fernhandelskaufmann den Wert der Zeit begreift, seine Erkenntnisse lassen sich beim Transport von Waren in erster Linie im Seeverkehr in wirtschaftlichen Nutzen umsetzen, zumal ihm die großen Seestädte dabei hilfreich zur Seite stehen. Im Binnenland sieht er sich dagegen in steigendem Maße ausgebremst. Immer öfter wird er in seinem Vorwärtsdrang gestört, er wird angehalten, die Zeit wird ihm gestohlen. Zwar könnte er mit den vielen kleinen Seeschiffen, die neben den großen in Gebrauch sind, auf den Flüssen relativ schnell und tief ins Landesinnere eindringen, doch wird ihm sein Zeitgewinn von den vielen Stapel- und Zollrechten, die sich ihm entlang der Flüsse in den Weg stellen, sofort wieder geraubt. So sehr sich auf See die Transportgeschwindigkeit steigern lässt und gesteigert wird, im Landesinneren dominieren weiter die Kräfte der Immobilität.

Gerade die Flüsse scheinen diese Kräfte der Beharrung wie magisch anzuziehen, sodass die binnenländischen Verkehrsadern ihre eigentliche Stärke verlieren. Die zahlreichen Stapel- und Niederlagerechte lassen die großen Flüsse, diese Schnellstraßen des Mittelalters, zu Schleichwegen verkommen. Überall und immer wieder wird der vorwärtsdrängende Kaufmann zum Halt gebracht: gegen Ende des 14. Jahrhunderts 64-mal am Rhein, 77-mal an der Donau in Unterösterreich, 74-mal an der Loire zwischen Roanne und Nantes.[72] In ihrer Sorge um ausreichende Nahrung und Rohstoffzufuhr zwingen viele Städte die Kaufleute, aus ihren Booten auszusteigen und die mitgeführten Waren eine Zeitlang zu ortsüblichen Preisen zum Verkauf anzubieten. Den Städten geht es dabei um Einnahmen, Nahrung und wirtschaftliche Belebung. Einheimische Gastwirte, Bäcker, Metzger, Fuhrleute, Geldwechsler und andere Berufe werden zwar so in Brot gesetzt, die Fernkaufleute aber verlieren viel Zeit durch Aus- und Einladen, Wägen, Prüfen und Einlagern, wovon sich zudem Gebühren ableiten. Obwohl der Warentransport auf den Flüssen selbst gegen den Strom mit Hilfe des Treidelns noch immer schneller und leichter vonstatten geht als der Überlandtransport mit Pferd und Wagen, nehmen viele Kaufleute ihre Waren vom Schiff, packen sie auf Wagen und Tragtiere, um auf dem Landweg Zölle und Stapel zu umgehen und bei geringeren Kosten schneller voran zu kommen. Die Städte reagieren umgehend. Sie treten den Händlern erneut mit erhobener Hand entgegen und erwirken mit Hilfe des Straßenzwangs und des Verbots, unterwegs umzuladen, Zwangsaufenthalte innerhalb der Stadtmauern. Wie ein Krake halten die territorialen Gewalten die Kaufleute immer fester umklammert. Zunächst dient der Straßenzwang lediglich dazu, Waren zur Verzollung in eine Stadt zu lenken. Bald kommt die Angebotspflicht hinzu, später das Geleitsrecht, das mit zusätzlichen Gebühren verbunden ist.[73] Territoriale Gewalten lernen recht früh, ohne eigenen Einsatz aus der Mobilität Profit zu ziehen. Mit Steuern und Schikanen testen sie die Schmerzensgrenze der Mobilen.

Auf dem Wasser wird der Vorwärtsdrang der Kaufleute zusätzlich durch die steigende Zahl von Mühlenbesitzern gebremst, die sie mit ihren Wehren zum Halt und Umladen zwingen. Auch dort, wo die Kaufmannschaft zur Mehrung und Beschleunigung des Handels den Bau von künstlichen Wasserstraßen durchsetzt, hat sie heftigen Widerstand zu brechen. In Deutschland ist nur der von 1391 bis 1398 gebaute Stecknitz-Kanal, der die Trave mit der Elbe verbindet und primär dem Salzhandel zwischen Lüneburg und Lübeck dient, von Erfolg gekrönt. Die Stecknitzkähne, die circa 7,5 Tonnen tragen, sind von der Elbe bis zur Trave zwei bis drei Wochen unterwegs. Diese erste künstliche Wasserstraße zwischen beiden Flüssen bleibt 500 Jahre lang in Betrieb. Dagegen kann der 1448 geplante Alster-Trave-Kanal, der Hamburg mit Lübeck verbindet, erst zwischen 1525 und 1529 gebaut werden. Zuerst sind zahlreiche Gegner aus dem Feld zu schlagen, und auch als der Kanal schließlich in Betrieb geht, versuchen die örtlichen Grundherren weiterhin die Passage zu stören. Dass man den Kanal jedoch bereits nach 25 Jahren wieder versanden lässt, hat andere Gründe. Der König in Kopenhagen als Landesherr zeigt kein sonderliches Interesse an dieser Wasserstraße, da er mehr am Sundzoll verdient.[74] Daneben treibt vor allem die inzwischen erfolgte Weiterentwicklung der Seeschifffahrt den Kanal ins Abseits. Mit den neuen größeren und schnelleren Seeschiffen, die die Jütische Halbinsel umfahren, kann die umständliche und langwierige Fahrt mit den relativ kleinen Kähnen durch Trave, Kanal und Alster nicht konkurrieren, zumal an den beiden Endpunkten ein umständliches Umladen notwendig ist. Der Alster-Trave-Kanal ist bereits veraltet, als er gebaut wird.[75] Insgesamt ist der europäische Raum an der Wende zur Neuzeit mit vielfältigen Hindernissen vollgestellt, mit natürlichen und von Menschenhand geschaffenen, gegen die der Geschwindigkeitsdrang der Kaufleute nur mühsam ankommt.

Am langsamsten kommen die Kaufleute mit ihren Waren über Land voran. Bis zur Renaissance bleiben in Mitteleuropa Ausbau und technische Weiterentwicklung der Verkehrs- und Handelswege weitgehend aus. Zwar hatte das 12. Jahrhundert die Straße geradezu neu entdeckt, doch lief gerade nördlich der Alpen die Entwicklung nur sehr zögerlich an, und Rückschläge und ein weitergehender Verfall blieben nicht aus.[76] Vor allem die Einsetzung des Reichskammergerichts im Jahre 1496 in Wetzlar und die damit verbundene generelle Einführung des Römischen Rechts in Deutschland haben ein zunehmend desolater werdendes Straßenwesen zur Folge. Nach der neuen Rechtsordnung sind die Anlieger für den Zustand der Straße verantwortlich und werden zu praktischen Unterhaltsleistungen herangezogen. Die meisten entziehen sich diesen Belastungen, zumal die Bauern, durch deren Gebiet die großen Handelsstraßen verlaufen, keinerlei Vorteil aus einem guten Zustand der Routen ziehen können und eher an einem schlechten Zustand der Straßen verdienen. Für sie ist nicht Schnelligkeit von Vorteil, sondern Langsamkeit und Stillstand.[77]

Trotz der generellen Verschlechterung des Straßenzustandes gibt es einige wenige Verbesserungen, die das Reisen in einigen Gebieten beschleunigen und erleichtern. Auch sie gründen fast einzig und allein auf der Initiative von Kaufleuten, auch sie haben überwiegend ökonomische Ursachen. Das gilt unter anderem für die großen Salzhandelsstraßen und die Alpenübergänge. Die Hanse und der Deutsche Orden sorgen für die Verlängerung alter Fernhandelswege von Lübeck über Rostock und Stettin nach Danzig, weiter über Königsberg und Riga bis nach Nowgorod, ebenso für die Verlängerung der alten Fernstraßen von Köln bzw. Mainz nach Leipzig bis nach Lemberg und Kiew. Seit dem 12. Jahrhundert werden Frankreich und Flandern durch die neue Straßenverbindung von Regensburg nach Frankfurt am Main an den Orient-Handel angeschlossen.

In den Alpen war schon in den 1280er Jahren der Weg über den St. Gotthard als Saumweg für Pferde, Maultiere und Esel angelegt worden. Er wurde von den Einwohnern des Tessin- und des Reuß-Tals unterhalten und verband großräumig die Po-Ebene mit Basel, Frankreich, der Champagne und Flandern. Da der Pass nur von Juni bis September/Oktober begehbar war, der zunehmende Handel aber nach ganzjährig nutzbaren Übergängen verlangt, beginnt schon bald ein regelrechter Wettlauf der zentralen Alpentäler, um den Transit an sich zu ziehen. 1307 lassen die Bozener Bürger Heinrich Kunter und seine Ehefrau Katharina auf der Brenner-Strecke in der Eisack-Schlucht nördlich von Bozen in Privatinitiative gegen Zusicherung des Rechts zum Zolleinzug und zum Betrieb zweier Wirtshäuser einen Talweg bauen, der zwar noch nicht von Wagen, aber schon von Saumtieren genutzt werden kann. Darüber transportieren die Fernhändler vor allem Wein und Schmalz in nördlicher Richtung und in der Gegenrichtung Salz. 1481 bis 1483 erfolgt auf Initiative von Herzog Sigmund dem Münzreichen von Tirol im Zuge der Wirtschaftsförderung der Ausbau des Kunter-Weges zu einer Fahrstraße. Zuvor erhält der Septimer-Passweg, der den Bodensee und Zürich mit dem Comer See verbindet, im Jahre 1387 eine Pflasterung.[78] Gleichwohl stellen diese Passstraßen weiterhin höchste Ansprüche an Ausdauer, Leidensfähigkeit und Wagemut der Reisenden. Im Winter kann eine Alpenüberquerung je nach Witterung selbstmörderische Züge annehmen.[79]

Nur geringe Fortschritte macht der Brückenbau. Bei der relativen Immobilität der spätmittelalterlichen Gesellschaft genügen als Übergänge in der Regel Furten und Fähren, obwohl beide bei Hochwasser nicht zu nutzen sind. Die seit der Karolingischen Zeit vermehrt gebauten Holzbrücken waren durch Hochwasser, Eis und Feuer stets gefährdet und hatten selten lange Bestand. Erst der Steinbau sorgte seit dem 12. Jahrhundert für dauerhafte Lösungen, kam jedoch wegen der hohen Baukosten nur selten zur Anwendung. Es waren erneut die Interessen des Handels, die seit dem 12. Jahrhundert den Bau neuer Steinbrücken veranlassten. Die Donau-Brücke in Regensburg und die Main-Brücke, beide aus dem 12. Jahrhundert, sind Teil der wichtigen Fernhandelsstraße von Konstantinopel nach Flandern. Die 1343 durch Erzbischof Balduin von Trier erbaute steinerne Mosel-Brücke bei Koblenz erlaubte einen schnelleren Transport der Waren auf der Fernhandelsstraße von Lausanne über Basel und Mainz nach Köln. Die 1177 eröffnete Brücke von Avignon ermöglichte den Fernhändlern, die von der Champagne über Lyon nach Barcelona zogen, eine problemlose Überquerung der Rhone. Die Beispiele für Neubauten im 12. bis zum frühen 14. Jahrhundert in Mitteleuropa ließen sich weiter fortführen. Diese Neubauwelle endete mit der großen Pest zur Mitte des 14. Jahrhunderts. Mit den damit verbundenen großen Bevölkerungsverlusten ebbte der Brückenbau schlagartig ab. Im Spätmittelalter wird es insgesamt wieder schwieriger, größere Entfernungen auf dem Landweg schnell zu überbrücken.[80]

Wie Fernand Braudel schreibt, kann es nicht verwundern, dass »der Kapitalismus auf den Transport zu Land seine Hand nur schwach legt«. Hier verliert er zu viel Zeit und damit Geld. In vielfacher Hinsicht sind ihm hier die Widerstände und Reibungsverluste zu groß. Lieber wählt der Kaufmann in seiner kapitalistischen Wirtschaftsgesinnung die Flusswege, nur auf den Meeren greift er fester zu.[81] Er beurteilt die unterschiedlichen Wege, auf denen er seine Waren und Geld zirkulieren lässt, mehr und mehr danach, welche Zeit ein Transport auf ihnen benötigt, zumal Schnelligkeit viele Risiken mindert.

Die Beschleunigung des Nachrichtentransports

Messbare Fortschritte bei der Raumüberwindung erzielt die spätmittelalterliche und frühneuzeitliche Gesellschaft vor allem bei der Nachrichtenübermittlung. Auch hierbei erweist sich das kaufmännische Gewinnstreben als eine der treibenden Kräfte; daneben tragen die Machtinteressen der Herrscher viel zum Fortschritt bei.

Zunächst versuchen Kaufmannsorganisationen, Ordnung in das traditionelle, völlig ungeregelte und langsame Botenwesen zu bringen, das von den meisten Städten, von den Orden, einigen Zünften und auch Universitäten betrieben wird.

Im Gegensatz zur Antike und zum Reich der Mongolen fehlt es im Europa des Spätmittelalters an einem gut organisierten, der Allgemeinheit zugänglichen Post- und Botenwesen.[82] Der unter Kaiser Augustus im Römischen Reich mit einem dichten Netz von Raststationen ausgebaute so genannte »cursus publicus« zwischen Rom und seinen Provinzen hat sich inzwischen längst aufgelöst. Den damit verbundenen Mangel an Informationen muss der Kaufmann mit höheren Kosten und einem erhöhten Geschäftsrisiko bezahlen. Er möchte jedoch, um sicherer planen zu können, gerne wissen, wie viele Karawanen mit Pfeffer in Beirut angekommen sind, weil davon die Preisentwicklung des Pfeffers abhängt. Er möchte erfahren, wenn wichtige Handelsrouten gesperrt sind und ein Umweg schneller zum Ziel führt. Im 13. Jahrhundert bauen italienische Handelshäuser daher dauerhaft organisierte Nachrichtenverbindungen mit Sammelbrieftransporten auf festgelegten Routen und festen Terminen zu den Messeorten in der Champagne, nach Flandern, England und Spanien auf. Nach dem Niedergang der Champagnermessen ist es die Republik Venedig, die im Jahre 1305 eine Botenvereinigung mit festen Statuten errichtet, genannt »Compania dei Corrieri della Illustrissima Signoria«. Dann installieren die Florentiner Handelsgesellschaften mit der 1357 gegründeten »Scarsella dei Mercanti Fiorentini« einen gemeinsamen, regelmäßigen Botendienst von 17 Handelsgesellschaften. Andernorts folgen ähnliche Organisationen.[83] Einmal pro Woche geht ein Kurier von Florenz nach Avignon, ein anderer nimmt den umgekehrten Weg. Um 1400 wird in Florenz mindestens jeden Samstag Post nach Genua, Mailand, Pisa und Rom abgefertigt. Das Botennetz reicht im Norden bis Brügge und London, im Süden bis Nordafrika und im Osten bis zum Schwarzen Meer. Zunächst geht es den Kaufleuten vorrangig um die Dichte und Regelmäßigkeit der Nachrichtenverbindungen. Die Konkurrenz zwischen Städten und Händlern lässt aber schon bald die Geschwindigkeit in den Vordergrund treten. Zu den Normalboten kommen Expressboten, die bei ganz dringlichen Geschäften auf die Reise geschickt werden. Im folgenden Jahrhundert organisiert in Barcelona die Berufsvereinigung der Fernkaufleute einen regelmäßigen Kurierdienst nach Brügge. Auch die Fugger bauen in Form von geschriebenen Zeitungen, mit denen sie verschiedene Fürsten beliefern, ein Nachrichtennetz auf. Konstante Nachrichtenverbindungen bestehen auch zwischen Städtebünden wie den Hansestädten. Seit dem 14. Jahrhundert unterhalten die Kaufmannsorganisationen der wichtigsten Handelsstädte ein ausgedehntes Netz von Korrespondenzen, Spionen und Botenstafetten, die nur die eine Aufgabe haben, die für die Geschäfte wichtigen Nachrichten schnellstmöglich herbeizuschaffen. Am 9. Januar 1443 schreibt Linhart Hirsfogel in Venedig an seinen Schwager Michael Behaim in Nürnberg einen eiligen Brief. Er hat soeben erfahren, dass die Pfeffergaleeren mit einer neuen Lieferung für den süd- und mitteleuropäischen Markt aus Beirut und Alexandria in Richtung Venedig ausgelaufen sind. Behaim solle seinen Vorrat umgehend abstoßen. Als die Galeeren 18 Tage später eintreffen, teilt Hirsfogel seinem Schwager sofort die neuesten Pfefferpreise und Wechselkurse mit und lässt den Brief durch einen Eilboten nach Nürnberg bringen.[84]

Die Verbesserungen im kaufmännischen Nachrichtenverkehr stabilisieren die durchschnittlichen Übermittlungsgeschwindigkeiten, wenn diese auch unter besonderen Bedingungen stark vom Normalwert abweichen können. So braucht ein Kaufmannsbrief von Köln nach Brügge in der Regel sechs bis acht Tage, es können aber auch 15 bis 17 sein.[85] Um 1400 und auch später erreicht ein Kaufmannsbrief aus Florenz sein Ziel in Paris nach 21 Tagen, im allergünstigsten Fall nach zehn Tagen. Nach Brügge sind im Durchschnitt 31 Tage anzusetzen.[86] Die erste Nachricht vom Fall Konstantinopels trifft 1453 in Venedig nach genau einem Monat ein.[87] Noch immer werden die meisten Nachrichten zu Fuß überbracht, zumal ein Reiter nur unwesentlich schneller vorankommt, da die Pferde auf längeren Strecken häufig Ruhepausen einlegen müssen.[88]

Seit dem 15. Jahrhundert drücken die Kaufleute vermehrt aufs Tempo. Sie locken die Boten mit Prämien bei kürzeren Laufzeiten und drohen ihnen mit drakonischen Strafen bei Überschreitungen.[89] Auch finden in ganz Europa nach italienischem Vorbild Laufzeitkontrollen Anwendung. Die Boten haben eine Art Fahrtenbuch, einen Stundenpass, zu führen. Sie müssen Rechenschaft ablegen über Pausen und Ankunftszeiten; sie müssen sich an den einzelnen Relaisstationen Ankunft und Abgang bestätigen lassen. Sie sollen sich beeilen. Auf einer Depesche des Mailänders Filippo Maria Visconti von 1427 ist vermerkt: »Bei Strafe von tausend Galgen soll durch unseren Boten tag und nacht befördert werden, nicht schnell, sondern blitzartig, schnell, schnell, schnell, schnell, schnell, schnell, schnell; aufgegeben in Mailand in der einundzwanzigsten Stunde.«[90] Es geht nicht mehr um Tage, sondern um Stunden.

Kirche und weltliche Herrscher stehen nicht lange abseits. Ebenfalls im 14. Jahrhundert organisieren die Päpste von Avignon aus einen Kurierdienst; der König von Aragón, Venedig, Mailand und Ludwig XI. folgen mit einigem Abstand. 1444 beschleunigt das Königreich Neapel sein Botenwesen zusätzlich durch Einrichtung von Reiterstafetten und baut dazu ein System von Relaisstationen auf, an denen Boten und Pferde wechseln. Vor allem aber genügen dem König von Frankreich angesichts der Größe seines Territoriums die meist langsam operierenden Botendienste nicht mehr, und er lässt mit Edikt vom 19. Juni 1464 entlang der Hauptrouten in Abständen von vier Meilen für sich

und den Hof Stationen – so genannte »Postes« – zum Pferdewechsel und zur
Rast errichten. Aus Kostengründen erlaubt er seit 1480 auch die Ausleihe der
Pferde an Privatpersonen. Erst 1578 macht Heinrich III. die gesamten Postein-
richtungen der Öffentlichkeit zugänglich und führt feste Beförderungstarife ein.
Damit hat sich das Beschleunigungsprinzip beim Nachrichtentransport endgültig
durchgesetzt. Fortan geht es nicht mehr nur um eine Überwindung des Raums, es
geht vermehrt auch um eine Überwindung der Zeit. Raum und Zeit erhalten einen »offenen Horizont«.[91]

Schon bald setzt der Diffusionsprozess der neuen Technik ein. In der zweiten
Hälfte des 15. Jahrhunderts beginnt die aus der Umgebung von Bergamo stammende Familie Taxis im Auftrag von Friedrich III. im Reich der Habsburger mit
dem Aufbau einer Postlinie zwischen Innsbruck und Italien nach französischem
Vorbild. Gabriel de Tassis hatte seit 1474 als päpstlicher Postmeister entsprechende Erfahrungen gesammelt. Zur Mitte des 15. Jahrhunderts verfügten neben
dem Kirchenstaat nur Venedig und Mailand über »postes« anstelle der früheren
»correos«. Die Familie Taxis reformiert an der Wende zum 16. Jahrhundert das
schwerfällige, auf ein relativ kleines Territorium zugeschnittene königliche Botenwesen der Habsburger und passt es den neuen territorialen Bedingungen an.
Als der künftige Kaiser Maximilian I. 1486 das burgundische Erbe antrat, reichen die überkommenen Kommunikationslinien nicht mehr aus. Als er 1489 zudem die Regentschaft in der reichen Grafschaft Tirol mit ihren ergiebigen Sil-
bervorkommen übernimmt, kann er sich die Finanzierung der ersten Posten erlauben. Ohne schnelle Nachrichtenverbindungen sind die vier großen Territorien
des Hauses Habsburg – Österreich, Neapel, Spanien und die Niederlande – nicht
zu regieren. Die neue Nachrichtentechnik verspricht eine Lösung dieses Problems mit Hilfe von Beschleunigung. Später fragt der Posthistoriker Joachim
Ernst von Beust: »Was brauchet ein Landes-Herr, welcher besonders nicht überall gegenwärtig seyn kann, nothwendiger, als öftere Nachrichten und geschwinde Berichte, um seine Verhaltungs-Befehle darnach einrichten zu können. [...]
Offt muß man wegen eines Umstandes geschwinde Nachricht geben und haben,
wie aber?«[92] Die Taxis schicken nicht mehr einen einzigen Boten mit einer
Nachricht auf die Reise, sondern lassen die Botschaft durch eine lange Kette von
Überbringern zum Empfänger gelangen. So können sie die Beförderungszeiten
entlang der Postlinien auf ein Sechstel verringern.[93] Dies kommt einer Revolution gleich. Die Zeitgenossen fasziniert diese neue, auf Geschwindigkeit angelegte
Organisation. Ein Chronist beschreibt die »fliegenden« Stafetten: Die Posten waren fünf Meilen voneinander entfernt, und es musste ein Posten auf den anderen
warten, »und so bald der ander zu ihm ritt, so bließ er ein hörnlin, das hört ein

bott der in der herberg lag und must gleich auff sein, es must iegelicher alle
Stund ein meil reiten, oder es ward im an seinen lohn abgetzogen, [...] und unns-
re reitten tag und nacht«.[94]

Maximilian I. erkennt sehr schnell die Vorteile der neuen Nachrichtentechnik. Um 1500 lässt er eine weitere Postlinie zwischen Wien und Mecheln bei
Brüssel einrichten. 1505 bauen die Taxis durch Vertrag mit Philipp dem Schönen
eine dritte zwischen Brüssel und Madrid auf. In diesem Vertrag werden auch Beförderungszeiten festgelegt: von Brüssel nach Innsbruck 5½ Tage im Sommer
und 6½ Tage im Winter, von Brüssel nach Granada 15 Tage im Sommer und
18 Tage im Winter.[95] Der Übergang vom Mittelalter in die Neuzeit lässt sich
auch an diesem Sprung in neue Geschwindigkeitsdimensionen erkennen. Während zuvor die durchschnittliche Reise- und Botengeschwindigkeit 25 Kilometer
pro Tag betragen hatte, schafft die Post seit Beginn des 16. Jahrhunderts
166 Kilometer am Tag, in besonderen Fällen auch 200 Kilometer.[96] Als die Taxis
1516 mit Karl I. von Spanien, dem späteren Kaiser Karl V., einen neuen Postver-
trag abschließen, können sie die Zustellungszeiten gegenüber 1505 nochmals
verkürzen: für die Strecke Brüssel–Paris von 44 auf 36 Stunden im Sommer, für
Brüssel–Innsbruck von 132 auf 120 Stunden. Inzwischen haben sie die Abstände
zwischen den Poststationen von durchschnittlich fünf auf vier Meilen (30 Kilometer) verkürzt. Gegen Ende des 16. Jahrhunderts werden es nur noch drei Meilen sein.[97]

Wieder sind es die Kaufleute, die auf diese Erhöhung der Beförderungsgeschwindigkeit drängen. Bereits zu Ende des 15. Jahrhunderts nehmen die großen
oberdeutschen Handelshäuser Kontakt mit den Taxis auf. Die Fernkaufleute erkennen umgehend die Bedeutung dieser neuen komfortablen Nachrichtenverbin-
dung von bisher nicht gekannter Schnelligkeit zwischen den beiden wirtschaftlichen Zentren Europas in Italien und den Niederlanden. Um 1500 lassen die Wel-
ser bereits Geschäftsbriefe mit der Taxis-Post transportieren, obwohl diese offiziell noch nicht für Privatleute geöffnet ist. Bald zählen auch die Fugger zu den
wichtigsten Postkunden. Jacob Fugger weist dem Innsbrucker Postmeister Gabriel de Tassis regelmäßig eine Neujahrsgabe von acht Gulden an, »damit er desto
fleißiger sei mit den Briefen hin und wieder zu schicken«.[98] Als gegen Ende des
19. Jahrhunderts in Frankfurt am Main 175 verschlossene Briefpakete mit 272
Briefen aus dem Jahre 1585 gefunden werden, die fast alle in Italien aufgegeben
und für Köln, Antwerpen und Lüttich bestimmt waren, besteht ein Großteil der
Sendungen aus Geschäftsbriefen: Bestellungen, Reklamationen, Warenmuster
und Bezahlungen per Wechsel, ferner Nachrichten über Preise, Wechselkurse
und zu erwartende Getreideernten.[99]

Dennoch sind die Kaufleute nicht zufrieden. Sie werden es niemals sein, da durch die Öffnung der Post für den allgemeinen Geschäftsverkehr alle gleichermaßen davon profitieren und Informationsvorsprünge Einzelner sofort wieder verloren sind. Der Wettlauf um die schnellstmögliche Information geht weiter, und dieses Rennen wird erst enden, wenn die Gleichzeitigkeit von Ereignis und Informationsübermittlung erreicht ist, wenn der Untergang eines Frachtschiffes »live« in den Medien oder per Funk zu verfolgen sein wird, »in Echtzeit«, wie man dann sagen wird. Bis es soweit ist, vergehen noch einige Jahrhunderte. Doch offenbar wollen die Menschen auch zu Beginn der Neuzeit bereits der Zeit vorauseilen und diese überholen. Ein gewisser Christof Kurz aus Antwerpen schreibt damals an das Handelshaus der Tucher, er könne Marktinformationen schneller liefern als jeder andere. Er habe ein Verfahren entwickelt, um die Preise für Pfeffer, Ingwer und Safran mit Hilfe der Astrologie immer 14 Tage im Voraus anzugeben.[100] So schnell sind selbst die Taxis nicht.

Obwohl der länderübergreifende Postdienst der Taxis durch die Kriege Karls V. mit dem Haus Valois, den konfessionellen Krieg in den Niederlanden, den spanischen Staatsbankrott und die darauf zurückzuführenden Zahlungsrückstände an die Posten immer wieder gestört wird und nach 1577 zeitweise ganz zusammenbricht, erfährt die Nachrichtenübermittlung im 16. Jahrhundert gegenüber dem Hochmittelalter eine spektakuläre Beschleunigung. Selbst im Vergleich zu den relativ schnellen italienischen Kaufmannsbriefen des Spätmittelalters halbieren sich die Beförderungszeiten von Briefen und Nachrichten.[101] Die konfessionellen Gegensätze führen zudem dazu, dass die mächtigen protestantischen Fürsten eigene Relaisketten aufbauen, um von der »katholischen Post« unabhängig zu sein. Damit sorgen sie letztlich für eine Verdichtung des Nachrichtennetzes. Gleichzeitig werben auch die Kaufleute weiter für das Beschleunigungsprinzip, indem sie während des Aufstands in den Niederlanden lautstark ihren Unmut über den Verfall der Postlinien kundtun. Sie beklagen die »Langsamkeit der Felleisen«, und auch die Stände protestieren und verkünden, dass die Post dringend »zu schleuniger Verrichtung nothwendiger Geschäften, Fortbringung der Brief, Diener und Gesandten nothwendig bedörffe.«[102] 1577 richten die Augsburger notgedrungen eine »Kaufmannspost« von Augsburg nach Köln und Antwerpen ein, was dem Augsburger Postmeister Seraphin von Taxis die Zornesader anschwellen lässt. Die Augsburger Kaufleute seien »Feigen- und Pfeffersäcke«, die mehr zu den Aufständischen als zu Kaiser und Reich halten, schimpft er.[103] Als Rudolf II. schließlich 1597 das reformierte Postwesen im Reich zu einem kaiserlichen Reichsregal erhebt und Leonhard von Taxis zum Reichsgeneralpostmeister ernennt, sind die kurzzeitigen Behinderungen im

Brieftransport weitgehend behoben, und die Beschleunigung der Nachrichtenübermittlung geht weiter. Es beginnt ein hektisches Suchen nach allen noch vorhandenen Leerzeiten. Die Taxis stört, dass die Städte ihre Tore abends verschließen und die Postreiter bis zum nächsten Morgen warten lassen. In Köln ersinnt
man eigens eine Vorrichtung, mit der die Felleisen nachts über die Stadtmauer
gezogen werden können. Wichtiger ist jedoch der Bau von Relaisstationen in
kleinen Dörfern, wodurch die Taxis nicht auf das Wohlwollen der Städte angewiesen sind.[104] Zudem errichten sie auf Teilstrecken Parallellinien zum Nord-
Süd-Kurs zwischen den Niederlanden und Italien und verbinden diese Linien
miteinander, um Umwege zu vermeiden. Von der direkten Verbindung zwischen
Kurmainz und Prag, die 1615 eröffnet wird, verspricht sich der Reichsgeneralpostmeister eine Beschleunigung der Korrespondenz nach Prag um zwei Tage
gegenüber der bisherigen Route über Augsburg.

Schritt für Schritt entwickelt sich die Post so von einer Linienpost zu einer
tendenziell flächendeckenden Postorganisation, zu einem Postnetz. Die mittelalterlichen Pfade und Fuhrwerke sind schon an der Wende zum 17. Jahrhundert zu
Lebensadern eines rascher zirkulierenden Informations- und Kommunikations-
flusses ausgebaut. 1584 verfügt Frankreich bereits über neun große Poststraßen
mit 252 königlichen Poststationen und 13 Fährdiensten zur Überquerung von
Flüssen und ist dabei, das Beschleunigungsprinzip auch auf den Personentransport auszudehnen. 1575 tritt hier neben die Briefpost die Wagenpost für den regelmäßigen Personenverkehr; bald sind 36 Provinzstädte auf diese Weise mit Paris verbunden. In Deutschland nimmt die erste Wagenpost erst 1640 auf der Strecke zwischen Hildesheim und Bremen ihren Betrieb auf. Private Fuhrunternehmer folgen und bemühen sich – ganz im Sinne einer weiteren Beschleunigung –
um eine Koordination der Abfahrtszeiten. Die seit 1644 zwischen Kassel und
Frankfurt am Main eingerichtete Reitpost wird 1649 zur Fahrpost erweitert, wobei die »PostCalesch« Reisende und »Commercien« befördert. Der Betreiber
verweist ausdrücklich auf die Anschlussmöglichkeiten in Kassel nach Braunschweig und Hildesheim und von dort weiter nach Hannover, Hamburg und
Bremen.[105] Dieses von einzelnen Fürsten auf territorialer Basis und nach französischem Vorbild organisierte Postwesen lässt Europa als Informationseinheit näher zusammenrücken,[106] wenn auch aus dieser Nähe nur die Wohlhabenden Nutzen ziehen können. Die gewaltigen Mühen, die die Überwindung des Raumes
noch immer bereiten, finden ihren Ausdruck in den Beförderungspreisen. Das
Porto eines Briefes von Frankfurt am Main nach Berlin entspricht im Jahre 1614
dem Preis eines schlachtreifen Schweins.[107]

Es ist vor allem der kapitalistische Geist, der mit seiner auf wirtschaftlichen und sozialen Erfolg drängenden Dynamik aus der statischen Gesellschaft des Spätmittelalters ausbricht, der Bewegung und Beschleunigung zum eigenen Vorteil sucht, nutzt und fördert. Er giert nach Mobilität und Tempo, weil ohne sie Gewinne und wirtschaftlicher Fortschritt nicht möglich sind. Als zu Ende des 16. Jahrhunderts das Reichspostwesen reformiert und weiter beschleunigt wird, sind es wie selbstverständlich die Kaufleute, die sich für ein engeres Routennetz, feste Laufzeiten und eine Koordination der Kurse stark machen. Hans Fugger, der kaiserliche Kommissar für die Postreform, schreibt an Leonhard von Taxis: »an der bestendigkeit ist es alles gelegen, darauff auch die handelsleut besondere Achtung haben«.[108] Die merkantilen Interessen gewinnen seitdem vermehrt die Oberhand. Sie drängen auf eine weitere Verdichtung und Koordination der Postrouten, auf Einhaltung der Beförderungsgeschwindigkeit und Beschleunigung der Nachrichten. Die Kaufleute erkennen wie keine andere Bevölkerungsgruppe die Gefahren der Langsamkeit und sehen sich gezwungen, möglichst schnell zu reagieren, falls sie Verluste und Konkurse vermeiden wollen. Sie lernen aus Erfahrung. Als sich am 1. September 1575 Philipp II. von Spanien zum zweiten Mal für zahlungsunfähig erklärt und das Dekret darüber 14 Tage später veröffentlicht wird, erreicht die Nachricht den Hauptkreditplatz Antwerpen erst Anfang Oktober. Zahlreiche Zusammenbrüche folgen.[109] Jeder, der die Nachricht nur einen Tag früher empfängt, kann Vorkehrungen treffen. Langsamkeit kommt die Kaufleute immer teurer zu stehen, seitdem die Beschleunigungsinstrumente greifen und allgemein zugänglich sind.

Nach dem Vorbild der Kaufmannsboten werden auch die Postillione der Reichspost zur Eile angetrieben. »Einer mußte alle Stund eine Meil, das ist zwei Stund weit reiten, oder es ward ihm am Lohn abgezogen, und musten sie reiten Tag und Nacht«, heißt es bereits in der Memminger Chronik für das Jahr 1490.[110] Wie die Kaufmannsboten müssen die Postboten Stundenzettel mit sich führen; auch gleichen sich die Begleittexte: »Überbringer dieses Felleisen [›bolgieta‹] schnell, schnell, schnell, schnell, fliegend bei Tag und Nacht, ohne irgendwelche Zeit zu verlieren, weil es Sachen von der größten Wichtigkeit sind [...] indem ihr diesen zettel von Post zu Post unterschreibt.«[111] Die an der Wende zum 17. Jahrhundert in vielen Teilen Europas aufkommenden neuen Staatsposten übernehmen diese Beschleunigungsinstrumente. Im Jahre 1623 legt Thurn und Taxis fest, dass die Posthalter die Briefe »in 2¾ Stunden von einer zur anderen Post« befördern.[112] Als Johann Sigismund 1614 eine Botenordnung für Brandenburg-Preußen erlässt, müssen sich die Boten per Eid verpflichten, die einzelnen Strecken in einer genau festgelegten Zeit zurückzulegen und Stundenzettel mitzuführen.[113] Die Verdichtung der Postlinien und Vermehrung der Stafetten ermöglichen es in Verbindung mit dem weiterhin bestehenden und weiter ausgebauten Botenwesen, selbst entlegenere Regionen in angemessener Zeit mit Informationen zu versorgen. Auf der Hauptlinie Venedig–Augsburg–Antwerpen setzt sich die Stafette der Postreiter an der Wende zum 17. Jahrhundert 52-mal pro Jahr in Bewegung.[114] Allein in Nürnberg warten rund 200 Boten darauf, die eingehenden Nachrichten zu Fuß in alle Himmelsrichtungen weiterzubefördern. Das Botenwesen wird fast überall straffer organisiert und zur Regelmäßigkeit, Pünktlichkeit und Schnelligkeit verpflichtet. Zur Mitte des 17. Jahrhunderts kommen Reitposten hinzu, deren Abgangszeiten genau festgelegt sind. In Frankfurt am Main geht die Reitpost nach Madrid über Paris und Barcelona »Montags Morgens zu 8. Vhren« ab, wie es in dem Verzeichnis von 1634 heißt. Fast überall in Europa geht der Ausbau der Netze weiter: »und lauffen die Posten von Pariß fast täglich in alle Oerter durch Franckreich«, vermerkt das Frankfurter »Kursbuch«.[115] Vom Nordkap bis Sizilien suchen die Kaufleute seit Beginn der Neuzeit mit Hilfe von Beschleunigung zu Wohlstand und Ansehen zu gelangen.

Die Beschleunigung des Buchdrucks

Das Prinzip der Beschleunigung lässt sich auch auf andere Wirtschaftsbereiche übertragen, so etwa auf die Produktion von Gütern. Theoretisch vermag auch der Handwerker im Spätmittelalter und der frühen Neuzeit durch Neugestaltung der Arbeitsorganisation, durch Einsatz technischer Hilfsmittel und/oder durch intensiveres, schnelleres Arbeiten Produktion, Produktivität und Gewinn zu steigern. Die Realität sieht jedoch anders aus. Im Gegensatz zum Kaufmann ist der Handwerker noch nicht auf Beschleunigung programmiert. Nach der zünftigen Ordnung dient die Arbeit zur Sicherung der Nahrungsgrundlage, nicht zur Gewinnmaximierung und Vermögenssteigerung. Die Zünfte sollen ihre Mitglieder in »Nahrung« setzen unter Ausschaltung des Konkurrenzprinzips. Es geht nicht darum, etwas schneller, besser und billiger zu machen, sondern gut. Es ist bezeichnend, dass die Zunftordnungen den Möglichkeiten zur Produktionsausweitung einen Riegel vorschieben, indem sie die Höchstzahl der Gesellen und der Webstühle festsetzen und mit Hilfe der neuen mechanischen Uhren die Länge des Arbeitstages exakt bestimmen. Die Zünfte verfügen, wie viel Zeit mindestens für die Herstellung eines Produktes aufzuwenden ist beziehungsweise welche Menge in einer bestimmten Zeit höchstens hergestellt werden darf.[116] Als um die Jahreswende 1412/13 der Großkaufmann und Bergbauunternehmer Walter Kesinger in Köln eine Seidenzwirnmühle installieren will, welche im Vergleich zum Handzwirnen die Produktivität um das 25- bis 50-fache erhöht, verbietet der von den Zünften dominierte Stadtrat umgehend eine Inbetriebnahme der Maschine aus Sorge um die vielen Arbeitsplätze der Zwirnerinnen.[117]

Obwohl die zünftige Ausrichtung an der Tradition den Zeitgeist bestimmt, verschließen sich die Gewerbe den zahlreichen Neuerungen, die die technische Intelligenz entwickelt, nicht vollkommen. Neues wird vor allem dann in Gebrauch genommen, wenn mit Hilfe herkömmlicher Verfahren oder Hilfsmittel produktionstechnische Probleme nicht mehr in den Griff zu bekommen sind und Initiatoren und Geldgeber außerhalb der Zünfte stehen. Ein Beispiel ist der Bau von mit Pferdegöpeln oder Wasserkraft betriebenen Wasserhebeanlagen in den Bergwerken des 16. Jahrhunderts, als aufgrund immer tieferer Schächte die Wasserhaltung mit Hilfe von Wasserknechten an ihre Grenzen stößt. Ein anderes Beispiel ist der Einsatz von mechanischen Pochwerken zur Erzaufbereitung im Verhüttungsprozess, als die zunehmende Holzverknappung Brennstoffeinsparungen erzwingt. Ausschlaggebend für derartige Neuerungen ist nicht ein möglicher Zeitgewinn, sondern an erster Stelle steht die Fortführung von Förderung und Produktion. Auch kommt der technische Fortschritt zur Anwendung, wo es um die Verbesserung der unmittelbaren Lebensbedingungen und Bedürfnisse geht. Dazu gehört die Übernahme der Mühle zur erleichterten Verwertung des knappen Brotgetreides oder die Einführung des Spinnrades.[118] Wo der Einsatz von Maschinen oder die Umstellung des Produktionsverfahrens dagegen mit dem ausdrücklichen Ziel, Zeit zu sparen, erfolgt, sind wiederum meist kaufmännische Interessen im Spiel, so im tirolischen Schwaz, wo man zwischen 1512 und 1520 größer dimensionierte Pochwerke in Betrieb nimmt, um expressis verbis die Geschwindigkeit des Arbeitsprozesses zu erhöhen, oder 1530 im Salzburger Gold- und Silberbergbau, wo die Investoren kritisieren, dass die Pochwerke zum Teil noch »unfüglich und zu Unschleunigkeit zurichtet« seien, also zu langsam arbeiten und durch die neueste Technik ersetzt werden müssten.[119]

In der Regel aber fehlen an der Wende zum 16. Jahrhundert im Gewerbe die treibenden Kräfte, um Produktionsprozesse zu beschleunigen. Unter den wenigen, denen das traditionelle Arbeitstempo missfällt und Ansporn zur Beschleunigung ist, ragt Johannes Gutenberg heraus. Sein neu entwickeltes Druckverfahren mit beweglichen Lettern löst das sehr zeitaufwändige handschriftliche Kopieren sowie das ebenfalls recht langwierige Holzschnittverfahren zum Herstellen von ganzen Seiten, so genannten »Blockbüchern«, ab. Zwar wäre der gestiegene Bedarf an Büchern im Gefolge der ersten Universitätsgründungen und der erhöhten

Nachfrage der Kaufmannschaft auch durch einen vermehrten Einsatz von Kopisten und Holzschnitzern zu befriedigen, das Setzen der Texte mit Hilfe gegossener Lettern und neukonstruierter Druckpressen weist jedoch derart viele Vorteile auf, dass jede Kritik verstummt. Mit seiner Erfindung des Setzkastens und des Druckstocks reduziert Gutenberg die Herstellungskosten sofort um die Hälfte, und dieser Preisrückgang setzt sich bis ins 16. Jahrhundert hinein weiter fort. Gutenberg beschleunigt die zuvor ermüdend langwierige Buchproduktion und ermöglicht die Herstellung von Flugblättern gewissermaßen über Nacht – in der Reformationszeit läuft der erste gelungene Großtest. Schließlich expandiert das Druckereigewerbe und stellt viele neue Arbeitsplätze bereit.[120]

Die Zeitgenossen erkennen diese Vorteile sofort. Gutenbergs Erfindung findet rasch Nachahmer, zumal er selbst wenig tut, um seine Neuerungen geheim zu halten. Um 1500 zählt man in 60 deutschen Städten fast 300 Druckereien. Die hier ausgebildeten Drucker sorgen zudem für den technologischen Transfer in die anderen europäischen Länder. Auch im Druckereigewerbe nutzen verschiedene frühkapitalistische Großunternehmer am konsequentesten die Möglichkeiten der Produktionsbeschleunigung aus. In Deutschland ist an erster Stelle Johannes Fust zu nennen, Kaufmann und Geldverleiher in Mainz, der Gutenberg das Kapital zur Herstellung des Druckgeräts zur Verfügung stellt und später mit Hilfe des Gerichts in den Alleinbesitz der ersten Druckerei kommt.[121] Nach ihm ist Anton Koberger zu nennen, der an der Wende zum 16. Jahrhundert in Nürnberg fast 100 Mitarbeiter beschäftigt, 24 Pressen in Betrieb und die gesamte Druckerei in hohem Maße arbeitsteilig organisiert hat. Diese und andere Unternehmer haben begriffen, welche Gewinnmöglichkeiten die Beschleunigung der Buchherstellung eröffnet. In Gutenbergs Werkstatt hatte ein ausgebildeter Drucker 300 Blatt am Tag geschafft; Ende des 16. Jahrhunderts sind bereits deutlich über 1 000 Blatt die Norm. Um 1700 werden zwei Drucker rund 3 000 Blatt am Tag einseitig bedrucken.[122]

Die schnellen und billigen Druckmöglichkeiten legen es nahe, mit Hilfe dieser Technik auch Nachrichten zu vervielfältigen und sie einem breiten Kreis von Interessenten zugänglich zu machen. Zu Beginn des 16. Jahrhunderts tauchen die ersten gedruckten Flugblätter auf, die gelegentlich über große und auch kleinere Ereignisse berichten, über Kriege, Hungersnöte und Seuchen, Morde, Unwetter und Himmelserscheinungen, Feuersbrünste und Missgeburten. »Relation: Aller Fürnemen vnd gedenckwürdigen Historien« lautet einer der frühen Titel. Seit 1566 kommen in Straßburg und Basel Blätter mit fortlaufenden Nummern heraus, seit 1609 erste im Pulsschlag der Postläufe erscheinende Wochenzeitungen. Sie berichten vermehrt über »erschröckliche, grewliche und wunderbarliche« Ereignisse, nicht mehr nur über Dinge, deren schnelle Kenntnis dem Kaufmann die Möglichkeit zu stattlichen Gewinnen bietet. 1650 verlässt in Leipzig die erste im deutschen Sprachraum erscheinende Tageszeitung die Druckerei – »Einkommende Zeitungen« lautet ihr Titel, also eintreffende Nachrichten.[123] Die Leser verlangen nach Neuigkeiten – der Inhalt wird zweitrangig, wird bis zu einem gewissen Grad beliebig. Er muss den Leser lediglich schnell erreichen. Die Sucht nach Aktualität nimmt ihren Anfang. Noch treffen die Nachrichten mit der Postkutsche ein; Menschen und Nachrichten werden noch mit derselben Geschwindigkeit transportiert.

Zum ersten großen Nutznießer des neuen schnellen Informationssystems aber wird Martin Luther. Wie kein anderer seiner Zeitgenossen versteht er es, die Möglichkeiten, die die Druckerpresse bietet, zur Verbreitung seiner umstürzlerischen Thesen einzusetzen. Während Papst und Krone ihre Beschlüsse den Betroffenen zunächst in Form von Bullen und Edikten zustellen und sich bei der Abfassung der Texte Zeit lassen, kommt ihnen der Reformator mit rasch formulierten und rasch gedruckten Berichten über die Verhandlungen zuvor, beeinflusst in seinem Sinne die öffentliche Meinung durch in hohen Auflagen gedruckte Flugblätter, fügt geschickt Bildelemente hinzu und setzt für ihn nützliche Mythen und Legenden in die Welt. Allein im Jahre 1520 publiziert er 27 Schriftstücke mit insgesamt 900 Druckseiten in einer Gesamtauflage von einer halben Million Exemplare. Der Druck der ins Deutsche übersetzten Bibel mit ihren vielen raschen Nachdrucken seit 1522 ist nur folgerichtig. Über die Druckerpresse rückt das »Evangelium« – wie man sagt – in den Mittelpunkt der christlichen Religion. Fast die gesamte Flugschriftenproduktion der folgenden Jahre handelt vom Buch der Bücher oder argumentiert mit ihm, so die Zwölf Artikel des Bauernkrieges, der zum Medienkrieg wird und sich als Folge des mitteleuropäischen Medienverbundes zu einem Flächenbrand ausweitet. Er bleibt nicht mehr ein regional eng begrenzter Bauernaufstand.[124] Der schnelle Nachrichtentransport lässt Landschaften und Kulturen zusammenwachsen.

Zu den umwälzenden Wirkungen der Buchdruckerkunst gehört auch die rasche Verbreitung des technischen Wissens. Die Technikbücher geben selbst den »Hinterwäldlern« Anweisungen in die Hand, wie mit Hilfe neuer Technologien vieles leichter, besser, kostengünstig oder schneller herzustellen ist. Erwähnt seien lediglich Georg Agricolas »De re metallica« von 1556, in dem dieser Naturforscher die neuesten Hilfsmittel für Bergbau und Hüttenwesen beschreibt und erklärt, oder der 1578 in Lyon erschienene »Théatre des Instruments« von Jacques Besson mit vielen Kupferstichen von Baggern und Hebzeugen, Rammen und Göpeln, Polier- und Schleifmaschinen, Förderketten und Drehbänken. Der

Nachbau und Einsatz solcher kraft- und zeitsparender Maschinen wird in den folgenden Jahrzehnten und Jahrhunderten den Nutzen der Beschleunigung im Produktionsprozess für viele verständlicher machen. Bevor jedoch diese großen Umwälzungen mit ihrer Beschleunigung der Herstellungsverfahren erfolgen, sollen noch Jahrhunderte vergehen.

Zusammenfassung

Hauptantreiber der Beschleunigung sind die Kaufleute. Sie nutzen die Geschwindigkeit im Geld- und Warenverkehr am konsequentesten, treiben im eigenen Interesse die Verbreitung des Beschleunigungsprinzips voran und führen jedem, der es sehen will, dessen Nutzen vor Augen. Durch sie erhält die Zeit als ökonomische Zeit eine zusätzliche Dimension: den Verwendungsimperativ.[125] Sie präsentieren sich aber auch als die ersten Gefangenen der Geschwindigkeit, als Gefangene von Hast und Hektik. Die Geschwindigkeit ist nicht mit der Stadt entstanden, wie der französische Philosoph Paul Virilio schreibt,[126] sondern eher zwischen den Städten, im Bestreben nach schneller Überwindung des Raums.

3. Zeit der Macht

Mit schnelleren Waffen

Der Besitz von Geschwindigkeit bedeutet Macht – ökonomische wie militärische Macht. Durch Beschleunigung lässt sich Macht erringen, vermehren und sichern. Daher haben machtbewusste Herrscher mit Hilfe ihrer Militärs zu allen Zeiten die jeweils höchstmögliche zur Verfügung stehende Geschwindigkeit für sich beansprucht. Sie hatten begriffen, dass sich mit Hilfe von Schnelligkeit Land erobern lässt, indem man anderen zuvorkommt oder ihren Widerstand bricht, dass man sich selbst mit Hilfe von Geschwindigkeit retten kann, indem man vor einem übermächtigen Gegner schleunigst die Flucht ergreift. Sie hatten schon immer auf schnelles Reagieren, schnelle Truppenbewegungen und schnelle technische Hilfsmittel gesetzt. Umgekehrt haben die Militärs als Reaktion auf Tempo und Beschleunigung zu allen Zeiten auch nach Mitteln gesucht, um sich gegen die überwältigende Macht der Geschwindigkeit zu schützen.

Deutlich früher als die Kaufleute hatten die Militärs das Beschleunigungsprinzip als einen Erfolg versprechenden Weg in ihrem Beruf zur Anwendung gebracht. Im Spätmittelalter haben sie dieses Prinzip schon lange verinnerlicht und sind permanent um eine Verbesserung der Techniken, Mittel und Methoden bemüht, ohne jedoch zunächst spektakuläre Erfolge vorweisen zu können. Noch immer sichern die Herrscher ihre Macht mit derselben Waffentechnik, die bereits in der Antike auf den Schlachtfeldern zu sehen war. Bevor mit den Feuerwaffen eine ganz neue Basiserfindung vorliegt, suchen die Militärtechniker zunächst nach Möglichkeiten, die alten Systeme zu optimieren und ein Maximum aus ihnen herauszuholen. Sie entwickeln die konventionelle Waffentechnik weiter.

Der Griff zu schnelleren Waffen

Im 13. Jahrhundert beginnen die Engländer Pfeil und Bogen, mit denen schon Germanen und Kelten zur Jagd gegangen waren, zu verbessern und in kriegerischen Auseinandersetzungen zu nutzen.[1] Da jedoch die Durchschlagskraft beziehungsweise Wirkung eines beschleunigten Objektes nicht nur von seiner Geschwindigkeit, sondern auch von seiner Masse abhängig ist, kann ein einzelner Pfeil nur eine relativ geringe Wirkung erzielen, am ehesten noch im Kampf gegen Mensch und Tier, nicht jedoch im Kampf gegen Mauern und Festungen. Die schnellen Pfeile erzielen die größte Wirkung, wenn der Gegner auf einen solchen Angriff aus der Distanz nicht vorbereitet ist und kein Gegenmittel parat hat. Die Geschwindigkeit des Pfeils wird genutzt, um den Raum zu überwinden und den Gegner zu dezimieren, ohne mit ihm in Berührung zu kommen. Als der englische König Eduard I. 1277 mit der Eroberung von Wales beginnt, fügen ihm die walisischen Schützen mit ihren Langbogen schwerste Verluste zu. Eduard III. (1312–1377) setzt seinerseits die weiterentwickelten zwei Meter langen »englischen Langbogen« als schlachtentscheidende Waffe ein. Mit seiner aus Eisen geschmiedeten Spitze durchschlägt ein solcher 90 Zentimeter langer Pfeil noch in einer Entfernung von 200 Metern ein zweieinhalb Zentimeter dickes Eichenbrett. Die englischen Bogner erweisen sich als Garanten für die Siege der englischen Heere in den ersten großen Schlachten des Hundertjährigen Krieges gegen die Franzosen ab 1327. Sie erreichen im geschlossenen Einsatz eine Feuergeschwindigkeit von 12 Pfeilen pro Minute, vermögen mit ihren Pfeilsalven den Schwung von Reiterattacken abzufangen und breite Breschen in feindliche Angriffsformationen zu schlagen.

Im Vergleich zu den Bogenschützen liegt die Schussfolge der Armbrustschützen sehr viel niedriger. Ihr Vorteil besteht in einer deutlich höheren Zielgenauigkeit und einem ermüdungsärmeren Spannen. Im defensiven Einsatz, vor allem aus dem Schutz von Befestigungsanlagen, ist die Armbrust dem Bogen sogar überlegen. Größere Exemplare mit bis zu vier Meter langen Bogen bringen es auf eine Reichweite von circa 400 Metern.

Zu den zahlreichen waffentechnischen Weiterentwicklungen des spätmittelalterlichen Kriegswesens beim Kampf um befestigte Städte und Burgen zählt die Blide, ein Hebelwurfgeschütz aus Holz, mit dem schwere Steinbrocken, Brandsätze, Fäkalienfässer oder tote Tiere derart beschleunigt werden, dass sie sich in befestigte Plätze schleudern lassen (Abb. 3). Die neuen gewaltigen Bliden des 13. Jahrhunderts sind mit einem Gegengewicht ausgestattet und schleudern einen 300 Pfund schweren Steinbrocken bis zu 500 Meter weit. Auch gelingt es, ihre Wurffrequenz zu steigern – nach etwa zehn Minuten sind sie für einen neuen Wurf bereit. Die von den Bliden geschleuderten, zentnerschweren Steine zertrümmern zwar Dächer, da sie aber von oben herabfallen, können sie keine Mauern brechen.

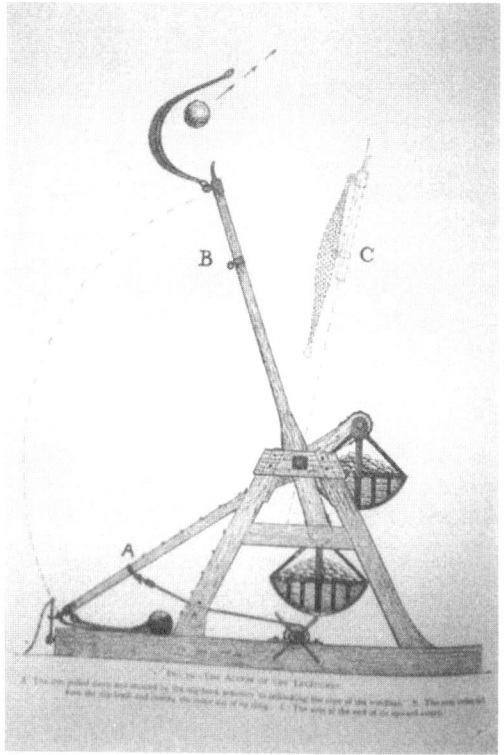

Abbildung 3: Hebelwurfgeschütz (Blide) aus der 1405 vollendeten »Bellifortis-Handschrift« des Konrad Kyeser von Eichstätt[2]

Alle diese weiterentwickelten konventionellen Waffen demonstrieren bereits nachdrücklich den Wert der Beschleunigung. Sehr viel überzeugender tun dies die Feuerwaffen. Sie setzen nicht mehr auf menschliche oder tierische Muskelkraft, um eine Beschleunigung zu erzielen, sondern auf die Kräfte der Chemie. Sie nutzen die Energieumwandlung zur Produktion von Geschwindigkeit. Als es im 14. Jahrhundert unabhängig voneinander verschiedenen Technikern in Italien, England, Frankreich und Deutschland gelingt, explodierendes Pulver als Bewegungsenergie für Geschosse zu nutzen, verändert sich das gesamte Kriegswesen von Grund auf, zumal die Militärtechniker in der Folgezeit das Energiepotenzial der Pulvermischungen weiter steigern und die Geschosse immer mehr beschleunigen können. Vor allem für Angreifer besitzt das größere Beschleunigungspotenzial erhebliche Vorteile. Dem Gegner bleibt weniger Zeit zu reagieren, zu parieren und in Deckung zu gehen, es lassen sich weitaus größere Distanzen überwinden, und im Gegensatz zu den von den Bliden gegen feindliche Stellungen

Abbildung 4: Steinbüchse mit fahrbarer Schutzhütte aus der 1405 vollendeten
»Bellifortis-Handschrift« des Konrad Kyeser von Eichstätt[3]

geschleuderten Steinbrocken, die in hohem Bogen ihrem Ziel zufliegen, nehmen
die von der Explosionskraft des Schießpulvers angetriebenen Geschosse auf ge-
streckter Flugbahn ihren Weg ins Ziel.

Die Geschichte der Feuerwaffen beginnt mit den so genannten »Steinbüch-
sen«, die Steine von bis zu 25 Zentimeter Durchmesser verschießen (Abb. 4) und
zwischen 1375 und 1385 erstmals erwähnt werden.[4] Es ist ein Alchemist, der
diese Waffe entwickelt und mit lautem Knall die in der chemischen Verbindung
steckende Spreng- und Beschleunigungskraft demonstriert. Der Verfasser des berühmten »Feuerwerkbuches«, der Mitte der 1370er Jahre mit Pulvermischungen
experimentiert, erkennt als Erster, dass nicht der Feuerstrahl das Geschoss beschleunigt, sondern der Gasdruck.[5] Die Zeitgenossen sprechen zu Recht von
»Donnerbüchsen« – die neue Waffe schlägt auf die Menschen mit Blitz und
Donner ein,[6] nicht mehr als »Pfeilregen«. 1575 schreibt der Italiener Guido Panciroli: »Unter den Erfindungen der Deutschen nehmen die metallenen Maschinen, welche durch Feuer und Schwefelpulver unter furchtbarem Donnerschlag
eiserne Kugeln und Steine weithin schleudern, die Mauern und Städte und alles,
das ihnen in den Weg kommt, niederwerfen, nicht den letzten Platz ein. Man
nennt sie Bombarden. Alle Erfindungen auf dem Gebiet der Kriegsmaschinen
seit Archimedes waren Kinderspiele gegen diese Bombarden, die wie Blitz und
Donner zu fürchten sind.«[7]

Schon bald verlassen die ersten Riesengeschütze die Waffenschmieden. Sie sind für Steine bis zu 30 Zentimeter Durchmesser angelegt. Die 1453 für die Erstürmung von Konstantinopel von dem ungarischen Waffentechniker Urban für Sultan Mehmet II. gegossene Kanone besteht aus einem acht Meter langen Bronzerohr mit einem Durchmesser von 81 Zentimeter an der Pulverkammer. Die »Pumhart von Steyr«, zu Beginn des 15. Jahrhunderts hergestellt und für Kugeln von 80 Zentimeter Durchmesser angelegt, beschleunigt eine 690 Kilogramm schwere Steinkugel auf eine Anfangsgeschwindigkeit von 160 m/sec und wird wie die anderen schweren Büchsen als Mauerbrecher eingesetzt.[8] All diese schweren Geschütze lassen sich nur mit größter Mühe transportieren, in Stellung bringen und neu ausrichten. Der umständliche Ladevorgang lässt pro Tag lediglich zwei bis drei Schuss zu. Die unregelmäßige Oberfläche der Steinkugeln und die nicht minder unebene Innenwand des Rohrs – des so genannten Flugs – lassen einen Teil des Pulvergases entweichen, der für den Vortrieb der Kugel verloren geht. Die Büchsenmeister kommen nicht umhin, vor jedem Schuss die Zwischenräume mit Werg und feuchtem Lehm abzudichten und trocknen zu lassen. Eine derartige Langsamkeit passt bereits den spätmittelalterlichen Militärs nicht in ihre Planung. Voller Spott geben sie den neuen Waffen Namen, die ausdrücken, was sie von ihnen halten: »Faule Grete« oder »Faule Mette«.

Ähnliche Probleme bereitet der Einsatz der Handfeuerwaffen. Zwar durchschlagen die Kugeln dieser Bombarden jeden bekannten Harnisch, andererseits jedoch erweist sich das Nachladen mit dem Einbringen von Pulver und Geschoss sowie das Zünden der Ladung mit Hilfe eines in einem Kohlebecken glühend gemachten Loseisens oder einer glühenden Lunte als schwierig, sehr langwierig und gefährlich. Bei Wind, feuchter Witterung und dem Stress des Kampfes kann diese Langsamkeit für den Schützen mit dem Tod enden. Hier setzen die Verbesserungsbemühungen an. In der zweiten Hälfte des 15. Jahrhunderts kommt das Luntenschloss in Gebrauch, knapp ein Jahrhundert später das Rad- und das Schnappschloss. Doch auch mit diesen Verbesserungen bleibt die Feuergeschwindigkeit immer noch zu gering. Da die wirkungsvollste Reichweite der Bleikugeln lediglich 30 bis 40 Meter beträgt, ist ein angreifender Feind lange vor Abgabe des zweiten Schusses bereits bis auf Schlagdistanz herangerückt. Fieberhaft wird an der Erhöhung der »erbärmlich niedrigen Feuergeschwindigkeit« gearbeitet, wie es in einem Schreiben von Wilhelm Ludwig von Nassau aus dem Jahre 1594 heißt, der sich selbst des Problems annimmt. Da noch keine zufriedenstellende technische Lösung abzusehen ist und ein erfahrener Musketier frühestens nach zwei Minuten einen neuen Schuss abfeuern kann, behilft sich der Graf mit einer organisatorischen »Erfindung«, dem dauernden Salvenfeuer.

Nachdem die vorderste Linie gefeuert hat, wendet sie sich um, reiht sich hinten wieder ein, beginnt mit dem Laden der Gewehre und rückt in den Linien Schritt für Schritt wieder vor. Dies gelingt nur durch Drill und nochmaligen Drill, durch permanentes Exerzieren und Unterordnung unter einen Taktgeber, der mit seinen Befehlen die Laufgeschwindigkeit des militärischen Uhrwerkes regelt.[9] Im Drei-ßigjährigen Krieg demonstriert Gustav Adolf von Schweden das volle Potenzial dieser taktischen Neuerungen. Durch eifriges Exerzieren und Üben gelingt es dem schwedischen Heer, die Ladegeschwindigkeit so zu steigern, dass sechs Reihen von Musketieren ausreichen, ein kontinuierliches Sperrfeuer aufrecht zu erhalten. Gleichzeitig steigert das Heer seine Feuerkraft mit Hilfe einer vergrö-ßerten Feldartillerie, deren Geschütze aus drei standardisierten Kalibern beste-hen, die ein schnelles Nachladen erlauben und pro Stunde 20 Schuss abgeben können.[10]

Die durchschlagendsten Erfolge erzielen die Techniker jedoch mit dem Er-satz der Steinkugeln durch gegossene Eisenkugeln, die eine Standardisierung der Kugeln und damit auch der Geschützkaliber erlauben, ebenso eine genauere Do-sierung des Pulvers. Sie weisen weniger Reibungswiderstand im Rohr sowie ei-nen geringeren Luftwiderstand im Flug auf. Mit ihrem dreifach höheren spezifi-schen Gewicht gegenüber Stein besitzen sie zudem eine höhere Durchschlags-kraft, wodurch die Kaliber verringert werden können, was der Beweglichkeit der Geschütze zugute kommt. Während die Steinkugeln bei einer Erhöhung der Ab-schussgeschwindigkeit oftmals am Mauerwerk zerbersten, erweisen sich die Ei-senkugeln als hochwirksame Mauerbrecher.

Zur Erhöhung der Feuergeschwindigkeit trägt neben der Normierung der Rohre auch die Montage von leichteren Geschützen auf Lafetten bei. Sie sind an ihrem Schwerpunkt mit Schildzapfen versehen, die eine seitliche Schwenkung von 360 Grad und ein Senken und Heben des Rohres bis zu 140 Grad erlauben. Seit 1450 erzielt die französische Krone damit einige Erfolge und kann verschie-dene Städte in der Normandie, Aquitanien und der Bretagne von den Engländern zurückerobern. Auch experimentiert man seit dem 15. Jahrhundert mit »Kam-merbüchsen« – Hinterladergeschützen mit austauschbaren Pulverkammern, die am hinteren Ende des Rohrs eingesetzt und nach einem Schuss gegen eine be-reitstehende und vorher gefüllte Pulverkammer ausgewechselt werden.

Seit dem 15. Jahrhundert demonstrieren die Feuerwaffen in Europa höchst eindrucksvoll ihre überlegene Durchschlagskraft. Als Karl VII. 1450 zu Ende des Hundertjährigen Krieges die Normandie von den Engländern zurückerobert, Karl VIII. 1494 Neapel und Gaeta in Besitz nimmt oder Kaiser Maximilian 1504 die Feste Kufstein stürmt, erweist sich die hochexplosive Mischung aus Holzkohle, Salpeter und Schwefel wirksamer als jede Ramme. Dagegen kommt den Feldgeschützen auch noch in den Feldschlachten des 16. Jahrhunderts eine nur geringe Bedeutung für Sieg oder Niederlage zu. Die Fußtruppen können die Geschützstellungen wegen der weiterhin zu geringen Feuergeschwindigkeit fast regelmäßig überrennen, wenn die ersten Salven abgefeuert sind. Daher dominiert trotz der höheren Geschwindigkeit der Geschosse in der Kriegstechnik und Kriegsführung der beginnenden Neuzeit weiterhin die überkommene Langsamkeit. Von den raschen Manövern, den Blitzmärschen und Entscheidungsschlachten der napoleonischen Feldzüge ist man noch weit entfernt. Die Truppen bewegen sich weiterhin langsam und bleiben stets im Einzugsbereich ihrer Versorgungsdepots mit ihren fahrbaren Bäckereien, Getreidemühlen und den mitgeführten Viehherden. Waffen, Uniform und Marschgepäck wiegen schwer und bremsen jede schnelle Vorwärtsbewegung mit Nachdruck ab.

Unter der Wucht der neuen Feuerwaffen verlieren gleichwohl viele der stark befestigten Städte und Burganlagen schon bald ihre Schutzfunktionen. Sie sind keine sicheren Fluchtorte mehr, hinter deren Mauern die Bevölkerung abwarten kann, bis der angreifende Feind seine Pfeile verschossen hat und wieder abgezogen ist.[11] Als die Militärs seit dem ausgehenden 15. Jahrhundert zudem fähig sind, mit leichteren und beweglicheren Geschützen die Schnelligkeit der Schussfolge zu steigern, wird es für die Verteidiger noch schwieriger. Der florentinische Diplomat und Historiker Francesco Guicciardini beschreibt die Folgen dieser Veränderungen während der Invasion von Karl VIII. in Italien im Jahre 1494/95 und begründet sie mit den neuen Geschützen: »Sie wurden mit solcher Geschwindigkeit vor den Mauern einer Stadt aufgestellt, der Abstand zwischen den Schüssen war so gering, die Kugeln flogen so schnell und hatten eine solche Wucht, dass in wenigen Stunden mehr Schaden angerichtet wurde als früher in Italien in der gleichen Anzahl von Tagen.«[12]

Nur wenig später kann der taktische Einsatz der Schnelligkeit auch auf dem Meer große Siege erringen. Als im Jahre 1588 der Herzog von Medina Sidonia mit der für unüberwindlich geltenden spanischen Armada mit ihren 130 Schiffen und rund 30 000 Mann gegen England ausläuft, wird sie von der zahlenmäßig weit unterlegenen englischen Flotte unter dem Kommando von Lord Howard in drei Seeschlachten geschlagen. Nur 66 Schiffe mit 10 000 Mann kehren nach Spanien zurück. Die 34 Schiffe der Royal Navy haben eine schlankere Linie und mehr Segelfläche als die großen, schwerfälligen Galeonen der Spanier, sie werden von einer kleineren Mannschaft gesegelt und können mehr Geschütze mitführen. Nach Ansicht der meisten Zeitgenossen sichert ihre höhere Geschwindigkeit in Verbindung mit ihrer überlegenen Feuerkraft ihnen den Sieg. Ein Augenzeuge berichtet, die Schiffe der Königin hätten sich zwischen denen der Spanier hindurchgedrängelt und dabei doppelt so schnell wie ihre Gegner Breitseiten abgefeuert. Ein gefangener spanischer Oberst erzählt mit Erstaunen, dass in derselben Zeit, in der die spanischen Schiffe einmal über Stag gingen, die englischen vier- oder fünfmal wendeten. Sie kamen sehr dicht an die Spanier heran und konnten ihre kleineren, schneller ladbaren und schwenkbaren Geschütze maximal und mit höherer Schussfolge einsetzen.[13] Vor allem die Holländer ziehen in der Folgezeit Lehren aus der Niederlage der Armada und legen kurz nach 1600 eine neue Generation von Kriegsschiffen auf Kiel – die Fregatten. Sie sind wendig, aufgrund ihres geringen Tiefgangs relativ schnell und verfügen über mächtige Kanonen. Mit ihnen zerstören die Holländer im Oktober 1639 an der Küste von Kent eine weitaus größere spanische Flotte.[14]

Der Schutz vor schnelleren Waffen

Die neuen Feuerwaffen, vor allem die neuen Feldgeschütze, zwingen Festungsbaumeister und Stadtbaumeister zum Umdenken. Bereits hier zeigt sich die Janusköpfigkeit der Geschwindigkeit, die zugleich Hilfe und Gefahr, Arznei und Seuche sein kann, die man suchen oder gegen die man sich schützen muss. Zunächst entwickeln die Festungsbauer gegen die zerstörerische Kraft der neuen Waffen die bisherige Wehrbauweise weiter, verstärken Mauern und Türme und schaffen für den Einsatz der Verteidigungswaffen mehr Platz. Die Ecktürme erhalten eine zylindrische Form, um die Aufprallenergie besser abzufangen. An ihrem Fuße entstehen Bollwerke als Geschützterrassen und an besonders gefährdeten Stellen werden polygonale Mauervorsprünge errichtet, um eine bessere Flankierung der Werke zu erreichen. Italien geht in der Entwicklung voran. Der italienische Architekt und Humanist Leon Battista Alberti empfiehlt 1440 in seiner Abhandlung »De re aedificatoria« den Bau von Befestigungsanlagen mit »unregelmäßigen Linien, ähnlich den Zähnen einer Säge«.[15] Von Rom bis Volterra und Imola entstehen gegen Ende des 15. Jahrhunderts an den Ecken der Städte massive, trommelförmige Rundtürme. Im oberdeutschen Raum nähert sich Albrecht Dürer mit wissenschaftlicher Akribie dem Thema und erarbeitet in seiner Schrift »Etliche underricht zur befestigung der Stett, Schloß, und flecken« aus dem Jahre 1527 neue Lösungen. Er reduziert die Höhe der Türme bis auf Wallhöhe, vergrößert ihren Grundriss und baut die Basteien im Inneren zu mehrstöckigen Kasematten aus. Beim Sturm auf eine Festung wären die Angreifer gezwungen, jede Bastei einzeln niederzukämpfen.

In der Realität aber setzen die Italiener die entscheidenden Akzente. Mehr noch als im mitteleuropäischen Raum bemühen sie sich, gegen die Schnelligkeit und Durchschlagskraft der Feuerwaffen eine stabile Lösung zu finden. In den Grundsätzen herrscht weitgehende Einigkeit. Wichtig ist vor allem: Der angreifende Feind darf keine Mauer mit senkrechten Schüssen treffen können, und der Grundriss der Befestigung muss die Möglichkeit bieten, einen anstürmenden Feind von mindestens vier Seiten unter Feuer zu nehmen. Eine zerstörte Mauer muss noch schwieriger zu ersteigen sein als eine unzerstörte. Zunächst setzt sich die so genannte altitalienische Befestigung durch; sie wird in Ferrara, Verona und Malta realisiert. Schnell werden ihre Schwachstellen deutlich, und vor allem der Veroneser Festungsbaumeister Mechele Sanmicheli entwickelt die Bastion zu einem polygonalen Gebilde, das mit seinen vielen unregelmäßigen Vorsprüngen, Ecken und Kanten und seiner Steinmasse die feindlichen Reihen aufspaltet, gewissermaßen zersägt, die Wucht der anstürmenden Reihen auffängt und anfliegende Kugeln an seinen mächtigen Mauern abprallen lässt. Als schließlich im 16. Jahrhundert die Wirkung der Feuerwaffen zunimmt, entwickeln auch die Festungsbaumeister ihre Widerstandskonzepte weiter. In Deutschland erweist sich Daniel Speckle (1536–1589) als der erfindungsreichste. Seine Pläne setzt er baulich um unter anderem in Colmar, Ulm, Basel, Wien, Jülich und Straßburg.

Zusammenfassung

Insgesamt zeigt der Stand der Feuerwaffentechnik an der Wende zur Neuzeit, dass die Geschwindigkeit auch in der Militärtechnik noch nicht omnipräsent ist, obwohl der Trend zur vermehrten Nutzung von schnellen Waffen unverkennbar ist. Ebenso wie im Alltag und in der Wirtschaft bilden sich vorerst auch hier nur einzelne Geschwindigkeitsinseln heraus, oder es kommt zu einzelnen, seltenen Eruptionen von Geschwindigkeit. Dies wird sich erst ändern, als sich die Gesellschaft im ausgehenden 18. Jahrhundert daranmacht, die Geschwindigkeit auch im Alltag vermehrt zu nutzen.

4. Zeit der Fabrikanten

Mit schnelleren Maschinen

Die Fernkaufleute bleiben an der Wende zur Neuzeit weiterhin die eigentlichen Propagandisten des Beschleunigungsgebots, während die religiösen Meinungsführer, die gerade im Zeitalter der Reformation die Aufmerksamkeit auf sich ziehen, den Händlern nur bedingt folgen. Zwar sprechen auch Theologen und Prediger seit der Reformation vermehrt von Zeit, doch zielen sie lediglich auf einen sinnvoll ausgefüllten Tagesverlauf ab. Sie ermahnen ihre Leser und Hörer, ihre Zeit zum eigenen geistigen und sittlichen Fortschritt zu nutzen, um dem Jenseits näher zu kommen.[1] Sie predigen zudem immer öfter Arbeit, um den Menschen das Nichtstun auszutreiben. »Müßiggang ist aller Laster Anfang«, müssen sich Protestanten und Katholiken von der Kanzel herab belehren lassen. Luther wird nicht müde, die Vita contemplativa der Mönche und das Nichtstun des Adels zu verurteilen und die harte Arbeit von Bauern und Handwerkern als eine Art Gottesdienst zu preisen, falls sie »im glauben und trawen zu Gott«[2] geschehe. Seine Lehre von der Arbeit als Gottesdienst führt zwar zu einer Verlängerung der Arbeitszeit, aber nicht zu einer Beschleunigung des Arbeitens. Wo sich die neue Auffassung durchsetzt, wird unter dem strengen Blick der Geistlichen die Zeit zwischen Anfang und Ende der Arbeit vom Biertrinken, Spielen und Schwatzen gereinigt und der Arbeitstag »gegen« das Tageslicht verschoben, das heißt verlängert. Arbeitsamkeit gewinnt an Wert, und Nicht-Arbeit büßt an Prestige ein.

Der Kampf gegen Zeitverschwendung

Es mehren sich die Schriften, die zum Kampf gegen die Faulheit aufrufen, die die Zuspätgekommenen als »schläffrige Faullentzer« beschimpfen, so Aegidius Albertinus, ein früher Herold der bürgerlichen Tugenden im Jahre 1617: »Narren seyndt diejenigen, welche den mehrern Theil jhres Lebens mit Schlaffen verzehren und länger als siben oder acht Stundt schlaffen, welche auß dem Schlaf ein

Handwerck unnd auß der Arbeit einen Schlaf machen«.[3] In ähnlichem Sinne schreibt 1589 Johannes Mathesius in seinem Hausbuch: »Denn der Teuffel hat die arbeit nicht erdacht (wie die faulen Knechte und Mägde pflegen zu reden) sondern ist des müssiggangs und faulentzens Stiffter«.[4] Dagegen gehen im puritanischen England einzelne Prediger bereits einen Schritt weiter und treiben die Menschen auch an, alltägliche Verrichtungen wie das Anziehen schneller zu erledigen, um mehr Zeit für Wichtigeres zu haben.[5] Immer öfter halten sie den Menschen die Uhr vor Augen und fordern sie auf, sie als Taktgeber zu nutzen. Es kann nicht ausbleiben, dass vielen eine derartige Dressur zuwider ist. Mit einer gehörigen Portion Wut im Bauch schreibt der anglikanische Geistliche Jonathan Swift 1726 in »Gullivers sämtliche Reisen« gegen dieses den Menschen aufoktroyierte Zeitbewusstsein an, indem er die Liliputaner annehmen lässt, Gullivers Gott sei die Uhr, weil er sie andauernd konsultiert.

Die vielen Kampagnen gegen den Müßiggang ziehen sich über das ganze 17. Jahrhundert hin und finden in Süddeutschland in den Attacken des wortgewaltigen Predigers Abraham a Sancta Clara zu Anfang des 18. Jahrhunderts einen spektakulären Höhepunkt. Mit hochrotem Kopf attackiert der Augustiner-Mönch die Herumtreiber und Schwätzer: »Ein fauler Mensch ist von Gott verlassen, der Welt verhassen, vom Teuffel gefassen; und ein solcher Schlenckl gibt mit der Zeit ein Galgen-Schwenckl: Ist gleich einem lebendigen Aaß, vergleicht sich einen Esel, dem man immerzu fortbeitschen muß, stihlt Gott den Tag ab.«[6] Die Prediger führen einen langwierigen Kampf gegen die Faulheit. Sie schreiben und reden an gegen das »sauffen, spielen, huren, buben, schlemmen, prassen, prangen, oder andern früchten vnnd wercken der alten Saw, des alten Adams«, wie der lutherische Prediger Joachim Westphal 1569 in seinem »Faulteuffel« anmerkt. Sie erinnern aber auch an den unersetzlichen Wert der Zeit, der als »edler Schatz« und Gottesgeschenk nicht mit Müßiggang vergeudet werden solle.[7]

Dieser Kampf gegen Müßiggang und Faulheit ist verbunden mit einem stetigen Plädoyer für Ordnung – für eine umfassende Ordnung des Lebens. Neben den Ordensgeistlichen leben einige Landesherren diese Ordnung vor, indem sie ihrem Hofstaat einen an der Uhr ausgerichteten Zeitplan mit privaten Terminen und Verabredungen im Stunden- oder Halbstundentakt vorgeben und Zeremoniells minutiös festlegen. Die Zeitangabe wird zu einem Fundament für den Hofalltag, zu einem neuen »Ordnungsprinzip«, wie es im »Teutschen Hofrecht« von 1754 heißt. Wörtlich: »In Ansehnung des Dienstes selbst ist die Pünktlichkeit und Ordnung in und bey allen zum Hofe gehoerenden Aemtern und Personen eine derjenigen allgemeinen Pflichten, welche nicht nur Auswaertigen einen guten oder schlechten Begriff von dem Hofe macht.«[8] Der Souverän verpasst dem Hofleben mit seinen Vorgaben eine zeitliche Uniform. Bald wird Pünktlichkeit auch zur Bürgerpflicht. Gleichwohl ist Pünktlichkeit noch kein Agens von Geschwindigkeit, lediglich Voraussetzung für Koordination von Leben und Arbeit.

Fast zeitgleich stimmen auch weltliche »Prediger« in dieses Hohe Lied der Arbeitsamkeit mit ein. Die Aufklärer lösen die Arbeit aus ihrer bisherigen engen Verbindung mit der Armut und erklären sie zur Lust. Bereits Leibniz verkündet, dass die Handwerker »mit Lust mehr alst jetzo aus Not tun werden«,[9] und Justus Möser resümiert 1774: »Die Quelle alles wahren Vergnügens ist Arbeit.«[10] Als profiliertester Vertreter des aufgeklärten Bürgertums stellt Benjamin Franklin um das Jahr 1730 einen Tugendkatalog mitsamt Verhaltensweisen zusammen, der bald darauf in Kalenderform und in immer neuen Auflagen die Menschen in Amerika und Europa zu Ordnung und Fleiß, Sparsamkeit und Arbeitsamkeit aufruft. »Verliere keine Zeit; sei immer mit etwas Nützlichem beschäftigt; entsage aller unnützen Tätigkeit!«, so eine der Losungen.[11] Hier ist nicht mehr von »Gottesdienst« die Rede; der Arbeitsgedanke hat sich endgültig von seiner christlichen Grundlage befreit. Der richtige Gebrauch der zur Verfügung stehenden Zeit sichert nicht das Seelenheil, sondern den wirtschaftlichen Erfolg. Arbeit eröffnet den Weg zur irdischen »Glückseligkeit«, lautet die Botschaft. Umgekehrt wird das »physische Glück« Grundlage der »moralischen Glückseligkeit« der Menschen.[12] Schließlich wird Arbeit zur Pflicht jedes Einzelnen, um zum allgemeinen Besten und zum Nutzen des Staates beizutragen, so der Kameralist Johann Heinrich Gottlob Justi in seiner »Staatswirthschaft«.[13] Dahinter versteckt sich die Aufforderung der merkantilistisch-kameralistischen Wirtschaftspolitik zur Erhöhung der Produktion, zur Mehrung des Nationalreichtums, zur Ankurbelung der Wirtschaft und Hebung des individuellen Glücks.

Aber auch die weltlichen »Prediger« glauben, nicht ohne religiöse Begründung auskommen zu können. Da die Zeit Gott gehöre, gereiche sie als Leihgabe nur dann zu seinem Ruhme, wenn sie rastlos genutzt werde. Kirchliche und weltliche Autoritäten rufen im Gleichklang dazu auf, die Zeit nicht zu verschlafen und zu verschwenden, wobei die einen mehr das »Ora«, die anderen mehr das »Labora« betonen. Aber diese Ermahnungen meinen nicht eine Beschleunigung, vielmehr eine zeitliche Ausdehnung der Arbeit, wobei die Uhr von einem Zeitmessgerät zu einer moralischen Instanz wird – später in Form der Stechuhr zu einem moralischen Türwächter. Am Ende dieser langen Reihe von Vätern der Arbeitsgesellschaft steht Adam Smith, der die Arbeit als die eigentliche Quelle des Reichtums im öffentlichen Bewusstsein verankert. Nach seiner Vorstellung ist die Arbeitsleistung nicht allein abhängig von der Zahl der Arbeiter und der Länge der Arbeitszeit, sie lässt sich vielmehr auch durch eine verbesserte Technik und Organisation erhöhen.[14] Maschinen sind dann einzusetzen, wenn sich mit ihrer Hilfe Tätigkeiten schneller und zu geringeren Kosten ausführen lassen.

Dasselbe Ziel verfolgt Smith mit seiner Forderung nach vermehrter Arbeitsteilung. Er ruft nicht mehr zur Arbeit auf, um die Pflastertreter und Tagediebe von einem lasterhaften Lebenswandel fernzuhalten, er benennt den »Wohlstand der Nationen« als oberstes Ziel und erklärt die Arbeit als goldenen Weg zur Erreichung dieses Ziels. Um jedoch den Wohlstand zu mehren, bedarf es eines erhöhten Inputs, der über einen vermehrten Einsatz von Arbeitskräften, längere Arbeitszeiten, technische Hilfsmittel, eine neue Arbeitsorganisation sowie eine Intensivierung, also eine Beschleunigung der Arbeit, zu erreichen ist. Smith begnügt sich nicht mit abstrakten Vorschlägen, sondern erklärt am Beispiel der Stecknadelfabrikation, wie die durch Arbeitsteilung herbeigeführte Förderung der »produktiven Kräfte der Arbeit« den Wohlstand der Nationen vermehrt. Er geht davon aus, dass ein ungelernter Arbeiter, »selbst wenn er sehr fleißig ist, täglich höchstens eine, sicherlich aber keine zwanzig Nadeln herstellen« kann. Die Teilung in 18 verschiedene Arbeitsschritte dagegen erlaube eine mehr als tausendmal höhere Pro-Kopf-Produktion.[15] Die ersten vier Möglichkeiten zur Erhöhung des Outputs werden noch im 18. Jahrhundert realisiert, die Beschleunigung des Arbeitens lässt dagegen noch bis zur Wende zum 20. Jahrhundert auf sich warten. Noch ist die Zeit nicht reif und noch sind die Menschen dazu nicht fähig. Vorerst übernehmen es allein einzelne Maschinen, Produktionsprozesse zu beschleunigen. Die neuen mechanischen Spinnmaschinen machen den Anfang.

Die Maschine als Helfer

Der Einsatz von Maschinen ist nichts Neues. Die schon im Spätmittelalter erkennbare Tendenz, schwerste körperliche Arbeit durch den Einsatz von Maschinen zu erleichtern, verstärkt sich nach dem Dreißigjährigen Krieg. Der Gebrauch von Haspelwinden und Kränen im Bergbau oder in den Häfen ist ein Beispiel. Demselben Ziel dienen die zahlreichen Wasserräder, die eine Vielzahl an Hämmer-, Poch- und Mahlwerken in Bewegung setzen. Die Kraft des Wassers hebt die wuchtigen Schwanzhämmer, mit denen große Schmiedestücke wie schwere Schiffsanker und riesige eiserne Salzpfannen hergestellt werden. Dieser Trend setzt sich im 18. Jahrhundert fort, da im Gefolge der Bevölkerungsvermehrung und der merkantilen Wirtschaftspolitik mit ihrer Gewerbeförderung die Nachfrage nach Metallen und metallenen Gegenständen ständig steigt. Der zunehmende

Energiebedarf führt gleichzeitig zu einer weitgehenden Ausschöpfung der bis dahin genutzten Energiepotenziale, also der tierischen Kraft, Wasser- und Windkraft sowie von Holz. Er führt darüber hinaus vor allem in England zur vermehrten Verwendung von Steinkohle als einem neuen Energieträger für Prozesswärme und Maschinenantrieb. Um jedoch diesen Energieträger zu Tage zu fördern, sind verschiedene Probleme zu lösen, bei denen die traditionelle Technik versagt. Das Problem der Wasserhaltung ist das größte. Seine Überwindung gelingt mit Hilfe der Newcomen-Dampfmaschine (Abb. 5), die 1712 erstmals in einer Kohlengrube in Dudley Castle bei Wolverhampton in Betrieb genommen wird.[16] Hierbei geht es darum – und dies ist typisch für den Großteil der im 17. und frühen 18. Jahrhundert zum Einsatz gekommenen Technik –, das Arbeiten zu erleichtern beziehungsweise überhaupt erst möglich zu machen. Es geht nicht um eine Beschleunigung der Arbeit. So bewegt sich denn auch das riesige Pumpengestänge dieser »Feuermaschine« in einem recht behäbigen Takt. Mit ihren zeitlupenartigen Auf- und Abwärtsbewegungen ist dieses kohlenbefeuerte und kohlenfressende Ungetüm ein Symbol der vorindustriellen Welt der Langsamkeit, noch nicht der industriellen Welt der Schnelligkeit mit ihren schnell drehenden Maschinen.

Die Maschine als Beschleuniger

Gleichwohl bleiben der vermehrte Einsatz von Maschinen und die Nutzung neuer Technologien nicht ohne Auswirkungen auf den Arbeitsrhythmus. Die Investoren erkennen schnell den ökonomischen Nutzen der maschinell beschleunigten Produktion. Rasch können sie sich den höheren Gewinn beim Einsatz der zeitsparenden Fertigungstechniken errechnen und investieren seit dem späten 17. Jahrhundert vermehrt in technische Hilfsmittel. Sie greifen zunächst bevorzugt zu solchen technischen Verfahren und Maschinen, die sich in einem Gewerbe bereits bewährt haben und übertragen sie auf einen anderen Produktionsbereich. Die neuen aus dem Geiste der Aufklärung entstandenen Enzyklopädien, die neben den Wissenschaften sehr aufmerksam die Technik berücksichtigen und auf deren ökonomischen Einsatz Wert legen, helfen ihnen dabei.

    Die Windmühle, die in den Niederlanden ursprünglich nur als Mahl- und Entwässerungsmühle zum Einsatz gekommen war, ist ein Beispiel. Seit etwa 1600 kommen die technisch verbesserten und wesentlich leistungsstärkeren Turmwindmühlen hier im Zentrum des frühneuzeitlichen Kapitalismus auch als

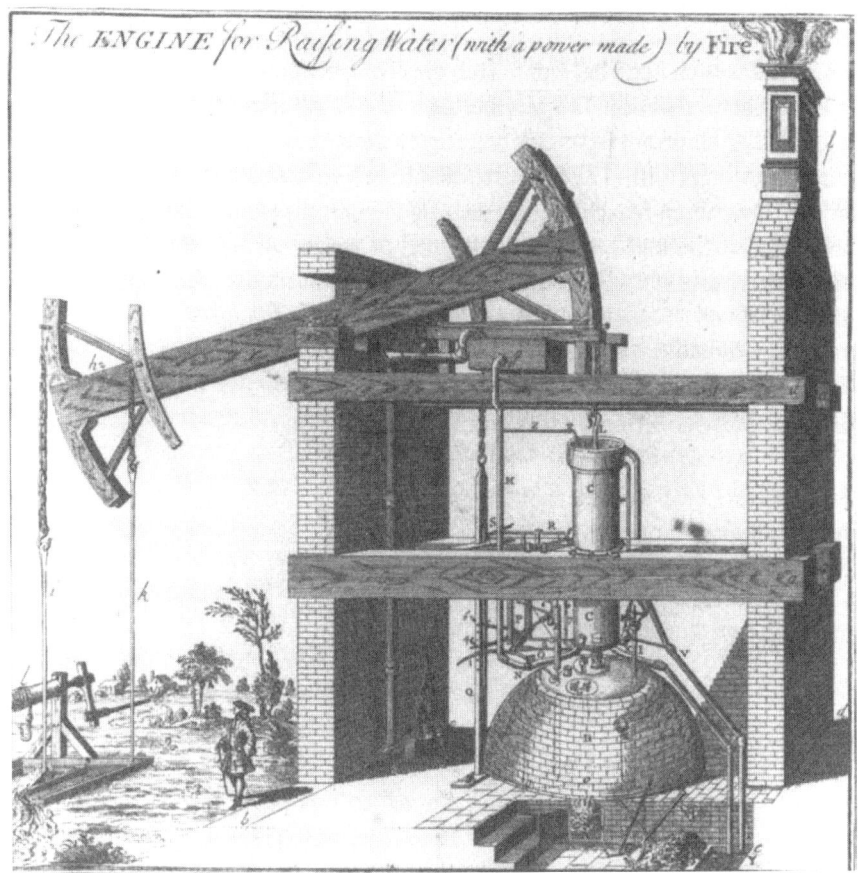

Abbildung 5: Atmosphärische Newcomen-Dampfmaschine. Kupferstich aus dem
Jahre 1717[17]

Antriebskraft in arbeitsintensiven Gewerben zum Einsatz und werden von den
holländischen Schiffsbauern als Sägemühlen genutzt, um Deckbalken und Planken zu schneiden. Während die Fertigstellung eines Schiffes in England in
Handarbeit rund ein Jahr dauert, können die holländischen Werften durch diese
Maschinenunterstützung in vier Monaten liefern.[18] Als seit Ende des 17. Jahrhunderts die in Amsterdam ansässigen Werften aus Kostengründen Mühe haben,
gegen die stärker gewordene englische Konkurrenz zu bestehen, wandern sie auf
das nahe Umland mit seinen niedrigeren Löhnen ab, wo sich am Ende des
17. Jahrhunderts allein im Zaan-Gebiet bei Amsterdam 900 Windräder drehen.
Fast die Hälfte von ihnen wird als Sägemühlen genutzt, welche die vom Rheinland angeflößten Eichenstämme in relativ kurzer Zeit zu Brettern zersägen.[19]

Seit dem Dreißigjährigen Krieg melden immer mehr Gewerbe den Einsatz technischer Neuerungen, mit denen sie effizienter, billiger und schneller produzieren. So übernimmt der Bergbau in Tirol und im Oberharz im frühen 17. Jahrhundert aus Oberitalien das bergmännische Schießen, das bis Mitte des Jahrhunderts auch in Sachsen, Böhmen, Mähren, Polen und Kroatien Verbreitung findet, ehe es auf der Britischen Insel zur Anwendung kommt. Obwohl es auch weiterhin möglich ist, allein mit Schlägel und Eisen oder durch Feuersetzen den Erzabbau zu bewältigen, findet die neue Technik trotz ihrer Gefährlichkeit rasch Nachahmer.[20]

In der Metallverarbeitung laufen nur wenig später die ersten erfolgreichen Versuche, weiche Metalle wie Blei mit Hilfe von Walzen zu kurzen Stäben und Blechen umzuformen, um von der sehr zeitaufwändigen Hammerarbeit wegzukommen. Auch Draht wird nach dieser Methode hergestellt. 1766 wird in England das erste Patent zur Herstellung von gewalztem Grobdraht erteilt. Besonders die Gewehrproduktion erfährt kräftige Beschleunigungsimpulse; hier ist seit der zweiten Hälfte des 16. Jahrhunderts die handwerkliche Produktion auf dem Rückzug. Im 18. Jahrhundert wird die Gewehrherstellung bereits arbeitsteilig unter Verwendung zahlreicher Maschinen betrieben. Bohrmühlen, Schleif- und Polierwerke, Ziehbänke und Reckhämmer, die alle durch Wasserkraft angetrieben werden, kommen dabei zum Einsatz.[21]

Im Textilgewerbe erfährt der altehrwürdige Webstuhl an der Wende zum 17. Jahrhundert durch Entwicklung des so genannten Holländischen Webstuhls, mit dem 24 schmale Bänder gleichzeitig gewebt werden können, eine wesentliche Verbesserung. Er wird jedoch nach Protesten der Bortenwirker zeitweilig verboten. Eine noch größere Beschleunigung der Produktion bringt die Seidenzwirnmaschine, die schon im Spätmittelalter in Italien erfunden und kontinuierlich weiterentwickelt, deren Betrieb aber ebenfalls verboten worden war. 1716/17 schmuggelt ein Engländer die Konstruktionspläne von Italien nach England, und einige Jahre später erbaut sein Bruder, Thomas Lombe, eine für die damalige Zeit riesige, sechsstöckige Seidenzwirnerei in Derby. Zur Mitte des 18. Jahrhunderts folgen weitere Seidenzwirnfabriken.[22]

Noch typischer für die am Horizont auftauchende neue Welt der Beschleunigung ist die Entwicklung von Rechenmaschinen. Der Zug der Zeit, die Welt in Zahlen zu fassen, führt im 17. Jahrhundert zu einem sprunghaften Anstieg der Rechenoperationen, die mit Papier und Gänsekiel sehr viel, oft zu viel Zeit beanspruchen, wobei Rechenfehler vorprogrammiert sind. Nicht nur die Verfasser astronomischer Tafeln sehen sich vor harte Geduldsproben gestellt. Sie ärgern sich über die oft stumpfsinnigen, zeitraubenden Berechnungen und sinnen über eine Mechanisierung des Rechnens nach. Bereits 1623 hatte der Tübinger Professor für biblische Sprachen, Mathematik und Astronomie, Wilhelm Schickard (1592–1635), eine erste mechanische Rechenmaschine konstruiert, über die er an seinen Freund Johannes Kepler schrieb: »Dasselbe, was Du rechnerisch gemacht hast, habe ich in letzter Zeit auf mechanischem Wege versucht und eine aus elf vollständigen und sechs verstümmelten Rädchen bestehende Maschine konstruiert, welche gegebene Zahlen augenblicklich automatisch zusammenrechnet, addiert, subtrahiert, multipliziert und dividiert.« Die Maschine fällt noch im selben Jahr einem Brand zum Opfer und Schickard nur wenige Jahre später der Pest. So kann der französische Mathematiker Blaise Pascal für seine 1644 vorgestellte Maschine in der Gelehrtenwelt internationale Reputation ernten, obwohl seine Konstruktion lediglich zu addieren und zu subtrahieren vermag. Auch Leibniz versuchte sich mit einigem Erfolg als Konstrukteur. Beide Erfindungen gelangen aus fertigungstechnischen Gründen nicht in den Alltagsgebrauch. Die Mechaniker sind noch nicht imstande, die Ideen mit der notwendigen Präzision umzusetzen. Im 18. Jahrhundert mehren sich dann erfolgreiche Weiterentwicklungen, doch reicht es immer noch nicht für eine Massenproduktion. Erst das späte 19. Jahrhundert besitzt das notwendige Potenzial dazu.[23]

Diese und andere Maschinen demonstrieren punktuell die Vorteile der Beschleunigung. Es sind lediglich einzelne Wissenschaftler, Techniker und Unternehmer, die unter Verletzung gültiger Normen das Geschwindigkeitsprinzip zur Anwendung bringen und allmählich die überkommenen Einstellungen zum Arbeitstempo unterhöhlen. Sie verdeutlichen der noch relativ winzigen Schicht an Unternehmern – nicht mehr nur den Kaufleuten – die ökonomischen Chancen der Beschleunigung. Der Leipziger Mechaniker Jacob Leupold (1674–1727) charakterisiert Anfang des 18. Jahrhunderts in seinem unvollendet gebliebenen achtbändigen »Theatrum machinarum« die Maschine als ein »künstliches Werk«, »dadurch man zu einer vorteilhaften Bewegung gelangen und entweder mit Ersparung der Zeit oder Kraft etwas bewegen kann, so sonst nicht möglich wäre«.[24] Als schließlich zwischen 1751 und 1780 Diderot und d'Alembert ihre gewaltige 35-bändige »Encyclopédie« herausgeben und darin in rationalistisch-liberalistischem Geist das gesamte Wissen der Zeit über Natur, Gesellschaft und Technik zusammenfassen, ist dies auch als Aufforderung gedacht, diese technischen Hilfsmittel zum Wohle der Menschen zu nutzen.

Die Beschleunigung der Textilproduktion

Alle Impulse, die von den Schriften sowie den Wind- und Wasserrädern des »hölzernen Zeitalters« ausgehen, sind nur ein zarter Windhauch im Vergleich zu den alles mit sich reißenden Windstößen, die die Industrialisierung begleiten. Der industrielle Einsatz von Maschinen kommt in der Produktivitätsentwicklung einem Quantensprung gleich. Jetzt wird nicht mehr nur die Einzelfertigung, sondern die Massenproduktion beschleunigt. Die Industrialisierung ist das Zeitalter der mit Hilfe von Arbeitsteilung und Maschinentechnik beschleunigten Massenfertigung.

Seit der zweiten Hälfte des 18. Jahrhunderts kann die neue Produktionsweise die traditionelle schrittweise verdrängen, zumal die Langsamkeit der alten Welt zu einem immer größeren Problem wird, das die europäischen Staaten bei ihrem Wettlauf um Wohlstand und Reichtum behindert. Die größten Schwierigkeiten treten auf dem für die meisten europäischen Wirtschaftsregionen so ungemein wichtigen Bereich der Textilherstellung auf, als die Garnproduzenten – Spinnerinnen und Spinner – nicht mehr imstande sind, die Nachfrage der Weber zu befriedigen. Mit ihren Handspindeln und Spinnrädern sind sie zu viel langsam, obwohl in manchen Regionen Zehntausende von Frauen, Kindern und Greisen den Webern zuarbeiten. Die Wirtschaftswissenschaftler sprechen von Produktionsengpässen, die Zeitgenossen von Garnnot. Findige Techniker machen sich daher daran, die noch aus dem Mittelalter stammenden Geräte weiter zu verbessern. Es hilft wenig. Die Spinner kommen der Nachfrage weiterhin nicht nach, und der in der Vergangenheit stets mit Erfolg beschrittene Weg, die Produktion durch Erhöhung der Arbeiterzahl zu steigern, scheitert in England, wo das Problem am allerdringlichsten ist. Hier hat sich die Textilherstellung in der ersten Hälfte des 18. Jahrhunderts bereits so weit über das platte Land ausgedehnt, dass das Arbeitskräftereservoir der Handspinnerei weitgehend ausgeschöpft ist.[25] Das Problem nimmt bedrohliche Ausnahme an, als die Weber ihr Arbeitstempo mit Hilfe von einfachen technischen Neuerungen steigern und die Nachfrage nach Textilien mit der Bevölkerungsvermehrung, höheren Einkommen, dem Ausbau der stehenden Heere und Exporterfolgen weiter zunimmt. 1733 lässt sich der Uhrmacher John Kay eine Schnelllade, auch »fliegendes Weberschiffchen« oder »Schnellschütze« genannt, patentieren, die nach 1760 vermehrt Eingang in die stark expandierende englische Baumwollweberei findet. Die Verbesserung verschärft den ohnehin bestehenden Engpass in der Textilherstellung noch weiter. Waren unter den traditionellen Produktionsverhältnissen bereits drei bis vier Spinner notwendig, um einen Weber ausreichend mit Garn zu versorgen, so sind es nach Einführung des Schnellschützen sieben bis zwölf. Während der Erntezeit, wenn die Frauen auf dem Feld mithelfen, ist es für die Weber fast unmöglich, an Garn zu kommen. Vielfach locken Preisausschreiben mit stattlichen Gewinnen. Die Frage, die viele berührt, lautet: Wie kann ich die Garnherstellung beschleunigen?

Da wenig Aussicht besteht, die Handweber zu einer Verlängerung der Arbeitszeit und schnellerem Arbeiten zu bewegen, suchen die Beteiligten das Problem mit Hilfe der Technik zu lösen. Drei Konstrukteure machen das Rennen und läuten das Industriezeitalter ein: der Handweber James Hargreaves aus Stanhill bei Blackburn mit seiner später als »Jenny« bekannt gewordenen Spinnmaschine, die er 1770 patentieren lässt, der Perückenmacher Richard Arkwright aus Bolton mit seiner 1769 patentierten »Waterframe« sowie der Farmer und Weber Samuel Crompton aus dem Umland von Bolton mit seiner 1779 fertiggestellten »Mule«. In ihrer frühesten Form besitzt die »Jenny« acht Spindeln. Als sie als Patent angemeldet wird, bereits 16, am Ende des Jahrhunderts 100 bis 120. Sie ist die erste wirklich durchschlagende Verbesserung auf dem Gebiet der Garnherstellung seit Erfindung des Spinnrades, zumal sie – ganz aus Holz gefertigt – kaum teurer ist als ein Spinnrad und bald in viele Weberhaushalte Einzug hält. »Jenny«, »Waterframe« und »Mule« sind Vorrichtungen zur Erhöhung der Zahl der Spindeln, die ein einziger Spinner zu bedienen vermag. Erst die viele Jahre später zwischen 1825 und 1830 von dem genialen Richard Roberts entwickelte völlig selbsttätige »Mule«, der »Selfaktor«, kann auf die Bedienung durch einen gelernten Arbeiter verzichten.

Mit einem Schlage vervielfacht sich die Garnmenge, da die neuen Maschinen im Unterschied zum Spinnrad nicht nur einen, sondern acht, bald 60 und mehr Fäden in einer Spinnphase produzieren. Die »Jenny« beschleunigt die Produktion genau dort, wo diese zu langsam vonstatten geht. Dies gilt in einem noch weitaus höheren Maße für »Waterframe« und »Mule«, die von Anfang an für den Fabrikbetrieb konstruiert sind. Um 1812 kann ein Spinner mit Hilfe dieser Maschinen in einem bestimmten Zeitraum so viel produzieren wie 200 Spinner vor der Erfindung von Hargreaves »Jenny«. Die »Garnnot« gehört der Vergangenheit an.[26] Als der deutsche Publizist Georg Weerth 1843 in eine englische Spinnerei eintritt, notiert er in seinen »Skizzen« aus dem Leben der Briten: »750 Menschen sind hinreichend, um alle Operationen einer solchen Baumwollspinnerei zu besorgen, und mit Hilfe der Dampfmaschine können sie so viel Garn spinnen wie 200 000 Menschen ohne Maschinen.«[27] Eine derartige Produktionsbeschleunigung hatte es zuvor noch nie gegeben. Das Spinnrad, das einige Jahrhunderte gebraucht hatte, um den Spinnrocken zu verdrängen, veraltet innerhalb von nur zehn Jahren. Aber auch die siegreiche »Jenny« kann ihren Sieg nur kurze Zeit feiern. Bereits gegen Ende des 18. Jahrhunderts landet auch sie auf der Müllhalde.

Spätere Generationen sprechen mit Blick auf diese technischen Veränderungen und ihre Folgen von der »Industriellen Revolution«. Auch hinsichtlich der Beschleunigung des Lebens bedeuten Entwicklung und Nutzung der neuen Maschinen eine tiefgreifende Zäsur. Fortan dreht sich die Welt sichtbar schneller. Im Gegensatz zu den Maschinen, die im Spätmittelalter und zu Beginn der Neuzeit erstmals zum Einsatz kamen, sind diese Spinnmaschinen auf Massenproduktion ausgelegt – sie verändern massenhaft Leben. Die Massen an Handspinnern, die mit ihrer seit Generationen ausreichenden Produktivität von einem Tag auf den anderen den Maschinen hoffnungslos unterlegen sind und ihren Lebensunterhalt verlieren, sind nur eine von vielen Gruppen. Die Fabrikspinner, die als Handlanger der neuen Maschinen tagtäglich mit vorher nie erlebten Geschwindigkeiten konfrontiert sind, müssen lernen, blitzschnell zu reagieren. Sie erfahren an ihrem eigenen Körper die negativen Begleiterscheinungen von Geschwindigkeit: Lärm, Stress, Unfallrisiken. Sie tauchen tagtäglich in eine ganz neue Welt ein, in der alles in Bewegung ist – in teilweise rasender Bewegung, mit der das Auge nicht mehr mitkommt, eine Bewegung, die mit ungeheurer Wucht auf alle Sinne einwirkt, die verwirrt und den Pulsschlag erhöht, die Körper und Geist mitreißt und diese vibrieren lässt, die fasziniert und Angst macht, die den ganzen Menschen beherrscht und ihm keine klaren Gedanken mehr erlaubt, die ihn zur höchsten Konzentration zwingt und dennoch betäubt, die ihn wachrüttelt und gleichzeitig in einen Rauschzustand versetzt. Die wirbelnden Spindeln erzählen von Fortschritt und einer neuen Welt, sie demonstrieren, mit welchen Mitteln Fortschritt zu erreichen ist.

Die neuen Produktionsbeschleuniger verbreiten das Geschwindigkeitsvirus in ihrem Umfeld, ohne dass sich Menschen und Gewerbe dagegen schützen könnten. Der Einsatz von »Jenny« und »Mule« löst nämlich nicht nur Probleme, er schafft auch neue. So verlagern sich die Engpässe umgehend vom Spinnen auf die vorgelagerten Arbeitsprozesse des Krempelns, Kardierens, Kämmens und der Fertigung von Vliesbändern. Plötzlich stört auch hier das seit Menschengedenken übliche Produktionstempo und wird zum Problem. Wieder wird nach einer technischen Lösung gesucht, und wieder sind es neben anderen Hargreaves und Arkwright, die praktikable Lösungen entwickeln und auf das Prinzip der Schnelligkeit setzen. Letzterer produziert in seiner Fabrik in Cromford mit Hilfe einer mit Handkurbel angetriebenen Kardiermaschine 18-mal so viel Vlies wie mit einer traditionellen Handkarde.[28] Gleichzeitig beginnt er, auch die Maschinenumwelt dem Diktat der Geschwindigkeit zu unterwerfen. Die von ihm konzipierten Fabrikgebäude sind der Prototyp der modernen Fabrik: funktional, auf Arbeitsteilung ausgelegt und mit Maschinen zur Stoffformung bestückt. Arkwright lässt die einzelnen Maschinen für das Kardieren, Vorspinnen und Spinnen so kombinieren, dass eine möglichst schnelle Abfolge der einzelnen Arbeitsschritte möglich wird.

Neue Probleme der Langsamkeit tauchen auf, wo niemand sie zuvor vermutet hatte. Die technisch-organisatorischen Umwälzungen im Baumwollgewerbe führen in Verbindung mit Preisverfall und rückläufiger Nachfrage nach Leinen- und Wollgeweben zu einer sprunghaften Zunahme des Verbrauchs an Rohbaumwolle, der sich von 1760 bis 1800 ungefähr verdreizehnfacht.[29] Die dringlichste Frage, die sich den Produzenten der Baumwollwaren stellt, lautet: Wie und wo lassen sich diese riesigen Mengen an Geweben bleichen? Das alte Bleichverfahren mit Sauermilch, wiederholtem Waschen und Sonneneinwirkung dauert bei der Leinenbleiche sechs Monate und erfordert riesige Bleichwiesen. Aufgrund dieser Langwierigkeit steuert die Baumwoll- wie die Leinenproduktion auf einen gefährlichen Engpass zu. Zwar ist die schnellere Bleichwirkung der Schwefelsäure bereits bekannt, doch ist diese bis Ende der 1730er Jahre noch immer eine Apothekerware. Sie wird weiterhin nur in kleinsten Mengen hergestellt und ist entsprechend teuer.[30] Nach zwei bis drei Jahrzehnten ist auch dieses Problem gelöst. Schwefelsäure wird zur billigen Industriechemikalie, nachdem es 1736 Joshua Ward und John White in der Nähe von London gelungen ist, das Produktionsverfahren in industrielle Dimensionen zu überführen. Nach Entwicklung des Bleikammerverfahrens im Jahre 1746 durch John Roebuck, den ersten Financier von James Watt, fällt der Preis auf ein Sechzehntel. Seit dem steilen Anstieg der Baumwollproduktion in den 1770er Jahren ahmen weitere Unternehmer in der Hoffnung, das große Geld zu machen, diese Neuerung nach, und der Gestehungspreis fällt nochmals auf ein Fünftel. Auch die übrigen zur chemischen Bleiche benötigten Produkte – Chlorkalk und Soda – profitieren von dem Bleikammerverfahren, da auch zu ihrer Herstellung Schwefelsäure benötigt wird. 1791 lässt sich in Frankreich Nicolas Leblanc ein Verfahren zur Erzeugung von Soda aus Salz, Schwefelsäure, Kalk und Kohle patentieren, und zwei Jahre vorher bringt die Chemiefabrik Javel in der Nähe von Paris auf der Grundlage der Forschungen des französischen Chemikers Claude Louis Berthollet ihr berühmtes Bleichmittel »Eau de Javel« auf den Markt, das 1798/99 durch die beiden Schotten Charles Tennant und Charles Macintosh wesentlich verbessert und seitdem als Bleichpulver verkauft wird.[31] Der Bleichprozess, für den die Natur zuvor Monate benötigt hatte, läuft fortan mit Hilfe von Wissenschaft und Technik in einigen Stunden oder noch schneller ab. Es fehlt inzwischen an Zeit, auf die Sonne zu warten. Zeit ist mehr denn je Geld.

Gleichzeitig zeigt die Schnelligkeit aber auch ihre Janusköpfigkeit und demonstriert mit großer Härte, dass sich ihr Nutzen umgehend in Schaden verwandeln kann. Sie verlangt von ihren Nutzern vermehrte Konzentration, und wer diese nicht aufbringt, den verletzt und schädigt sie. Schon bei der Behandlung des Leingarns mit den schneller wirksamen Aschenlaugen mussten die Bleicher sorgsam darauf achten, dass die Faser nicht angegriffen wurde – erst recht bei Einsatz von Schwefel- und Salzsäure. Um 1800 erleben die Bielefelder Bleicher ein Fiasko, als sie zur Erledigung eines amerikanischen Großauftrags den Bleichvorgang unter Einsatz der neuen Chemikalien so weit wie möglich beschleunigen wollen und dabei die Leinwand völlig verderben. Andere müssen den Gebrauch der neuen Beschleunigungsinstrumente noch teurer bezahlen. Bevor das Bleichpulver auf den Markt kommt, büßen zahlreiche Chemiker und Bleicher beim Umgang mit dem gasförmigen Chlor Leben und Gesundheit ein.[32]

Die gewaltige Beschleunigung des Spinnens und der damit verbundene ökonomische Nutzen legen es nahe, in allen Arbeitsstufen nach »Zeiträubern« zu suchen und sie durch Maschinen zu ersetzen. 1783 stellen englische Kattundrucker von der zeitaufwändigen Blockpresse auf die schnelle Druckrolle um. Das Bedrucken von Stoffen erfolgt seitdem nicht mehr in kleinen »Trippelschritten«, sondern »am laufenden Band«. Vor allem der Webvorgang gerät ins Visier der Techniker, zumal mit dem vermehrten Garnangebot und dem Siegeszug der Baumwolle die Nachfrage nach Webern sprunghaft ansteigt. Für sie beginnt ein »Goldenes Zeitalter«, so die Zeitgenossen. Als Erstem gelingt dem Geistlichen Edmund Cartwright zwischen 1785 und 1788 die Konstruktion eines mechanischen Webstuhls, der jedoch nicht schneller arbeitet als ein Handweber mit dem Schnellschützen. Rechnet man den Energieaufwand und die hohen Investitionen in Gebäude und Geräte hinzu, ist diese Erfindung sogar höchst unrentabel. Cartwright versucht es dennoch und scheitert kläglich. Die mangelhafte Geschwindigkeit seines Webstuhls beschert ihm einen Verlust von 40 000 Pfund. Andere, die über mehr technische Kenntnisse als der in Oxford promovierte Theologe verfügen, machen es besser und suchen die verschiedenen Unterbrechungen des Webvorgangs, die den Webern aufgrund der Konstruktion des Handwebstuhls viel Zeit kosten, zu eliminieren. Bereits die zweite Generation von Maschinenwebstühlen, die Anfang des 19. Jahrhunderts auf den Markt kommt, ist in ihrer Produktivität den Handwebstühlen überlegen, erst recht die von dem Maschinenbauer Richard Roberts entwickelte dritte Generation, die Anfang der 1820er Jahre in Produktion geht. Sie arbeitet dreimal schneller als ein

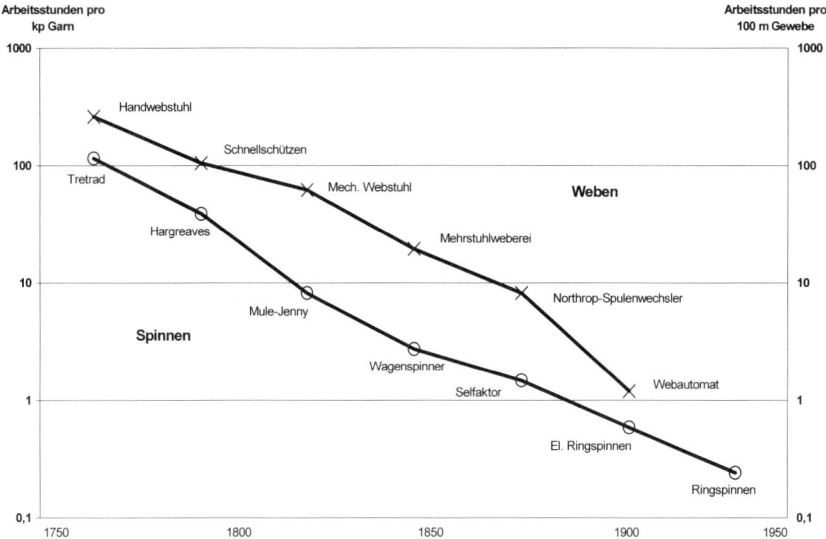

Abbildung 6: Entwicklung des Arbeitsaufwandes beim Spinnen und Weben
1750–1950[33]

Handweber. Die Heimweber versuchen dagegenzuhalten, indem sie ihre Produktion durch Verlängerung der Arbeitszeiten erhöhen und gleichzeitig die Preise reduzieren. Sie scheitern ebenso wie einige Unternehmer in Manchester, die in zentralisierten Handwebereien verbesserte Handwebstühle mit selbständigen Steuerungsmechanismen aufstellen und den Webern die zeitraubenden Vorbereitungsarbeiten abnehmen. Aber selbst geübte Handweber erreichen so lediglich die Hälfte der Schussfrequenz eines Maschinenstuhls, dessen Technik weiter verbessert und dessen Bedienung weiter vereinfacht wird, sodass bereits 1833 ein junger Mann mit einem zwölfjährigen Gehilfen vier Webstühle zu bedienen vermag, was gegenüber einem Handweber einen 20-mal höheren Ausstoß bedeutet (Abb. 6).[34] Die Folgen sind schnell zu erkennen. 1830 zählt man in Großbritannien bereits 100 000 Maschinenwebstühle. Die Schnelligkeit verdrängt die Langsamkeit. Wer langsam produziert, muss teuer bezahlen.[35]

Gerade im Textilsektor tummeln sich nach 1760/70 ungezählte große und kleine Tüftler und Erfinder. Sie halten nach neuen technischen Lösungen Ausschau, um die Herstellung aller Arten von Textilien – grobe wie feine Stoffe – Maschinen zu übertragen und damit den gesamten Arbeitsprozess zu beschleunigen. Dabei versuchen sie, auf unterschiedliche Art Zeit zu gewinnen. Ein Teil von ihnen erhöht die Ganggeschwindigkeit der Maschinen, ein anderer verringert

Leerzeiten, die durch zerrissene Fäden oder defekte Maschinenteile entstehen, mit Hilfe einer das Material schonenden Technik – die ersten Jahrzehnte der Industrialisierung bestehen auch in einem unaufhörlichen Kampf gegen Pannen. Wieder andere suchen die Hub- und Drehbewegungen einzelner Maschinenteile auf das unbedingt Notwendige zu reduzieren, da jede zu weit ausholende Bewegung Zeit kostet. Alle stehen letztlich im Dienste der Beschleunigung. Zu einiger Berühmtheit gelangt der Franzose Joseph Maria Jacquard, der im Jahre 1805 – angeregt durch eine frühere Konstruktion aus dem Jahre 1741 seines Landsmannes Jacques de Vaucanson – einen nach ihm benannten Webstuhl auf den Markt bringt, der mit Lochkartensteuerung arbeitet und die Musterweberei, also das Weben mit einer Vielzahl unterschiedlich gefärbter Kettfäden, revolutioniert (Abb. 7). Dieser Zweig der Weberei war zuvor mit seinen vielen Zusatzeinrichtungen höchst kompliziert und außerordentlich zeitaufwändig gewesen. Das neue Steuerungsgerät erlaubt das Sortiment an Mustern um ein Vielfaches zu erweitern und das Weben ganz erheblich zu beschleunigen. In der Preisschrift zur Prämierung des Jacquard-Webstuhls heißt es zum Sinn der gesamten Konstruktion: »Durch dieses Mittel kann jeder Arbeiter von gewöhnlicher Fähigkeit mit Leichtigkeit und Genauigkeit alle Arten Muster einlesen, sodass man in einer Stunde dieselbe Arbeit verrichten kann, welche bei dem alten Verfahren mehrere Tage erforderte.«[36] Obwohl Jacquards Entwicklung im Vergleich mit den später gebauten mechanischen Webstühlen von behäbiger Gangart ist, weshalb sie auch weiterhin aus Holz gebaut werden kann, demonstriert sie augenfällig, wie das Programm der Beschleunigung mit Hilfe von Maschinen funktioniert. Die einzelnen Handgriffe der Weber werden in ihrer Reihenfolge auf Karton fixiert, und der Ablauf vollzieht sich – einmal angestoßen – selbstgeregelt. Alle Leerbewegungen, die der Weber unternimmt, um den richtigen Faden zu finden und einzuschießen, entfallen. Eine weitere Beschleunigung ist möglich durch eine Verbesserung des Materials sowie eine vermehrte Energiezufuhr.[37]

Die Beschleunigung von Gewerben

Mit der Industrialisierung entstehen neue Professionen, unter anderen die des Maschinenbauers. Aus Holz und Metall konstruieren sie mit Hilfe der Blaupausen der Erfinder und Tüftler die neuen Spinn- und Dampfmaschinen, suchen nach Verbesserungen und gehen mit eigenen Produkten auf den Markt. Zum wichtigsten technischen Hilfsmittel, dessen sich diese Maschinenbauer bedienen,

Abbildung 7: Jacquard-Webstuhl 1805[38]

avanciert alsbald die Werkzeugmaschine. Ihre zentrale Aufgabe besteht darin, bestimmte Arbeitsschritte beim Bau der Dampfpumpen oder mechanischen Webstühle zu beschleunigen. Im »hölzernen Zeitalter«, als kleine Metallbeschläge lediglich die am höchsten beanspruchten Teile der ansonsten ganz aus Holz gefertigten Geräte schützten, genügten dem Maschinenbauer die meist seit dem Altertum bekannten Handwerkszeuge zum Sägen, Bohren, Hobeln, Drehen, Feilen, Schmirgeln und Hämmern. Im »eisernen« Industriezeitalter benutzt er dieses Instrumentarium zwar auch weiterhin, doch die Härte des jetzt wichtigsten Werkstoffes sowie die massenhafte Nachfrage nach gusseisernen Maschinen zwingen die Hersteller, nach Beschleunigungsmöglichkeiten zu suchen. Dies gilt etwa für die Herstellung von Schrauben, die im neuen Zeitalter zu einem der am meisten benutzten Verbindungselemente werden. So konzentriert sich der geniale englische Maschinenbauer Henry Maudslay zu Beginn seiner Unternehmerkarriere auf die Konstruktion einer Schraubenschneidemaschine, da er aus Erfahrung weiß, wie viel Geduld, Fertigkeit und Zeit nötig sind, um eine einzige Gewindespindel und die dazu passenden Mutter in Stahl zu schneiden. Maudslays Schraubenschneidemaschine von 1797 dient dazu, ein häufig gebrauchtes Teil der vielen neuen Maschinen zu standardisieren und mit gleichbleibender Präzision sehr viel schneller, in großer Stückzahl und billiger als in Handarbeit herzustellen. Dennoch dauert es noch bis in die zweite Hälfte des 19. Jahrhunderts, ehe genormte Gewinde für Bolzen und Schrauben aller Größen von allen Produzenten akzeptiert werden.[39]

Von der Schraubenschneidemaschine aus ist der Weg nicht weit zur Produktionsdrehmaschine, mit der metallene Maschinenteile von gleicher Form maßgenau angefertigt werden, etwa Zahnräder.[40] Ganz im Sinne der Wirtschaftswissenschaften erfolgt in diesem Produktionsbereich relativ früh eine immer weitere Zerlegung der Arbeitsvorgänge, bis Arbeitsmaschinen die Ausführung von einem oder mehreren Arbeitsschritten übernehmen können. Zunächst leisten die Werkzeugmaschinen zwar nur Grobarbeit, aber sie bestimmen letztlich Produktionsmenge, Arbeitsproduktivität und Preis. Mit ihnen werden die aus der Gießerei oder Schmiede kommenden Teile abgedreht, gehobelt und gebohrt, ehe sie, in Schraubstöcke geklemmt, manuell nachgearbeitet und eingepasst werden.[41] Die Werkzeugmaschinen bringen den Maschinenbauern die entscheidende Zeitersparnis, um die von den Industrie- und Verkehrsbetrieben angeforderten neuen Maschinen in der gewünscht hohen Stückzahl überhaupt liefern zu können.

Überall in der noch jungen Industrie betätigen sich die Ingenieure im Verbund mit Wissenschaftlern als Tempomacher. Kaum ein Produktionszweig bleibt davon unberührt. In der nach der Umstellung auf Steinkohle besonders rasch expandierenden Eisenhüttenindustrie stört schon seit langem der sehr zeitaufwändige Schmiedeprozess, bei dem der Schmied mit einem Hammer oder mit dem durch Wasserkraft bewegten schweren Hammerbären so lange auf das auf dem Amboss liegende Werkstück einschlägt, bis dieses die gewünschte Form angenommen hat. Man hatte schon früh versucht, diese extrem ermüdende und langwierige Arbeit Maschinen zu übertragen und das Eisen mit Hilfe von Walzen umzuformen. 1670 hatte Thomas Hale in Deptford nahe London ein erstes Bleiplattenwalzwerk errichtet, und auch in Sachsen hatte man im 17. Jahrhundert Eisenstäbe zu Blech ausgewalzt. Die noch unterentwickelte Technik des Gießens von Walzen, Ständern und Antriebselementen setzte jedoch dem Einsatz der

Walztechnik lange Zeit sehr enge Grenzen. Erst Ende des 18. Jahrhunderts gelingt es verschiedenen Gießereien in Staffordshire und Sheffield, Walzen mit der erforderlichen Härte zu gießen, während deutsche Gießereien lediglich seit den 1840er Jahren diese Technik beherrschen. Gemessen an den nur sehr zögerlichen Fortschritten auf diesem Gebiet während der vorangegangenen Jahrhunderte geht jetzt alles sehr schnell. Innerhalb von wenigen Jahrzehnten lernen die Eisenhüttenleute, die Rollen noch widerstandsfähiger und glatter zu machen, Ingenieure finden ganz neue Lösungen für die Kraftübertragung und das Getriebe, und mit der Dampfmaschine steht eine leistungsfähigere Antriebskraft zur Verfügung. Fortan kann man nach dem Vorhämmern die Schlacke mit Hilfe von Walzen herauspressen und dem Eisen die gewünschte Form geben. Seit 1820 sind die englischen Walzwerke in der Lage, Eisenbahnschienen zu walzen, während der bald einsetzende Massenbedarf an Gleisen mit Hilfe des Schmiedeverfahrens niemals zu befriedigen wäre. Nur die Walztechnik ermöglicht die erforderliche Produktionsbeschleunigung, zumal die rotierenden Walzen gegenüber dem sich hin und her bewegenden Hammer keine leeren Bewegungen vollziehen. Während ein Hammerwerk Ende des 18. Jahrhunderts auf eine Tagesleistung von etwa einer Tonne kommt, bringen es die ersten Walzwerke, so holprig die eingesetzten Walzen auch noch sind, bereits auf acht bis 15 Tonnen; ein halbes Jahrhundert später sind es bereits 40 bis 60 Tonnen.[42]

Beim Walzverfahren kommen zwei Prinzipien zum Tragen, die für die Beschleunigung des Produktionsprozesses von zentraler Bedeutung sind: die Rotation und die Härte des Materials. Ingenieurwissenschaftler werden im gesamten 19. Jahrhundert nicht müde, als Grundgesetz des Maschinenbaus die »Anwendung des Rotationsprinzips, des Um- und Um- statt des Hin- und Her-Grundsatzes«, wie sich Werner Sombart ausdrückt, zu propagieren. Die ständige Drehbewegung ist in der Welt der Mechanik eine wesentliche Grundbedingung für Schnelligkeit; sie ist eine Schöpfung des Menschen und läuft der Natur der Lebewesen zuwider. Bereits beim Wasserrad ist das Rotationsprinzip in nahezu vollkommener Weise realisiert. Es lässt sich optimal nutzen in Verbindung mit ebenfalls rotierenden Produktionsverfahren, etwa zum Antrieb einer Getreidemühle. Solange jedoch die Zahnräder und Lager ganz aus Holz bestehen, ist die zugeführte Energie bereits nach wenigen Transmissionen völlig aufgebraucht.[43] Erst der Einsatz von hartem und glattem Eisen verringert den Reibungswiderstand derart und steigert die Geschwindigkeit, dass die Anwendung des Rotationsprinzips auch in neuen Anwendungsbereichen möglich wird. Die Walztechnik ist ein Beispiel.

Ein anderes ist die Anfang des 19. Jahrhunderts von Friedrich Gottlob Koenig erfundene zylindrische Schnellpresse. Für Koenig als gelerntem Drucker und Setzer geht es in erster Linie um eine Erhöhung der Druckgeschwindigkeit. Als er seine erste Konstruktion 1804 dem Buchhändler Georg Joachim Göschen anbietet, wirbt er damit, sie verhalte sich »zur bisherigen Buchdruckerpresse [...] wie die Spinnmaschine zum Spinnrad«. Und weiter: »Der ganze Mechanismus ist auf eine einzige kreisförmige Bewegung zurückgebracht«.[44] Trotzdem findet die Maschine keinen Käufer, weil mit ihr – so Koenig später – »hierbei nichts gewonnen wurde in bezug auf Schnelligkeit«.[45] Dagegen ist seine 1813 von der Londoner »Times« erworbene Rotationsmaschine zur Erzielung eines gleichmäßigen Drucks und einer höheren Druckgeschwindigkeit aus Eisen gebaut. Der Herausgeber der »Times« schreibt 1814 anlässlich der ersten mit dieser Maschine gedruckten Nummer in einem Leitartikel: »Ein Maschinensystem [...], das [...] alle menschlichen Fähigkeiten hinsichtlich einer raschen und zuverlässigen Arbeitsweise weit übertrifft«.[46] Im Rückblick vermerkt Koenig, er habe beim Bau dieser Maschinen »die Bedürfnisse einer weitverbreiteten Zeitung, bei deren Druck Schnelligkeit die Hauptsache bildet, besonders berücksichtigt«. Die »Möglichkeit größter Beschleunigung des Drucks« war mit dem alten Flachdruckverfahren und seinen vielen Leerbewegungen nicht zu erzielen.[47] Fast gleichzeitig mit Erfindung der Schnellpresse entwickelt Alois Senefelder zwischen 1796 und 1798 die Lithografie, die ein spontanes, schnelles Arbeiten direkt auf den Stein erlaubt ohne die Gefahr der Verfälschung des künstlerischen Entwurfs durch zwischengeschaltete Formschneider und Kupferstecher.[48]

Auf immer mehr Gebieten siegen die Schnellen, und die Langsamen werden vermehrt zum Problem. Krasse Geschwindigkeitsunterschiede zwischen den einzelnen Teilen des sich immer mehr verflechtenden Wirtschaftssystems führen dazu, sich vorrangig der Langsamen anzunehmen. Indem Teilbereiche in ihrer Produktivität weit vorpreschen und andere hinter sich lassen, tun sich immer neue Engpässe oder Ungleichgewichte auf, welche die Ingenieure anlockt, sie zu beseitigen. Die gesamte Wirtschaft schaukelt sich so zu einem immer schneller getakteten System empor. Dieses Aufschaukeln vollzieht sich aus dem Jahrhunderte erfassenden Blick des Historikers relativ schnell, es läuft deutlich schneller ab als alles bisher da Gewesene. Verschiedentlich lässt sich diese Produktionsbeschleunigung auch an Namen festmachen. Immer mehr auf hohes Tempo getrimmte Unternehmen tragen den Ausweis ihrer Schnelligkeit wie einen Adelstitel vor sich her: »Schnellgerberei«, »Schnellbleiche«, »Schnellseifensiederei«, »Schnellessigfabrikation«.

Der Staat als Beschleunigungshelfer

Das Beschleunigungsvirus erfasst nicht nur Unternehmer und Techniker. Auch bleibt es nicht auf die Britischen Inseln als der Urzelle der industriellen Welt beschränkt. Es infiziert alsbald auch Regierungen und greift auf das europäische Festland über. Sehr viel schneller als in den vorangegangenen Jahrhunderten finden seit der Wende zum 19. Jahrhundert technologische und organisatorische Neuerungen Verbreitung. Zu Beginn der Neuzeit hatten Techniken der Glasherstellung, Innovationen im Hüttenwesen oder neue landwirtschaftliche Methoden oft mehr als ein Jahrhundert benötigt, ehe sie in anderen Regionen Europas zur Anwendung kamen, und über lange Zeiträume hinweg hatten Techniken von höchst unterschiedlichem Entwicklungsstand in benachbarten Regionen Bestand. Seit dem ausgehenden 18. Jahrhundert findet dieses lange Abwarten ein Ende. Die schon im Merkantilismus durch die meisten Regierungen begonnene Politik des Techniktransfers geht weiter und wird mit allen zur Verfügung stehenden Mitteln, mit legalen und illegalen, betrieben.

In Großbritannien selbst verbreiten sich die neuen Techniken der Garnherstellung oder Schwefelsäureproduktion mit vorher nie gekannter Schnelligkeit. Hier sind es vorrangig die Erfinder und Unternehmer selbst, die für eine rasche Verbreitung des Wissens sorgen, beziehungsweise die sich Zugang zu dem neuen Wissen besorgen. Viele Erfinder melden ihre Neuerung als Patent an und tragen so zu einer raschen Verbreitung bei. Die Zahl der in Großbritannien vergebenen Patente vermittelt einen Eindruck, wie schnell sich das Beschleunigungsprinzip hier als Motor des wirtschaftlichen Fortschritts durchsetzt. Im Jahrzehnt nach 1760 kommen erstmals mehr als 200 Patente zur Anmeldung; im folgenden Jahrzehnt sind es bereits mehr als 300. Danach beginnt ein ungleich stürmischeres Suchen nach Neuem. Im ersten Jahrzehnt des 19. Jahrhunderts steigt die Zahl der Patente auf 910 und in den 1830er Jahren auf 2 453.[49] Die ökonomischen Anreize sind gewaltig, mit Hilfe der neuen Maschinen das große Geld zu machen.

Diese Anreize zeigen seit Ende des 18. Jahrhunderts auch auf dem Kontinent Wirkung. Englische Unternehmer leisten hier Entwicklungshilfe, indem sie Hüttenwerke oder Textilfabriken nach dem neuesten Stand der Technik errichten. In Frankreich werden unter der Federführung des Hüttenwerkbesitzes John Wilkinson – gegen Ende des 18. Jahrhunderts Hauptlieferant von Zylindern für James Watt – 1778 der erste Kupolofen und 1785 der erste Kokshochofen in Betrieb genommen. In Deutschland leistet der Schotte John Baildon 1796 in Gleiwitz die notwendige Hilfestellung beim Bau des ersten Kokshochofens. 1776 baut ein Rotterdamer Geschäftsmann zusammen mit drei britischen Mechanikern eine mechanische Baumwollspinnerei, die zwar bereits 1779 liquidiert wird, aber die Briten siedeln nach Utrecht über und produzieren dort mit »Waterframes« weiter. Dann ist William Cockerill zu nennen, ein Mechaniker aus Lancashire, der wie viele seiner Landsleute Novitäten der englischen Technologie auf dem Festland zu Geld macht. Er und seine Söhne stehen am Anfang der Industrialisierung des Lütticher Raums; sie wirken bis nach Deutschland und Polen hinein.[50] Nach 1815 nehmen trotz des weiter bestehenden Exportverbots für Produktionsmittel, Konstruktionszeichnungen und Modelle sowie des Verbots der Auswanderung von Handwerkern Technologieexport und Auswanderung von Fachkräften sprunghaft zu. Bereits 1821 tauchen die ersten mechanischen Webstühle in Gent auf, die teils aus England eingeschmuggelt, teils mit Hilfe englischer Mechaniker in Gent hergestellt werden. Bis 1840 ist die dortige Baumwollweberei voll mechanisiert.[51]

Parallel dazu verschaffen sich Kontinentaleuropäer auf den Britischen Inseln Zugang zu den neuen Technologien. 1780 bieten sächsische Tischler die ersten selbstgebauten »Jennies« zum Kauf an, und 1781 stellt der aus Elberfeld stammende Textilfabrikant Johann Gottfried Brügelmann in Ratingen die erste Kratzmaschine und 1783 die ersten »Waterframes« auf. Er hat beide Maschinen in Einzelteilen aus England geschmuggelt und zugleich einen englischen Arbeiter angeworben. Den gleichen Weg geht der Genter Kaufmann und Gerbereibesitzer Lievin Bauwens, der eine komplette Baumwollspinnerei mit den dazugehörigen Dampfmaschinen und englischen Mechanikern von England auf den Kontinent bringt. Da der englische Zoll einige Kisten beschlagnahmt, muss sich Bauwens selbst als Konstrukteur betätigen. Wegen des flandrischen Aufstands gründet er seine erste Spinnerei 1800 in Passy bei Paris, die zweite ein Jahr später in seiner Heimatstadt und eine dritte 1803 nahe Gent. Auch errichtet er eine Werkstatt zur Herstellung von Spinnmaschinen.

Der unerhörte industrielle Aufschwung Englands, Basis seiner Stellung als führende Weltmacht, scheint Adam Smiths Theorie auf das Eindrucksvollste zu bestätigen. Die Rezepte des Schotten – Befreiung der Wirtschaft von allen unnatürlichen Schranken, von Zünften, Vorrechten, Monopolen, Ein- und Ausfuhrverboten, und Verbannung des Staates aus dem Wirtschaftsleben zur Freisetzung der Marktkräfte – finden überall in Europa und Amerika begeisterte Anhänger. Reformbereite Regierungen nehmen diese Rezepte als Vorlagen für ihr Handeln, entmachten auf Teilgebieten den Staat, der auf viele Monopole verzichtet, und setzen den unternehmerischen Geist frei, indem sie Städteordnung, Bauernbefreiung und Gewerbereform durchsetzen, Binnenzölle und Mauten abschaffen und den Warenaustausch erleichtern.

Gleichwohl zieht sich der kontinentaleuropäische Staat nicht völlig zurück, sondern sucht Handel und Wandel auch aktiv zu fördern. Er reagiert auf die neuen, jenseits des Kanals entwickelten Methoden, zumal sich alle Regierungen darin einig sind, dass die wirtschaftliche Weiterentwicklung den Schlüssel zu einer günstigen Handelsbilanz, zu hohen Steuereinnahmen und zu Beschäftigung bildet, also zu Wohlstand, Macht und öffentlicher Ordnung. Unter diesen Zielvorgaben verbessern die mittel- und westeuropäischen Staaten ihre Infrastruktur, errichten Gewerbeschulen, Polytechnika und Technische Hochschulen, führen einen Patentschutz ein und installieren ein weitverzweigtes Netz der Industriespionage besonders in England und Holland. Neben Preußen gehen Frankreich, Belgien, Bayern, Sachsen und die Habsburger diesen Weg.

Diese Staaten unterstützen »technologische Reisen« und Vereine zur Gewerbeförderung, die wiederum Periodika mit eingehenden Beschreibungen der britischen Technik herausgeben. Sie kaufen Maschinen, stellen sie in Fabriken auf und machen sie allen Interessierten zugänglich. Sie schicken fachkundige Ministerialbeamte auf Studienreisen nach Großbritannien, wo sie ganz offiziell und im Auftrag von »ganz oben« Textil- und Werkzeugmaschinen für die staatlichen Sammlungen bestellen, die sie mit Unterstützung des britischen Premiers auch geliefert bekommen. Solche Sammlungen im Gewerbe-Institut in Berlin, im Polytechnischen Verein in München, im Conservatoire in Paris oder im Polytechnischen Institut in Wien fördern die Fähigkeit zum Nachbau und dienen der praxisnahen Ausbildung zu Technikern und Ingenieuren. Die Regierungen unterstützen schließlich die Anwerbung britischer Facharbeiter – 1825 halten sich nach Schätzungen mindestens 2 000 auf dem europäischen Festland auf.[52]

Das relativ schnelle Anspringen der Industrialisierung auf dem Kontinent wäre ohne die von vielen Seiten geförderte Imitation britischer Organisationsmethoden und Technik nicht möglich.[53] Deutlich schneller als in Großbritannien erfolgt in diesen Nachzügler-Ländern der Übergang zur Industrialisierung, obwohl selbst zur Mitte des 19. Jahrhunderts in Belgien und Preußen rauchende Fabrikschornsteine erst an ganz wenigen Orten zu sehen sind und sich die Beschleunigung der Produktion noch immer auf einige wenige Sektoren beschränkt. Noch immer behalten viele unbeeindruckt von ihrer hektischer agierenden Umwelt ihr bisheriges Tempo bei. Landwirtschaft, Bau, Heimindustrie, Handwerk – gemessen an der Zahl der Beschäftigten dem weitaus überwiegenden Teil der produzierenden Wirtschaft – steht der Sinn noch nicht nach Beschleunigung; hier sind die Maschinen noch keine Takt- und Zeitgeber. Auch zur Mitte des 19. Jahrhunderts kommt der Großteil der Bevölkerung des Kontinents mit den neuen Beschleunigungsimpulsen kaum einmal in Berührung.

Die Beschleunigung des Landverkehrs

Dies gilt auch für die Raumüberwindung beim Transport von Informationen, Menschen und Gütern. Die »schnellen Netze« – Schifffahrtslinien, Flüsse, Kanäle und Postlinien – sind noch zur Mitte des 18. Jahrhunderts auf der europäischen Landkarte erst als feines und relativ weitmaschiges Gewebe zu erkennen, obwohl die Fortschritte in der Netzverdichtung unverkennbar sind. Das 1706 erschienene Reisehandbuch »Die Vornehmsten Europaeischen Reisen« enthält unter anderem bereits 54 »Accurate Post- und Bothen-Carten«, die auf 348 Seiten mehr oder minder genau die Abgangszeiten in »den vornehmsten Städten in EUROPA« angeben.[54] Gleichwohl liegt der Großteil des Kontinents weiterhin abseits dieser Routen, und die meisten Menschen können nur mit einiger Mühe eine Anschlussstelle erreichen. Zudem sind Schiffe und Wagen noch immer wie schon im Mittelalter in hohem Maße von Wind und Wetter abhängig – der Stand der Technik und der Zustand der Straßen bremsen jeden größeren Beschleunigungsversuch rigoros ab. Hinzu kommt die Mentalität einer Gesellschaft, die noch nicht in Stunden oder gar Minuten rechnet. Eine Sammlung von Stundenzetteln der Reichspost aus dem frühen 18. Jahrhundert illustriert die Hintergründe von Verspätungen. Hier haben »die Herren Passagiere [...] wegen des guten Märzbiers eine halbe Stunde länger verweilt«, dort hat »bei Bielefeld ein Haufen Bauern den Postillon, weil er über ihren Acker gefahren, erst abprügeln müssen, ehe er die Fahrt hat fortsetzen können«, und anderswo bleibt der Postwagen vier Stunden liegen, weil die Passagiere – drei Juden mit viel Geld in der Tasche – bei Nacht nicht durch eine unsichere Gegend fahren wollen.[55] Pünktlichkeit bleibt weiterhin ein dehnbarer Begriff.

Dennoch hat sich auf dem Verkehrssektor gegenüber der Zeit vor dem Dreißigjährigen Krieg einiges verändert; der Beschleunigungsimperativ hat auch hier immer mehr Anhänger gefunden. Er wird erkennbar an den zunehmenden Klagen wegen der Langsamkeit der Reichspost und den vermehrten Strafen, mit denen die Taxis dieser entgegenzuarbeiten versuchen. Wie erfolgreich solche konsequent durchgeführten Maßnahmen sein können, demonstriert die brandenburgisch-preußische Post, die Ende des 17. Jahrhunderts als die »fliegende Post« gilt.[56] Viele absolutistische Landesherren drängen auf Beschleunigung, da die Widerstandsfähigkeit des Raums für ihre aktive Wirtschaftspolitik mehr und mehr ein Hindernis und eine Herausforderung darstellt.

Überall in Europa ordnen die absolutistischen Herrscher zur Festigung ihrer Macht und zur Förderung des Handels den Bau neuer Straßen an, auch wenn diese Bautätigkeit im Vergleich zu späteren Jahrhunderten gering erscheint und die

Straßenbautechnik noch immer eher den Reisenden mit einem unerschöpflichen Zeitbudget im Visier zu haben scheint, als den unter Zeitdruck stehenden Kaufmann. Trotz erkennbarer Fortschritte bestimmen im frühen 18. Jahrhundert weiterhin Langsamkeit, Unzuverlässigkeit und Unregelmäßigkeit Warentransport und Nachrichtenübermittlung. Aber der Wille ist bei den meisten absolutistischen Herrschern vorhanden, ihre Staaten durchgängiger zu machen, um Befehle möglichst schnell auch in den entlegendsten Ecken ihres Staatsgebietes bekannt zu machen, um widerstrebende Gewalten schnell und rigoros bekämpfen zu können, um den Handel mehr und mehr zu beschleunigen und damit die Steuereinnahmen zu mehren.

Einige der absolutistischen Herrscher beschreiten den richtigen Weg, anderen fehlt aufgrund ihrer Prunksucht und anderer Investitionen das notwendige Geld. In Frankreich erkennt Colbert als Oberintendant der Finanzen bereits früh durchaus den Nutzen eines verbesserten Verkehrssystems als integrative Kraft für den sich immer mehr ausdehnenden, zentralistischen Einheitsstaat und als wichtigen Impulsgeber für die Wirtschaft des Landes, aber er konzentriert die finanziellen Aufwendungen in erster Linie auf den Ausbau der französischen Kriegs- und Handelsflotte sowie den Bau künstlicher Wasserstraßen. Die Kanäle von Briare, Loing und Orléans, die zwischen 1604 und 1647 entstehen und die Loire mit der Seine verbinden, sowie der von 1666 bis 1681 gebaute Canal des Deux Mers – auch Canal du Midi genannt – zwischen Toulouse und Sète sind zwar Wunderwerke der Technik und erweitern die Transportkapazitäten, ihr ökonomischer Nutzeffekt bleibt jedoch besonders im Süden recht schwach. Gleichzeitig errichtet Colbert eine erste für die Straßen zuständige Verwaltungsbehörde und stattet sie mit einem regulären Budget aus. Ansonsten ändert sich noch wenig. Weiterhin zwingen die Straßen zur Entschleunigung. Als im Jahre 1725 Marie Leczynska in Frankreich ankommt, um Ludwig XV. zu heiraten, rumpelt sie allerorts über überflutete Straßen, »wo Seine Majestät zu ertrinken glaubte«.[57] So dauert es bis etwa 1740, ehe eine neue Phase in der Geschichte des Straßenbaus beginnt, in der die ökonomischen Ziele Vorrang vor den politischen haben.

Die Hoffnung auf wirtschaftlichen Nutzen beschleunigt Straßenbau und Landtransport. Als die Benutzer der Straßen, die Kaufleute zumal, immer öfter Unmut über die Langsamkeit des Fortkommens äußern,[58] verpflichtet 1738 der Generalkontrolleur der Finanzen Philibert Orry die innerhalb einer Zone von 20 Kilometern zu beiden Seiten der Hauptstraßen gelegenen ländlichen Gemeinden, über die Fron diese Straßen zu unterhalten und auszubauen. In weiten Teilen des Landes haben die Bauern pro Jahr 30 bis 40 Tage Wegefronden zu leisten. Gleichzeitig nehmen die staatlichen Aufwendungen für den Ausbau der

»grands chemins« sprunghaft zu und verzehnfachen sich bis zur Revolution im Vergleich zur Zeit von Ludwig XIV. Weitere Zeichen dieser Wende sind die 1743 vollzogene Eigenständigkeit der Straßenbaubehörde sowie ein Jahr später die Gründung der Ecole des Ponts et Chaussées. Hier werden neue Straßenbautechniken gelehrt, die in der Folgezeit überall in Frankreich zur Anwendung kommen. Inzwischen übertrifft die Dichte des Straßennetzes die des Mittelalters bereits recht deutlich.[59] Die Wende lässt sich auch an dem Anstieg der Investitionen ablesen. Unter Ludwig XIV. lag das Budget der Straßen- und Brückenbaubehörde bei 700 000 Livres, am Vorabend der Französischen Revolution beläuft es sich auf 7 000 000 Livres, obwohl es nur zur Finanzierung neuer Projekte dient und der Unterhalt der bestehenden Straßen weiterhin durch Wegefrondienste erfolgt.[60]

1775 führt Trésaguet den Packlagenbau ein: Auf eine Schicht aus groben Steinen wird eine Decke aus zerkleinerten Steinen aufgetragen. Das technische Ziel ist, die Straßen widerstandsfähiger zu machen und den Rollwiderstand zu verringern. Das wirtschaftliche Ziel ist, den Warenverkehr zu erleichtern und zu beschleunigen. Das Ergebnis spricht für sich. Auf diesen neuen, nach 1760 in Frankreich gebauten Straßen können die Händler auf die schweren, vierrädrigen Wagen verzichten, die bisweilen von zehn Pferden gezogen werden müssen, um auf den ausgefahrenen, weichen Wegen voran zu kommen. Der festere Belag der Chausseen erlaubt es dagegen, gleiche Lasten mit wendigen, deutlich schnelleren zweirädrigen Karren und weniger Zugvieh zu transportieren und ohne Umladen auch ländliche Gebiete zu erreichen.[61] Sie erlauben zudem die Nutzung der Nacht – die immer wieder zitierte Verkürzung der Reisedauer im ausgehenden 18. Jahrhundert geht zu einem Großteil auf den Schlafverzicht der Reisenden zurück. Gleichzeitig versucht der Staat, einige Verkehrshindernisse aus dem Weg zu räumen. 1759 lässt er zur Vorbereitung in einer landesweiten Enquete die Zollstellen auf den Straßen und die Wasserräder an den Flüssen registrieren. Wenn er auch bei dieser Aufräumaktion nur mäßige Erfolge erzielt und weiterhin viele Mautstellen und Wehre sich einem zügigen Verkehr in den Weg stellen, so dokumentiert er damit doch, wie sehr ihm an einer Beschleunigung des Transports gelegen ist. Mit anderen Maßnahmen hat der Staat mehr Erfolg. Im Zuge der Neuorganisation der städtischen Straßennetze werden zunächst viele der noch aus dem Mittelalter stammenden Engpässe abgerissen, wie Stadttore und Zugbrücken, so in Tours 1740 und in Caen 1750. Dann werden die Hauptverkehrsstraßen verbreitert, um die Stadtzentren aus allen Himmelsrichtungen schnell erreichen zu können beziehungsweise von dort die nächstgelegene Stadt. Im Ortskern von Caen wird die Route de Cherbourg von zwei auf acht Meter ausgeweitet und dabei ganze Stadtteile aufgeschlitzt. Die mittelalterliche Stadt der Langsamkeit muss erstmals der verkehrsgerechten Stadt mit ihren breiten und geradlinigen Durchgangsstraßen weichen, auf denen die schnellsten Kutschen zum Transport von Menschen und Waren Fahrt aufnehmen können. Bei der Trassenführung dominiert die gerade Linie, mögen auch die zahlreichen Bildungsreisenden die Eintönigkeit dieser wie mit dem Lineal gezogenen Rollbahnen kritisieren.[62]

Auch die Fahrzeuge werden auf Schnelligkeit getrimmt. Seit 1737 ersetzen vierrädrige Kutschen die alten Karren. Die neuen »Diligences« – Ausdruck für Schnelligkeit – gehen Tag und Nacht »ohne alle Unterbrechung«, wie die Krünitzsche Enzyklopädie 1810 vermerkt.[63]

Das Gesamtergebnis kann sich sehen lassen. Die Verkehrsbeschleunigung ist spektakulär und lässt sich selbst über relativ kurze Entfernungen in Tagen messen. Im Jahre 1765 benötigen die öffentlichen Kutschen für die Fahrt von Paris nach Bordeaux 14 Tage; 1780 für dieselbe Strecke nur noch sechs. Gleichzeitig verkürzt sich die Reisedauer auf der Strecke von Paris nach Rennes von acht auf drei Tage. Nach der Revolution setzt sich diese Entwicklung fort. 1831 dauert die Fahrt von Paris nach Bordeaux nur noch drei Tage und 1848 sogar nur noch zwei im Winter und 40 Stunden im Sommer.[64] Aber – und dies sollte nicht übersehen werden – die Beschleunigung erfasst weiterhin nur einen kleinen Teil des Verkehrs: Briefe und Personen, und auch diese nur auf den Hauptrouten. Dagegen bewegt sich der Warentransport gegenüber früheren Epochen nur unmerklich schneller; die Fuhrleute sind froh, wenn sie mit ihren Wagen täglich 15 bis 20 Kilometer vorankommen. Von Marseille bis Toulouse sind sie 20 Tage unterwegs und sogar 34 von Lorient nach Grenoble. Schneller geht es auf dem Wasser. Von Roanne aus haben die Schiffer auf der Loire in anderthalb Tagen Nevers erreicht, doch zurück dauert es im günstigsten Fall vier Tage, wobei sich kein Frachtführer auf eine genaue Voraussage einlässt – die Zeit ist elastisch, dehnbar und offenbar genügend vorhanden.[65] Dennoch wollen es Staat und Wirtschaft seit dem ausgehenden 18. Jahrhundert nicht mehr hinnehmen, sich durch die Natur in ihrer Bewegungsfreiheit zu stark einschränken zu lassen. Napoleon lässt moderne Straßenverbindungen nach Italien über den Simplon und den Mont Cenis bauen. Weitere Alpenwege, als Chausseen ausgebaut, folgen.[66] Gleichzeitig nehmen mit dem Bevölkerungswachstum und der landwirtschaftlichen wie gewerblichen Produktionssteigerung die über Land- und Wasserstraßen transportierten Warenmengen deutlich zu und schaffen neue Probleme.

Neben den Franzosen drücken vor allem die Briten aufs Tempo. Nur überlassen sie die Umsetzung nicht dem Staat, sondern es ist das Wirtschaftsbürgertum selbst, das sich die Grundlage für die Beschleunigung schafft. Als im 18. Jahrhundert der britische Binnenhandel in neue Dimensionen hineinwächst, werden die meisten der vorhandenen Straßen, die eher Pfaden gleichen und auf denen zwei Wagen nicht aneinander vorbeikommen, zu kostspieligen Engpässen. Die Langsamkeit des Transports und die achsenbrechenden Schlaglöcher lassen die Transportkosten derart steigen, dass sie wie hohe Prohibitivzölle wirken. Arthur Young erzählt 1771 von einer Reise, während der auf einer Strecke von nur 18 Meilen drei Wagen nacheinander zusammengebrochen waren.[67] Die auf den Handel angewiesenen und mit dem Handel zu Geld gekommenen Berufsgruppen wollen dies nicht hinnehmen und betätigen sich selbst als Wegebauer. Allein zwischen 1750 und 1780 erwerben 870 private Aktiengesellschaften, so genannte »Turnpike-Trusts«, eine Konzession zum Betrieb und Unterhaltung von befestigten Fernstraßen. Zu Beginn des Eisenbahnzeitalters im Jahre 1830 werden es etwa 1 100 Gesellschaften sein, die Straßen von 35 000 Kilometer Länge unterhalten – ein Fünftel des britischen Straßennetzes.

Auf diesen Straßen »geht die Post ab«. Da die Erbauer wissen, dass Fabrikanten, Händler und Reisende diese Straßen nur dann befahren und Benutzungsgebühren entrichten, wenn sie auf ihnen schneller vorankommen als auf den öffentlichen, bringen sie mit dem Packlage-Bau den neuesten Stand der Technik zur Anwendung.[68] Die Betreiber begnügen sich nicht mit einem reibungsarmen Straßenbelag, sondern suchen die Reisezeiten auch durch den Bau von Brücken weiter zu reduzieren. Besonders in Wales ersetzen Brücken viele der traditionellen Fähren, darunter die 1779 in Coalbrookdale errichtete Brücke über den Severn – die erste gusseiserne Bogenbrücke der Welt.

Die Reisezeiten schmelzen zusammen und verbessern die ökonomischen Bedingungen der Britischen Inseln zusätzlich. Mitte des 18. Jahrhunderts benötigten Geschäftsreisende von London nach Birmingham zwei volle Tage, 1785 nur noch 19 Stunden. Oxford ist von London aus in sechs Stunden zu erreichen, nicht mehr in zwei Tagen. Nach Manchester war man 1750 von London aus vier Tage unterwegs, 1784 nur noch zwei Tage und 1830 lediglich 18 Stunden.[69] Geschäftstüchtige Fuhrunternehmer erkennen mit feinem Gespür den neuen Bedarf und bauen zusätzlich einen Linienverkehr mit Schnellkutschen auf. 1784 steigt auch die Königliche Post in dieses Geschäft ein und treibt mit grimmigen Drohgebärden ihre Kutscher zur Eile an. Die durchschnittliche Reisegeschwindigkeit erhöht sich seit 1750 innerhalb eines halben Jahrhunderts von etwa 6,5 auf 9,6 Kilometer in der Stunde, 1830 werden es sogar 12 bis 16 km/h sein.[70] Reisende kommen jetzt erstmals schneller in einer Kutsche voran als auf dem Rücken eines Pferdes – die Reiter verschwinden von den englischen Landstraßen.

Die Menschen zeigen sich hin und her gerissen zwischen Bewunderung und Erschrecken über dieses neuzeitliche Tempo. Als der Berliner Karl Philipp Moritz im Jahre 1782 England bereist, notiert er fast betäubt von der Geschwindigkeit der »Postchaise« in seinem Tagebuch: »Und nun flogen die herrlichsten Landschaften, worauf mein Auge so gern verweilt hätte, mit Pfeilschnelle vor uns vorbei; gemeiniglich ging es abwechselnd Berg auf, Berg ab, Wald ein, Wald aus, in wenigen Minuten.«[71] Überhaupt scheint auf der Insel vieles schneller zu geschehen als auf dem Festland. Mit weit geöffneten Augen registriert Karl Philipp Moritz während seines Aufenthalts in London die »Geschwindschreiber« im Parlament und die Schnellleser nahe der Börse. Auf den Landstraßen begegnet er während seiner Erkundungsreise durch das Land der »Pferde und Karossen« keinem Fußgänger. Er ist der einzige und wird von den Wirten, bei denen er Rast macht, wie ein Vagabund behandelt. In Windsor notiert er: »Ein Fußgänger scheint hier ein Wundertier zu sein, das von jedermann, der ihm begegnet, angestaunt, bedauert, in Verdacht gehalten und geflohen wird.«[72] In einer Welt, in der es alle eilig haben, scheint der, der langsam durchs Leben geht, ohne Arbeit und festen Wohnsitz zu sein.

Vorteile durch die Beschleunigung des Transports verbuchen vor allem die industriellen Unternehmer, die nach ihren Investitionen in moderne Maschinen auf eine Ausweitung ihres Absatzgebietes angewiesen sind, um einen rentablen Massenabsatz zu erreichen. Mit Hilfe der schnellen Straßen und Kutschen können sie jetzt im gleichen Zeitraum mehr Geschäftsabschlüsse tätigen. Zeit ist Geld – mehr Zeit ist mehr Geld. Der Einsatz der neuen schnellen Spinn- und Dampfmaschinen in der Produktion erzwingt letztlich auch eine Beschleunigung im Reiseverkehr. Gleichzeitig lässt die zentralisierte Massenproduktion die Zahl der Bewegungen im Raum ansteigen. Die Transportleistung explodiert geradezu. Auf der Insel steigt sie im Personentransport von 1790 bis 1830 um das Fünfzehnfache.[73]

Andere Länder ahmen Franzosen und Briten nach und suchen in der Verkehrsbeschleunigung ebenfalls Wirtschaftswachstum und Wohlstand, so auch das Reich. Obwohl die merkantilistischen Theoretiker schon seit dem Dreißigjährigen Krieg unablässig die Förderung des Handels fordern und der Reichstag 1671 ein Wirtschaftsförderungsprogramm beschließt, in dem die Beseitigung der vielen Zölle und Mautstellen im Binnenland im Vordergrund steht, sowie ein Straßenbauförderungsprogramm zur Senkung der Transportkosten,[74] bleibt es im Reich bis gegen Ende des 18. Jahrhunderts bei den überkommen Verhältnissen. Zwar häufen sich nach 1730 die Erlasse, die für neue Straßen Mindestbreiten und Pflasterung vorsehen, doch verhindert der Geldmangel eine Umsetzung dieser Pläne. Der große finanzielle Aufwand des französischen Chausseebaus wirkt auf Deutschland eher abschreckend. Auch Holland dient nicht als Vorbild, wo im letzten Drittel des 18. Jahrhunderts zahlreiche 18 Fuß breite Chausseen aus Klinkern entstehen, die von Fachkräften auf einem Sandbett verlegt werden.[75] In Deutschland dagegen sind weiterhin die Anlieger »zur Arbeit mit Hand- und Spanndiensten bei Unterhaltung und Besserung der Wege« verpflichtet, wie das Allgemeine Landrecht für die Preußischen Staaten von 1794 vermerkt.[76] Straßenbau ist im 18. Jahrhundert in Deutschland noch immer eine Angelegenheit von Laien. Zwar wird bereits 1739 die Straße zwischen den württembergischen Residenzen Ludwigsburg und Stuttgart als Chaussee ausgebaut, und um 1800 verfügt Württemberg über rund 300 Kilometer Kunststraßen,[77] aber erst ab 1780 folgen weitere deutsche Staaten vereinzelt dem französischen und britischen Vorbild. Während Preußen noch zögert, kann Bayern im Jahre 1821 bereits über 826 Meilen Kunststraßen vorweisen.[78] Im Fürstbistum Münster vertritt Friedrich von Fürstenberg, seit 1764 leitender Staatsmann und Verwaltungsorganisator, dagegen noch immer die überkommene Meinung, ein Raum wie das Münsterland sei leichter durch seine unzugänglichen Straßen als durch die Macht der Waffen zu sichern.[79] Es ist bezeichnend, dass es in der Zeit von 1802 bis 1807 weder Freiherr vom Stein noch Freiherr von Vincke als den beiden ersten Oberkammerpräsidenten des an Preußen gefallenen ehemaligen Fürstbistums Münster gelingt, dort auch nur eine einzige Chaussee zu bauen, obwohl vor allem Vincke die »Schnelligkeit und Bequemlichkeit« der englischen Chausseen immer wieder als Vorbild in die Diskussion einbringt. Es bleibt vorerst bei den alten »Knüppelwegen«, sodass die nächste Stadt schneller zu Fuß als mit der Kutsche zu erreichen ist.[80] Erst nach Beendigung der napoleonischen Kriege herrscht in Deutschland Einigkeit über die Notwendigkeit eines forcierten Straßenbaus als Grundlage des wirtschaftlichen und kulturellen Fortschritts. Seit 1819/20 steht zudem die billigere, von dem Amerikaner John Loudon MacAdam entwickelte Methode der gewalzten Schotterung zu Verfügung.[81]

Erste befestigte Wege werden gebaut, wo aus der gewerblichen Produktion feste Abfallstoffe zur Verfügung stehen. In Vietz, östlich von Küstrin, landen die Schlackenabfälle der Vietzer Schmelze – einer Eisenhütte – auf der Straße. So entsteht ein »Kunstweg« – wie die Zeitgenossen sagen – von einigen Kilometern Länge.[82] Andernorts übernehmen die Behörden die Techniken der französischen und englischen Straßenbaumeister. In ganz Deutschland werden während der zwei letzten Jahrzehnte des 18. Jahrhunderts etwa 3 000 Kilometer befestigte Straßen gebaut. Auch hierbei geben wirtschaftliche Interessen den Anstoß. Die neuen Chausseen ballen sich in den gewerbereichen Regionen West- und Süddeutschlands. Den bergisch-märkischen Raum erschließen um die Jahrhundertwende vom Ruhrtal in Richtung Süden mehrere befestigte Kohlenstraßen. Die Händler wollen die Steinkohle möglichst massenhaft, »reibungslos«, schnell und damit billig nach Elberfeld, Solingen und Remscheid transportieren, nicht mehr in einzelnen Säcken auf dem Rücken von Pferden. Die größeren Staaten wie Preußen und Bayern möchten zudem mit dem Bau solcher Schnellstraßen den Transitverkehr an sich ziehen. Während der napoleonischen Zeit, als nochmals rund 3 000 bis 5 000 Kilometer befestigte Straßen und Chausseen hinzu kommen, überwiegt das Interesse an schnellen Truppenbewegungen, ehe nach 1815 erneut wirtschaftliche Ziele im Vordergrund stehen. Bis 1835 sind weitere 15 000 Kilometer fertiggestellt.

Das Postwesen profitiert ebenfalls vom Bau der neuen »Rollbahnen« und versucht, seine bisherige Spitzenposition beim Transport von Nachrichten und Personen zu halten. Auch drängen die meisten Landesherren auf eine Verdichtung des Poststraßennetzes. Sie gründen landeseigene Posten und treten vermehrt in Verhandlungen über eine länderübergreifende Koordination der Fahrpläne ein. Im Jahre 1722 schließen die Taxis und Preußen, die beiden großen Postmonopole des Reiches, einen »Freundschafts- und gegenseitigen Nichtangriffspakt« und verständigen sich über gemeinsam betriebene Postkurse. Das flächenübergreifende Kurssystem wird ausgebaut, und auf den vom Handel bevorzugten Strecken verkehren die Postkutschen in zunehmend kürzeren Abständen.[83] Noch immer ist die Post das schnellste Kommunikationsmittel über größere Entfernungen. »Es gehet wie auf der Post«, lautet im frühen 18. Jahrhundert ein Sprichwort, mit dem man ausdrückt, dass ein Geschäft besonders schnell abgewickelt wird.[84]

Da die mangelhaft befestigten Straßen mit ihren vielen Schlaglöchern sowie sumpfigen und sandigen Strecken ein schnelleres Fortkommen verhindern, sucht die Post eine Beschleunigung des Briefverkehrs zunächst durch eine erhöhte Frequenz des Postdienstes zu erreichen und installiert auf den wichtigsten Nachrichtenstrecken die tägliche Post – die so genannte »Journalierpost«. Vor allem der Leiter der Taxisschen Reichspost, Freiherr von Lilien, drückt aufs Tempo. Als er 1750 in Personalunion zum Leiter der staatlichen österreichischen Hofpost ernannt wird, richtet er umgehend tägliche Postwagenfahrten auf allen Routen ein und macht innerhalb von zwei Jahren aus der altersträgen österreichischen Post die beste und schnellste in ganz Europa.[85] Die Fachleute sind sich darüber einig, dass eine solche »geschwinde« und weitverzweigte Post »vornehmlich dem commercirenden Kauffmann zu seinem grossen Vortheil gereichet«.[86]

Auch begnügt sich die Post schon lange nicht mehr nur mit der Beförderung von Nachrichten. Seitdem 1640 die erste Wagenpost auf der Strecke zwischen Hildesheim und Bremen ihren Betrieb aufgenommen hatte, baut die Reichspost ihre von Pferden gezogenen Kutschenkurse immer weiter aus. Offenbar ist die Nachfrage vorhanden, wenn die Menschen auch noch nicht Schlange stehen, um einen Platz im Postwagen zu ergattern. Als im Jahre 1754 General-Postmeister Graf von Gotter die erste Journalière auf der Strecke Berlin-Potsdam einrichtet, geht er von täglich vier bis sechs Passagieren aus. Drei Monate später muss wegen der hohen Nachfrage auf dieser Strecke eine zweite Kutsche eingesetzt werden.[87] Es sind, nach dem am weitesten verbreiteten Reiseführer des 18. Jahrhunderts zu urteilen, vor allem reisende »Kauff-Leute und curieuse Liebhaber«, die die Postdienste nutzen,[88] obwohl der Komfort auch für die in dieser Hinsicht nicht eben verwöhnten Reisenden weiterhin viel zu wünschen übrig lässt. Im Norden des Reiches setzen die Postanstalten zumeist den »offenen Stuhlwagen« ein, einen plumpen, karg ausgestatteten Leiterwagen, den der Goethe-Freund Karl Friedrich Zelter als »eisernen Altar« karikiert, auf dem der Passagier »seine weichen Teile zum Opfer bringt«.[89] Dennoch repräsentiert die Post auf dem Landweg weiterhin das Nonplusultra an Geschwindigkeit. 1741 vermerkt Zedlers »Universal-Lexicon«: »Wer geschwinde reisen will, nimmt die Post.«

In den beiden letzten Jahrzehnten des Jahrhunderts stößt eine solche Feststellung immer öfter auf Widerspruch. Die Erwartungshaltung hat sich geändert, zumal sich neue Möglichkeiten auftun. Die Ordinari-Post, die gewöhnliche und nach einem festen Fahrplan verkehrende, ist inzwischen durch die Extrapost ergänzt worden, damit der gutbetuchte Reisende noch schneller zum Ziel kommen kann. Als um 1780 zuerst in Süddeutschland die Chaussierung der Landstraßen anläuft, können die dortigen Posten ihr Beschleunigungsprogramm realisieren, wogegen die norddeutschen Posten jetzt als träge und zurückgeblieben erscheinen. 1783 heißt es über die preußischen Postkutschen, sie seien »eine Art großer, plumper Bauernwagen, ohne Dach und Fach, worauf sich die Passagiers aufs Stroh hinlegen wie die Schweine«. Dagegen lobt ein kenntnisreicher Zeuge aus Göttingen die Reichspost, indem er ganz besonders das »ununterbrochene schnelle Fahren und die Geschwindigkeit, womit man befördert wird«, hervorhebt. Dies müsse »im nördlichen Teutschlande ganz unglaublich« scheinen.[90] Andere beklagen jetzt den »Verlust an Zeit« bei einer Reise mit der preußischen Post.[91] Der Berliner Verleger Friedrich Christoph Nicolai vermerkt in seiner »Beschreibung einer Reise durch Deutschland und die Schweiz« im Jahre 1781 die im Vergleich mit Preußen besseren Reisemöglichkeiten in Württemberg und

Hessen. Die Postwagen seien »den französischen Diligencen in etwas ähnlich, so daß man in denselben mit mäßiger Bequemlichkeit [...] wegen der vortreflichen Chausseen ziemlich geschwind reiset«.[92]

Nach den napoleonischen Kriegen entstehen überall in Deutschland Schnellposten, die sich die französischen und britischen Systeme zum Vorbild nehmen. Den Anfang macht in Preußen die ab 1816 vorbereitete und 1821 eingerichtete so genannte Nagler'sche Schnellpost.[93] Baden und Württemberg folgen 1822 dem preußischen Beispiel, Bayern im Jahre 1825. Alle diese Schnellposten arbeiten mit einem genauen Fahrplan, den sie dank Systemplanung, »Cours-Uhren« und empfindlicher Strafen für die Postillione bei Verspätungen einigermaßen einhalten. Sie erreichen bei der Personenbeförderung eine Halbierung der Beförderungszeiten durch den Einsatz neuer Postwagen mit Stahlfederung, Verkürzung der Abfertigungszeiten, Verzicht auf Frachtbeförderung, vermehrten Pferdewechsel, Tag- und Nachtfahrten sowie die Konzentration der Fahrtrouten auf Chausseen.[94] Die Fahrgäste haben sich bereits eine Viertelstunde vor der geplanten Abreise an den Stationen bereitzuhalten, und die Aufenthaltszeiten an den Stationen werden strikt beschränkt: fünf Minuten für die Pferdewechsel, zehn bis 15 Minuten für die Expedition an den Knotenpunkten. Selbst die Mahlzeiten haben sich dem Geschwindigkeitsimperativ unterzuordnen: Sofort bei Ankunft der Passagiere wird das Essen aufgetragen. Die Strafen für Verspätungen berechnen sich nicht mehr nach halben oder ganzen Stunden, sondern nach Minuten. Gleichzeitig lockt die preußische Post mit besonderen Auszeichnungen, indem sie den pünktlichen Postillionen die Ehrenpeitsche verleiht.[95] Schon früher hatte die Wagenpost Vorfahrt vor den Fuhrwerken und Kutschen erhalten und war von den oft in kurzen Abständen zu entrichtenden Vorspann-, Brücken-, Tor- und Chausseegeldern befreit worden. Auch dies dient der Beschleunigung.[96]

Der Aufbruch in neue Geschwindigkeitsdimensionen irritiert nicht wenige Zeitgenossen. 1826 lässt Joseph von Eichendorff den »Taugenichts« von einer solchen Reise mit der Schnellpost berichten: »Wir fuhren nun über Berg und Tal Tag und Nacht immerfort. Ich hatte gar nicht Zeit, mich zu besinnen, denn wo wir hinkamen, standen die Pferde angeschirrt, ich konnte mit den Leuten nicht sprechen, mein Demonstrieren half also nichts; oft, wenn ich im Wirtshause eben beim besten Essen war, blies der Postillion, ich mußte Messer und Gabel wegwerfen und wieder in den Wagen springen und wußte doch eigentlich gar nicht, wohin und weswegen ich just mit so ausnehmender Geschwindigkeit fortreisen sollte.«[97] Unter dem Regiment der atemlos und ungeduldig vorrückenden Uhr ist es bereits nach einigen Minuten mit der Gemütlichkeit vorbei.

Die meisten zeigen sich dagegen über die Resultate der Beschleunigung wesentlich zufriedener, zumal die Zeitersparnis beträchtlich ausfällt. Der alte Postwagen, der eher ein Lastwagen gewesen war, hatte 1740 für die Strecke von Hamburg nach Wien zwischen 216 und 288 Stunden benötigt, der neue Eilwagen erreicht die Donaumetropole in 110 Stunden. Die Menschen fühlen sich von der Geschwindigkeit angezogen, der Personentransport steigt sprunghaft an und beschert der Reichspost nie gekannte Gewinne.[98] Vor dem Bau der Eisenbahnen sind diese Eilwagen und Schnellposten das schnellste Massenbeförderungsmittel. Sie erreichen ihre Reiseziele deutlich schneller als zu Beginn des 16. Jahrhunderts die Briefpost mit ihren Reiterstafetten und stehen am Beginn der Verkehrsmoderne mit ihren unruhigen und nervösen Menschen. Im Jahre 1504 waren die Postreiter von Brüssel nach Lyon im Sommer 96 Stunden unterwegs gewesen, im Winter sogar 120 Stunden. Die neuen Eilwagen sind im Sommer wie im Winter nach 87 Stunden am Ziel.[99] In Deutschland sorgt Napoleon mit seiner Vereinfachung der politischen Landkarte für einen zusätzlichen Beschleunigungsschub – fortan wird die Post sehr viel seltener durch kleinstaatliche Schikanen aufgehalten und gebremst. Diese gesamte Transportbeschleunigung ist selbst für das frühe 19. Jahrhundert mit seinen vielen neuen Maschinen und Erfindungen eine Sensation. Es ist an erster Stelle die Post, die der Bevölkerung die Vorteile des Beschleunigungsprinzips publik und verständlich macht. Die Post findet breite Anerkennung und Bewunderung, und die Erfolge der Postdienste tragen umgekehrt wiederum zum verstärkten Bau von Chausseen bei und verbreitern das gesellschaftliche Fundament der Geschwindigkeit. Später erinnert sich Heinrich von Treitschke, dass es kurz vor Beginn des Eisenbahnbaus »allen als die nächste Aufgabe« erschien, das »neue Straßennetz auszubauen und mit Schnellposten auszustatten«.[100] Noch ist die Postkutsche nicht ein belächeltes und als Schnecke verspottetes Symbol der Langsamkeit – im Gegenteil.

Mit Genugtuung registrieren die meisten Zeitgenossen diese Entwicklung und sind des Lobes voll über die Schnellposten mit ihrem Komfort, der Zuverlässigkeit der Fahrpläne sowie der Schnelligkeit. Bereits Goethe, der 1770 während einer Fahrt nach Straßburg im Jahre noch die ganze knochenerschütternde Tortur und erlebnisträge Langsamkeit einer Überlandreise schmerzhaft erfahren hatte, notiert 1786 während seiner italienischen Reise in seinem Tagebuch, eine solche »treffliche Chaussee« sei »glatt wie eine Tenne«. Auch Mozart hatte 1770 nach einer holprigen Reise von Salzburg nach München noch geseufzt, »der Wagen stoße einem doch die Seele heraus«.[101] In den neuen Schnellposten mit ihrer Stahlfederung schwebt der Reisende dagegen »auf den horizontal gelegten, starken, elastischen Federn sanft dahin«, so ein Zeitgenosse.[102]

Die Unterschiede im Komfort sind für jeden Reisenden zu spüren. Auch verändert sich die Wahrnehmung der Umwelt. In seinem Gedicht »Eilfahrt« aus dem Jahre 1833 spricht Friedrich Rückert von Reisegeschwindigkeiten, bei denen dem Reisenden die gewohnte Art des Hörens und Sehens vergeht.[103] Andere erleben die Postkutschenreise wie einen Flug. Joseph von Eichendorff lässt 1826 in seinem »Taugenichts« den Erzähler sagen: »Hinter mir gingen nun Dorf, Gärten und Kirchtürme unter, vor mir neue Dörfer, Schlösser und Berge auf; unter mir Saaten, Büsche und Wiesen bunt vorüberfliegend«.[104] Das Reisen wird für viele erstmals zur Lust. Nur wenige trauern der alten Langsamkeit hinterher. Für die Kaufleute ist diese Vernichtung der Zwischenräume Glücksfall und Gewinn. Die Transportkosten halbieren sich nahezu.[105]

Um die Wende zum 19. Jahrhundert verschieben sich in nie gesehener Geschwindigkeit Normen und Werte, Einstellungen und Ziele. Das alte fiskalische Ziel, nach dem die Post als reichlich sprudelnde Geldquelle den staatlichen Finanzhaushalt zur Blühte verhelfen sollte, lässt sich jetzt nur noch bei größtmöglicher Beschleunigung der Postdienste erreichen. Schnelligkeit macht auf der gesellschaftlichen Werteskala einen erkennbaren Sprung nach oben. 1825 schreibt Goethe an einen Freund: »Reichtum und Schnelligkeit ist, was die Welt bewundert und wonach jeder strebt.«[106] So wird, bevor die Eisenbahn anrollt, nochmals das Größtmögliche aus dem bisherigen Transportsystem herausgeholt. Selbst die Grenzen der Pferdekraft, noch immer das wichtigste Mittel zur Überwindung von Entfernungen, werden ausgetestet. Die Zahl der Pferde steigt, die Gespanne werden größer, und die Poststationen erhalten mehr Tiere zum Wechseln. Das Postkutschenzeitalter muss kurz vor seinem Ende im Kampf um den Raum nochmals beweisen, was in ihm steckt.

In den von der Industrialisierung zuerst erfassten Regionen in der Mitte und im Westen Europas hat zu Beginn des 19. Jahrhunderts der über Jahrhunderte gültige Primat der Langsamkeit keinen Bestand mehr. Die wirtschaftlichen Erfolge der Schnelligkeit haben das bisherige Dogma nachhaltig erschüttert. Gegenüber dem Spätmittelalter, als lediglich eine winzige Bevölkerungsgruppe auf Beschleunigung gesetzt und daraus ihren Nutzen gezogen hatte, hat sich der Kreis der Eilfertigen inzwischen stark ausgeweitet. Neben den Arbeitern in den modernen Fabriken, die tagtäglich die schnelllaufenden Maschinen bedienen, gehören die Reisenden dazu. Auf den Straßen Europas begegnen sich jetzt zwei Geschwindigkeitsklassen: die mit der Schnellpost in kurzer Zeit und bequem ihr Ziel erreichen sowie die, die sich zu Fuß mühsam und langsam ihrem Ziel entgegenquälen. Solche Begegnungen wecken bei vielen Fußgängern den Wunsch, dazu zu gehören. Sie verändern allmählich ihr Bewusstsein.

Die Beschleunigung des Seeverkehrs

Auch der Seeverkehr folgt weiterhin dem Beschleunigungsgebot. Inzwischen haben die Engländer die Niederländer deutlich hinter sich gelassen – sie bauen die schnellsten Schiffe, um mit ihnen seit Ende des 17. Jahrhunderts zur führenden See- und Welthandelsmacht aufzusteigen. Dazu übernehmen sie die von den Franzosen als Kriegsschiff entwickelte Fregatte und fertigen auch ihre Linienschiffe nach diesem Muster. Die neuen Schiffe sind schlanker, besitzen weder Poop, Kastell noch jene klotzigen Aufbauten am Achterdeck und haben die Seitenborde deutlich tiefer gelegt. Trotzdem verfügen sie über ein größeres Ladevolumen. Das Streben nach Schnelligkeit führt zu einen neuen »Körperideal«: dickbäuchige Segler sind »out«, fortan machen flachbäuchige das Rennen. Diese neuen Schiffstypen können noch weitaus besser als die Fleuten hoch an den Wind gehen, und ihr Tau- und Takelwerk erlauben deutlich schnellere und präzisere Manöver.[107]

Hinzu kommen die Schoner. Sie tauchen Ende des 18. Jahrhunderts während des Krieges zwischen Großbritannien und Frankreich in den englischen Kolonien Amerikas auf und eignen sich hervorragend für Freibeuter und Blockadebrecher. Mit seinen beiden leicht nach hinten geneigten Masten misst dieser Schiffstyp 30 Meter und besitzt einen ungewohnt großen Tiefgang, wodurch er relativ viel Ladung aufnehmen kann und über eine hohe Stabilität verfügt. Mit seiner relativ schlanken Form und dem scharf geschnittenen Bug lässt er sich bei fast jedem Wetter hoch im Wind segeln und erreicht eine bisher nicht gekannte Spitzengeschwindigkeit. Das macht ihn für Handelsschifffahrt und Marine höchst interessant. Im zweiten amerikanischen Unabhängigkeitskrieg von 1812 bis 1814 verbreiten amerikanische Freibeuter, Kaperer und Blockadebrecher mit diesen schnellen Schiffen erhebliche Schrecken unter den vergleichsweise gemächlichen Handelsschiffen. Der Schoner wird in zahlreichen Varianten weiterentwickelt.[108]

Als bereits die ersten Dampfschiffe Flüsse und Meere befahren und mit Leichtigkeit die bisherigen Reisezeiten halbieren oder auf ein Drittel reduzieren, fühlen sich die Konstrukteure der Segelschiffe nochmals herausgefordert. Sie packt der Ehrgeiz, dem Dampf Paroli zu bieten. Auch diese Bemühungen beweisen, wie sehr sich das Beschleunigungsprinzip inzwischen im Denken und Handeln der Menschen durchgesetzt hat. 1832 laufen die ersten Klipper mit ihrem scharf geschnittenen Bug vom Stapel. Sie orientieren sich an den französischen Luggern und Fregatten, die den Amerikanern in ihrem Freiheitskampf gegen die Engländer zur Hilfe geeilt waren. Den Fernhändlern als Auftraggebern gefällt zwar ihre Schnelligkeit, nicht jedoch ihre zu geringe Ladekapazität. Sie ermuntern die Konstrukteure, diesen Schiffstyp weiterzuentwickeln. Als sich China mit dem Ende des Opiumkrieges im Jahre 1844 gegenüber anderen Ländern öffnet, beauftragt das Handelshaus Howland & Aspinwall die Werft der US Navy in Portsmouth zum Bau eines solchen Schiffes. Die Kritiker schreien auf und sagen nach einem Blick auf die Konstruktionszeichnungen den Untergang des Schiffes voraus, sollte der Bug unter eine Welle geraten. Der Konstrukteur hat bewusst auf den traditionell breiten Bug verzichtet, der bislang ein Eintauchen des Vorderschiffs unter die Welle verhindern sollte, und ein schmales, langes Schiff entworfen, das nicht auf den Wellen reitet, sondern diese durchschneidet. Die vielstimmige Kritik lässt die Auftraggeber zögern. Währenddessen vergibt die Reederei A. A. Low & Bro auf der Grundlage von Modellversuchen einen Auftrag zum Bau eines ähnlich geschnittenen Schiffs, der »Houqua«, von der der »New York Herald« bei ihrem Stapellauf schreibt, sie sei »so scharf wie ein Schneidewerkzeug – so symmetrisch wie eine Jacht – in der Takelung so schnittig wie ein Kaperschiff – und an Deck und in den Kabinen so sauber wie das Boudoir einer Dame.«[109]

Die »Houqua« segelt noch 1844 nach China und schafft die Route auf der Hinfahrt in 95 und auf der Rückfahrt in 93 Tagen. Das sind für die gesamte Reise 29 Tage weniger als der bisherige Rekord. Aufbauend auf den Erfahrungen der ersten Klipper wird wenige Jahre später die »Sea Witch« auf Kiel gelegt: fast 52 Meter lang, über 10 Meter breit, mit einem fast 43 Meter hohen Mast. Sie kann 1 100 Tonnen Ladung aufnehmen und schlägt alle bisherigen Rekorde. Bei Starkwind lässt sie auch die schnellsten Dampfschiffe hinter sich. Als der Kapitän im Jahre 1848 auf der Fahrt nach China nicht mehr die übliche Route um Afrika, sondern um Südamerika wählt, schafft er den Rückweg in 81 Tagen, ein Jahr später die Überfahrt von Hongkong nach New York sogar in 74 Tagen und 14 Stunden. Innerhalb von nur zehn Jahren ist es gelungen, diese Route um rund 40 Prozent zu beschleunigen. Gleiches gilt für die Fahrten von der Ost- an die Westküste via Kap Horn.[110]

Als 1848 nach den ersten Goldfunden in Kalifornien viele Amerikaner vom Goldrausch gepackt werden und schnellstmöglich die Westküste zu erreichen versuchen, stellen sich die Kaufleute umgehend darauf ein, goldgierige Passagiere und lebensnotwendige Waren nach Kalifornien zu transportieren. Die Spediteure kaufen Geschwindigkeit und reißen sich um das schnellste Schiff. In den Werften von New York und Boston werden in rascher Folge immer neue Klipper auf Kiel gelegt. Die Schiffsbauer wetteifern darum, die schnellsten Schiffe zu konstruieren und sie schnellstmöglich von Stapel zu lassen. Einer der berühmtesten Klipperbauer, Donald McKay, setzt auf seiner Werft in Boston als erster Dampfkräne und Dampfsägen ein. Die von ihm konstruierte »Flying Cloud« erreicht mit ihrem 61 Meter hohen Großmast bei ihrer Jungfernfahrt im Jahre 1851 in der Spitze eine Geschwindigkeit von mehr als 18 Knoten. Der Triumph währt nicht lange. Schon bald brechen andere Klipper diesen Rekord für die Strecke von Boston nach San Francisco.[111]

Die Erfolge der Amerikaner rütteln die Briten wach, die ihre Schiffe noch immer nach dem alten Grundsatz bauen und Ladevolumen und Sicherheit vor Schnelligkeit stellen. Die Nordamerikaner setzen dem mit zunehmendem Erfolg den Imperativ »Tempo und nochmals Tempo!« entgegen.[112] Als nach Aufhebung der Navigationsakte im Jahre 1849 der erste amerikanische Teeklipper von Hongkong kommend nach einer Rekordfahrt in London einläuft, beginnen englische Schiffsbauer umgehend mit dem Nachbau. Wieder setzt ein Wettrennen um das schnellste Schiff ein. Die Kaufleute möchten die frisch verpackten Teeernten möglichst unversehrt und schnell nach Europa bringen, damit die Ware nicht verdirbt. Nur so sind saftige Gewinne zu erzielen. 1852 macht das britische Sportmagazin »Bell's Life« in großen Lettern auf eine Anzeige aufmerksam, die im Geschäftsteil mehrerer britischer Tageszeitungen erschienen ist. Darin fordert der »American Navigation Club« die britischen Schiffsbauer zu einem Klipper-Wettrennen England-China-England heraus. Die Briten gehen noch nicht darauf ein, da sie sich noch zu schwach fühlen. Gleichwohl beachtet die Öffentlichkeit aufmerksam jede Überfahrt. 1866 kommt es zu einem regelrechten Teerennen von China nach London, an dem 16 Klipper teilnehmen. Es geht als das Great Tea Race in die Geschichte ein. In Amerika und Großbritannien verfolgen die Menschen anhand von Zeitungsberichten mit Spannung dieses und viele andere Wettrennen der Klipper, die, von den Reedern inszeniert, gegeneinander und vor allem gegen die Uhr kämpfen. Die Geschwindigkeit löst sich von ihrer ökonomischen Grundlage, sie verselbständigt sich und wird Teil der Freizeitkultur, Teil einer neuen Art von Sport. Auch die Arbeiter schließen Wetten ab und erwarten fiebernd die neuesten Nachrichten über die momentane Position der Kontrahenten auf den Weltmeeren weitab von London und New York. Als 1866 beim Finale des Great Tea Race zwei Klipper fast zeitgleich am Pier in London festmachen, säumen Zehntausende das Ufer der Themse. Bei diesem Rennen geht es nicht mehr nur darum, aus der Schnelligkeit wirtschaftlichen Profit zu ziehen, es geht auch um die Ehre, die Ziellinie als Erster zu überqueren – Schnelligkeit gereicht zur Ehre. Die Presse heizt diese reine Temposucht über immer neue Wetten an. Sie glorifiziert Geschwindigkeit und trägt zur stetigen Abwertung der Langsamkeit bei. Sie kreiert immer neue Rekordlisten, um das Interesse stetig neu zu wecken. So hält die »Titania« mit 98 Tagen seit 1869 den Rekord für die Überfahrt von Schanghai nach London bei Süd-West-Monsun, während die »Lord of the Isles« mit 90 Tagen – 1858 aufgestellt – Rekordhalterin bei Nord-Ost-Monsun ist. Für die Gegenstrecke werden eigene Rekordlisten geführt. Seit Mitte des 19. Jahrhunderts schafft die Geschwindigkeit immer neue Helden.[113] Das Geschwindigkeitsprinzip beherrscht die Einstellung der Menschen; es ist gültige Norm.

Trotz dieser von den Zeitgenossen als hochgradig spektakulär empfundenen Beschleunigung geben sich die Reeder noch lange nicht zufrieden. Da die Segelschiffe mit ihren technischen Verbesserungen inzwischen offenbar an ihre Grenzen stoßen, sucht man auf anderen Wegen nach einem zusätzlichen Zeitgewinn. Mit Hilfe von Logbüchern der U.S. Navy erfasst Matthew Fontaine Maury, ein invalider Mitarbeiter der Navy, in den 1840er Jahren ganz systematisch die Strömungs- und Windverhältnisse auf den Meeren und veröffentlicht die Ergebnisse 1847 in seinem Buch »Wind and Current Charts«. Bei den erfahrenen Kapitänen stoßen die Empfehlungen des nur kurze Zeit zur See gefahrenen Büroangestellten auf Skepsis. Erst als einer von ihnen die gedruckten Anweisungen strikt befolgt und von einer Fahrt von Baltimore nach Rio bereits nach 75 Tagen in seinen Heimathafen zurückkehrt – 35 Tage weniger als normal – will jeder die neuen Seekarten in die Hände bekommen. Nach seinen Anfangserfolgen geht Maury noch einen Schritt weiter. Er sorgt dafür, dass die Staaten auf dem Gebiet der Meteorologie und der Strömungskunde der Meere zukünftig zusammenarbeiten und Informationen über Strömungsverhältnisse und Windrichtungen von allen Meeren zentral erfasst werden. Er möchte den Kapitänen noch bessere Informationen zur Verfügung stellen und ihre Sicherheit und Geschwindigkeit erhöhen. Bereits 1854 erscheint Maurays umfassendes Werk »The Physical Geography of the Sea«, in dem mehr als eine Million Informationen verarbeitet sind. Mit Maurys Karten und »Sailing Directions« segeln die Schiffe fortan dreimal so schnell um die Welt wie zuvor.[114]

In den folgenden drei Jahrzehnten sind es trotz der Konkurrenz der Dampfschiffe immer wieder die Klipper, die mit immer neuen Zweikämpfen die Menschen in ihren Bann ziehen, so 1872 die beiden zu Ruhm gekommenen Klipper »Thermopylae« und »Cutty Sark« auf der Strecke von Schanghai nach London. Beide sind knapp 65 Meter lang und für den Teetransport von China nach England bestimmt. Als nach dem Bau des Suezkanals die Dampfschiffe den Handel mit China binnen weniger Jahre fast völlig an sich reißen, weichen sie wie die meisten der übrigen Klipper auf andere Routen aus. Sie bewähren sich weiter im australischen Wollgeschäft, da der fünfte Kontinent noch immer außerhalb der

Reichweite der Dampfer liegt. Auch hier fordern die Händler die größtmögliche Geschwindigkeit, um hohe Lagergebühren zu vermeiden und nicht von einem Preisverfall überrascht zu werden. Ihr Favorit ist weiterhin die »Thermophylae«, die seit 1872 einen goldenen Hahn an ihrem Masttopp trägt – die neue Galionsfigur als Zeichen des schnellsten Schiffes. Bei einem der letzten großen Wettrennen auf der Strecke zwischen Sydney und London im Jahre 1885 muss sie sich jedoch der »Cutty Sark« geschlagen geben, die nach 73 Tagen die Ziellinie überquert.[115] Doch trotz solcher spektakulärer Erfolge kapitulieren selbst die schnellsten Klipper bald auch auf den langen Strecken vor den Dampfschiffen. Immer seltener wollen die Schiffseigner sich ihren Zeitplan durch Sturm, Windflauten oder Gegenwind durcheinander bringen lassen. Warten auf gutes Wetter und günstigen Wind ist gleichbedeutend mit finanziellen Verlusten. Die Segelschiffe müssen zum Abwracker, weil es ihnen an Regelmäßigkeit und Berechenbarkeit fehlt. Nur wenige überleben, so die »Cutty Sark« in Greenwich – als Museumsschiff. Auch auf den Meeren setzt sich das »dromologische« Gesetz durch: Jede höhere Geschwindigkeit grenzt zuerst niedrigere Geschwindigkeiten aus, um sie schließlich zu verdrängen.[116]

Zusammenfassung

Seitdem die Eisen- und Textilindustrie Anfang des 19. Jahrhunderts in Europa Fuß gefasst hat, wird jedem weitblickenden Zeitgenossen klar, wohin die Reise geht. Die Industrialisierung verkoppelt Produktion, Transport, Verteilung und Verbrauch der Güter auf der Grundlage eines Prinzips: der abstrakten Zeit. Sie sorgt für eine Beschleunigung von der Produktion bis zum Konsum durch den Einsatz von Zeitverkürzungsmaschinen und Zeitverkürzungstechniken. Sie fordert alle Beteiligten zu einem neuen Umgang mit der Zeit auf, zur wirtschaftlichen Nutzung der Zeit. Sie führt zur Bewirtschaftung der Zeit, die zu einem ökonomischen Faktor wird, zu einem Wirtschaftsgut. Wirtschaftlicher Erfolg wird immer stärker an der zeitökonomischen Effizienz gemessen. Die Beschleunigung der Maschine orientiert sich an der Uhr, die nach Lewis Mumford die Schlüssel-Maschine des Industriezeitalters ist. Das mit dem Aufbau des Maschinen- und Fabriksystems schnell ansteigende Anlagekapital verlangt nach möglichst schnellem und häufigem Umschlag. Die vermehrte Arbeitsteilung macht gleichzeitig eine Synchronisierung von einzelnen Produktionsbereichen unumgänglich, die sich in Terminabsprachen äußert. Der Transportsektor wird gezwungen, mit

Hilfe der überkommenen Technik die letzten Zeitreserven zu mobilisieren. Die effiziente Ausnützung der Investitionen zwingt die Unternehmer schließlich in einem abschließenden Schritt zur Disziplinierung der Arbeiter, die lernen müssen, sich möglichst zeitsparende Arbeitsweisen anzueignen.[117]

Die Beschleunigung von Produktion und Transport hat viele Ursachen und noch mehr Folgen. Sie ist eingebettet in das Zeitalter der Aufklärung, in dem Europa mit zunehmendem Nachdenken und Energieaufwand versucht, sich die Erde untertan zu machen und sich von der als störend empfundenen Naturabhängigkeit zu lösen. Innovationen, vor denen man sich jahrhundertelang gefürchtet hatte, sind fortan als Fortschritt gesucht. Länderübergreifende Kommunikationsnetze verdichten sich und helfen bei der gemeinsamen Suche nach neuen Erfindungen und Lösungen. Europa wächst ein Stück mehr zusammen, als die am wissenschaftlichen und wirtschaftlichen Fortschritt interessierten Kräfte voller Wissensdrang Umschau nach Neuem und Besserem halten und damit auch eine weitere Verbesserung der Kommunikationsmöglichkeiten als notwendig und nützlich erscheinen lassen.

Die Aufklärung treibt die Beschleunigung und Verdichtung der Kommunikation derart voran, dass der mittleren Generation des frühen 19. Jahrhunderts angesichts der Mechanisierung der Baumwollspinnerei, der Transportrevolution und der vielen gesellschaftlichen Veränderungen die Erfahrung der Beschleunigung bereits gemeinsam ist. Wenig später urteilt in Frankreich Alphonse de Lamartine, es sei nicht mehr möglich, Geschichte zu schreiben, weil die Geschwindigkeit der Zeit jegliche Distanz verzehre. Er denkt an den schnellen Wechsel der Regime. Andere denken an die Bevölkerungsexplosion und den Raumschwund, den Wandel der Rechtssysteme und des Produktionssystems, die Entwicklung der Technik und die Vielzahl der neuen Erfindungen. Alle denken an die Eisenbahn – sie wird in der Folgezeit zum eigentlichen Vehikel und Symbol des Fortschritts. Sie sorgt für eine noch raschere Verbreitung des Tempo-Virus. Mit Hilfe der Dampfkraft scheint der Mensch endlich die Naturgewalten beherrschen zu können und dem vermeintlichen Ziel, dem ewigen Frieden, mit Getöse und rasend schnell näher zu kommen.[118] Aber noch immer sind Mensch und Pferd die wichtigsten Beförderungsmittel im Landverkehr. Da sie jedoch Ruhepausen benötigen, entstehen in dieser sich schneller drehenden Welt viele, zu viele jetzt als störend empfundene Zeiten des Stillstands.

Teil II

Beschleunigungsphase 1800–1950

5. Zeit des Dampfes

Die Produktion von Geschwindigkeit

Mit der Dampfmaschine beginnt eine neue Zeit, die eine – für alle sichtbar – beschleunigte, dynamische Zeit wird. Süchtig gemacht durch die frühen Erfolge der beschleunigten Produktion und der beschleunigten Raumüberwindung, steigert der Mensch sein bisheriges Beschleunigungsprogramm und beginnt mit der künstlichen Produktion von Geschwindigkeit. Er möchte die »animalischen« Geschwindigkeitsdimensionen überwinden. Er ist nicht mehr gewillt, sich durch Wind, Wasser und Muskelkraft das Tempo diktieren zu lassen. Er giert danach, selbst Geschwindigkeit zu erzeugen – jederzeit, überall und unbegrenzt. Er sieht sich herausgefordert, die von der Natur gesetzten Geschwindigkeitsbegrenzungen zu überspringen. Die Eisenbahn bietet ihm dazu die Möglichkeit. Vor ihrer Erschaffung »regte die Natur sich nicht mehr, [...] die Himmel selbst schienen unbeweglich. Die Eisenbahn hat alles belebt, alles bewegt, der Himmel ist eine lebendige Unendlichkeit geworden«, so ein Autor in der Rückschau.[1] Mit der Eisenbahn sprengt der Mensch zudem die alten Stadtmauern und bringt dieses alte Wahrzeichen der Ver- und Behinderung zum Einsturz. Mit der Dampfmaschine endet das Zeitalter der Bremsung, und es beginnt das Zeitalter der Bewegung und Beschleunigung – so Paul Virilio. Auswanderer überqueren massenweise, in wachsender Anzahl und steigender Geschwindigkeit Grenzen, oft sogar Meere. Binnenwanderer wechseln vom Bauernhof oder Kotten in die Fabrik und die Werkstatt. Überspitzt: Deutschland und Italien gehen nach Amerika, England zieht in die menschenverschlingende Metropole London. Verträumte Kleinstädte und sogar Dörfer explodieren binnen weniger Jahrzehnte in atemberaubendem Tempo zu pulsierenden und hektischen städtischen Agglomerationen. Landwirtschaftliche und industrielle Produkte wechseln massenhaft Kontinente und helfen, regionale Mangellagen schnell zu beseitigen, zwingen aber auch einheimische Produzenten, sich der neuen Konkurrenz zu stellen.

Gefühlte Geschwindigkeit

Die Niederdruckdampfmaschine von Watt kündigt mit durchdringendem Pfiff eine Zeitenwende an; wenig später verleiht Oliver Evans mit seiner Hochdruckdampfmaschine dieser Revolution zusätzlichen Schub. Die Technik der Energieumwandlung löst sich von der Natur, von ihren Bedingungen und Möglichkeiten. Als Herr der Natur hört der Mensch auf, Imitationen oder Perfektionen der Natur zu produzieren, sondern schafft Neues, zuvor nie Gesehenes und Gegebenes. Das hölzerne Zeitalter läuft aus, und das eiserne setzt zum Spurt an. Nicht mehr Sommer oder Winter, Niedrig- oder Hochwasser bestimmen wie bei den Mühlen die Produktionsmenge, sondern Marktlagen, Kalkulationen und Spekulationen. Als der Bau von Lokomotiven möglich wird, multipliziert das Ensemble von Schiene und Dampfmaschine die Geschwindigkeit und die Gemeinschaft der Geschwinden. Erst die Eisenbahn überzeugt auch den letzten Zweifler vom Anbruch einer neuen Zeit, in der die zunehmende Beschleunigung offenbar keine Grenze mehr kennt. Heinrich Heine notiert 1843 anlässlich der Eröffnung zweier französischer Bahnlinien: »Es beginnt ein neuer Abschnitt in der Weltgeschichte, und unsre Generation darf sich rühmen, dass sie dabei gewesen.«[2] Viele ahnen, dass die schnellen Lokomotiven mehr in Gang setzen als angehängte Waggons, dass sie Bewegung in das 19. Jahrhundert bringen, dass sie einem politisch bereits erregten Kontinent auch wirtschaftlich Dampf machen, dass sie eine gemächliche Gesellschaft rasant beschleunigen und mit Vitalität erfüllen. Später wird der Historiker Heinrich von Treitschke vermerken: »Die Eisenbahn hat die Nation aus ihrer wirtschaftlichen Trägheit gerissen – und mit erstaunlicher Plötzlichkeit.«[3] Die Dampfmaschine sorgt für den gewaltigsten Beschleunigungsschub in der bisherigen Geschichte. Sie gibt der Zeit ein neues Tempo.

Bereits die stationäre Dampfmaschine symbolisierte mit ihrer Kraft das neue Zeitalter, das in allen Teilbereichen gegen den Stillstand angeht und in immer schnelleren Bewegungen mündet, sich austobt und seiner Kraft Raum verschafft. Dies gilt erst recht für Lokomotive und Eisenbahn. Sie verkörpern für die Zeitgenossen Dynamik, Aufbruch und eine glänzende Zukunft, mit einem Wort Fortschritt. Es ist die Eisenbahn, die mit ihrem scheinbar endlosen Schienennetz und den weithin sichtbaren Dampffahnen, den schrillen Pfiffen der Lokomotiven und der für die Biedermeierzeit atemberaubenden Geschwindigkeit das neue technische Zeitalter für alle erkennbar einläutet und verkörpert. In die Bahnhöfe im Herzen der Städte pilgert die Bevölkerung wie in »Kathedralen des Fortschritts«. In Köln platzieren die Architekten der Moderne eine solche Kathedrale aus Eisen und Glas unmittelbar neben die noch immer unvollendete Kathedrale der Vormoderne.[4]

Innerhalb kürzester Zeit erkennen die Menschen die Stoßkraft der neuen Bewegungsmaschine und betrachten sie – je nach Temperament – mit Angst oder Faszination. 1835 schreibt Theodor Mundt aus England an einen Freund in Berlin: »Was meinen Sie zu diesem Fortkommen der Menschheit auf der zukunftsvollen Eisenlinie? Werden Sie es das eiserne oder das goldene Zeitalter nennen, das mit dieser wie ein Raubtier ächzenden Maschine, unter schwarzem Rauch, Wirbelwind und umherfliegenden Steinkohlenschlacken, im Anzuge ist?«[5] Viele verhehlen ihre zunächst pessimistische Einstellung nicht. Ein protestantischer Pastor gesteht in einem Reisebericht offen seine tiefe Furcht vor dem »Sichhingegebenfühlen in die Gewalt unsichtbarer chemischer Mächte« und sieht sich »mit des Teufels Equipage, à la Faust, zur Hölle« fahren.[6] Nicht nur er glaubt, der Mensch sei in das Haus des Teufels eingebrochen und habe ihm das Feuer gestohlen. Aus dem Keuchen der Lokomotive seien die Wutausbrüche des Satans herauszuhören, der dem Menschen nun gegen seinen Willen dienen müsse.[7] Dagegen berichtet fast gleichzeitig Heinrich Heine aus Paris anlässlich der Eröffnung der Eisenbahnlinien nach Orléans und Rouen, in der französischen Hauptstadt sei eine »Erschütterung, die jeder mitempfindet, wenn er nicht etwa auf einem sozialen Isolierschemel steht. [...] Während aber die große Menge verdutzt und betäubt die äußere Erscheinung der großen Bewegungsmächte anstarrt, erfasst den Denker ein unheimliches Grauen, wie wir es immer empfinden, wenn das Ungeheuerste, das Unerhörteste geschieht, dessen Folgen unabsehbar und unberechenbar sind. Wir merken bloß, dass unsere ganze Existenz in neue Gleise fortgerissen, fortgeschleudert wird«.[8] Nach Heinrich Heine kann die Bedeutung der Eisenbahn nur noch mit der Erfindung des Pulvers und des Buchdrucks sowie der Entdeckung Amerikas verglichen werden. Heine behält in vielfacher Weise Recht. Um 1860 müssen die vordem wohlhabenden Kaufleute von Orléans ohnmächtig zusehen, wie ihre frühere Kundschaft in der Eisenbahn an ihnen vorüberfliegt, um ihre Einkäufe in Paris zu tätigen.[9]

Die Dampfkraft geht ihren eigenen Weg. Rücksichtslos gegenüber dem natürlichen Profil der Welt lässt sie Berge durchtunneln und Täler überbrücken. Die ideale Streckenführung ist zunächst wie mit dem Lineal gezogen, da die Zugkraft der ersten Maschinen noch lange nicht ausreicht, größere Steigungen zu überwinden. Der Berliner Historiker Friedrich von Raumer beschreibt in einem Brief, den er während einer Englandreise im Jahre 1835 nach Hause schickt, die Eisenbahn als feurigen Drachen, der »kinderleicht, mit größter Geschwindigkeit, über die waagerechte Bahn fortzieht. Durch Berge ist der Weg gebrochen, Täler sind aufgehöht.«[10] Auch auf dem Wasser sucht die Dampfkraft die gerade Linie. Wo die Segelschiffe zum Kreuzen gezwungen sind, gehen die Dampfboote frontal gegen Wind und Wellen an.

Kennzeichen der Geschwindigkeit ist die gerade Linie, nicht die Kraft verzehrende Kurve, auch nicht die holprige oder aufgeweichte Straße mit ihrem hohen Reibungswiderstand. Bereits zur Beschleunigung des Postkutschenverkehrs waren die Straßen in Form von Chausseen eingeebnet worden, doch erst die glatte, harte und schnurgerade Eisenschiene kommt dem Ideal der reibungslosen Straße das entscheidende Stück näher. Allen Technikern ist klar, dass sich Geschwindigkeit nicht mit Unebenheiten verträgt. Sie wissen, dass jeder heftige Stoß die schnellen Züge leicht aus der Bahn werfen kann. Dies gilt für die Rollbahn ebenso wie für die Zugmaschine selbst. Je schneller sich Räder und Kolben bewegen, desto exakter müssen die einzelnen Maschinenteile ineinander greifen. Sie dürfen nicht haken und kein Spiel haben, damit das gesamte System nicht aus dem Gleichgewicht gerät.[11] Um Radbrüche oder ein Festfressen der Achsen zu vermeiden, darf in voller Fahrt nichts anstoßen. Was in einer Fabrik beim Einsatz einer Maschine lediglich zu einer Panne führt, kann im Eisenbahnbetrieb bei hoher Geschwindigkeit in einer Massenkatastrophe enden.[12]

Mit dem Bau der ersten Eisenbahnen prallen die alte und die neue Zeit direkt aufeinander, sodass selbst den Dichtern oft die Worte fehlen, um das Neue zu beschreiben. Viele helfen sich mit allegorischen Bildern. Bereits in den ersten Eisenbahngedichten interpretieren Schriftsteller die Eisenbahn als »Kanonenball«, der durch tiefe Taleinschnitte, dunkle Tunnel und luftige Brücken dahinschießt.[13] George Stephenson tauft seine erste Lokomotive, die das berühmte Wettrennen von Rainhill vor Eröffnung der Linie Liverpool-Manchester gewinnt, »Rocket«. Zwischen Nürnberg und Fürth verkehrt zuerst die »Adler«, ihr folgt die »Pfeil«. Die Dampfkraft erscheint als eine Gewalt, die sich brachial gegen die Natur durchsetzt. Ihre Kennzeichen sind Gleichförmigkeit, Regelmäßigkeit und Unermüdbarkeit,[14] sie wird – wie sich Hermann von Pückler-Muskau im Jahre 1830 in seinen »Briefen eines Verstorbenen« ausdrückt – »nie müde«, sie kennt »keine Krankheiten«, sie ist »gleich tätig in allen Klimaten«.[15] Gegen diese Qualitäten sind die bisherigen Antriebskräfte ohne Chancen. Die Weite der Natur, gegen die die animalischen Fortbewegungsmittel schon immer keuchend und bis zur Erschöpfung angekämpft hatten, wird nun selbst Opfer des neuen Transportmittels.

Auch die Verkürzung der Reisezeiten umschreiben die Zeitgenossen in zahllosen Bildern. Für den alten Eichendorff besteht die Welt »eigentlich nur noch aus Bahnhöfen«,[16] für englische Journalisten ist das Mittelmeer »auf die Größe eines Sees zusammengeschrumpft«, und große Binnenseen sind »zu Tümpeln« ausgetrocknet.[17] Heinrich Heine orakelt: »Mir ist, als kämen die Berge und Wälder aller Länder auf Paris angerückt. Ich rieche schon den Duft der deutschen Linden; vor meiner Tür brandet die Nordsee.«[18] In der »Einladungsschrift und Prospektus« der ersten deutschen Eisenbahn von Nürnberg nach Fürth ist 1835 zu lesen: »Die Entfernungen werden durch dieses dem Fluge der Vögel nachstrebende Verbindungs- und Transportmittel immer kleiner, Staaten und Nationen rücken dadurch einander näher; ... und der Mensch bemächtigt sich immer mehr der Herrschaft über Raum und Zeit.«[19] Die Fahrt von einer Stadt zur anderen wird »zum bloßen Unwohlsein des Wartens auf die Ankunft, die Weltreise wird zur Herzbeschwerde«.[20] Für den profanen Eisenbahnnutzer, der einen dringenden Termin wahrzunehmen hat, sind dies Spielereien mit Worten. Ihn interessiert nur die exakte Reisedauer – und die ist unglaublich kurz, wenn man das ausgehende 18. Jahrhundert als Maßstab nimmt: drei Stunden von Leipzig nach Dresden und 14 Stunden von Köln nach Berlin. Selbst die Nagler'schen Schnellposten, die 75 Kilometer am Tag schaffen, benötigen vom Rhein nach Berlin mehr als acht Tage, der Frachtverkehr sogar 24 Tage.[21] Für die Fahrplangestalter der Eisenbahn und die Ingenieure gelten nur noch Abfahrt und Ankunft, Start und Ziel. Die gesamten Zwischenräume stören; sie gilt es möglichst schnell zu überwinden, auf Null zu reduzieren, zu vernichten. So reißt schließlich die Geschwindigkeit der Eisenbahn den Reisenden aus dem Raum heraus, trennt ihn von diesem, während er bisher ein Teil davon gewesen war.[22] Schrumpfung der Welt, Vernichtung von Raum und Zeit, lautet denn auch der Topos, mit dem das frühe 19. Jahrhundert immer wieder die Wirkung der Eisenbahn umschreibt. Gleichzeitig weitet die Eisenbahn aber auch den Raum aus, indem sie als Folge der zeitlichen Verkürzung des Transports sowie der Verkehrsanbindung die Einzugsbereiche der Innenstädte, der Industriestädte zumal, vergrößert. Sie wachsen bald zu Groß- und Megastädten an. In diesen Ballungsgebieten wird der Weg zur Arbeit nicht mehr in Längen-, sondern in Zeitmaßen gemessen.

Vielen Zeitgenossen bleiben solche Zusammenhänge verborgen. Alle aber registrieren die im Vergleich mit den anderen Transportmitteln recht hohen Geschwindigkeiten von Eisenbahn und Dampfbooten. Diese Geschwindigkeit fasziniert und macht Angst. Sie wird erlebt als Aufbruch in eine neue Zeit und als Verlust einer alten, die sich als Postkutschenzeit eine nachträgliche Retusche und Verklärung gefallen lassen muss. Knurrend unterzeichnet der alte Wilhelm III. die Konzessionsurkunde für den Bau der Eisenbahn von Berlin nach Potsdam: »Alles soll Carriere gehen; die Ruhe und die Gemütlichkeit leiden aber darunter. Kann mir keine große Seligkeit davon versprechen, ein paar Stunden früher von

Berlin in Potsdam zu sein. Zeit wirds lehren.«[23] In Frankreich rümpft der Lyriker Théophile Gautier angesichts der von vielen Zeitgenossen beschworenen »Poesie des Dampfes« die Nase und weigert sich, in dem neuen Transportmittel Platz zu nehmen. Nur den Handlungsreisenden gesteht er zu, sich in das Schienennetz einzuklinken, um »ihre Warenproben und ihren Stumpfsinn mit der größtmöglichen Geschwindigkeit von einem Ort zum anderen zu transportieren«. Und mit einem tiefen Seufzer: »Aber bei Gott, es muss doch erlaubt sein, mit kleinen Schritten wegzugehen, um seinen Träumereien zu folgen.«[24]

Die Zeit aber zeigt die wachsende Bedeutung von Geschwindigkeit, von schnellem Handeln und Produzieren, schnellem Reisen und Denken. Schnellsein bringt ökonomischen Nutzen, spart beim Reisen Mühe und Kraft, erhöht Lebensfreude wie auch soziales Prestige, Schnelligkeit beschleunigt den Fortschritt. Meyers Conversations-Lexicon von 1846 feiert das neue Verkehrsmittel als »Herkules, der die Welt verändert«. Der Verfasser meint: »Kein Zweifel, dass in der neuen Fortbewegung ein Keim allgemeiner Glückseligkeit liegt.«[25]

Epidemisch breitet sich das »Eisenbahnfieber« in Europa aus und sorgt für eine rasche Verdichtung des Eisenbahnnetzes, sodass immer mehr Menschen an der Beschleunigung des Transports teilhaben können. Die meisten, die sich noch mit zwiespältigem Gefühl eine Fahrkarte gelöst hatten, sind bereits nach kurzer Fahrt bekehrt. Hans Christian Andersen benützt auf seiner Reise in die Türkei 1840 die Bahn erstmals für eine kleine Strecke und lässt bald alle Zweifel fallen. Er notiert: »Du siehst zum Fenster hinaus und entdeckst, dass du einherjagst wie mit galopirenden Pferden; es geht noch schneller, du scheinst zu fliegen; allein hier ist kein Luftdruck, nichts von dem, was du dir als unangenehm dachtest. [...] Wir fliegen wie die Wolken im Sturme, wie Zugvögel fliegen.«[26] Ähnlich der junge Jacob Burckhardt, der 1840 als Student in Berlin seine erste Fahrt unternimmt: »Wenn man sich etwas zu gute tun will, so setzt man sich auf die Eisenbahn und rutscht in 33 oder 35 Minuten nach dem fünf Stunden entfernten Potsdam. [...] Das Fahren auf der Eisenbahn ist sehr lustig, man fliegt eigentlich wie ein Vogel dahin.«[27] Von Anfang an wird die Eisenbahn auch als ein kulturelles und historisches Ereignis begriffen – nicht nur als ein rein technisches.

Die Geschwindigkeit ist das alles beherrschende Thema der ersten Reisenden. Die schnelle Fahrt eröffnet ihnen völlig neue Sichtweisen; ihr Sehen dynamisiert sich. Die Passagiere zeigen sich fasziniert von jenem »panoramatischen Sehen«, von den schnellbewegten Landschaften, die als flache Bilder an den Fenstern vorbeiziehen. 1837 notiert Victor Hugo mit Blick aus dem Zugabteil: »Die Blumen am Feldrain sind keine Blumen mehr, sondern Farbflecken, oder vielmehr rote oder weiße Streifen; es gibt keinen Punkt mehr, alles wird zu Streifen; die Getreidefelder werden zu großen gelben Strähnen; die Kleefelder sind zu langen grünen Zöpfen geworden; die Städte, die Kirchtürme und die Bäume tanzen und vermischen sich auf eine verrückte Weise mit dem Horizont.«[28] Nur wenig später bannt William Turner diese neue Geschwindigkeit der Eisenbahn auf Leinwand. Sein intuitives Gemälde »Regen, Dampf und Geschwindigkeit: Die Great Western Eisenbahn« aus dem Jahre 1844 veranschaulicht Geschwindigkeit pur. Es zeigt, wie bei der schnellen Durchdringung des Raums dieser wie hinter einem Schleier verschwindet und sich in weiche Farbnebel auflöst.

Mit der Eisenbahn lässt sich die durchquerte Landschaft nicht mehr wie mit der alten Postkutsche »erfahren«. Wer auf der alten Landstraße reiste, bewegte sich immer mit Körper und allen Sinnen im realen Raum. Die Geschwindigkeit gebiert dagegen eine völlig neue Umwelt, die wie in Trance erlebt wird. Irritiert erfahren die Reisenden den Wirklichkeitsverlust ihrer Wahrnehmung und die Enteignung ihrer Sinne. Verstört bemerken sie, wie in ihrem Kopf die rasch wechselnden Bildfolgen sich zu einer neuen Wirklichkeit vereinen. Welche ist die reale Welt, die ruhende oder die rasende? Mit der Verkürzung der Wahrnehmungszeiten bleibt ihnen keine Zeit mehr, zu überlegen und das Gesehene zu verarbeiten. Die Sicht der Passagiere verengt und erweitert sich zugleich. Durch das Zugfenster lässt sich zwar lediglich ein kleiner Ausschnitt der Landschaft wahrnehmen, wegen der Geschwindigkeit des Zuges erhöht sich jedoch die Anzahl der Eindrücke um ein Vielfaches, wobei konträre Bilder rasch wechseln: helle und dunkle, graue und farbige, sanfte und schrille. Manche sehen die Umwelt sich bewegen und sprechen vom Tanz der Landschaft. Die Geschwindigkeit reizt die Sinne mit einer Vielzahl an Eindrücken, kratzt an den Nerven, lässt die Passagiere unter der Anspannung innerlich vibrieren. Die im ersten Moment betäubend-schrille Bilderwelt versetzt viele Eisenbahnreisenden gleichwohl nicht in einen Zustand der Lähmung, sondern reißt sie aus ihrer Behäbigkeit, kitzelt ihre Sinne und wirkt auf ihren Körper wie ein elektrischer Impuls, macht sie nervös und verändert schließlich ihren Lebensrhythmus. Die Reisenden müssen sich den kürzeren Wahrnehmungszeiten anpassen, müssen lernen, schneller zu reagieren, müssen sich auf die Geschwindigkeit einstellen, müssen selbst schnell werden. Andere, die nicht ablassen können vom genauen, ruhigen Beobachten, fühlen sich dagegen von einem Wahrnehmungsschock gelähmt und überfordert, sie ermüden schnell angesichts der vorbeirasenden konturlosen Bilder. Im Jahre 1860 notiert Miss Louisa Bowater, die spätere Lady Knightley, in ihr Tagebuch: »Die Hälfte der Menschen, denen ich in der Eisenbahn begegne, haben etwas Wildes im Blick. [...] Rast und Ruhe gibt es heutzutage für niemand; immer ist man in Bewegung, ob man Zerstreuung sucht oder seinen Geschäften nachgeht.

Ist das der Stagnation früherer Zeiten vorzuziehen? Ich weiß es nicht; das ist schwer, ja fast unmöglich zu entscheiden.«[29]

Wachsamen Zeitgenossen ist bewusst, dass die Eisenbahn ihre Passagiere verändert. Für Joseph von Eichendorff ist die Eisenbahn nicht nur Symbol des eiligen und hastigen Lebens der vierziger Jahre, sie ist auch der Haupterreger dieser fiebrigen Zeit. Die Eisenbahn scheint den Reisenden eine Botschaft mit auf den Weg zu geben, die lautet, auch nach Verlassen der Bahn im Privat- und Geschäftsleben mit derselben Schnelligkeit fortzufahren. Ebenso wie später Dorfbewohner mit Kopfschütteln der Hektik und Hetze der Großstadt begegnen und europäische Wissenschaftler nach dem Ersten Weltkrieg sich in Detroit von den »taylorisierten« Arbeitern im Eilschritt auf der Straße überholt sehen, so registriert auch Eichendorff: »In den Bahnhöfen ist eine so große Eilfertigkeit, dass man vor lauter Eile mit nichts fertig werden kann.«[30] Ähnlich der deutsche Publizist Georg Weerth in seinem gesellschaftskritischen England-Buch über die Hektik der Bahnhofswelt: »[...] dort verbrennt sich ein anderer in der Eile des Abschieds an den Fluten einer Teetasse den Mund, und jauchzt endlich die Lokomotive ihr Abfahrtslied, da wälzt sich die Lawine von Menschen, Koffern, Regenschirmen und Nachtsäcken mit einer solchen Hast in die Wagen, dass ein ›Goddam!‹ und ein Rippenstoß das einzige ist, was man von seinen geliebten Nebenmenschen genossen hat.«[31]

Auch in den neuen Bahnhofshallen, die sich mit ihren der Stadt zugewandten Fassaden als Basiliken oder Paläste und im Umfeld der Gleise als moderne Werkhallen aus Eisen und Glas präsentieren, herrscht die Geschwindigkeit. Mit ihren Glasüberdachungen, die vom Londoner Crystal Palace von 1851 wesentlich beeinflusst werden, und ihren Bahnsteigen vermitteln sie eine industrielle Atmosphäre, die nichts mit der Gemächlichkeit des platten Landes gemein hat.[32] In ihren Hallen und Wartesälen, in denen Putz, Plüsch und Prunk dominiert, empfangen sie unter vergoldeten Säulen die Spitzen der Gesellschaft ebenso wie das gemeine Volk, denen sie allen mit neureichem Zeigestolz die Geldquellen und Werte des Industriezeitalters präsentieren. In diesen Räumen beginnen die Beschleunigungsstrecken, die die eigentliche Eisenbahnreise einleiten. In dem Katalysator Bahnhof werden Reisende und Züge in Fahrt gebracht, und Arbeitszeit schlägt um in Reisezeit. Wenn die Dampflokomotiven angeheizt und unter Dampf gesetzt werden, steigt auch das Reisefieber der Wartenden an.

Die riesigen Bahnhofshallen aus Eisen und Glas, dokumentieren als Zeitzeichen des Eisenbahnzeitalters am eindrucksvollsten den industriellen Fortschritt und bringen Zeitökonomie und Geschwindigkeit auch in die Baukunst ein. Ihre Architektur demonstriert schnelles Bauen in Reinkultur. Die Architekten bedie-

nen sich derselben Schienen des Fortschritts, denen die Eisenbahn einen Teil ihres Erfolgs verdankt und auf denen sie ihre Geschwindigkeit zur Entfaltung
bringt. Die Erbauer der weitgespannten Glasüberdachungen greifen zu den Pro-
fileisen der Eisenbahnschiene, die sie genau wie bei den Eisenbahntrassen mittels Schrauben schnell zu großräumigen, filigranen Konstruktionen verbinden.
Das genormte Eisenprofil erlaubt große Spannbreiten bei extremer Leichtigkeit
der Bauglieder und lässt in Verbindung mit Glas – ebenfalls ein Industrieprodukt
– weite und lichte Räume entstehen. Es betont die reine Konstruktion und macht
die Abkehr von den Baustoffen der Natur sichtbar. Es versetzt dem in diese
Glasarchitektur Eintretenden einen ähnlichen Schock wie dem Eisenbahnreisenden beim Anblick der am Wagenfenster vorbeihuschenden diffusen Landschaft.
Es veranschaulicht die Flucht aus der Steinarchitektur mit ihren teuren und zeitraubenden Mauerwerken und die Hinwendung zu den wesentlich billigeren und
schnell montierbaren Gerüsten aus Eisen und Glas. Es ermöglicht Terminbauten
für eine Gesellschaft, in der die Zeitökonomie kurze und immer kürzere Bauzei-
ten diktiert. Die neuen Kathedralen des Fortschritts benötigen nicht mehr wie der
Kölner Dom Jahrhunderte bis zu ihrer Vollendung, sondern sind nach einigen
Monaten fertig – falls nötig, auch binnen kürzester Zeit wieder abmontiert. Diese
schnell emporschießenden »Gewächshäuser« lassen das natürliche Wachstum als
langsam und zurückgeblieben erscheinen. Eisen und Stahl sind die idealen
Werkstoffe zum Bau von mobilen Zelten für eine mobile, eilige Gesellschaft.[33]

Offensichtlich erfüllt die Eisenbahn die Welt mit hektischer Unruhe und wird
im Verbund mit den schnell drehenden Maschinen in den Fabriken zum Schrittmacher und Beschleuniger des Lebens. Als Alexis de Tocqueville 1835 englische Industriestädte besucht, fällt ihm diese Eilfertigkeit der Menschen sofort ins
Auge. Er notiert: »Nirgends begegnet das Auge der glücklichen Behäbigkeit, die
ihre Muße in den Straßen der Stadt spazieren führt oder auf dem nahen Land einfache Freuden sucht. Ständig drängt sich die Menge in dieser Stadt«.[34] Ähnlich
Georg Weerth acht Jahre später, als er morgens kopfschüttelnd die vielen Arbeiter »schnell über das Trottoir huschen« sieht, »dass man nicht anders meint, als
dass sie sich die Beine eines Derbyrenners am Leibe befestigt hätten. […] Alles
stürzt und rennt und lacht und weint und brummt und flucht und betet und boxt
sich in ein und derselben Minute an dir vorüber und reißt dich fort und stößt dich
vorwärts, dass du endlich ganz mit im Zuge bist und mitläufst, als hättest du
auch die wichtigsten Sachen zu besorgen, als hinge das Heil der Welt von dei-
nem Laufen ab.«[35]

Nicht wenigen raubt diese Aussicht auf eine Beschleunigung des Lebens den
Schlaf. Im Jahre 1840 wettert der Parlamentsabgeordnete Sir Isaac Coffin im Ei-

senbahnausschuss des englischen Parlaments: »Die Eisenbahn wird der größte Unfug sein, sie wird die vollständige Störung der Ruhe und des körperlichen sowohl wie des geistigen Wohlbefindens der Menschen bringen.«[36] Ähnlich skeptisch beurteilt der alte Goethe das neue, Güter, Menschen und Ideen in Bewegung setzende Verkehrsmittel, wenn er 1825 gegenüber seinem Freund, dem Komponisten Carl Friedrich Zelter anmerkt: »Junge Leute werden viel zu früh aufgeregt und dann im Zeitstrudel fortgerissen; […] Eisenbahnen, Schnellposten, Dampfschiffe und alle mögliche Fazilitäten der Kommunikation sind es, worauf die gebildete Welt ausgeht, sich zu überbieten, zu überbilden und dadurch in der Mittelmäßigkeit zu verharren.« Und schließlich 1832: »Einer eingepackten Ware gleich schießt der Mensch durch die schönsten Landschaften. Länder lernt er keine mehr kennen. Der Duft der Pflaume ist weg.«[37]

Produzierte Geschwindigkeit

Obwohl bereits die Geschwindigkeit der ersten Lokomotiven die Menschen in ungläubiges Staunen versetzt und vielen die Worte fehlen, um diesen Aufbruch in ganz neue Geschwindigkeitsdimensionen zu beschreiben, ruhen die Techniker nicht, die Geschwindigkeit weiter zu erhöhen. Geschwindigkeit macht in mehrfacher Hinsicht süchtig. Sie ist der gemeinsame Nenner aller, die an der Weiterentwicklung von Dampfmaschine, Fahrgestell und Unterbau arbeiten. Die Eisenhüttenleute zielen auf eine Erhöhung der Geschwindigkeiten ab, als sie härtere und längere Schienen entwickeln und stabilere Dampfkessel konstruieren, die auch bei höheren Drücken nicht explodieren. Die Firma Krupp in Essen kommt zu Ruhm, als es ihr gelingt, nahtlose, ungeschweißte Radreifen herzustellen, die der Bahn eine Steigerung der Geschwindigkeit über 40 Kilometer in der Stunde hinaus ermöglichen.[38] Das Streben nach höheren Geschwindigkeiten wird zu einer entscheidenden Triebkraft im Eisenbahnbau. Geschwindigkeit ist Attraktion und von wirtschaftlichem Nutzen. Als König Ludwig I. von Bayern im August 1836 die neu erbaute Bahn in Nürnberg erstmals besucht, wird er auf eigenen Wunsch mit einer »Schnellfahrt« geehrt. Nach nur 5¾ Minuten ist er in Fürth angekommen – das entspricht einer Geschwindigkeit von rund 60 km/h.[39]

Die Eisenbahn erzielt ihre ersten Erfolge, als im Jahre 1814 William Hedley im Kohlenrevier des Nordostens seine später berühmt gewordene »Puffing Billy« und noch im selben Jahr George Stephenson seine »Blücher«, benannt nach »General Vorwärts«, entwickeln, wogegen die erste Lokomotive von Richard

Trevithick, die er 1804 auf die Schienen brachte, ihm viel zu kurzatmig und langsam geraten war.[40] Als schließlich am 27. September 1825 die »Locomotion No. 1« einen Zug mit 600 Reisenden über 18 Kilometer von Stockton nach Darlington zieht, muss ein Reiter mit einer roten Fahne voraustraben – dieser Zug ist aus der Sicht der Behörden bereits gefährlich schnell. Als George Stephenson Ende der 1820er Jahre selbstbewusst verkündet, er sei inzwischen imstande, eine Lokomotive zu bauen, die 20 Meilen in der Stunde zurücklege, werden zahlreiche Unternehmer hellhörig, während nach den Worten von Georg Weerth »alle Autoritäten in helles Lachen« ausbrechen und Stephenson »für einen Tölpel« erklären.[41] Derweil sind in der »Quarterly Review« die später immer wieder zitierten Sätze zu lesen: »Was kann wohl handgreiflich lächerlicher und alberner sein, als das Versprechen, eine Lokomotive für die doppelte Geschwindigkeit der Postkutschen zu bauen! Ebenso gut könnte man glauben, dass die Einwohner von Woolwich sich auf einer Congreveschen Rakete abfeuern ließen, als dass sie sich einer solchen Maschine anvertrauen würden!«[42]

Im Oktober 1829 erweist sich beim Rainhill-Wettbewerb Stephensons »Rocket« mit einer Höchstgeschwindigkeit von 56 Kilometern in der Stunde beziehungsweise von 46 Kilometern bei 13 Tonnen Zuggewicht eindeutig als schnellste Lokomotive. Das zählt. Der Name der »Rakete« ist Programm. Wie ein Feuerwerkskörper soll sie abzischen, wie die als »Rakete« bezeichneten Zünder im Bergbau soll sie alle bisherigen Geschwindigkeitsdimensionen sprengen und den Weg freimachen. Wie noch nie zuvor verlangen die Investoren nach Schnelligkeit. So treiben die mit dem langsamen, teuren und unkalkulierbaren Kanaltransport unzufriedenen englischen Textilindustriellen den Bau der ersten Eisenbahnlinie von Liverpool nach Manchester voran, um die Baumwolle möglichst zügig vom Hafen in die Fabriken der »Cottonopolis« Manchester transportieren zu können.[43] Sie werden ungeduldig und wollen es nicht mehr hinnehmen, dass der Rohstoff lediglich 20 Tage von New York nach Liverpool benötigt, jedoch doppelt so lang von Liverpool bis in ihre nahegelegenen Spinnereien. In Deutschland empfiehlt bereits 1825 der Industrielle Friedrich Harkort zur Förderung des »Gewerbefleißes« den Bau von Eisenbahnlinien im Ruhrgebiet und hebt besonders die Schnelligkeit des neuen Transportmittels hervor.[44] Zwar können die Eisenbahnen beim Gütertransport ihre höhere Fahrtgeschwindigkeit zunächst nur teilweise zur Geltung bringen, weil sie nicht wie die mit ihnen konkurrierenden Verkehrsträger über ein ausgebautes, mit Lagerhäusern ausgestattetes und bis in die Industrieanlagen hineinführendes Kanal- und Straßennetz verfügen, aber bereits um die Mitte des 19. Jahrhunderts steht auch für sie eine eigene Infrastruktur mit Laderampen, Lagerhäusern und Zufahrtswegen bereit. Als im Jahre 1843 eine Kommission des württembergischen Landtags einen Bericht »über die Wirkung des neuen Verkehrsmittels Eisenbahnen« vorlegt, werden darin die »Schnelligkeit und Wohlfeilheit« der Eisenbahn als deren »mächtige Hebel« genannt. »Durch Abkürzung der Reisezeit und Verminderung der Kosten für den Transport der Menschen und Güter werden bedeutende Ersparnisse gemacht, oder, was in der Wirkung einerlei ist, neue productive Capitale geschaffen«.[45] Schnelligkeit gibt den Ausschlag.

Friedrich List hebt als einer der ersten Wissenschaftler in seinen Veröffentlichungen die volkswirtschaftliche Bedeutung der Transportbeschleunigung hervorhebt. Wer nach seinen Worten »auf die Eile beim Transport keinen großen Werth legt, bedenkt nicht, dass Beschleunigung des Bezugs der rohen Materialien und Beschleunigung des Absatzes der Fabrikate eben so wirkt wie Capitalvermehrung«. Er vergleicht die Kosten einer Geschäftsreise von Leipzig nach Dresden zu Fuß und mit der Eisenbahn und kommt zu dem Ergebnis, dass den Geschäftsreisenden »eine Reise auf der Eisenbahn [...] nur ungefähr die Hälfte [...] einer Fußreise« kostet.[46] Ein Jahrzehnt später äußert sich der liberale Staatsrechtler Robert von Mohl in dieselbe Richtung: »Von größter Wichtigkeit ist die Schnelligkeit der Fortbewegung. [...] Theils in Folge dieser Schnelligkeit, welche für Reisende Zeit und Zehrungskosten, auf Waaren aber Zinsen erspart; theils wegen der durch die verhältnismäßig geringe Zugkraft möglich gemachten niederen Fahrpreise ist auch die Wohlfeilheit der Fortschaffung auf Eisenbahnen characteristisch.«[47] Wieder ein Jahrzehnt später geht Karl Knies in seiner Schrift über die Wirkungen der Eisenbahn noch einen Schritt weiter und betont neben dem »Fortschritt in der Raschheit und Billigkeit des Transportes«, die auch für ihn mit weitem Abstand am bedeutendsten sind, die für die Kaufleute ganz entscheidende Regelmäßigkeit und »exakte Pünktlichkeit« der Bahn sowie das »präcise Ineinandergreifen der Transportmittel«, sodass »der Zeitaufwand für das Durchlaufen jeder einzelnen Strecke auf die Minute genau zu bestimmen steht«.[48]

Dieses von vielen erstrebte präzise Ineinandergreifen der Transportmittel wird jedoch erst möglich, als die ersten Eisenbahnstrecken schrittweise zu einem Eisenbahnnetz zusammenwachsen. Zunächst wird der Verkehr selbst auf kürzeren Strecken weiterhin durch die überall üblichen Ortszeiten behindert. Noch immer ist die Welt voll von unkoordinierten Kalendern und Zeitzonen. Jede Gemeinde bestimmt ihre lokale Zeit selbst und lässt sie von der Kirchturm- oder Rathausuhr anzeigen, wobei die Sonne das Maß aller Dinge bleibt. Dadurch unterscheiden sich die Ortszeiten je nach Längengrad und der Ganggenauigkeit des jeweiligen Uhrwerks. Für den Alltag der Dorfgemeinschaft und auch für den gewöhnlichen Postkutschenverkehr mit seinen relativ langsamen Geschwindigkeiten und langen Pausen spielte dies keine Rolle. Als jedoch Eilpost und Eisenbahn die zeitlichen Distanzen drastisch verkürzen und der Verkehr dichter wird, stören die Differenzen zwischen den lokalen Zeiten. Sie behindern die Erstellung eines überregionalen Fahrplans wie auch die zeitliche Anpassung von Anschlüssen. Bisweilen bewegen sich die Züge, nimmt man die Bahnhofsuhren der einzelnen Stationen als Maßstab, in der Zeit rückwärts und dann wieder sehr schnell vorwärts. Schon bald nach Eröffnung der ersten Schnellpostlinien verfügen einzelne Regierungen eine Vereinheitlichung der Uhrzeiten innerhalb der größeren Städte, so in Württemberg im Jahre 1828. Mit dem Bau der Eisenbahnlinien wird zwei Jahrzehnte später eine landesweite Vereinheitlichung notwendig. In Baden mit seiner in staatlicher Regie betriebenen Eisenbahn führt die »Direction der Großherzoglichen Posten und Eisenbahnen« im Juni 1845 für alle öffentlichen Uhren des Landes die Mannheimer Zeit ein, die zugleich die Eisenbahnzeit ist. Der Zugführer des morgendlichen Hauptzuges von Mannheim nach Freiburg hat kurz vor der Abfahrt seine so genannte Kursuhr nach der Turmuhr des Kaufhauses am Paradeplatz in der Mannheimer Innenstadt einzustellen und die Zeit an allen Haltestationen an die Zugführer der Nebenstrecken und die Postillione der Postlinien weiterzugeben. Der Bau der elektromagnetischen Telegrafenlinien hilft bald darauf, diese Zeit der Hauptuhr präziser zu übertragen.

Gleichwohl kann die Einführung von Länderzeiten nur eine Zwischenlösung sein. Seitdem die Eisenbahnlinien Ländergrenzen überschreiten, behindern die kleinräumigen Zeitzonen den Transport von Menschen und Gütern erneut. Ein Beispiel ist der Bodensee, wo sich fünf Länder berühren. Während die Uhren im österreichischen Bregenz 12.00 Uhr anzeigen, ist es im benachbarten bayerischen Lindau 11.49 Uhr, im württembergischen Friedrichshafen 11.39 Uhr, im badischen Konstanz 11.36 Uhr und im schweizerischen Romanshorn 11.32 Uhr (Abb. 8). Es dauert lange, bis auch dieser Übelstand beseitigt ist. Zwar schlägt bereits im Jahre 1876 der kanadische Eisenbahn-Ingenieur Sandford Fleming vor, die Welt in 24 Zeitzonen aufzuteilen, doch es vergehen acht Jahre, ehe die Internationale Längenkonferenz in Washington den Längengrad des Royal Observatory in Greenwich zum Nullmeridian bestimmt. Und es dauert weitere neun Jahre, ehe das Deutsche Reich auf Druck der Eisenbahngesellschaften die Mitteleuropäische Zeit einführt und damit das Zeitalter der Ortszeit beendet. Seit dem 1. April 1893 richtet sich Mitteleuropa nach dem Meridian von Görlitz. Zuvor hatten die Preußischen Staatsbahnen in Norddeutschland zunächst die Berliner Ortszeit als Standardzeit für ihre Fahrpläne eingeführt, ehe die süddeutschen Bahnen sich für die Mitteleuropäische Zeit als bahninterne Betriebszeit entschie-

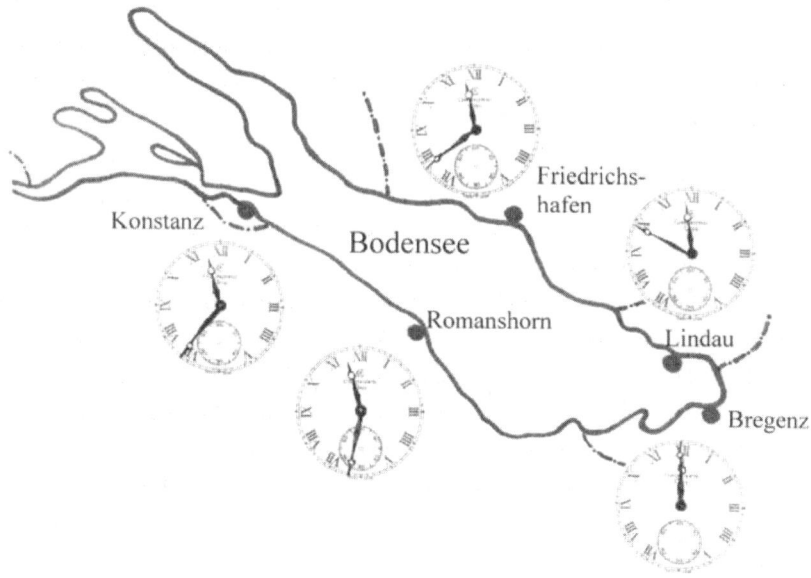

Abbildung 8: Unterschiedliche Länderzeiten am Bodensee im Jahre 1890

den. 1890 entschließt sich auch der Verein deutscher Eisenbahnen zur Übernahme dieser Zonenzeit im internen und seit 1893 auch im äußeren Betrieb, das heißt bei den Fahrplänen und Bahnhofsuhren. Der Reichstag übernimmt noch im selben Jahr die Betriebszeit der Eisenbahngesellschaften und weist per Gesetz die Behörden an, ihre Uhren auf die Mitteleuropäische Zeit umzustellen bei einer Zählung in zwei mal zwölf Stunden. Die Einteilung der Tagesstunden in 24 Einheiten erfolgt erst nach dem Ersten Weltkrieg. Zum Fahrplanwechsel am 15. Mai 1927 führt die Deutsche Reichsbahn die 24-Stunden-Zählung ein, die auch für Post und Wehrmacht verbindlich werden. Bereits 1865 hatten Britisch-Indien und ein Jahr später Kanada die neue Zählung übernommen und als erstes europäisches Land Italien im Jahre 1893. Nahezu gleichzeitig mit Einführung dieser 24-Stunden-Zählung in Deutschland kann nach Einführung des Rundfunks die Bevölkerung ihre Uhren zudem nach den über den Äther ausgestrahlten Zeitzeichen einstellen.[49] Die Eisenbahn wird zur Lokomotive, die den Zug der Zeit auf ein einheitliches Gleis zieht. In Verbindung mit der Beschleunigung der Produktion mit Hilfe der vielen neuen Maschinen und Verfahren sowie der Beschleunigung des Transports mit Hilfe der Dampfkraft zeugt diese Koordinierung der Uhrzeit von der vermehrten Dynamisierung des Lebens.

Konkurrierende Geschwindigkeitsklassen

Bereits vor Mitte des 19. Jahrhunderts rollt die Eisenbahn eindeutig auf der Siegerstraße. Die Investoren orientieren sich zunächst an den für die Schnellpost profitabelsten Verbindungen und verlegen ihre Gleise parallel zu den Chausseen. Jeder kann dort mit eigenen Augen verfolgen, wie die Dampfkraft selbst die schnellsten Pferdekutschen in Geschwindigkeit und Preis weit hinter sich lässt, so etwa auf der Strecke Köln–Aachen. Während es die Schnellpost dort auf eine Durchschnittsgeschwindigkeit von neun Kilometer in der Stunde bringt, fährt die Bahn mit 31 km/h ihrem Ziel entgegen, und während die Fahrt mit der Kutsche 80 Silbergroschen kostet, sind es lediglich 60 in der 1. und 30 Silbergroschen in der 3. Bahnklasse.[50] Für die Post, die bis zum Eisenbahnbau in den meisten Gebieten ein Monopol bei der Personen- und Paketbeförderung besessen hatte, ist die Eisenbahn anfänglich ein Konkurrent, nicht eine neue Transporttechnik, deren sie sich bedienen könnte. Sie stemmt sich zunächst dagegen, möchte nicht überrollt werden und verbündet sich nur zögernd und schrittweise mit dem Schnelleren. Seit 1839 lässt sie ihre Postkutschen auf der Strecke zwischen Berlin und Potsdam mit der Eisenbahn befördern. Während die Reisenden in der 1. Klasse Platz nehmen, wird die Postkutsche auf einen Güterwagen gehoben. Allein diese zeitraubende Prozedur lässt das Experiment bald scheitern. Die Reisenden entscheiden sich gegen den Langsamen und wechseln auf den Parallelstrecken zur Bahn. Als 1837 in Frankreich die Linie Paris–St. Germain eröffnet wird, nehmen innerhalb von 20 Tagen 400 000 Personen den Zug. Die Kutschen hätten zur Bewältigung einer solchen Menschenmasse ein ganzes Jahr benötigt.[51] Nach und nach müssen die Postverwaltungen einige der nur wenige Jahrzehnte zuvor mit großen Hoffnungen eingerichteten Schnellposten wieder aus dem Verkehr ziehen.

Auch die Briefpost nähert sich nur zögernd der Bahn. Zwar weist bereits kurz nach Eröffnung der Ludwigsbahn im Jahre 1835 der Nürnberger Poststallmeister seine Postillione an, die nach Fürth gehenden Felleisen zukünftig mit der Eisenbahn zu befördern, doch ist damit die Frage nach der Zuständigkeit, Organisation und Finanzierung nicht beantwortet. Es geht nicht ohne Verträge zwischen Regierungen, Postverwaltungen und Eisenbahngesellschaften. Zunächst übernehmen mitreisende Postkondukteure die Briefbeutel und übergeben sie dem Personal der lokalen Postämter auf den einzelnen Bahnhöfen. Sie bekommen ein besonderes Abteil in regulären Eisenbahnwagen zugewiesen, seit 1841 auch gesonderte Postwaggons. Die endgültige Beschleunigung des Brieftransports gelingt schließlich durch den schnellen Einsatz von so genannten »Eisenbahn-

Postexpeditionsbureaus« in den Zügen, in denen die Briefe befördert und zusätzlich auch sortiert werden. Das spart Zeit. Diese Bahnpostwagen sind eine Erfindung des Engländers Frederick Karstadt; sie kommen 1838 auf der Strecke zwischen London und Birmingham erstmals zum Einsatz. Belgien folgt 1841 mit seinen »voitures bureaux de poste« und Frankreich im Jahre 1846 mit den »bureaux ambulants«. In Deutschland macht Baden 1848 den Anfang; Preußen, Bayern und andere Länder folgen kurz darauf.[52] Die Beförderungszeit der Briefe kann so auf ein Drittel reduziert werden. Schon 1835 hatten die Postverwaltungen den Eil- oder Expressbrief eingeführt.[53] Dennoch geht nach allgemeinem Verständnis die Post als Verliererin aus diesem Konkurrenzkampf hervor. Sie ist die Schnecke – die Postschnecke, wie Ludwig Börne sich ausdrückt, um den politischen Stillstand während der Restauration zu umschreiben. Auf Henry Alkens Illustration »Past and Present« aus dem Jahre 1859 verrottet das Wrack einer Postkutsche auf dem Misthaufen eines Bauernhofes neben abgestorbenen Bäumen und dient Hühnern und Enten als Unterstand. Währenddessen dampft die Eisenbahn im Hintergrund durch eine blühende Landschaft.[54]

Die Eisenbahn zieht den Verkehr an sich und animiert die Menschen zur Mobilität. Die Zahl der Reisenden nimmt sprunghaft zu, wovon aber auch die Post in Form von Zubringerdiensten profitiert. Um der Nachfrage gerecht zu werden, weitet sie ihr Streckennetz beträchtlich aus. Zusätzlich vergeben die Regierungen vermehrt Konzessionen an private Transportunternehmer. Im Jahre 1841 verzeichnet das preußische Postkursbuch fast 1 400 Postverbindungen: 54 Reit- und 66 Schnellposten, 388 Personenposten, 212 Fahr- und Güterposten, 225 Boten- und 96 Retourposten sowie 354 Karriolposten.[55] 1842 reisen in Preußen 2,1 Millionen Menschen mit der Post, 1860 sind es bereits 3,1 Millionen.[56] Die Eisenbahn verdrängt das unterlegene System der Postkutsche keineswegs; sie fördert im Gegenteil deren weitere Verbreitung, wobei die Postkutsche verschiedene Charakteristika der Bahn übernimmt, vor allem mehr Komfort und eine höhere Geschwindigkeit. Erst der Omnibus wird im 20. Jahrhundert die Postkutsche ablösen.

Niemals zuvor in der Geschichte setzten sich derart viele Menschen in Bewegung. Die Länge des Schienennetzes und die Zahl der Schnellpoststrecken können als hochvalide Indikatoren für die Ausbreitung des »Geschwindigkeitsvirus« genutzt werden; sie zeigen, dass innerhalb kürzester Zeit ein Großteil der Bevölkerung Geschwindigkeit erlebt und mit Geschwindigkeit lebt. Bereits im Jahre 1850 belaufen sich die Leistungen der Eisenbahnen im späteren Deutschen Reich auf 783 Millionen Personenkilometer. Gleichzeitig zählen die österreichischen Bahnen 6,5 Millionen Reisende.[57]

Die Eisenbahn wird in der Mitte des 19. Jahrhunderts zum großen Vermittler des neuen Zeitverständnisses. Sie impft den Menschen Bedeutung und Nutzen von Geschwindigkeit ein, sie demonstriert ihnen die »Schönheit von Geschwindigkeit«, wie die Futuristen ein halbes Jahrhundert später formulieren. Der Ökonom Karl Knies sieht 1853 dagegen an erster Stelle die wirtschaftliche Wirkung der Eisenbahnen: »Der englische Anspruch: Zeit ist Geld, [...] ist gerade durch die Eisenbahnen landläufig geworden. [...] Für den Menschen ist die Zeit Geld, weil er Zeit braucht zur Arbeit, zum Gelderwerb. Wenn ihm deshalb durch eine Beschleunigung des Transportes die Zeit verkürzt wird, welche er zu Fuß oder im Wagen ohne Arbeitsverdienst und Gelderwerb hinbringen muss, so wird ihm die für Gelderwerb anzuwendende Zeit vergrößert.«[58]

Die Fortbewegung per Dampfkraft zieht die Menschen wie magisch an, und an ihr entzünden sich die Phantasien. Sie scheint die ideale Lösung für alle Verkehrsprobleme zu bieten, auch in den schnell wachsenden Metropolen wie London, Paris und Berlin. Ab 1831 baut Walter Hancock auf Gurney einige Dampfwagen und befördert im Mai 1836 in London mit mehreren Dampfomnibussen auf 700 Fahrten rund 13 000 Passagiere. Letztlich aber scheitern diese Experimente. Die ungelenken Dampfomnibusse bewähren sich nicht, sie ruinieren die Straßen und verstopfen sie zusätzlich.[59] Erfolgreicher sind die auf Eisenschienen rollenden Pferdebahnen, obwohl sie sich nach dem Geschmack der neuen Zeit viel zu langsam bewegen. Hier kann nur die Eisenbahn helfen, die im innerstädtischen Verkehr geradezu in neue Dimensionen vordringt. Die Stadtbaumeister reservieren für sie den städtischen Untergrund und lassen ein System von Röhren graben, durch das sie alsbald als U-Bahn hindurchgeschossen wird. Ihr Streckennetz dient seitdem den temporeichen Städten geradezu als Fundament. London macht 1863 den Anfang, nachdem eine Gruppe von Kaufleuten bereits 1854 die »Metropolitan Railway Company« zum Bau und Betrieb dieser ersten Metro gegründet hatte.[60] Berlin dagegen hebt die Eisenbahn geradezu aufs Podest, indem sich die Stadt 1874 zum Bau einer Hochbahn entscheidet; 1902 kommt die U-Bahn hinzu.[61] Unmittelbar nach dem Ersten Weltkrieg wird Arthur Eloesser die Benutzer dieser Untergrundbahnen als ausgesprochen moderne, versachlichte Menschen beschreiben, die dieses schnellste innerstädtische Verkehrsmittel benutzen, »um Schnelligkeit in ihrer verdünntesten Abstraktheit zu empfinden; dem Briefe in der Rohrpost dürfte nicht sachlicher zumute sein«.[62] Obwohl sich die U-Bahn als schnellstes innerstädtisches Massenverkehrsmittel bestens bewährt, geben sich die Ingenieure damit nicht zufrieden. Bereits um 1860 verwirklicht Eugène Flachat in Saint-Germain sein Projekt eines pneumatischen

Zuges. Er räumt diesen Zügen sogar die Luft aus dem Weg, damit sie ohne größeren Widerstand Fahrt aufnehmen können.[63]

Fast gleichzeitig beschleunigt und erleichtert die Dampfkraft auch den Transport in der Vertikalen. Seit etwa 1835 dienen Dampfmaschinen in Lagerhäusern und Fabriken zum Antrieb von Lastenaufzügen. Als schließlich Anfang der 1850er Jahre der amerikanische Ingenieur Elisha Graves Otis im New Yorker Crystal Palace eine mechanisch arbeitende Absturzsicherung vorstellt, ist der Weg auch für den Personenaufzug frei – und für den Wolkenkratzer. 1857 installiert Otis seinen ersten Personenaufzug in einem fünfstöckigen New Yorker Kaufhaus am Broadway. Noch gewinnen die Menschen mit 0,7 km/h nur sehr langsam an Höhe, aber die neue Technik verkürzt die Transportwege, da sie das Zickzack der Treppenverläufe wie ein Projektil durchschlägt.[64] Die Aufzüge gehören ebenso wie Straßen, Brücken und Tunnel zu jenen Nervenbahnen, welche die Städte durchziehen, eine permanente Mobilität ermöglichen und diese zu Geschwindigkeitsmagneten werden lassen.

Dampfkraft auf den Flüssen

Fast in der gesamten Wirtschaft erweist sich die Dampfkraft im frühen 19. Jahrhundert als Alleskönner. Neben dem Überlandtransport beschleunigt sie auch den Personen- und Gütertransport über das Wasser. Noch bevor sie auf den Schienenwegen anrollt, lässt sie bereits auf Wasserstraßen die Segel- und Schleppschiffe als träge und zurückgeblieben erscheinen. Zwar können Napoleon I. und sein Minister Carnot dem ersten Dampfboot des Amerikaners Robert Fulton, das 1803 mit der Geschwindigkeit eines eiligen Fußgängers in Paris die Seine aufwärts fährt, noch nichts abgewinnen, doch als Fulton im August 1807 sein zweites, 40 Meter langes Dampfschiff mit dem Namen »North River Steamboat of Clermont« in seiner Heimat auf dem Hudson-River auf Fahrt schickt, ist der Durchbruch gelungen. Fulton gibt anschließend zu Protokoll: »Ich überholte viele Schaluppen (Sloops) und Schuner und fuhr an ihnen vorüber, als lägen sie vor Anker.« Die Zeitungen berichten von dem »Ungeheuer, das Wind und Flut Trotz bot und Flammen und Rauch von sich blies«.[65] Damit beginnt die eigentliche Geschichte der Dampfschifffahrt. In den Jahren 1808 bis 1816 werden nach Robert Fultons Plänen 16 Dampfschiffe gebaut und auf dem Hudson, Mississippi und Potomac sowie für den Fährbetrieb in New York eingesetzt.[66] Bald findet auch Europa Gefallen. 1816 ist das erste Dampfschiff auf

dem Rhein von Rotterdam nach Frankfurt mit noch nie gesehener Geschwindigkeit unterwegs, dass die Kölner Zeitung voller Bewunderung von diesem »Wun-
derschiff« berichtet, es fahre »bei der jetzigen starken Wasserhöhe gegen die heftigste Strömung schneller herauf, als es von Pferden gezogen werden könnte«.[67]
Geschwindigkeit fasziniert.

1830 verkehren erst zwölf Dampfschiffe auf dem Rhein; nach 1835 und vor
allem seit Mitte der vierziger Jahre steigt ihre Anzahl sprunghaft an. Daran haben die kurz zuvor an den europäischen Wasserstraßen gegründeten Dampf-
schifffahrtsgesellschaften einen erheblichen Anteil. Sie revolutionieren alsbald
den Personen- und Gütertransport; sie beschleunigen ihn. 1826 eröffnet auf Initiative der beiden Kölner Kaufleute Peter Heinrich Merkens und Bernhard Boisse-
rée die »Preußisch-Rheinische Dampfschifffahrtsgesellschaft« und 1829 in Wien
die »Donaudampfschifffahrtsgesellschaft«. Weitere folgen an Elbe, Weser und
Oder. Sie lassen die Personenbeförderung geradezu explodieren. 1827 werden
auf dem Rhein zwischen Köln und Mainz knapp 20 000 Personen befördert, Ende der dreißiger Jahre sind es bereits über 600 000 pro Jahr. Mit der zunehmenden Schnelligkeit der Schiffe sinken die Transportkosten. Die ersten Dampfer
benötigen für die Bergfahrt von Köln nach Mainz lediglich 22 Stunden.[68]

Auch der Warentransport verlässt die Kriechspur. 1841 gründet Ludolf
Camphausen in Köln eine Gesellschaft, die mit Dampfschleppern und Lastkäh-
nen den Güterverkehr in die Beschleunigungsrevolution integriert. 1843 kauft
Mathias Stinnes, der seit 1808 mit großem Erfolg im Kohlenhandel und seit 1839
auch im Bergbau aktiv ist, seinen ersten mit Dampf angetriebenen Lastkahn. Die
alten, vom Ufer aus gezogenen Kähne haben ausgedient; nur die größeren werden für einige Zeit noch von Dampfschleppern ans Schlepptau genommen. Ein
Konflikt zwischen den beiden Geschwindigkeitsklassen kann nicht ausbleiben.
1848 versuchen sich die vielen Treidler, die mit den »Remorqueuren« nicht mehr
Schritt halten können, als Maschinenstürmer. Sie schreien und schreiben gegen
das häufige und rasche Fahren, gegen die Großunternehmen und größeren Schiffe, gegen die eisernen Schleppdampfer und überhaupt gegen alle technischen
Neuerungen an.[69] Sie sehen sich in ihrer Existenz bedroht und wollen die Zeit
aufhalten.[70] Sie scheitern alsbald und müssen mit hängenden Armen zusehen,
wie die schnellen Maschinen die langsamen Menschen verdrängen.

Auch die Binnenschifffahrt verdeutlicht, wie im frühen 19. Jahrhundert überall traditionelle Geschwindigkeitsverbote gegen neue Schnelligkeitsgebote aus-
getauscht werden, damit die eisernen Beschleunigungsmaschinen Fahrt aufnehmen können. Im Jahre 1831 fallen mit der Rheinschifffahrtsakte die alten brem-
senden Zölle, Stapelrechte und Frachtmonopole, und die Freiheit der Schifffahrt

wird hergestellt. Die Begradigung des Oberrheins und anderer Flüsse zähmt die wilden Flussläufe und verwandelt sie in schnelle Wasserstraßen. Johann Gottfried Tulla verkürzt nach 1817 den Oberrhein zwischen Basel und Mannheim um 80 Kilometer, und die Behörden lassen bremsende »Schlaglöcher« beseitigen, so das berüchtigte Binger Loch, dessen gefährliche Klippen 1832 gesprengt werden, um die Fahrrinne von neun auf über 23 Meter zu verbreitern. Gleichzeitig rücken auf verschiedenen Flüssen die Bagger an und machen sie schiffbar, unter anderen die Ruhr und die Lippe: Das Dampfboot soll seine Geschwindigkeit voll ausspielen können. Gerade der Handel hatte schon seit Jahrzehnten immer wieder auf die Bedeutung schneller Transportrouten und schneller Transportmittel hingewiesen, so in den 1820er Jahren der vom industriellen Aufschwung profitierende Mülheimer Kohlenhändler Mathias Stinnes: »Ein Haupthindernis für die Rheinschifffahrt zu Berg ist unstreitig das kostspielige, langsame und öfteren Unterbrechungen unterliegende Schleppen der Schiffe mittels Pferde. Der Pferdelohn ist ungemein hoch, der Verschleiß an Tauwerk exorbitant. Wenn der Rhein wächst und den Leinpfad erreicht, liegt das Geschäft still. Diesen Übelständen ist durch die Anwendung von Schleppdampfern abzuhelfen.«[71]

Noch vor den Eisenbahnen tauchen die Dampfboote überall auf den großen europäischen und nordamerikanischen Flüssen und entlang der Küsten auf. Sie werden zunächst mit Hilfe von Schaufelrädern angetrieben, die jedoch bei hohem Wellengang ins Leere greifen, die Räder mit hoher Geschwindigkeit durchdrehen lassen und die Getriebe der Dampfmaschinen zerstören. Auch reißen sie bei einem Sturm leicht ab. Schon früh suchen die Ingenieure daher nach einem unter Wasser liegenden Antrieb. 1829 wird die Schiffsschraube in Triest erstmals für den Antrieb eines kleinen Dampfbootes eingesetzt, und 1836 nehmen der Brite F. Pettit Smith und der schwedische Ingenieur John Ericsson darauf ein Patent. Auf den Britischen Inseln kommt das erste Schraubenschiff 1844 beim Kohlentransport in der Küstenschifffahrt zum Einsatz. Solche bald fahrplanmäßig verkehrenden Kähne benötigen mit ihrer Ladung von 1 650 Tonnen Kohle nur noch fünf Tage von Newcastle nach London und zurück einschließlich der Entladung mit hydraulischen Hilfen. Dagegen ist eine weiterhin eingesetzte zweimastige Kohlenbrigg mit der halben Frachtmenge einen ganzen Monat unterwegs. Allein zum Entladen ihrer geringeren Fracht auf Leichter benötigt eine achtköpfige Mannschaft 15 Tage.[72] Fortan läuft alles unter Volldampf ab – der Transport, das Be- und das Entladen.

Dampfkraft auf den Meeren

Weniger schnell erobert sich die Dampfkraft das offene Meer. Um Dampfschiffe hochseetüchtig zu machen, reicht der Einbau einer starken Dampfmaschine allein nicht aus. Zuvor sind einige technische Probleme zu lösen, die den Ingenieuren viel abverlangen. Wegen der langen Überfahrt müssen sie den Wirkungsgrad der Maschinen erhöhen, um mit weniger Kohlen auszukommen. Auch müssen sie einen hochseetüchtigen Antrieb entwickeln und einen diesem angepassten Schiffskörper aus Eisen. 1819 überquert die »Savannah« als erster Raddampfer den Atlantik und benötigt von Savannah in Georgia bis Liverpool 26 Tage; das ist rund eine Woche weniger, als die meisten Segelschiffe für die kürzere Strecke von der Südspitze Englands bis Halifax benötigen. Doch die »Savannah« ist ein Zwitter: ein Segler mit aufgepfropfter Dampfmaschine, die zwei einfache Schaufelräder antreibt. Während ihrer Atlantiküberquerung hat sie acht Tage lang die Segel gesetzt. Sie verfügt nicht über genügend Laderaum, um für dreieinhalb Wochen Brennmaterial zu bunkern. 1833 dampft die »Royal William« erstmals nur mit Dampfkraft in 25 Tagen über den Atlantik. 1838 folgen die britischen Dampfer »Sirius« und »Great Western«, die von Bristol nach New York 20 Tage unterwegs sind. Auch sie benützen noch Schaufelräder als Antrieb. Die von dem innovativen Ingenieur Isambard Kingdom Brunel entworfene »Great Western« ist dreimal so groß wie die bisherigen Dampfschiffe, und ihre Dampfmaschine ist doppelt so stark wie die bislang stärkste. Ihre Holzkonstruktion ist jedoch für die in ihr wirkenden Kräfte zu schwach, sodass der Schiffsrumpf mit eisernen Bändern verstärkt werden muss.[73]

Auch die »Great Western« ist nur eine Zwischenlösung. Der eigentliche Durchbruch gelingt erst mit dem Bau der 1845 vom Stapel gelaufenen »Great Britain«, ein wiederum von I. K. Brunel entworfener 98 Meter langer Schraubendampfer mit Eisenrumpf. Sie trumpft groß auf und bietet Platz für 360 Passagiere gegenüber nur 148 auf der »Great Western«. Auch sind ihre Betriebskosten relativ gering, trotz ihrer für die Zeit recht hohen Dauergeschwindigkeit von neun Knoten. Im Jahre 1912 wird die Geschwindigkeit der »Titanic«, als sie mitten im Geschwindigkeitsrausch abrupt von einem Eisberg gestoppt wird, bereits 21 Knoten betragen. Bis dahin haben die Ingenieure noch sehr viel Entwicklungsarbeit zu leisten. Doch bereits auf der »Great Britain« ist die Geschwindigkeit das alles dominierende Element. Während die Dampfmaschinen auf den Raddampfern mit 30 Umdrehungen in der Minute laufen, benötigt die Schiffsschraube 100 bis 120 Umdrehungen, was eine Verdoppelung der Kolbengeschwindigkeit erfordert. Für die Reederei ist letztlich entscheidend, dass ihr

Schiff bereits nach 15 Tagen in den Hafen von New York einläuft. Gerade die Auswanderer, die auf den Seglern oft mehr als einen Monat in qualvoller Enge im Zwischendeck ausharren müssen, wissen diese Verkürzung der Überfahrt zu schätzen. Noch aber zögern die Investoren. Sie halten die neue Technik nicht für ausgereift und glauben auch nicht an die Rentabilität des neuen Schiffstyps. Erst als 1850 die »City of Glasgow« mit 400 Passagieren an Deck im New Yorker Hafen festmacht und dabei noch Gewinn einfährt, sind die letzten Zweifler überzeugt. Ein Bauboom für solche Schiffe setzt ein.

Nachdem der Ingenieur I. K. Brunel mit der »Great Western« erfolgreich in eine neue Größenordnung vorgestoßen ist, wagt er sich umgehend an ganz neue, bis dahin als unvorstellbar geltende Dimensionen heran. Sein neues Riesenschiff soll nicht nur zwei- oder dreitausend Registertonnen erhalten, sondern 19 000. Nach seinen Berechnungen könnte dieser Gigant mit einem großen Kohlenvorrat an Bord selbst die Klipper auf der Australien-Route weit hinter sich lassen. Als die »Leviathan« 1852 auf Kiel gelegt wird, misst das Schiff 210 Meter in der Länge und 25,3 Meter in der Breite. Zwei getrennte Maschinensysteme mit jeweils 3 410 beziehungsweise 4 890 Pferdestärken bringen die beiden Seitenräder und die Schiffsschraube auf Touren. Doch bereits der Stapellauf im Jahre 1857 misslingt, ein Arbeiter wird von einer durchdrehenden Winsch getötet, und schließlich verzögert ein Brand die Fertigstellung. Der Aufbruch in ganz neue Größen- und Geschwindigkeits-Dimensionen endet für die Eigner im finanziellen Desaster. Auch die Namensänderung von »Leviathan« – dem Chaosdrachen der Urzeit – in »Great Eastern« hilft wenig. Nirgendwo steht ausreichend Ladung zur Verfügung, und die Hilfsmaschinerie in den Häfen wie in den Frachtkontoren ist nicht auf ein solches Schiff eingestellt. Zwar bejubelt eine Riesenmenge Schaulustiger dieses im September 1859 in Dienst gestellte größte Schiff der Welt bei seiner Ankunft im Hafen von New York und die Presse würdigt es als Werk englischer Ingenieurskunst, doch reißt die lange Serie von Defekten nicht ab, an den Schaufelrädern zumal. Als Passagierschiff erweist sich die »Great Eastern« als unbrauchbar. Dennoch kommt sie zu Ruhm. Als Jahre später die ersten Telegrafenkabel zwischen dem Alten und dem Neuen Kontinent verlegt werden, verfügt sie allein über genügend Laderaum, das vollständige Atlantikkabel aufzunehmen. 3 200 Kilometer Kabel finden in ihrem Rumpf Platz (Abb. 9).[74]

Die vom Wind unabhängigen Dampfschiffe ermöglichen erstmals die Einrichtung eines transatlantischen Linienverkehrs. Im Jahre 1840 schließt die englische Regierung mit dem amerikanischen Reeder Samuel Cunard einen Vertrag, in welchem sich dieser verpflichtet, gegen Gewährung einer jährlichen Subventi-

Abbildung 9: »Great Eastern« als Kabelleger im Jahre 1865/66[75]

on von 65 000 Pfund Sterling eine monatlich einmal verkehrende, regelmäßige Dampfschiffsverbindung zwischen Liverpool und Boston zu unterhalten. Zunächst besteht die britische Post auf dem Einsatz hölzerner Raddampfer. Erst 1862 gibt sie Cunard die Erlaubnis zum Einsatz eines eisernen Schraubendampfers.[76] Auf amerikanischer Seite ist es gleichzeitig Edward Knights Collins, der mit Unterstützung der amerikanischen Postverwaltung den Linienverkehr über den Atlantik aufnimmt. Es beginnt ein mit aller Härte geführter Wettlauf um die Gunst der Passagiere. Beide Konkurrenten wollen durch Pünktlichkeit und Schnelligkeit Wettbewerbsvorteile erringen, wobei Collins in punkto Schnelligkeit und Passagierzahlen eindeutig in Führung geht. Als er weiter aufs Tempo drückt, kommt es zur Katastrophe. Am 27. September 1854 kollidiert sein Luxusliner »Arctic« in dichtem Nebel mit einem kleinen französischen Dampfer, und über 300 Menschen finden den Tod, darunter Collins Frau, Sohn und Tochter. Im Januar 1856 verschwindet ein weiterer Passagierdampfer von E. K. Collins, die »Pacific«, während einer Wettfahrt mit einem Schiff der Cunard-Linie spurlos im Atlantik. Alles spricht für eine Kollision mit einem Eisberg. Collins gerät in rote Zahlen, und 1858 muss sein Unternehmen liquidieren.[77] Wie noch niemals in der Geschichte zuvor wird klar, dass Geschwindigkeit Opfer fordert. Es sollen nicht die letzten sein.

Trotz solcher Tragödien gehen die Rennen, an denen sich Dampfer und Segler beteiligen, weiter, und immer öfter segeln die Repräsentanten der vorindustriellen Zeit hinterher. Einzig im Ostasiengeschäft, bei dem der Warentransport
im Vordergrund steht, können sich die vielen schnellen Klipper gegen die koh-
lengefräßigen Dampfschiffe noch relativ lange behaupten. Nach ersten unbefrie-
digend verlaufen Fahrten glänzt aber auch hier der Dampfantrieb durch spektakuläre Einzelleistungen, die jedoch noch keinen Linienverkehr zulassen. Gleichzeitig wollen die Briten endlich weg von der unendlich langen und gefährlichen
Kap-Route und versuchen über Ägypten schneller nach Indien zu gelangen. Das
windarme Rote Meer und der Golf von Suez sowie die starken Monsunwinde aus
Südwest zwischen Juni und September haben auf dieser Strecke den Einsatz von
Segelschiffen schon immer zum Problem gemacht. Anfang der 1830er Jahre laufen die ersten ermutigenden Versuche mit Dampfschiffen auf der Strecke zwischen Bombay und Suez. Seit 1835 transportieren Kamelkarawanen Kohle von
Alexandria nach Suez, und im folgenden Jahr beginnen die Inhaber des »British
Hotel« in Kairo, Reisende, Gepäck und Waren auf dem Landweg nach Suez zu
bringen, und errichten dort ein weiteres Hotel und fünf Raststationen in der Wüste. 1836 legt ein Dampfsegelschiff die Route London–Bombay in 75 statt der üblichen 110 Tage zurück. 1839 wird auch in Aden eine Kohlestation eingerichtet.
Ein Jahr zuvor hatte die englische Ostindien-Kompagnie die Umstellung von Se-
gel- auf eiserne Dampfschiffe beschlossen; ab 1851 nutzt sie auf den Strecken
östlich von Suez nur noch die neuen Schraubendampfer. Seit 1849 sorgt eine
neue, nach der Methode von McAdam gebaute Chaussee von Alexandria nach
Suez für eine weitere Beschleunigung des Überlandverkehrs, seit 1856 zusätzlich
die Eisenbahnlinie von Alexandria nach Kairo.[78]

Etwa 1860 haben schließlich die Ingenieure den Kohleverbrauch der Ver-
bundmaschine so weit reduziert, dass sich die Einrichtung eines Linienverkehrs
und der Einsatz von Schnelldampfern lohnen. Damit setzt auch die Trennung des
schnelleren Personenverkehrs vom Güterverkehr ein, ebenso die Trennung des
allgemeinen Güterverkehrs vom schnelleren Spezialgutverkehr.[79] Einige Jahre
können die Klipper vor allem im Teegeschäft noch mithalten. Aber mit der Eröffnung des Suez-Kanals im Jahre 1869, den die Klipper wegen des fehlenden
Windes im Roten Meer nicht nützen können, fährt auch auf dieser Route der
Dampfer an die Spitze. 1869 importieren die Engländer erst 14 Prozent aller Waren aus China per Dampfer; vier Jahre später sind es bereits 70 Prozent. Letztlich
gibt auch hier die Geschwindigkeit den Ausschlag: Die neuen Dampfer halbieren
die durchschnittliche Reisezeit der Klipper.[80]

Noch versuchen die Segler dagegenzuhalten und mobilisieren auf hoher See sowie beim Laden und Löschen die letzten Geschwindigkeitsreserven. Ihre Kapitäne sind gehalten, härter zu segeln und nur noch in Ausnahmefällen bei stürmischem Wind in einem Hafen oder vor einer Leeküste Schutz zu suchen. Sehr viel öfter als zuvor gehen sie gegen Ende des Jahrhunderts auch im Winter auf Fahrt. Die Arbeit an Bord wird intensiviert. 1854 verfügt eine hölzerne Viermastbark von 3 000 Tonnen Ladegewicht über eine Besatzung von 115 Mann, zur Jahrhundertwende muss ein Schiff von gleicher Abmessung mit 32 Mann auskommen, obwohl das Ladegewicht aufgrund neuer Baumaterialien inzwischen 4 500 Tonnen beträgt. Dies alles ist nur möglich durch den Einsatz neuer Technik, unter anderem durch den Einbau von Brasswinden, mit denen alle Rahen eines Mastes sich auf einmal bewegen lassen. Zugleich gelingt es, die Liegezeiten durch den Einsatz von Dampfkränen und Schauermännern zu reduzieren. Die Segler ziehen letztendlich auch Nutzen aus der konkurrierenden Technologie, indem sie sich in den Häfen beim Ein- und Auslaufen der Hilfe von Dampfschleppern bedienen. Im Jahre 1846 benötigt das Segelschiff »Louise und Emilie« für die Strecke von Hamburg nach Cuxhaven 20 Tage, fortan ist das offene Meer in einem Tag erreicht.[81] Dennoch reicht die Mobilisierung dieser letzten Beschleunigungsreserven nicht aus. Die Segler sind im Vergleich zu den Dampfschiffen zu langsam, obwohl sie so schnell sind wie niemals zuvor.

Auch die Militärs nutzen die Geschwindigkeitsexplosion auf dem Wasser für ihre Zwecke. Bereits im Jahre 1814 war in Nordamerika das erste mit Dampf betriebene Kriegsschiff, die von Robert Fulton entworfene und finanzierte »Fulton the First«, vom Stapel gelaufen, doch hatte dieses schwimmende Ungeheuer die Fachleute eher in ihrer Skepsis gegenüber dem neuen Antrieb bestärkt. Vor allem die englische Kriegsmarine verwies zu Recht auf die Pannenanfälligkeit und Verwundbarkeit der auf dem Oberdeck montierten Dampfmaschine und der großen, leicht zu treffenden Schaufelräder. Das Interesse der Marine am dampfgetriebenen Kriegsschiff wird erstmals mit der Entwicklung des Schraubenantriebs geweckt, der einen vor direktem Beschuss geschützten Einbau der Dampfmaschine unter der Wasserlinie sowie deutlich höhere Geschwindigkeiten erlaubt. Aber erst die systematische Kombination von Eisen und Dampf, diesen beiden zentralen Elementen des Industriezeitalters, läutet eine neue Ära ein. Als zur Jahrhundertmitte die modernen, mit ihren gezogenen Läufen sehr viel zielgenaueren Bordkanonen nicht mehr nur massive Eisenkugeln verschießen, sondern beim Aufprall explodierende Granaten, kündigt sich das Ende der hölzernen Segelschiffe an. Unter dem Beschuss der neuen Waffen brennen diese binnen Minuten lichterloh. Die Ablösung des hölzernen durch das eiserne Kriegsschiff beginnt, als die Franzosen 1853 im Krimkrieg gegen die russische Festung Kinburn mit gepanzerten »Schildkröten-Schiffen« anrücken, denen die Küstenbatterien nichts anhaben können. Als schließlich der französische Ingenieur Charles Dupuy de Lôme im Jahre 1859 mit der »Gloire« die erste hochseetaugliche Panzerfregatte der Welt baut – ein über der Wasserlinie gepanzerter Segler mit zusätzlichem Dampfantrieb –, legen die Briten umgehend die »Warrior« auf Kiel. Diese »Schwarze Schlange«, wie Napoleon III. sie nennt, wird zwei Jahre später in Dienst gestellt und ist deutlich größer als die »Gloire«. Sie ist ein hundertprozentiges Produkt des Industriezeitalters: ganz aus Eisen und schneller als jedes andere Kriegsschiff. Angetrieben von der besten auf dem Markt befindlichen Dampfmaschine mit mehr als 5 000 PS erreicht sie eine Spitzengeschwindigkeit von 14,5 Knoten. Bewaffnet ist sie mit modernsten Hinterladergeschützen, die ein schnellstmögliches Laden erlauben. Kurz darauf bringt John Ericsson beim Bau des von ihm entworfenen und im amerikanischen Bürgerkrieg zu einiger Berühmtheit gelangten Panzerschiffs »Monitor« ein zusätzliches Beschleunigungselement ein. Die »Monitor« verfügt erstmals über einen drehbaren Geschützturm, der das zeitaufwändige und gefährliche Wenden der Kriegsschiffe überflüssig macht, um eine Breitseite abfeuern zu können. Anfang der 1860er Jahre müssen die Segelschiffe zum Abwracken, und das Zeitalter der eisernen Schlachtschiffe beginnt.[82]

Trotz der inzwischen sehr leistungsstarken Dampfmaschinen sind auch diese neuen Schlachtschiffe den Militärs noch immer viel zu langsam. Charles A. Parsons, der Erfinder der Dampfturbine, experimentiert seit Mitte der 1880er Jahre mit der Turbine als Schiffsantrieb. Er ist von dem Gedanken besessen, das schnellste Schiff der Welt bauen. Zunächst gelingt es ihm aber trotz einer steten Erhöhung der Drehzahlen nicht, mit dem herkömmlichen Ein-Propeller-Antrieb über bestimmte Geschwindigkeitsgrenzen hinauszukommen. Erst nach Einbau von drei Antriebswellen, auf denen jeweils drei Propeller montiert sind, stößt er in neue Geschwindigkeitsdimensionen vor. Vor den Augen der gekrönten Häupter Europas, die 1897 zur alljährlich stattfindenden Flottenparade im englischen Portsmouth zusammengekommen sind, schießt er in einem spektakulären Coup an Bord seiner »Turbinia« mit einer nie gesehenen Geschwindigkeit von 40 Knoten – gleich 74 km/h – durch die in Reih und Glied aufgestellten Schlachtschiffe. Trotz aller Proteste gegen diese protokollwidrige Demonstration der Geschwindigkeit reißen sich die Militärs sofort um das Patent von Parsons.

Neben der Marine machen sich die Postverwaltungen die Beschleunigung des Transports mit Hilfe von Dampf und Dampfschiffen zu Nutze. Bereits im frühen 17. Jahrhundert waren spezielle Postschiffe, so genannte Paketboote, zur Beförderung von Briefen und Paketen vor allem nach Amerika eingesetzt worden. Auch die Briefpost in den Fernen Osten war bis Ende des 18. Jahrhunderts zunächst an Bord eines Schiffes um Afrika herumgesegelt, um ihr Ziel nach fünf bis acht Monaten zu erreichen. Je nach Monsunlage im Indischen Ozean konnten so zwei Jahre vergehen, bis der Absender in London eine Antwort in Händen hielt.[83] Daher hatten die Briten immer wieder versucht, durch Nutzung des Landweges von Kleinasien über das Euphrattal und Basra zum Persischen Meerbusen schneller zum Ziel zu gelangen, doch erwies sich diese Route nicht als lebensfähig. 1801 gelang es den beiden Briten Oberst Cappèr und Colonel Taylor, für die britisch-indische Post den kürzeren Weg über den Isthmus von Suez zu öffnen. Seit 1834 führte nach dem Bau von Schnellpostlinien die schnellste Postverbindung auf Veranlassung von Thomas Fletcher Waghorn, dem Inhaber von Agenturen für Dampfboote in Ägypten, von London per Schiff nach Calais, von dort mit der Postkutsche nach Paris und Marseille, wo ein Dampfboot den Weitertransport über Malta nach Alexandria übernahm. Von dort ging es mit Hilfe von Treidelschiffen weiter über den Nil nach Kairo sowie mit Eilwagen und Pferdewechseln nach Suez. Für den letzten Abschnitt wurde ein Segelschiff von Suez über Aden nach Bombay eingesetzt. Die alternative und etwas schnellere Route durch Deutschland nach Triest wurde seltener genutzt. 1839 benötigten Staatsschreiben von London nach Bombay in der Regel 35 Tage, doch waren die Laufzeiten weiterhin nur ungefähr abzuschätzen.[84]

Erst die Liniendampfer der zweiten Hälfte des 19. Jahrhunderts ermöglichen einen fahrplanmäßigen Brief- und Paketverkehr. Die 1856 gebaute Eisenbahnlinie zwischen Alexandria, Kairo und Suez sowie die Eisenbahnlinien in Kontinentaleuropa sorgen für eine weitere Beschleunigung. Fortan betragen die Laufzeiten der Post von London nach Ceylon nur noch 29 Tage. Der 1869 eröffnete Suez-Kanal verkürzt sie weiter, ebenso der Ende 1871 eröffnete Mont-Cenis-Eisenbahntunnel, der allein eine Zeitersparnis von 24 Stunden bringt.[85] Die nach China und Australien gehende Post wird in Bombay per Bahn nach Kalkutta gebracht, um von dort per Linienschiff ihre Bestimmungsorte zu erreichen.[86] Die Postverwaltungen sind so in der Lage, die verschiedenen Verkehrsträger zu einer weltweiten Infrastruktur, zu einer Weltpost zu vernetzen und den länderübergreifenden Briefverkehr weiter zu beschleunigen. Sie schließen mit den Schifffahrtsgesellschaften Postbeförderungsverträge ab, in Deutschland mit dem »Norddeutschen Lloyd« und der konkurrierenden »Hamburg-Amerikanische Paketfahrt-Aktiengesellschaft« – kurz: HAPAG. Um den Postverkehr noch schneller abzuwickeln, werden analog zur Bahnpost seit 1891 Seeposten an Bord der zwischen Deutschland und den Vereinigten Staaten verkehrenden Schnelldampfer eingerichtet. Die Zahl der dem Weltpostverkehr angeschlossenen Dampfschifflinien steigt kontinuierlich an. 1881 sind es 82, ein Jahr vor der Jahrhundertwende bereits 190 und 234 im Jahre 1907.[87] Diese Linien konkurrieren miteinander, und in diesem Konkurrenzkampf trennt wiederum die Geschwindigkeit Gewinner und Verlierer. Bereits 1883 beklagt im »Brockhaus« der Verfasser des Artikels »Dampfschiffahrt« dieses »Wettreisen« als »verwerflich«, und merkt mit unverkennbarem Kopfschütteln an: »Neuerdings will man die Fahrt über den Atlantischen Ocean sogar auf fünf Tage einschränken.«[88] Über die gesamte Welt legt sich ein immer dichter und schneller werdendes Verkehrsnetz, das auch als Kommunikationsnetz genutzt wird.

Zusammenfassung

Die Welt verengt sich, und der Raum wird kleiner, komprimierter. Weite und Ferne verschwinden, Nähe und Erreichbarkeit sind das eigentliche Ziel. Die Welt rückt näher zusammen, weil die Distanzen schneller, in deutlich kürzerer Zeit überwunden werden können. Reisen heißt immer weniger, sich durch den Raum zu mühen und gegen die topografischen Gegebenheiten anzukämpfen, Reisen heißt immer öfter, sich durch die Zeit zu bewegen und zwar mit zunehmender Geschwindigkeit. Die Bewegungen im Raum, die in vorindustrieller Zeit mit Muskelkraft und Wind erfolgten, geschehen nun mit Dampfkraft und auch bereits mit Elektrizität.[89] Die Beschleunigung dieser Bewegungen lässt eine neue Form der Nähe entstehen. Bis zu Beginn des Industriezeitalters war die unmittelbare Nähe vorherrschend gewesen, also die überblickbare Nähe, so Paul Virilio. Nähe definierte sich als räumliche Kurzdistanz, die mühelos im Gehen überbrückt werden konnte: der Weg zum nächsten Dorf oder zur nächsten Stadt. Mit Schnellpost und Eisenbahn kommt die mechanische Nähe hinzu – in derselben Zeit sind mit Hilfe von Dampflokomotive und Dampfschiff sehr viel weiter entfernte Orte zu erreichen. Das beginnende Telegrafenwesen kreiert zusätzlich die elektromagnetische Nähe, die sogar weit entfernte Kontinente zusammenrücken lässt.[90] An diesen neuen Nähen haben immer mehr Menschen Anteil. Während die von den frühen Postlinien ermöglichten Annäherungen nur relativ wenigen Menschen zugute kamen, ermöglichen die schnell dichter werdenden Bahnnetze eine Demokratisierung der mechanischen Nähe.

Welche Bedeutung aber besitzt die Transportrevolution der ersten Hälfte des 19. Jahrhunderts für die Beschleunigung des Lebens? Sie ist zwar nur ein Bereich unter vielen, der nach der napoleonischen Zeit vom Tempo-Virus befallen wird, aber hier spielen sich die spektakulärsten Szenen in diesen in vielfacher Hinsicht revolutionären Zeiten ab. Überall sind Reformen angesagt, die unter dem Signum der Freiheit ablaufen. Überall werden Hindernisse aus dem Weg geräumt und Bremsen gelockert, um Stagnation und Passivität zu beseitigen und Beweglichkeit wie Beschleunigung zur Norm zu erheben. Die Reformen schaffen die Voraussetzungen für eine mobile Leistungs-, Berufs- und Marktgesellschaft; sie schaffen wesentliche Rahmenbedingungen für die Industrialisierung. In der ersten Hälfte des 19. Jahrhunderts machen Reformbeamten wie die Staatsräte Beuth und Kunth in Preußen oder Nebenius in Baden die Weckung von privater Initiative, Unternehmergeist und Risikobereitschaft zu ihrem politischen Imperativ, sie fördern Mobilität, Produktivität und Konkurrenz sowie die »Erziehung zur Industrie« und zur Maschine. Sie wenden sich gegen die sentimentale Ideologisierung der Tradition, gegen Phantasien vom Glück der Heimspinner im trauten Heim und von der Poesie der Postkutschenreise durch grüne Täler. Sie machen sich stark für den Aufbau eines technischen Bildungswesens mit Gewerbeschulen, Polytechnika und Technischen Hochschulen, in denen die Eleven nicht in den Techniken der vorindustriellen Langsamkeit unterrichtet werden, sondern in den wissenschaftlichen Erkenntnissen und Techniken der »schnellen« Chemie und der schnell laufenden Maschinen, der beschleunigten Verfahren und der Tempo machenden Energiequellen.

Einzelne höchst unterschiedliche Kräfte tragen auf unterschiedlichen Terrains zu dieser allgemeinen Beschleunigung bei. Dazu gehören auch Banken, Versicherungen und Aktiengesellschaften, die den Geldkreislauf auf Touren bringen, die dafür sorgen, dass Geld nicht länger unter Kopfkissen oder in verschlossenen Truhen untätig ruht, sondern möglichst schnell wieder in der Wirtschaft »rouliert«. Dazu gehört die Gründung des Deutschen Zollvereins. Als in der Neujahrsnacht 1834 die Zollschranken fallen, müssen die vielen verkehrshemmenden und zeitraubenden Zollstellen an den Binnengrenzen schließen und den Verkehr freigeben. Dazu gehören auch die neuen Techniken der Nachrichtenübermittlung durch Telegrafen – von ihnen wird noch die Rede sein.

Es ist dies eine Gesellschaft, die beginnt, dem Takt der Spinn- und Druckmaschinen, Eisenbahnen und Dampfschiffe zu folgen, sich nach ihrem Rhythmus zu bewegen, mit ihrer Schnelligkeit zu denken und zu handeln, nach ihrem Herzschlag zu leben – zu rotieren. Es ist dies eine Gesellschaft, die sich an den sich überstürzenden Nachrichten von immer neuen Erfindungen zu berauschen beginnt. Es sind vor allem die Unternehmer, die die neue Dynamik entfalten, die selbstbewusst großformatige Fabrikuhren über den Eingängen ihrer Unternehmen platzieren und damit demonstrieren, wer die neuen Herren der Zeit sind. Im Gegensatz zum 16. oder 17. Jahrhundert hat die Schnelligkeit zur Mitte des 19. Jahrhunderts bereits zahlreiche Namen. Schon veröffentlicht die Gesellschaft detaillierte Fahrpläne für Reisen »Von der Erde zum Mond« und »In 80 Tagen um die Erde«.[91] Fortschritt ist nicht mehr wie im Zeitalter der Aufklärung ein vorsichtiges Vortasten, sondern ein mutiges Vorpreschen und Hasten, vorangetrieben von hochaktiven Machern, welche die Zeit als ein knappes Gut betrachten und keinen Grund sehen, auf das Zeitsparen zu verzichten: bei der Güterproduktion und der Überwindung von Distanzen wie auch bei der künstlichen Beschleunigung von chemischen Prozessen. Dieses Prinzip kennt keine Beschränkung, es ist auf Steigerung programmiert. Ebenso wenig wie sie den beteiligten Unternehmern und Kaufleuten bei ihrer Akkumulation von Kapital Grenzen setzt, tut die Marktwirtschaft dies bei den Bemühungen um Zeitersparnis. Jede geglückte Beschleunigung enthält die Aufforderung zu einer noch rationelleren Nutzung der Zeit, sie verlangt, noch mehr Tätigkeiten in derselben Zeit zu erledigen, zumal sich parallel zur Beschleunigung von Transport und Produktion in der Psyche der Menschen eine stille Revolution des Zeitbewusstseins vollzieht. Fortschritt definiert sich jetzt auch als erfolgreiche Bewirtschaftung der Zeit.[92]

Noch aber ist die Gesellschaft des frühen 19. Jahrhunderts zweigeteilt: hier die Hektik der Stadt, dort die traditionelle Langsamkeit des Dorfes, sodass aus der Sicht der Städter die Bewegungen auf dem Land wie in Zeitlupe ablaufen. Aber in den für die Zukunft entscheidenden Teilen hat sich die Welt seit den großen Revolutionen an der Wende zum 19. Jahrhundert bereits radikal verändert. Die einen bejubeln diese Neuerungen als großartigste Fortschritte der Menschen, andere werden von einem Kälteschauer erfasst. 1865 ist in einem Zeitungsartikel zu lesen: »Auf unterirdischen Eisenbahnen reisen die Passagiere, durch die pneumatischen Tuben fliegen die Briefe und leichten Pakete, auf elektrischen Drähten eilen die Menschengedanken mit Blitzesschnelle in alle Welt hinaus, während eiserne Schienennetze und schnelle Dampfer See und Land umspannen und verbinden. Das ist ein Stück Märchenpoesie der Industrie und der Eisenbahnen!«[93] Viele Zeitgenossen zweifeln nicht an einer baldigen nochmaligen Temposteigerung. Der Komponist Hector Berlioz, bei seinen Reisen stets mit den modernsten Verkehrsmitteln unterwegs, spottet kurz vor seinem Tod im Jahre 1869 in einem fiktiven Rückblick auf das 19. Jahrhundert: »Die Reisenden, welche in jener Epoche anmaßender Barbarei in schweren, von Dampf getriebenen, auf eisernen Schienen dahinrollenden Wagen zehn bis zwölf alte französische Meilen in der Stunde durchfuhren, empfanden über diese schnelle Lokomotion einen lächerlichen Stolz.«[94]

6. Zeit der Ströme

Gefunkte Nachrichten

Seit dem Zeitalter der Französischen Revolution ist Bewegung angesagt – schnellere Bewegung, so als habe die Zeit seit dem Sturm auf die Bastille ihr traditionelles, gleichmäßiges Maß verloren, als ob sie sich zusehends in ihrem Denken und Tun beschleunige. Selbst in der Mode spiegelt sich dieser Wille nach raschen Aufbruch und Umbruch, Vorwärtsschreiten, ja Vorwärtsstürmen. Die Männer kleiden sich, als würden sie jeden Augenblick eine Attacke reiten, die Frauen greifen zu weiten Kleidern, in denen sie rasch und lebhaft ausschreiten können. Napoleon praktiziert als Erster den modernen Bewegungskrieg und führt auch als Politiker ein bis dahin unbekanntes Tempo ein. Als der Historiker Barthold Georg Niebuhr im Jahre 1829 an der Universität Bonn seine Vorlesung über »Die Geschichte des Zeitalters der Revolution« hält, versucht er eine Synopse der Jahrhundertwende mit ihrem neuen Lebensgefühl: »Vieles trug dazu bei, alles zu beschleunigen; selbst die Entfernung von einem Ort zum andern wurde verringert durch Wegebau, regelmäßige Einrichtung des Postenlaufs u.s.w. [...] Man fing auch an geschwinder und intensiver als früher zu leben.«[1] Seit den Eruptionen von 1789 explodieren die Ereignisse geradezu. Es häufen sich die schmerzlich empfundenen Geschehnisse und treffen die Menschen in rascher Folge – ein Kreislauf von Krieg, Hunger und Not. Es mehren sich gleichzeitig die mit Staunen und Triumph begleiteten Neuerungen und lassen die Menschen den Fortschritt erfahren – ein Stakkato von neuen Freiheiten, neuen wissenschaftlichen Entdeckungen und technischen Hilfsmitteln. Die Eliten begnügen sich nicht mehr mit der immerwährenden Wiederholung der Vergangenheit, suchen nicht mehr das Gestern zu konservieren, sondern drängen mit Macht in die Zukunft, öffnen neue Perspektiven, sorgen für eine permanente Spannung zwischen den sich in unterschiedlichem Tempo ruckartig vorwärts bewegenden politischen, wirtschaftlichen und sozialen Bereichen und zwingen die Nachzügler zu einer beschleunigten Aufholjagd. Auch geben sie sich nicht mehr mit dem einmal Erreichten zufrieden. Eine neue Zeit ist angebrochen, die mit der Vergangenheit gebrochen hat und es verbietet, von der Vergangenheit auf die Zukunft zu schließen. »Noch nie ereigneten sich so viele und wichtige Veränderungen zu gleicher Zeit als zu unseren Tagen«, schreibt der Hamburger Heinrich Würzer während der Revolution. »Nie war die Gärung in den menschlichen Gemütern so allgemein; und nie ging die Gegenwart mit so außerordentlichen Begebenheiten für die Zukunft schwanger.«[2] Nachdem die Menschen mit ihren Entdeckungs- und Eroberungsfahrten die globale Erschließung des Raums beendet haben, verlagern sie ihre utopischen Projektionen vom Raum in die Zeit.

Das neue fortschrittsorientierte Denken wurzelt im Postulat der Aufklärung, sich das Paradies bereits im Diesseits zu schaffen und nicht bis zur Ewigkeit zu warten. Es zielt darauf ab, sich die Erde untertan zu machen und die Kräfte der Natur zum Wohle des Menschen zu nutzen. Das Großprojekt der Aufklärung mündet sehr schnell in konkreten Versuchen, den kräftezehrenden Widerstand des Raums aufzubrechen, die Menschen aus ihrer von der Natur aufgezwungenen Bodenständigkeit zu befreien und ihnen vermehrt Freiräume zu öffnen. Mit der allseits bestaunten Verkehrsrevolution des frühen 19. Jahrhunderts feiert dieser Teil des Herrschaftsanspruchs seinen ersten großen Erfolg. Davon war bereits die Rede. Mit dem Eisenbahnbau verdichten sich, ausgehend von Westeuropa, die Verkehrsnetze, und der Verkehr vermehrt und beschleunigt sich.

Dieses Verkehrsnetz mit den Eisenbahnen, Postkutschen und Schiffen als den wichtigsten Verkehrsträgern dient immer noch zugleich dem Transport von Menschen, Gütern und Informationen. Gedankengut und Schwergut nehmen denselben Weg, dasselbe Beförderungsmittel, werden beide als Frachtgut abgestempelt und nähern sich beide mit derselben Geschwindigkeit ihrem Ziel. In den Eisenbahnzügen erhält der Postbote mit seinen Briefen zwar ein eigenes Abteil und später einen eigenen Wagen zugewiesen, doch ändert dies nichts daran, dass ein Liebesbrief voller Gefühle mit demselben Tempo der Angebeteten entgegenholpert wie ein Sack voll Kartoffeln dem Markt. Diese Gleichbehandlung von Informationen, Menschen und Gütern beim Transport war zwar schon lange als Problem erkannt worden, für eine Ablösung des Informationsnetzes vom Verkehrsnetz und des Nachrichtentransports vom Personen- und Gütertransport fehlten aber die Mittel. Erfindungsreiche Geister hatten bereits erste realisierbare technische Zeichnungen erstellt, sich aber an der Finanzierungsfrage vorbeigemogelt. 1684 hatte der englische Astronom Robert Hooke seine Schrift »Mittel zur Mitteilung der eigenen Gedanken über weite Entfernungen hinweg« veröffentlicht und darin wie andere auch eine Vorrichtung zur Signalübermittlung per Semaphor beschrieben.[3] Vor allem das Kommunikationsbedürfnis von Liebespaaren regte die Phantasie von Erfindern an. Jedoch reichten die Nöte von Liebenden nicht aus, um diese Pläne in die Realität zu überführen.

Der optische Telegraf

Über mehr Macht, neue Erfindungen für sich nutzbar zu machen, verfügten zu allen Zeiten die Militärs. Auch bei der Beschleunigung von Informationen sind sie im ausgehenden 18. Jahrhundert zur Stelle und setzen sich mit ihrer Forderung durch, »zum Wohle des Vaterlandes« die größtmögliche zur Verfügung stehende Geschwindigkeit nutzen zu dürfen – koste es, was es wolle. In den Jahren 1784 bis 1788 veröffentlicht der Konsistorialrat J. A. P. Bergsträßer, Professor in Hanau, Vorschläge zur militärischen Nutzung eines optischen Telegrafen, und in Karlsruhe sowie an der Militärakademie in Berlin suchen sich Wissenschaftler mit ähnlichen Ideen zu profilieren. Alle kennen wahrscheinlich das Alarmsystem der schweizerischen »Höhen-« oder »Chutzenfeuer«, mit dem seit dem 17. Jahrhundert mit Hilfe von Feuersignalen eine Botschaft von Genf nach Bern in sechs Stunden übermittelt werden kann.[4] Die Erfinder denken jedoch als ausgebildete Techniker und Ingenieure an technische Konstruktionen als Basis einer Hochgeschwindigkeitskommunikation.

Anlass zur Realisierung der ersten Linie geben bald darauf die weitgreifenden Feldzüge der französischen Armee während der Französischen Revolution. Im März 1793 beantragt im Ersten Koalitionskrieg der Konventsbeauftragte in Belgien den Aufbau eines regelmäßigen Meldereiterdienstes, um eine permanente Verbindung mit den verschiedenen Armeeteilen herzustellen. Offenbar aber genügt in dieser Zeit des Umbruchs der schon im Altertum genutzte animalische Antrieb dem Sicherheitsbedürfnis und Selbstverständnis der Revolutionäre nicht mehr – sie verstehen sich nicht nur in politischer Hinsicht als die ganz großen Erneuerer. Wie gezeigt, hat sich inzwischen die durchschnittliche Reisegeschwindigkeit durch den Bau von Kunststraßen, verbesserten Kutschen und eines dichteren und besser ausgestatteten Netzes von Post-Relais-Stationen deutlich erhöht, und der Vorsprung der Obrigkeit bei der Nachrichtenübermittlung mit Hilfe von Boten-Stafetten ist drastisch zusammengeschrumpft.[5] Der Konvent schreibt einen Wettbewerb zum Aufbau eines schnelleren, landesweiten Informationssystems aus, holt mehrere Gutachten über die eingereichten Vorschläge ein und entscheidet sich letztlich für den technisch nicht gerade revolutionären Flügeltelegrafen des jungen französischen Physikers Claude Chappe. Dieser erhält den Zuschlag, weil sein System die schnellstmögliche Nachrichtenübermittlung erlaubt und technisch realisierbar ist.[6] Seitdem nach 1757 der Optiker John Dollond das von ihm selbst entwickelte achromatische Fernrohr in großer Zahl vertrieb, waren an mehreren Orten in Europa Versuche mit optischen Telegrafen gestartet worden, die jedoch über das Experimentierstadium nicht hinauskamen.

Claude Chappe probierte es anfangs mit einem elektrischen Telegrafen, scheiterte aber an der Isolation der Leiter und griff erst dann auf die mechanische Technik zurück. Als die Franzosen mit dem Bau der ersten Telegrafenlinie beginnen, bricht sofort ein internationaler Wettkampf um das beste System aus, da andere Staaten nicht gewillt sind, den Geschwindigkeitsvorsprung der Franzosen hinzunehmen.

Die neuen Telegrafenlinien, mit deren Bau Ende 1793 begonnen wird und die im Rahmen der Kriegswirtschaft über Enteignungen und Materialbeschlagnahme finanziert werden, sind in den Augen der Revolutionäre viel mehr als hölzerne Krücken zur Mobilisierung von Informationen. Sie sehen in ihnen auch ein Symbol der neuen Zeit mit ihren neuen Menschen und neuen Ideen. Sie sind für sie Ausdruck und Hilfsmittel bei der Neuordnung des nationalen Raums, mit der sie die Partikularismen der einzelnen Landschaften und Volksgruppen auslöschen, die nationale Einheit realisieren und auch die entferntesten Departements eng an die Hauptstadt binden möchten. Vor dem Konvent erklärt im August 1794 ein Mitglied des Wohlfahrtsausschusses: »Durch diese Erfindung verflüchtigen sich gewissermaßen die Entfernungen. [...] Die Einheit der Republik kann dank der innigen und augenblicklichen Verbindung, die sie zwischen allen ihren Teilen herstellt, gefestigt werden.« Chappes Telegraf (Abb. 10) lässt die Entfernung zwischen Paris und Straßburg auf 37 Minuten schrumpfen, er verwandelt ein weitläufiges Land in eine kompakte Einheit. »Einheit« ist einer der Schlüsselbegriffe, mit dem die Reformer gegen vieles ankämpfen, was in ihren Augen dem staatlichen Zusammenwachsen im Wege steht: die großen Entfernungen, die unterschiedlichen Maß- und Gewichtssysteme, die unterschiedlich großen Verwaltungsbezirke sowie die unterschiedlichen Wortbedeutungen, Dialekte und Sprachen. Auch hierbei soll der Telegraf helfen, und manche träumen von der Telegrafensprache als der französischen Universalsprache.

Chappe erhält den Zuschlag vor allem wegen der überlegenen Schnelligkeit des Telegrafen bei der Übermittlung von Informationen über weite Strecken. Einige sehen den Nutzen in einer blitzartigen Mobilmachung der gesamten Nation im Falle eines Überfalls der »alliierten Despoten«. Napoleon nutzt wenig später das neue Medium auch für andere politische Zwecke. Am Abend des Staatsstreichs vom 18. Brumaire lässt er an alle Telegrafenlinien die Mitteilung überbringen: »Die gesetzgebende Körperschaft wurde gemäß Artikel 102 und 103 der Verfassung soeben nach Saint-Cloud verlegt; General Bonaparte wurde zum Befehlshaber der Streitkräfte von Paris ernannt. Es herrscht vollkommene Ruhe, und der anständige Bürger ist zufrieden.«[7]

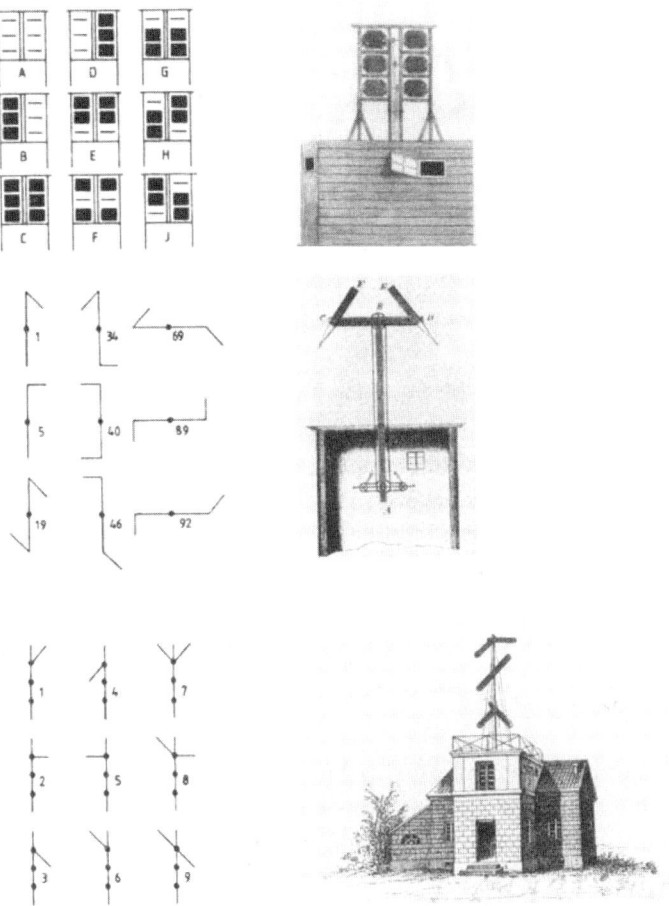

Abbildung 10: Optischer Telegraf von Chappe[8]

Trotz des gewaltigen Beschleunigungssprungs, der mit der Realisierung des Projekts gelingt, zeigen sich die Militärs mit dem Erreichten nicht zufrieden. Chappe, der einen Zifferncode entwickelt hat, wobei die übertragenen Zahlen auf Seiten, Spalten und Zeilen eines telegrafischen Wörterbuches verweisen, ist bereits 1795 gezwungen, eine verbesserte Chiffriermethode einzuführen, um die Übertragungsgeschwindigkeit zu erhöhen.[9] Mit dem optischen Telegrafen erlangt die Zeit eine neue Qualität. Sie triumphiert, und dieser Triumph findet seinen Ausdruck in der Platzierung der Telegrafenstationen: auf den Gipfeln der Berge, auf dem Dach des Nationalpalastes in den Tuilerien und auf dem Straßburger Münster. Auch Preußen montiert später seine Flügeltelegrafen zum Teil auf Kirchtürme und lässt dazu den barocken Giebelhelm des Turms von St. Pantaleon in Köln abtragen, um auf der Plattform einen Telegrafenmast zu errichten.[10]

Durch den Bau optischer Telegrafenlinien gelingt es auch anderen europäischen Staaten erstmals, ein eigenständiges Informationsnetz, das sich den Reibungskräften der Erde entzieht, aufzubauen. Informations- und Verkehrsnetz trennen sich. Gleichwohl sind die Flügeltelegrafen nicht mehr als eine Zwischenlösung – spätestens 50 Jahre später taugen sie nur noch als Brennholz. Allein der Staat mit seiner riesigen Finanzkraft und seinem großen Reservoir an Argumenten kann eine derartige Großinvestition tätigen, nicht jedoch der mit spitzer Feder kalkulierende Kaufmann. Die einzelnen Linien sind ganz an den Wünschen und Operationsfelder der französischen Armeen ausgerichtet: von Paris ausgehend im Norden bis nach Flandern, Brüssel, Antwerpen und Amsterdam, im Süden bis nach Norditalien, Turin, Mailand, Venedig und später Triest. Um 1800 erreichen die von Paris ausgehenden Linien eine Gesamtlänge von 2 500 Kilometern. Bereits 1814 werden die italienische und flandrische Telegrafenlinie wieder geschlossen. Trotz vieler wohlklingender Worte über die Einheit der Nation bestimmen kurzfristige militärische Überlegungen den Bau einzelner Linien. Der Nationalkonvent lässt 1793 die erste Linie nach Lille bauen, um mit der Nord-Armee in Verbindung zu bleiben, das Direktorium beschließt 1797 den Bau der Linie nach Straßburg, um während des Rastatter Kongresses mit seinen Bevollmächtigten in ständigem Kontakt zu stehen.[11] 1813 lässt Napoleon die Linie zwischen Metz und Mainz errichten. Die Investitionen zahlen sich aus. Als Österreich im Jahre 1809 Frankreich den Krieg erklärt, um die habsburgischen Gebiete in Süddeutschland zurückzuerobern, unterschätzt die österreichische Generalität die Möglichkeiten, die Napoleon mit Hilfe der optischen Telegrafenlinie zwischen Straßburg und Paris ausspielen kann. Er erhält früh die Nachricht vom Überschreiten der bayerischen Grenze durch die österreichischen Truppen und kann sehr viel schneller als erwartet Gegenmaßnahmen in die Wege leiten.[12]

Die Militärs anderer Länder wollen nicht zurückstehen. Die britische Admiralität lässt zwischen 1796 und 1808 London und vier Hafenstädte durch Telegrafenlinien verbinden, die nach den napoleonischen Kriegen wieder abgebaut, aber in den 1820er Jahren unter leicht veränderter Linienführung erneut aufgebaut werden, ehe sie 1847 dem elektrischen Telegrafen weichen müssen. Die Niederlande errichten während des belgischen Unabhängigkeitskrieges 1831 eine Linie, die sofort nach Kriegsende wieder eingestellt wird. Andere Länder warten länger und stellen die Linien vorrangig in den Dienst der staatlichen Zivilverwaltung: Russland 1839 mit der Linie zwischen St. Petersburg und Warschau, Spanien 1845 mit der Linie von Madrid nach Irún und später mit den Verbindungen

zwischen Madrid und Barcelona, Valencia und Cadiz sowie Preußen 1832 mit
der Linie zwischen Berlin und Koblenz. Letztere wird damit begründet, dass die
Westprovinzen die »gewerbereichsten und zugleich die beweglichsten der ganzen Monarchie« seien, und »das dortige Leben« erfordere »daher auch unstreitig
das raschere Eingreifen, so wie denn auch von dorther allein die Nachrichten von
dem bewegtesten Leben dieser Zeit eingehen, und dorthin die Augen der Welt,
wie aller Regierungen vorzugsweise gerichtet sein müssen«.[13] Keine dieser Linien hat lange Bestand. Preußen verfügt 1852 die Schließung, Russland 1854
und Spanien 1855.[14]

Der optische Telegraf verdeutlicht, dass viele Kräfte an der Beschleunigung
der Informationsübertragung arbeiten und nach neuen Wegen suchen. Der in
Frankreich gefundene Weg kann jedoch nur eine Zwischenlösung sein, da er den
Transport der Informationen zwar vom Erdboden mit seinem hohen Reibungswiderstand löst, nicht jedoch vom Wasser – auf den Meeren sowie bei Regen
und Nebel gehen die Nachrichten unter. Auch ist das System auf die Sonne angewiesen – die Nacht löscht alle Informationen aus. Selbst unter den relativ
günstigen klimatischen Verhältnissen in Frankreich beträgt die Betriebszeit im
Jahresmittel lediglich sechs Stunden pro Tag. Zudem können Nachrichten nur in
Form von Buchstaben und Ziffern übermittelt werden. Trotz dieser Nachteile
werden in der Folgezeit die Möglichkeiten des optischen Telegrafen ebenso bis
an ihre Grenzen ausgereizt, wie dies bei den Transportsystemen zu Wasser und
zu Lande gleichzeitig mit Hilfe von Schnellpost und Klipper geschieht. Bis in die
1840er Jahre versuchen zahlreiche Erfinder, den Flügeltelegrafen schneller, be-
weglicher und nachttauglich zu machen. 1842 bewilligt die französische Abge-
ordnetenkammer sogar Gelder zur Weiterentwicklung des von dem französischen Physiker Guyot konzipierten, auch nachts einsetzbaren Flügeltelegrafen.[15]
Doch inzwischen ist die Entwicklung anderer Lösungen so weit fortgeschritten,
dass sich bereits ganz neue Geschwindigkeitsdimensionen auftun und den optischen Telegrafen wie eine Schneckenpost neben der Bahnpost erscheinen lassen.

Der elektro-magnetische Telegraf

Als neue Tempomacherin präsentiert sich die Elektrizität. Der elektrische Strom
empfiehlt sich nach einstimmiger Meinung einer rasch größer werdenden Gemeinde von Physikern rund um den Globus als die Kraft, die Informationen entscheidend zu beschleunigen vermag. Sie verspricht einen riesigen Entwicklungs-

sprung – vom Zeitalter der Postkutsche zum Zeitalter der Ströme. Zu Beginn des 19. Jahrhunderts hat die elektrische Energie bereits die Kuriositätenkabinette verlassen und Eingang gefunden in die Feldversuche der Praktiker. Die naturwissenschaftlichen Erkenntnisse von Hans Christian Ørsted, Humphry Davy, André Marie Ampère, Michael Faraday und Georg Simon Ohm hatten den Grundstein für die neue Technologie gelegt. Gleichwohl erhalten die ersten Erfinder nur geringe Resonanz, so im Jahre 1816 Francis Ronalds, der der britischen Admiralität ohne Erfolg sein Ein-Draht-Telegrafensystem mit gleichlaufenden Uhrwerken an beiden Endstationen anbietet. Als aber die begrenzten Möglichkeiten des optischen Telegrafen nicht mehr zu leugnen sind und eine inzwischen schnelllebigere und informationsreichere Zeit lautstark nach einer weiteren Verbesserung der Nachrichtenübermittlung verlangt, entscheiden sich die auf Fortschritt bedachten Staaten für die Elektrizität. Die Wende deutet sich im Jahre 1833 an, als Carl Friedrich Gauß und Wilhelm Eduard Weber in Göttingen die Eignung des elektrischen Stroms zur Übertragung nachrichtentechnischer Signale demonstrieren. Spätestens seit 1837 verfolgt Preußen intensiv die Entwicklungen auf dem Gebiet der elektromagnetischen Telegrafentechnik und lässt ein Jahr später erste Apparate im Generalstab und im königlichen Hause aufstellen. Die Versuche zahlen sich aus. 1848 kann die Regierung die optische Telegrafenstrecke zwischen Berlin und Köln auf einen Schlag auf elektrischen Betrieb umstellen.[16]

Dennoch sind es in diesen Jahrzehnten der wirtschaftlichen Zeitenwende nicht mehr die Regierungen, die die Weiterentwicklung der Telegrafie vorantreiben, sondern die neuen Eisenbahngesellschaften. Die Zwänge, die sich aus der Beschleunigung des Personen- und Gütertransports mit Hilfe der Eisenbahn ergeben, machen ein Nachziehen des Nachrichtentransports unumgänglich. Wie bereits bei Einführung der mechanischen Spinnmaschinen erkennbar, zieht die Beschleunigung eines Teilsystems fast unweigerlich Beschleunigungsmaßnahmen in anderen Teilsystemen nach sich. Den ersten Eisenbahngesellschaften fehlt ein zuverlässiges Informationssystem, das schneller als die Eisenbahn ist und als Sicherheitssignal der Eisenbahn vorauseilen kann. Vor allem nach der Vernetzung einzelner Linien wird dieses Fehlen als Sicherheitslücke erkannt. Umso größere Hoffnungen setzen die Eisenbahngesellschaften auf den elektromagnetischen Telegrafen, der von seinen Entwicklern wegen seiner bisher nicht gekannten Geschwindigkeit als das Wunderwerk angepriesen wird. Als der Engländer William Cooke im Jahre 1843, vier Jahre nach Errichtung seiner ersten Telegrafenlinie, sein System der Öffentlichkeit vorstellt, hebt er auf den Ankündigungsplakaten in fetten Lettern die Übertragungsgeschwindigkeit des elektrischen Stroms ganz besonders hervor – sie betrage nach seinen Messungen

280 000 Meilen pro Sekunde. Die neue Erfindung mache es möglich, sich von London aus mit einem Gesprächspartner in New York zu unterhalten, als befände sich dieser im selben Raum.[17] Noch schütteln die meisten Zeitgenossen ungläubig den Kopf. Anders die meisten Eisenbahngesellschaften, gewöhnt an der Spitze des technischen Fortschritts zu stehen. Sie geben den entscheidenden Anstoß, die elektromagnetische Telegrafie innerhalb weniger Jahre zur Serienreife zu entwickeln. Sie öffnen ihre Netze, die zunächst nur für den Eigenbedarf konzipiert sind, auf den Britischen Inseln seit Ende 1842 auch für private Nutzer.[18] Erst anschließend nimmt der Staat das neue System für Post, Militär und Staatsbahn in Anspruch, erschrocken darüber, dass ihm das Geschwindigkeitsmonopol aus den Händen geglitten ist.

Drei Systeme kommen auf den Markt: der Nadel-, Zeiger- und Schreibtelegraf. In England und auf dem Kontinent setzt sich nach 1840 zunächst der von William Fothergill Cooke und Charles Wheatstone entwickelte Zeigertelegraf durch.[19] Er verbindet ab 1844 London mit einer Reihe wichtiger Städte. Bereits 1843 kommt er auf der Eisenbahnlinie Köln–Antwerpen an dem Steilstück zwischen Aachen und der Grenzstation an der belgischen Grenze zum Einsatz, wo die Eisenbahnzüge bis 1855 mit Hilfe einer stationären Dampfmaschine bergauf gezogen werden. Er dient zur Verständigung zwischen dem Maschinisten oben an der Dampfmaschine und dem Zugpersonal am Fuße der »geneigten Ebene«.[20] In den USA dagegen entscheiden sich die Eisenbahngesellschaften für das von Samuel Morse entwickelte System, das eine Aufzeichnung der Informationen auf einen Papierstreifen erlaubt (Abb. 11). 1844 werden die amerikanischen Eisenbahnen bereits durch 1 500 Kilometer lange Leitungen kontrolliert. 1852 erstrecken sich die Telegrafenleitungen hier bereits über eine Länge von über 37 000 Kilometer, und weitere 10 000 Kilometer sind im Bau.[21] Als der Morseapparat 1847 in Europa bekannt wird, setzt er sich auch hier schnell durch. Der von Siemens & Halske in Lizenz gefertigte so genannte »Morse-Reliefschreiber« findet hier die weiteste Verbreitung. Er sichert die Koordination des gesamten Eisenbahnbetriebs durch Übermittlung von Abfahrten, Verspätungen oder technischen Defekten. Argwöhnisch betrachten die einzelnen Regierungen in Deutschland die neuen privaten Nachrichtenlinien. Sie müssen erkennen, dass die meisten Nachrichten, die bei ihnen eingehen, veraltet sind. 1845 kommen Berichte aus Südafrika acht Wochen später in Mitteleuropa an, solche aus Rio sechs Wochen später.[22] Nur widerwillig und zögernd erteilen die Machthaber Konzessionen, die sie mit weit reichenden Auflagen versehen. Die preußische Regierung zwingt die Eisenbahngesellschaften zur unentgeltlichen Beförderung von Behörden-Telegrammen. Als die staatlichen Stellen davon jedoch in extensiver Weise Gebrauch

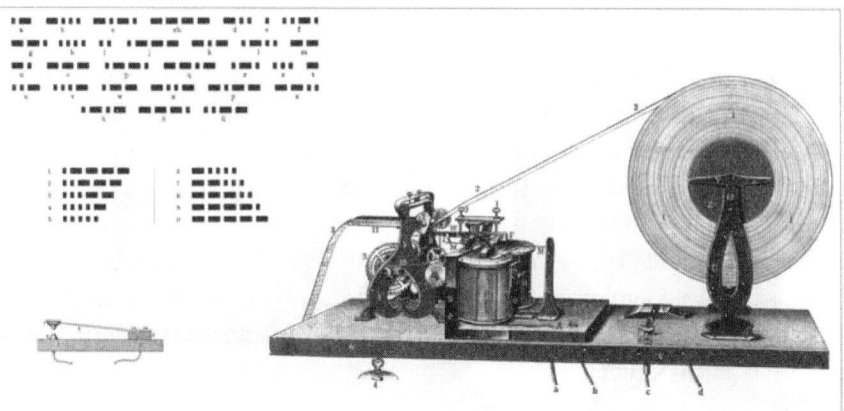

Abbildung 11: Stiftschreiber von Morse aus dem Jahre 1846[23]

machen, drohen einige Bahngesellschaften mit der Stilllegung ihrer Telegrafenlinien und beschleunigen so den Aufbau der staatlichen Netze, die fortan Europa
näher zusammenrücken lassen.

Bereits 1839 hatte der Major im Generalstab Franz August O'Etzel in einer
Denkschrift den Bau einer Versuchsstrecke von Berlin nach Potsdam vorge-
schlagen und ein Gutachten bei Alexander von Humboldt eingeholt, der den
Vorschlag begrüßte und anmerkte: »Der Preußische Staat muß alles haben, was
auf Intelligenz gegründet ist.«[24] Es dauert jedoch bis zum Jahre 1846, ehe Preußen eine Versuchslinie in Betrieb nimmt, im selben Jahr wie Bayern. Dann aber
geht alles sehr schnell. 1848 beauftragt die preußische Regierung die ein Jahr
zuvor gegründete Telegraphen-Bau-Anstalt von Siemens & Halske mit der Errichtung der ersten staatlichen Telegrafenlinie von Berlin nach Frankfurt am
Main, wo die deutsche Nationalversammlung tagt. Über diese Linie wird am 28.
März 1849 die Wahl Friedrich Wilhelms IV. von Preußen zum deutschen Kaiser
noch in derselben Stunde nach Berlin durchgegeben.[25] 1849 verfügt Preußen bereits über ein Telegrafennetz von über 2 000 Kilometern Länge; 1855 wird es auf
über 10 000 und weitere zehn Jahre später auf knapp 50 000 Kilometer angewachsen sein.[26] Bayern beginnt 1849 mit dem Bau und verfügt drei Jahre später
bereits über mehrere Linien mit einer Gesamtlänge von 1 660 Kilometer.[27] Auch
in den anderen deutschen Staaten werden die ersten Drähte kurz vor der Jahrhundertmitte verlegt. In Österreich-Ungarn nimmt Carl August von Steinheil
1849 den Bau des Staatstelegrafennetzes in Angriff, das Anfang 1851 auf 3 500
Kilometer Länge angewachsen ist. Die Schweiz beschließt Ende 1851 den Bau
von Telegrafenlinien, um wirtschaftlich nicht von den Nachbarländern abgehängt

zu werden, wie es heißt.[28] Wie noch niemals zuvor in der Geschichte haben es alle Länder trotz ihrer vielfach desolaten finanziellen Lage sehr eilig, die neuen technischen Möglichkeiten zum schnellen Nachrichtentransport zu nutzen. Im Gegensatz zur Reit- und Fahrpost wie auch zum optischen Telegrafen begnügen sie sich nicht mehr mit einigen wenigen Linien, sondern legen ein rasch dichter werdendes Informationsnetz über ihre Territorien. Alle erkennen die Vorteile des neuen Systems: Unabhängigkeit von der Witterung, geringer Personalaufwand, Schutz vor unerwünschten Einblicken und vor allem die hohe Übertragungsgeschwindigkeit. Über die erste Telegrafenlinie von Chappe konnten 1,8 Codes pro Minute übertragen werden, mit dem Zeigertelegrafen 2,5 Worte, mit dem Morsereliefschreiber sind es pro Minute 17 Worte.[29]

Die Übertragungsgeschwindigkeit des elektromagnetischen Telegrafen lässt seit den 1840er Jahren viele Techniker von einem globalen Nachrichtennetz träumen, von einer augenblicklichen Überbrückung der riesigen Distanzen zwischen Europa, Amerika und Asien. Erst wenige Jahre zuvor hatte Heinrich Heine beim Bau der ersten, »den Raum vernichtenden« Eisenbahnen noch eher ungläubig den Strand der Nordsee bis an den Stadtrand von Paris vorrücken sehen, jetzt sehen sich europäische Techniker bereits mit Amerikanern und Chinesen im selben Raum kommunizieren. 1838 erklärt Carl August Steinheil in einem Vortrag vor der Bayerischen Akademie der Wissenschaften über die Entwicklungschancen der Telegrafie: »Denn so wie die Schrift den Laut des Moments fesselt, und der flüchtigen Zeit entzieht, so soll auch die größte Entfernung vernichtet werden, und der Gedanke im Moment den Fernen treffen können.«[30] 1840 schlägt Charles Wheatstone einem Sonderausschuss des britischen Unterhauses die Errichtung einer Telegrafenlinie von Dover nach Calais vor. Da die Isolierung der Telegrafendrähte jedoch noch immer größte Schwierigkeiten bereitet, versuchen die Techniker zuerst, nur kürzere Strecken unter Wasser zu überbrücken. 1848 verbindet Werner Siemens Köln und Deutz mit einem Kabel, das er im Flussbett des Rheins verlegen lässt.[31] 1851 gelingt endlich die Verbindung durch den Ärmelkanal, und die Linie London–Paris nimmt ihren Betrieb auf. Der Einsatz der Induktion und die damit möglich gewordene Verstärkung der elektrischen Impulse erlauben theoretisch sogar eine Verlängerung der Linien rund um den Erdball. »Telegrafenrelais« nennt man die neuen Geräte in Anlehnung an die Umspannstationen der Postpferde. 1853/54 verbinden private Telegrafengesellschaften England mit Irland. Ein Jahr später nimmt Dänemark Verbindungen mit Hamburg und Schweden auf. Gleichzeitig laufen die ersten Versuche, Frankreich per Mittelmeerkabel an Nordafrika anzuschließen.[32]

Während die Geschwindigkeitsrekorde der Klipper, Dampfboote und Schraubendampfer noch die Schlagzeilen füllen und als nationale Großtaten bejubelt werden, machen sich einige Privatunternehmer bereits daran, die Übertragungszeiten von Nachrichten nach Amerika und Asien fast auf Null zu reduzieren. Der Amerikaner Shaffner tritt 1854 mit dem Plan eines »Gürteltelegrafen um die Erde« beziehungsweise eines »Welttelegrafen« vor die Öffentlichkeit und erhält von einzelnen Regierungen bereits Konzessionen zum Bau einer globalen Linie.[33] Sein Projekt wird jedoch noch 1854 durch ein anderes, das auf Betreiben des Amerikaners Cyrus W. Field eine direkte Verbindung von Großbritannien nach Nordamerika vorsieht, in den Hintergrund gedrängt. Zwar scheitern 1857 und 1858 die ersten beiden Versuche zur Überquerung des Atlantik, da die Kabel reißen oder nur einen Monat lang funktionsfähig bleiben, aber sie zeigen gleichwohl, dass das Ziel erreichbar ist. Für die Welt des beginnenden Industriezeitalters sind die Postdampfer zum Nachrichtentransport inzwischen bereits viel zu langsam. Die Nachrichtenagentur von Julius Reuter hilft sich mit einer aufwändigen Zwischenlösung, um einige Stunden früher als die anderen an die neuesten Nachrichten aus Nordamerika zu kommen. Sie passt die ankommenden Postdampfer bereits vor der Küste Irlands ab und lässt sich die in wasserdichte Behälter verpackten Meldungen über Bord werfen, um diese schleunigst an Land zu bringen und nach London zu kabeln.[34] 1866 findet diese Art des Nachrichten-Fischens ein endgültiges Ende, als es mit Hilfe des als Kabelleger genutzten Riesendampfers »Great Eastern«, der als Passagierschiff seine Eigner in den finanziellen Ruin getrieben hatte, endlich gelingt, eine dauerhafte Telegrafenverbindung zwischen London und New York herzustellen.[35]

Es sind private Unternehmer, die mit staatlicher Rückendeckung diese interkontinentalen Verbindungen aufbauen. Die Staaten, die Kolonialmächte zumal, erkennen die machtpolitische Bedeutung dieser Linien, private Interessen aber erwecken sie zum Leben und halten sie wirtschaftlich am Leben. Die von der britischen Regierung finanziell unterstützte, 1857/58 gegründete »The Red Sea and India Telegraph Company« scheitert zunächst ebenso wie die Nachfolgefirma beim Versuch, eine Unterwasser-Kabelverbindung zwischen Ägypten und Indien herzustellen. Nach zwei missglückten Versuchen gelingt im Jahre 1857 der englischen Firma Newall & Co. unter technischer Leitung von Werner Siemens der Brückenschlag zwischen Frankreich und Algerien durch das Mittelmeer.[36] Im Jahre 1865 nimmt die so genannte »Türkenlinie« ihren Betrieb auf. Sie führt von London über Paris, Wien und Konstantinopel nach Basra am Persischen Golf und von dort als Unterwasserkabel weiter nach Karatschi. Sie ist bereits im folgenden Jahr für fünf Monate unterbrochen. Zudem kommen die Texte wegen des mehrmaligen Umtelegrafierens an den zahlreichen Endpunkten der einzelnen Linien oft nur verstümmelt in Indien beziehungsweise London an.

Englische Handelskreise sind ungehalten und bemängeln zudem die langen Laufzeiten, wobei sie auf »den fatalistischen Widerwillen der hohen und niederen Orientalen gegen Eile« verweisen, wie sich ein englischer Telegrafenbeamter ausdrückt. In London drängen viele auf eine neue Linie. 1867/68 erteilen die britische, die preußische, die russische und die persische Regierung den Gebrüdern Siemens die Genehmigung zum Bau eines privaten Überlandkabels von England über den Kaukasus bis nach Teheran, wo die Briten die Fortführung bis nach Indien übernehmen. 1870 ist die Linie fertiggestellt. Das erste Telegramm von London kommt nach 28 Minuten in Indien an.[37] Gleichzeitig gelingt auf Initiative des Engländers John Wattkins Brett der Brückenschlag nach Indien auch durch Mittelmeer und Rotes Meer: 1868 ist das Teilstück zwischen Malta und Alexandria fertiggestellt, im folgenden Jahr die Strecke von Malta nach England und 1870 die Linie zwischen Suez und Bombay. Anschließend erfolgt der Ausbau des Weltkabelnetzes bis nach China, Japan, Australien, Südamerika und zuletzt Afrika. 1903 gelingt die Überbrückung des Pazifik. Statt eines Monats benötigt eine Nachricht von England nach Indien in der Regel nur noch fünf Stunden – der größte Schub in der Rationalisierung von Verwaltung und kommerziellen Interessen in der bisherigen Geschichte und die größte Beschleunigung des globalen Nachrichtentransports. Die gesamte Welt rückt ein weiteres Stück zusammen. Die Journalisten erklären einer staunenden Öffentlichkeit, »dass man beim Aufwachen in Berlin, Leipzig, Dresden, Wien, Petersburg u.s.w. bis in die Hinterwälder Amerika's fragen kann, wie ein Verwandter oder Bekannter dort geschlafen habe, um beim Frühstücken schon die Antwort zu erhalten«.[38] Erstmals übertrifft die Schnelligkeit des Nachrichtenverkehrs den »des Laufs der Sonne um die Erde«, und Nachrichten kommen in New York »volle 5 Stunden früher« an als sie in London aufgegeben wurden.[39] Aufschlussreich ist auch, nach welch kurzer Zeit die europäische Presse fortan Ereignisse aus entfernten Erdteilen meldet. Bis zur Eröffnung der submarinen Kabel in den 1860er Jahren dauert der Austausch von Wirtschaftsmeldungen zwischen London und Nordamerika etwa zwei Wochen. Nach rund einem Monat erschienen die Meldungen aus Südamerika in der englischen Presse und die aus dem Fernen Osten nach ein bis zwei Monaten. Nach Installation der Kabel liegen die Nachrichten aus Nordamerika bereits nach zwei bis drei Tagen vor, die aus Südamerika nach drei und die fernöstlichen spätestens nach fünf.[40] »Die Zeit wird ins Nichts telegrafiert«, erklärt treffend der »Daily Telegraph«, der mit seinem Namen die augenblickliche Lieferung neuester Nachrichten suggerieren möchte.[41]

Wie bereits mehrfach in der bisherigen Geschichte nutzen erneut in erster Linie ökonomische Interessen die von Wissenschaft und Technik erarbeiteten Möglichkeiten für einen weiteren Beschleunigungsschub. Vergeblich fordert der französische Innenminister im Juli 1847: »Die Telegrafie hat ein Mittel der Politik, nicht aber der Wirtschaft zu sein.«[42] Bereits 1850 muss er einsehen, dass es nicht möglich ist, »dem Handel und Gewerbe unseres Landes die wunderbaren Möglichkeiten dieses zeitsparenden Nachrichtenmittels« vorzuenthalten, »denn was gibt es in Geschäftsangelegenheiten Wertvolleres als die Zeit«.[43] Die Regierung gibt die Netze für die Öffentlichkeit frei, verpflichtet die Betreiber aber zur bevorzugten Abfertigung von Regierungsdepeschen. Für die französischen Politiker bleibt die Handelskorrespondenz weiterhin zweitrangig. Anders in Großbritannien. Dort errichten einheimische Unternehmer unter dem Schirm der Staatsmacht und gestützt auf ihre eigenen finanziellen Möglichkeiten in der zweiten Hälfte des 19. Jahrhunderts ein weltweites Nachrichtennetz, das einem Weltkabelmonopol gleichkommt. 1872 schließen sich vier englisch-indische Telegrafengesellschaften zur »Eastern Telegraph Company« zusammen, die das größte submarine Kabelnetz der Welt in ihrem Besitz hat. Zu Ende des Jahrhunderts befinden sich rund zwei Drittel aller submarinen Kabel der Welt in den Händen britischer Kabelgesellschaften, und alle Kabelstränge laufen im Finanz- und Handelszentrum London zusammen, das dadurch auch zum zentralen Nachrichtenzentrum aufsteigt. Wegen der anfänglich exorbitant hohen Gebührensätze für interkontinentale Telegramme[44] werden diese Netze lediglich zur Übermittlung von Staatstelegrammen, Nachrichten von allgemeinem Interesse und Wirtschaftsnachrichten genutzt. Mit ihnen bekommen die internationalen Warenmärkte ein neues Instrument in die Hand, das ihnen Informationen über im Transport befindliche Waren sehr viel schneller liefert als die Waren selbst. Die großen zeitlichen Diskrepanzen zwischen dem Eintreffen der Informationen und der Waren eröffnen neue Spielräume für Handel, Spekulationen und Manipulationen.[45] Daneben sind die neuen globalen Schnellnachrichtenverbindungen gerade für die Kolonialmächte von großer militärisch-strategischer Bedeutung.

Ohne Zweifel ist der Staat einer der Nutznießer der neuen superschnellen Nachrichtenverbindungen. Unter den Nutzern der Telegrafennetze rangiert er aber bereits nach wenigen Jahren nur noch unter »Sonstige«. Den größten Teil der Kapazitäten beanspruchen die Börsen, besonders im internationalen Verkehr. Mit Nutzung der Telegrafie erlangen die Investoren ein Stück mehr Rationalität. Für die Anleger an der Börse wird der Telegraf in einer Zeit, in der mit dem Eisenbahnbau die Zahl der Aktiengesellschaften schnell zunimmt, ein unerlässliches Instrument zum Vergleich von Kursentwicklungen an den verschiedenen

Börsen sowie für Kauf- und Verkaufsorders. Daneben stehen die Handelsnachrichten im Vordergrund. Sie machen 1858 im nationalen Netz von Frankreich 40 Prozent und im grenzüberschreitenden Verkehr 20 Prozent aller Depeschen aus. In den Niederlanden sind es 1854 sogar 48 beziehungsweise 56 Prozent.[46] Kaufleute und Reeder können sich jetzt per Telegraf über die Warenpreise in den verschiedenen Weltregionen und über die Ein- und Auslaufzeiten der Schiffe informieren. Telegraf, Eisenbahn und Dampfschiff bringen gemeinsam die weltweite Warenzirkulation auf Touren, sie weiten die Grenzen von Handelsbeziehungen beträchtlich aus und beschleunigen den Warenumschlag. Sie geben den Kaufleuten die Möglichkeit, Getreide zu kaufen, das sich noch auf dem Wege befindet oder noch nicht einmal geerntet ist. Die neuen schnellen Transportmittel für Waren und Nachrichten senken die Risiken und damit auch die Kosten. Sie machen den Weltmarkt erst funktionsfähig.[47] Innerhalb weniger Jahrzehnte hat der Telegraf seinen Zweck vollkommen verändert. Bei Chappe war es noch der Krieg gewesen und bei Cooke die Eisenbahnverwaltung; seit etwa 1850 sind es die Märkte – die regionalen wie die internationalen.[48]

Es ist ebenfalls die Wirtschaft, die im Interesse einer schnellstmöglichen, weltweiten Nachrichtenübermittlung mit staatlicher Unterstützung schon bald auf eine Standardisierung der unterschiedlichen Geräte und Systeme drängt. Sie nimmt es nicht hin, dass grenzüberschreitende Telegramme in einem zeitraubenden Verfahren an den Grenzstationen niedergeschrieben, zu Fuß über die Grenze gebracht und erneut eingegeben werden müssen. Bereits 15 Jahre nach Erfindung des elektrischen Telegrafen ist das Morse-Alphabet rund um den Globus in Gebrauch. Ein bis zwei Jahre nach Baubeginn der ersten staatlichen Telegrafenlinien in Preußen und Österreich-Ungarn gründen beide Staaten zusammen mit Bayern und Sachsen den Deutsch-Österreichischen Telegraphenverein und einigen sich umgehend auf einen einheitlichen Übertragungscode, einheitliche Geräte, einheitliche Tarife und einen koordinierten Ausbau der Linien. Weitere deutsche Staaten schließen sich in den folgenden Jahren dem Verein an. 1852 übernehmen Belgien und Frankreich dessen Konventionen, 1854 folgt Russland. 1857 resümiert der Wirtschaftswissenschaftler Karl Knies: »Beschleunigung, Vervielfältigung, Verwohlfeilerung, Sicherung des Transportes der Nachrichten sind die gesunden Motive« dieser Verträge.[49] Schon Ende der 1850er Jahre ist das europäische Telegrafenwesen vereinheitlicht, und auf Initiative Frankreichs entsteht auf dieser Grundlage 1865 die »Union Internationale Télégraphique«.[50]

Schon in der Hochzeit des Wirtschaftsliberalismus greifen verschiedene Staaten wiederholt in die Entwicklung des Telegrafenwesens ein und beziehen im Interesse des Allgemeinwohls und der Verbesserung der landesweiten Infrastruktur

Position auf den Kommunikationsmärkten. Bereits 1868 wird das britische Telegrafennetz verstaatlicht, wobei die Präambel des Gesetzes als Gründe das Fehlen des telegrafischen Fernmeldewesens »in zahlreichen wichtigen Distrikten« nennt sowie den großen Nutzen für Staat, Kaufleute und Öffentlichkeit, »über ein billigeres, umfassenderes und schnelleres Telegrafensystem zu verfügen«.[51] Im Deutschen Reich besteht zwar zunächst das Nebeneinander von staatlichen und privaten Netzen fort, doch nach der Fusion von Post- und Telegrafieverwaltung im Jahre 1876 ordnet der neue Generalpostmeister Heinrich von Stephan den zügigen Ausbau des staatlichen Telegrafennetzes an. Bis zu diesem Jahr haben die verschiedenen Eisenbahnunternehmen ein weitgespanntes Netz aufgebaut, das mit 2 400 Stationen um die Hälfte größer ist als das staatliche. Drei Jahre später verfügt die staatliche Telegrafenverwaltung bereits über deutlich mehr als 5 000 Stationen.[52] Da der Wunsch nach Teilhabe an der Geschwindigkeit inzwischen allgemeiner geworden ist, muss der Staat handeln und trägt in der Folgezeit primär im Interesse der Wirtschaft ganz wesentlich zur Ausweitung des Nachrichtenverkehrs bei.

Heinrich von Stephan profiliert sich seit seiner Ernennung zum Generalpostmeister des Norddeutschen Bundes im Jahre 1870 als zielstrebiger Reformer, dem es vor allem um Rationalisierung und Beschleunigung des gesamten Postverkehrs geht. Er führt unter anderem Kürzel für die Stadtteilbezeichnungen ein und lässt durch Berlin eine riesige Rohrpostleitung legen.[53] Er greift in den Kommunikationsstil ein und sorgt auch auf diesem Feld für Tempo. Bereits seit Mitte des Jahrhunderts hatte die Beschleunigung der Nachrichtenübermittlung überall in der Welt zu einer eigenen Kurzsprache geführt, die Kosten und Übermittlungszeit spart – dem Telegrammstil. Aufgrund der hohen Gebühren verzichten die Absender der Nachrichten immer öfter auf alle überflüssigen Elemente, auf Adjektive, Personalpronomen und stilistische Komplikationen. Sie begnügen sich mit einem Minimum an Worten, die ein Verstehen eben noch erlauben. Sie reduzieren Kommunikation auf eine kurze Salve von Begriffen. Während des Krieges zwischen Frankreich und Österreich im Jahre 1859 führt die Nachrichtenagentur von Julius Reuter die einzeilige Eilnachricht ein, welche die Finanzagenturen später »flash« oder »snap« nennen. Sie informiert in knappster Form über Kriege und Katastrophen, Regierungsrücktritte oder Zinsentscheide. Auch die Generalstäbe der großen Armeen bedienen sich dieser neuen Kommunikationstechnik und lenken ihre Truppen ebenfalls mit knappen Worten und einem Minimum an Befehlen. In diesen Botschaften ist für wortreiche Gefühlswallungen und Ästhetik kein Platz. Ästhetik definiert sich hier als Kürze und Schnelligkeit. Die reine Sachlichkeit regiert. Akribisch werden Wörter und Buchstaben gezählt, die Schreiber auf Wortkargheit und ein Höchstmaß an Dichte getrimmt.

Heinrich Stephan nimmt diese Anregungen auf und entwickelt sie weiter. Könnte der Telegrammstil nicht auch im normalen Briefverkehr Anwendung finden? Könnte man nicht auch hier auf die vielen langatmigen Floskeln und Versicherungen der ungeteilten Hochachtung verzichten? Resultat dieser Überlegungen ist die Postkarte, die mit ihrem geringen Platzangebot zur Kürze zwingt. Sie wird auf Betreiben von Stephan 1869 beziehungsweise 1870 in Österreich und Deutschland als »Correspondenzkarte« eingeführt. Als begeisterter Anhänger der neuen Nachrichtentechnik hält er die jahrhundertealten Verkehrssitten für überholt und nicht mehr zeitgemäß. Sie sind für ihn Ausdruck des Zeitalters der Postkutsche, nicht der Eisenbahn und des Telegrafen. Er möchte der schriftlichen Korrespondenz die Möglichkeit geben, der »Nüchternheit der Zeit« und dem »materiellen Zeitgeist« – wie sich ein zeitgenössischer Chronist der Briefkultur ausdrückt[54] – zu entsprechen und den Telegrammstil zu nutzen.[55] Allein in Württemberg steigt der Versand von Postkarten von 55 000 im Geschäftsjahr 1870/71 auf weit über 40 Millionen 1899/1900.[56] Zu Ende des 19. Jahrhunderts lässt das Postulat der Schnelligkeit niemanden und nichts mehr unberührt.

Mit feinen Antennen registrieren Schriftsteller die Ausbreitung des Telegrammstils. Der Leutnant Detlev von Liliencron nennt 1886 eine seiner Kriegsnovellen »Eine Sommerschlacht« und beschreibt im Telegrammstil einen Einsatz seiner Kompanie: »Nun knallten die ersten Gewehrschüsse. [...] Tak, tak, tak, sagte es; tak, tak, tak-tak-taktak-taktaktaktak-tak-tak-taktaktak [...] Wie in einem großen Telegraphen-Bureau hörte sich's an.«[57] Wenig später entwickelt Peter Altenberg, einer der exzentrischsten Vertreter der Wiener Moderne, einen eigenen Telegrammstil des Denkens und des Wortes, der – so der Kulturhistoriker Egon Friedell – bewusst viele Zwischenglieder überspringt und damit »dem Zeitalter der Blitzzüge, Automobile und Bioskope entspricht«. Bisweilen »sinkt er bis zum Stil der Zeitungsannonce herab«.[58]

Der Fernsprecher

So sehr auch der Telegraf den Nachrichtentransport zu beschleunigen vermag, über seine Mängel herrscht von Anfang an Klarheit. Sie liegen in der umständlichen Codierung der Botschaften und vor allem der begrenzten Beförderungskapazität der Linien, die wiederum in relativ hohen Gebührensätzen ihren Niederschlag findet. Karl Knies schreibt 1857: »Der Telegraph ist ein mit den Schwingen des Blitzes beflügelter Bote, aber er nimmt immer nur einen Brief mit. Während die gewöhnliche Post mit jeder Transportleistung ganze Centner von Briefen zugleich mit derselben Geschwindigkeit befördert wie ein einziges Exemplar«, ist dies dem Telegrafen nicht möglich.[59] Zahlreiche Wissenschaftler und Techniker – unter ihnen Edison und Bell – beschäftigen sich in der folgenden Zeit vergeblich mit den Problemen der so genannten Multiplextelegrafie, um mehrere Telegramme gleichzeitig über dieselbe Leitung zu schicken. Bei den am stärksten frequentierten Linien hilft man sich mit der Verlegung mehrerer Drähte. Einen ersten Fortschritt bringt Anfang der 1870er Jahre die Duplex-Telegrafie zur Übertragung zweier gegenläufiger Nachrichten auf einer Leitung. Da die Gebühren nur langsam fallen, bleibt die Briefpost weiterhin der mächtigste Nachrichtenübermittler. Der steile Anstieg ihrer Transportleistungen von 86 Millionen Sendungen im Jahre 1850 auf 382 Millionen im Jahre 1870 und 3,3 Milliarden zur Jahrhundertwende allein in Deutschland[60] zeigt, dass der Kommunikationsbedarf über größere Entfernungen geradezu explosionsartig zunimmt, doch haben die europäischen Telegrafengesellschaften daran nur einen geringen Anteil. Alle zusammen befördern im Jahre 1900 lediglich 68 Millionen Telegramme.[61] In Deutschland werden 1870 nur 0,2 und im Jahre 1890 lediglich knapp 0,5 Telegramme je Einwohner und Jahr versandt.[62]

Fieberhaft versuchen seit der Jahrhundertmitte zahlreiche Wissenschaftler und Techniker in Europa und Amerika wegzukommen von der nur in eine Richtung verlaufenden Kommunikation, von der zeitaufwändigen und teuren Zwischenschaltung eines Telegrafisten sowie der Benutzung eines Codes in Form des Morse-Alphabets. Ziel ist, die Reichweite der mündlichen Kommunikation zu vergrößern. Der Bedarf wird erkennbar, als seit Ende der 1860er Jahre New Yorker Banken gesonderte Telegrafennetze aufbauen, um diese auch für telegrafische »Zwiegespräche« zu nutzen.[63] Schon in der ersten Hälfte des 19. Jahrhunderts waren einige Wissenschaftler und Techniker der Fernübertragung der Sprache mit Hilfe der Elektrizität auf der Spur gekommen, ehe Anfang der sechziger Jahre Johann Philipp Reis, ein Lehrer für Physik und Chemie am privaten Knabenpensionat im hessischen Friedrichsdorf, mit Hilfe eines noch sehr unvollkommenen Mikrophons die elektrische Übertragung von Tönen demonstriert. Eine Weiterentwicklung zur technischen beziehungsweise Marktreife gelingt ihm aber nicht. Anders der Amerikaner Alexander Graham Bell, der ebenso wie der Telegrafenfachmann und Elektrotechniker Elisha Gray das Problem der Multiplex-Telegrafie zu lösen versucht und dabei die Übertragbarkeit der menschlichen Stimme entdeckt. Während Gray dieser Entdeckung keine kommerzielle

Bedeutung beimisst und sich ganz auf die Entwicklung der Mehrfachtelegrafie konzentriert,[64] legt der Autodidakt Bell mit seinem Patent von 1876 den Grundstein für sein schnell wachsendes Unternehmen mit zahlreichen Tochtergesellschaften, die 1899 unter einem Konzerndach und dem Namen »American Telephone and Telegraph Company« (AT&T) zusammengefasst werden, einem der größten amerikanischen Konzerne.[65] In seiner ersten Werbeanzeige preist Bell die Vorzüge des Fernsprechers gegenüber dem Fernschreiber: »Die Verständigung ist wesentlich schneller (als mit dem Telegrafen): 15 bis 20 Worte im einen, 100 bis 200 Worte im anderen Fall.«[66] Das Telefon erhöht die Reichweite von Sprache und Gehör durch die Umsetzung von Schall in elektrische Signale. Dabei werden Töne, die sich im normalen Gespräch bereits mit hoher Geschwindigkeit, mit Schallgeschwindigkeit von mehr als 1000 km/h, im Raum fortbewegen, nochmals um ein Vielfaches beschleunigt und auf die Geschwindigkeit der Elektronen gebracht.[67]

Wieder ist es die Wirtschaft – Banker und Unternehmer an erster Stelle –, die dieses neue Kommunikationsmittel umgehend in Gebrauch nimmt. Von den 300 Telefonapparaten, die 1879 in Pittsburgh in Betrieb sind, stehen 294 in Geschäftsräumen und die restlichen sechs in Privathäusern von Unternehmern, die so ihre Fabrik von Hause aus erreichen können.[68] Banker nutzen das Telefon, um jederzeit mit potenziellen Investoren Kontakt aufnehmen zu können, und in der Wall Street werden in großer Zahl Telefonzellen installiert, von denen aus die Börsenmakler direkt zu erreichen sind.[69]

Gleichwohl nimmt der Verbreitungsgrad des neuen Kommunikationsmittels nur langsam zu. Hauptgrund ist seine anfänglich nur sehr geringe Reichweite. Während Telegramme bereits die Weltmeere überqueren, reichen Telefonate in den 1870er Jahren über 70 Kilometer nicht hinaus. Der Fernsprecher ist zunächst nur als Nahsprecher zu gebrauchen. Seit 1884 erhöht sich seine Reichweite auf 500 Kilometer, und seit Beginn des 20. Jahrhunderts lassen sich nach Installation von Induktionsspulen – den Pupin-Spulen – Entfernungen von 2 000 bis 3 000 Kilometer überbrücken.[70] Die Verbindung New York–San Francisco kann erst 1914 eröffnet werden, und der Wunsch von Bell aus dem Jahre 1877, schon bald die eigene Stimme über den Atlantik zu schicken, erfüllt sich zu seinen Lebzeiten nicht mehr. Erst 1956 verlegt AT&T das erste Transatlantikkabel.[71] Die ersten Telefonleitungen verbinden zudem lediglich zwei Sprechstellen, etwa das Privathaus und die Fabrik eines Unternehmers. Seit 1877 lässt Bell erstmals kleine lokale und regionale Netze aufbauen und dafür Vermittlungsämter einrichten, in denen die gewünschte Verbindung durch Steckkontakt hergestellt wird. Mit der größeren Reichweite des Telefons wachsen die zahlreichen Einzelnetze allmählich zu überregionalen und nationalen Netzen zusammen.

In den USA kommt das Telefon sofort als innovatives Dienstleistungsangebot auf die freien Kommunikationsmärkte – anders in Deutschland. Hier wird es anfangs lediglich zur Rationalisierung der innerbetrieblichen Kommunikation eingesetzt – seit 1877 zunächst in der Zentralverwaltung der Post- und Telegrafenverwaltung, seit 1878 auch zur Verdichtung des Reichstelegrafennetzes. Verschiedene Unternehmen, für die sich der Bau einer eigenen Telegrafenlinie samt dem dazugehörigen Personal nicht rentiert, Großgrundbesitzer in ländlichen Gebieten sowie öffentliche Verwaltungen entschließen sich zum Einsatz des Telefons als relativ kostengünstiges und komfortables unternehmensinternes Kommunikationsinstrument, mit dem sie zudem eine Verbindung zum öffentlichen Telegrafennetz herstellen können. Auf diese Vorteile weist auch Generalpostmeister von Stephan in seinem berühmten Brief an Bismarck vom November 1877 hin, in dem er von der ersten Telefonverbindung zwischen ihm und dem Büro des Generaltelegrafenamtsdirektors berichtet: »... machen unsere Rücksprachen auf diese Weise ab und ersparen Akten, Sekretäre und Kanzleidiener.«[72] Lieferant der Geräte in Deutschland ist Werner Siemens, der ab Herbst 1877 Apparate in Massenproduktion fertigen lässt und innerhalb eines Monats seine Tagesproduktion von 200 auf 700 Stück steigert.[73]

Anfang der 1880er Jahre ist die spätere Bedeutung des Telefons als Kommunikationsmittel noch nicht abzusehen. Württemberg eröffnet im Sommer 1882 in Stuttgart seine erste Telefonanstalt mit 75 Teilnehmern.[74] Auch die Reichspost reagiert nur sehr zögernd auf die vermehrte Nachfrage, untersagt ein Jahrzehnt lang jede Werbung, ehe sie sich seit Ende der 1880er Jahre den immer lauter werdenden Forderungen aus der Wirtschaft nicht mehr verschließen kann und in einem finanziellen Kraftakt mit dem Aufbau großstädtischer und regionaler Netze beginnt, die sie jedoch nur langsam miteinander verbindet. Weiterhin kommt die Nachfrage fast nur aus der Wirtschaft. Es ist bezeichnend, dass die Berliner Börse die Rufnummer 1 erhält. Zwar bestaunt die Bevölkerung auf den zahlreichen elektrotechnischen Ausstellungen den neuen Fernsprecher als wahres Wunderwerk, die hohen Kosten verhindern jedoch seinen Einzug in die Privathaushalte. Um die Jahrhundertwende entfallen noch immer mehr als 90 Prozent aller Gespräche auf die Wirtschaft – der private »Freud- und Leidverkehr« verstopft die Leitungen noch nicht. Die Reichspost versucht den Nutzerkreis durch Errichtung öffentlicher Fernsprechstellen zu erweitern. 1906 kommen erst 1,1 Telefonapparate auf 100 Bewohner des Deutschen Reichs. In den meisten europäischen Ländern liegt der Durchdringungsgrad sogar unter einem Prozent.[75]

Bei Nutzung dieses Kommunikationsnetzes erfahren viele Beteiligte am eigenen Körper, wie gewöhnungsbedürftig Schnelligkeit ist und wie gefährlich sie sein kann. Vor allem die Vermittlungsstellen rücken dabei in den Mittelpunkt: die Telefonistin, das »Fräulein vom Amt«. Bei ihr laufen alle Drähte zusammen, und wenn diese heiß laufen, wenn die Anrufer in den Spitzenlastzeiten nicht schnell genug verbunden werden, kann es leicht zur Explosion kommen, und Konzentration und permanente Anspannung entladen sich in Geschrei und Tränen. Eine Telefonistin beschreibt diese für die Welt des ausgehenden Jahrhunderts völlig neuen Arbeitsbedingungen in hektischen Sätzen: »Sitzen Sie einmal, die siebente oder achte Stunde am Tag, das Mikrophon am Ohr, ein paar Dutzend Schnüre und Lampen und zehntausend Klinken vor sich, und alles durcheinander: Rufzeichen und Fragen, Verbindungen, Mithören, wieder Trennen und Zwischenfragen, Schlusszeichen und sieben Beschwerden; [...] ungeduldiges Lämpchenblinken und ›nochmals rufen‹ und einmal ›Feuerwehr‹ und dann die Aufsicht und dann das Fernamt, und wieder trennen. Und finden Sie einmal unter zehntausend Nummern die richtige in einer halben Sekunde und hauen Sie nicht daneben und behalten Sie im Kopf, dass der gelbe Stöpsel in dieser Klinke das, der grüne in jener dies, und der gekreuzte wieder etwas anderes bedeutet.«[76] Hinzu kommen die elektrisch-akustischen Belastungen durch Störgeräusche bis hin zu Stromschlägen durch Gewitter oder das ungeduldige Kurbeln eines Teilnehmers, wenn die Telefonistin bereits eingeschaltet ist. Jahr für Jahr steigt die Zahl der vermittelten Gespräche: Allein in der Phase der Rationalisierung zwischen 1925 und 1930 pro Telefonistin um rund 25 Prozent.[77]

In der modernen Welt der Jahrhundertwende sind die Telefonzentralen die Orte, in denen die Vibrationen der Geschwindigkeit Körper und Geist am heftigsten durchrütteln, bis an die Grenze des Erträglichen oder darüber hinaus beanspruchen und oftmals krank und ausgelaugt zurücklassen. Im Jahre 1902 kommt es in einer von Siemens neu eröffneten Telefonzentrale in Berlin zu einem kollektiven Nervenzusammenbruch, da die von der Reichspost installierten Verbindungslinien fehlerhaft sind und zu permanenten Störungen im Berliner Netz führen. Einer der beteiligten Techniker erinnert sich: »Die Anrufe stauten sich, die Fehlverbindungen häuften sich, die Mängel des Netzes brachten durch Übersprechen weitere Verwirrung. [...] Plötzlich riß sich eine der Telefonistinnen die Sprechgarnitur vom Kopf und brach in Schreikrämpfe aus, und dieses Beispiel wirkte ansteckend: wenige Augenblicke später war der Saal von schreienden und heulenden Frauen erfüllt, die von ihren Plätzen aufsprangen und zum Teil davonstürzten.«[78] Die Arbeit am »Schnellsprecher« erzeugt Stress, Ohrensausen, Kopfschmerzen und Schwindelgefühle. Sie ist aufgrund der Geschwindigkeit der Betriebsabläufe und der notwendigen hohen Konzentration äußerst nervenbelastend, mehr als alle bisherigen Tätigkeiten. Die Verantwortlichen lernen schnell, dass diese Art von Arbeit die Menschen sehr viel mehr und ganz anders beansprucht als die Arbeiten in mechanischen Spinnereien und Webereien. Sie reagieren umgehend und verkürzen den Arbeitstag der Telefonistinnen auf acht und sogar sieben Stunden, während gleichzeitig ein Großteil der Arbeiter noch um den Zehnstundentag kämpft. Sie führen die 42-Stunden-Woche ein sowie einen mehrwöchigen Sommer- und Winterurlaub.[79] Erste Versuche zur Automatisierung der Vermittlung laufen an.

Von allen diesen technischen Neuerungen zur Beschleunigung der Informationen geht ein magischer Zauber aus, ein kollektives Glücksgefühl, eine massenhafte Fortschrittseuphorie, zumal die Menschen aufgrund des rasant gestiegenen Innovationstempos den Fortschritt immer wieder neu berühren können. Das neue Kommunikationsmittel setzt die Menschen unter Strom, wird zum Herzschrittmacher und erhöht die Pulsfrequenz. Im Verbund mit den Eisenbahnschienen interpretiert man die Telegrafen- und Telefonleitungen als Muskelstränge und Nervenbahnen der fortschrittlichen Länder. Wenn sie unter Spannung stehen, kommt auch der wirtschaftliche Kreislauf in Fahrt, zirkuliert das Geld schneller, und an den Börsen steigen die Umsätze. Während der transkontinentale Verkehr weiter auf den relativ langsamen Seetransport angewiesen ist, stehen die Nachrichten über die zu vermittelnden Waren in Minuten zur Verfügung. Immer schneller reagieren die Märkte, und an den Terminbörsen schlagen sich die Nachrichten über Ernteausfälle, Erntemengen, Wetterbedingungen, politische Ereignisse und Vorräte augenblicklich in Preisbewegungen nieder. Die neue Kommunikationstechnologie erhöht die Transparenz der Märkte, verlangt den Beteiligten aber auch ein immer schnelleres Reaktionsvermögen ab, da Stunden und Minuten über Gewinn und Verlust entscheiden können.[80]

Die Funk-Telegrafie

Während das erste drahtgebundene Fernsprechnetz noch im Aufbau begriffen ist, präsentiert der junge Bologneser Autodidakt Guglielmo Marconi nach Experimenten mit elektromagnetischen Wellen im Jahre 1896 bereits einen ersten, noch unvollkommenen Sender für die drahtlose Telegrafie. Seit Beginn der elektromagnetischen Telegrafie hatten zahlreiche Techniker nach einer solchen drahtlosen Möglichkeit gesucht. Ausführlich berichteten die Fachzeitschriften über alle diese Experimente, die aber letztlich kein alltagstaugliches System hervorbrachten.[81]

Gleichzeitig mit Marconi versuchen auch einige andere, die durch die Experimente von Heinrich Hertz seit 1886/88 nachgewiesenen elektromagnetischen Wellen für den drahtlosen Sprechfunk zu nutzen. Auch die meisten dieser Versuche verlaufen im Sande. Marconi, dessen Ziel die drahtlose Verbindung des französischen und des englischen Telegrafennetzes über den Ärmelkanal hinweg ist, scheitert zwar damit, die britischen Behörden zum Kauf seines Patents zu bewegen, kann aber im Jahre 1897 mit Hilfe der englischen Telegrafenverwaltung die »Wireless Telegraph Company« gründen, die zwei Jahre später in Nordamerika ihre erste Niederlassung errichtet. Das Unternehmen verbindet zunächst die isoliert im Meer stehenden Leuchttürme mit dem Festland, ehe es über einen Kooperationsvertrag mit der britischen Admiralität die Marine mit Funkgeräten ausrüstet. Marconis Ziel ist Anfang des Jahrhunderts aber bereits sehr viel weiter gesteckt. Er möchte die weißen Flecken im weltumspannenden Telegrafennetz verschwinden lassen, das heißt vor allem die Meere, die von der drahtgebundenen Telegrafie nicht abgedeckt werden. Weiterhin sind die Schiffe, wenn sie den Hafen verlassen haben, für Nachrichten nahezu unerreichbar. Diese Lücke versucht Marconi im Jahre 1900 mit Gründung der »Marconi International Marine Communication Company« zu schließen.[82] 1901 unterzeichnet er mit Lloyd's of London einen Exklusivvertrag und stattet die Agenten des Versicherers in den wichtigsten Häfen rund um den Globus sowie die bei Lloyd's versicherten Schiffe mit Funkgeräten aus, wodurch die Londoner Zentrale stets auf dem Laufenden über ein- und ausgelaufene Schiffe ist. Bis 1907 sind die Sendegeräte zu kleinen Kraftwerken mit Leistungen bis zu 300 Kilowatt weiterentwickelt worden, sodass es Marconi auch gelingt, eine Funkstrecke nach Nordamerika sowie Landfunkstrecken in Europa, den USA und Australien aufzubauen und den Seekabelbetreibern Konkurrenz zu machen.

Den Monopolbestrebungen Marconis wie auch dem englischen Seekabelmonopol tritt vor allem das Deutsche Reich entgegen, und auf Druck der Militärbehörden gründen im Jahre 1903 Siemens & Halske und die A.E.G. gemeinsam die »Gesellschaft für drahtlose Telegraphie« (Telefunken), die bereits einige Jahre vor dem Ersten Weltkrieg neben Marconi den Schiffsfunk dominiert.[83] Eine internationale Konferenz für Funkentelegraphie beschließt angesichts der schnell ansteigenden Schiffspassagen im Jahre 1906 die Verkehrspflicht der Küsten- und Bordstationen untereinander. Der Zeitsignaldienst ermöglicht zudem eine präzisere Navigation und der meteorologische Funkdienst eine Vermeidung von Sturmgebieten. Als 1909 erstmals Menschen aus Seenot gerettet werden, weil das verunglückte Schiff mit Funk ausgerüstet ist, kann sich die drahtlose Telegrafie endgültig durchsetzen. Ihr verdanken beim Untergang der »Titanic« 828 Menschen ihr Leben. Die »schnellen Funken« stehen fortan auch für schnelle Hilfe.

Mit der drahtlosen Telegrafie beginnt in der Geschichte des Informationstransports eine neue Etappe. Die drahtgebundene Telegrafie hatte bereits den Versand und den Empfang von Informationen synchronisiert. Diese Gleichzeitigkeit war jedoch immer noch an feste Linien gebunden. So wie in der Zeit der Thurn und Taxis eine Beschleunigung des Landtransports auf die wenigen Postlinien beschränkt blieb, so auch nach 1850 der fast lichtschnelle Informationstransport über die Telegrafen- und Telefonlinien. Dagegen verbreiten die Funkwellen die Informationen flächendeckend, sie erobern den ganzen Raum, sie ermöglichen einen »Rundfunk«. Sie sind omnipräsent.

Kurz vor dem Ersten Weltkrieg ist ein weltweites Funknetz in den Bereich des technisch Möglichen gerückt. Das Deutsche Reich eröffnet 1906 in Nauen bei Berlin eine Großfunkstation, die Verbindung mit Togo und Deutsch-Südwestafrika aufnehmen und die deutschen Handels- und Kriegsschiffe auf dem Atlantik dirigieren kann. In Kalifornien strahlt der Universitätsmitarbeiter Charles Harrold 1909 einmal wöchentlich eine Nachrichtensendung und Musik aus, und 1915 stellt in der Nähe von Boston eine Gruppe von Studenten einen Sender mit ähnlichem Programm auf die Beine.[84] Zwei Jahre später veranstaltet Hans Bredow, der Leiter von Telefunken und »Vater des deutschen Rundfunks«, in der Nähe von Reims für die deutschen Soldaten mit Grammofonmusik die erste deutschsprachige Rundfunksendung, und im März 1921 erfolgt die erste Direktübertragung von Teilen der Oper »Aida« aus der Berliner Staatsoper. Bereits im Jahre 1926 beginnt sich die Reichspost zudem für die neue Technik des Fernsehfunks zu interessieren. Am 11. Mai 1928 überträgt Denes von Mihály erste Fernsehbilder mit einer Zeilennorm von 30 Zeilen von Wilmersdorf nach Charlottenburg, wo ein 4 x 4 cm großer Bildschirm noch kaum erahnen lässt, dass im bald anbrechenden Fernsehzeitalter die wichtigsten Ereignisse weltweit »live« miterlebt werden.[85]

Im Kraftfeld des Tempo-Virus

Die neuen Transportmittel des Industriezeitalters verändern die Welt innerhalb relativ kurzer Zeit und damit auch das Verhalten der Menschen. Eisenbahn,

Dampfschiff, Telegraf, Telefon und Funk lassen die Entfernungen vergessen, und ihr Siegeszug wird von den Menschen als Aufforderung verstanden, auch im übrigen Leben mit Geschwindigkeit fortzufahren. Seit etwa 1880 registrieren zeitgenössische Beobachter ein zunehmendes Hasten und Drängen, das auch vor dem Alltag nicht Halt macht. Die Gesellschaft ist von Nervosität befallen, so die weitverbreitete Diagnose. Ärzte sprechen von Nervenschwäche, von Neurasthenie als einer Massenerkrankung. Gegen Ende des 19. Jahrhunderts gilt dieser Zustand nervöser Erschöpfung als Zeichen der Zeit und Folge der technischen Zivilisation.[86] Populäre Zeitschriften haben den Schuldigen schnell ausgemacht: »Die Elektrizität, die wir uns so sehr unterthan gemacht haben, hat sich bitter an uns gerächt, indem sie sich in uns hinein verpflanzt hat und uns nun zwingt, mit aller nur denkbaren Anspannung und Schnelligkeit zu arbeiten.«[87] Eine Flut medizinischer Literatur ergießt sich über den Markt, und alle Untersuchungen kreisen um das eine Thema: Nervenschwäche, Nervosität, nervöse Leiden – Nichtmediziner sprechen von einer »amerikanischen Krankheit«. Ein Handbuch fasst im Jahre 1893 die Diskussion zusammen: »Zwei Worte sind es, die immer und immer wiederkehren, wenn man unsere Zeit und die heutige Gesellschaft charakterisieren will: ›Der Kampf ums Dasein‹ und das ›Zeitalter der Nervosität‹«.[88] Nervosität wird als eine Zivilisations- und Zeitkrankheit gesehen. Die Gesellschaftsanalytiker isolieren ganz unterschiedliche Krankheitserreger, einig aber sind sie sich in der enormen Beschleunigung des Lebens als Haupterreger. In der »Schweizerischen Zeitschrift für Gemeinnützigkeit« sieht ein Autor im Jahre 1890 die Gründe der Nervenschwäche im modernen Schnellverkehr: »In der guten alten Zeit ging man zu Fuss oder fuhr gemächlich mit der Postkutsche und erreichte gemüthlich sein Ziel; heutzutage geht's nur noch per Dampf und findet der Kaufmann Eisenbahn und Dampfschiff noch viel zu schneckenhaft langsam, um seine Geschäfte mit der nöthigen Geschwindigkeit abzuwickeln, denn ›Time is money!‹«[89] Die zunehmende Geschwindigkeit hat so eindeutige Auswirkungen auf die Gesundheit der Menschen, dass die Statistiker darin ein neues lockendes Betätigungsfeld sehen, um ihrer Sammelleidenschaft Genüge zu tun. Sie erfassen die Patienten mit nervösen Leiden und entdecken vor allem Buchdrucker, Eisenbahnangestellte und Telefonistinnen als extrem anfällig für die neue »Seuche«; sie sind den Beschleunigungskräften am heftigsten ausgesetzt.[90] In der Stadt, in der die Eisenbahn- und Telegrafenlinien zusammenlaufen und die meisten modernen Fabriken mit ihren schnelldrehenden Maschinen ihren Standort haben, erreicht diese Hektik ihren Gipfel.

Dies sind die Extreme. Doch auch der größte Teil der übrigen Bevölkerung bleibt um die Jahrhundertwende von der Beschleunigung des wirtschaftlichen und gesellschaftlichen Lebens nicht unberührt. Die meisten Städter wanken an jedem Abend in einer Art Betäubung, einem geistigen Dämmerzustand, mit fliegendem Puls in ihre Wohnungen zurück, weil den gesamten Tag über vieles auf sie eingewirkt hat: ein Blitzgewitter aus zuckenden optischen Eindrücken, grellen Farben, vorbeihastenden Gestalten, Gesichtern und vorbeifliegenden Objekten, ein Stakkato aus lauten und leisen Tönen, wechselnden Gerüchen, ein Hagelgewitter aus Reizen aller Art, ein Big Bang, der niemanden in Ruhe lässt.

Immer mehr Menschen fühlen sich durch das Leben gehetzt: von den Maschinen, die den Arbeitsrhythmus bestimmen, von der Konkurrenzwirtschaft, die einen immanenten Zwang zur Beschleunigung entwickelt, von den minutengenauen Terminen, die sich in der arbeitsteiligen Wirtschaft rasch vermehren, von der spektakulären Transportbeschleunigung, die im öffentlichen Bewusstsein Fortschritt und Tempo zu Synonymen werden lässt. Ein Indiz dieser Entwicklung ist die zunehmende Verbreitung von Armbanduhren seit dem ausgehenden 19. Jahrhundert, die nicht mehr wie die Taschenuhren als Luxusaccessoire und Statussymbol dienen, sondern ebenso wie die überall präsenten öffentlichen Uhren als Kontroll- und Lenkungsinstrumente.[91] Sie wirken wie erhobene Zeigefinger, mahnen, auf die Zeit zu achten und sich zu sputen, um Verspätungen zu vermeiden. Sie rufen permanent zur Zeitdisziplin auf, so wie sie der Bevölkerung in einem über Jahrhunderte laufenden Prozess der Sozialdisziplinierung beim Militär sowie in Schule, Arbeitshaus und Fabrik eingeimpft und eingebläut worden ist. Sie weisen darauf hin, dass eine arbeitsteilige Wirtschaft nur bei Beachtung von Pünktlichkeit funktionieren kann. Pünktlichkeit aber heißt, Termine einzuhalten, und wo Termine existieren, entsteht Zeitdruck, der bei einigen wenigen Terminen noch kaum wahrgenommen wird, bei höherer Anzahl aber schnell in Zeitnot umschlägt, da alle unverzichtbaren Tätigkeiten wie Essen, Schlafen oder der Gang zur Arbeit in der übrigen Zeit zu erledigen sind, vielfach in einem kürzeren Zeitraum.[92] Die standardisierte Zeit, die den Menschen mit den Uhren an die Hand gegeben wird, dient primär als Ordnungsfaktor, wirkt seit der Hochindustrialisierung aber auch als Beschleunigungsinstrument.

Ohne Zweifel demonstrieren die ersten schnell laufenden Maschinen der noch jungen Industrie für alle augenfällig, welche Wohlstandssteigerungen mit einer Beschleunigung der Produktion zu erzielen sind und welche Kräfte durch die Zeitökonomie freigesetzt werden. Karl Marx spricht von der »Ökonomie der Zeit, darein löst sich schließlich alle Ökonomie auf«, und prophezeit einen immanenten Zwang zur Beschleunigung in der kapitalistischen Produktion.[93] Über das ganze 19. Jahrhundert hinweg sind fast allein die Maschinen die Träger dieser Produktionsbeschleunigung, während die Menschen noch Randfiguren bleiben. Von ihnen wird zunächst lediglich Pünktlichkeit und Präsenz verlangt, nicht jedoch schnelleres Arbeiten. Sie behalten auch in der Fabrik ihre überkommene extensive Arbeitsweise der vorindustriellen Zeit bei, zumal eine noch sehr störanfällige Technik und eine noch wenig ausgefeilte Betriebsorganisation, saisonale Auftragsschwankungen und Engpässe bei der Rohstoffversorgung sowie ein Unterlaufen der Vorschriften ein relativ langsames Arbeiten erlauben. Von einem beschleunigten und optimierten Arbeitsrhythmus, so wie er seit dem frühen 20. Jahrhundert mit dem Taylorismus zur Anwendung kommt, ist man in der zweiten Hälfte des 19. Jahrhunderts noch weit entfernt. Daher versuchen die Unternehmer die Rentabilität ihrer Maschinen zunächst kaum einmal durch eine Intensivierung der Arbeit, vielmehr durch eine Verlängerung der Arbeitszeit sicherzustellen, die in den 1860er Jahren in der Textilindustrie mit durchschnittlich 85 bis 100 Stunden pro Woche ihren Höhepunkt erreicht. Die Länge der Arbeitszeit und die Extensivität der Arbeit bedingen sich gegenseitig. Überall dort, wo die Arbeit große Kraftanstrengungen verlangt wie etwa im Steinkohlenbergbau, fallen die Arbeitszeiten kürzer aus. Sie verringern sich erst im letzten Drittel des 19. Jahrhunderts beziehungsweise müssen verringert werden, als sich mit dem technischen und organisatorischen Fortschritt die Arbeit verstetigt und intensiviert.[94]

Das neue rasante Lebenstempo hat die Gesellschaft der zweiten Hälfte des 19. Jahrhunderts noch lange nicht völlig durchdrungen. Noch immer ist Europa in dieser Hinsicht zweigeteilt. Hier das platte Land, das sich allen Beschleunigungsimpulsen weiterhin hartnäckig und selbstbewusst widersetzt und mit Verweis auf die Kosten den Einsatz von Maschinen ablehnt, dort die Städte als industrielle Standorte, die sich als wahre Geschwindigkeitsmagneten erweisen, in denen die Beschleunigungsimpulse gierig aufgegriffen werden und das Leben umgestalten, in denen sich die Geschwindigkeit permanent verdichtet und entlädt, wo der Einzelne aber auch unter der Last der zunehmenden Hetze bisweilen laut aufstöhnt und das Tempo der Großstadt als Teufelswerk verflucht. Zudem hat die Industrialisierung selbst die am weitesten entwickelten Länder nicht flächendeckend durchdrungen. Fabrikstandorte und Eisenbahnlinien bilden lediglich Inseln innerhalb einer ansonsten agrarisch dominierten Welt. Doch sorgen das sich schnell verdichtende Verkehrsnetz, der Ausbau der technischen Netzwerke in den Städten, die zunehmende Binnenwanderung und die neuen Medien dafür, dass die neuen Tempomacher, die Lebensweisen und Ideen auch dem letzten Hinterwäldler bald bekannt werden.

Zudem nimmt die Zahl der Tempomacher weiter zu und reißt immer mehr Menschen mit. Gegenüber der Mitte des 18. Jahrhunderts, als die relativ wenigen

Postlinien als weitmaschiges und dünnes Gewebe auf den Landkarten noch kaum zu erkennen waren und die wenigen Arbeitsbeschleuniger – Mühlen und Druckerpressen zumal – kaum zur Verbreitung des Geschwindigkeitsvirus beitragen konnten, haben sich 100 bis 150 Jahre später die Erreger in zahlreichen Lebensbereichen eingenistet, sodass kaum noch jemand an ihnen vorbeikommt, ohne sich zu infizieren – die Städter allemal, immer öfter aber auch die Bewohner der Dörfer. Eine knappe Auflistung genügt, um zu zeigen, wie sich die »Ökonomie der Zeit« nach 1850 rasch ausbreitet. Einige der ersten großen Tempomacher des frühen 19. Jahrhunderts gelten bereits als zu langsam und werden auf das Abstellgleis geschoben. Die Schnellpost macht den Anfang. Auch die Dampfmaschine, noch einige Jahrzehnte zuvor als das Nonplusultra an Geschwindigkeit gefeiert, verliert ihr Monopol als Beschleunigungsfabrik, und die neuen Gasmotoren von Lenoir und Otto, die Verbrennungsmotoren von Daimler und Benz sowie die Elektromotoren von Siemens erobern seit dem ausgehenden 19. Jahrhundert Bereiche, in die die Dampfmaschine als schwergewichtiger und plumper Antrieb nicht vordringen kann: das Handwerk, die Landwirtschaft und den Individualverkehr. Männern wie Nikolaus August Otto und Gottlieb Daimler schwebt eine umfassende Motorisierung aller Lebensbereiche vor: der Produktion und des Straßenverkehrs. Im Gartenhaus in Cannstatt konstruieren Daimler und Maybach ab 1882 kleine schnell laufende Verbrennungsmotoren, die sie in Zweiräder, Kutschen und Boote einbauen, mit denen sie Feuerspritzen, Schienenfahrzeuge und Luftschiffe bestücken.[95] Im Kraftwerksbetrieb genügt die Dampfmaschine mit ihrer Hin- und Herbewegung der Kolben und ihren maximal 300 Umdrehungen in der Minute den neuen Anforderungen ebenfalls nicht mehr. Seit den 1890er Jahren stößt die Dampfturbine in neue Geschwindigkeitsdimensionen vor und bringt die Turbogeneratoren auf 3 000 bis 3 600 Umdrehungen in der Minute.[96] Ferner erfahren Maschinen aus den Anfangsjahren der Industriellen Revolution eine weitere Beschleunigung. In der Textilindustrie brachten es die »Mules« über Jahrzehnte hinweg auf 1 500 Umdrehungen; in den 1880er Jahren sind für die neuen Ringspindeln 5 000 bis 8 000 Umdrehungen Standard.

Überall feiert der Schnellbetrieb Triumphe. Seit 1856 gelingt es mit dem Bessemer-Verfahren, in nur noch 20 Minuten nahezu kohlenstofffreies, schmiedbares Eisen zu erzeugen. Die hoch qualifizierten Puddler haben jetzt mehr und mehr ausgedient und müssen Aufsehern weichen, die anhand von Stoppuhr und Spektroskop die Eisen- und Stahlherstellung steuern. Seit den 1870er Jahren demonstrieren zudem die Amerikaner mit Hilfe technischer und arbeitsorganisatorischer Maßnahmen, was sie unter einem Schnellbetrieb verstehen. Während ein Puddelofen über eine Tagesleistung von fünf Tonnen kaum hinauskommt, werden im Stahlwerk von Andrew Carnegie in Pittsburgh innerhalb von 24 Stunden bis zu 50 Chargen in 5- bis 10-Tonnen-Konvertern geblasen und diese Geschwindigkeitsrekorde groß herausgestellt.[97] Es ist kein Zufall, dass Frederick W. Taylor, der wichtigste Propagandist der Rationalisierungsbewegung des frühen 20. Jahrhunderts, seine Ausbildung in der Stahlindustrie der USA erfährt, wo auch in den Walzwerken die Geschwindigkeit immer neue Triumphe feiert: 1840 schafft ein Walzgerüst 3,2 Tonnen pro Tag, 1879 ein neues Duo-Reversier-walzwerk bereits 350 Tonnen, sechs Jahre später 700 Tonnen und um 1900 in der Spitze 2 000 Tonnen.[98] Diese kontinuierlichen Walzstraßen befördern das heiße Metall mit der Geschwindigkeit eines Eisenbahnzugs.

Gleichzeitig erlaubt die neue Generation der Werkzeugmaschinen die noch schnellere Produktion von passgenauen, genormten und daher rasch austauschbaren Einzelteilen etwa für kleine Feuerwaffen und Nähmaschinen. Samuel Colt und Isaac Merritt Singer gelangen mit ihrer Interpretation von Geschwindigkeit ebenso zu geschäftlichem Erfolg und Ruhm wie die Erfinder und Organisatoren, die bei der Verkürzung der Transportzeiten das Kommando führten und weiterhin führen. Gerade im industriellen Produktionsprozess suchen die Ingenieure, alle Bremsen zu lösen. Die in den 1880er Jahren entwickelten Zigarettenmaschinen stoßen an einem Arbeitstag 100 000 Zigaretten aus.[99] In der Chemischen Industrie beginnt an der Wende zum neuen Jahrhundert eine hektische Suche nach geeigneten Katalysatoren zur Beschleunigung großtechnischer Verfahren, und im Werkzeugmaschinenbau erlauben die von Frederick W. Taylor zur Jahrhundertwende eingeführten neuen Schneidewerkzeuge aus so genanntem Schnellstahl eine Verdopplung der Schnittgeschwindigkeiten.[100] In der Schwerindustrie hatte bereits zuvor die Erfindung des Dampfhammers die Wucht und Geschwindigkeit der Schläge um ein Mehrfaches erhöht. Geschwindigkeit findet in der industriellen Produktion ihren Ausdruck in schnelleren Bewegungen der Maschinen sowie in einem größeren Ausstoß pro Zeiteinheit.

Die neuen Höchstgeschwindigkeiten bringen aber nur dann Erfolg, wenn sie die Maschinen nicht überfordern, wenn diese nicht heiß laufen. Viele Fabrikanten müssen eine Menge Lehrgeld bezahlen, weil sie zwar die schnellsten Maschinen installieren, der notwendigen Schmierung aber wenig Beachtung schenken. Im Laufe der Zeit erlernen sie aber die Unterschiede in den Gefrier- und Schmelzpunkten, in der Viskosität und der Brennbarkeit, in ihrer Neigung zu verkleben oder dickflüssig zu werden. Die Einführung der Mineralöle und Mineralfette in den 1850er Jahren hatte neue Möglichkeiten eröffnet. Ebenso wichtig sind jedoch auch die neuen Methoden, die sich schnell drehenden Maschinenteile zu ölen, ohne die ganze Maschine abstellen zu müssen. Einen entscheidenden

Fortschritt bringt seit 1890 die Druckschmierung. Sie kommt zuerst in den Dampfmaschinen zur Anwendung, bald auch in anderen Maschinen. Ebenso wird die Reibung durch den Einbau von Kugellagern reduziert, deren Prinzip zwar schon lange bekannt ist, doch erst die Entwicklung von Präzisionsmaschinen und harten Stählen macht das Kugellager gegen 1880 zu einem industriell verwertbaren Instrument. Die Radfahrer ziehen als Erste Nutzen daraus.[101]

Auch das Druckgewerbe wird von dem neuen Tempo mitgerissen. Die Rotationsmaschine erhöht nach mehrfacher Verbesserung im 19. Jahrhundert die Druckgeschwindigkeit gegenüber der alten hölzernen Handpresse schließlich um das Viertausendfache. In der Schriftgießerei hatte in den 1830er Jahren die Handgießmaschine eine Beschleunigung um das Fünffache gebracht, ehe gegen Ende des Jahrhunderts die Komplettgießmaschine eine weitere Steigerung um den Faktor fünf erlaubt. 1886 erfährt endlich auch das entnervend langwierige Setzen von Texten, das noch immer auf die gleiche Art wie zu Gutenbergs Zeiten erfolgt, durch Mergenthalers Linotype eine entscheidende Beschleunigung.[102] Gegen die zeitraubende Prozedur der Handschrift geht Remington an und bringt 1874 die erste brauchbare Schreibmaschine in den Handel. Ihre Fortschrittlichkeit lässt sich anhand der Anschlaggeschwindigkeit messen. Bei der bildlichen Wiedergabe der Realität sehen sich die Landschaft- und Porträtmaler seit 1835/37 durch die Daguerreotypie bedrängt, die nach wenigen Jahren bereits durch die Kalotypien von William Henry Fox Talbot Konkurrenz erhält, die lediglich wenige Sekunden Belichtungszeit benötigen und nicht mehr Minuten, wie Daguerres Glasplatten.[103]

Im Dienstleistungsbereich bezieht ein Heer von Helfern Position, um Tätigkeiten zu erleichtern und zu beschleunigen. Das Telefon ist ein Beispiel, Rechen- und Schreibmaschine, Registrierkasse und Holleriths Lochkartensystem sind andere. Seit dem ausgehenden 19. Jahrhundert werden Jahr für Jahr auf immer neuen Feldern traditionelle Tempi für ungültig erklärt und Geschwindigkeitsübertretungen mit Hilfe von Maschinen zum Imperativ erhoben.[104] Auch die Entwicklung der Presse ist vom Diktat der Geschwindigkeit geprägt. Die neuen Tageszeitungen leben vom schnellen Wechsel der Ereignisse, von der Überbietung, von der Aktualität, vom Verlangen nach einer noch aktuelleren Berichterstattung: »fliegende« Blätter und »fliegende« Worte, die ebenso schnell wieder verschwinden wie sie auftauchen. Egon Friedell spricht in seiner »Kulturgeschichte der Neuzeit« vom »Heraufkommen eines neuen Tempos« mit Blitzzügen, Telefon und Telegraf. »Dieses ebenso komplizierte wie zentralisierte Kommunikationssystem verleiht dem Menschen nicht bloß eine erhöhte Beschleunigung, sondern auch Allgegenwart: seine Stimme, seine Schrift, sein Leib durchmisst jede

Entfernung, sein Stenogramm, seine Kamera fixiert jeden kürzesten Eindruck. Er ist überall und infolgedessen nirgends«.[105]

Zusammenfassung

Die Idee des dynamischen Fortschritts wird zum alles beherrschenden Dogma des ausgehenden 19. Jahrhunderts. Techniker, Erfinder, Forscher und wagemutige Unternehmer sind die neuen Heroen dieses Zeitalters. Die Eilmeldungen von ihren Taten sind Teil dieser rauschhaften Fortschrittseuphorie, die erwartungsvoll in die Zukunft blicken lässt.[106] Bereits in den 1860er Jahren veröffentlicht der Franzose Jules Verne seine ersten wissenschaftlich-phantastischen Romane, in denen die utopisch anmutenden Überwindungen von Raum und Zeit, die Tilgung von Entfernung mit Hilfe des technischen Fortschritts, als durchaus realisierbar erscheinen: »Von der Erde zum Mond«, »20 000 Meilen unter'm Meer« oder » Die Reise um die Erde in 80 Tagen«. Das Sensationelle dieser Reise von Phileas Fogg und seines Dieners Passepartout ist schon nicht mehr so sehr die Zahl der benötigten Tage, sondern dass sich auf sie wetten lässt, dass die Reisenden sicher sein können, am Samstag, dem 21. Dezember, wieder im Londoner Reform Club zu sein. Schwierigkeiten bereitet nur noch die Synchronisation der Chronometer. Zur ihrer eigenen Sicherheit macht sich die große Weltgemeinschaft alsbald daran, auch das auf die Reihe zu bringen. Das ausgehende 19. Jahrhundert wird mit einer Vielzahl an Erfindungen und technischen Neuerungen konfrontiert, die das Zeitgefühl nachhaltig tangieren. Zeit und Raum werden von immer mehr Menschen neu erfahren.

Bereits seit der Aufklärung ergeht an die Menschen die Botschaft, für diesen Fortschritt zu kämpfen, und diese Aufforderung wird zunehmend mit Nachdruck vorgetragen. »Effizienz« lautet einer der Schlüsselbegriffe der Jahrhundertwende, und das Streben nach Effizienz wird zu einer moralischen Pflicht des Einzelnen und ganzer Gruppen. Dahinter verbirgt sich die Verpflichtung, die Zeit optimal zu nutzen, schneller zu arbeiten und schneller zu leben, letztendlich der Wunsch, die Kürze des Lebens durch Schnelligkeit zu verlängern, mehr und mehr in die Lebensspanne hineinzuzwingen, in einem Normalleben ein Doppeloder Dreifachleben zu führen. Beschleunigung soll dem Leben zu praller Überfülle verhelfen. Die Tempomacher übernehmen das Kommando und beschleunigen nicht nur die Schritte der Städter, sondern verändern auch deren Einstellung zu Dynamik und Tempo, welche fortan teils zum Selbstzweck werden.

7. Zeit des Sports

Rasende Menschen

Mit der Uhr in der Hand kann der Mensch erkennen, wie sehr er seit Beginn der Industrialisierung seine Bewegungen im Raum beschleunigt hat, wie er mit Hilfe von Dampf und Elektrizität beim Transport von Personen, Waren und Nachrichten in ganz neue Geschwindigkeitsdimensionen vorgestoßen ist, ebenso bei der Produktion von Gütern. Anhand aller technischen Neuerungen wird jedoch nur schwer sichtbar, in welchem Maße die immer schneller ablaufenden Prozesse, schnelleren Maschinen und Transportmittel das Denken der Menschen verändert haben. Die technische Beschleunigung erlaubt keine Rückschlüsse auf eventuelle Veränderungen von Normen und Werten. Es bleibt die Frage, ob »Schnelligkeit« auf der gesellschaftlichen Werteskala ein Aufstieg gelang und ob sie verinnerlicht, ob die Menschheit vom Tempovirus infiziert wurde. Eine Antwort geben die Veränderungen im Sport mit ihren neuen Bewegungsformen, Leistungsnormen und Sportarten sowie einer neuen Einstellung der Bevölkerung zu Leibesertüchtigung und modernem Sport.

Die Abkehr von den Raufereien

Im 19. Jahrhundert verändern die Leibesübungen ihre Gestalt grundlegend.[1] Sie steigen in Form des modernen Sports zu einer gesellschaftlichen Macht auf, formen eine eigene Sprache und kreieren eigene Helden und Stars. In den Augen dieser neuen Bewegung ist die frühneuzeitliche Kraftkultur schon lange Geschichte und wird mit ihrem Hang zu Raufereien und Gewalttätigkeiten von den Herolden der neuen Sportkultur, vom Bürgertum zumal, als unzivilisiert und nicht leistungsorientiert abgetan. Zwar hatte bereits das frühneuzeitliche Bürgertum die Exzesse des oft blutrot gefärbten männlichen Kräftemessens stiernackiger Raufbolde etwas dämpfen können, doch rangierte das Kraftideal im 16. und 17. Jahrhundert weiterhin ganz oben auf der Werteskala. Kampfähnliche Freizeitvergnügen wie gewalttätige Ballspiele oder das Rippen brechende Ringen Mann gegen Mann wurden lebhaft beklatscht, wogegen Geschicklichkeit und Ästhetik zunächst kaum Zuschauerinteresse fanden. Gefordert wurden zwar Leistungsvergleiche, jedoch ging es dabei nicht um messbare Leistungen, sondern einzig um den Sieg. Nach dem Dreißigjährigen Krieg veränderten sich partiell Vorlieben und Verhalten, ohne dass die Geschwindigkeit ins Blickfeld rückte. Es dominierten neben den alten bürgerlich-bäuerlichen Spielen zu Kirchweih und Schützenfest die adligen Exerzitien. Gerade der europäische Hofadel vergnügte sich seit dem 16. Jahrhundert an pomphaften Ritterspielen mit großem Verkleidungs- und Dekorationsaufwand, an so genannten Carrousels, und ein Jahrhundert später am Reiterballett mit seiner Prämierung von Zucht, Ordnung und Disziplin. Bei dieser geometrisch-rhythmischen Raumkunst mit ihren Capreolen, Piaffen und Pirouetten fand die gezügelte, disziplinierte Bewegung den Beifall der Zuschauer, nicht das aufgepeitschte und angespornte Jagen mit größtmöglichem Tempo. Normen und Regeln standen im Vordergrund – fein, galant, geschickt, perfekt, manierlich, vollkommen und zierlich hatten die Bewegungen zu sein. Beim Tanz ging es nicht um eine Steigerung, sondern um Beachtung des rechten Tempos.[2]

Allmählich jedoch entdeckte eine stetig größer werdende Gemeinde von Pferdeliebhabern das Prickeln der Geschwindigkeit. Pferderennen hatte es bereits in der Volksspielkultur der frühen Neuzeit gegeben, teilweise auch in der Adelskultur. Daraus entwickelte sich im 17. und 18. Jahrhundert in England eine Rennform, bei der es vermehrt auf Zeit und Geschwindigkeit ankam. Die Antriebskräfte waren weniger sportlicher Natur; diese Wettkämpfe waren buchstäblich Wett-Kämpfe. Man wettete, ob jemand eine vorher festgelegte Leistung vollbringen konnte oder nicht. Hierzu aber mussten die Konditionen festgelegt werden: die Länge der Strecke und die Zeit. Dazu wiederum benötigte man Uhren, Stoppuhren zumal, die in England bereits seit 1731 tickten.[3] Accessoires dieser »Matches against time« und »Turfs« wurden Wetten, Rennkalender, Siegerpreise, das Wiegen der Jockeys, systematisches Training und Zucht auf Schnelligkeit. Seit 1721 maßen die Veranstalter die Wettzeiten in Sekunden und seit 1757 in halben Sekunden.[4] Schon im 18. Jahrhundert notierten sich Adel und Bürgertum die großen Rennen auf den ovalen Bahnen in Newmarket, Ascot, Epsom oder Doncaster als wichtige Daten im Kalenderjahr. Der endgültige Durchbruch dieser Pferderennen zu Großveranstaltungen erfolgte aber erst Ende der 1830er Jahre, als die Eisenbahn den schnellen und billigen Transport von Pferden und Menschen erlaubte.[5]

In Deutschland wie auf dem übrigen Kontinent dominierte derweil weiterhin das adlige Exerzitienreiten mit seiner Vorliebe für schöne Formen und Figuren. Aber seit Mitte des 18. Jahrhunderts zeichneten sich parallel zu den geistigen, gesellschaftlichen und wirtschaftlichen Umwälzungen erste Veränderungen ab: Wettritte von Studenten und Parforcejagden kamen in Mode, und Friedrich II. trimmte seine Kavallerie darauf, den Feind »mit der größten Geschwindigkeit und Force zu attackiren«.[6] Zunächst erfreuten sich die klassischen Reitschulen noch regen Zuspruchs, aber seit der Französischen Revolution und dem Beginn des neuen Jahrhunderts blieben die Schüler aus. Als schließlich Dampfkraft und Telegraf beginnen, Produktion und Transport zu revolutionieren, und das auf die Ökonomie der Zeit eingeschworene Bürgertum die gesellschaftlichen Normen verändert, wirken Rossballett und barockes Figurenreiten verstaubt und anachronistisch. Die Spanische Hofreitschule ist »out« – sie wird zum Museum.[7] »In« sind dagegen englische Pferderennen, wobei auf dem Kontinent der Wettbetrieb eine eher untergeordnete Rolle spielt, sodass der Besuch der Rennbahn auch für das leistungsorientierte Bürgertum zu einem respektierten Vergnügen wird. In Deutschland treffen sich die Turffreunde erstmals 1805 auf den Elbwiesen bei Dresden und 1810 auf der Theresienwiese in München. In Doberan in Mecklenburg eröffnet 1822 die erste Pferderennbahn – bis 1840 folgen 24 weitere. 1828 wird mit dem »Berliner Verein für Pferderennen und Pferdedressur« der erste deutsche Rennclub gegründet, 1867 in Berlin der für die weitere Renngeschichte sehr wichtige »Union-Club zur Förderung der Pferderennen und der Pferdezucht in Deutschland« als nationaler Verband. Die Rennen mit ihren einfachen Erfolgskriterien sind ganz nach dem Geschmack der Zeit. Leistungen sind hier ohne Fachkenntnis allein mit Hilfe der Uhr messbar, wogegen dem Figurenreiten ein dicker Regelkatalog zugrunde lag, den nur wenige verstanden. Im Jahre 1863 erlebt Deutschland auf 36 größeren Rennbahnen 428 Rennen, bei denen 2 820 Pferde an den Start gehen.[8] In Paris lockt gleichzeitig der seit 1863 ausgetragene »Grand Prix de Paris« jährlich mehr als hunderttausend Zuschauer in das Hippodrome von Longchamp.[9] Bald kommen neue Rennarten hinzu: Trabrennen, Hindernisrennen und Jagdrennen. Immer ist es die Geschwindigkeit, die fasziniert – sie wollen die Menschen in immer neuen Formen erleben.

Während des 19. Jahrhunderts nimmt sich der europäische Kontinent England in zahlreichen Bereichen zum Vorbild. Die kontinentaleuropäische Wirtschaftsentwicklung folgt dem englischen Weg in Landwirtschaft und Industrie, Schiffs- und Eisenbahnbau, Versicherungswesen und Wirtschaftspolitik. Auch im Sport übernimmt der Kontinent die englischen Kriterien, die auf eine permanente Steigerung der Leistungen nach der Uhr angelegt sind. Das Rudern ist ein

Beispiel. Es hatte sich auf der Insel bis Anfang des 19. Jahrhunderts aus dem professionellen Watermen-Wettrudern auf der Themse über das Schülerrudern zum Vereinssport entwickelt und war in den 1830er Jahren über Hamburg, diesem Einfallstor für englische Waren und Ideen, nach Deutschland gelangt. 1836 gründen hanseatische Kaufleute den »Hamburger Ruderclub«, und ab 1844 findet auf Veranlassung eines Engländers jährlich eine Ruderregatta auf der Alster statt. 1858 folgen Bad Ems und 1862 Kiel, in schneller Folge weitere Städte. Seit den 1870er Jahren begnügen sich die Ruderer zudem nicht mehr damit, aus einer Regatta als Sieger hervorzugehen, sie wollen auch die Leistungsfähigkeit der Boote – und das heißt deren Geschwindigkeit – steigern. Die in den Rennen eingesetzten Skiffs, Zweier und Vierer erhalten Ausleger, um die Hebelverhältnisse zu verbessern, ebenso Rollsitze. Trainer entwerfen genaue Haltungsanweisungen beim Wasserfassen, Durchziehen, Ausheben und Vorrollen. Jede Teilbewegung wird zur Erzielung einer möglichst hohen Geschwindigkeit exakt vorgegeben und kontrolliert. Der 1883 gegründete Deutsche Ruderverband verabschiedet schließlich ein allgemeines Regatta-Reglement, legt die Bootsklassen fest sowie eine einheitliche Renndistanz von 2 000 Metern.[10] Die einzelnen Rennen sollen über die erreichte Geschwindigkeit miteinander vergleichbar sein.

Auf ähnliche Weise kommt das Segeln als Wettkampfsport nach Deutschland. Auch hier ist England, wo die Bevölkerung die Wettfahrten der großen Dreimastsegler und Klipper von Asien nach Europa mit schnell schlagendem Puls verfolgt, das große Vorbild. Für die modernen Segelfreunde sind die traditionellen Korsofahrten und Picknickausflüge »out«. Seit etwa 1845 zählt in erster Linie Tempo und nochmals Tempo. Bei den Regatten Anfang der 1850er Jahre gehen bereits mehr als 20 Yachten an den Start.[11]

Eine ähnliche Entwicklung nimmt die Leichtathletik. Die Übungen der griechischen Antike waren in der frühen Neuzeit zu bloßen Anhängseln von Schützen- und Dorffesten herabgesunken. Sie dienten zur Volksbelustigung und gingen während der volkstümlichen Hanswurstiaden mit anderen skurrilen Wettläufen von Dicken und Dirnen, Greisen und Krüppeln, in einem laut grölenden Juxfestival auf, bei dem das Bier in Strömen floss. Mit Schaum vor dem Mund und Tränen in den Augen bejubelte die Masse die dickwanstigen Kraftkerle, die einen schweren Feldstein weiter als andere wuchten oder eine Tonne Salz auf einer Hand tragen konnten. Lautstark prosteten die Menschen dem Sieger beim Fingerhakeln oder Baumstammwerfen zu. Es ging um Kraftbeweise und um Spaß – gefragt waren Rennen, bei denen sich die Läufer gegenseitig behinderten. Raufereien rangierten vor Rekorden – Letztere wären zu langweilig gewesen.

Im 18. Jahrhundert gelang es den Obrigkeiten, diese dörflichen Kraft- und Spielexzesse durch Verbote teilweise zurückzudrängen und durch quasimilitärisches Exerzieren, bei dem es auf Haltung und Ordnung ankam, zu ersetzen. Aus den ungebändigten Schützenfesten entwickelten sich gezügelte »Trill- und Schießtage«.[12] Gleichzeitig stand die adlige Exerzitienkultur leichtathletischen Übungen noch immer ablehnend gegenüber und achtete weiterhin auf Ästhetik, auf anmutige Bewegungen – so wurde Leistung definiert. Auch als die Philanthropen unter dem Einfluss der Aufklärungsphilosophie und der pädagogischen Lehre Rousseaus gegen Ende des 18. Jahrhunderts in den neuen Lehranstalten ein Programm der körperlichen Ertüchtigung entwickelten und Gesundheit, Kräftigung und Abhärtung als Ziel vorgaben, achteten sie zunächst in erster Linie auf eine harmonische Erziehung von Körper und Geist.[13] Nach Basedow hatte der künftige Mann neben den ritterlichen Exerzitien des Tanzens, Fechtens und Reitens Geschicklichkeit zu üben, indem er auf Berge kletterte, am Seil hangelte und über schwaches Eis oder schmale Balken balancierte. Er hatte andere aus dem Wasser zu retten und sich gegen Hunde zu wehren.[14]

Aber bereits nach wenigen Jahren zeichnet sich eine eigenständige Bewegung in Richtung auf den modernen Sport ab, die unabhängig vom Geschehen in England ihren Weg nimmt. Mit Johann Christoph Friedrich GutsMuths, dem deutschen Reform- und Turnpädagogen des ausgehenden 18. Jahrhunderts, beginnt die Wende. In der 1784 von Christian Gotthilf Salzmann gegründeten philanthropischen Erziehungsanstalt in Schnepfenthal stehen Laufen, Werfen, Springen, Geräteübungen und Spiele auf dem Stundenplan, wobei GutsMuths – und das ist neu – die Leistungen jedes einzelnen Schülers »bis auf den Zoll und das Quintlein« protokollieren lässt, so etwa beim Laufen und Springen. Er fordert nachprüfbare Leistungen, die er mit selbst entwickelten Methoden zu steigern versucht und mit Metermaß, Waage und Uhr kontrolliert. Die Schulzeitung protokolliert Jahr für Jahr die »immer größere Vollkommenheit« der Zöglinge, und das heißt ihre Leistungssteigerungen, ausgedrückt in Sekunden, Schuh und Zoll. GutsMuths stellt Vergleiche über Länder- und Epochengrenzen hinweg an: Er vergleicht die Schnepfenthaler Laufleistungen mit denen der griechischen Antike und ihre Schwimmleistungen mit denen aus Dänemark. Jede Höchstleistung wird gefeiert, und der bekränzte Sieger auf Schultern und unter Trommelbegleitung nach Hause getragen. Hier hält das bürgerliche Gedankengut mit Rechenhaftigkeit, Buchführung, Leistung und Jagd nach Erfolg auch in der Leibeserziehung Einzug. Im Vergleich zum modernen Leistungssport des 20. Jahrhunderts fehlen lediglich Spezialisierung und die kollektive Identifikation mit nationalen Leistungen. GutsMuths 1793 erstmals erschienenes Werk »Gymnastik für die

Jugend« entspricht offenbar ganz dem Denken dieser auf vielen Gebieten sehr dynamischen Zeit. Es findet in der westlichen Welt über zahlreiche Übersetzungen, Raubdrucke und Plagiate eine breite Resonanz. Wenn sich GutsMuths auch später in der Hochstimmung der Befreiungskriege mehr dem Turnen zuwendet und seine Gymnastik in ein vaterländisch-soldatisches »Turnen« überführt, so steht er doch mit am Beginn des modernen Sports mit seinem »Schneller, Höher, Weiter«. Nach ihm plant Friedrich Ludwig Jahn sogar, die »Namhaftmachung« ausgezeichneter Leistungen unter genauer Angabe von »Raum- und Zeitmaß« bei Schnell- und Dauerläufen.[15]

Zunächst aber treten im Verlauf des 19. Jahrhunderts beim Turnen die Geräteübungen mehr und mehr in den Vorder- und die Leistungsübungen in den Hintergrund. Seit Beginn des neuen Jahrhunderts setzen sich zunächst konkurrierende Modelle durch, wie sie Pestalozzi in der Schweiz und Adolf Spieß in Deutschland entwickeln. Nach militärischem Vorbild haben sich ganze Gruppen auf Kommando präzise im Gleichtakt zu bewegen. Gleichgerichtetes Schwingen am Barren und für Mädchen Keulenschwingen in Formation gehören zu solchen Ordnungsübungen.[16] Auch die Arbeiter-Turnbewegung geht diesen Weg, legt größten Wert auf Disziplin, Zucht und stramme Haltung und demonstriert mit Körperpyramiden ihre Hochbewertung von Kraft und Ordnung. Sie favorisiert eindeutig die ästhetische und Kräfte stärkende Körperbildung und lehnt den dynamischen englischen Sport aus ästhetischen und völkisch-nationalen Gründen ab. Auch tut sich die Arbeiterturnbewegung mit dem Wettkampfprinzip und seiner individualisierenden Wertung schwer. Sie wirft dem Wettkampfsport vor, er schädige die Gesundheit. Indem er den Ehrgeiz kitzele, müsse der Einzelne beim Hasten nach Ehre und Ruhm zu viel Zeit, Geld und Kraft opfern.[17]

Die moderne Leichtathletik findet in Deutschland erst nach 1870 vermehrt Anhänger, und wiederum kommen die eigentlichen Anstöße aus England. Dort waren seit Mitte der 1840er Jahren an einzelnen Hochschulen jährliche Leichtathletikwettkämpfe groß in Mode gekommen, woraus sich nach der Jahrhundertmitte Leichtathletik-Clubs mit speziellen Wettkampfstätten und großer Zuschauerresonanz entwickelten.[18] Englische Sportenthusiasten führen nach 1870 die Leichtathletik in Deutschland zunächst als »Rasensport« in Fußball- und Cricketclubs ein, so seit 1878 im Fußballverein in Hannover und seit 1883 im Criquetclub in Berlin. Von den Engländern übernehmen die Deutschen auch die Amateurbestimmungen, die mit Hinweis auf Chancengleichheit »Handwerker, Arbeiter oder Tagelöhner« ausdrücklich von den Wettkämpfen ausschließen und dadurch diesen Sport für groß- und bildungsbürgerliche Kreise reservieren. Man rechtfertigt diesen Ausschluss mit der notwendigen »Veredlung« des Kampfes.

Man möchte vermeiden, »dass unedle, rohe, gewalttätige Menschen ihrer unge-
zügelten Veranlagung zufolge Handlungen begehen könnten, die in den Augen
der andern ›unfair‹ oder nicht ›dem guten Ton entsprechend‹ sind«, so die Begründung in der ersten großen Geschichte des Sports. In Wirklichkeit bedrohen
die neutralen Leistungsnormen die gesellschaftliche Sonderstellung von Adel
und Bürgertum, die sich mit dem Amateurprinzip zunächst gegen die Konkurrenz der Unter- und Mittelschichten absichern können.[19]

Im letzten Drittel des Jahrhunderts greift die Sportbewegung rasch um sich,
und die Liste der Sportarten, bei denen Spannung, Leistungsmessung und Wettkampf um die Zeit im Vordergrund stehen, verlängert sich Jahr für Jahr. Auf
dem Wasser sind dies Rudern, Segeln und Schwimmen, in den kalten Jahreszeiten Eisschnelllauf, Rodeln und Skifahren, bei Nutzung technischer Hilfsmittel
Radrennen, Auto- und Motorbootrennen.[20] Der Eisschnelllauf – in den Niederlanden und England bereits zu Beginn des 19. Jahrhunderts populär – erfährt seit
der Jahrhundertmitte nach Einführung des amerikanischen Schlittschuhs – ganz
aus Metall und aufschraubbar – einen steilen Aufschwung. In Deutschland ver-
anstalten die Hamburger Ruderer 1849 erste Wettkämpfe. Seit den 1880er Jahren
bilden sich nationale und internationale Verbände, die Meisterschaften organisieren und Rekordlisten führen. 1891 werden die ersten deutschen Eisschnelllauf-
meisterschaften veranstaltet, im selben Jahr in Hamburg auch die ersten Euro-
pameisterschaften, zwei Jahre später die ersten offiziellen Weltmeisterschaften,
nachdem bereits seit 1884 Eisschnellläufer aus verschiedenen Ländern zu inoffi-
ziellen Meisterschaften zusammengekommen waren.[21] Seit den 1880er Jahren
entstehen mit Hilfe der Lindeschen Eistechnik Kunsteisbahnen – zuerst in Frankfurt und München. Nur wenig später – 1893/94 – laden die Anfang der 1890er
Jahre gegründeten ersten deutschen und österreichischen Skiclubs zu Wettkämpfen ein und ab 1900 zu deutschen Meisterschaften, nachdem die Norweger bereits ab 1843 Preisrennen veranstaltet hatten.[22] Im Rodelsport sind es wiederum
Engländer, die in der Schweiz das sportmäßige Rodeln einführen. 1883 wird in
Davos ein erstes internationales »Wettschlitteln« mit 21 Fahrern aus acht Nationen veranstaltet. In St. Moritz präsentiert man 1888 den ersten Bobrennschlitten,
und der wenige Jahre später gegründete »Bobsleigh-Club St. Moritz« baut dafür
im Jahre 1903 eine eigene Bobbahn. Schon bald folgen Oberhof und Garmisch.[23]

Die Hinwendung zum Rekordsport

Bei den meisten dieser Sportarten gibt sich das Publikum nicht mehr nur mit Rennen zufrieden, in denen die Läufer lediglich gegeneinander kämpfen, sondern es fordert zusätzliche Kämpfe gegen die Uhr. Dahinter steht der unausgesprochene Wunsch nach Konkretisierung der schlecht greifbaren, fassbaren und erfahrbaren Geschwindigkeit. Erst mit Hilfe der Zeitmessung nimmt Geschwindigkeit Gestalt an, und mit Hilfe des Rekords werden ihr immer wieder neu Denkmäler gesetzt. Seit dem ausgehenden 19. Jahrhundert hängt eine »gute« Leistung mehr und mehr von der Stoppuhr ab.

Sportrekord und das Interesse an Rekorden sind völlig neue Erscheinungen, die im späten 19. Jahrhundert aufkommen und zur gleichen Zeit auch in vielen anderen Lebensbereichen zu finden sind: Das Blaue Band für die schnellste Atlantiküberquerung eines Passagierschiffes oder die Spitzenposition eines Landes bei der Eisen- und Stahlproduktion sind Beispiele. 1883 steht der Begriff »Rekord« erstmals für eine sportliche Topleistung. Der Rekordgedanke erfasst allmählich auch alle anderen Formen der Leibesübungen – die Körperkultur wird generell versportet.[24] Im Sport ist ebenso wie in der Wirtschaft Leistung angesagt, und diese ist unbegrenzt steigerungsfähig. Sie verbindet sich zunehmend mit einer zahlenmäßigen Erfassung, das heißt mit Messung, die wiederum den einzelnen Sportler ohne Worte dazu auffordert, Spitzen-, Best-, Höchst-, Maximal- und Rekordleistungen zu erbringen. Die Massen wollen Rekorde sehen, und um das Interesse an den Rekorden nicht einschlafen zu lassen, erhöhen die Veranstalter die Zahl der Disziplinen, führen Regional-, Landes- und Weltrekorde ein und verfeinern die Leistungsfeststellung. In Deutschland werden noch 1863 Sekunden-Stoppuhren eingesetzt. Bis 1880 benutzen die Kampfrichter Stoppuhren mit Viertelsekunden, um 1890 solche mit Fünftelsekunden, und seit 1900 sind Uhren mit Zehntelsekunden Standard.

Das Rekordwesen ist auch Teil der seit Beginn der 1890er Jahre laufenden Bemühungen um Vereinheitlichung der Maße und Regeln. Der Rekord wird zu einer übertragbaren Abstraktion. Entfernungen sind nicht mehr länger auf Orte beschränkt, etwa auf die Strecke zwischen Marathon und Athen, sondern werden von örtlichen Gegebenheiten unabhängig und auf 100 Yards oder eine Meile festgesetzt. Unförmige Steine oder Scheite, die auf den unzähligen Volksfesten von starken Männern möglichst weit geschleudert wurden, erhalten jetzt ein genau festgelegtes Gewicht und eine einheitliche Form. Genormt werden Ruderboote und Rennbahnen, Eisenkugeln und Fußbälle. Genormt werden auch die Voraussetzungen. Die Verbände führen Gewichtsklassen ein und unterscheiden zwischen Professionals und Amateuren.[25] Das Regelwerk bietet die Grundlage für internationale Wettkämpfe, sodass die von Pierre Baron de Coubertin initiierte olympische Bewegung mit der Austragung der ersten Olympischen Spiele der Neuzeit im Jahre 1896 in Athen nur folgerichtig ist. Das Rekordwesen ist zudem Teil des allgemeinen Rationalisierungsprozesses des Industriezeitalters, und das heißt konkret Rationalisierung des Trainings, Pädagogisierung des Sports, Verwissenschaftlichung der Übungslehre, Quantifizierung, Tabellarisierung und Publizierung der Leistungsdaten.[26] Alles ist organisiert und kontrolliert, institutionalisiert und genormt, registriert und publiziert.

Die Attraktivität des modernen Sports beruht zu einem großen Teil auf dem permanenten Kampf um Bestleistungen, auf dem Über-sich-Hinauswachsen der Sportler. Die Zuschauer wollen Rekorde sehen, sie wollen aber auch Geschwindigkeit erleben – möglichst hohe Geschwindigkeiten. Sie jubeln eher den Sprintern zu als den Langläufern und verlangen nach immer schnelleren Disziplinen. Beim Wettkampfschwimmen wird das »deutsche Brustschwimmen« seit Ende des 19. Jahrhunderts zuerst vom Seiteschwimmen und seit Beginn des neuen Jahrhunderts vom Crawlen als Schnellstil verdrängt. Immer mehr Sport in immer mehr Sportarten wird getrieben. Immer mehr Menschen sind beteiligt – als Aktive und als Zuschauer. Immer mehr Zeit wird für den Sport aufgewandt und immer mehr Geld. Immer mehr Tempo ergreift den Sport – die neuen Kampfsportarten sind mit einer gesteigerten Bewegung verbunden. Mit den Weltmeisterschaften in verschiedenen Sportarten und besonders mit den Olympischen Spielen – Symbol des neuen Sportenthusiasmus – etabliert sich der Leistungssport als Teil der bürgerlichen Kultur, zumal dieser Sport vorrangig von der bürgerlichen Intelligenz getragen wird, von Studenten und nicht von Industriearbeitern. Selbst die ursprünglich recht »wilden« Spiele wie Fußball und Handball sind inzwischen durch Regeln und feste Mannschaften erfolgreich diszipliniert worden. Sport ist zur Jahrhundertwende bereits nicht mehr Männersache; seine Faszination hat auch die Frauen ergriffen.

Überall – auf Asche, Eis, Schnee sowie auf und im Wasser – spurten Menschen um einen doppelten Sieg. Sie wollen Sieger sein im Kampf mit ihren Gegnern und im Kampf gegen die Uhr. Leistung und Wettbewerb werden entscheidend. Es geht neben dem Sieg um »Fortschritt«, besser um ein »Fortrennen«, dem mit der Stoppuhr in der Hand nachgespürt und das in Zehntelsekunden gemessen wird. Die Zeitsportarten faszinieren neben den neuen Ballsportarten die Zuschauermassen, obwohl einige Leistungssteigerungen von den Tribünen aus überhaupt nicht erkennbar sind. Die Menschen bejubeln die neuen Rekordhalter, ohne selbst beurteilen zu können, wer im Wettlauf gegen die Uhr die Nase vorne hat – sie liefern sich ganz den Zeitnehmern aus. Die Menschen kommen in Massen zu den Wettkämpfen, weil gerade die Zeitsportarten dem Geist des Zeitalters mit seinem immer schnelleren Produzieren und dem immer schnelleren Transport vollkommen entsprechen. Im selben Zeitraum, in dem die Wirtschaft von der Ausweitung der Arbeitszeit abgeht und in einer intensiveren Zeitnutzung die Zukunft sieht, schieben sich die Zeitsportarten eindeutig in den Vordergrund. Indem sie gemessen werden können, sind die erbrachten Zeiten, Weiten und Höhen immer mehr steigerungsfähig, und wie im Wirtschaftsleben werden auch hier besondere Leistungen belohnt. Sport als Freizeitbeschäftigung wird zwar als ein Stück aktiver Lebensgestaltung und Befriedigung jenseits der Arbeitswelt verstanden, als ein Gegenpol, doch zugleich ist er auch ein Abbild dieser technisch-bürokratischen Leistungswelt – mit anderen Leistungen und ganz anderen Entlohnungsformen.[27]

»Citius, altius, fortius« lautet die neue Ästhetik mit dem »Schneller« an erster Stelle. Sie findet ihren Niederschlag auch im Programm des 1893 gegründeten Deutschen Athletischen Amateurverbands, der sich verpflichtet, besonders den Laufsport zu fördern. 1890 ergeht eine ministerielle Verfügung, den Turnunterricht durch Laufen, vor allem durch »Schnelllauf«, zu ergänzen.[28] Der moderne Sport besticht durch Einfachheit, Klarheit und Zweckrationalität, er versteht sich als ein überwältigendes Lob der Schnelligkeit und Geschwindigkeit und wird gerade aus diesem Grund von vielen abgelehnt: dem Wandervogel, den turnenden Arbeitern, der Lebensreformbewegung und anderen. Wie als Beleg für die allgemeine Tempobegeisterung findet die Lebensreformbewegung mit ihren gegen den Leistungswettbewerb gerichteten ganzheitlich-harmonischen Bewegungsformen nur relativ wenige Anhänger. Auch die Kritik berühmter Köpfe kann den Erfolgen des Sports nichts anhaben. So giftet Werner Sombart von seinem Schreibtisch aus, ohne Gehör zu finden, gegen diese Jagd nach Bestleistungen: »Aller Größenwahn und aller Schnelligkeitswahn unserer Zeit findet seinen Ausdruck in diesem Begriff des Rekords. Er hat sich vollkommen auch im Bereiche des Sports eingenistet und einen höchst unerfreulichen Geist des Sportismus [...] erzeugt, aus dem die sinnlosen Veranstaltungen der ›Olympiaden‹ und andere ›Wettbewerbe‹ entstanden sind«.[29]

Vor allem die jüngere Generation tut derartige Kritiker als verknöchert und zurückgeblieben ab. Die Geschwindigkeit triumphiert und bringt selbst die Tänze des 19. Jahrhunderts in Schwung: Walzer, Galopp und Polka sind typische Geschwindigkeitstänze. Auch andere Trendsportarten der Jahrhundertwende zeichnen sich durch eine ausgesprochene zeitliche Dynamik aus. Sie zielen ab auf einige wenige punktuelle Aktionen von hoher Spannungsintensität und sind einseitig auf diesen einen Moment ausgerichtet: den Torschuss, das K. o. Charakteristisch für den modernen Sport sind Steigerungen und Fortschritte, kein Rückschreiten. Dies gilt auch für den Leistungsstandard allgemein: Ein Weltrekord kann nur gesteigert, nicht gesenkt werden.[30] Es geht immer um ein Mehr, um Zugewinn, um Dynamik – das macht unter anderem die Attraktivität des Sports aus. Dagegen finden »langsame« Spiele wie Golf und Tennis vorerst vor allem in europäischen Kolonien Anhänger. Sie sind wie geschaffen für Menschen, die unter klimatischen Bedingungen, welche jede schnelle Bewegung unterbinden, die Zeit totschlagen wollen.[31]

Der Geschwindigkeitsrausch des Maschinensports

In den 1920er Jahren hat sich der Sport endgültig als »Weltreligion des 20. Jahrhunderts« (H. Seiffert) etabliert. Er ist bereits nicht mehr das zeitaufwändige Privileg einer abgehobenen Gesellschaftsschicht und auch nicht eine Angelegenheit spleeniger Außenseiter. Sport ist fortan Massensport und damit ein Medienereignis. Im monotonen Arbeitsalltag sorgen der spektakuläre Wettkampf und die zum Geschwindigkeitsrausch beschleunigte Bewegung für Spannung und Unterhaltung. Der moderne Maschinensport wird schließlich zum größten Kassenmagneten, der Schnellste zum Volkshelden und neuen Gott, den die Massen anhimmeln. In seiner Verbindung von Technik und Wirtschaft ist dieser Maschinensport ein echtes Kind des Industriezeitalters, in seiner Verbindung von Freizeit und Konsum Ausdruck der Industriegesellschaft.[32] Die durch technische Hilfsmittel unterstützten Sportarten rücken schnell ins Blickfeld, da die Technik eine nochmalige Steigerung der Geschwindigkeiten erlaubt – das ist entscheidend. Schlittschuhe und Ski stehen am Anfang, sind jedoch nur sehr begrenzt einsetzbar. Erst das Fahrrad wird als Geh- und Laufbeschleuniger auch zum Massenbeschleuniger.

Bereits im Jahre 1818 hatte Karl Freiherr von Drais, der zuvor bereits ein Schnellschreibklavier und ein »dynamisches Rechensystem« entwickelt hatte, mit seinem Laufrad Studenten in Jena und Paris zu ersten Wettfahrten animiert. Eine Volksbewegung löste er jedoch nicht aus. Sieben Jahrzehnte später haben die inzwischen erfolgten technischen Verbesserungen wie Tretkurbel, Pedale, Metallrahmen, Drahtspeichen, Kugellager, Gummi- und Luftreifen schließlich die schwergewichtige Lauf- in eine Rennmaschine verwandelt, die sofort die Blicke der Temposüchtigen auf sich lenkt. Das Fahrrad macht Geschwindigkeit optisch, akustisch und emotional erlebbar. Zwar erweist es sich in der Variante des Hochrades als technischer Irrweg, doch gelingt es vielen Artisten bereits mit seiner Hilfe, »hoch zu Ross« die Geschwindigkeit von Reitern zu erreichen. Der endgültige Durchbruch gelingt mit dem auf einem Trapezrahmen aufgebauten Niederrad, und diese neue Tempomaschine fordert geradezu zu Kräftemessen heraus. 1865 startet in Amiens das erste Straßenrennen für Kurbel-Fahrräder und 1868 im Park von Saint Cloud das erste Bahnrennen. Noch locken die Kunstradfahrer mit ihren Auftritten in geschlossenen Räumen, dem so genannten Saalsport, die meisten Zuschauer an. Aber schon bald wechseln die Menschen von der Faszination der Balance zur Faszination der Geschwindigkeit. Auch beginnen die Fahrradsportler, sich in Vereinen zu organisieren: im »Altonaer Bicycle-Club« und in den »Velocipeden-Clubs« in München und Magdeburg. In England nehmen die Rennveranstalter gleichzeitig bereits Stoppuhren zur Hand und legen Rekordlisten an. 1885 folgen die Deutschen. Der Berliner Johannes Pundt führt diese erste Bestenliste über 1 000, 4 000 und 5 000 Meter jeweils vor einem Mexikaner an.[33] Das Publikum zeigt sich fasziniert von den Augenblicken der Höchstgeschwindigkeit und der Geschwindigkeitssteigerung.

Als schließlich Anfang der 1890er Jahre das Niederrad mit Kettenantrieb und Luftreifen ausgestattet wird, noch mehr auf Touren kommt und fast zu einem Synonym für die Tempobegeisterung und Nervosität der Zeit wird, gewinnt die neue Sportart schlagartig die Gunst des Publikums – und der Wirtschaft. Die neuen Sportgeräte helfen im Alltag Zeit zu sparen, und diese Alltagstauglichkeit eröffnet den Produzenten einen neuen großen Absatzmarkt mit Fahrradrennen als den zugkräftigsten Werbeveranstaltungen. Massenproduktion, Produktwerbung und Rennsport verschmelzen hier zu einer Einheit. Nicht wenige Fabrikanten schwingen sich selbst in den Rennsattel und werben mit Siegen und guten Platzierungen, und die ersten Herausgeber von Sportzeitungen organisieren diese Rennen. Die fünf Söhne des Fabrikanten Adam Opel halten als sehr erfolgreiche Radrennfahrer ihre Fabrikate permanent in den Schlagzeilen: Fritz Opel zählt nach 1887 mit 180 Siegen zu den erfolgreichsten Radsportlern seiner Zeit. Heinrich Opel mit 150 Siegen und Ludwig Opel mit über 100 Siegen stehen ihm kaum nach. Ernst Sachs von Fichtel & Sachs, Willy Tischbein, Direktor der Continental-Werke, und Alfred Köcher, Direktor der Phönix-Gummiwerke, kommen ebenfalls als Sportfahrer zu Ruhm. Plakate, Handzettel und Anzeigen dokumentieren in Großbuchstaben und lorbeerumrankten Fotos Siege und Rekorde der einzelnen Marken. Die Anstrengungen auf der Straße zahlen sich aus. Opel kann seinen Absatz innerhalb von zehn Jahren von 1 200 Fahrrädern im Jahre 1889 auf 16 000 Stück steigern.[34]

In Frankreich steigt der Radrennfahrer Charles Terront zum ersten Sportstar überhaupt auf – er wird von Fahrradfabrikanten und Veranstaltern zum Star gemacht. Die schnellen Männer strampeln sich in die Schlagzeilen der neuen Sportzeitungen und Sportseiten und mit ihnen die Marken der schnellen Räder. Opel tauft eines seiner Erfolgsmodelle »Blitz« und Fichtel & Sachs seine Freilaufnabe »Torpedo«. Geschwindigkeit verkauft sich gut; mit ihr als Gütesiegel lässt sich schnelles Geld verdienen. Amerikaner und Europäer kommen auf die skurrilsten Ideen, um als erste imaginäre Geschwindigkeitsgrenzen zu überspringen. 1896 versucht der Amerikaner E. E. Anderson, im Windschatten einer speziell verkleideten Schnellzuglokomotive die englische Meile unter einer Minute zu fahren, und scheitert um den Bruchteil einer Sekunde. Erfolgreicher ist drei Jahre später sein Landsmann Charly Murphy, der ebenfalls hinter dem breiten Rücken einer Lokomotive die Meile in weniger als 58 Sekunden zurücklegt, das sind 101,78 km/h. Amerika feiert einen neuen Helden: »Mile a Minute-Murphy«.[35] Neue Disziplinen sollen die Lust des Publikums auf Tempo immer wieder neu wecken und steigern. Um die Jahrhundertwende sind Flieger- und Steherrennen die großen Attraktionen. In Scharen wollen die Menschen die tollkühnen Artisten sehen, die hinter Motorradfahrern als Windabweiser und Schrittmacher mit höchstem Tempo um die Bahn rasen. Mit immer neuen Konstruktionen suchen Fahrer und Schrittmacher die Effektivität des »Windpflugs« zu steigern, bis es 1909 in Berlin zur Katastrophe kommt. Ein solches Duo fliegt über die Barriere in die Zuschauerränge – Bilanz: neun Tote und 52 Verletzte. Die meisten Zuschauer halten nur kurz inne. Dann geht die Tempohatz weiter, und der in den Unfall verwickelte Radrennfahrer startet nur wenig später bei einem Sprintrennen.[36]

Bereits 1880 war in München die erste Radrennbahn in Deutschland eingeweiht worden, und weitere solcher Rundbahnen folgten: 1882 in Hannover und 1884 in Berlin, Frankfurt a. M. und Leipzig. Schon bald aber sind diese Bahnen Veranstaltern und Fahrern zu langsam. Im Jahre 1906 wird in München-Milbertshofen die schnellste Bahn der Welt eröffnet: 666 ⅔ Meter lang mit einer Kurvenüberhöhung von sechs Metern – sie lässt Geschwindigkeiten von bis zu 120 km/h zu. Schon zuvor hatten geschäftstüchtige Veranstalter mit feiner Nase für den Zeitgeschmack den Reiz von Hallenrennen entdeckt. Ab 1869 mieteten sie den Crystall-Palast in London. 1896 kommen die Sechs-Tage-Rennen hinzu, zuerst im Madison Square Garden in New York, ab 1900 in der neuen Pariser Winterradbahn und ab 1910 im Berliner Sportpalast. Man möchte »mit allen Mitteln«, koste es, was es wolle, die »rennlose Zeit« überbrücken – das Tempo der Großstadt duldet keine Unterbrechung.[37] Das Publikum soll die schnellen

Fahrer nicht wie auf der Straße nur einmal kurz vorbeihuschen sehen, es soll sie inmitten des Rennovals andauernd im Blick haben, es soll Geschwindigkeit permanent inhalieren, es soll süchtig werden auf Tempo. Das Publikum verfällt dieser Sucht, und wo sie nicht befriedigt wird, wandert es ab. Als im Jahre 1906 in Paris die beiden besten Sprinter aus Frankreich und Deutschland zu einem groß angekündigten Wettkampf gegen einander antreten und sich im dritten und entscheidenden Lauf die Stehversuche über mehr als zweieinhalb Stunden hinziehen, gehen die Zuschauer randalierend nach Hause, und als nach einer weiteren halben Stunde beide sich noch immer belauern und keiner der beiden zum Sprint ansetzt, verlassen letztendlich auch die Kampfrichter das Velodrome.[38] Stillstand ist unpopulär.

Die eigentlichen »Events«, welche die Sucht nach Geschwindigkeit zu einem Massenphänomen werden lassen, finden dennoch auf der Straße, in aller Öffentlichkeit statt. Sie sind es, die in vielfacher Hinsicht den Bogen zu den dromologischen Großereignissen des 20. Jahrhunderts, zu den Autorennen, schlagen. Seit 1891 veranstaltet die in Bordeaux beheimatete Sportzeitung »Véloce-Sport« das wichtigste Radrennen Frankreichs: Bordeaux–Paris. Dieselbe Zeitung ist aber auch seit 1895 auf derselben Strecke neben dem Touring-Club de France Mitorganisator des ersten echten Autorennens der Geschichte: Paris–Bordeaux–Paris. In den Jahren 1897 bis 1899 sind auf der Rückfahrt nach Paris Fahrrad- und Autofahrer gemeinsam unterwegs, wobei die Automobilisten den Radfahrern über weite Strecken als Schrittmacher dienen und sie in ihrem Windschatten mitziehen. Da die Autofahrer zunächst nur auf ebener Strecke schneller als die Radrennfahrer sind, treiben sich beide gegenseitig zu immer neuen Streckenrekorden, bis schließlich zur Jahrhundertwende die PS-starken Automobile den Zweirädern davonfahren. Gleichwohl verbindet der Drang nach höheren Geschwindigkeiten beide Sportarten.

Viele von kaum zu stillender Gier nach Geschwindigkeitsrekorden getriebene Männer setzen zuerst auf Pferd oder Fahrrad, um später nach Weiterentwicklung der Motorentechnik auf das Auto umzusatteln. Neben Produzenten wie Adam Opel, der zuerst Nähmaschinen, dann Fahrräder und schließlich Autos auf den Markt bringt, oder dem französischen Gummiartikelhersteller Michelin, der seinen Werbeschwerpunkt für Luftreifen bereits Mitte der 1890er Jahre von den Fahrrad- auf die Autorennen verlagert, wechseln zahlreiche Radrennfahrer während ihrer Sportkarriere auf die jeweils schnellere Maschine. Fritz Opel ist ein Beispiel, Christian Barth ein anderes. Letzterer gibt zugleich als Verleger das Organ des Bundes Deutscher Radfahrer heraus, seit 1913 »Das Auto« und profiliert sich als Gründer bzw. Gründungsmitglied zahlreicher Rad- und Autosportvereine, so des DMV/ADAC.[39] Andere gehen – so die beiden Franzosen englischer Abstammung Henri und Maurice Farman – noch einen Schritt weiter, bestreiten zuerst Fahrrad-, dann Autorennen, steigen in den Autohandel ein und machen schließlich als »fliegende Franzosen« in der Luftfahrt Furore, wo sie Pionierarbeit leisten – ähnlich Louis Blériot, der »Bezwinger des Ärmelkanals«. Anthony Fokker ist zunächst begeisterter Autofahrer und erprobt »pannensichere« Radreifen, ehe er seinem eigentlichen Wunschberuf nachgeht und Flugzeuge entwirft. Auch verschiedene Zeitungsmacher wechseln die Seite, um stets zu den Schnellsten zu zählen. Pierre Giffard, der Nachrichtenchef des täglich mehr als eine Million Mal verkauften größten französischen Massenblatts »Le Petit Journal«, organisiert seit 1891 zunächst die Radfernfahrt Paris–Brest–Paris, ehe er drei Jahre später die Zuverlässigkeitsfahrt Paris–Rouen ins Leben ruft, die dem Automobilismus großen Auftrieb verleiht.[40]

Die französische Presse versteht es ebenso wie die amerikanische und englische, in der Bevölkerung Emotionen zu wecken und neue Helden des Sports ins Leben zu rufen. Sie entfacht einen Starkult, modelliert mit dem Rekord-Athleten einen neuen Musterapoll und kreiert vorher nie gekannte Genies der Rennbahn und des Boxrings, die sie selbstbewusst neben die genialen Entdecker und Künstler stellt. Ende der 1920er Jahre bezeichnet die Presse den Schwimmweltrekordler Johnny Weissmuller als einen »fliegenden Fisch« und »Wunder im Wasser«, als einen Mann, »der die Flut zerteilt und hindurchrast wie ein Besessener, der den Fanatismus hat, nicht die Sucht, die Zeit, die ihm gegeben ist für die Strecke, die er durcheilen muss, immer zu verringern«.[41] Gedichte werden geschrieben auf diesen »großen Sekunden-Widersacher«, der schnell zum Kinohelden aufsteigt.[42] Mit Tempo als Anmacher und Aufmacher trägt die Presse viel zu einer Verinnerlichung der erhöhten Geschwindigkeit und zu deren Aufwertung bei. Der Rekord wird als Medienereignis zu einem Gut, von dem viele träumen. 1930 schreibt die »Berliner Illustrirte Zeitung«: »Der Rekord ist grenzenlos, wie der Mensch und seine Technik. Wir eilen im Rekordtempo von Rekord zu Rekord«.[43] Robert Musil wird in seinem »Mann ohne Eigenschaften« anmerken: »Nun haben [...] ein Pferd und ein Boxmeister vor einem großen Geist voraus, dass sich ihre Leistung und Bedeutung einwandfrei messen lässt und der Beste unter ihnen auch wirklich als der Beste erkannt wird, und auf diese Weise sind der Sport und die Sachlichkeit verdientermaßen an die Reihe gekommen, die veralteten Begriffe von Genie und menschlicher Größe zu verdrängen.«[44]

Zusammenfassung

Was sind die Folgen dieser Geschwindigkeitssucht und Rekordjagd? Bereits in der Zwischenkriegszeit führt das neue Denken neben neuen Institutionen und neuen Freizeitbeschäftigungen auch zu einem neuen Körperideal voller Dynamik, das in Einklang steht mit Sportlichkeit und Schnelligkeit.[45] Als die Massen von der Geschwindigkeitslust gepackt werden und große Teile ihrer Umwelt in ein Tempodrom verwandeln, macht diese Ausrichtung auf die Schnelligkeit selbst vor dem menschlichen Körper nicht halt – auch er wird entsprechend ummoduliert. Nach dem Ersten Weltkrieg propagieren die Medien eine neue Körperlichkeit, die sich an der Welt des Sports und an der Gestalt des Sportlers ausrichtet. Der athletische Körper symbolisiert Fortschritt, an dem in diesen Jahren der Rationalisierung und weitreichenden Technisierung mit Hochdruck gearbeitet wird. Der erfolgreiche Leichtathlet Otto Pelzer erklärt 1928 den Rekordhalter zum Avantgardisten der weiteren Entwicklung: »Dieser Mensch zeigt – genau wie ein Ingenieur, dem es gelingt, ein Auto herzustellen, das statt 330 Stundenkilometer 400 fährt – was zu erreichen ist. Zeigt genau wie der Erfinder des Fernhörens und Fernsehens, dass Grenzen nicht ewig sind.«[46] Der Schwimm-Weltrekordler Johnny Weissmuller liefert 1932 allen Interessierten eine Selbstbeschreibung seines Körpers und preist seine Kopfform, Schulterbreite, Armlänge und Handgröße als optimale Ausstattung.[47]

Während der Ingenieur Frederick W. Taylor mit Stoppuhr und Notizblock den leistungsstärksten Arbeiter errechnet, ermitteln in den USA nur wenig später Trainer und Sportler auf ähnliche Art aus Leistungswerten und Körpermaßen den Idealtyp und versuchen bereits in der Schule, die Körper der Jugendlichen an diese Schablone anzupassen. Und ähnlich wie Taylor, der die Bewegungen der Arbeiter in kleinste Schritte atomisiert und neu zusammensetzt, werden auch in den Sportstätten die Bewegungsabläufe der leichtathletischen Übungen zerlegt und zur Erzielung größtmöglicher Weiten, Höhen und Geschwindigkeiten umgestaltet. Spitzenleistungen – und das heißt Rekorde – sind hier wie dort nur durch Ausschalten des Bewusstseins zu erzielen. Am Fließband, am Steuer und auf der Rennbahn hat die Körper-Maschine automatisch zu funktionieren.[48] In der Fabrik wie im Stadion basteln Geschwindigkeitstechniker an der Maschine Mensch, die sie nach dem Prinzip der Verbesserung, Steigerung und Optimierung einer Grundüberholung unterwerfen. Akkord und Rekord sind ihr Ziel; alle wollen die Höchstgeschwindigkeit hochschrauben. Kollektive Verbesserungen werden angestrebt – das Resultat ist eine Assimilation der Menschen, eine Normung des Körpers, die den Dickbäuchigen als gesellschaftlichen Außenseiter abstempelt. Ein knappes Jahrhundert später werden Designerärzte derartigen Abweichungen von der Norm mit Fettabsaugen und Silikonkissen zu Leibe rücken. Die Geschwindigkeit verändert die Welt, den Geist und den Körper.

Die Rekordsucht greift um die Jahrhundertwende immer weiter über den Sport hinaus und schlägt in vielen weiteren Lebensbereichen Wurzeln und Narben: in der Schifffahrt, der Industrieproduktion, selbst in der Sozialpolitik. In Berlin wirbt die »BZ am Mittag« damit, die schnellste Zeitung der Welt zu sein.[49] In der Zwischenkriegszeit wird der Schriftsteller und Journalist Erik Reger diese atemlose Jagd nach Superlativen, mit der die Nationalstaaten mit Hilfe immer neuer Rekordlisten um moralische Siege buhlen, genüsslich aufspießen: »Deutschland hatte die schnellsten Schiffe, die heldischsten Ozeanflieger, den besten Roggenboden, die höchsten Arbeitslosenziffern, die meisten Pleiten und die größten Skandale, und seine Hühner legten die frischsten Eier der Welt. Es war eine sonderbare Sucht, die kleinen Dinge ins Unendliche zu vergrößern ...«[50] Die Presse fördert mit fetten Schlagzeilen diesen Superman-Kult, einen Kult der Superlative und der Rekorde. Er findet kurz nach dem Zweiten Weltkrieg Ausdruck in dem 1955 begründeten Guiness-Buch der Rekorde, welches das ganze Leben in diesen Wettkampf einbezieht. In ihm dokumentiert sich schwarz auf weiß ein Wertewandel, durch den Geschwindigkeit schließlich zum Selbstzweck wird. Aber bereits um die Jahrhundertwende setzt der Kampf um Zentimeter, Sekunden, Tore und K. o. zu seinem großen Sprung nach vorne an, prägt immer mehr die Mentalität der Menschen und stößt auch quantitativ in neue Größenordnungen vor. Dieser Werte- und Verhaltenswandel beschleunigt sich weiter, als das Automobil Fahrt aufnimmt und zum Inbegriff von Geschwindigkeit wird.

8. Zeit der Motoren
Rasende Automobile

Das frühe 20. Jahrhundert drückt wie keine Zeit zuvor aufs Tempo, und das Automobil wird zum kraftvollen Motor dieser neuen Geschwindigkeitsepoche. Es verkörpert in den Industrieländern wie keine andere technische Errungenschaft der Zeit die Beschleunigung des Lebens. Trotz Eisenbahn und Flugzeug wird es zum eigentlichen Vehikel einer immer schneller rotierenden Welt. Es kündigt eine weitere Steigerung der Geschwindigkeit an, die verbunden ist mit der Ablösung von Dampfmaschine, Dampflokomotive, Kohle und Stahl durch Benzinmotor, Benzin, Öl, Leichtmetalle und Kunststoffe. Es demonstriert den Widerwillen der städtischen Gesellschaft gegen Phlegma, Stagnation, Ruhe und Erstarrung. Obwohl bis zur Vollmotorisierung noch Jahrzehnte vergehen, lässt das Automobil bereits vor dem Ersten Weltkrieg kaum jemand noch ruhig sitzen. Es wird zum großen Star, dem die Menschen im Laufschritt folgen, den sie vergöttern und an dessen Beschleunigungskräften sie teilhaben wollen. Seine Faszination gründet auch im Ideal der individuellen Beweglichkeit, in dieser Freiheit auf den eigenen vier Rädern, wogegen der Eisenbahn jetzt der kollektivistische Zwang der Schiene anhaftet. Mit dem Explosionsmotor unter der Haube huldigen die Menschen der neuen Lebensform der Geschwindigkeit und suchen ihr zum Monopol zu verhelfen. Am Schaltknüppel ihrer neuen Tempomaschinen explodieren sie geradezu in den Raum.

Tempo als soziale Abgehobenheit

Obwohl das Automobil anfangs nur von begrenzter Schnelligkeit ist und dem Fahrrad hinterfährt, gelingt es den Automobilisten schon bald, Einlass in die Träume der Menschen zu finden. Mit missionarischem Eifer macht ein zunächst exklusiver Club von Geschwindigkeitsfanatikern Werbung für das neue Fortbewegungsmittel, das wegen seiner technischen Raffinesse, seiner Ungebundenheit und vor allem wegen seines Preises elitäre Abgehobenheit verspricht. In Frankreich – vor 1914 weltweit die Zentrale des Automobilismus – kommt im 1890 gegründeten Touring-Club de France (TCF) und vor allem seit 1895 im Automobile Club de France (ACF) eine nahezu geschlossene Gesellschaft adelig-großbürgerlicher Provenienz zusammen, eine Koalition von Blut- und Geldadel, von Reichen und Einflussreichen, von Snobs und Parvenüs. 1898 findet der ACF in der ehemaligen Residenz eines Fürsten an der Place de la Concorde in Paris sein endgültiges repräsentatives Zuhause. Hier trifft sich die High Society, so wie sie sich seit 1844 im Jockey-Club getroffen hatte. Der ACF geht aus einem Komitee hervor, das im Juni 1895 das Rennen Paris–Bordeaux–Paris organisiert: an der Spitze Baron de Zuylen, Erbe der Gründer der größten belgischen Bank, der Société Générale, und verheiratet mit Hélène de Rothschild, daneben der aristokratische Lebemann, Politiker und Kfz-Fabrikant Graf Albert de Dion sowie der Journalist Paul Meyan vom Figaro. Die Repräsentanten des Clubs verstehen sich als Missionare der Geschwindigkeit, und zu diesem Zweck entwickeln sie Vermarktungsstrategien und suchen über Rennen, Korsos, Wettbewerbe, Ausstellungen und Kongresse den Automobilismus als eine soziale Bewegung zu fördern. Einige Mitglieder mögen dabei ganz egoistisch an den Umsatz ihrer Fabriken denken, andere an die Auflage ihrer Zeitung, doch nur so kann das Automobil Fahrt aufnehmen. 1898 lädt der Club erstmals zum Internationalen Automobilsalon auf die Esplanade der Tuilerien ein – nicht zu einer Autoausstellung und nicht zu einer Autoschau. Im ersten Jahr kommen 140 000 Besucher in den »Salon«, 1903 bereits 500 000. Im Jahre 1902 erhalten die Autofreunde zusätzlich Verstärkung, als die 300 Mitglieder des französischen Yacht Clubs dem ACF geschlossen beitreten. Die Interessen der Auto- und der Motorbootfreunde sind dieselben.[1]

Die Deutschen folgen dem französischen Beispiel. Im 1899 gegründeten Deutschen Automobil-Club (DAC) versammelt sich um seinen Präsidenten Victor Herzog von Ratibor und um den Vizepräsidenten Fürst Christian Kraft zu Hohenlohe-Oehringen eine illustre Gesellschaft aus Adeligen und hohen Militärs, Diplomaten und Gutsbesitzern, Fabrikanten und Bankiers. Fast das gesamte Gotha des Reiches präsentiert sich hier unter der Flagge der Geschwindigkeit. Über zahlreiche Ehrenmitglieder demonstriert der Club seine abgehobene soziale Stellung. Prinz Heinrich von Preußen, der Kronprinz und die Kronprinzessin, Reichskanzler Fürst von Bülow, der Generalstabschef der Armee von Moltke und andere zählen dazu. Schon bald erwirbt man das Bleichröder-Palais am Leipziger Platz in Berlin als Clubhaus, und im Jahre 1905 übernimmt Wilhelm II. persönlich das Protektorat über den DAC, der sich fortan Kaiserlicher

Automobil-Club (KAC) nennen darf. Wie sein französisches Vorbild fördert auch er den Automobilismus über Ausstellungen und Publikationen, vor allem aber über Geschwindigkeitsrennen.[2] Die meisten Clubmitglieder sehen im Automobil ein Tempomobil. Im Jahre 1906 zieht die »Allgemeine Automobil-Zeitung« ein erstes Resümee: »Dem Club ist es bisher möglich gewesen in der Erfüllung seiner Mission, als Träger einer Kulturaufgabe, durch kräftige Initiative auf allen Gebieten des Automobilismus, [...] durch Förderung der Interessen der Industrie und des Sports mit der Veranstaltung einer Reihe von Ausstellungen und Konkurrenzen verschiedener Art, durch Inszenierung von Bahnrennen, Fernfahrten, [...] durch seine Beteiligung an den großen internationalen Renn-Konkurrenzen [...] eine ersprießliche Wirksamkeit zu entfalten, die an allerhöchster Stelle nicht unbeachtet geblieben ist.«[3]

Die High Society der Jahrhundertwende entdeckt für sich eine ganz neue, leistungsstarke Pferderasse, mit deren Hilfe sie ihre gesellschaftliche Exklusivität zu festigen versteht, wenn auch in diesem schnelllebigen Jahrhundert nur für kurze Zeit. Sie wechselt das Pferd, und dieses neue Pferd hat Stahlglieder und läuft x-mal schneller. Sie behängt es mit vielen Accessoires des alten Renners und demonstriert damit Fortschrittlichkeit und Tradition zugleich. Sie benimmt sich – frei nach Robert Musil – in allem, was ihr für das Höhere gilt, weitaus altmodischer, als es ihr neues Spielzeug ist. Sie leistet sich »Rennställe«, deren Leiter bei einem »Grand Prix« die »hochgezüchteten« Renner mit den vielen »Pferdestärken« und glänzenden »Karosserien« an die »Boxen« rufen, so als wären sie im Hippodrome von Longchamp beim »Grand Prix de Paris« und nicht in einem Autodrome. Zahlreiche Clubs stellen ihre Pferderennbahnen für Autorennen zur Verfügung, und nicht wenige Mitglieder des von der Aristokratie dominierten Pariser Jockey-Clubs oder des exklusiven Berliner Union Klubs gehören auch dem ACF beziehungsweise dem KAC an. In Paris besitzt Baron de Zuylen als Präsident des ACF einen Zuchtstall mit 50 Rassepferden, und in Berlin präsidiert Herzog von Ratibor neben dem DAC zugleich den Deutschen Motoryacht-Verband, den Berliner Rennverein sowie den Schlesischen Verein für Pferdezucht und Pferderennen. Die gleichen Kreise geben zudem im Reichsausschuss für die Olympischen Spiele den Ton an und sorgen dafür, dass nur echte Liebhaber »ihren« Sport ausüben dürfen: Herrenreiter, Herrenfahrer und Amateure.[4] Sie nutzen den Motorwagen nicht als »Fuhrwerk« zum Transport von Handelsgütern, sondern als Freizeit- und Sportfahrzeug mit hohem ästhetischen Wert. Ein letztes Mal versuchen alter und neuer Adel, sich ein Vorrecht auf Schnelligkeit zu reservieren. Noch sind Vermögensklassen identisch mit Geschwindigkeitsklassen. James Joyce verarbeitet das Gordon-Bennett-Rennen von 1903, das in

Irland stattfindet, in seiner Erzählung »Nach dem Rennen«: »Die Wagen kamen nach Dublin hereingerast, wie Kugeln glitten sie gleichmäßig die Rille der Naas Road entlang. Auf der Höhe des Hügels von Inchicore hatten sich Trauben von Schaulustigen angesammelt, um die Wagen heimwärts karriolen zu sehen, und durch diesen Kanal der Armut und der Untätigkeit jagte der Kontinent seinen Reichtum und seinen Gewerbefleiß. Hin und wieder brachen die Menschentrauben in Hochrufe der dankbar Unterdrückten aus.«[5]

Gleichzeitig bauen die Automobilproduzenten auf dem Fahrrad als der bisherigen Mobilitätsmaschine auf, indem sie von den für das Fahrrad entwickelten technischen Lösungen profitieren und diese als Plattform für den Explosionsmotor nutzen: stabile, dünnwandige Stahlrohre, leichte Blechpressteile, gewichtsarme, aber belastbare Speichenräder, reibungsarme Kugellager und zugfeste Gliederketten aus Metall, schließlich die Stöße dämpfenden Vollgummi- und Lufreifen. Carl Benz bezieht seine in Serie hergestellten Fahrgestellteile und Räder zunächst von den Frankfurter Kleyerwerken, einer der größten Fahrradfabriken, Daimler und Maybach liefern die Motoren für ihren »Stahlradwagen« an die Fahrradfabrik NSU in Neckarsulm. Bis etwa 1900 bleibt die Fahrradtechnik die dominierende Technologie des Automobilbaus.[6]

Tempo als Faszinosum

Zunächst gehen Clubs und Fabrikanten daran, das Automobil standfest zu machen, um seinen Herrschaftsanspruch als Landfahrzeug zu beweisen. Noch ist Langsamkeit angesagt. Anfang September 1891 erscheint beim Radrennen Paris–Brest der Fahrradhersteller Peugeot aus Valentigney im Departement Doubs mit einem »Erdöl-Veloziped«, das von einem in Lizenz gebauten Daimler-Zweizylinder-Motor angetrieben wird. Das von allen bestaunte Gefährt kommt mit einer Durchschnittsgeschwindigkeit von fast 15 km/h wohlbehalten in Brest an.[7] Dies war fünf Jahre zuvor noch die Höchstgeschwindigkeit des von Carl Benz gebauten »Velocipeds« gewesen, mit dem 1888 Bertha Benz die erste Fernfahrt nach Pforzheim gewagt hatte. Als im Jahre 1894 Pierre Giffard als Herausgeber des Massenblatts »Le Petit Journal« die erste große Zuverlässigkeitsfahrt von Paris nach Rouen ausschreibt, hat dies mit den späteren Hochgeschwindigkeitsrennen noch recht wenig zu tun. Es geht allein darum – so Giffard – zu beweisen, dass Wagen ohne Pferde »größere Strecken ohne Gefahr für die Insassen zurückzulegen« imstande sind. Die »Selbstfahrer« sollen ihre Betriebssicherheit demonstrieren. Der Verleger veranstaltet eine Tauglichkeitsprüfung, einen Kampf gegen die Tücken der Technik, gegen eine steinige, holprige und staubige Umwelt, die sich weiterhin hartnäckig jeder Beschleunigung entgegenstemmt. Ein Kampf gegen die Uhr ist dies noch nicht. Es kommt in erster Linie darauf an, überhaupt anzukommen, und wer als Erster das Ziel erreicht, stellt damit die Überlegenheit seines Gefährts über andere Antriebssysteme unter Beweis. Man testet die Grenzen der jeweiligen Technik, der Bremsen, der Achsen und Aufhängungen, der Lenkung, der Reifen und vor allem des Antriebs. Man demonstriert die gegenüber der Pferdekutsche sehr hohe Beweglichkeit des Automobils, seine Fähigkeit, schnell auszuweichen und schnell zu halten.[8] Auch als im Jahre 1895 die Veranstalter des Rennens Paris–Bordeaux–Paris eine maximale Fahrzeit von 100 Stunden vorgeben, steht für sie noch nicht die Geschwindigkeit im Vordergrund. Sie wollen lediglich die Teilnehmerzahl begrenzen. Gleichwohl kann der Sieger Emile Levassor jubeln, weil es ihm gelungen ist, den Streckenrekord der Radfahrer – wenn auch nur geringfügig – zu unterbieten.[9] Noch immer gehen untermotorisierte Kutschen an den Start, und die Fahrer haben mehr Angst vor den Steigungen als vor den Gegnern. Die Daimler-Motoren-Gesellschaft in Cannstatt kommt 1895 mit 3-PS-Kutschen nach Paris und ein Jahr später mit 4-PS-Wagen. Michelin testet erstmals seine Luftreifen, erreicht in der vorgeschriebenen Maximalzeit das Ziel aber nicht.[10] Auch ist noch lange nicht ausgemacht, welches System in Zukunft zum Hauptträger der Geschwindigkeit an die Spitze fahren wird: Dampfwagen oder Elektromobile, Fahrzeuge mit Gas- und Pressluftantrieb oder aber Benzinkutschen. Noch fliegt die Landschaft nicht an den Automobilisten vorbei. Der Sieger des Rennens Paris–Bordeaux erzielt eine Durchschnittsgeschwindigkeit von über 24 km/h – aber das interessiert erst wenige.

Die Geschwindigkeit rückt schon deutlich mehr bei den berühmten Gordon-Bennett-Rennen in den Mittelpunkt, die auf Initiative des in Paris lebenden amerikanischen Verlegers Gordon Bennett vom »New York Herald« seit 1900 alljährlich im Herstellerland des letztjährigen Siegerwagens stattfinden. Aber auch hier geht es nicht in erster Linie um maximale Geschwindigkeiten, sondern vorrangig um den Sieg. Als die Autokarawane im Jahre 1903 nach Irland aufbricht, findet das Rennen auf einer Landstraße statt, die tagtäglich mit »zweiräderigen Esel- und Mauleselkarren dicht besetzt« ist, wobei sich die Führer dieser Karren als recht »begriffsstutzig« erweisen, wie in einem Vorbericht vermerkt. Am Tage des Rennens warnen die Veranstalter die Anwohner lediglich vor dem Benutzen dieser Straße.[11] Bei der Sternfahrt Paris–Berlin im Juni 1901 verspricht die automobilfreundliche Regierung von Luxemburg wenigstens, »dass am Tag der

Durchfahrt durch das Luxemburger Land alle Kinder und alles Vieh eingesperrt wird«.[12] Auf den Landstraßen, bis dahin allein für tierische und menschliche Antriebe reserviert, begegnen sich jetzt zwei unterschiedliche Geschwindigkeitsklassen – die Langsamkeit der vorindustriellen Welt und das Tempo des 20. Jahrhunderts –, behindern sich gegenseitig und werden der anderen zur Gefahr. Im Jahre 1912 vermerkt die Expressionistin Marie Holzer: »Das Automobil ist der Anarchist unter den Gefährten. Es rast, Schrecken verbreitend, durch die Welt, losgelöst von althergebrachten Gesetzen.«[13]

Als im Jahre 1904 nach dem Sieg des rotbärtigen belgischen Ingenieurs und Rennfahrers Camille Jenatzy auf Mercedes das Gordon-Bennett-Rennen erstmals in Deutschland stattfindet, gleicht die enge, kurvige, 509 Kilometer lange Rundstrecke im Taunus eher einem Fahrweg denn einer Rennstrecke. An den zahlreichen Bahnübergängen hat das Auto den Primat der Eisenbahn anzuerkennen. Die betroffenen Wagen werden neutralisiert, ihre Wartezeiten registriert und gutgeschrieben. Es ist symptomatisch, dass nicht genügend Stoppuhren zur Verfügung stehen. Eine geschlossene Bahnschranke verhindert auch einen erneuten Sieg von Camille Jenatzy – so die Meinung der Zuschauer.[14] Man nimmt es mit der Zeit noch nicht so genau. Wichtiger als Sekunden ist weiterhin die Widerstandsfähigkeit der Technik.[15]

Das ändert sich jedoch recht schnell – noch schneller als bei der Eisenbahn. Bereits Ende des 19. Jahrhunderts sucht man angesichts unterschiedlicher Streckenlängen nach einer Vergleichsgröße für die einzelnen Rennen. Auch möchte man den Jahr für Jahr erzielten technischen Fortschritt kenntlich machen. Seit 1898 gelten die in einer Stunde gefahrenen Kilometer als Maß aller Geschwindigkeitsmaße der automobilen Entwicklung: »km/std.« oder international »km/h«. Technische Überlegenheit und technischer Fortschritt werden nicht in Hubraum oder Motorleistung ausgedrückt, sondern in Geschwindigkeit. Sie wird zur eigentlichen Rechengröße, um Leistung, Konstruktion, Haltbarkeit und andere technische Merkmale auf einen gemeinsamen Nenner zu bringen.

Das Jahrhundert des Motorrennsports beginnt, und die Autorennen werden die großen dromologischen Ereignisse des 20. Jahrhunderts, welche vermehrt die Zuschauermassen anlocken.[16] Überall an den Rennstrecken Europas und Nordamerikas zeigen sich die Menschen fasziniert und elektrisiert von den vorbeirasenden Autos. Mit sichtlicher Enttäuschung müssen die Turner feststellen, dass ihr synchrones Schwingen und ihre Menschenpyramiden nicht mehr gefragt sind. Immer größer werdende Massen berauschen sich an einem ganz neuen Spektakel, obwohl es dem Auge meist nur Nebulöses zu bieten hat: in Staub gehüllte Wagen und nur schemenhaft erkennbare Fahrer. Ein Zeitungsreporter berichtet:

»Und alles schwarz von Menschen, von Männern mit blauen Schirmmützen und Frauen mit wehenden Schleiern, deren Augen wie im Fieber leuchten und immer nur auf eine riesengroße schwarze Tafel schauen, oder auf ein schwarzes oder blaues oder weißes Etwas, das mit Donnergepolter eins, zwei, drei wie eine Teufelsgestalt kommt und verschwindet«.[17] Die Menschen pilgern zu den Autorennen wie Gläubige nach Lourdes, erleben mit jedem der vorbeihuschenden Boliden eine Offenbarung und treten mit erleuchtetem Blick den Heimweg an. Sie haben viel mehr als nur profane Benzinkutschen gesehen; sie haben Tempo inhaliert, sind aufgeputscht und süchtig geworden. Sie haben das verführerische Prickeln der Geschwindigkeit am eigenen Leib gespürt. Fortan sind sie lüstern auf diese »wahnsinnige« Geschwindigkeit, ebenso wie viele Autofahrer, deren Tempowahn Mediziner damit erklären, dass bei rasender Fahrt eine als angenehm empfundene Trunkenheit, eine Umneblung der Sinne eintrete.[18]

Trunken von den neuen Allmachtsphantasien verkündet die »Allgemeine Automobilzeitung«: »Das Auto, es will dem Menschen die Herrschaft über Zeit und Raum erobern, und zwar vermöge der Schnelligkeit der Fortbewegung.«[19] Etwas weniger euphorisch schreiben 1913 die »Münchner Neuesten Nachrichten« anlässlich der Ersten Automobil-Ausstellung in München: »Unsere Zeit hat ihren Pulsschlag beschleunigt und unser Geschlecht lebt in einem anderen Tempo. [...] Der Automobilismus besonders hat der alten Poesie und Herrlichkeit den Rest gegeben und eine neue heraufgezaubert. [...] Ob besser? Ob schlechter? Niemand weiß es.«[20] Die industrialisierte Welt weiß es besser. Sie glaubt sich mit dem Automobil im Besitz einer Zeitsparmaschine.

Schon zur Jahrhundertwende hatte ein Autor in der Zeitschrift »Der Motorwagen« zu Recht prophezeit, »die Zukunft der Motorfahrzeuge (liege) in einer Leistungssteigerung durch Geschwindigkeitserhöhung«. Und dann weiter: »Nimmt man ihnen diese, so nimmt man ihnen auch ihre Zukunft.«[21] Der für die Erfolgsgeschichte der Daimler-Motoren-Gesellschaft so ungemein wichtige Emil Jellinek drängt als Geschwindigkeitsfanatiker in weiser Voraussicht Daimler und Maybach, nicht mehr nur motorisierte Kutschen zu bauen, sondern motorisierte Sportgeräte. Er rät, abzulassen vom Bau hochbeiniger, kurzer Kutschen, da diese bei höheren Kurvengeschwindigkeiten unweigerlich umkippen.[22] Henry Ford, der ebenso wie Carl Benz zunächst ein Gegner jeden Rennsports und der Rekordjagden ist und lieber Produktions- als Geschwindigkeitsrekorde erzielt, muss bald nach der Gründung seiner »Ford Motor Company, F.M.C.« im Jahre 1903 erkennen, dass die Menschen die Autos nicht nur als bequeme Transportmittel kaufen, sondern in ihnen auch »Tempomaschinen« sehen und sich zunehmend für Autorennen interessieren.[23] Henry Ford selbst setzt sich am 12. Januar 1904 hinter das Lenkrad einer seiner Rennwagen und schraubt den absoluten Weltrekord auf über 147 km/h, wenn auch diese Bestleistung nur in den USA Anerkennung findet.[24] Als Daimler und Maybach dem Rat von Jellinek folgen, ihren Wagen deutlich stärkere Motoren einbauen und im März 1901 bei der Rennwoche von Nizza mit 35 PS starken Mercedes-Rennern an den Start gehen, machen sich die Siege und die Steigerung der Durchschnittsgeschwindigkeit von 31 auf über 51 km/h beim Bergpreis sofort bezahlt. Der Umsatz verdreifacht sich.[25] Und als schließlich Christian Lautenschlager auf einem Mercedes vor 300 000 Zuschauern den »Grand Prix 1908« im französischen Dieppe gewinnt, kann die DMG ihre Produktion im folgenden Jahr sogar um über 500 Prozent steigern.[26]

Geschwindigkeit verkauft sich gut – sehr gut sogar. Darum begnügen sich die meisten Autoproduzenten nicht damit, nur nackte Wagen ins Rennen zu schicken, sie schmücken sie zusätzlich mit zahlreichen rasanten Accessoires. Sie montieren Panther und Jaguare als Galionsfiguren auf die Kühler und geben ihnen Namen wie »Adler« oder »Blitz«. Auf Werbeplakaten lassen sie das Auto mit einem Windhund um die Wette sprinten und umgeben die Marke mit dem Lorbeerkranz des Siegers. Der Reifenhersteller Michelin wirbt mit einem geflügelten Pneu, und ein Kolbenproduzent preist sein neuestes Erzeugnis mit dem Slogan »Wie ein Schuß aus dem Rohr! So geht jetzt Ihr Wagen los!«[27]

Wie bereits die Geschwindigkeit der Eisenbahn vereint auch die neue Geschwindigkeit des Automobils alsbald Arme und Reiche, obwohl Bluts- und Geldadel ihre Exklusivität weiter zu verteidigen suchen. In vorindustrieller Zeit war Tempo ein Privileg des Adels, des Militärs und der Begüterten gewesen. Seit dem 19. Jahrhundert aber hatte sich die Teilhabe an der größtmöglichen Geschwindigkeit immer mehr demokratisiert. Zwar können die Massen noch lange nicht in eigenen Benzinkutschen über die Straßen jagen, bald jedoch mit eigenen Motorrädern, und sie partizipieren bereits als Zuschauer und zwar Seite an Seite mit den Spitzen der Gesellschaft. Der Bruder von Wilhelm II., Prinz Heinrich, zeigt sich als begeisterter Automobilist, stiftet den Prinz-Heinrich-Preis und nimmt 1907 mit einem Benz-Parsifal an der Herkomer-Fahrt teil. Auch der Kronprinz ist dem Automobilismus eng verbunden, und der Kaiser nimmt bei den großen Autorennen nicht selten auf der Ehrentribüne Platz. Autorennen sind wie zuvor die Pferderennen gesellschaftliche Großereignisse. Die »Allgemeine Automobil Zeitung« berichtet vom »Grand Prix 1908«: »Die eleganten Toiletten der Damen, wehende Schleier und Mäntel, der chice Dress eleganter Sportsleute wirkten mit den bunten Wagenfarben zusammen, um ein lebendiges Bild flutenden Lebens zu geben.«[28] Nach dem Ersten Weltkrieg gehört es in Weimar zum guten Ton, sich bei Autorennen sehen zu lassen.

Als sich Anfang des Jahrhunderts die Geschwindigkeit allgemein verselbständigt, beginnen die Autokonstrukteure folgerichtig mit dem Bau reiner Rennwagen, während sie bis dahin Tourenwagen auf den Parcour geschickt hatten. Im Jahre 1908 kommt Carl Benz in Mannheim mit einem Wagen heraus, unter dessen Haube ein Motor von ganzen 15 Litern Hubraum röhrt. Er leistet 158 PS. Das Publikum will hohe Geschwindigkeiten erleben, und die Konstrukteure sind ihm zu Diensten,[29] ebenso die Straßenbauer. Nach dem Vorbild der Radrennbahnen entstehen Motodroms, zuerst in Brooklands nahe London, dann in Indianapolis, schließlich in Berlin. Als im Juni 1913 die Firma Philipp Holzmann AG aus Frankfurt a. M. in Berlin mit dem Bau der Avus beginnt, verkörpert der Plan die größtmögliche Geschwindigkeit: zwei schnurgerade, jeweils etwa 9 Kilometer lange Pisten, die an beiden Enden durch Rundkurven miteinander verbunden sind. Mit der Avus soll das Reglement der inzwischen mit Spannung verfolgten Weltrekordfahrten für Landfahrzeuge in Asphalt umgesetzt werden: einmal geradeaus, wenden und wieder zurück. Die Erbauer dieser »Automobil-Verkehrs- und Übungsstraße« versuchen eine Steigerung dieses Konzepts, indem sie den Kampf gegen die Uhr mit dem Wettkampf kombinieren. Sie wissen, dass am Vorabend des Ersten Weltkrieges Beschleunigung und Geschwindigkeit bei den Zuschauermassen bereits zu einem orgiastischen Erleben führen. Der Kahlschlag durch den Grunewald – wie ein riesiger Schießstand angelegt – wird im Sommer 1921 mit dem »schnellsten« zur Verfügung stehenden Belag eingeebnet, mit einer Teer-Splitt-Decke in der so genannten Makadam-Bauweise. Beim ersten Rennen erreicht der vormals als Radrennfahrer sehr erfolgreiche Fritz von Opel auf den Geraden mit Leichtigkeit Tempo 150. Im Jahre 1926 fahren Rudolf Caracciola und andere hier 180 bis 200 km/h. Nirgendwo sonst auf der Welt gibt es einen Rundkurs, auf dem Rennwagen ihre Schnelligkeit, Widerstandskraft und Zuverlässigkeit besser unter Beweis stellen können. Genau das fasziniert. Die Hautevolee jubelt: »Das ist aufregender als ein Pferderennen.«[30] Die Rennfahrer führen dem Kult der Geschwindigkeit immer neue Gläubige zu und sind als Missionare ganz wesentlich daran beteiligt, dass Beschleunigung zu einer Massenreligion aufsteigt. Zum ersten Rennen auf der Avus strömen zwischen 200 000 und 300 000 Menschen zusammen, und im Jahre 1926, als die ausländischen Hersteller die deutschen Rennstrecken erstmals nicht mehr boykottieren und sich 1 750 PS am Start einfinden, sind es 230 000.

Mitte der 1920er Jahre ist die Avus bereits veraltet. Mit der Entwicklung der Höchstgeschwindigkeit der Rennwagen hat die Entwicklung der Straßenbautechnik nicht Schritt halten können. In dieser Situation erscheint Mercedes mit seinen Kompressorwagen auf den Rennpisten. Der dem Vergaser vorgeschaltete

Verdichter presst gewissermaßen aus dem letzten Winkel der Zylinder ein Maximum an Leistung heraus.[31] Derartige Kraftpakete sind auf eine permanente Bodenhaftung angewiesen, um steuerbar zu bleiben. Der wellige Untergrund der Avus aber lässt die Wagen in die Luft, durch die Luft fliegen und schleudert sie aus der Bahn. Beim Training des Jahres 1926 stirbt ein Beifahrer; der Fahrer kommt verletzt ins Krankenhaus. Während des Rennens selbst verliert Adolf Rosenberger, ein Mercedes-Privatfahrer, die Kontrolle über seinen Renner. Dazu der spätere Mercedes-Rennleiter Alfred Neubauer in seinen Memoiren: »Ein Krachen, ein Splittern, ein gellender Schrei, dann lähmende Stille. Der Wagen ist in das Zeitnehmer-Häuschen am Ausgang der Nordkurve gerast. Sanitäter laufen herbei. Sie zerren Rosenberger und seinen Beifahrer aus den Trümmern: Gehirnerschütterung, Knochenbrüche. Dann werden ein Toter und zwei Schwerverletzte fortgetragen, junge Studenten, die als Zeitnehmer im Häuschen waren.«[32] Doch das Rennen geht weiter. Offenbar sind bei den Tempojagden Tote fest einkalkuliert. Alfred Neubauer berichtet weiter: »Als Caracciola durch die Kurve orgelt, klafft eine Presche in der Barriere vor der Tribüne. Männer mit Rot-Kreuz-Armbinden drängen sich um einen Wagen, der umgestürzt am Bahnrand liegt.« Caracciola blickt seinen Beifahrer erschrocken an. »»Denk nicht dran!‹ brüllt der und deutet auf die Strecke vor ihnen. ›Weiter! Tempo!‹«[33]

Genau das ist die Losung: Immer schneller, noch mehr Tempo! Das Rennen geht weiter. Die Nerven der Massen wollen gekitzelt sein. Das Tempo fasziniert und elektrisiert, weil sich der Mensch in Grenzbereichen bewegt, und Crashs und Trümmer, Verletzte und Tote dienen als Indiz dafür. Sie lassen den Körper unter Schockwellen erzittern und putschen ihn auf. Schon 1909 hatte Marinetti im Manifest des Futurismus formuliert: »Wir wollen die Liebe zur Gefahr besingen, die Vertrautheit mit Energie und Verwegenheit.« Er sah zuerst im Rennauto und Aeroplan ein Symbol dieser maschinen-weltlichen Dynamik und des Geschwindigkeitskults.[34]

In den 1920er Jahren melden die Zeitungen aus allen Ecken der Welt »Abflüge« von Rennfahrern: aus Monza, Indianapolis, Berlin. Im Juli 1926 kommentiert ein Fachjournalist in der Zeitschrift »Das Auto« das Rennen auf der Avus mit den Worten: »Jedenfalls gehört ein todesverachtender Schneid dazu, um bei einer derartig unmodernen Bahn Rennen mit so großen Geschwindigkeiten auszufahren.«[35] Die Verantwortlichen reagieren umgehend. Aber nicht die Reduzierung der Geschwindigkeit etwa durch den Einbau von Schikanen ist ihr Ziel, sondern eine weitere Erhöhung des Tempos. Jedes Tempolimit wäre ein Dolchstoß gegen den Zeitgeist der Beschleunigung. Ganz systematisch werden die verschiedensten Baustoffe untersucht, um den Belag »schneller« zu machen. In der

Folgezeit rasen die Boliden auf einem festen Untergrund aus einer Mischung aus Beton und Teer. Die Vorberichterstatter locken gewissermaßen mit Toten und Verletzten, so in einer Vorschau auf den »Großkampftag auf der Avus« des Jahres 1932: »Wie lange können bei diesen irrsinnigen Geschwindigkeiten und der zu erwartenden Hitze überhaupt Reifen halten? – Was geschieht, wenn auf dieser schmalen, von Hunderttausenden umlagerten Bahn mal ein Wagen ausbricht und sich – einem abirrenden Geschoss gleich – steuerlos seinen Weg selbst bahnt?«[36] Am Renntag sind die Tribünen bis auf den letzten Platz gefüllt, und die Zuschauer erleben sofort nach dem Start der »16 brüllenden Bestien« den prophezeiten »Abflug« – er endet tödlich. Der böhmische Fürst Georg Christian Lobkowitz schleudert mit seinem Bugatti nahe der Südkurve bei Tempo 200 über den Mittelstreifen, überschlägt sich auf der Gegenfahrbahn und bleibt gut hundert Meter weiter am Damm der S-Bahn zerschmettert liegen.[37] Im folgenden Jahr erlebt die andere berühmte Rennstrecke im italienischen Monza ihren Schwarzen Sonntag. Drei italienische Rennfahrer fliegen aus der Südkurve – zwei sind sofort tot. Doch das Rennen geht weiter. Erst als wenig später an derselben Stelle der Wagen des Grafen Czaykowski, der noch wenige Wochen zuvor auf der Avus mehrere Weltrekorde erzielt hatte, ins Schleudern und in Brand gerät und auch der Graf stirbt, wird das Rennen abgebrochen.[38] Die Zeit der Besinnung währt nur kurz. Als im Jahre 1935 Hans Stuck auf der nochmals schneller gemachten Avus den Rundenrekord auf 258 km/h schraubt, erzielen er und andere auf den Geraden Geschwindigkeiten von 300 bis 320 km/h. Das gestiegene Risiko wird zu einer wesentlichen Voraussetzung zu Steigerung der Lust. Autorennen bieten die Möglichkeit, Risikogrenzen lustvoll zu überschreiten.[39]

Immer schneller dreht sich das Karussell, die Massen schreien nach neuen Geschwindigkeitsrekorden und die Fahrer erringen sie, um sich als »die Größten« feiern zu lassen. In der nationalsozialistischen Propaganda erscheinen die deutschen Rennfahrer dabei als »Pioniere der Weltgeltung« der deutschen Automobilindustrie und als opfermutige Vorkämpfer für den Volkswohlstand, wie Hitler auf der Internationalen Automobil- und Motorradausstellung 1938 verkündet. Die Massen sind zufrieden. Im Mai 1937 strömen 380 000 zum Rennen auf der Avus zusammen.[40]

Inzwischen wurden auch andere Geschwindigkeitskomponenten ausgebaut. Die Techniker erhöhen die Leistungskraft der Motoren und verringern die vielfältigen Reibungskräfte, die ringsum auf das Auto einwirken: die Reibung der sich drehenden Metallteile, die Reibung des Windes an der Karosserie und die Reibung der Reifen. Zudem gehen die Rennleiter mit der Stoppuhr in der Hand gegen die Zeitverluste bei den notwendigen Boxenstopps vor. Seit dem »Grand

Prix 1908« im französischen Dieppe sind die meisten Rennwagen mit einer neuen Art von Michelin-Reifen und Felgen ausgestattet, die es erlauben, durch das Lösen einer einzigen Mutter den Reifen mitsamt Felge zu wechseln.[41] Die Werbung der Ölproduzenten zeigt, wie wichtig die Frage der richtigen Schmierung ist. Die Karosseriebauer beginnen über windschnittige Formen nachzudenken und unterziehen ihre Modelle alsbald umfangreichen Tests im Windkanal.[42]

Tempo als Adelstitel

Parallel dazu – und hier verselbständigt sich Geschwindigkeit endgültig – jagen einige wenige Automobilisten dem Geschwindigkeitsweltrekord hinterher. Sie wollen nicht mehr in irgendeinem Rennen als Erste ankommen, sie wollen auch nicht nur die schnellsten Autofahrer sein, sie wollen als die absolut schnellsten Menschen gelten. Sie kämpfen nicht mehr Mann gegen Mann, so wie dies bereits die Wagenlenker der antiken Rennen getan hatten – sie kämpfen allein gegen die Uhr. Sie wollen nicht mehr über einen gleichartigen Gegner triumphieren, sondern über die Zeit. Sie wollen im wahrsten Sinne des Wortes die Zeit klein kriegen, sie wollen sie möglichst auf Null reduzieren. Natürlich sind die ersten Rekordjäger noch weit davon entfernt. Zunächst geht es einzig darum, das beste, schnellste System ausfindig zu machen. Der Benzinmotor kämpft gegen Dampfmaschine und Elektromotor, ohne zunächst an die Spitze zu fahren. Aber er besitzt in einer bereits sehr schnelllebigen Zeit einen sehr wichtigen Startvorteil – er hat ein deutlich geringeres Gewicht und muss nicht erst angeheizt werden, bevor er Fahrt aufnehmen kann. Da hilft es wenig, dass Léon Serpollet 1887 einen Schnellkocher, einen schnell einsatzbereiten Dampfwagen entwickelt – so schnell wie ein Benziner ist kein Dampfwagen startklar.[43]

Im Dezember 1898 stellt der junge französische Graf Gaston de Chasseloup-Laubat auf seinem Jeantaud-Elektrowagen mit 63,16 km/h den ersten Geschwindigkeitsweltrekord für Automobile auf. Er begnügt sich bereits nicht mehr mit einer einfachen, alltäglichen Kutsche, sondern lässt diese windschnittig machen. Er will die Luft im Rekordtempo durchschneiden, er möchte sie aus dem Weg schaffen. Er möchte dem Automobil gegen die Naturkräfte den Weg bahnen. Seinen erstaunten Freunden gibt er zu verstehen: »Ich will in diesem Wagen nicht wie in einer bequemen Kutsche spazieren fahren, ich will schnell sein.«[44]

Der Wettkampf ist eröffnet, und der erste Rekord verlangt aus sich selbst heraus eine Steigerung. Was schnell geht, soll noch schneller gehen. Anzeichen von Besessenheit, Rausch und Ekstase werden fortan erkennbar, zumal es die Automobilenthusiasten schmerzt, dass der Fahrrad-Weltrekord desselben Jahres um mehr als einen Kilometer höher liegt als der Automobil-Weltrekord. Von dem Geschwindigkeitsbazillus ist vor allem der Belgier Camille Jenatzy befallen, der als erster technischer Direktor der Pariser »Compagnie Centrale des Transports Automobiles«, eines auf den Bau elektrisch angetriebener Fiaker spezialisierten Unternehmens, in dem Weltrekord von Gaston de Chasseloup-Laubat auch eine geschäftliche Herausforderung sieht. Nach einer Ausschreibung der Zeitschrift »La France Automobile« kommt es 1899 auf einer eigens präparierten Piste im Park von Achères in der Nähe von Paris zu mehreren Tempo-Duellen, die Chasseloup-Laubat zunächst mit 91,78 km/h für sich entscheidet. Innerhalb weniger Wochen baut Jenatzy ein vollkommen neues Vehikel, bricht mit allen automobiltechnischen Gepflogenheiten des Kutschenbaus und lässt sich von der Form von Granaten inspirieren. Äußere Merkmale seiner Neukonstruktion sind die torpedoförmige, blaugrau lackierte Karosserie aus handgetriebenen, vernieteten Blechen und die relativ kleinen, freistehenden Räder mit roten Holzspeichen und profillosen Michelin-Ballonreifen. Der leichte Aufbau ruht auf einem stabilen Kastenrahmen. Der Fahrer thront auf einem schmalen Sitz. Außer einem Lenkstock, einem Fußhebel zum Beschleunigen und einem Handbremshebel fehlen jegliche Bedienungselemente. Angetrieben wird der Elektrowagen von zwei Gleichstrommotoren mit rund 50 kW (68 PS) Leistung, die von 82 Fulmen-Baterie-Elementen gespeist werden. Sein Name wird zum Programm: »La Jamais Contente« (Abb. 12). Am 29. April 1899 durchstößt Jenatzy mit diesem Gefährt als Erster die magische Einhundert-Kilometer-Marke – 105,88 km/h sein Rekord. 1902 ist es das windschlüpfige »Oeuf de Pâques« von Léon Serpollet, das auf der Promenade des Anglais in Nizza den Weltrekord auf 121 km/h schraubt. Der Konstrukteur hat aus Gewichtsgründen selbst auf Bremsen verzichtet. Mit dem »Osterei« steht jedoch ein Dampfwagen – ein »rollender Teekessel«, wie man sagt – an der Spitze der Rekordliste, was den Freunden des Explosionsmotors nicht gefallen kann. Noch im selben Jahr schraubt der Amerikaner Baker mit dem Electric Torpedo die neue Rekordmarke sogar auf 145 km/h. 1904 glückt endlich einem Benziner der erste Weltrekord, und weitere folgen. Dennoch ist immer noch nicht ausgemacht, welche Antriebsart im Rennen gegen die Zeit zukünftig die Nase vorne haben wird.[45] Als sich 1906 die leistungsstärksten Benzin-Renner zur »Speed Week« in Florida treffen und zwei 200 PS-Achtzylinder an der 200-Kilometer-Marke kratzen, stiehlt ihnen ein kurioser Dampfwagen die Schau. Der Meister der amerikanischen Dampfwagenfabrik Stanley, der tempogierige Fred Marriott, fährt mit einer eigenwilligen

Abbildung 12: »La Jamais Contente« aus dem Jahre 1899

Konstruktion vor: mit einem den Kiel nach oben, auf Fahrradrädern montiertem Boot, das von einer Dampfmaschine angetrieben wird. Über die Meile schafft dieses »Dampfboot« eine Durchschnittsgeschwindigkeit von 204,5 km/h.[46] Als Fred Marriott ein Jahr später mit einer verbesserten Version über den harten Sandstrand jagt, demonstriert die Natur höchst eindrucksvoll, was sie von einer derartigen Kraftmeierei hält. Eine Windböe genügt, um das Gefährt bei einer geschätzten Geschwindigkeit von 240 km/h in seine Einzelteile zu zerlegen.

Zu Anfang des 20. Jahrhunderts sind es immer noch Dampf- und Elektrokraft, die für das größtmögliche Tempo stehen. Im Jahre 1903 jagt ein AEG-Triebwagen in der Nähe von Berlin mit 210,2 km/h über die Schienen, während die Automobile noch immer mit viel Lärm über beschleunigungshemmende Landstraßen holpern und sich die Fahrer mit den brutalen unsynchronisierten Schaltgetrieben herumplagen müssen. Zugleich demonstrieren die neuen hochentwickelten Dampfwagen eine geradezu leise, zivilisierte Eleganz. Sie verändern äußerst elastisch ihre Geschwindigkeit und traktieren ihre Umwelt nur geringfügig mit Gerüchen und Geräuschen. Dies gilt erst recht für den Elektrowagen. Beide haben jedoch mit gravierenden Handikaps zu kämpfen: ihrem hohen Gewicht und geringem Aktionsradius. Ihre flüsternden Motoren wecken in allen, die ihre PS-Stärke ihren Mitmenschen unüberhörbar mitteilen wollen, keinerlei

Lustgefühle. Dampfkessel, Dampfmaschine, Brennstoff und Wasser beziehungsweise Batterien wirken letztlich wie Bremsklötze. Hinzu kommt beim Dampfwagen die lästige Aufwärmzeit des Kessels. Obwohl er inzwischen mit Paraffin oder Kerosin und nicht mehr mit Kohle beheizt wird, besitzt diese Antriebsart das Image eines Auslaufmodells. Sie wird von den Autofreunden dem »rußigen Jahrhundert« zugerechnet, wie sich Werner Sombart ausdrückt. Zwar haben auch die Nutzer eines Benzinwagens mit vielen Unzulänglichkeiten zu kämpfen – dem gefährlichen Ankurbeln, der permanenten Regelung des Motors, dem ständigen Schalten und dem Lärm –, doch setzt sich schließlich das große Beschleunigungspotenzial des Explosionsmotors durch, und das Automobil wird zum eigentlichen Träger und Symbol von Geschwindigkeit.[47] Dazu trägt auch Robert Boschs Entwicklung der Hochspannungs-Magnetzündung bei, die immer schnellere Funken produziert. Je schneller es funkt, um so besser lässt sich die Energie der Kraftstoff-Luft-Gemische nutzen. Anfang des Jahrhunderts registriert man eine Motoren-Liter-Leistung von sieben PS bei 1 000 bis 1 200 Umdrehungen in der Minute; ein halbes Jahrhundert später sind es bereits 12 000 Umdrehungen bei mehr als 125 PS Liter-Leistungen.[48]

Die Autokonstrukteure beweisen in der Folgezeit immer wieder aufs Neue die scheinbar unbegrenzten Kraftreserven des Otto-Motors. Die Techniker bei Carl Benz in Mannheim entwickeln einen neuen Vierzylinder-Motor mit 21,5 Liter Hubraum. Jeder dieser Riesenzylinder verfügt über mehr als fünf Liter Hub. Mit einem solchen 200-PS-Kraftprotz greift der Franzose Victor Héméry im November 1909 auf der neu errichteten Brooklands-Bahn in der Nähe von London den Weltrekord an. Dieses Oval gilt als das modernste seiner Zeit. Es ist angelegt nach dem Vorbild von Radrennbahnen mit stark überhöhten Kurven. Héméry übertrifft in diesem »Nudeltopf« – wie man sagt – als Erster die Marke von 200 km/h – so schnell war zuvor noch kein Auto mit Verbrennungsmotor.

Doch das Symbol für Geschwindigkeit ist nicht die Kurve, sondern die Gerade. Darum wählt der Amerikaner Barney Oldfield im Jahre 1910 als Rekordstrecke den schnurgeraden und harten Strand von Florida, um mit seinem aerodynamisch verbesserten 200 PS starken, schneeweißen Benz, auf dem werbeträchtig der Name »Lightning Benz« prangt, mit mehr als 211 Stundenkilometern im Durchschnitt über den Kilometer zu »fliegen«. Auch vom Äußeren her ist dieser »Blitzen-Benz« genannte Wagen nicht mehr ein Serienfahrzeug, sondern ein reines Rekordfahrzeug. Der Mannheimer Automobilfabrikant möchte damit seine Leistungsfähigkeit und den gesellschaftlichen Wert von Schnelligkeit unter Beweis stellen.[49] Im April 1911 steigert der Amerikaner Bob Burmann auf der Strandpiste von Daytona mit demselben Wagen den Rekord auf 227,5 km/h. Er ist damit schneller als jedes Schienenfahrzeug und doppelt so schnell wie ein Flugzeug. Gut ein Jahrzehnt später demonstriert Benz mit dem so genannten »Tropfen-Rennwagen« noch augenfälliger, wie sehr das Unternehmen auf Geschwindigkeit setzt.[50]

Nach dem Ersten Weltkrieg zieht es die rekordbesessenen Männer immer wieder auf die schnurgeraden, langen Strecken, auf denen genügend Platz zum Beschleunigen und Abbremsen bleibt. Zum El Dorado dieser Jäger nach dem Weltrekord wird auch in den 1920er Jahren der Sandstrand von Daytona in Florida, wo die Natur alle die Geschwindigkeit hemmenden Hindernisse aus dem Weg gespült hat. Er ist wie geschaffen für den Weltrekord aller Automobilrekorde, den über den fliegenden Kilometer – einmal hin und einmal zurück. Es sind vor allem zwei »Geradeaus-Piloten«, die nach dem Ersten Weltkrieg dem Automobil-Weltrekord hinterherjagen und sich ihn gegenseitig abjagen: der englische Motorradrennfahrer Malcolm Campbell und der irische Fliegeroffizier Henry O'Neal de Hane Segrave.

Während in der Vorkriegszeit bei den zahlreichen Rekordversuchen lediglich verbesserte, kantige Rennwagen eingesetzt worden waren, rollt man in der Zwischenkriegszeit speziell konstruierte und im Windkanal getestete Super-Rekord-Wagen auf die Pisten: stromlinienförmig verkleidete Raketen auf Rädern, die mit einer anderen Karosserie durchaus flugtauglich wären. Diese neuen Super-Renner paaren sich in gewisser Weise mit dem zukünftigen Träger der Höchstgeschwindigkeit: dem Flugzeug. Mit ihnen beginnt eine für das praktische Leben letztlich sinnlose Entwicklung. Man baut Geschwindigkeitsfabriken, die nur für einige wenige Augenblicke ihre Höchstgeschwindigkeit erreichen müssen, über den Boden schießende Wegwerfraketen, die lediglich den Weltrekord zu verbessern haben. Beschleunigung hat kein anderes Ziel als das der Beschleunigung selber. Zuschauer bekommen diese Rekordwagen in Aktion nur während eines kurzen »Schusswechsels« zu Gesicht: zweimal für den Bruchteil einer Minute und dann nie wieder – ein Schuss von rechts, ein Schuss von links.

Malcolm Campbell lässt sich – wie schon andere vor ihm – in seinen ersten »Blue Bird« einen Sunbeam-Flugmotor mit 350 PS einbauen und sucht im Windkanal nach der besten Aerodynamik. Sein erster Rivale E. A. D. Eldridge bringt einen roten Fiat mit dem Namen »Mephistopheles« auf die Bahn, und Parry Thomas vertraut bei seinen Rekordversuchen einem riesigen Liberty-Zwölfzylinder, der ihn und seine »Babs« schließlich abheben und abstürzen lässt. Henry Segrave seinerseits lässt sich zwei Matabele-Flugzeugmotoren von je 500 PS in sein blutrotes Ungetüm einbauen – ein Kraftkoloss, den selbst die besten damals verfügbaren Bremsen nicht mehr zum Halten bringen können und für den alle europäischen Pisten viel zu kurz sind. Im März 1927 jagt er – in den Adern Adrenalin – vor 30 000 Zuschauern mit einer Durchschnittsgeschwindigkeit von 327 km/h über den ebenen Strand von Daytona und ist gezwungen, seine »1 000-hp Sunbeam« in die Brandung zu lenken, um zum Stehen zu kommen. Wieder holt sich Campbell mit einem neuen »Blue Bird« den Rekord zurück, um ihn drei Tage später an den muskelbepackten Sekundenjäger Ray Keech zu verlieren. Der tollkühne amerikanische Automobilnarr White lässt sich auf seine fast dreieinhalb Tonnen schwere, ganz simpel konstruierte »White Triplex« sogar drei Liberty-Zwölfzylindermotoren montieren, die ihn auf 334 km/h beschleunigen. Von dieser Rekordmarke bleibt der weiterhin geschwindigkeitsbesessene Fritz von Opel bei seinem Rekordversuch auf der Berliner Avus im Mai 1928 weit entfernt. Dennoch symbolisiert seine Fahrt mit dem »Rak 2« das neue Denken und Streben in geradezu extremer Weise. Sein schwarzer Raketenwagen erweist sich als ganz und gar nicht alltagstauglich, aber er bietet mit seinem Flammenschweif ein faszinierendes Feuerwerk moderner Geschwindigkeit. Andere stehlen dem ehemaligen Radrennfahrer mit ihrem weitaus höheren Tempo dennoch die Schau. Im März 1929 schraubt Henry Segrave mit seinem futuristisch anmutenden »Golden Arrow« den Weltrekord auf sagenhafte 372 km/h und nimmt dabei rittlings auf einem 900 PS starken Napier-Lion-Flugmotor Platz. Die Entfesselung der Produktivkraft Technik wird hier zum Sport.

Rolf Nürnberg, Kritiker bei der »Neuen Berliner Zeitung«, veröffentlicht 1927 seine »Gedanken über 327 Stundenkilometer« und beschreibt die Rekordfahrt: »eine Flagge saust nieder, ein gellender Sirenenton, mark- und beinerschütternd, klingt, und wo der Wagen eben noch stand, da ist im Nu eine rauschende Wolke aufgewirbelt, und von Ross und Reiter ist nichts mehr zu sehen. Dahin bewegt sich die Wolke mit einer Geschwindigkeit, die die Augen flimmern macht, die Sinne vergehen, und man sieht, wie diese Wolke alles vor sich niederreißt, die Fahnenstangen, die dort am Strande stehen, zusammengeknickt, dass sie auseinanderbersten wie kleine Streichhölzer. Um diese Wolke herum braust, stöhnt, heult es. [...] Da wälzt sich die Wolke auch schon über eine Linie, weiß und frisch gezogen, hinweg, [...] Aber vier Leute haben vier Uhren gedrückt, als die Wolke über die weiße Linie dahinschwebte, ein Fünfter hat einen großen Hebel herumgerissen, [...] schnell rechnen die Fünf, und beinahe tonlos, abwesend verkünden sie: 203,8 Meilen – Weltrekord. [...] Hineinstürzen die Leute in ein Haus und hacken tackend auf Apparate, die vor ihnen stehen, und von dem Haus springt ein Funke hinaus nach New York, San Franzisko, Chicago, London, Paris, Tokio, Berlin, Sidney, Melbourne, Rom, Madrid, Oslo, Kapstadt: 327 Stundenkilometer.«[51]

Gerade diese Rekordfahrt zeigt auf vielfältige Weise, dass der Wettlauf gegen die Uhr inzwischen eine neue Dimension erreicht hat. Segrave kann sein Geschoss nur mit Hilfe einer großen Stabilisierungsflosse am Boden halten, und auf der Motorhaube hat er einen teleskopischen Sucher mit einer Zielvorrichtung wie bei einer Jagdflinte montiert. Damit visiert er ein rotes Licht in 20 Kilometer Entfernung an. Er versucht gewissermaßen, auf dem Lichtstrahl zu reiten und mit ihm um die Wette zu rasen. Weil das Gerät wegen der vielen kleinen Unebenheiten des Bodens zu stark vibriert, erwiest es sich als unbrauchbar und muss entfernt werden.[52] Dennoch belegt auch dieser Versuch, dass die immer höher werdenden Geschwindigkeiten bei allen Fahrern das Gefühl aufkommen lassen, sich in eine Gewehr- oder Kanonenkugel zu verwandeln.

Ein Augenzeuge berichtet von den Rekordfahrten Mitte der 1930er Jahre in Florida:»Das rast nur noch wie ein Schatten an einem vorbei. Das ist auch kein Auto mehr, sondern irgendeine phantastische Maschine aus Stahl und Eisen, auf Räder gesetzt, auf die Gegend losgelassen. Das fliegt über den Boden wie eine Kanonenkugel. Nur dass inmitten dieser unheimlichen, stromlinienförmig verkleideten stählernen Kanonenkugel ein Mensch sitzt, der diesem rasenden Projektil seinen Willen aufzwingt. Für Sekunden freilich nur. Denn länger halten die Reifen das nicht aus. Länger würde wohl auch der Mensch selbst das nicht mehr aushalten. [...] Der Taumel der Rekorde hat die Menschheit erfasst.«[53]

Obwohl die Weltrekorde der 1920er und 1930er Jahre letztlich ohne praktischen Wert bleiben und lediglich eine schnelle Bewegung nach nirgendwo darstellen, sind sie für die Fahrer wie für deren Heimatländer mit einem unvergleichlichen Prestige verbunden. Als Henry Segrave nach England zurückkehrt, wird er von König Georg V. in den Adelsstand erhoben. Als dann im Februar 1931 Malcolm Campbell unter der Sonne Floridas mit seinem neu konstruierten »Blue Bird« mit 396 km/h der neue »Speed King« wird, fällt die Begrüßung im Heimatland noch triumphaler aus. In Southampton wird Campbell von einem Sonderzug, dem »Bluebird Special« abgeholt, und auch er erhält das Adelsprädikat. Tempo adelt! Die Hierarchie der Geschwindigkeit bringt einen neuen Adel hervor. Nichts belegt den Aufstieg von »Tempo« auf der gesellschaftlichen Werteskala besser als diese Erhebung der Weltrekordfahrer in den Adelsstand. Campbell bedankt sich im Jahre 1935 mit seinem neunten und letzten Weltrekord: 484,6 km/h – mehr als 300 Meilen pro Stunde.[54]

Tempo in den neuen Dimensionen jenseits von 300 und 400 km/h wird zu einem rauschenden Fest der Sinne, bei dem Vernunft und Denken auf der Strecke bleiben. Festgeklammert an die Beschleunigungsmaschine, auf die er seine Macht überträgt, gerät der Mensch in höchste Ekstase. Für kurze Zeit ist sein

Körper aus dem Spiel, und er gibt sich ganz der Geschwindigkeit hin, die körperlos, immateriell, reine Geschwindigkeit ist – Geschwindigkeitsekstase. Kritisch fragen selbst eingefleischte Autonarren und Geschwindigkeitsliebhaber nach dem Zweck dieser Rekordmanie und meinen: »Nun: sie hat gar keinen Zweck, und das ist es, was den Engländern die größte Freude zu bereiten scheint.«[55]

Geschwindigkeitsfanatiker wie Henry Segrave sind süchtig nach Rekorden – dafür leben und sterben sie. Segrave genügt es nicht, der schnellste Mensch zu Lande zu sein, er will auch auf den anderen Elementen an die Spitze rennen. Im Juni 1930 greift er auf dem See von Windermere in Lancashire auch den Motorbootweltrekord an. Mit seiner »Miss England II« rast er mit einer Geschwindigkeit von 155 km/h hin und mit 162 km/h zurück – Weltrekord. Aber Segrave will noch mehr, nimmt einen neuen Anlauf und wird von einer kleinen Welle aus der Bahn geworfen. Sir Henry Segrave stirbt als Weltrekordler zu Wasser und zu Lande.[56]

Derartige »Entgleisungen« können den Nachwuchs der Geradeauspiloten nicht von ihrer Sucht auf Speed abbringen. Mit den beiden Engländern George E. T. Eyston und John Cobb trifft sich bald darauf im US-Staat Utah ein neues Paar von Geschwindigkeitsekstatikern, die mit noch leistungsfähigeren Super-Rennwagen – »Thunderbolt« und »Railton« – über den Salzsee von Bonneville blitzen. Die schneeweiße Rennstrecke in 1 285 Metern Höhe wirkt ebenso surreal wie die Höllenmaschinen, die über die völlig ebene, knochenharte Salzkruste schießen. Eyston durchbricht im November 1937 mit seinem »Donnerkeil« als Erster die 500-km/h-Marke. Cobb sattelt einen 3 000 PS starken Napier-Flugzeugmotor auf und hat letztendlich am Vorabend des Zweiten Weltkriegs mit 595 km/h die Nase vorn – ebenso kurz nach Ende des Krieges, als sein »Railton Mobil Spezial« ihn auf eine Durchschnittsgeschwindigkeit von 633,8 km/h katapultiert.[57] Der von Daimler-Benz unter größter Geheimhaltung 1939 entwickelte »T 80«, ein futuristisch anmutendes Geschoss, das eine Durchschnittsgeschwindigkeit von 650 bis 700 km/h oder mehr erreichen soll, wandert bei Kriegsausbruch ins Museum. In Stuttgart und anderswo hat man jetzt andere Sorgen, als den absoluten Geschwindigkeitsweltrekord für Landfahrzeuge zu verbessern.[58]

Ähnlich den Autorennfahrern werden auch Motorradfahrer von der Sucht nach dem Rekord gepackt. Bereits als im Jahre 1894 mit der »Hildebrand & Wolfmüller« das erste Motorrad auf dem Markt erschien, hatte man sich Gedanken über mögliche Rennen gemacht und mit dem Exelbergrennen in Österreich 1899 das erste reine Motorradrennen organisiert. Da die meisten Fahrer vom Radsport kamen und die ersten Motorräder nicht viel mehr als motorisierte Fahrräder waren, lag es nahe, mit den Maschinen auf die Radrennbahnen zu gehen, wo keine verlorenen Hufnägel den Geschwindigkeitsdrang der Fahrer störten. Die große Zeit der Motorradrennfahrer aber bricht in der Zwischenkriegszeit an. Angesichts der allgemeinen Verarmung nach Krieg und Inflation stehen zunächst noch völlig neue Rekorde auf dem Programm. Im Juni 1923 erringt eine Zündapp Z 22 den Sparsamkeits-Weltrekord, indem sie eine Strecke von 133 Kilometern mit nur einem Liter Treibstoff zurücklegt.[59] Nur wenig später aber heißt die Losung erneut, den Gasgriff bis zum Anschlag durchzudrehen. Ende 1923 kommen die ersten für jedermann käuflichen Sportmaschinen auf den Markt, und die Massen strömen zu den Grasbahnrennen und Geschwindigkeitsprüfungen. Auf der Straße von Arpajon in Frankreich schraubt der Engländer Temple im Mai 1926 den Motorradweltrekord auf über 195 km/h. Dann geht es Schlag auf Schlag. Im August 1928 erreicht der Engländer Baldwin 200,5 km/h, genau ein Jahr später sein Landsmann Le Vack 207,7 km/h und im September 1929 der Deutsche Ernst Henne auf BMW 216 km/h.[60] Das große Experimentieren beginnt. Die Konstrukteure von Victoria versuchen den anderen Marken durch den Einbau von Kompressoren davonzufahren, andere setzen auf die Stromlinienform. Autorennen werden Rekordversuche von Motorradfahrern vorgeschaltet, um die Nerven der Zuschauer zusätzlich zu reizen und »aufzuwärmen«. 1932 erzielt erneut Ernst Henne auf BMW während des Internationalen ADAC-Automobilrennens auf der Avus in verschiedenen Klassen gleich drei Weltrekorde. »In unglaublichem Tempo flog er als fast liegendes weißes Phantom auf schwarzer Maschine pfeilschnell über die Bahn«, so ein Berichterstatter.[61] Doch trotz dieses »unglaublichen Tempos« purzelt der Motorradweltrekord im Abstand eines Jahres, bis ihn Ernst Henne Ende November 1937 auf dem Betonband der Autobahn Frankfurt–Darmstadt mit einer eiförmig verkleideten 500er BMW auf 280 km/h erhöht. Henne ist wieder der schnellste Mann der Welt auf zwei Rädern, aber das Unternehmen grenzte an Wahnsinn, und Henne weiß es. Er ist oft genug auf zwei schmalen Rädern im Höllentempo auf dem scharfen Grat zwischen kontrolliertem und unkontrolliertem Zustand entlanggerast und hat immer öfter in die Hölle geblickt. Er macht endgültig Schluss und verkauft fortan sehr viel langsamere Autos für die ganze Familie. Sein letzter Weltrekord hat 14 Jahre Bestand.[62]

Bei allen diesen Rekordfahrten muss der Raum gewissermaßen seinen Tod akzeptieren. Für den Rennfahrer existiert er nicht mehr – er kann ihn im Rennauto und auch auf dem Motorrad kaum noch wahrnehmen. In der Rennrakete ist er gegen den Raum abgekapselt und geschützt, er ist aus dieser Welt herausgenommen. In Segraves »Golden Arrow« ähnelt der Führersitz einem Panzerturm, der nicht den geringsten Luftzug durchlässt und nur den Blick nach vorne auf das rote Licht am Horizont ermöglicht.[63] Beim Exzess der Geschwindigkeit ist der Mensch gezwungen, den Kontakt mit der Atmosphäre immer weiter einzuschränken, zuerst durch eine Brille, dann eine Windschutzscheibe oder Fahrzeugverkleidung, danach durch einen gepanzerten Führersitz, schließlich muss er sich auf eine instrumentale Steuerung beschränken. Die Gewalt der Geschwindigkeit führt zur Vernichtung und damit zu einem Abbruch aller Kontakte. In der Beschleunigungsmaschine trennt sich der Fahrer vom Lebendigen »zugunsten wesenloser Schnelligkeit«, so der Philosoph Paul Virilio.[64]

Zusammenfassung

Bereits in der Zwischenkriegszeit hat das Tempo mit Hilfe von Auto und Motorrad die industrialisierte Welt erobert, es hat sie süchtig gemacht und von ihr Besitz ergriffen, es hat die Körper der Menschen deformiert und beeinflusst wie ein Narkotikum ihr Denken und Handeln. Schon jetzt wird erkennbar, dass der Zwang zur Beschleunigung keine vergängliche Mode und kein temporärer Auswuchs ist, der sich mit Griff in den pädagogischen Werkzeugkasten schnell und leicht wieder beseitigen ließe, er ist vielmehr tief in die Poren der gesellschaftlichen Existenz eingedrungen, hat die Natur des Menschen verändert und sein Leben in neue Bahnen gelenkt.[65] Der Mensch hat den Beschleunigungswunsch verinnerlicht, der die Normen und Werte vermehrt dominiert. Der moderne Mann und die moderne Frau der Zwischenkriegszeit sind der schnelle Mann beziehungsweise die schnelle Frau: der »rasende« Reporter, der Autorennfahrer, der Sprinterkönig, der Flieger, die »flotte« Sekretärin. Der Schnellste genießt fast automatisch Vorrechte, er wird zum Vorbild.

Das einmal erreichte Geschwindigkeitsniveau weckt den fast unwiderstehlichen Wunsch nach noch größeren Geschwindigkeiten. 1926 heißt es in einer Übersicht über den Stand der Technik: »Aber selbst die modernste Schnellzuglokomotive erscheint uns heute als eine Schöpfung von sehr begrenzter Modernität. Die neueste D-Zug-Maschine [...] wirkt schon altväterlich, während sie entsteht. Denn als Transportkraft hat sie nur Dampf, und als Betriebsstoff wird nur schwere schwarze Kohle im Tender mitgeführt. Wie lange noch, und die Elektrisierung der Eisenbahn ist im weiten Umfang erfolgt. Dann werden die Züge noch schneller fahren ...«[66] Dieses Denken ist typisch für die Beschleunigung des Lebens. Das jeweils erreichte Höchsttempo gilt immer nur als Zwischenresultat, als

Plattform für eine weitere Steigerung. Dabei bleibt außer Betracht, welchen Wert dieses Zwischenresultat an sich hat, ob es den Menschen nützt oder in der Praxis ohne Bedeutung ist. Bewertet wird nur der Grad des »Fortschritts« gegenüber der vorangegangenen Höchstmarke. »Die Steigerungslogik ist komparativ«, meint Gerhard Schulze, da nach der Logik des Steigerungsdenkens alles verbesserungs-, also steigerungsfähig ist: »Die Kultur der Steigerung [...] ähnelt einem Hochleistungssportler, der unaufhörlich seine Leistungsblockaden analysiert und sie mit speziellen Trainingsmethoden zu bekämpfen versucht.«[67]

Der bisweilen absurde Kult um Motor und Maschine, Sport und Rekord zeigt, dass Geschwindigkeit inzwischen zum Selbstzweck geworden ist. Er offenbart zudem Züge einer neuen Religion von Tempo und Mobilität. Im Jahre 1932 glaubt Ernst Jünger »inmitten der Zuschauerringe [...] eines Motorrennens eine tiefere Frömmigkeit zu beobachten [...], als man sie unter den Kanzeln oder vor den Altären noch wahrzunehmen vermag«. Auch sieht er den modernen Arbeiter von Risikofaszination und Geschwindigkeitslust infiziert: »Man kann dies gefühlsmäßig, sei es an sich selbst oder anderen, feststellen, wo die Nähe des Todes im Zusammenhang mit hohen Geschwindigkeiten erscheint. Die Geschwindigkeit erzeugt eine Art von nüchternem Rausch, und ein Rudel von Rennfahrern, von denen jeder Einzelne wie eine Puppe am Steuer sitzt, gibt einen Eindruck der seltsamen Mischung von Präzision und Gefahr, die für die gesteigerten Bewegungen des Typus eigentümlich ist.«[68] Die Bemühungen der Sicherheitstechniker dienen zum Teil nur dazu, noch riskanter und schneller fahren und sich noch näher an die Gefahr herantasten zu können.[69]

9. Zeit der Sicherheit
Geregelte Geschwindigkeit

Als das Tempo in Form von Automobilen, Schnellbahnen und schnell laufenden Maschinen in den Alltag der Menschen einbricht, gerät die Sicherheit aller in Gefahr. Die Geschwindigkeit präsentiert ihr Janusgesicht – schmerzvoll und bluttriefend. Immer öfter endet sie krachend in harten, für viele in zu harten Zusammenstößen. Immer öfter fordert Tempo einen Blutzoll, und die Menschen müssen erkennen, dass es tödlich sein kann, weiche menschliche Körper ebenso wie harte Metalle und »windschlüpfige« Informationen zu beschleunigen. Die qualvollste Nebenwirkung der Geschwindigkeit ist die Zerstörung – Zerstörung in vielfältiger Gestalt. Dampfrösser und Automobile zerreißen die Stille, zerschneiden mit ihren Rollbahnen die Landschaft und beschädigen die Lebenselemente Luft, Wasser und Boden. Die größte Aufmerksamkeit aber kommt der Endstufe der Beschleunigung zu, die oftmals in zerfetzten Autos und zerfetzten Körpern abrupt in Stillstand übergeht.[1]

Wie im Krieg, wo die Gewalt der schnellen Projektile für die Getroffenen meist tödlich endet, so mündet auch die friedliche Nutzung der Geschwindigkeit oftmals in beiderseitiger Zerstörung. Je größer die Beschleunigung und je größer die Massen, die aufeinanderprallen, desto vernichtender der Crash. Bei Verkehrsunfällen werden den Betroffenen banale physikalische Gesetze auf recht schmerzliche Weise bewusst: Kraft = Masse x Beschleunigung. Neben den Angriffswaffen im Krieg ist es vor allem das Automobil, das in den beiden ersten Dritteln des 20. Jahrhunderts eine immer länger werdende Blutspur hinter sich herzieht und einen Wald an Leichensteinen, Ruinen und Gestank hinterlässt. Das Auto wird geliebt, weil es den Einzelnen »automobil – also selbstbeweglich, frei und schnell« macht, es wird gefürchtet, »weil seine Wucht und Schnelligkeit [...] stets besonders schwere Verletzungen« hervorrufen, so der österreichische Freiherr von Pidoll 1912 in seinem »Protest und Weckruf« zum Automobilismus.[2]

In der Bevölkerung formiert sich Widerstand gegen dieses neue Vehikel des Fortschritts, das die Menschen zudem mit Staub, Gestank und Lärm eindeckt. Das steigende Tempo, das den einen ein fast libidinöses Ereignis beschert, jagt den anderen Angst ein. Die Gesellschaft muss etwas unternehmen, damit der Modus vivendi nicht zum Modus moriendi wird. Und während der Autofahrer noch glaubt, frei zu sein wie der Wind, ist ihm die Obrigkeit bereits auf den Fersen und rechtfertigt dessen Disziplinierung und Dressur mit Raserei und Risiken. Sie präsentiert im Laufe des 20. Jahrhunderts einen mit Bandagen, Stützkorsetts, Fiebermitteln und allen möglichen Heilmitteln prall gefüllten Medizinschrank, womit sie den Autofahrer zwar immer härter an die Kandare nimmt, letztlich aber die immer höheren Geschwindigkeiten erst ermöglicht. Je größer die Geschwindigkeit, desto größer die Kontrolle.

Seitdem das Automobil in den Städten zunehmend mehr Platz und Aufmerksamkeit beansprucht, diagnostizieren Schriftsteller und Ärzte eine deutlich wachsende Nervosität unter den Stadtbewohnern. Sie meinen damit, dass die Menschen zu Fuß und in ihrem Wagen immer öfter lediglich aneinander vorbeihetzen, ohne wie im Dorf anzuhalten und für ein paar belanglose Sätze Zeit zu finden. Als die Zeit immer mehr zu Geld wird und immer mehr Menschen diesem Geld hinter dem Lenkrad ihrer Autos hinterher jagen, vervielfachen sich vor allem im »Dickicht der Städte« (Bertolt Brecht) die täglichen Begegnungen. Zusammenstöße sind fast unvermeidlich, wenn es nicht gelingt, das wilde Durcheinander der einzelnen Bewegungen in Ordnung zu bringen. Im Jahre 1899 war ein »Autler« auf seiner 3 000 Kilometer langen Reise quer durch Europa auf den fast autofreien Straßen lediglich fünf Wagen begegnet. Vier Jahre später fühlt er sich – wie er schreibt – selbst auf dem höchsten Pass nicht mehr sicher, sehe man doch »im nächsten Augenblick und gewiss an der denkbar schlimmsten Curve einen anderen, 30 oder 60 PS-Wagen heranbrausen«.[3] Die vielen Autos werden zur Gefahr. Ihre gesellschaftliche Integration kann nur glücken, wenn es gelingt, sie zu einem kalkulierbaren Risiko zu machen.

Fachleute fordern, den Straßenverkehr mit Hilfe einer eigenen Ordnung zu regeln, so wie der Verkehr der Menschen untereinander durch gesellschaftliche Regeln in Bahnen gelenkt und zivilisiert ist: eine Art Knigge für Autler, Radfahrer und Fußgänger. Da jedoch eine Regulierung des Verkehrs angesichts der außerordentlichen Zerstörungskraft der Geschwindigkeit allein nur wenig nützt, muss die Kraft des Autos zudem auch technisch gebändigt und in ihrem Vorwärtsdrang gebremst werden. Und wo es trotz aller dieser Maßnahmen zu Zusammenstößen kommt, muss sichergestellt werden, dass den Geschädigten geholfen und sie entschädigt werden. Die massenhafte Freilassung des Autos wird nur möglich, als sich der Staat daran macht, die Rahmenbedingungen dem zunehmenden Verkehr anzupassen: durch Straßenbau und Verkehrsregeln, durch Strafverfolgung und Haftpflicht, Autosteuern und technische Vorschriften.

Sicherheit durch Ordnung

Alle diese Maßnahmen sind umso notwendiger, als das Aufeinandertreffen ganz unterschiedlicher Geschwindigkeitsklassen und ungleichgewichtiger Massen bei vielen Nichtmotorisierten eine Autophobie hervorgerufen hat. Ein anonymer Autor, der mit »Biedermeier« zeichnet, beschreibt 1904 in einem ironischen »Automobil-Hymnus«, den die Zeitschrift »Jugend« veröffentlicht, die Reaktionen beim Zusammentreffen von Mensch und Maschine. Nach seinen Worten beginnen die Mütter zu jammern, die Radler zu purzeln, die Kühe zu rennen und die Greise aufs Dach zu klettern, wenn sich ein Auto in »riesigem Tempo« nähert.[4] Wenig später antwortet der Reichstagsabgeordnete Philipp Köhler auf die vom Hessischen Automobil-Club im Jahre 1910 herausgebrachten »Zehn Gebote für Fuhrleute« mit einem Artikel, in dem er seiner ländlichen Klientel unter anderem empfiehlt: »Gehe sofort aufs Kreisamt, erwirb Dir einen Waffenpass und hernach einen tüchtigen Revolver, damit Du Dich wehren kannst, wenn das moderne Ungeziefer, das jetzt die Landstraßen unsicher macht und mit Menschenleben spielt, Dich überfällt.«[5] Zu Beginn des Automobilzeitalters empören sich nicht nur die Deutschen lautstark über die Autoraserei, bevor sie Jahrzehnte später mit der Massenmotorisierung zu hartnäckigen Gegnern einer Tempobegrenzung werden.

Für die Verantwortlichen ist der Volkszorn ein unübersehbares Warnzeichen. Es gärt in der Bevölkerung, und der Zorn der Massen nimmt bisweilen klassenkämpferische Züge an. Das Automobil ist vor und nach dem Ersten Weltkrieg noch immer ein Fortbewegungsmittel für die Reichen, die bisweilen ihre PS-Stärke mit Arroganz demonstrieren. Viele richten ihren Fahrstil an den Erfolgskriterien des Rennsports aus – an Tempo und Beschleunigung – und müssen zwangsläufig mit den viel langsameren Straßennutzern, die das Gewohnheitsrecht auf ihrer Seite sehen, in Konflikt geraten. In einem Brief an den Landrat versucht der Bürgermeister von Kettwig im Jahre 1904 ein Psychogramm der Raser zu erstellen: »Ich kenne sehr liebenswürdige, wohlerzogene und rücksichtsvolle Leute, die, sobald sie den Volant in den Händen halten und das Akzelerationspedal unter dem Fuße spüren, vom Automobilkoller erfasst werden. [...] Fast will es mir scheinen, als ob hier eine Art merkwürdiger Autosuggestion vorläge; die Kraft, die in dem Motor schlummert, scheint plötzlich in das Nervensystem des Mannes an der Lenkung überzuströmen und diesen in eine Art ›Uebermenschen‹ zu verwandeln.«[6] Tempolust als Größenwahn. Oder wie ein anderer Zeitgenosse meint: Die Geschwindigkeitssucht der Autofahrer sei so groß, dass man meinen könnte, sie wollten mit jeder pro Kilometer gewonnenen Fünftelsekunde ihr Leben verlängern.[7]

Besonnene Zeitgenossen entwerfen praktikable Verhaltensregeln, damit das Auto nicht noch mehr in Verruf gerät. Sie ermahnen die Fahrer, sich nicht an dem »stark zu Kopf gehenden Schnelligkeitstrank« zu berauschen und die »geschliffenen Sitten« der Zivilisation nicht zu missachten.[8] Im Januar 1908 fordert der Abgeordnete Graf Cramer im Preußischen Landtag, den rücksichtslosesten Fahrern unverzüglich Zügel anzulegen. Die fast 3 000 Automobilunfälle des letzten halben Jahres, bei denen 33 Menschen ums Leben kamen, seien durchweg von Luxusautomobilen, Sport- und Vergnügungswagen verursacht worden und hätten vor allem unter der Landbevölkerung große Verbitterung hervorgerufen.[9]

Viel muss sich ändern: rechtlich und technisch, wirtschaftlich und mental. Zunächst ist der Gesetzgeber gefordert. Er muss eingreifen und ist gezwungen, genaue Verhaltensregeln für beide Seiten zu verordnen, um Autofahrer wie übrige Verkehrsteilnehmer zu disziplinieren. Er muss Bewegungsregeln erlassen, als sich der Verkehrsraum vom menschenbezogenen zum technogenen entwickelt. Dennoch legt er dabei keine besondere Eile an den Tag, da von anderen Transportmitteln noch immer die weitaus größeren Gefahren ausgehen. Im Jahre 1912 sterben in Preußen 2 917 Personen durch Überfahrenwerden, wobei die Eisenbahn mit 1 114 und die Pferdefuhrwerke mit 1 006 Toten weit an der Spitze stehen. Das Auto begräbt »lediglich« 230 Menschen unter sich.[10] Doch bei Berücksichtigung der Zahl der einzelnen Verkehrsmittel erweist sich der Motorwagen bereits zu Beginn des Jahrhunderts als besonders unfallträchtig.

Angesichts der steigenden Zahl der Verkehrstoten und einer sensibel reagierenden Bevölkerung kommt der Staat nicht umhin, die Bürger zur Ordnung zu rufen, so wie er dies bereits sehr viel früher hatte tun müssen, als die Postkutschen und später die Radfahrer auf leisen Sohlen und mit einer für Fußgänger und Fuhrwerke ungewohnten Geschwindigkeit in Städte und Dörfer eingedrungen waren. Das Preußische Landrecht hatte 1794 den schnellen Kutschen grundsätzlich das Vorfahrtsrecht zugestanden. Genau einhundert Jahre später hatte eine »Polizei-Verordnung betreffend das Fahren mit Fahrrädern« die Langsamen von den Schnellen getrennt, indem sie den Radfahrern untersagte, die Seitenstreifen der Straßen, die sogenannten Bankette, und die Fußwege zu befahren. Sie hatte eine Reihe von Gefahrensituationen aufgelistet, in denen der Radfahrer von seinem Gefährt absteigen und wieder zum Fußgänger werden musste, und ihn zum Mitführen einer Klingel oder Pfeife verpflichtet, um den Langsamen sein Kommen anzukündigen. Wenige Jahre später wird auch die Bremse Pflicht.[11] Nach diesem Vorbild werden bereits Ende des 19. Jahrhunderts erste

Kraftfahrzeug- und Verkehrsordnungen erlassen, die jedoch zunächst noch unter die Bestimmungen des jeweiligen Landes-, Bezirks- und Ortspolizeirechts fallen.[12] Hamburg verordnet andere Geschwindigkeitsbeschränkungen als München, und in Berlin gilt eine andere Vorfahrtsregelung als in Münster. Eine einheitliche Verkehrsordnung für das ganze Deutsche Reich zu schaffen, ist daher oberstes Ziel, als sich die Autofahrer vermehrt aus den Städten herauswagen und größere Reisen unternehmen.

Zur Jahrhundertwende mehren sich die Forderungen, die Obrigkeit möge mit starker Hand Auto und Autler wie überhaupt alle Verkehrsteilnehmer an die Kandare nehmen. Als erste Maßnahme werden Rad- und Autofahrer einer Kennzeichenpflicht unterworfen. Die Radfahrer sind ab dem Jahre 1900 zum Mitführen einer Radfahrkarte mit ihren Personalien verpflichtet, weil sie auf ihren schnellen Rädern die Autorität der langsamen Obrigkeit zu unterhöhlen drohen. Immer öfter entziehen sie sich wie später auch Autler nach einer Gesetzesübertretung dem Zugriff der staatlichen Gewalt und fahren den Streifenbeamten einfach davon.[13] Die schnellen Autofahrer haben ihren Ausweis in Form von Autokennzeichen und Registrierung sogar offen vor sich herzutragen. In Bayern, wo die Behörden anfänglich auf einen Nummernzwang verzichten, müssen die Fahrzeuge gut leserlich Namen und Anschrift des Besitzers tragen.[14] Bald werden Stimmen laut, die zusätzlich einen »Befähigungsnachweis« verlangen. Zunächst legt die Polizei je nach Bezirk fest, ob und welche Qualifikationen zur Führung eines Fahrzeugs erforderlich sind. Im verkehrsreichen Berlin ist bereits zu Beginn des Jahrhunderts der Führerschein für die Chauffeure Pflicht, die Prüfung jedoch eher Formsache. Der Verleger Rudolf Ullstein erzählt, wie er im Jahre 1903 zu seinem Führerschein kam: »Ich holte den Ingenieur ab, der die Prüfung vornahm, er setzte sich neben mich, und wir fuhren in den Tiergarten. Da kam ein Bierwagen. ›So‹, meint er, ›dem weichen wir mal aus.‹ Es geschah. ›Und nun halten Sie mal.‹ Ich hielt. ›Und nun fahren Sie mich bitte wieder nach Hause.‹ Ich lud ihn vor seinem Hause ab, und am nächsten Morgen brachte mir die Post meinen Führerschein.«[15] 1904 öffnet in Aschaffenburg die erste von einem Automobilhersteller unabhängige Fahrschule.[16]

Die Fahrausbildung, die 1910 vereinheitlicht und verschärft und seit 1925 als Voraussetzung für den Abschluss einer Automobil-Haftpflichtversicherung festgelegt wird, umfasst anfänglich vor allem die Kraftfahrzeugtechnik und steht unter dem Motto »Wie bringe ich und halte mein Auto in Bewegung und wie repariere ich es?«. Auch muss jeder Kandidat mit einer ärztlichen Bescheinigung Seh- und Hörvermögen nachweisen, mit seinem Lebenswandel zudem seine »moralische« und »geistige« Eignung. Erst nach der Straßenverkehrszulassungsordnung vom 13. November 1937 werden für den Erwerb des Führerscheins Kenntnisse der Verkehrsvorschriften verlangt. Solange im Reich rund 30 Verkehrsordnungen existieren, würde ihre Kenntnis die Prüflinge schlicht überfordern. Alle Prüfungen sind im ersten Drittel des Jahrhunderts nur sehr oberflächliche Eignungstests, die aber angesichts des weiterhin nicht sehr dichten Verkehrs auch nicht sehr viel tiefer gehen müssen. Berufsfahrer – Droschkenchauffeure, Kraftfahranwärter des Heeres und Straßenbahnfahrer – müssen sich seit Beginn des Ersten Weltkrieges psychologischen Eignungstests unterziehen.[17]

Auf dem Weg zu mehr Sicherheit auf den Straßen diskutieren die einzelnen Parteien seit Beginn des Automobilzeitalters vor allem über eine Geschwindigkeitsobergrenze. Vielen Menschen jagt jede Geschwindigkeit jenseits des Schritttempos Angst und Schrecken ein. Bereits 1836 hatten die Briten daher den »Red-Flag-Act« erlassen – seitdem marschierte bis zum Jahre 1896 vor den dampfbetriebenen Straßenlokomotiven ein leibliches Warnsignal mit einer roten Flagge in der Hand. Im Automobilzeitalter herrscht zunächst Uneinigkeit über eine akzeptable und risikoarme Geschwindigkeit. In einigen Ländern ist eine Höchstgeschwindigkeit vorgeschrieben, in anderen Ländern existiert keinerlei Beschränkung. Im Bezirksamt Mannheim darf die Fahrgeschwindigkeit der Motorwagen auf offener Straße außerhalb der Ortschaften nicht mehr als zwölf km/h betragen, innerhalb der Orte und bei starker Krümmung der Straße jedoch nur sechs km/h. Für Motorlastwagen ist sie hier auf vier km/h begrenzt. Begegnen die Automobilisten Fuhrwerken, Zugtieren oder Reitpferden, müssen sie noch langsamer fahren, da sich die Tiere noch nicht an die schnellen Fortbewegungsmittel gewöhnt haben. Eine Pariser Verordnung von 1893 legt die Höchstgeschwindigkeit auf zwölf km/h für den innerörtlichen und auf 20 km/h für den Verkehr außerhalb von Ortschaften fest. In anderen Ländern und Regionen erlassen die Behörden aus Sorge um die leibliche Unversehrtheit der Menschen und wegen der Kosten zum Bau und Unterhalt der Straßen noch rigorosere Vorschriften. Sie wollen sich durch das Auto nicht kolonisieren lassen. Im Jahre 1900 verbietet Graubünden jegliches »Fahren mit Automobilen auf sämtlichen Straßen des Kantons«. Das Verbot gilt bis 1925.[18] In den meisten Ländern bewegt sich die erlaubte Geschwindigkeit zwischen 5 und 30 km/h und wird verglichen mit der eines trabenden Pferdes. Je nach subjektiver Einschätzung sprechen die Behörden vom gewöhnlichen, kurzen, mittleren und gestreckten Trab.[19]

Derartige Unbestimmtheiten lassen Fahrern und Polizei viele Freiheiten, zumal eine überhöhte Geschwindigkeit in der ersten Jahrhunderthälfte technisch noch kaum zu erfassen ist. Die Polizisten verkriechen sich mit einer Stoppuhr in die Büsche und mühen sich mit Dreisatzrechnungen ab.[20] Einige Verkehrsreformer schlagen vor, in die Automobile eine Vorrichtung einzubauen, die beim Überschreiten der zulässigen Geschwindigkeit ein hörbares Signal abgibt und eine Bremse auslöst. Prompt protestiert die Autolobby.[21] Man könne nicht, so das Argument, den Kraftwagen zu einem Schnellverkehrsmittel ausbauen und ihn gleichzeitig an der Ausnutzung seiner Möglichkeiten hindern. Auch ruft die Höhe mancher Bußgelder bei vielen Autofahrern Empörung hervor. Sie fühlen sich einer »Verschwörung« ausgeliefert, »überall bedroht, schikaniert und geschröpft«.[22] Die Justiz reagiert und versucht, der Willkür Einhalt zu gebieten. Das Kraftverkehrsgesetz von 1909 beschränkt schließlich die Geschwindigkeit innerhalb von Orten in ganz Deutschland auf 15 km/h, lässt aber lokal auch höhere Geschwindigkeiten zu, wovon unter anderem Berlin mit einer Höchstgeschwindigkeit von 25 km/h Gebrauch macht. 1923 werden die Bremsen weiter gelockert und die Höchstgeschwindigkeit auf 30 km/h, in Ausnahmen auf 40 km/h, heraufgesetzt. Damit wird der Versuch aufgegeben, das Automobil auf das Geschwindigkeitsniveau der übrigen Verkehrsteilnehmer herunterzubremsen.[23]

Das stetige Anwachsen der Zahl der Kraftfahrzeuge und Unfälle zeigt jedoch, dass Reglementierungen, die ausschließlich auf die Kontrolle von Fahrer und Fahrzeug abzielen, bei weitem nicht ausreichen. Der Berliner Polizeipräsident von Stubenrauch appelliert daher aus einer gewissen Ratlosigkeit heraus an die Verkehrsteilnehmer: »Eine zweckmäßige Gestaltung des Verkehrs ist nur dann möglich, wenn alle Beteiligten die durch den großstädtischen Verkehr gezogenen Grenzen und Richtlinien respektieren.« Dazu bedarf es jedoch einheitlicher Signale und Zeichen, denn »was nützt es dem Automobilisten, wenn er an jeder Straßenkreuzung hupt, was hat es für einen Zweck, wenn er ganz langsam um eine Ecke fährt, [...] wenn er nicht bestimmt weiß, dass ihm nicht in Gestalt falsch fahrender oder die Signale nicht beachtender Fuhrleute Gefahren drohen«, so die »Allgemeine Automobil-Zeitung« 1911.[24] Der Verkehr droht in einem Chaos zu versinken, weil die unterschiedlichen Warnsignale, die jeder nach eigenem Gutdünken benutzt, in ihrer Vielfalt selbst zum Unsicherheitsfaktor werden. Hinzu kommen die lokalen Unterschiede. In Mannheim dürfen Signale lediglich »mit einer nicht zu schrillen Glocke oder mit einem Alarmhorn gegeben werden«, und in Chemnitz gilt als Signal zum Ausweichen der Ruf »Hoeh!«[25] Jeder Polizeipräsident erlässt unterschiedliche Verfügungen, die jedem neuen Automobilisten schriftlich zugestellt werden.

Die meisten dieser Signale verlieren in dem schnell dichter werdenden Verkehr an Wert, sie gehen in dem damit verbundenen Lärm unter und werden bei höheren Geschwindigkeiten überhaupt nicht mehr wahrgenommen. Schon um die Jahrhundertwende empfehlen Fachleute daher analog zur Eisenbahn eine ein-

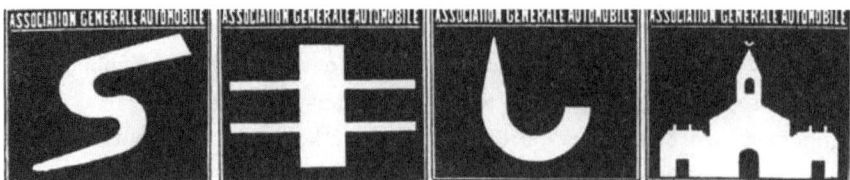

Abbildung 13: Französische Verkehrsschilder (Kurven, Kreuzung, Spitzkehre, Ortschaft) von Anfang des 20. Jahrhunderts

heitliche zeichenorientierte Regelung auf der Grundlage von Farbsignalen, deren Bedeutung jeder Fahrer kennen soll. Die »Allgemeine Automobil-Zeitung« schlägt im August 1902 als Farbreglung vor: weiß – beliebige Geschwindigkeit; schwarz – mäßiges Fahrtempo; rot – gefährliche Stelle; blau – plötzliche Wendung; gelb – Achtung, verdeckte Kreuzung, sehr belebte Stelle; grün – hupen oder Glockensignal geben. Man glaubt, mit sechs Farben auskommen zu können.[26] Noch ist das Verkehrsgeschehen relativ übersichtlich.

Die Behörden warten zunächst ab. Nur in den Großstädten beginnt eine koordinierte Verkehrsregelung, an die sich Fußgänger, Kutscher, Radfahrer und Autofahrer zu halten haben. In Berlin werden im Jahre 1906 erstmals Schutzmänner eingesetzt, die »auf das Hupensignal eines leitenden Wachtmeisters den Fahrzeugverkehr am Potsdamer Platz abwechselnd zum Halten und wieder in Fluss« bringen.[27] An der Ecke Unter den Linden/Friedrichstraße regelt ein Polizist mit einer Trompete den Verkehr und bringt wenigstens etwas Ordnung in das Verkehrschaos der Großstadt. Noch immer aber wissen die Fußgänger nicht, wohin sie vor den heranbrausenden Autos flüchten sollen. Noch immer ist nicht eindeutig geregelt, wer Vorfahrt hat. Um diese kollektive Unsicherheit weiter einzudämmen, stellen die Berliner Behörden 1906 die ersten Verkehrstafeln auf, die ein Jahr später durch Schilder mit einheitlichen Zeichen und Symbolen ergänzt werden.[28] In Deutschland haben sie ihren Ursprung in dem Autorennen Paris–Berlin von 1901, als die Veranstalter rund einhundert Meter vor einer Gefahrenstelle eine blaue und vor einer Kontrollstelle eine gelbe Flagge befestigten.[29]

Überall in Europa machen sich Behörden und Automobilclubs mit Hacke und Spaten an die Aufforstung des Schilderwalds. In Frankreich beginnt der Touring-Club de France bereits Mitte der 1890er Jahre, Ortstafeln, Wegweiser und Warnschilder aufzustellen – 23 000 bis Anfang 1908 (Abb. 13). Drei Jahre später kommt der Reifenhersteller Michelin dazu und errichtet an den Ortseingängen Schilder, die Autofahrer zur Reduzierung ihrer Geschwindigkeit und zur Vorsicht vor Kindern auffordern. Nach dem Ersten Weltkrieg kommen Schilder mit Entfernungsangaben und Straßennummern hinzu.[30]

Die meisten dieser frühen Schilder erweisen sich schon bald als völlig ungeeignet, da die befehlenden kaum von den unterrichtenden Gefahrenzeichen zu unterscheiden sind. Eine 1907 erlassene Ministerialverfügung sieht daher vor, an besonders gefährlichen Stellen schwarze Gefahrentafeln anzubringen. Auch diese Maßnahme ist schon bald aufgrund höherer Verkehrsdichte und höherer Geschwindigkeiten überholt, und nachts sind diese Tafeln nicht zu erkennen. Ein erstes internationales Abkommen von 1909 beschränkt sich auf zunächst vier, dann fünf runde Tafeln auf dunkelblauem Grund; sie markieren Kurven, Kreuzungen, Bahnübergänge und Bodenwellen, hinzu kommt ein Zeichen für den unbewachten Bahnübergang. Ein Jahr später ergänzt eine preußische Verordnung diese Schilder durch Verbotsschilder für Kraftwagen und Motorräder sowie ein Schild zur Geschwindigkeitsbeschränkung. Ein zweites internationales Abkommen bringt 1926 zwei weitere Schilder und die noch heute gültige Dreieckform, jedoch ohne Farbangabe. Vier Jahre später führt Deutschland weitere Zeichen ein und übernimmt 1934 zudem die vom Völkerbund vorgeschlagene internationale Regelung, wodurch für eine Übergangszeit bis März 1939 zwei verschiedene Arten von Vorschriften nebeneinander bestehen.[31] Der Völkerbund hatte 1931 ein »Abkommen über die Vereinheitlichung der Wegezeichen« verabschiedet, das grundsätzlich zwischen dreieckigen Warntafeln und runden Verbotstafeln unterscheidet und mehrere neue Zeichen einführt: Fahrverbot, Parkverbot und Einbahnstraße.

Spätestens Mitte der 1920er Jahre ist jedoch klar, dass auch die Verkehrsschilder nicht ausreichen, um gerade in Großstädten den Verkehr zu regeln. Lange Zeit bezweifeln die Behörden, dass die Bürger die Verkehrsschilder ohne anwesende Polizei befolgen werden. Sie halten den Schutzmann auf der Kreuzung – einen großen Vorrat an Strafzetteln in der Tasche – für unersetzlich, doch unterstützen sie ihn fortan durch bewegliche Signalständer und kombinierte Licht- und Klingelanlagen. Der im Jahre 1927 am Potsdamer Platz in Berlin errichtete »Verkehrsturm«, der sogenannte »Eiserne Schupomann«, gilt als die erste Ampelanlage Deutschlands. Gleichzeitig machen sich die Straßenmaler an die Arbeit. Die asphaltierten Fahrbahnen der Städte erhalten erste Fahrbahnmarkierungen. Und damit die Autofahrer sich in den Städten schnell zurechtfinden, kommen schon vor dem Ersten Weltkrieg Reiseführer mit Stadtplänen auf den Markt. Der Guide Michelin macht im Jahre 1900 den Anfang, in Deutschland folgen drei Jahre später das Continental-Handbuch und 1907 der Continental-Atlas. Für ein weiteres Problem findet man in der Weimarer Republik eine Lösung. Nach Artikel 7 der Reichsverfassung vom August 1919 steht die Gesetzgebung über den Verkehr mit Kraftfahrzeugen fortan dem Reich zu. 1926 erlässt die Regierung erstmals Verordnungen, die als eine reichseinheitliche Fahrordnung zu verstehen sind.[32]

Alle diese Regelungen und Schilder bringen mehr Ordnung in den Verkehr, erweisen sich aber im Verkehrsalltag noch immer als unzureichend. Die Blutspur, die Auto und Motorrad hinter sich herziehen, kann für die Verkehrsteilnehmer weiterhin nicht akzeptabel sein. Um ein Gleichgewicht zwischen den Verkehrs- und Sicherheitsinteressen der Bevölkerung herzustellen, sind zudem die pädagogischen Fähigkeiten der Behörden gefragt. Diese haben im Verbund mit Schule und Familie dafür zu sorgen, dass jeder von Jugend an lernt, die vom Staat erlassenen Verordnungen sowie die ungeschriebenen Gesetze zu beachten. »Es geht nicht an, dass die Leute auf der Fahrstraße Karten spielen, wie man in Italien erlebt hat«, meint bereits im Jahre 1900 die »Allgemeine Automobil-Zeitung«.[33] Andere verlangen, die Menschen darüber aufzuklären, dass das Automobil in Zukunft immer mehr zum Alltag gehöre und sich ein jeder mit ihm arrangieren müsse. Sie fordern eine »Selbsterziehung des Publikums«, um zu vermeiden, dass Passanten bei jedem Warnsignal in Panik geraten und »kopflos« über die Straße rennen.[34] Die »Münchener Neuesten Nachrichten« empfehlen anlässlich der Ersten Automobil-Ausstellung in München 1913 allen Autofahrern: »Beim Herannahen eines Automobils soll man dem Führer des Fahrzeugs möglichst ins Auge sehen.«[35] Solche Ratschläge mögen bei offenen Motorkutschen und niedrigen Geschwindigkeiten vielleicht hilfreich sein, als jedoch die Geschwindigkeiten größer werden und sich die Fahrer hinter Windschutzscheiben zurückziehen, können nur feste Regeln und eine Disziplinierung aller Verkehrsteilnehmer weiterhelfen.

Es gilt, die »stummen Ausdrucksformen«[36] übersetzen und anwenden zu können: »Es muss in die Gewohnheiten der gesamten Bevölkerung übergehen, da, wo Gehwege vorhanden sind, den Fahrdamm so wenig als möglich zu betreten, beim Betreten des Fahrdamms sich umzusehen, rechts zu gehen und zu fahren, auch wenn die ganze Straße frei ist, auf der Straße nicht herumzustehen.«[37] Bereits seit Anfang der 1890er Jahre gilt in Deutschland die Vorschrift, kleine Kinder nicht unbeaufsichtigt auf der Straße spielen zu lassen.[38] Seitdem die ersten Automobile auf den Straßen rollen, beginnt ein fortwährender Gewöhnungsprozess der einzelnen Verkehrsteilnehmer aneinander unter Einschluss von Kindern und Tieren. Dabei leisten die vielen Motorradfahrer, die die Autofahrer Anfang der 1930er Jahre zahlenmäßig um rund 60 Prozent übertreffen, einen sehr wichtigen Beitrag zur »automobilfreundlichen Erziehung der Bevölkerung«, wie ein Autor bereits 1904 anmerkt.[39] München erlässt eine »Gehordnung«, und den Kutschern wird eingetrichtert, dass die ruhigen Zeiten endgültig vorbei sind, dass sie bei einem Hupsignal ihre Wagen sofort nach rechts zu lenken haben und Schlafen beim Fahren lebensgefährlich ist. Kurz vor dem Ersten Weltkrieg orakelt bereits ein Abgeordneter in Berlin, die Zeit werde kommen, »wo man sich daran gewöhnt, ganz unwillkürlich zuerst nach links und dann nach rechts zu blicken und sich zu orientieren, ob die Straße frei ist«.[40] Gleichzeitig müssen die Menschen bereit sein, die Verkehrsschilder und Verkehrsampeln auch ohne die Anwesenheit eines Polizisten zu beachten.

Diese Disziplinierungsmaßnahmen werden verstärkt und systematisiert mit Gründung der Deutschen Verkehrswacht e. V. im Jahre 1924, die nach ihrer Satzung mit den Mitteln »der Selbstzucht und des Selbstschutzes« an der Verkehrsregelung mitwirkt. Nach den Worten der Sächsischen Verkehrs- und Autowacht soll jedes Mitglied seine Tätigkeit unter das Motto stellen »Die Hand am Steuer, das Ziel im Auge und in der Brust die Verantwortung, die der Posten des Fahrers verlangt«.[41] Psychologen fordern die Eltern eindringlich auf, den Menschen »im Zeitalter des Verkehrs« schon in früher Jugend ein Verkehrsgefühl zu vermitteln, »um Unfälle im Straßenverkehr mit dem Verlust wertvollen Menschenlebens zu verhüten«.[42]

Als erste konkrete Maßnahme beschließt die Deutsche Verkehrswart, Schulkinder und Fußgänger in Fragen des Straßenverkehrs zu unterweisen, und bemüht sich, Kutschern, Kraftwagen- und Straßenbahnführern nicht nur die »Rechts-vor-links-Regelung« beizubringen. Sie hofft, durch gezielte Schulung Unfälle zu vermeiden, die nur zu oft aus »Rechthaberei« entstanden sind. Sie predigt gegen den immer wieder beklagten Ehrgeiz der Berufs- und Herrenfahrer an, sich niemals und unter keinen Umständen überholen zu lassen, gegen die Sucht des »Abhängens«, um immer und überall der Erste zu sein; sie argumentiert gegen die zunehmende Jagd nach Sekunden.[43] Die Schulverwaltungen der europäischen Städte beginnen gleichzeitig in Zusammenarbeit mit den Polizeiverwaltungen mit einem regelmäßigen Verkehrsunterricht. 1928 wird zudem die Deutsche Schulverkehrswacht gegründet, die sich zum Ziel setzt, unter den Schülern hinzuwirken zum »Schutz des Menschenlebens im Strome des Verkehrs unter gleichzeitiger Förderung des Verkehrs«.[44]

In der Geschichte der Disziplinierung der Menschen beginnt ein neues Kapitel, das mit »Verkehrserziehung« überschrieben ist und das Auto sozialverträglich machen soll. Man möchte den »Verkehrssinn« fördern, die geistige und körperliche Umsicht, Wendigkeit, Anpassungsfähigkeit und Kombinationsvermögen. Man möchte die Selbstzucht stärken, die »Unterordnung unter Verkehrsgewalt und freigewollter Verkehrspflicht«, wie sich ein Verkehrspädagoge 1930 ausdrückt.[45] Der Gesetzgeber sichert diese Disziplinierungsmaßnahmen ab, indem er bei Zuwiderhandlung zum Teil drastische Strafen verfügt. Das Gesetz über den Verkehr mit Kraftfahrzeugen sieht die Entziehung der Fahrerlaubnis bei »körperlichen, geistigen oder moralischen Mängeln« vor. Auch »schwere Eigentumsvergehen, Neigung zum Trunke oder Ausschreitungen, insbesondere Rohheitsvergehen« führen zum Verlust des Führerscheins.[46]

Je höher die Geschwindigkeiten, um so schmerzlicher werden Dressur und Kontrolle, Disziplinierung und Normierung. Der zivilisationsgeschichtliche Einschnitt ist tief. Wenige Jahre später analysiert der Soziologe Norbert Elias diese neue »Modellierung des psychischen Apparats«, diese Verfestigung der »automatisch und blind arbeitenden Selbstkontrollapparatur«, diesen Zwang des Einzelnen, »sein Verhalten immer differenzierter, immer gleichmäßiger und stabiler zu regulieren«, durch Beschreibung des Straßenverkehrs in einer modernen Großstadt: »Automobile fahren in Eile hierhin und dorthin; Fußgänger und Radfahrer suchen sich durch das Gewühl der Wagen hindurchzuwinden; Schutzleute stehen an den großen Straßenkreuzungen, um es mit mehr oder weniger Glück zu regulieren. Aber diese äußere Regulierung ist von Grund auf darauf abgestimmt, dass jeder Einzelne sein Verhalten entsprechend den Notwendigkeiten dieser Verflechtung aufs genaueste selbst reguliert. Die Hauptgefahr, die hier der Mensch für den Menschen bedeutet, entsteht dadurch, dass irgend jemand inmitten dieses Getriebes seine Selbstkontrolle verliert. Eine beständige Selbstüberwachung, eine höchst differenzierte Selbstregelung des Verhaltens ist notwendig, damit der Einzelne sich durch dieses Gewühl hindurchzusteuern vermag. Es genügt, dass die Anspannung, die diese stete Selbstregulierung erfordert, für einen Einzelnen zu groß wird, um ihn selbst und Andere in Todesgefahr zu bringen.«[47]

Das Automobil erobert die Straße und drängt die langsamen Verkehrsteilnehmer an den Rand. Je mehr Autos über die Straßen rollen, desto öfter müssen die Fußgänger ausweichen. Dieses Vorrecht des Schnelleren ist nicht neu. Es setzte sich schon in der Zeit vor Aufkommen des Automobils überall dort durch, wo sich regelmäßig zwei unterschiedliche Geschwindigkeitsklassen begegneten. Aus dem vorrevolutionären Paris berichtete der französische Schriftsteller Louis-Sébastien Mercier: » [...] die Reichen und Vornehmen mit ihren Kutschen besitzen das barbarische Vorrecht, das Volk auf der Straße zu überfahren.«[48] Ein gutes Jahrhundert später geht es auf den Straßen Europas zwar zivilisierter zu, aber die alten Probleme treten erneut auf, zumal nach Ansicht der deutschen Juristen die Straße grundsätzlich noch immer allen gehört: Autos, Kutschen, Reitern, Fahrradfahrern und Fußgängern. Noch Ende der 1920er Jahre stellt das Reichsgericht die Rücksicht auf die Sicherheit der Fußgänger über das Bestreben nach einem schnellen und ungehinderten Verkehr. Die Autofahrer haben jederzeit damit zu rechnen, dass Fußgänger plötzlich auf die Fahrbahn treten. Auch gehören Straßensperrungen noch immer zu den üblichen Maßnahmen, um vor allem an Sonntagnachmittagen die Straße ganz für die Fußgänger zu reservieren.[49] Gleichzeitig aber zeigen sich die französischen Gerichte bereits deutlich weniger fußgängerfreundlich. Der Code de la route von 1921 befiehlt dem Fußgänger, die Fahrbahn freizugeben, wenn ihn die Hupe eines Autos vor Schnelleren und Stärkeren warnt. Haustiere sind grundsätzlich an die Leine zu nehmen, und die Kinder haben auf den Hinterhöfen zu spielen. Zuerst in den Städten und spätestens seit den 1930er Jahren werden die Fußgänger rigoros auf Bürgersteig und Randstreifen gewiesen und von den Autobahnen völlig verwiesen.[50] Ihr Daseinsrecht wird deutlich eingeschränkt. Die Obrigkeit sucht die Langsamen zuerst mit guten Worten und dann mit empfindlichen Strafen von der Straße fernzuhalten, damit sie nicht unter die Räder kommen.

In der Zwischenkriegszeit geht die Absonderung der Schnellen von den Langsamen und Stillstehenden weiter. Die Behörden trennen Durchgangsstraßen und Wohnstraßen, den fließenden und den ruhenden Verkehr, sie legen Ausfall- und Ringstraßen an, experimentieren mit Einbahnstraßen und planen bereits spezielle Radfahrwege. Fortan genießt der Verkehr absolute Priorität. Ihn gilt es in Fluss zu halten, für ihn werden die neuen Verkehrsampeln auf Grün geschaltet – Ende der 1920er Jahre existieren in Berlin bereits mehrere »grüne Wellen«.[51] Die neuen Autobahnen werden für die Fußgänger zur Sperrzone erklärt, zu der auch die langsamen Gefährte keinen Passierschein erhalten. Der 1926 gebildete »Verein zur Vorbereitung der Autostraße Hansestädte–Frankfurt–Basel« plant, Deutschland von Nord nach Süd mit einer Rollbahn für die Schnellen zu durchschneiden, so wie es Italien ein Jahr zuvor mit seiner Autostrada von Mailand zum Comer See vorgemacht hatte.[52] Sie alle dokumentieren, dass man nicht mehr bereit ist, sich von den Langsamen das Tempo diktieren zu lassen. Schließlich zieht das nationalsozialistische Regime die Autobahnen in seine Strategie des Blitzkrieges mit ein. 1933 verkündet Fritz Todt, der Generalinspekteur für das deutsche Straßenwesen, anlässlich der Eröffnung einer Umgehungsstraße: »Wir wollen gerade und zügig dem Ziel zustreben! [...] Ausweichen wollen wir nicht! Wir schaffen uns genügend Raum zum Vorwärtskommen, und wir brauchen eine Bahn, die uns gestattet, ein zu uns passendes Tempo genügend lange einzuhalten.«[53]

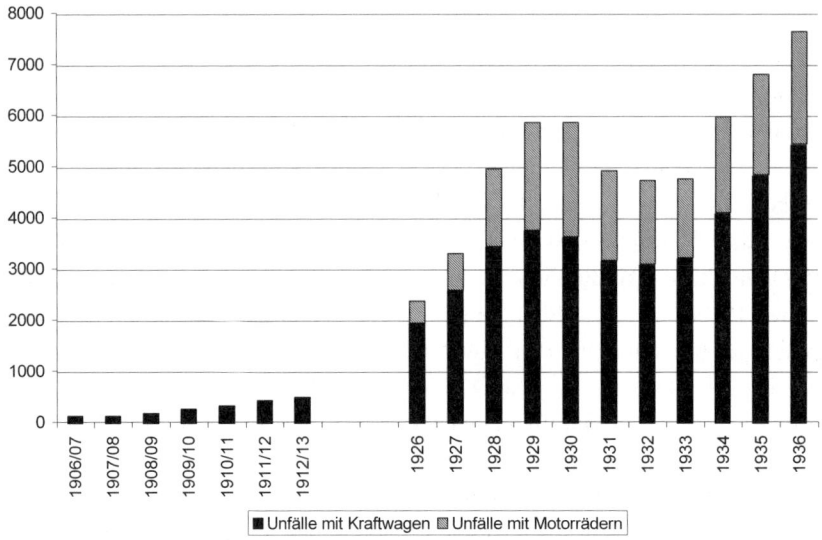

Abbildung 14: Verkehrsunfälle im Deutschen Reich 1906–1913, 1926–1936[54]

Sicherheit durch Erste Hilfe

Gesetzgeber und Pädagogen vermögen lediglich den weiteren steilen Anstieg der Verkehrsunfälle zu reduzieren und in Einzelfällen die Schwere der Verletzungen zu mildern. Als nach dem Ersten Weltkrieg die Zahl der Autos und deren Höchstgeschwindigkeit weiter zunehmen, steigt auch die Zahl der Karambolagen. Allein im Großraum Berlin verdoppelt sich von 1926 bis 1928 die Zahl der im Straßenverkehr Getöteten von 111 auf 216 und der Verletzten von 5 744 auf 11 755.[55] Überall in Europa das gleiche Bild: Die Zahl der im Straßenverkehr Umgekommenen nimmt absolut und in Relation zur Kfz-Dichte zu (Abb. 14). Folgerichtig eilen immer mehr Helfer herbei, um den zu Schaden Gekommenen beizustehen: Unfallhelfer, Unfallärzte, Unfallforscher und auch Versicherer. Bereits um die Jahrhundertwende bildet sich ein motorisiertes Rettungswesen heraus und ersetzt die von Pferden gezogenen Rettungswagen. Nach dem Krieg, als die Sanitätskolonnen des Roten Kreuzes geradezu nach neuen Aufgaben betteln, findet ein Teil im Straßenrettungsdienst ein neues, schnell expandierendes Betätigungsfeld. Zunächst treffen sie lediglich mit den Eisenbahnverwaltungen Vereinbarungen. Als dann aber im Jahre 1926 das Preußische Wohlfahrtsministerium »Grundsätze für den planmäßigen Aufbau und die Ordnung des Rettungs-

und Krankenbeförderungswesen« erlässt, bekommt der Straßenrettungsdienst absolute Priorität. Innerhalb weniger Jahre entsteht ein dichtes Netz von Unfallhilfestellen. 1926/27 sind es knapp über 1 200, fünf Jahre später rund 5 150. Ein »Einheitskrankenwagen« kommt auf die Straßen, und mit dem 1927 geschaffenen motorisierten Straßenhilfsdienst des ADAC erfolgt eine Zusammenarbeit.[56] Schließlich entwickeln sich Mitte der 1930er Jahre in den USA erste Initiativen in Richtung einer Unfallforschung, wenn auch nur sehr zögerlich. Die Polizeiberichte geben zwar Auskunft über den Unfallhergang, nicht aber, wie sich Insassen und Automobil bei einem Aufprall oder einem Überschlag verhielten und welchen Belastungen der menschliche Körper und die einzelnen Organe ausgesetzt waren.[57] Als die Menschen mit Hilfe des Automobils Geschwindigkeit produzieren, muss auf die uralte Frage nach Sicherheit eine ganz neue Antwort gefunden werden.

Sicherheit durch Versicherung

Daneben sind die Versicherer gefordert. Wenn sich im 20. Jahrhundert die Kfz-Versicherung zur größten Versicherungssparte überhaupt entwickelt, verrät dies viel über den Risikofaktor Auto. Bereits Ende des 19. Jahrhunderts hatte es eine Kutschwagenversicherung gegeben, eine Kaskoversicherung für Wagen und Pferd, die bisweilen auch Haftpflichtansprüche Dritter einschloss, die durch das Fuhrwerk zu Schaden gekommen waren. Die Geburtsstunde der Kraftfahrzeugversicherung schlägt in Deutschland im Jahre 1899, als der Stuttgarter Verein eine Unfall-, Haftpflicht- und Karambolagen-Versicherung für Kraftfahrzeuge anbietet. 1901 bringt die Agrippina eine »Fahrzeug-Unfall-Versicherung« auf den Markt, die einer modernen Kasko-Versicherung schon sehr ähnlich ist. Im Jahre 1909 reagiert der Gesetzgeber auf den zunehmenden Automobilverkehr durch Verabschiedung des ersten deutschen Kraftverkehrsgesetzes, bei dem das Problem der Haftpflicht im Mittelpunkt steht. Fortan liegt die Beweislast nicht mehr beim Geschädigten, sondern bei Fahrer oder Halter. Er muss nachweisen, dass er die gebotene Sorgfalt beachtet und den Unfall nicht verursacht hat.[58] Aber erst im Jahre 1912 kommt die Oberrheinische Versicherungs-Gesellschaft in Mannheim mit einer kombinierten Autopolice heraus, welche die drei wichtigsten Risiken – Haftpflicht, Kasko und Unfall – in einem Vertrag vereint.[59] Es dauert bis nach dem Ersten Weltkrieg, ehe die Kfz-Rechtsschutzversicherung die Geschäfte aufnimmt. Nach französischem Vorbild wird im Jahre 1925 in Wuppertal die

Vereinigte Kraftfahrzeuginteressen-Schutzgemeinschaft GmbH gegründet, die spätere VVaG,[60] die allerdings nur regionale Bedeutung erlangt. 1928 folgen in München die Deutsche Automobil-Schutz AG (DAS) und 1935 in Düsseldorf die ARAG-Autorechtsschutz-Versicherungs-AG.

Vor allem die nicht Motorisierten fühlen sich durch das Automobil in ihrer Sicherheit bedroht. Die Juristen nehmen sich zuerst ihrer Sorgen an. Der Deutsche Juristentag von 1902 verlangt energisch nach einer Zwangshaftpflichtversicherung für Kraftfahrzeughalter, dringt damit jedoch nicht durch. Empört reagieren die Autofahrer. Solange der Besitz eines Automobils als ausgesprochenes Statussymbol gilt, als Ausweis von Reichtum und Überfluss, glaubt man, ohne eine solche Zwangsversicherung auskommen zu können. Das Auto selbst garantiert Zahlungsfähigkeit. Es ist etwas für feine Leute. Noch laufen die Geschädigten kaum Gefahr, mit begründeten Ansprüchen leer auszugehen. Gegen die Forderungen des Deutschen Juristentages artikuliert denn auch der 6. Deutsche Automobiltag laut und vernehmlich sein Missfallen.»Wallmann's Versicherungszeitschrift« kommentiert:»Eine Zwangsgenossenschaft würde ein Prämiensystem für skrupellose Wildlinge, für minderwertige Chauffeure und schlechte Fabrikanten sein, dagegen den gewissenhaften Automobilbesitzer ungerechtfertigt belasten.«[61]

Nach dem Ersten Weltkrieg steigt die Versicherungsnachfrage aufgrund steil ansteigender Zulassungszahlen sprunghaft an. Anfang 1914 sind im gesamten Deutschen Reich insgesamt 93 000 Kraftfahrzeuge registriert, Mitte 1931 bereits 1,5 Millionen. Diese Zahlen allein zeigen, welche Entwicklungsmöglichkeiten in der Kraftfahrzeugversicherung stecken. Sie ist in den zwanziger Jahren und später in der Versicherungswirtschaft der Teilmarkt mit der größten Dynamik. Gleichzeitig ist es ein Markt voller Unsicherheiten, da die Verkehrswelt noch relativ ungeregelt wuchert.

In der Frühphase des Automobilismus expandiert die Kaskoversicherung zunächst am schnellsten. Noch sind die Automobile eine teure Sache und bleiben wegen ihrer technischen Unvollkommenheit sehr gefährdet, sodass die Käufer zuerst an den Schutz ihres neuen Besitzes denken. Ist mit dem Kauf die Aufnahme eines Kredits verbunden, sind die Käufer zum Abschluss einer Kaskoversicherung gezwungen. Die Haftpflichtversicherung spielt noch solange keine Rolle, solange die Straßen noch weitgehend autofrei sind. Das ändert sich ab dem Jahre 1926/27, als die Haftpflichtprämien bei der zum Allianz Konzern zählenden Kraft Versicherungs-AG, dem größten deutschen Kraftfahrzeugversicherer, erstmals die Kaskoprämien übersteigen. Obwohl in der Zwischenkriegszeit das Motorrad ein Verkehrsmittel für jedermann wird und sich damit die Gefahr erhöht, dass ein Geschädigter in einem Haftpflichtstreit kein Geld bekommt, weil beim Schädiger nichts zu holen ist, kann sich der Gesetzgeber noch nicht zur Einführung der Zwangshaftpflichtversicherung für Kraftfahrzeuge entschließen. Lediglich für Kraftdroschkenunternehmer ist eine Haftpflichtversicherung seit 1925 in Baden und seit 1927 in Preußen Pflicht. Und obwohl seit 1929 das Reichsverkehrsministerium an einem Entwurf eines Pflichtversicherungsgesetzes arbeitet, gewinnen während der Weltwirtschaftskrise wieder die Kräfte die Oberhand, die eine Pflichtversicherung wegen möglicher negativer Einflüsse auf den Kraftfahrzeugabsatz ablehnen. Nach der Machtergreifung Hitlers verschwindet der inzwischen fertiggestellte Entwurf in der Schublade, weil ein solches Gesetz der weiteren Motorisierung und den Arbeitsbeschaffungsmaßnahmen angeblich im Wege steht. So bleibt es bis zum Gesetz vom 7. November 1939, als auch Deutschland die Zwangshaftpflichtversicherung für Kraftfahrzeuge mit Wirkung vom 1. Juli 1940 einführt.[62]

Sicherheit durch Technik

Alle diese Maßnahmen sind aber noch immer weit davon entfernt, das Sicherheitsversprechen einzulösen. Neben dem Gesetzgeber, den Versicherern und den Verkehrsteilnehmern werden daher auch die Autokonstrukteure und -hersteller angehalten, ihren Teil dazu beitragen, den Risikofaktor Auto möglichst niedrig zu halten. Zu diesem im Laufe von Jahrzehnten immer mehr gefüllten Sicherheitspaket gehört zunächst eine verbesserte Benutzerfreundlichkeit des Autos. In einem ersten Schritt verbessern die Konstrukteure den Startvorgang, der den Fahrer in den Anfangsjahren zwingt, mehrfach zwischen Motorraum, Tank, Sitz und der gefährlichen Frontkurbel hin- und herzulaufen, eher er hinter dem Lenkrad Platz nehmen kann. Nach und nach werden alle Bedienungselemente nach innen verlegt: die Startklappe, die zentrale Schmierung, das Kühlwasserthermometer, schließlich der Anlasser.[63] Nach dem Ersten Weltkrieg setzt sich der 1911 von Cadillac entwickelte elektrische Anlasser durch und ersetzt die Kurbel, die zuvor vielen Autofahrern Arme und Finger gebrochen hatte.

Noch entscheidender für die Fahrsicherheit sind andere Maßnahmen. An erster Stelle sind alle Autohersteller gehalten, den Gefahren, die von steigenden Motorleistungen und höheren Geschwindigkeiten ausgehen, durch verbesserte Bremsen zu begegnen. Eine Autozeitung dazu in den 1920er Jahren: »Die durch den Bau hochtouriger Motoren erzielten hohen Geschwindigkeiten wären für die

Leistungsfähigkeit des Kraftwagens wertlos geblieben, wenn es nicht möglich wäre, sie ebenso sicher wieder zu vernichten.«[64] Der Führer eines Pferdewagens kann mit Zaumzeug, einfacher Klotzbremse und Erfahrung sein Gefährt jederzeit zum Stehen bringen. Der Fahrer eines 50-PS-Autos muss dagegen weitaus wirkungsvollere Bremsen zur Hand haben, wenn seine Pferde nicht mit ihm durchgehen sollen. In den Anfangsjahren des Automobils hatte man auf die Weiterentwicklung der alten Klotzbremse noch verzichten können, da die Gefährte von Daimler und Benz sich noch langsamer als ein trabendes Pferd vorwärts bewegten. Erst als Daimler den ersten Mercedes an Emil Jellinek ausliefert, ist dieses Modell erstmals mit einer Bandbremse, die auf die Getriebewelle wirkt und per Pedal betätigt wird, ausgestattet sowie mit handbetriebenen Bremsklötzen, die auf die Reifen der Hinterräder drücken.

Derartige Konstruktionen mögen im normalen Autler-Alltag den Anforderungen genügen. Wenn sich aber ein Fahrer mit einem so ausgestatteten Gefährt ins Gebirge wagt, begibt er sich in Lebensgefahr. Wo Bremse und Kupplung aneinander gekoppelt sind, um das Schalten zu erleichtern, gerät die Fahrt auf einer Gefällestrecke zu einem Balanceakt über dem Abgrund. Wer mit einem solchen Wagen den Berg hinunter bremst, entkuppelt zugleich. Als der Frankfurter Kaufmann Eduard Engler im Sommer 1900 am Steuer seines 5-PS-Benz auf der Fahrt nach Italien das zum Teil 17-prozentige Gefälle des Zirler Bergs in Tirol hinunterfährt, greift er zunächst zu Axt und Säge, um einen Baum zu fällen, den er an seinen Wagen bindet und hinter sich her schleift.[65] Wer auf einer Steilstrecke zurückschaltet, muss zudem aufpassen, dass er nicht ins Rückwärtsrollen kommt. Anfangs helfen sich die Autofahrer mit der sogenannten Bergstütze, ein an der Hinterachse befestigter Sporn, der bei einer Bergfahrt herabgelassen wird, über den Boden schleift und sich beim Rückwärtsrollen in den Grund bohrt.[66] Mit Hochdruck arbeiten die Techniker daran, mit Hilfe einer funktionstüchtigen Bremsvorrichtung die zerstörerische Kraft des Autos zu bändigen.

Erstaunlich früh beginnen die Produzenten mit Vierradbremsen zu experimentieren, während die ersten Konstrukteure es noch nicht gewagt hatten, Vorderradbremsen einzusetzen, um die Lenkung nicht zu beeinflussen. Im Jahre 1902 baut Eduard Tucher erstmals eine Vierradbremse in einen Benziner ein. Vor allem der Rennsport kommt ohne sie schon bald nicht mehr aus. In Deutschland machen die großen Bremshersteller wie Vorwerk aus Barmen oder Ate aus Frankfurt am Main seit Mitte der 1920er Jahre vermehrt Werbung für ihre Vierrad-Bremsen. Der Berliner Produzent Knorr-Bremse AG, der auf eine sehr lange Erfahrung mit Eisenbahnbremsen zurückblicken kann, bringt 1924 eine Druckluft-Vierradbremse auf den Markt, die seit den frühen 1930er Jahren besonders bei schweren Lastkraftwagen mit Anhängern zum Einsatz kommt. Auch hydraulische Systeme finden Anwendung. Schon 1895 hatte sich ein gewisser Hugo Mayer aus Rudolfstadt eine Öldruckbremse patentieren lassen, bei der durch Pedaldruck eine Flüssigkeit die Bremsklötze gegen die Reifen schob. Das Patent gerät bald in Vergessenheit, und auch die Automobile von Rolland-Pilain aus Tours, die seit 1912 mit Öldruckbremsen ausgerüstet sind, finden zunächst keine Nachahmer. Erst als ein mit Vierrad-Öldruckbremsen ausgerüsteter Duesenberg den »Grand Prix 1921« in Le Mans gewinnt, wachen die Hersteller auf. 1924 führt Chrysler ein solches Bremssystem ein und stellt dessen Zuverlässigkeit weltweit unter Beweis. Gleichzeitig kommt der Bremskraftverstärker in Gebrauch. Anfang der 1930er Jahre erfährt auch die Scheibenbremse, deren erstes Patent aus dem Jahre 1902 stammt, eine entscheidende Weiterentwicklung. Jedoch wirkt hierbei nicht das Auto als Motor, sondern das zukünftige Symbol für Geschwindigkeit, das Flugzeug. In ihm findet die Scheibenbremse erstmals Anwendung.[67]

Parallel dazu experimentieren andere Ingenieure mit unterschiedlichen Materialien für die Bremsbeläge, weil das anfänglich eingesetzte Holz oder Leder mit dem Schneller- und Größerwerden der Autos und den höheren Reibungstemperaturen rasch verbrennen. Julius Bierbaum erwähnt in seiner Reisebeschreibung ausdrücklich die vielen Bremsleder, die er auf seiner Fahrt von Berlin nach Sorrent durchwetzte.[68] Seit 1900 existiert ein englisches Patent für Bremsbeläge aus Asbest, und seit 1920 stellen die Jurid-Werke in Coswig bei Dresden formgepresste Beläge her, die der Trommelkrümmung angepasst sind, um Bremsfläche und Reibungswiderstand zu erhöhen.[69] Die Entwicklung von Mehrfachbacken-Bremsen gegen Ende des Jahrzehnts zielt in dieselbe Richtung.

Die Weiterentwicklung der Bremse ist der wohl wichtigste Beitrag der Ingenieure, um zu verhindern, dass die zunehmende Automobilität in einem großen Crash endet. Daneben bringt ein Heer an großen und kleinen Erfindern eine kaum übersehbare Fülle an technischen Neuerungen auf den Markt. Die Konstrukteure verbreitern die Spur der Autos, legen den Schwerpunkt niedriger und verteilen die Gewichte besser. Die seit 1895 gebräuchlichen profillosen und dünnwandigen hellen Luftreifen werden nach dem Ersten Weltkrieg durch die neuen Ballonreifen ersetzt, die zudem durch die Beimischung von Ruß weniger empfindlich auf ultraviolettes Licht reagieren und langsamer altern.[70]

Bis zur Jahrhundertwende hatten die Autokonstrukteure noch keinerlei besonderen Vorkehrungen getroffen, um die Sicherheit von Fahrern und Beifahrern zu verbessern. Gottlieb Daimler und Carl Benz hatten 1886 noch vollkommen frei auf ihren Motorkutschen gethront. Als die Geschwindigkeiten ansteigen, schützen sich die Fahrer zunächst mit Kappen, Brillen und bodenlangen Mänteln gegen Wind und Wetter. Fortan erkennt man den erfahrenen Automobilisten an dichtschließenden Hauben und Schutzbrillen sowie an schwarzer Lederkleidung. Windschutzscheiben werden unerlässlich, bis sich endlich der rundum geschlossene Wagen durchsetzt. Die Automobilisten gehen in Deckung vor Wind, Regen, Staub und unangenehmen Kotspritzern, die zu den Herrenfahrern nicht passen. Als die Autos mit zunehmender Geschwindigkeit immer mehr Dreck aufwirbeln, wird es zudem notwendig, die Schutzbleche zu vergrößern. Schon bald aber gehen auch von den neuen Schutzvorrichtungen Gefahren aus. Seit Ende der 1920er Jahre wird nur noch splitterfreies Glas für Windschutzscheiben empfohlen. Kein Fahrer kann mehr auf den Einbau von Scheibenwischern verzichten. Auch besteht jetzt keine Möglichkeit mehr, dem Nachfolgenden mit Händen und Armen Zeichen für einen Richtungswechsel zu geben – mechanische Richtungsanzeiger schaffen Abhilfe. Sie werden in Deutschland 1927 in Form von Winkern zuerst bei den Motordroschken Pflicht. Seit Ende der 1920er Jahre empfehlen Fachleute im Interesse der Sicherheit den Einbau von Rückspiegeln. Sie werden Mitte der 1920er Jahre in Deutschland und Frankreich zuerst für Lastkraftwagen obligatorisch. Hupen und Auspuffpfeifen, sogenannte Klaxonhörner, gehören inzwischen zum Standard. Als sich dennoch in den Ballungszentren bei dichter werdendem Verkehr die Auffahrunfälle häufen, schreibt zuerst der Berliner Polizeipräsident den Einbau von Stopplichtern vor. Frankreich ersetzt 1919 das 1899 eingeführte grüne durch das rote Schlusslicht, so wie man es bereits von der Eisenbahn kennt. Automobile, die schneller als 20 km/h sind, müssen seit 1924 zusätzlich zu den beiden vorderen »Positionslichtern« weit leuchtende Scheinwerfer montieren. Da diese mit ihren Lichtkegeln jedoch die Entgegenkommenden blenden, versuchen die Hersteller zunächst mit Linsen und Streuscheiben Abhilfe zu schaffen, ehe das Abblendlicht zur Anwendung kommt.[71]

Findige Tüftler entwickeln in den Jahren von Weimar für Fahrer und Fahrzeug ein ganzes Sortiment an mehr oder minder nützlichen Sicherheitsinstrumenten. Stoßstangen gehören dazu, ebenso Schneeketten.[72] Auch bemühen sich die Automobilverbände darum, den Autofahrern bei einem Versagen der Technik zu helfen. 1928 richtet der ADAC den erwähnten Straßenhilfsdienst ein, nachdem die Touringclubs bereits seit Ende des 19. Jahrhunderts Notfallposten entlang der wichtigsten Reiserouten platziert hatten.

Sicherheit durch Autostraßen

Letztendlich machen sich auch die Straßenbauer daran, durch eine dem Automobil angepasste Technik die Sicherheit der Verkehrsteilnehmer zu erhöhen. Sie experimentieren mit den unterschiedlichsten Belägen, wobei neben der Haltbarkeit die Frage der Bremswege in den Vordergrund rückt. Zunächst gilt es, ein Mittel gegen die überall beklagte Staubplage zu finden, die eine Belästigung der Verkehrsteilnehmer und auch eine Beeinträchtigung der Verkehrssicherheit mit sich bringt. Die herkömmlichen Straßenbeläge mit ihrer leichten, gestampften Deckschicht sind für Fuhrwerke gemacht, die den Schotter beim Überfahren weiter zusammenpressen, während die schnell rotierenden Autoreifen den Belag wegschleudern, ihn zerstören. Die Straßenbauer versuchen in den Anfangsjahren des Automobils dem Problem mit Walzen beizukommen, dann mit Auffüllen der Poren mit Naturasphalt und Bitumen. Eine Lösung des Staubproblems ist mit dieser Oberflächenteerung jedoch nur für kurze Zeit möglich. Anhaltende Erfolge erzielt man durch den Ausbau mit Kleinpflaster. Seit 1910 laufen in den meisten Ländern Versuche mit der Innenteerung, wodurch der gesamte Schotterkörper von Teer durchdrungen wird.[73] Unterschiedlich sind die Auswirkungen auf den Bremsweg. Eine Untersuchung von 1930 resümiert: »So bietet eine Straße mit Kleinpflaster die beste Bremsmöglichkeit, während Straßendecken aus Teermakadam oder Zement oder Wasser gebundene Straßen infolge ihrer glatten Beschaffenheit längere Bremswege nach sich ziehen.«[74] Letztlich aber setzen sich Asphaltierung und Betonierung durch, da sie die Straße schneller machen, und das zählt.

Auch die Stadtplaner begeben sich auf Lösungssuche. Sie wollen mit ihren Plänen die Menschen vor der Zerstörungskraft der Geschwindigkeit schützen und zugleich der Gestaltungskraft der Geschwindigkeit Genüge tun. Le Corbusier gerät geradezu in Ekstase angesichts des zunehmenden Tempos, mit der sich die Welt in der Zwischenkriegszeit bewegt: »Autos, Autos, schnell, schnell! Man ist erschlagen, die Begeisterung will uns mitreißen, die Freude. [...] Reine und kindliche Freude, im Mittelpunkt der Kraft und der Macht zu weilen. Man hat Teil an dieser Macht. Man ist Glied dieser Gesellschaft, deren Morgen dämmert.« Und dann mit sichtlichem Widerwillen im Anblick der alten Stadt mit ihren verwinkelten Gassen, die sich dem Tempo widersetzen und das Auto ausbremsen: »Die Stadt zerbröckelt, die Stadt kann nicht weiterbestehen, die Stadt ist eine Unmöglichkeit.« Für Le Corbusier ist die gekrümmte Straße »der Weg der Esel«, die gerade dagegen die der Menschen: »Der Verkehr fordert die Gerade. Die Gerade ist gesund auch für die Seele der Städte. Die Kurve ist verderblich, schwierig und gefährlich. Sie lähmt.« Für Le Corbusier und andere ist Geschwindigkeit »brutale Notwendigkeit«. Ein neues Zeitalter ist angebrochen: »Ich sage: die Stadt, die über Geschwindigkeit verfügt, verfügt über den Erfolg – uralte Wahrheit! Wozu den Zeiten der Hirten nachtrauern!«

In der Zwischenkriegszeit stehen Architekten und Städtebauer vor der Herausforderung, eine funktionale, ästhetische, verkehrstechnische und sicherheitstechnisch weiterentwickelte Lösung für die Automobilflut zu finden, die über die aus der autolosen Periode stammende Stadtstruktur hereinbricht. Wie Le Corbusier beklagen viele, dass der Verkehr – Straßenverkehr, Energietransport und Kommunikationsmittel – nicht getrennt, sondern gemischt werde, wobei diese Vermischung aller Verkehrsarten in Form von Fußgängern, Radfahrern, Kutschen, Autos sowie Leitungen und Röhren unter der Straßendecke als Ganzes wie Dynamit wirke, das »in den Hochofen der Korridorstraßen« geschleudert werde: »Der Fußgänger ist zum Tode verurteilt. Und trotzdem: der Verkehr läuft nicht mehr. Das Opfer des Fußgängers ist umsonst.«[75] Nicht nur in Deutschland rufen die Auto-Lobbyisten im Interesse eines reibungslosen Verkehrs nach der Abbruchbirne, um »in großzügiger Weise unter Zurückstellung von Sonderinteressen Hindernisse, welche die vorhandene städtische Bebauung bietet, zu beseitigen«.[76] Sicherheit wird hier als Aufräumen, Abräumen, Platz schaffen buchstabiert – Platz für die Schnellen und freie Fahrt für das Automobil.

Le Corbusier schlägt eine Aufteilung der Verkehrsmittel in verschiedene Geschwindigkeitsklassen durch den Bau von dreistöckigen Straßen vor. Auf der untersten Ebene sollen die schweren Lastfuhrwerke verkehren, in der Mitte der Normalverkehr und oben auf kreuzungsfreien Schnellstraßen der »Blitzverkehr in eine Richtung«.[77] In einer solchen Stadt hat die Produktion des größtmöglichen Tempos Vorrang und Vorfahrt. Die Menschen dagegen dürfen sich in solchen Geschwindigkeitsmetropolen nur noch sitzend in Bewegung setzen, geschützt durch den Stahlmantel von Autos oder Schnellbahnen. Wie es Philippe Girardet, der Direktor des Automobilherstellers Peugeot, formuliert, ist der Mensch »in Wirklichkeit eines der langsamsten Tiere der Schöpfung. Er ist eine Larve, die sich nur mit Mühe über die Oberfläche der Erdkruste schleppt. [...] In einem Wettlauf, der von allen Tieren der Erde je einen Vertreter einschlösse, würde der Mensch wahrscheinlich zu den allerletzten gehören und höchstens den Platz des Hammels einnehmen.«[78]

Die Architekten der Moderne wollen vermeiden, dass diese träge Larve unter die Räder kommt, und verbannen sie aus den Verkehrszonen. Le Corbusier plant inmitten und auf dem Geflecht von Straßen »geschlossene Siedlungen in Wabenform« oder »Villen-Blocks«, die von unten durch geräumige Treppen, Lifts und

Lastaufzügen erschlossen und versorgt werden. Er will verhindern, dass jemand einen Fuß auf diese Autostraßen setzen muss: »Auf dem Dach der Blocks befindet sich eine 1 000 m lange Bahn für Schnell- und Dauerlauf in reiner Luft. Dort oben liegen auch die Turnhallen, wo die Turnlehrer alt und jung täglich zweckmäßige Übungen machen lassen; dort liegen die Sonnenbäder.«[79]

Architekten wie Le Corbusier entwickeln in extremer Radikalität Lösungen, die den Menschen vor der Zerstörungskraft der Geschwindigkeit schützen sollen. Sie ziehen ihn aus dem Verkehr und sperren ihn in einen autofreien Zoo. In den Hochburgen der Geschwindigkeit wird der Mensch zum Gefangenen der Beschleunigung. Auch von den gleichzeitig entworfenen und erstmals realisierten Autobahnen bleibt der ungeschützte Mensch ausgeschlossen, ebenso alle langsamen Gefährte. Aus Sicherheitsgründen zieht der Gesetzgeber die Langsamkeit aus dem Verkehr – die Schnelligkeit versteht sich als ein exklusiver Club.

Letztlich konstruieren diese Architekten zwei Welten, die sich feindlich gegenüberstehen: die Welt der Tempomaschinen und die Welt der Menschen. In der ersten wird der Mensch nur an den Schalthebeln der Beschleunigung quasi als Teil der Maschinen toleriert. Als diese Pläne auf dem Tisch liegen, schreibt Hermann Hesse seinen »Steppenwolf«. Darin tritt der Erzähler durch eine Tür in eine »laute und aufgeregte Welt«. Schreckliche Szenen spielen sich vor seinen Augen ab: »Auf den Straßen jagten Automobile, zum Teil gepanzerte, und machten Jagd auf die Fußgänger, überfuhren sie zu Brei, drückten sie an den Mauern der Häuser zuschanden. Ich begriff sofort: es war der Kampf zwischen Menschen und Maschinen, lang vorbereitet, lang erwartet, lang gefürchtet, nun endlich zum Ausbruch gekommen. Überall lagen Tote und Zerfetzte herum, überall auch zerschmissene, verbogene, halb verbrannte Automobile […] Wilde, prachtvoll aufreizende Plakate an allen Wänden forderten in Riesenbuchstaben, die wie Fackeln brannten, die Nation auf, endlich sich einzusetzen für die Menschen gegen die Maschinen, endlich die fetten, schön gekleideten, duftenden Reichen […] samt ihren großen, hustenden, böse knurrenden, teuflisch schnurrenden Automobilen totzuschlagen […] Andre Plakate hingegen, wunderbar gemalt, prachtvoll stilisiert, in zarten weniger kindlichen Farben, außerordentlich klug und geistvoll abgefasst, warnten im Gegenteil alle Besitzenden und alle Besonnenen beweglich vor dem Chaos der Anarchie, schilderten wahrhaft ergreifend den Segen der Ordnung, der Arbeit, des Besitzes, der Kultur, des Rechtes und priesen die Maschinen als höchste und letzte Erfindung der Menschen, mit deren Hilfe sie zu Göttern werden würden.«[80]

Zusammenfassung

Obwohl das Auto der Gesellschaft trotz immer fester gezurrter Sicherheitsgurte
einen immer weiter steigenden Blutzoll abverlangt, jubeln die Menschen ihm zu
und sprechen es selig. Im Februar 1931 berichtet Siegfried Kracauer in der
»Frankfurter Zeitung« von der Berliner Automobilausstellung: »Ich kenne kaum
ein anderes Objekt, das so in der Volksgunst steht. Taxichauffeure und Herrenfahrer, junge Burschen proletarischen Aussehens und Schupomannschaften, ele-
gante Schnösels und Motorradanwärter: sie alle, die sich sonst gar nicht miteinander vertragen, pilgern gemeinschaftlich durch die Hallen und verrichten ihre
Andacht vor Kühlern, Zündungen und Carosserien. [...] Eine Wallfahrt wie die
zu Lourdes, die sich langsam von Station zu Station bewegt und immer neue Of-
fenbarungen erlebt. Vermutlich werden viele die Ausstellung in erleuchtetem
Zustand verlassen.«[85]

Die Gesellschaft vertraut darauf, die Sicherheitsprobleme, die mit Nutzung
der schnellen Automobile auftreten, ebenso in den Griff zu bekommen, wie sie
im bisherigen Verlauf der Industrialisierung die Ernährungs-, Transport- und
Produktionsprobleme zu lösen verstand. Sie findet sich mit dem Gedanken ab,
dass hohe Risiken der modernen Zivilisation inhärent sind, dass Unglücksfälle
und Katastrophen das Industriezeitalter ebenso begleiten wie Seuchen und Hungersnöte die vorindustrielle Zeit. Erschrocken hält die Gesellschaft zwar bei jeder Großkatastrophe für einige Tage inne, geht aber anschließend keineswegs zur
Tagesordnung über, sondern versucht, aus den Ursachen zu lernen. Sie geißelt
zwar nach der Titanic-Katastrophe von 1912 lange und leidenschaftlich die Jagd
nach Rekorden und Superlativen in Schifffahrt und Schiffsbau, macht sich aber
sofort daran, die Sicherheitsstandards zu verbessern. Auch die Toten und Verletzten im Straßenverkehr lassen die Sicherheitstechniker nicht ruhen. Zeitgleich
basteln militärische »Sicherheitstechniker« jedoch daran, die Zahl der Toten und
Verletzen weiter zu erhöhen.

10. Zeit der Kriegsmaschinen
Rasende Geschosse

Mit der technischen Grundlage des Geschwindigkeitsvirus verbinden die meisten Menschen die Hoffnung auf friedvollen Fortschritt und den Glauben an technische Beherrschbarkeit der Natur. Aber auch die Militärs wollen die technischen Errungenschaften des Industriezeitalters als Antrieb für ihr Handwerk nutzen. Begierig strecken sie die Hand nach den neuesten Beschleunigungstechnologien aus, um die höchste erreichbare Geschwindigkeit in Besitz zu nehmen – für schnelle Truppenbewegungen, schnelle Geschosse und schnelle Nachrichtenübermittlung. Macht und Beschleunigung sind aufs Engste verknüpft. Geschwindigkeit zielt auf Vernichtung ab – Vernichtung des Raumes, Vernichtung des Gegners. Kriege verstehen sich als Zeitkriege, als Störung der zeitlichen Koordinationen des Gegners durch noch schnellere eigene Aktivitäten. Nur wer schneller ist, glauben die Strategen, kann den Krieg gewinnen. Die beschleunigte Zeit ist allzu oft Kriegszeit.[1]

Die Eisenbahn diente seit Königgrätz als effizientes Transportmittel für schnelle Truppenverlegungen. Die Fortschritte in der Stahlerzeugung, die präzise Bearbeitbarkeit von Metallen und die Produktion gezogener Rohre hatten der Gewehrproduktion entscheidende Impulse verliehen. Die drahtgebundene wie später auch die drahtlose Telegrafie waren wie geschaffen für die Aktionsfelder von Heer und Marine. Schon bald entdeckte das Militär auch den seit den 1870er Jahren benutzten Stahlbeton als optimalen Baustoff für große und kleine Befestigungsanlagen. Schließlich muss sich das Automobil, obwohl noch immer von Kinderkrankheiten geplagt, in die Kriegsplanung einspannen lassen. 1906 ist zu lesen: »In flinken Personenwagen durcheilen Führer und Generalstabsoffiziere die [...] Aufstellung der Truppen, in die vorderste Schützenlinie fährt der Panzerwagen vor, eine gepanzerte wandelnde Festung, und schleudert aus seinen Maschinengewehren einen vernichtenden Geschosshagel in die Reihen des Gegners, und hinter der Front eilen die Lastautomobile mit Munition und Vorräten heran, um den Riesenbedarf der modernen Heere zu decken, der Sanitätswagen befördert mit Blitzesschnelle den Verwundeten in das Feldlazarett«.[2]

Rasende Geschosse

Als im Jahre 1914 die alte Garde der Politiker und Generäle der Jugend Europas befiehlt, sich gegenseitig zu töten, und als die Kämpfe in einen blutigen Stellungskrieg mit verlustreichen Materialschlachten münden, führen Maschinengewehr und Artillerie Regie. Beide triumphieren aufgrund einiger zunächst unscheinbarer technischer Neuerungen. Sie bringen in einem sinnlosen Schlachten Millionen Menschen den Tod, da die Militärs es bei dem Wettlauf zwischen Technik und Taktik über Jahre hinweg nicht verstehen, ihre Taktik der dominierenden Technik anzupassen, die in erster Linie eine Technik der Geschwindigkeit ist. Das bereits in den 1880er Jahren entwickelte raucharme Schießpulver auf der Basis von Nitrozellulose ermöglicht mit seiner im Vergleich zu Schwarzpulver dreifach höheren Treibleistung und geringeren Rauchentwicklung beim Übergang vom Blei- zum Stahlmantelgeschoss eine Verkleinerung des Kalibers und insgesamt eine markante Erhöhung der Geschossgeschwindigkeit. Diese verdoppelt sich in Deutschland beim Übergang vom Gewehr 71 zum Karabiner 98 von 438 auf 895 Meter pro Sekunde. Mit der höheren Geschwindigkeit der Geschosse verbessert sich die Treffergenauigkeit, und die geringere Rauchentwicklung ermöglicht ebenso wie das geringere Gewicht der Patronen sowie die Einführung des Kastenmagazins eine entscheidende Steigerung der Schussfrequenz, die vor allem der Verteidigung zugute kommt. Das Maschinengewehr, das aufgrund seines schwerfälligen Transports und hohen Bedarfs an Bedienungspersonal in den ersten drei Kriegsjahren vornehmlich als Verteidigungswaffe eingesetzt wird, erhöht die Schussfrequenz nochmals beträchtlich.[3] Auch für die Artillerie bringt die Einführung des rauchschwachen Pulvers eine Steigerung der Geschossgeschwindigkeit und damit eine Vergrößerung der Reichweite, gleichfalls eine Steigerung der Feuergeschwindigkeit, da nicht mehr gewartet werden muss, bis der Pulverdampf abgezogen ist und den Blick freigibt. Die Feuergeschwindigkeit der Geschütze erhöht sich nochmals, als es gelingt, eine Lafette zu konstruieren, die sich beim Schuss nicht von der Stelle bewegt. Bis um die Jahrhundertwende waren die Geschützrohre auf den Lafetten starr gelagert, die bei jedem Schuss unter der Wucht des Rückstoßes ein Stück zurückliefen und vor dem nächsten Schuss in ihre Ausgangsstellung gebracht werden mussten. Zu Beginn des Weltkrieges verfügen alle Länder über moderne Schnellfeuerkanonen, die zudem durch die Verwendung von Granaten, in denen Geschoss, Treibladung und Zündmittel wie in einer Gewehrpatrone vereinigt sind, deutlich schneller geladen werden können. Die Briten geben ihrer neuen

Feldkanone den Namen »18 Pounder Quick-Firing Gun Mk. I«.[4] Wer am schnellsten schießt, glaubt sich im Vorteil.

Zu Beginn des 20. Jahrhunderts schwelgen die Militärs überall in Europa noch in Visionen vom Bewegungskrieg mit allen seinen Möglichkeiten zu schnellen Operationen und Entscheidungen. Die Eisenbahn wird die Männer rasch, bequem und pünktlich an die Front transportieren, ebenso den Nachschub an Munition und Proviant. Das Maschinengewehr wird in Verbindung mit einer beweglichen Artillerie ein schnelles Vorrücken ermöglichen; mächtige Schiffe werden gestützt auf eine mächtige Artillerie dem Feind schon bald den Garaus machen. Immer wieder mahnen die Strategen zu schneller Mobilmachung und schnellen Angriffen. Der Erfolg der Offensive – so General Friedrich von Bernhardi im Jahre 1912 – beruhe vor allem »auf der Schnelligkeit der operativen Bewegungen und der raschen Durchführung der Gefechte«, und mit Verweis auf Clausewitz: »Der schnelle Sieg ist eine höhere Potenz des Sieges.«[5]

So beginnt denn auch der große Krieg im Jahre 1914 mit schnellen Bewegungen. Im D-Zug-Tempo ziehen die Deutschen in Richtung Westen. Jeden Tag überqueren 550 Züge die Rheinbrücken – über die Hohenzollernbrücke am Fuße des Kölner Doms rollt alle zehn Minuten ein Truppentransport, auf den Waggons wie in den Planunterlagen der Militärs die Botschaft von der schnellen, erfolgreichen Rückkehr. Die abziehenden Truppen haben die Worte des Kaisers im Ohr: »Ehe noch die Blätter fallen, seid Ihr wieder zu Hause« – Operation Blitzkrieg. Enthusiastisch notiert einer der Einberufenen: »Sturm, Kinder, Kriegszustand. Rasch auf zum fröhlichen Jagen!!« In Frankreich ähnliche Bilder und Reaktionen. Innerhalb von zwei Wochen bewegt man mit Hilfe von 7 000 Zügen über drei Millionen Franzosen.[6] Geschwindigkeit und Größe sind in den meisten Armeen Europas inzwischen die alles beherrschenden Leitfaktoren.

Vor allem aber setzt die Strategie der Deutschen auf Tempo. Der für einen Zweifrontenkrieg konzipierte Schlieffenplan sieht vor, die französische Armee durch eine gewaltige, halbkreisförmige Zangenbewegung mit abschließender Entscheidungsschlacht schnell zu besiegen, um anschließend mit geballter Kraft gegen Russland vorgehen zu können. Bis zum 42. Tag nach der Mobilmachung soll der Krieg im Westen beendet sein – ein Krieg nach Fahrplan. Es ist ein Plan für einen schnellen Sieg in einem kurzen Krieg. Logistische Mängel beziehungsweise unumgängliche Engpässe machen einen Fehlschlag fast unvermeidlich. Der Nachschub, der in den ersten Kriegstagen wie ein Uhrwerk funktioniert, kommt nicht nach. Gleichzeitig requiriert oder mietet die französische Heeresleitung zahlreiche Pariser Taxis, zumeist 8-PS-Renaults, um ihre Truppen auf dem schnellsten Weg an die Marne-Front zu bringen. Auch im Osten setzt die deutsche Militärführung unter Hindenburg und Ludendorff ganz auf Geschwindigkeit. General Grünert im November 1914 an die Korps der 9. Armee: »Es kommt auf eine schnelle und energische Offensive an, daher rücksichtslos marschieren, früh aufbrechen, um die Marschziele noch am Tage zu erreichen. Überall, wo auf Feind gestoßen wird, ohne Zeitverlust angreifen. Beim Anbruch der Dunkelheit den letzten Stoß nicht scheuen, sondern den Angriff fortsetzen. Vor Verschanzungen nicht mehr festlegen, als unbedingt notwendig ist, mit starken Kräften umfassen«.[7] In ähnlichen Kategorien denken die Strategen an der Heimatfront. In Aufrufen und Plakaten entwickeln sie eine Bildersprache, die Zerstörung durch Tempo suggeriert. »Der 9te Pfeil« lautet der Titel eines Plakates zur Zeichnung der neunten Kriegsanleihe. Es zeigt einen muskulösen Athleten mit Lendenschurz, den gespannten Bogen in der Hand.[8]

Besonders für Graf Alfred von Schlieffen ist Geschwindigkeit auf der Grundlage modernster Technik die effizienteste Waffe im modernen Krieg. Er setzt auf die große Bewegung, er möchte die strategische Initiative erringen, er hat Geschwindigkeit geradezu verinnerlicht. Schon lange pflegt er die Gewohnheit, in den Akten seiner Untergebenen mit Rotstift alle redundanten Adjektive und Personalpronomen zu streichen. Allein den Telegrammstil lässt er im Zeitalter von Telegraf und Telefon gelten. Zur Beschleunigung des Nachrichtenflusses setzt er im Kriegsfall ganz auf die moderne Telegrafie, die ohne Feldherrnhügel, Theatralik und Mündlichkeit auskommt, wie sie noch unter Napoleon üblich gewesen war. Schlieffen in seiner Studie »Der Krieg in der Gegenwart« aus dem Jahre 1909: »Kein Napoleon, umgeben von einem glänzenden Gefolge, hält auf einer Anhöhe. [...] Der Feldherr befindet sich weiter zurück in einem Hause mit geräumigen Schreibstuben, wo Draht- und Funkentelegraph, Fernsprech- und Signalapparat zur Hand sind, Scharen von Kraftwagen und Motorrädern, für die weitesten Fahrten gerüstet, der Befehle harren. [...] Von dort telegraphiert er zündende Worte, und dort empfängt er die Meldungen der Armee- und Korpsführer, der Fesselballone und der lenkbaren Luftschiffe, welche die ganze Linie entlang die Bewegungen des Feindes beobachten.«[9] Für Schlieffen wird die Schlacht der Zukunft nur zwischen zwei und 14 Tagen dauern, zumal ein moderner Krieg wegen der wirtschaftlichen Verflechtungen der modernen Staaten nicht lange dauern könne und dürfe.[10]

Als am Horizont die nachtschwarze Gewitterfront des Ersten Weltkriegs heraufzieht, verrosten die schnellen Waffen der vorindustriellen Zeit bereits massenhaft auf den Schrottplätzen. Nur noch wenige Restbestände werden 1914 an die Front in Frankreich und Flandern transportiert, um dort unter der Wucht der neuen, noch viel schnelleren Waffen innerhalb kürzester Zeit zu zerbersten und im Blutmorast der Schlachtfelder zu versinken. In seinen Buch über den deutschen Krieg von 1866 hatte Theodor Fontane noch ein seitenlanges Loblied auf den Mut, die Taktik und Schnelligkeit der preußischen Kavallerie angestimmt, die in diesem wohl größten Reiterkampf des 19. Jahrhunderts ganz maßgeblich zum Sieg der Preußen beigetragen und den Gegner vor die Gewehrläufe der Feuerlinien getrieben hatte.[11] Auch kurz vor Beginn des Ersten Weltkrieges erzählen die Verfechter der Kavallerie noch voller Stolz vom gelungenen Durchbruch einer türkischen Kavalleriedivision durch die Linien der bulgarischen Infanterie im November 1912, verschweigen aber, dass sie anschließend im MG-Feuer der Reserven verblutete.[12]

Vergeblich regt der Inspekteur der bayerischen Kavallerie, Generalmajor von Wenninger, eine Debatte über »Wert oder Unwert der Kavallerie« an und hält mit seiner Meinung nicht zurück, diese habe auf dem modernen Schlachtfeld »jedes Daseinsrecht verloren«.[13] Er findet kein Gehör. Auch am Vorabend des Weltkrieges glauben einige deutsche Generäle noch immer an die Wirksamkeit dieser »adligen« Waffe, erhöhen 1913 die Zahl der Kavalleriedivisionen und führen 1914 nicht weniger als 39 Kavallerieregimenter in den Krieg. Ebenso wie Heerführer anderer Nationen wollen sie den letzten Krieg nochmals kämpfen und zeigen sich außerstande, ihre Taktik und Strategie im Voraus auf die neuen technischen Gegebenheiten einzustellen. Noch 1912 plädiert der General der Kavallerie, Friedrich von Bernhardi, eindringlich für eine bedeutende Vermehrung dieser Waffengattung, zumal sie »auch energische Feuergefechte führen kann«. Und abschließend: »Der nächste Krieg wird die Richtigkeit dieser Ansicht bestätigen.«[14] Er tut es nicht. Die militärische Ordnung des 20. Jahrhunderts ist »eine Geschwindigkeitsordnung, eine Dromokratie«.[15]

Lediglich an der Ostfront bei Tannenberg, auf dem Balkan und im Orient behält die Kavallerie ihre Bedeutung. Dagegen wird sie im modernen Krieg an der Westfront schnell zu einer anachronistischen Waffe. Bereits seit 1871 warnen klarblickende Beobachter davor, gegen die mit modernen Feuerwaffen gespickten gegnerischen Linien weiterhin »schneidige« Attacken mit blanker Waffe zu reiten, und auch Schlieffen wendet sich im Jahre 1909 gegen die Attackenreiterei, doch beharren die meisten Ulanen, Dragoner, Husaren und andere darauf, auf dem Rücken der Pferde und vor den Augen des gemeinen Fußvolkes ihre Abgehobenheit, Schnelligkeit und Tollkühnheit zur Schau zu stellen. Auch das neue Exerzier-Reglement für die Kavallerie aus dem Jahre 1909 spricht wie selbstverständlich vom »Durchreiten der Schützenlinie«, wie es »alter Praxis« entspricht, und rät, bei einem Angriff auf eine Maschinengewehrstellung mit der Lanze zuerst den Pferdeführer »herunterzustechen«, die Pferde aber zu schonen.[16] Am

Vorabend des Ersten Weltkrieges erlebt die Attacke in ganz Europa eine Renaissance. Mit ihr sei es möglich – so ihre Fürsprecher – viel Staub aufzuwirbeln, in dessen Schutz die Infanterie des Angreifers unbemerkt vorrücken könne. Ihre Attacken könnten dem gegnerischen Heer, das gut zur Hälfte aus nervenschwachen Großstadtmenschen zusammengesetzt sei, riesige Angst einjagen, und nach gewonnener Schlacht könnte die Reiterei den ganzen Feldzug durch Verfolgung und endgültigen Vernichtung des Feindes entscheiden.[17]

Bis zum Ersten Weltkrieg hatten die Militärs die überlegene Schnelligkeit des Pferdes genutzt, um mit stürmischem Anreiten den Wall der formierten Infanteristen zu zerreißen. Sie setzten sie ein wie eine Sprengladung oder Kanonenkugeln, mit denen sie eine Festungsmauer zum Bersten brachten. Im Weltkrieg dagegen werden die Kavalleristen selbst von der Sprengkraft der um ein Vielfaches schnelleren Projektile massenhaft in Stücke gerissen. Als 1914 die schnellen Waffensysteme aus vorindustrieller und industrieller Zeit im offenen Feld aufeinander prallen, zeigt sich, dass selbst die schneidigste Attacke mit Pferd und Lanze gegen Maschinengewehr und Artillerie nichts auszurichten vermag, ebenso wenig der heroischste Sturmlauf der Infanterie. Die Diskrepanz an Geschwindigkeit und Durchschlagskraft führt zur Abwertung der Langsameren. Allein das Maschinengewehr zerfetzt hunderttausendfach alle Angriffe, die weiter im Stile des 19. Jahrhunderts vorgetragen werden. Auch die berittene Aufklärung muss schon bald – zuerst bei den Deutschen – der Flugaufklärung weichen, und die Kommandeure satteln auf das Auto um.

In der ersten Augustwoche des Jahres 1914 werden zunächst in ganz Europa wie schon in napoleonischer Zeit neben den Männern auch Hunderttausende von Pferden gemustert: Reitpferde für die Kavallerie, Zugpferde für die Artillerie und die Transportwagen der Regimenter – allein in Russland über eine Million. Auf drei Soldaten kommt ein Pferd. Zudem möchte die in allen Ländern sehr traditionsbedachte Kavallerie auf keinen Fall auf ihre prächtigen Uniformen verzichten – ein idealer Blickfang für die Schützen in den Maschinengewehrnestern. Die Belgier präsentieren sich stolz in ihren kaminroten Hosen, Bärenfellmützen und polnischen Ulanenkappen. Die schwere Kavallerie der Franzosen trägt Messinghelme mit einem langen Helmbusch aus Rosshaar, teilweise auch einen gewichtigen Brustharnisch, so wie ihre Vorfahren bereits unter Napoleon in die Schlacht gezogen waren. Die leichte Kavallerie paradiert in Jacken mit Schnurbesatz, scharlachroten Hosen und blankgewichsten Reitstiefeln. Daneben galoppiert die Kavallerie der Armée d'Afrique in himmelblauen Uniformen auf, die Spahis mit flatternden roten Umhängen und die Zuaven mit roten Pluderhosen und türkischen Westen. Nicht minder bunt gekleidet zieht die österreichische

Kavallerie in den Krieg. Obwohl die Deutschen ihrem Heer ein einheitliches Feldgrau verordnet haben, wollen die Kürassiere und Dragoner nicht auf ihre traditionellen Pickelhauben verzichten, die sie jedoch unter einem feldgrauen Überzug verstecken müssen. Auch Teile der Infanterie erscheinen auf den Schlachtfeldern zwischen Verdun und Ypern wie zu einer farbensprühenden Truppenparade vor Kaiser und König: die Pariser Hauptstadt-Armee in krapproten Hosen und blauen Mänteln, die schottischen High- und Lowlanders in karierten Hosen oder plissierten Kilts mit Felltasche und historischem Wams, die Belgier mit von Federn gekrönten Kappen oder Bärenfellmützen – ein Kostümfest, reif für die Operettenbühne.[18] Und die Musik spielt dazu. Vor Verdun lässt ein brandenburgisch-märkischer Kommandeur eine Kapelle im vordersten Graben den Marsch blasen.[19] Beim modernen Tanz über den Gräben geben jedoch ganz andere Instrumente den Ton an. Ein Beobachter beschreibt den kurzen Angriffsversuch französischer Kavalleristen gegen deutsche Infanteristen im Jahre 1914: »Abgesessen verteidigten sie sich in einem Obstgarten. Blitzende Helme, Kürasse, rote Hosen, hohe Stiefel mit Knieschutz machten sie unfähig, ihre Karabiner zu handhaben und ein Fußgefecht zu führen. Unverantwortlich, Menschen in seit den napoleonischen Kriegen nicht geänderter Ausrüstung in den Krieg von 1914 zu schicken.«[20] Mit dem sieben Kilogramm schweren Brustpanzer ist ein Kampf zu Fuß nicht möglich. Erst als die vielen bunten Uniformen hunderttausendfach blutrot gefärbt sind, akzeptieren die Überlebenden ohne Murren das einheitliche und triste Feldgrau, und die Musik verstummt. Sie ist dem Lärm der modernen Kriegsmaschinen völlig unterlegen.

Obwohl die Soldaten in Begleitung der modernen Massenvernichtungsmaschinen und Sprengkörper in die Schlachten ziehen, setzen die Befehlshaber nicht nur zu Beginn des Krieges weiterhin auf die Angriffsdoktrin bisheriger Kriege. Die angreifenden Truppen rücken in dichten Schützenlinien vor, als ob die gegnerischen Truppen aus Lanzenträgern und Reitern bestünden. Ein Jahrzehnt zuvor hatte Generalleutnant a. D. von Reichenau noch eindringlich gewarnt: »Gleich dem Hagel in schwache Halme, schlägt das Schnellfeuer in die hohen Ziele, die der Bajonett- wie der Lanzenangriff darbieten, und gleich den Halmen werden die tapferen Hurraschreier von den Geschossmassen der Schnellfeuerwaffen geknickt und niedergeschlagen.«[21] Bereits zu Beginn des Krieges, als die deutsche Armee am 5./6. August Lüttich angreift, erweist sich die Technik der mit lautem Hurra vorwärtsstürmenden Infanterie als mörderisch. Später schreibt ein belgischer Offizier: »(Die Deutschen) rückten Glied um Glied vor, fast Schulter an Schulter, bis wir sie niederschossen; die Gefallenen häuften sich zu einer furchtbaren Barrikade von Toten und Verwundeten auf.«[22]

Rasende Wut

Nach dem Ende von Krieg und Inflation gibt das deutsche Reichsarchiv in Potsdam zahlreiche Untersuchungen über die Schlachten des Ersten Weltkrieges in Auftrag, in denen in populärer Form die militärische Taktik analysiert und die Sicht und Gefühle der Soldaten zu Papier gebracht werden. In einer oft salbungsvollen Sprache versuchen die Autoren ihre Erlebnisse zu verarbeiten: die letztlich unbeschreibliche Angst inmitten des gegnerischen Trommelfeuers und der Detonationen in nächster Nähe. Im Rückblick sehen selbst die angriffslustigsten Kommandeure ein, dass beim Zusammenprall mit den schnellen Stahlgeschossen der nur von der Uniform bedeckte menschliche Körper unterliegen muss. Über »Ypern 1914« urteilt ein Zeitzeuge: »Zum letztenmal vollzieht sich der Kampf in jenen blutrünstigen Formen des Mittelalters und des Altertums. Zum letztenmal stürmt die Jugend Deutschlands wie die Grenadiere Friedrichs des Großen und die Musketiere des alten Blücher, jeden Schutz verachtend, den Damm der Leiber hinwerfend in blutiger Verschwendung vor die Grenzen des Vaterlandes. [...] So steht die Ypernschlacht da als letztes, ungeheuerliches, blutrotes Fanal des Massensturms gegen die verhundertfachte Macht der Maschine.«[23] Alle, die dabei gewesen waren, haben nur noch Verachtung übrig für viele Autoritäten auf dem Gebiet der Infanterietaktik. Einer von ihnen, der russische General Dragomirow, hatte noch zu Beginn des Jahrhunderts mit ordenverzierter Brust gelehrt: »Die Kugel ist töricht, allein das Bajonett ist ein Mann!« und gegen die Einführung des Magazingewehrs, der Schnellfeuer-Artillerie und des Maschinengewehrs protestiert. Er hatte geglaubt, wie sich einer seiner Gegner ausdrückte, den Sieg zu erringen, indem man sich töten lässt.[24] Wie Dragomirow denken zu Beginn des Krieges nicht wenige.

Deutsche, französische und britische Soldaten sind schutzlos den Feuersalven ausgesetzt, die ihnen entgegenschlagen. Sie haben den Eindruck, einem unsichtbaren Feind gegenüberzustehen. Im Burenkrieg von 1899 bis 1902 hatten die Buren den Briten in dieser Hinsicht eine tödliche Lektion erteilt, und 1914 bekommen die Briten Gelegenheit, diese Lektion an andere weiterzugeben. Mit dem überlegenen Lee-Enfield-Gewehr können ihre Scharfschützen 15 Schuss pro Minute abgeben, sodass die Deutschen den prasselnden Regen britischer Gewehrkugeln oft für Maschinengewehrfeuer halten. Auf einen über hartem Untergrund angreifenden Infanteristen, der eine Distanz von circa 150 Meter überbrücken will, kann ein Verteidiger 15 bis 20 gezielte Schüsse abgeben – meist genügt ein einziger. Ein im Sturmlauf angreifender Soldat mag zwei, vielleicht drei Meter in der Sekunde zurücklegen, die Kugel aus einem Karabiner aber 870 Meter. In den europäischen Armeen ist noch die Auffassung weit verbreitet, die Schützen der Infanterie könnten selbst bei zahlenmäßiger Unterlegenheit auch ohne Unterstützung durch andere Waffengattungen den Sieg erringen, und selbst hohe Verluste aufgrund der gegnerischen Feuerkraft werden als unvermeidlich in Kauf genommen.[25]

Trotz dieser tödlichen Erfahrungen auf beiden Seiten schicken vor allem die Briten auch noch im zweiten Kriegsjahr ihre Soldaten gewissermaßen mit bloßer Brust gegen die inzwischen ausgebauten gegnerischen Stellungen. Die Militärs, auf Bewegung und Schnelligkeit getrimmt, wollen die Pattsituation im Westen nicht akzeptieren. Sie schwören weiterhin auf die Offensive; der Sieg werde dann binnen weniger Wochen folgen. Im Artois bei Loos rücken die Briten im September 1915 zur Verblüffung der Deutschen aufrecht gehend in zehn Kolonnen mit je 1 000 Mann vor, dabei einige Offiziere hoch zu Pferde. Es ist ein ungleicher Kampf – ein Scheibenschießen auf Menschen, die sich den Verteidigungslinien über offenes Feld langsam nähern. Die deutschen Soldaten feuern aus ihren Unterständen, manche stehen aufrecht auf der Brustwehr des Schützengrabens und ballern in Ekstase und triumphierend in die Masse. Dann eröffnen die MG-Schützen das Feuer. Ein Augenzeuge: »Die Gewehre arbeiten tadellos. [...] Von links nach rechts, von rechts nach links!« Zu Hunderten werden die Gegner buchstäblich niedergemäht. Schließlich rennen die noch Lebenden zurück. Von 15 000 Infanteristen sind über 8 000 gefallen oder verwundet.[26]

Das Maschinengewehr war im Jahre 1885 von dem Amerikaner Hiram Maxim zum Patent angemeldet worden. Die großen Armeen hatten zunächst gezögert, diese neue Schnellfeuerwaffe einzusetzen und technische Mängel sowie die Schwierigkeit des Munitionsnachschubs als Gründe genannt. Erst im Jahre 1908 bekommt die Infanterie die neue Maschinenwaffe in die Hand, und die deutschen Waffenkonstrukteure entwickeln mit den Modellen »MG 08« und »MG 08/15« die amerikanischen und britischen Maschinengewehre weiter. Der Gebrauch dieser Handfeuerwaffen lässt die Feuerkraft eines Infanteriebataillons von etwa 7 000 Schuss pro Minute zur Zeit des Deutsch-Französischen Krieges auf 22 000 Schuss zu Ende des Ersten Weltkrieges geradezu explodieren. Neue Sturmbataillone entstehen, die zusätzlich zu den Schnellfeuergewehren mit leichten Maschinengewehren, schweren Sturmkanonen und Minenwerfern ausgerüstet sind. Als sie immer häufiger im Feuer gegnerischer Maschinengewehrnester enden, wird aus dem als Angriffswaffe konzipierten MG eine Verteidigungswaffe.[27]

Neben den Schnellfeuergewehrsalven lassen die in hohem Bogen heranfliegenden Granaten die Soldaten zitternd in Deckung gehen. Zwar können erfahrene Frontkämpfer die Richtungen und Typen der feindlichen Granaten und Minen unterscheiden, doch Schutz bieten nur die wenigen tiefen Bunker. Ernst Jünger beschreibt das Gefühl der Hilflosigkeit und Verwundbarkeit: »Man stelle sich vor, ganz fest an einen Pfahl gebunden und dabei von einem Kerl, der einen schweren Hammer schwingt, ständig bedroht zu sein. Bald ist der Hammer zum Schwung zurückgezogen, bald saust er vor, dass er fast den Schädel berührt, dann wieder trifft er den Pfahl, dass die Splitter fliegen.«[28] Die in hohem Bogen anfliegenden Minen zerstören mit hohem Druck ganze Gräben. Mit Donner und Blitz schlagen die Granaten ein. Schon vor Kriegsausbruch beschreiben Kriegsgegner diese Hölle: »Es blitzt und knallt, es donnert, und der Himmel reißt entzwei und fällt entflammt herab – die Erde fliegt in Stücken auf, [...] die Menschen und die Erde explodieren und fahren rund wie Feuerräder durch die Luft [...] und dann [...] ein Krach, ein wütendes Getöse schlägt uns auf die Brust [...] und zitternd sehen wir, wie unsere Gesichter, unsere Uniformen rote nasse Flecken haben und erkennen deutlich Fleischfasern auf dem Zeug.«[29] Fast taub vom grauenhaften Lärm der Geschütze und explodierenden Geschosse »erobern« die Soldaten immer wieder dieselben Löcher und Gräben, aus deren Wänden weißgrau die dort stecken gebliebenen Knochen ihrer Vorkämpfer blinken.

Den jungen Männern Europas, die in den Schützengräben ihre Jugend und ihre Kameraden verlieren, präsentiert sich das Gesicht des Krieges immer wieder als zerstörter Schädel, aus dessen schwarz-blutiger Höhle stumm die Gewalt schreit. Sie erleben den Krieg als Heimsuchung aus der Hölle. Der Anblick des Millionenheers an Toten und Verletzten kann zahlreiche Kommandeure dennoch nicht davon abhalten, weiterhin leicht verwundbare Menschen gegen die stahlharten, schnellen Geschosse ins Feld zu schicken und sie auf dem »Altar des Vaterlandes« zu opfern. Vor allem der britische Feldmarschall Douglas Haig gelangt so während der Somme-Offensive im Sommer 1916 zu trauriger Berühmtheit. Sein Plan, die gegnerische Frontlinie zu durchbrechen, ist einfach – angesichts der schnellen Verteidigungswaffen naiv. Er glaubt mit einem gewaltigen Trommelfeuer von einer Million Granaten binnen einer Woche die Deutschen lähmen und ihre Drahtverhaue zerstören zu können, um anschließend mit der Infanterie vorzurücken, die Schützengräben zu besetzen und in das dahinter liegende offene Gelände vorzustoßen. Er ist völlig von der alles vernichtenden Wirkung der Artillerie überzeugt, dass er der Infanterie nicht erlaubt, nach der bewährten Taktik vorzugehen, bei der einige auf dem Boden liegende Schützen das Vorrücken der anderen abdecken. Auf seinen Befehl hin hat die Infanterie aufrecht und in geraden, aufeinander folgenden Linien und in gleich bleibendem Tempo vorzurücken, wobei »jede Linie der vorausgehenden Linie neuen Schwung verleiht«, wie es in der taktischen Dienstvorschrift für das Gefecht heißt. Ein deutscher MG-Schütze berichtet später von seiner Überraschung, die Briten in aufrechtem Gang auf die deutschen Stellungen zukommen zu sehen: »Die Offiziere gingen voran. Ich sah einen ganz ruhig daherkommen, einen Spazierstock in der Hand. Als wir zu feuern begannen, brauchten wir nur immer wieder nachzuladen. Sie gingen zu Hunderten zu Boden. Man brauchte noch nicht einmal zu zielen, wir hielten einfach in ihre Richtung.« Von den 100 000 Briten, die das Schlachtfeld betreten haben, kehren 20 000 nicht mehr zurück, und weitere 40 000 werden verwundet zurückgebracht.[30] Auch die Lebenden sind nur noch Überlebende.

Die monatelangen Erfahrungen mit dieser Art der Kriegsführung lassen in der zweiten Krieghälfte die Verluste an Menschenleben geradezu berechenbar werden. Als Haig im Oktober/November 1917 in der dritten Ypernschlacht beziehungsweise der zweiten Schlacht von Passchendaele, wie die Briten sagen, die Eroberung der Überreste des gleichnamigen Dorfes anordnet, rechnet der Kommandeur des angreifenden Korps mit 16 000 Opfern in den eigenen Reihen. Am Ende zählt er 15 634 Gefallene und Verwundete. Später lassen die riesigen mit Blumen bepflanzten Soldatenfriedhöfe, die dicht an dicht die ehemalige Frontlinie markieren und den Horizont verstellen, die Tragödie der Somme-Schlacht nur vage erahnen.[31]

Nach dem Krieg versuchen nicht wenige, sich von ihren Fronterlebnissen und ewigen Albträumen durch Erzählen und Schreiben zu befreien. Im Gefolge von Erich Maria Remarques spektakulärem Romanerfolg »Im Westen nichts Neues« kommt in den Jahren 1929 und 1930 eine Flut von Kriegsbüchern auf den Markt – Kriegsromane und Kriegsmemoiren. Sie berichten immer wieder von dem vergeblichen Bemühen Hunderttausender, den schnellen Geschossen auszuweichen, sich einzugraben, zu fliehen. Remarque selbst schildert voller Zorn, in kurzen Szenen und knappen schneidigen Sätzen, teils in ungehobelter Sprache, teils in grausigen Bildern die Auswirkungen des Krieges auf die junge Generation, die »durch diese Zeit gehetzt wurde«. Er ermöglicht den Menschen zu Hause und der nachfolgenden Generation, einen Blick in die Hölle zu werfen. Er und viele andere geben dem unbekannten Soldaten ein Gesicht. Ein Augenzeuge berichtet von der Ypernschlacht bei Becelaere: »Das II. Bataillon der 246er gerät in ein verheerendes Kreuzfeuer. Im Handumdrehen fällt die Hälfte der Angreifer. [...] Weiter geht der Kampf. [...] Das Regiment besteht nur noch aus einem Bataillon. Aber es gibt kein Einhalten. [...] die Truppen scharren sich Löcher in die Erde, um dem entsetzlichen Feuer zu entgehen. Die paar Spaten schaffen's nicht, Seitengewehre werden zu Hilfe genommen. Eine irrsinnige Hast, indes hier und da einer zusammenbricht über den Löchern, um nicht wieder aufzustehen. Ein Wettrennen, wer schneller ist, der Spaten oder die Kugel. Die Kugel gewinnt, der Spaten gibt das Rennen auf.«[32] Das Maschinengewehr zerfetzt die Angriffstruppen und macht den heroischen Sturmlauf früherer Kriege zum blutigen Anachronismus. Im Verbund mit der Artillerie zwingt es den Krieg, in die Gräben zu steigen.[33]

Viele Augenzeugen artikulieren die Ohnmacht des Menschen vor diesen schnellen und in schneller Folge entgegenfliegenden Kugeln. Sie sprechen von der Angst eines jeden angesichts des »Gebells« der Maschinengewehre, »monoton in seiner Geschwindigkeit, aufreizend in seiner Zielstrebigkeit, blutdurstig in seinem heiseren Zischen. [...] Breit und unsichtbar gleich einer Wolke von Blei und Rauschen und Hämmern webt das in sausender Fahrt über das Feld heran.«[34]

Kurt Tucholsky nennt nach Ende des Krieges die Schlacht im »Fleischwolf« von Verdun »eine Fabrik der Schlacht, eine Mechanisierung der Schlacht, überpersönlich, unpersönlich«. Und weiter: »Achilles und Hektor kämpften noch miteinander; dieser Krieg wurde von der Stange gekauft. Und archaistisch war nur noch die Terminologie, mit der man ihn umlog: das blitzende Schwert, die flatternden Fahnen, die gekreuzten Klingen. Landsknechte? Fabrikarbeiter des Todes.«[35] Oder Ernst Jünger: »Der Krieg gipfelte in der Materialschlacht; Maschinen, Eisen und Sprengstoff waren seine Faktoren. Selbst der Mensch wurde als Material gewertet. [...] Das Bild des Krieges war nüchtern, grau und rot seine Farben; das Schlachtfeld eine Wüste des Irrsinns, in der sich das Leben kümmerlich unter Tage fristete.«[36] Artillerie und Maschinengewehr verwandeln den Krieg in ein industrialisiert-technisiertes und anonymes Töten und Sterben oder – wie ein gefallener Student in einem seiner letzten Briefe schreibt – eine »Industrie gewerbsmäßigen Menschenschlachtens«. Frontsoldaten sind die eigentlichen »Arbeiter« des Krieges, so Ernst Jünger. Ebenso wie die Arbeiter an den Fließbändern der modernen Industrie werden sie nicht von Aufsehern beziehungsweise Offizieren befehligt, sondern von der Maschine. Hier wie dort herrschen die Gesetze der modernen Produktion: der industriellen Massenproduktion der Errichtung und der kriegerischen Massenproduktion der Vernichtung. Hier wie dort kommt es zu einer rigorosen und fortwährenden Substitution von Menschen durch Maschinen mit dem Ziel, die Effizienz zu steigern – besser, billiger, präziser und schneller zu »produzieren«.[37] Hier wie dort wird den Menschen nach allen Regeln der Maschinenkunst eingebläut, effizienter, vor allem schneller zu »arbeiten«.

Die Maschine regiert. Ein Antikriegsbuch beschreibt das alles niedermähende Maschinengewehr als »vollkommene Präzisionsmaschine«: »240 Kugeln und mehr in einer Minute! Welch ein Wunderwerk der Technik ist solch ein Maschi-

Abbildung 15: Hans Rudi Erdt: Werbung für Fokker-Kampfflugzeuge (1916)

nengewehr! Man lässt es schnurren, und schon spritzt es Kugeln dichter als der Regen fällt. Und hungrig fletscht der Automat von links nach rechts. Er ist auf die Mitte der Leiber eingestellt und bestreicht die ganze Schützenlinie auf einmal. Es ist, als ob der Tod die Sense auf das alte Eisen geworfen hätte, als ob er nun ein Maschinist geworden wäre. Das Korn wird nicht mehr mit der Hand gemäht. [...] Einst wars ein Reitertod, ein ehrlicher Soldatentod. Jetzt ist es ein Maschinentod!«[38] Deutschland zieht in den Krieg mit 12 500 Maschinengewehren; weitere 50 000 sind bestellt. Seine verbesserte Version bringt es auf 700 Schuss in der Minute; die 1916 für die Kampfflieger entwickelte Waffe sogar auf 1 800 (Abb. 15).[39] Das Kriegshandwerk ist mechanisiert, das Töten rationalisiert. Der Soldatentod verliert seinen heroischen Charakter, er wird als Massentod banal. Selbst die während des Krieges von der offiziellen Propaganda immer wieder zitierten heldenhaften Bajonettangriffe erweisen sich als Legenden.

Gegen die modernen Kriegsmaschinen bekommt das Bajonett keinen einzigen Stich, ebenso wenig der menschliche Körper gegen die von Tempo explodierende Technik: Unter dem ohrenbetäubenden Artilleriefeuer können sich die angreifenden Soldaten nur noch wie in Zeitlupe durch eine mit Kratern bedeckte Mondlandschaft bewegen – riesig die Diskrepanz zwischen den Granaten, die den Raum mühelos überwinden, und den Menschen, die trotz größter Anstrengungen in ihrem physischen Elend nicht vorankommen und kapitulieren müssen. Der echte Krieg ist ein ganz anderer als der, der im August 1914 die Massen hatte in Jubelgeschrei ausbrechen lassen. Es ist ein industrieller Massenkrieg, sinnlos in sich selbst und sinnlos in seiner Unbelehrbarkeit, den Crashtest zwischen extrem beschleunigtem Stahl und ungesicherten Menschen millionenfach zu wiederholen, massenmordend in seiner Technik, »Menschenmaterial« in dieser größten Materialschlacht der bisherigen Geschichte als Angriffswaffe einzusetzen – eine Zerstörungsorgie gegenüber Menschen und aller Kultur. Ganz einfach in seiner Erkenntnis: Geschwindigkeit tötet – massenhaft.

Auf vielen Feldern der Kriegsführung erweist sich das traditionelle Tempo gegenüber dieser Schnelligkeit als höchst gefährlich – nicht nur die Langsamkeit des menschlichen Körpers. Im Nachhinein führen Militärhistoriker die Niederlage der Mittelmächte teilweise auf die relative Langsamkeit zurück, mit der diese einige militärtechnische Fortschritte zur Anwendung bringen, namentlich Flugzeuge, motorisierte Transportfahrzeuge und Panzer.[40] Dabei begründen die Deutschen ihre Zurückhaltung gegenüber dem Panzerwagen unter anderem damit, dass das höhere Gewicht infolge der Panzerung seine Geschwindigkeit beeinträchtige, ohne wirklichen Schutz zu bieten. Außerdem zögen die Kolosse das gesamte Abwehrfeuer auf sich.[41] Dagegen nutzt das deutsche Oberkommando in den Abwehrschlachten von 1915 bis 1917 geschickt die Möglichkeiten des Lkw, um die Infanteristen je nach Erfordernissen rasch zu verschieben.

Die Briten wiederum müssen erhebliche Menschenverluste wegen der Langsamkeit ihrer Kommunikationsnetze hinnehmen, wodurch ihre Generäle in den Befehlszentralen während der Schlachten die Verbindung mit der Front verlieren und ihre Feuerkraft nicht zum richtigen Zeitpunkt und nicht präzise einsetzen können. Ihnen ist es nicht möglich, die Ziele der Artillerie zu korrigieren und das Vorgehen von Infanterie und Artillerie zu koordinieren. Vielfach geht die Feuerwalze der Artillerie auf die eigene vorrückende Infanterie nieder, vielfach eilt sie zu weit voraus und gibt dem Verteidiger Gelegenheit, aus den Stellungen heraus gezielt auf die anrückenden Soldaten zu feuern. Eine schnelle Nachrichtenübermittlung ist unmöglich, da das gegnerische Artilleriefeuer die Telegrafenkabel zerstört und die an die Frühzeit der Kriegsführung erinnernden Meldegänger die Entfernungen zwischen Front und Kommandostand nicht schnell genug überbrücken können. Als die Briten am Morgen des 10. März 1915 die gegnerischen Stellungen bei Neuve-Chapelle südlich von Ypern angreifen, die völlig überraschten Deutschen überrennen und in offenes Gelände vorstoßen, reißt die Verbindung zum Hauptquartier ab und kann nur mit Hilfe von Flaggensignalen, Brieftauben und Meldegängern notdürftig aufrechterhalten werden. So vergehen fast neun Stunden, bis die neuen Befehle bei den Infanteristen ankommen. Inzwischen haben die Deutschen den Frontabschnitt abgesichert, die Angreifer umstellt und können in der Nacht frische Reserven heranführen. Fast 12 000 Briten finden den Tod oder werden verwundet.[42]

Zu Beginn des Krieges befindet sich das Funkwesen noch im Entwicklungsstadium. Nur mit Hilfe von großen Funkstationen lassen sich Entfernungen von bis zu 1 000 Kilometern überbrücken. Die leichten Stationen, die in den besetzten Gebieten zum Einsatz kommen und in Automobilen installiert sind, haben dagegen lediglich eine Reichweite von 50 bis 80 Kilometern und sind für den Bewegungskrieg noch viel zu unhandlich. Erst im Jahre 1918 verbessern sich die Kommunikationsmöglichkeiten durch Einsatz der drahtlosen Telegrafie, doch spielt diese auf dem Schlachtfeld nur eine untergeordnete strategische Rolle.[43] Frühere Kriege hatten wegen der relativ geringen Ausdehnung der Heere sowie den langsamen Operationen eines schnellen und weiträumigen Nachrichtennetzes nicht bedurft. Der Blick vom Feldherrnhügel und der Einsatz von Meldereitern hatten genügt. Die Führung eines Massenheeres, die weiträumigen Operationen und das Konzept des Blitzkrieges machen dagegen schnellstmögliche Nachrichtenverbindungen unerlässlich. Auch die deutsche Heeresleitung verkennt zunächst diese Notwendigkeit, sodass zu Beginn des Krieges die 1. und 2. Armee ohne Kontakt miteinander operieren und die Führungsstäbe im Ungewissen sind über das Schicksal der einzelnen Korps. Erst mit Beginn des Stellungskrieges bauen die Deutschen ein effektives Telegrafennetz auf.[44]

Als die angreifenden Menschenmassen hunderttausendfach von Schnellfeuer- und Maschinengewehren niedermäht werden, verkriecht sich der Krieg in die Gräben. Der Mensch sucht Schutz – anders ist er der Schnelligkeit der modernen Feuerwaffen nicht gewachsen. Ähnlich den Verkehrsteilnehmern, die zur Absicherung gegen die schnellen Automobile sich ein riesiges Arsenal an Schutzmitteln zulegen und in spezielle Schutzzonen fliehen, so gehen auch die Soldaten vor anfliegenden Kugeln und explodierenden Granaten in Deckung. Ein ausgeklügeltes, tief gestaffeltes und verschachteltes System von Schützengräben verwandelt die Fronten in Festungen. Der Spaten wird so wichtig wie das Gewehr, das Eingraben so wichtig wie das Kämpfen. Mit Hilfe von Stacheldraht, den man

von den amerikanischen Viehzüchtern übernimmt, entstehen zwischen den feindlichen Linien dornige, bis zu 50 Meter tiefe Verhaue, die von der Artillerie kaum
zu zerstören sind, in denen sich jeder Infanterieangriff unweigerlich verhakt und
die dagegen mit Drahtscheren ankämpfenden Soldaten zu idealen Zielscheiben
für die Verteidiger werden lässt. Hinter den Schützengräben werden einbetonier-
te Maschinengewehrnester errichtet und mit starken Bohlen und Eisenplatten
verkleidet. Die Brustwehren sind kompakt hochgezogen, die bis zu neun Meter
tiefen Unterstände mit Holzbohlen gegen Granatenbeschuss abgesichert. Gegen
ein unvorsichtiges Kopfheben und zum Schutz gegen die unberechenbaren Flug-
bahnen der Granatsplitter wie auch gegen den Kugelhagel des Gegners bei einem
Infanterieangriff übernehmen die meisten Heere schon bald den Stahlhelm und
kehren damit zur Körperpanzerung zurück, die seit dem 17. Jahrhundert ver-
schwunden war. Zugleich pflügt das Feuerwerk der Artillerie die Schlachtfelder
um und verwandelt sie in eine nur schwer überwindbare Mondlandschaft aus
Ruinen, Kratern, Schlamm, verbranntem Fleisch und Blutlachen. Aus dem Bewegungskrieg wird ein Stellungskrieg.

Die neuen Befestigungsanlagen sind nicht mehr zu vergleichen mit denen
früherer Kriege. Auch sie sind auf Geschwindigkeit angelegt – schnell und pro-
visorisch errichtet sowie höchst effizient gegen das Trommelfeuer der Artillerie
und die Angriffe der Infanterie mit ihren Schnellfeuergewehren. Dagegen haben
die alten Befestigungsanlagen, die Festungsgürtel, Bastionen und Forts, die seit
Einsatz von Feuerwaffen als Nonplusultra an Sicherheit gegolten hatten, ausgedient. Spätestens seit dem erfolgreichen Einsatz schwerer Artillerie gegen Mauerwerk und Beton im Russisch-Japanischen Krieg von 1904/05 sind die Militär-
theoretiker Europas von der Überlegenheit der schweren Geschütze überzeugt.
Sie argumentieren, die Schlagkraft sei von der statischen Verteidigung auf die
mobile, schnell agierende Offensive übergegangen. Sofort zu Kriegsbeginn be-
wahrheitet sich ihre Skepsis gegenüber dem alten Befestigungssystem. Als ein
deutscher Kampfverband mit der Beschießung von Lüttich beginnt, neben Namur und Antwerpen die modernste Festung Europas und erst zwischen 1888 und
1892 errichtet, ist das erste Fort bereits nach wenigen Stunden nur noch ein
Trümmerhaufen, das zweite fünf Stunden später. Vier Tage nach Beginn der Beschießung sind acht Forts zerstört, und die beiden letzten haben sich kampflos
ergeben. Die Forts von Namur sind in drei Tagen zerschmettert. Die 1 000 Kilogramm schweren Granaten, abgefeuert von einer 42-cm-Krupp-Kanone, durchschlagen die Betonmäntel der Forts, sprengen Panzerplatten und Betonblöcke,
zertrümmern die tragenden Gewölbe und vergiften die Luft mit Rauchschwaden.
Aus dickwandigen und in die Erde eingegrabenen Festungsanlagen werden Grä-

ber und Mausoleen. Das Vertrauen der Militärs in den Nutzen von Festungen, den Vormarsch feindlicher Armeen ohne den Einsatz mobiler Truppen aufhalten zu können, ist endgültig dahin.[45]

Rasende Flugzeuge und Raketen

Fortan setzen die Armeen auf mobile Festungen, die auch Stacheldraht und Gräben überwinden können. Eine der entscheidenden Waffen in zukünftigen Kriegen wird der Panzer, der seine ersten großen Erfolge im Juli 1918 erzielt.[46] Hinzu kommt mit dem Flugzeug das neue Symbol der Geschwindigkeit, das im Ersten Weltkrieg noch als ein schwerfälliges »Ding aus Stricken, Leinwandfetzen und Eisen« mit »fettem Bauch voll Gedärme« gegolten hatte, wie Bertolt Brecht und El Lissitzky sich ausdrücken.[47] Aber spätestens seit Ende der 1920er Jahre gieren die Militärs in allen Ländern nach dieser superschnellen Waffe, die bald selbst die Weltrekord-Rennwagen von Malcolm Campbell und Henry O'Neal de Hane Segrave weit hinter sich lässt. Sie verlangen von ihren Regierungen eine Schwerpunktverlagerung auf den Flugzeugbau und von den Konstrukteuren eine Steigerung der Gipfelhöhe, eine Verbesserung der Wendigkeit und eine Erhöhung der Geschwindigkeit. Als Ende August 1939 mit der He 178 das erste Düsenflugzeug der Welt bei seinem sechsminütigen Erstflug eine Geschwindigkeit von 600 km/h erreicht, tritt der Mensch in eine neue Geschwindigkeitsdimension ein. Im Frühjahr 1943 fliegt General Adolf Galland erstmals eine Me 262, deren Höchstgeschwindigkeit nur wenig später auf 960 km/h und schließlich auf über 1000 km/h gesteigert werden kann. Anschließend gibt er begeistert zu Protokoll: »Es ist, als wenn Engel schieben.«[48] Diese »Engel« tragen die Kriegsfront seitdem binnen weniger Stunden überall dort hin, wo Menschen wohnen, und verwüsten schon im Zweiten Weltkrieg reihenweise Großstädte, äschern sie ein und hinterlassen nach Erich Maria Remarque in diesen ausgebombten Städten Millionen »ausgebombter Seelen«.[49]

Da die Bomben noch nicht punktgenau ihr Ziel finden, entwickeln die Briten eine neue Strategie, indem sie die Ziele vergrößern und ganze Städte zu Zielgebieten erklären. Sie begründen ihre systematischen Angriffe auf Zivilquartiere damit, dass in einem industrialisierten Krieg die gesamte Industrie dem Krieg diene, nicht nur die Rüstungsindustrie. Wer für die Industrie arbeite, sei folglich Kriegsteilnehmer, den man rechtlich ins Visier nehmen dürfe. Die Royal Air Force setzt fortan Kriegsführung mit dem Bombardement von Städten gleich.[50]

»Moral bombing« lautet das neue Leitmotiv, das seit einer Direktive vom Juli 1941 darauf abzielt, »die Moral der Zivilbevölkerung insgesamt zu zerstören, sowie die der Industriearbeiter im besonderen«.[51] In ihrem Betreben nach apokalyptischen Luftschlägen greifen Wissenschaftler und Strategen in den letzten Kriegsjahren auf eine Kombination von technischen und natürlichen Kräften zurück, um innerhalb von einer Stunde ein riesiges Vernichtungspotenzial freizusetzen, sodass den Verteidigern keine Zeit und Möglichkeit zum Einschreiten bleibt. Als die Royal Air Force Ende Juli 1943 unter dem Codewort »Gomorrha« ihren Großangriff auf Hamburg startet, befinden sich neben hochwirksamen Luftminen vor allem Stab- und Flüssigkeitsbomben an Bord, welche in der alten Hansestadt binnen kürzester Zeit einen tobenden Feuersturm entfachen und die Stadt in einen heißen Schmelzofen verwandeln, in dem Menschen, Metalle und Mauern zu Asche verglühen und zu Lava verkochen. In den dicht bebauten Wohngebieten entzünden die alle Stockwerke durchschlagenden Brandbomben sofort ganze Häuser vom Dach bis zum Erdgeschoss, während die Luftminen im Umkreis von 500 Metern alle Dächer, Fenster und Türen aufsprengen, sodass die Flammen reichlich Zugluft bekommen und die Temperaturen geradezu explodieren. Die einzelnen Brandherde vereinen sich, wie von riesigen Blasebälgen angefacht, schnell zu einem Großfeuer, aus dem heraus die Heißluft wie in einem gigantischen Kamin nach oben schießt, während unten aus einem Umkreis von mehreren Kilometern Frischluft angesaugt wird. Wie eine Riesenpumpe entzieht das Feuer den Kellern allen Sauerstoff und bringt die durch die Straßen und Gassen zuströmenden Luftmassen auf Orkangeschwindigkeit von bis zu 75 Metern pro Sekunde. Die glühend-peitschende Luft ist nicht mehr einzuatmen, dörrt die Menschen aus, und Strahlhitze und Feuer äschern sie ein. Wer sich in den Straßen befindet, wird mitgerissen, wer in den Kellern Sicherheit gesucht hat, erstickt, wer der Hitze ausgesetzt ist, verbrennt. Keller werden zu Krematorien, umbaute Hinterhöfe zu glühenden Verliesen. Im Gegensatz zu den Schlachtfeldern des Ersten Weltkrieges fließt in diesen Totenstädten nur wenig Blut. Trotzdem wirkt der rasende Feuersturm vernichtender als alle Munition. Allein in Hamburg sterben bei diesem Luftangriff 40 000 Zivilisten.[52]

Mit Erhöhung der Fluggeschwindigkeit und der Effektivität der neuen Waffe steigen die Flugzeugführer ebenso wie die Automobilrennfahrer zu modernen Idolen und Heroen auf. Nachdem die alten Repräsentanten der Geschwindigkeit während des Ersten Weltkriegs bei ihrem missglückten Ritt über die Schützengräben absteigen und abhalftern mussten und wie gewöhnliche Landser im Dreck der Front gefesselt blieben, werden in der Zwischenkriegszeit die Piloten von Zivil- wie Militärflugzeugen auch wegen ihrer Emanzipation von der Erdbindung zu neuen Leitfiguren. Ernst Jünger sieht in den Kampffliegern die eigentlichen Vorbilder für den neuen Menschen: »Sie kennen keine wochenlangen Märsche, kein Herumwühlen in Dreck, Verwesung und Blut. Auch der Kampf bei Nacht und Nebel sowie die großen Verstümmelungen sind ihnen fremd. Sie werfen die Zigarette fort, steigen auf mit sauberer Uniform, schneeweißer Wäsche und gepflegten Händen und sind in einer Stunde wieder da.« Jünger beschreibt sie als die neue Aristokratie: »Zwanzigjährige, mit hartem, von Tatsächlichkeiten gehämmertem Gesicht, denen der Schwung der Schnellbahnen, das Tempo der Fabrik, Gedichte aus Stahl und Eisenbeton das selbstverständliche Erlebnis ihrer Kindheit gewesen sind.« Ernst Jünger sieht diese Flieger nach dem Krieg in die Wirtschaft wechseln, die Märkte und Städte mit dem Geschwindigkeitsvirus infizieren und der Welt ein neues Gesicht geben.[53] Piloten von Rennwagen und Flugzeugen werden zu neuen Stars und Weltwundern, Flugzeugkonstrukteure zu neuen Magiern, die zur Entzauberung des Himmels beitragen und – so Ernst Bloch – Wunder vollbringen, welche den Priestern nicht mehr so recht gelingen.[54]

Zusammenfassung

Alle Geschwindigkeitsrekorde, welche die neuen Waffen – Gewehre, Geschütze, Panzer und Flugzeuge – erzielen, genügen den Militärs noch immer nicht. Spätestens seit den 1930er Jahren beflügeln die mit einem Raketenantrieb zu erzielenden Geschwindigkeiten ihre Phantasie. Die seit Oktober 1942 von der Heeresführung der deutschen Wehrmacht vorangetriebene und unter Federführung von Wernher von Braun entwickelte Flüssigtreibstoff-Rakete A 4, die spätere »Vergeltungswaffe« V 2, rast mit einer Tonne Sprengstoff im Gefechtskopf und einer Höchstgeschwindigkeit von 5 470 km/h auf ihr Ziel zu. Auch die vierstufige Feststoffrakete V 4, von der gegen Ende des Krieges einige Exemplare gestartet werden, erreicht fast die sechsfache Schallgeschwindigkeit.[55] Die erst wenige Jahrzehnte alten Rekordreisen um den Erdball, von denen Jules Verne 1873 noch in Zukunftsvisionen geträumt hatte, erscheinen angesichts dieser neuen Geschwindigkeitsdimensionen bereits wie ein gemütliches Flanieren um den Globus. Die Tötungsmaschinerie wird von einer Vielzahl an Helfern unablässig weiter auf Touren gebracht und das Töten weiter rationalisiert. Indes ist auch die Rationalisierung des Wirtschaftens, Produzierens und Lebens unter der Regie des Beschleunigungsimperativs einen Riesenschritt vorangekommen.

11. Zeit der Rationalisierung
Pressierte Menschen

In dem Jahrzehnt nach dem Ersten Weltkrieg steigert die städtische Welt ihr Tempo und demonstriert eine rastlose Betriebsamkeit, als wolle sie die verlorene Zeit der Kriegsjahre zurückgewinnen. Viele Filme der Weimarer Zeit dokumentieren dieses moderne großstädtische Tempo: Schwitzende Arbeiter stampfen eine geteerte Straßendecke fest, Autos sausen über den noch warmen Asphalt vorbei, Menschen hasten und drängeln, und immer wieder Autos, hell erleuchtete Schaufenster, Fußgänger, die sich nur mit Mühe vor den heranrasenden Automobilen retten können, flackernde Lichter, bedrohliche Straßenbahnen, nervös zuckende Richtungsanzeiger von Fahrzeugen. Im März 1929 wird Joe Mays UFA-Film »Asphalt« im Berliner Zoo-Palast uraufgeführt – ein Dokument der hysterischen Dynamik des jungen 20. Jahrhunderts mit Automobilen und nochmals Automobilen, mit schnell flutenden Menschenmassen und geradezu tobsüchtigen Zuckungen von Tausenden von Lichtern, ein Spiegelbild der Stadt des Tempos.[1] Gleichzeitig beobachtet Erich Kästner mit weit aufgerissenen Augen diese quirlige Großstadtwelt: »Diese Autos! Sie drängten sich hastig an der Straßenbahn vorbei; hupten, quiekten, streckten rote Zeiger rechts und links heraus, bogen um die Ecke, andere Autos schoben sich nach. So ein Krach! Und die vielen Menschen auf den Fußsteigen! Und von allen Seiten Straßenbahnen, Fuhrwerke, zweistöckige Autobusse!«[2] Die Großstadt Berlin – ein Schock für alle, für die noch die Langsamkeit des Dorfes Alltag ist. Wohin man auch blickt, alles ist hier schneller als auf dem platten Land: Verkehr und Sport, Arbeit und Freizeit, politische und kulturelle Veränderungen, Denken und Handeln.

Vor dem Ersten Weltkrieg hatte sich das Leben warm gelaufen, um in der Zeit von Weimar zum Spurt anzusetzen. Walter Benjamin skizziert diesen Epochensprung: »Eine Generation, die noch mit der Pferdebahn zur Schule gefahren war, stand unter freiem Himmel in einer Landschaft, in der nichts unverändert geblieben war als die Wolken und unter ihnen, in einem Kraftfeld zerstörender Ströme und Explosionen, der winzige, gebrechliche Menschenkörper.«[3] Doch bei genauerem Hinsehen fliegen auch die Wolken schneller vorbei. Eine raffgierige Dynamik reißt die städtische Gesellschaft mit sich fort, ob dies dem Einzelnen gefällt oder nicht. Und wieder sind es Wirtschaft und Verkehr, die sich daranmachen, die noch verbliebenen Reservate von Bremsung und Bedächtigkeit unter ihre Regie zu nehmen und aus der Welt zu schaffen. Die Geschwindigkeit induziert im 20. Jahrhundert mehr denn je Wachstum, Fortschritt und eine neue Zivilisation. Aber fortan sind es nicht mehr nur Maschinen und Motoren, die sich schneller drehen müssen, sondern auch die Menschen, die wie die Maschinen auf Touren gebracht werden und sich einer Tempodressur unterwerfen müssen.

Vor allem die Wirtschaft drückt seit der Jahrhundertwende aufs Tempo, propagiert den Wert der Beschleunigung und bläut ihn der Bevölkerung an Werkbank und Maschine tagtäglich ein. Sie sorgt dafür, dass die Zeitökonomie zur zweiten Natur des Menschen wird. Sie zwingt die Menschen, im Gleichschritt mit den sich immer schneller drehenden Maschinen Fahrt aufzunehmen – zu rotieren. In der zweiten Hälfte des 19. Jahrhunderts war die traditionelle Form der extensiven Zeitnutzung an ihre natürliche Grenzen gestoßen, und die seit Reformation und Merkantilismus vollzogene Ausweitung der Arbeitszeit in die Nacht hinein drohte im Kollaps zu enden. Ein neues Paradigma war vonnöten und setzte sich durch. Es favorisierte seit dem Ende des 19. Jahrhunderts eine intensivere Nutzung der Zeit, schnelleres Arbeiten bei schrittweiser Reduzierung der Arbeitszeit. Die Leistungsentlohnung sollte für den notwendigen Druck zur Temposteigerung sorgen. Parallel dazu ging die Beschleunigung der Maschinen weiter, vor allem in Form von fertigungstechnischen Neuerungen, die auf Automatisierung und Präzisionsfertigung abzielten. Stärkere Antriebe wurden gebaut, Maschinengestelle versteift und die Kühlschmierung verbessert, um sicher auf Touren zu kommen und von der Geschwindigkeit nicht zerfetzt zu werden.

Die Wende vollzog sich zunächst weitgehend unbemerkt von der Öffentlichkeit, wobei die Arbeiter bis nach dem Ersten Weltkrieg allein auf die Reduzierung der täglichen und wöchentlichen Arbeitszeit fixiert blieben. Andere sahen einzig die Folgen – Hetze und Nervosität. Diese hinterließen in den Nervenheilstätten ebenso ihre Spuren wie in den Straßen der Großstädte, in den politischen Schaltzentralen ebenso wie in den neuen Telefonzentralen. Von den Insassen des Berliner Landesversicherungssanatoriums Beelitz wurden 1897 lediglich 18 Prozent wegen Neurasthenie behandelt, 1904 bereits 40 Prozent.[4]

Schon seit den 1860er Jahren waren deutsche Unternehmer zu Pilgerreisen nach Amerika aufgebrochen, um von der »jugendfrischen transatlantischen Industrie« (Reuleaux) zu lernen, die bereits zu dieser Zeit ganze Fabriken in eine einzige Maschine zu verwandeln wusste. In Europa sprach man von der »atemlosen Hast der Arbeit« als dem »eigentlichen Laster der neuen Welt«, so Friedrich

Nietzsche 1882 in »Die fröhliche Wissenschaft«. Und weiter: »Man denkt mit der Uhr in der Hand, wie man zu Mittag isst, das Auge auf das Börsenblatt gerichtet«. Von den deutschen Unternehmern ging der Berliner Maschinenfabrikant Ludwig Loewe als Erster nach Amerika. Nach seiner Rückkehr wollte er Nähmaschinen »unter striktem Ausschluss aller Handarbeit« nur durch »vollständige Automaten« mit un- und angelernten Arbeitern produzieren, wie er 1870 schrieb. Geschäftlichen Erfolg erzielte er damit noch nicht. Der stellte sich erst später mit anderen Massenprodukten ein: Waffen und Munition. Loewe beriet Werner Siemens, als dieser 1872 amerikanische Werkzeugmaschinen einführte, um im so genannten »amerikanischen Saal« mit Hilfe von ehemaligen Handlangern und ungelernten Arbeitskräften Massenprodukte herzustellen. Um die Jahrhundertwende profitierte auch Emil Rathenau mit seiner AEG vom Studium der amerikanischen Methoden.[5] Noch bevor Frederick W. Taylor auf der anderen Seite des Atlantiks die Bühne betrat, arbeiteten in Mitteleuropa zahlreiche Unternehmer auf den »Schnellbetrieb« hin, den der deutsche Maschinenbaulehrer Alois Riedler im Jahre 1899 zum Betrieb der Zukunft erklärte, während er Fortschritt als »Erhöhung der Betriebsgeschwindigkeit« buchstabierte.[6]

Taylorismus in der Industrie

Bei allen diesen Rationalisierungsbemühungen war es primär um den Einsatz arbeitssparender Maschinen gegangen, um zeitsparende Fertigungstechniken durch Maschinenarbeit anstelle von Handarbeit, um schnelleres Produzieren mit Hilfe von Technik. Die Rationalisierungsbewegung der 1920er Jahre offenbart dagegen eine neue Form der Zeitnutzung. Sie erhält ihre Anstöße durch die Probleme der Leistungsentlohnung, mit der sich nach Meinung von Fachleuten eine weitere Steigerung der Produktivität nicht mehr erreichen lässt. Kollektive Bummelei und eine zunehmend negative Bewertung der Akkordarbeit – Akkord ist Mord! – wirken als Bremse. Die neuen Rationalisierer sehen im Arbeiter jetzt ein funktionables, ausmessbares und modellierbares Werkzeug, das sich nach entsprechender Bearbeitung nahtlos in das industrielle Arbeits- und Maschinensystem einpassen und dessen Arbeitsgeschwindigkeit sich durch Dressur erhöhen lässt. Fortan wird die Maschine Mensch zum Experimentierfeld und Versuchsmaterial, um die noch offenen Poren des Arbeitstages weiter zu schließen.

Der Amerikaner Frederick W. Taylor steht am Anfang dieser Entwicklung. Ihn lassen die Unterschiede zwischen der Schnelligkeit der Maschinen und der

Langsamkeit der Arbeiter nicht zur Ruhe kommen. Seine »Grundsätze wissenschaftlicher Betriebsführung«[7] von 1911 verstehen zwar die meisten Leser nur als Aufruf zur verstärkten Arbeitsteilung, zur Neuorganisation von Betriebsabläufen und zur Beseitigung unnützer Handgriffe, ebenso wichtig ist jedoch, dass Taylor zur Optimierung aller Arbeitsabläufe die Stoppuhr einsetzt und sie zur obersten Richterin beruft. Sie entscheidet letztlich, ob ein Handgriff nutzlos, umständlich oder zeitsparend ist. Sie entscheidet ebenso über die optimale Anordnung von Material und Arbeitsgeräten wie auch über deren ergonomische Gestaltung. Sie entscheidet über Länge und zeitliche Anordnung der Arbeitspausen und letztendlich über den optimalen Kraftaufwand. Sie bringt die »Kraftmaschine« Mensch auf Touren bei kleinstmöglichem Energieverbrauch. Der Ingenieur Taylor überträgt das ihm anerzogene Streben nach größtmöglicher technischer Leistungsfähigkeit auf die »Maschine« Mensch, ebenso die Methoden zur Effizienzsteigerung. Die Auswirkungen des Einsatzes der Stoppuhr gehen weit über die der Stechuhr hinaus, die lediglich auf die Zeit-Disziplin hinzielt. Die Wirtschaft in den meisten europäischen Ländern greift Taylors Rezepte auf, weil die zunehmende amerikanische Konkurrenz sie zur Rationalisierung zwingt und die von den Gewerkschaften erzwungenen Arbeitszeitverkürzungen eine Kompensation erforderlich machen.

Ebenso wie Sportler und Rennfahrer möchte Taylor die Zeit kleinkriegen; er möchte sie fast auf Null reduzieren. Zeit seines Lebens kämpft er wie ein Besessener gegen die Zeitvergeudung in Form von Bummelei, von nicht optimalen Bewegungsabläufen und unausgereifter Technik. Bei der Midvale Steel Company in Philadelphia sucht er mit Hilfe umfangreicher Zeitstudien nach der optimalen Arbeitsweise und Arbeitsorganisation. Er trennt Kopf- und Handarbeit und testet mit der Stoppuhr in der Hand Menschen und Maschinen, Werkstattorganisationen und Werkstoffe. Er interpretiert das Unternehmen als eine Maschine, in der die menschlichen und die mechanischen Teile eine Einheit, ein System bilden.[8] Er erstellt Zeitwerte für das Schaufeln von Kohle und Sand, das Entladen von Eisenbahnwaggons und das Einschlagen von Nägeln. Für die Qualitätskontrolle der Kugellagerindustrie erarbeitet er ein systematisches Auswahlverfahren zur Ermittlung der am besten geeigneten Frauen und strukturiert die Arbeitszeit völlig neu.[9] Bei der Bethlehem Steel Company entwickelt er 1898/99 einen so genannten Schnellstahl, der es erlaubt, die Schnittgeschwindigkeit der Drehbänke um das Vielfache und den Ausstoß auf das Drei- bis Vierfache zu erhöhen, auch wenn diese Erfindung erst nach Konstruktion der schnell laufenden Drehbank mit elektrischem Einzelantrieb voll genutzt werden kann.[10] Immer wieder sucht Taylor nach dem »einen besten Weg«, und der ist für ihn zumeist der schnellste Weg.[11] Sein Hauptziel ist, den Arbeiter so zu schulen, »dass er im schnellsten Tempo und in wohlberechneter Ausnutzung seiner Kräfte die Arbeit, zu der ihn seine Anlage befähigt, erstklassig verrichten kann«.[12] Ab 1901 widmet sich Taylor ganz der Unternehmensberatung und kommt dabei in Kontakt mit Frank B. Gilbreth und dessen Frau Lilian, die beide in der Efficiency-Bewegung aktiv sind. Aus der Zusammenarbeit gehen die Bewegungsstudien zur ökonomischen Gestaltung von Arbeitsabläufen hervor.

Mit Hilfe der Stoppuhr studieren die Ingenieure fortan die »Zeit verbrauchende und Zeit verzehrende Arbeit«.[13] Sie messen den einzelnen Tätigkeiten eine bestimmte Dauer zu. Sie erteilen den Arbeitern Vorschriften hinsichtlich der Zeit und gestatten ihnen nicht mehr, frei über die Zeit zu verfügen. Sie rationieren und kontingentieren die Zeit, die im ökonomischen Kalkül planvoll eingesetzt, die berechenbar und damit auch bewirtschaftbar wird. Alle diese Eingriffe in die einzelnen Bewegungen gehen weit über die frühere Ausrichtung der Arbeitszeiten an der Uhrzeit hinaus. Taylor fordert von den Ingenieuren, bei Zeitstudien nach Messung jedes kleinsten Arbeitsschrittes »alle falschen, zeitraubenden und nutzlosen Bewegungen« auszuschalten und nur »die schnellsten und besten Bewegungen, ebenso die besten Arbeitsgeräte« gelten zu lassen. Zeitstudien sollen »die Geschwindigkeiten festlegen, die sich mit den einzelnen Instrumenten oder Werkzeugen erreichen lassen, und dann sollen die besten Eigenschaften dieser einzelnen Werkzeuge zusammen in einem einzigen neuen Werkzeug verkörpert werden«.[14] Fortan wird nicht mehr die Zeit, die für die Herstellung eines Produktes notwendig ist, auf eine entsprechende Anzahl an Arbeitskräften verteilt, sondern es wird umgekehrt versucht, aus einem gegebenen Arbeitskräftereservoir und den sich daraus ergebenden Arbeitsstunden ein Maximum an Produkten herauszuholen.[15] Die Stoppuhr wird zum entscheidenden Gradmesser für Effizienz; Effizienz wird geradezu als Tempo buchstabiert. Die erfolgreichsten Rationalisierer begreifen ihre Tätigkeit fortan als Time-Compression-Management.

Taylor erzählt in seinen »Grundsätzen«, wie er bei Bethlehem Steel den Handlanger Schmidt dazu brachte, beim Ausladen von Eisenbarren seine Leistung fast zu vervierfachen und zu einem »erstklassigen Mann« zu werden. Schmidt musste genau das tun, was Taylors Assistent ihm sagte, »und zwar von morgens bis abends«. Taylor wörtlich: »Wenn er sagt, Sie sollen einen Roheisenbarren aufheben und damit weitergehen, dann heben Sie ihn auf und gehen damit weiter! Wenn er sagt, Sie sollen sich niedersetzen und ausruhen, dann setzen Sie sich hin! Das tun Sie ordentlich den ganzen Tag über. Und was noch dazu kommt, keine Widerrede! ›Eine erste Kraft‹ ist ein Arbeiter, der genau tut, was ihm gesagt wird, und nicht widerspricht.«[16]

Dieser Drill ist für viele nichts mehr als eine »Orgie der Geistlosigkeit« im »Paradies der Ungelernten«.[17] Nach Rudolf Roesler, dem Herausgeber der deutschen Ausgabe der »Grundsätze«, bricht dagegen mit dem Taylorismus eine neue Phase des Industrialisierungszeitalters an, in der sich die Erkenntnis »von der Notwendigkeit der Übertragung der Intelligenz nicht nur auf die Maschinen, sondern auch auf die Arbeiter« durchsetzt.[18] Dabei ist die Rationalisierung nicht allein das Werk von Taylor, sondern setzt sich seit der wirtschaftlichen Depression der 1870er Jahre in Form von Typisierung, Normierung, Präzisionsfertigung und Austauschbarkeit zuerst in Nordamerika und ein Jahrzehnt später auch in Europa schrittweise durch. Mit Hilfe von Maschinen und immer weniger Arbeitskräften werden Produktion und Durchlaufgeschwindigkeit der Industrieprodukte stetig erhöht. Eine Vielzahl an Detailrezepten zur Erhöhung der Effizienz ist bereits auf dem Markt, als Taylor sie zu einer Lehre zusammenfasst, die er mit viel Propaganda in der Fachwelt vertritt. Die mit der Stoppuhr durchgeführten Arbeitsplatzanalysen sind sein wichtigster Beitrag zu dieser Lehre. Auf der Grundlage von Zeitstudien bestimmt Taylor auf die Sekunde genau die Dauer eines idealen Bewegungsablaufs, gestattet aber eher willkürliche Zuschläge von 20 bis 30 Prozent für unvermeidliche Abweichungen. Der Arbeiter erhält Zeitkontingente zugeteilt, um ein heruntergefallenes Werkstück aufzuheben oder sich hinter dem Ohr zu kratzen.[19] Zur Beschleunigung der Produktion erlaubt Taylor zwar Ruhe- und Denkpausen, sie dürfen jedoch nur dann genommen werden, wenn sie den Gesamt-Output optimieren.

Das Taylor-Tempo schürt mehr als jede Tempo-Maschine, viel mehr als Eisenbahn und Automobil, Ängste und Widerstand. Zuerst in den USA wehren sich die Arbeiter dagegen, künstlich umgeformt, gehetzt und zu Werkzeugen umgeschmiedet zu werden. Der amerikanische Gewerkschaftsführer Samuel Gompers über den Taylorismus: »So seid ihr also als Lohnarbeiter im allgemeinen bloße Maschinen – allerdings nur wenn man es industriell betrachtet. Weshalb solltet ihr daher nicht standardisiert werden, und weshalb sollten eure Bewegungskräfte nicht in jeder Beziehung im höchsten Maße perfektioniert werden, auch was die Geschwindigkeit betrifft? Nicht nur eure Länge, Breite und Stärke als Maschine, sondern auch euer Härtegrad, euere Verformbarkeit, Lenkbarkeit und allgemeine Brauchbarkeit können festgestellt, registriert und dann je nach Wunsch eingesetzt werden. Auf diese Weise würde die Wissenschaft am meisten aus euch herausholen können, bevor ihr auf den Abfallhaufen geworfen werdet.«[20]

Taylors Lehre wird bereits im Vorkriegseuropa von vielen verteufelt, von anderen als Heilsbotschaft verstanden. Die Hauptversammlung des Vereins Deutscher Ingenieure steht 1913 ganz im Zeichen des Taylorismus. Dieser interessiert die deutschen Arbeitgeber, da nach ihrer Auffassung »die technische Verwendung der menschlichen Arbeitskraft« mit dem technischen Fortschritt nicht habe Schritt halten können.[21] Taylors wichtigste Schriften liegen inzwischen in deutscher und französischer Übersetzung vor. Doch trotz aller Bekanntheit wagen zunächst nur wenige Betriebe, einzelne Elemente des Systems einzuführen. Die Widerstände in den Reihen der Arbeitnehmer und Gewerkschaften sind noch zu groß. In Deutschland versucht es vor dem Ersten Weltkrieg die Firma Bosch und stößt bei den Arbeitern auf heftigen Widerstand. Erst während des Krieges und in der Zwischenkriegszeit erlebt der Taylorismus seine Blütezeit, als auch Gewerkschaftsvertreter die Möglichkeiten des Taylor-Systems differenzierter sehen und nicht nur gegen die tayloristische »Arbeitshetze« polemisieren. Das Konzept wird überarbeitet, nationalen Gegebenheiten angepasst und weiterentwickelt.

Trotz aller Widerstände geht die Beschleunigung des Arbeitens weiter und erhält eine neue Qualität. Die vielen Zeitnehmer, die seit den 1920er Jahren mit der Stoppuhr in der Hand die Arbeiter begleiten, gehen nicht mehr wie noch zu Ende des 19. Jahrhunderts nur gegen die zahlreichen Leerzeiten vor, sondern suchen auch die Produktivität durch Beschleunigung der Bewegungsabläufe zu erhöhen. Die berühmten Bewegungsstudien von Frank Gilbreth und seiner Frau sind typisch für diesen Ansatz. Bei ihnen steht nicht die chronometrische Feinstruktur im Vordergrund des arbeitswissenschaftlichen Interesses, sondern die bewegungsanalytische und psychotechnische. Sie halten den menschlichen Körper und Geist für ein weitgehend gestaltbares Material, für eine Maschine, die es in einem ersten Schritt mit den modernsten Diagnoseinstrumenten zu durchleuchten gilt. Auch für diesen Ansatz gibt es Vorläufer. Bereits Colbert, Vauban, die preußische Armee des 18. Jahrhunderts und Charles Babbage hatten gelegentlich Bewegungsstudien durchgeführt.[22] Das Ehepaar Gilbreth aber möchte mit seinen »motion studies« die ideale Bewegung ausfindig machen, die mit minimalstem Zeitaufwand ausgeführt werden kann. Es verwirft die Stopp-Uhr-Methode als zu ungenau und entwickelt einen Instrumentenkasten voll von Präzisionswerkzeugen zur Untersuchung der Mikrostrukturen der Bewegungen, des Gehens und des Greifens. An die Stelle der nur die Zeiten registrierenden Stoppuhr treten bei Frank und Lilian Gilbreth Apparate, welche die Bewegung aufzeichnen, das Innere eines Bewegungsvorgangs sezieren sowie den Zeitverbrauch analysieren. Sie bedienen sich des Fotoapparates und der Filmkamera mit ihrer raschen Abfolge von Momentaufnahmen, die sie kombinieren mit der bei ihren Experimenten allgegenwärtigen »Hochgeschwindigkeitsuhr«. Mit der Methode der »light line studies« halten sie Bewegungsabläufe als leuchtende, weiße Kurve fest, aus deren Form sie auf Ermüdung, Geschicklichkeit oder Zögern schließen und zeitkostende Handgriffe erkennen.[23] Sie nehmen jede einzelne Bewegung von Maurern unter die Lupe, beseitigen alle überflüssigen Bewegungen und ersetzen zeitaufwändige Handgriffe durch schnellere. Dazu Taylor: Frank Gilbreth »bestimmte genau die Stellung, die jeder Fuß des Arbeiters einnehmen sollte, die Entfernung des Mörtelschaffs und der Ziegel von ihm und der Mauer. [...] Er suchte und fand, in welcher Höhe Mörtel und Ziegel am vorteilhaftesten unterzubringen seien.«[24] Gilbreth gelingt es, die Zahl der Handgriffe und Bewegungen von 18 pro Ziegel auf fünf und weniger zu reduzieren sowie die Stundenleistung der Maurer von 120 auf 350 Ziegel zu steigern. Eine solche Erhöhung der Produktivität ist nicht allein durch kontinuierliches Arbeiten zu erreichen, vielmehr müssen die Menschen jetzt auch schneller hantieren. Die Rationalisierer befestigen ihnen Leuchten an Armen, Beinen und Gelenken und zeigen ihnen mit länger belichteten Fotografien schwarz auf weiß, wo und wann ihre Bewegungen ins Leere gehen, wo und wann ihre bisherigen Bewegungen Zeit und Geld kosten und welche Bedienungselemente ungünstig angeordnet sind. Die Testreihen berücksichtigen immer neue Faktoren. Unbarmherzig messen die Uhren die Leistungen in Abhängigkeit von den benutzten Werkzeugen, in Abhängigkeit von den Pausen, in Abhängigkeit von der Beleuchtung. Die sich daran anschließende Ausschaltung überflüssiger Elemente bereitet den Arbeitswissenschaftlern in der Praxis jedoch größte Schwierigkeiten.[25]

Frank und Lilian Gilbreth gehen zudem in die modernen Büros, wo sie beim Sortieren, Tippen, Registrieren und Telefonieren viel Leerlauf vermuten. Sie stellen die Angestellten vor das Raster eines Drahtgitters, um die Bewegungsabläufe exakter studieren und verbessern zu können. Vor allem die Arbeit an der Schreibmaschine wird für sie zu einem zentralen Optimierungsfeld, da über eine verbesserte Arm-, Hand- und Fingerhaltung und einen verbesserten Anschlag sowie eine Neugestaltung des Tastenfeldes viel Zeit einzusparen ist. Schließlich bildet Frank Gilbreth ideale Bewegungsformen als Drahtmodell nach – Plastiken gefrorener Zeit. Die Zeitstudien werden zum wichtigsten Hebel aller Rationalisierungsbestrebungen.

Die Beschleunigung des Arbeitens auf der Basis von Zeit- und Bewegungsstudien markiert einen tiefen Einschnitt in der Geschichte des Produzierens. Arbeitsabläufe und Bewegungen werden in kleinste Einheiten zerlegt – sie werden atomisiert – um anschließend zum Teil völlig neu zusammengesetzt zu werden. Organische Bewegungen müssen abstrakten Bewegungsformen weichen. Fortan gilt nicht mehr die Tradition, sondern an erster Stelle das künstlich, nach rationalen Kriterien neu Geschaffene. So gesehen ist Tempo im Produktionsprozess ein Kunstprodukt. Mit den neuen Methoden gelingt es Taylor und Gilbreth, die Menschen schneller arbeiten zu lassen, als sie dies aus eigenem Antrieb tun würden und könnten. Das vorangegangene System der Akkordentlohnung, das mit Hilfe von Lohnanreizen den Arbeiter zu einem schnelleren Tun zu bewegen suchte, hatte dies noch nicht vermocht. Die Disziplinierung des Menschen sowie die rationale Durchgestaltung, Formierung und Reformierung des sozialen Lebens geht weiter. Die Macher wollen geordnete Arbeits- und Lebensverhältnisse schaffen. Der Prozess der Emanzipation des Menschen von Natur und Tradition durch eine bewusste, vernunftbestimmte Steuerung erklimmt eine weitere Stufe.

Parallel zu den Bewegungsforschern nähern sich die experimentellen Psychologen dem Zeit-Phänomen. Der Berliner Maschinenbauprofessor Georg Schlesinger gründet 1918 an der TH Berlin-Charlottenburg ein Institut für Psychotechnik, das Eignungstests erarbeitet und Forschungen über Ermüdungserscheinungen durchführt. Er reagiert damit als Erster auf Fehlentwicklungen des Taylorismus, der die Stoppuhr nach den Worten des Psychotechnikers Walther Moede zum »Zitronenquetscher und Betriebsrevolver« werden lässt, »der die Akkorde zusammenschießt und Menschen durch Lohn- und Zeitdrückerei von Plätzen entfernt«.[26] Nach dem Ersten Weltkrieg glauben die deutschen Psychotechniker wie Hugo Münsterberg, Walther Moede und Fritz Giese, dieses »betriebliche Menschenproblem« mit Hilfe ihrer Wissenschaft lösen zu können.[27]

Seit dem Ersten Weltkrieg demonstrieren zudem Staat und Wirtschaft nicht nur in Deutschland, wie erfolgversprechend sie die zeitsparenden Rezepte aus den USA für den wirtschaftlichen Fortschritt des Landes einschätzen. 1917 wird der »Normenausschuss der Deutschen Industrie« gegründet und 1919 der »Ausschuss für Zeitstudien« bei dem »Ausschuss für Wirtschaftliche Fertigung«. 1921 entsteht das »Reichskuratorium für Wirtschaftlichkeit« (RKW), das seitdem einen Großteil der Rationalisierungsmaßnahmen in die Wege leitet. Die Ergebnisse der ersten Zeitstudien macht sich 1924 der vom Gesamtverband der deutschen Metallindustrie und dem Verein Deutscher Ingenieure gegründete »Reichsausschuss für Arbeitszeitermittlung« (REFA) zunutze und bildet allein bis zur Weltwirtschaftskrise 5 000 Betriebsingenieure und Werkmeister in den neuen Methoden der Akkordermittlung aus. Während die Ingenieure des 19. Jahrhunderts vorrangig auf Ausführung und Sorgfalt bei der Beurteilung einer Arbeit geachtet hatten, steht fortan die Fertigungsdauer gleichwertig im Vordergrund. Als vorläufiger Schlussstein dieser Institutionalisierung wird 1925 das »Deutsche Institut für technische Arbeitsschulung« (Dinta) gegründet, das ebenso wie Elton Mayo an der Harvard Universität Methoden psycho-sozialer Arbeitsgestaltung erarbeitet und sich darum bemüht, die Rationalisierungsmethoden sozialverträglich zu gestalten. Die Psychotechnik soll über Eignungsauslese und Berufsanpassung die Arbeiter für die Wirtschaft fähig machen und auch für eine bedürfnisgerechte Umgestaltung der Arbeitsmittel sorgen.

Die »Arbeitsmaschine Mensch« benötigt fortan das Testat einer Vielzahl psychotechnischer Messgeräte, bevor sie optimal zu rotieren beginnt. Auch hierbei avanciert die Stoppuhr zum Kontrollklassiker. Hinzu kommt eine Vielzahl spezieller Uhren. Für Gedächtnis- und Intelligenzleistungen, Willensstärke und Aufmerksamkeit, Emotionalität und Arbeitseinstellung gibt es gesonderte Testreihen mit ausgeklügelten Apparaturen, Mess- und Fragebögen. Zur Feststellung der Reaktionsgeschwindigkeit und Reaktionsdifferenz zwischen rechter und linker Hand dient der »Stangenfallapparat«, zur Feststellung einer ruhigen und dennoch schnellen Hand von Fahrzeuglenkern die »Chauffeurprobe«, bei der die Versuchsperson ein Kügelchen durch einen Irrgarten von Stiften manövrieren muss, ohne anzustoßen. Die berühmte »Arbeitsschauuhr« von Walther Poppelreuther registriert schließlich automatisch die Leistungen des Arbeiters an seinem Arbeitsplatz. Neu ist, dass Maschinen zum Maß des Menschen werden.[28] Dazu der marxistische Politiker Otto Bauer aus Österreich: »So arbeitet jetzt ein großer Apparat daran, die Arbeitsleistung der Arbeiter zu erhöhen. Von den Laboratorien der Arbeitsphysiologen und Arbeitspsychologen, von den maschinenrasselnden Arbeitsräumen der Statistiker bis zu den Arbeitsgemeinschaften der Ingenieure – zu welch großem, reichgegliedertem, gelehrtem Apparat hat sich der alte Antreiber, der mit viel Schreien und Stoßen die Arbeiter zu fleißigerer Arbeit drängte, differenziert!«[29]

Gerade in Deutschland nimmt man die vielfältige Kritik am Taylorismus sehr ernst, wie ein Autor im Jahre 1922 resümiert: »Nachdem Taylor uns gelehrt hat, wirtschaftlich zu denken, müssen wir nun lernen, menschlich zu wirtschaften.«[30] Die »Menschenökonomie« steigt zu einem vordringlichen Thema auf. Letztlich aber geht es auch bei diesen Bemühungen um eine Steigerung der Produktivität, um ein höheres Arbeitstempo, das jedoch sozialverträglich zu sein hat. Das Reichskuratorium für Wirtschaftlichkeit stellt die Prioritäten klar: »Die Zeit als Wertmesser für Arbeitsleistungen hat dem Geld gegenüber den Vorteil der Unveränderlichkeit bei einer Änderung der Wirtschaftslage.«[31] Nach Ende der Inflation begreift ein Großteil der Gesellschaft, dass es in dem bisherigen Trott nicht weitergehen kann, will man gegenüber anderen Ländern nicht noch weiter ins Hintertreffen geraten. Amerikareisende stellen nach ihrer Rückkehr den »seelisch zerfaserten« Europäern, diesen »Diskussionssüchtlingen mit der bekannten disharmonischen Seelenverfassung«, die kraftstrotzenden Amerikaner mit ihrem »sportlichen Gemütszustand« gegenüber, die ein »grandioses Tempo in den Knochen haben«, zwar nur acht oder neun Stunden am Tag arbeiten, »aber es wird gearbeitet in diesen acht Stunden!«[32] Den Zeitstudien haftet jetzt nicht mehr wie vor dem Krieg etwas Anrüchiges an; sie werden vielmehr als nationale Aufgabe gesehen – wenigstens bis zur Weltwirtschaftskrise. Sie werden gefeiert als Taktgeber der modernen Gesellschaft. Ein Analyst wörtlich: »Die Wirtschaft wiegt sich nicht mehr im Walzertakt, sie schreitet auch nicht mehr im Marschtempo, ihre Musik ist von atemberaubender Wucht und voller sinnverwirrender Dissonanzen.«[33]

Die Rationalisierungswelle erfasst viele Länder, unter anderen die Schweiz. Mit den Rezepten von Taylor und dann von Ford wollen auch die schweizerischen Unternehmer und Gewerkschaftler Produktivität und Kaufkraft in ihrem Land steigern und damit eine »Milderung der Klassengegensätze« erreichen. Eine »Gesellschaft der Schweizer Freunde Amerikas« organisiert zwischen 1919 und 1930 sieben Studienreisen in die Vereinigten Staaten, an deren erster 220 Personen teilnehmen, darunter sehr viel Wirtschaftsprominenz wie Walter Boveri und Oscar Bally. Sie besuchen die großen Renommierbetriebe des Taylorismus, studieren arbeiter- und zeitsparende Maschinen und Methoden und veröffentlichen ihre Erfahrungen. Verschiedene Unternehmen organisieren die Betriebsabläufe neu und lösen den Geldakkord durch den Zeitakkord ab, so etwa die Bally-Schuhfabriken.[34] Die Arbeiter müssen ihr Arbeitstempo steigern, falls sie auch weiterhin gleich viel in der Lohntüte nach Hause bringen wollen. Fortan wird von ihnen Leistung statt Arbeit verlangt. Unerbittlich lassen die so genannten Kalkulanten die Stoppuhr hinter den Arbeitern ticken, oft über zwei oder drei Wochen.[35] Kontrolleure achten streng auf einen stetigen Produktionsfluss – die alten Zeiten mit ihren selbst gewählten Ruhepausen sind endgültig vorbei.

Die einen neuen Menschen schaffende Rationalisierungsbewegung macht selbst an den Grenzen der kommunistischen Sowjetunion nicht Halt. Im August 1923 ruft der Gründer des 1920 eröffneten Zentralen Arbeitsinstitutes in Moskau, der Ingenieur und Schriftsteller A. K. Gastjew, die »Zeitliga« ins Leben. In der ab Oktober desselben Jahres erscheinenden Zeitschrift »Die Zeit« heißt es zu dieser Organisation, die schon bald in jedem größeren Industrieunternehmen eine Betriebszelle aufbaut: »Die Zeitliga ist eine Organisation des Kampfes gegen die Verschleuderung der Arbeitszeit der Gesellschaft. [...] Die Zeitliga ist ein kollektives Propagandamittel zur Einführung des Amerikanismus im besten Sinne des Wortes: Unsere Arbeit ist unser Leben!« In Forschung und praktischen Kursen bemüht sich ein Heer an Trainern um eine bessere Arbeitsorganisation und eine verbesserte Zeitnutzung, also um eine Beschleunigung der Arbeit. Bereits 1921 hatte ein russischer Ingenieur geschrieben: »Wir sind jetzt am Vorabend einer neuen taylorisierten Menschheit, wir sind eingetreten in eine geschichtliche Sphäre der industriellen Rhythmisierung der Menschheit. [...] Wenn in unserem ganzen Leben und Dasein die Prinzipien der Chronometrie und des Scientismus eingeführt und wenn unsere Art zu gehen und zu gestikulieren auf dem Geometrismus der Ökonomie und der Rationalisierung der Bewegungen aufgebaut werden wird, auf geraden Linien als Linien der kleinsten Distanz zwischen Punkten, so wird auch ein geometrischer, monumentaler Stil der russischen Republik geschaffen.«[36]

In allen Institutionen, die im Europa der Zwischenkriegszeit mit dem Ziel der Wiedererlangung der Wettbewerbsfähigkeit entstehen, laufen ganz unterschiedliche Rationalisierungsstränge zusammen, und Taylor ist nur einer der Ziehväter – aber ein sehr wichtiger. Dabei übernimmt die Industrie nicht blind und bedingungslos amerikanische Verfahren, sondern sucht auch nach europäischen Lösungen. Zu einiger Berühmtheit gelangt das Arbeits- und Zeitstudiensystem des Franzosen Charles Bedaux. Er unterteilt die Arbeitsleistung in die Geschwindigkeit der Arbeitsverrichtung und den dafür erforderlichen Energieverbrauch und führt zur Bestimmung der menschlichen Arbeitsleistung mit dem so genannten »Bedaux« (B) eine eigene Maßeinheit ein. Versessen darauf, ein Maximum aus der Zeit herauszuholen, errechnet er bis auf zwei Stellen hinter dem Komma, wie viele »Bedaux« die Unternehmensleitung zur Herstellung eines Autoreifens oder eines Gewindes als Norm anzusetzen hat, misst sekundengenau jede auch noch so kleine Arbeitsverrichtung und addiert dazu den jeweiligen Ermüdungskoeffizienten. Bis Mitte der 1930er Jahre arbeiten weltweit rund 1 000 Betriebe nach dem Bedaux-System, die Hälfte davon in den USA, etwa 220 in Großbritannien und 114 in Frankreich.[37] Großunternehmen wie General Electric, Standard Oil, DuPont, Fiat und Continental-Gummi zählen dazu. Sie lassen neben den Produktionsbereichen auch ihre Büros »bedauxieren«. Auch hier zählen Apparate unerbittlich und ohne Rücksicht auf Alter, Geschlecht und Qualifikation jeden Anschlag und jede Pause und rechnen die Ergebnisse in »Bedaux« um. Das System erfasst nur die individuelle Leistung, es kennt keine soziale Komponente. Solange die Sekretärin »flott« ist, bleibt ihre Lohntüte gut gefüllt. Die Leistungsgesellschaft ist auf dem Vormarsch.

Gleichzeitig geht die Suche nach geeigneten Rezepten zur weiteren technischen Beschleunigung der Produktion weiter. Nur ein Beispiel: In Deutschland entwickeln in den 1920er Jahren Ingenieure ein Hartmetall aus Wolfram-, Titan- und Tantalkarbid, das gegenüber dem Schnellstahl von Taylor eine erneute Vervielfachung der Schnittgeschwindigkeit der Werkzeugmaschinen erlaubt. Eine Vergleichstabelle aus dem Jahre 1927 gibt für die Bearbeitung von Siemens-Martin-Stahl mit Hilfe von Schneiden aus Kohlenstoffstahl eine Schnittge-schwindigkeit von sieben Metern in der Minute an, bei der Verwendung von Schnellstahl sind es 18 Meter und beim Einsatz von Schneiden aus dem neuen Hartmetall sogar 47 Meter pro Minute. Der Zeitgewinn ist noch größer, da die neuen Materialien den Beanspruchungen länger standhalten, ehe sie ausgewech-selt werden müssen: Schneiden aus Schnellstahl nach einer Stunde, Schneiden aus Hartmetall erst nach gut fünf bis knapp acht Stunden. Gleichwohl lassen sich diese Möglichkeiten nicht voll ausschöpfen, da die meisten Drehbänke noch nicht auf derartige Geschwindigkeiten ausgelegt sind. Erst verbesserte Antriebe und Getriebe, verbesserte Lagerkonstruktionen und Schmiermittel halten dem ra-senden Tempo stand.[38] Erneut macht die Beschleunigung eines Teilsystems die Beschleunigung der anderen Komponenten notwendig. Die Spirale der Be-schleunigung dreht sich weiter.

Alle Branchen kommen – so gesehen – in den 1920er Jahren auf Touren. Wo zuvor Facharbeiter den Maschinen helfend zur Seite gestanden und durch Feilen und Schmirgeln die von Maschinen gefertigten Werkstücke so lange bearbeitet hatten, bis sie passten, übernehmen jetzt Maschinen schnell und zuverlässig die gesamte Passarbeit.[39] Voller Stolz präsentieren die Ingenieure die neuen »Zeit-gewinnungsmaschinen«. Für die Herstellung einer einfachen Kopfschraube hatte ein Facharbeiter im 19. Jahrhundert mit Hilfe einer Handdrehbank ein halbe Stunde benötigt, auf der Revolverdrehbank nur noch drei Minuten, die neuen Automaten spucken die Schraube bereits nach 75 Sekunden aus.[40]

Fordismus in der Industrie

Zum eigentlichen Symbol des gesteigerten Arbeitstempos aber wird trotz dieser vielen neuen Maschinen das Fließband; es steht für die Weiterentwicklung des Taylorismus zum Fordismus. Es diktiert für jeden erkennbar das Tempo, es drückt aufs Tempo, es wird zum Synonym für »Modern Times«, es zwingt die Arbeiter, sich die wissenschaftlich ermittelten optimalen Bewegungen anzueig-nen, wollen sie nicht aus dem Takt kommen. Der Zeitgewinn ergibt sich aus der Zwangsläufigkeit des Arbeitsrhythmus, dem jeder unterworfen ist. Das von Ford installierte System geht weit über die von dem Amerikaner Oliver Evans im letz-ten Viertel des 18. Jahrhunderts konstruierte automatische Getreidemühle hinaus, bei der es lediglich um die Einsparung von menschlicher Arbeitskraft gegangen war.[41] Auch das im Jahre 1833 in einem englischen Lebensmitteldepot installierte Förderband zur arbeitsteiligen Herstellung von Schiffszwieback diente innerhalb des Betriebs lediglich dem Transport der Backbretter, ähnlich das 1869 eingerichtete Fördersystem in den Schlachthäusern von Cincinnati zum Transport der geschlachteten Schweine.[42] Ford dagegen konstruiert ein riesiges zusammenhängendes System mit den Erzgruben am Anfang und dem fertigen Modell T im Schaufenster des Autohauses am Ende. In diesem System laufen die einzelnen Fertigungskomponenten zeitgenau am Hauptmontageband zusammen. Der einzelne Montagearbeiter verliert keine Zeit mehr mit der Besorgung von Material – das Material kommt zu ihm. Konsequent nutzt Ford die Vorteile der Arbeitsteilung. Schwungradmagneten, die zuvor von einem Arbeiter in 20 Minuten zusammengesetzt wurden, sind fortan durch Aufteilung auf 29 Arbeiter bereits nach 13 Minuten fertig montiert. Die Fabrik von Ford mit ihrem System fließend ineinandergreifender Arbeitsvorgänge wird als ein fast perfektes Zeitsparsystem gesehen.[43] Ihre Leitmotive sind Energie, Präzision, Wirtschaftlichkeit, Stetigkeit und Geschwindigkeit – Speed und nochmals Speed. Das Konzept reicht noch weiter. Nach Aussage von Ford ist das Hauptziel der rationalisierten Fertigung nicht nur die Produktionssteigerung, sondern auch die Möglichkeit, jeden Arbeiter innerhalb von 24 Stunden anzulernen – und zu feuern.[44] Die Belegschaft wechselt so schnell, dass das Wort vom »Taubenschlagbetrieb« die Runde macht. Aus der Sicht des Arbeiters treten an die Stelle der von Taylor eingeführten schriftlichen Instruktionen das endlose Band, die wandernde Plattform, die hochgelegten Gleise mit den Material-Förderanlagen und die Schienen, auf denen das Chassis montiert wird. Diese Bänder erteilen automatische Befehle, die wirksamer sind als die Karten von Taylor.[45]

Henry Ford selbst entfaltet einen gigantischen Werbefeldzug für eine höhere Geschwindigkeit im Produktionsprozess. Ford wörtlich in seinem Buch »Das große Heute, das größere Morgen« von 1926: »Zeitverschwendung unterscheidet sich von Materialverschwendung nur dadurch, dass diese Verschwendung unwiederbringlich ist.« Ford demonstriert mit dem integrierten Produktionssystem seiner Automobilfabrik »Highland Park«, was er unter Geschwindigkeit versteht: »Unser Produktionskreislauf vom Bergwerk bis zum fertigen im Güterwagen verstauten Auto beträgt heute etwa [...] drei Tage neun Stunden gegenüber den vierzehn Tagen, die wir seinerzeit schon für einen Rekord hielten.« Und als Resümee: »Modernes Geschäft – modernes Leben – kann keinen langsamen Transport dulden.«[46] Bereits 1908, vor Einführung des Fließbandes und dem Übergang zum Modell T, hatte Ford mit drei Autos pro Mann und Jahr eine relativ hohe

Produktivität erreicht, die er allein zwischen 1913 und 1914 von 13 auf 19 Wagen steigern kann, wogegen zur gleichen Zeit Renault in seinem teilweise taylorisierten Werk nur auf 1,2 Wagen pro Arbeiter und Jahr kommt. Ab 1909 produziert Ford nur noch diesen einen Typ, ab 1914 im Drei-Schicht-Betrieb und nur noch in schwarzer Farbe – sie trocknet am schnellsten. Die gewaltig gesteigerte Produktivität erlaubt es Ford, den Preis des Modells T von 950 Dollar im Jahre 1909 bis zum Jahre 1916 auf 360 Dollar zu senken bei gleichzeitiger Steigerung der Produktion von knapp 14 000 Wagen auf über 585 000.[47]

Mit leuchtenden Augen berichten die deutschen Ingenieure, die zu Hunderten nach Amerika pilgern, nach ihrer Rückkehr von diesem zuvor nie gesehenen Arbeitstempo und der dadurch rapide beschleunigten Umlaufgeschwindigkeit des Kapitals. Einer von ihnen ist Georg Schlesinger, der wichtigste Repräsentant der deutschen Normungs- und Rationalisierungsbewegung. Nach seinen Beobachtungen verlässt bei Ford ein morgens ankommendes Rohstück »am nächsten Mittag fertig bearbeitet im Kraftwagen eingebaut die Fabrik«. Und weiter: »Ford setzt also sein Kapital in zwei Tagen einmal oder 150 mal im Jahr um. Was das für die Rentabilität eines Unternehmens bedeutet, zeigt der Vergleich mit dem Werkzeugmaschinenbau, der zufrieden ist, wenn sein Jahresumschlag das 1,5- bis 2fache Kapital erreicht.«[48]

Fords Visionen vom überlegten Einsatz hilfreicher Technik und einem grenzenlosen Wohlstand wirken gerade im darbenden Nachkriegsdeutschland wie eine Droge und Heilslehre. Als leidenschaftlicher Missionar eines neuen Glaubens verkündet ein deutscher Ingenieur nach einer USA-Reise, jeder Betriebsmann solle »zu den Fordwerken wallfahrten, wie der Gläubige zum Grabe des Propheten in Mekka«. Fords Lehre sei »eine Offenbarung und eine Erlösung«.[49] Friedrich von Gottl-Ottlilienfeld bejubelt den Autobauer als »Dynamik in der Potenz«.[50] Bosch-Direktor Max Rall berichtet nach Rückkehr von einer solchen Pilgerfahrt: »Heute habe ich bei Ford gesehen, wie man täglich 8 000 Lichtmaschinen und 8 000 Anlasser zusammenbaut. Es ist unglaublich, wie die Leute, die nicht im Akkord arbeiten, mit affenartiger Geschwindigkeit ihre Arbeit verrichten; wir müssen noch arg viel lernen.«[51] Ein anderer Amerikareisender erzählt in überschwänglichen Worten von einem kleinen Ford-Werk in Ohio, in dem ohne Fließband gearbeitet wird »mit einer Sauberkeit, einer Eile, einem Takt, Rhythmus und Schwung, der nichts von der Arbeit eines Sklaven, aber viel von dem leidenschaftlichen Spiel des sportsman hat«.[52] Auch zeigen sich die Besucher fasziniert vom Tempo der technischen Innovationen, die die Ford-Werke zu einer permanenten Baustelle des Fortschritts machen. Sie zitieren Ingenieure von »River Rouge«, die den Europäern mit auf den Weg geben: »Wenn Sie in sechs Wochen wiederkommen, erkennen Sie diese Werkstätte nicht wieder.«[53]

Gleichzeitig verkündet Ford eine neue Kultur. Das höhere Arbeitstempo symbolisiert nach seiner Meinung nicht Anstrengung und Schweiß, sondern Gestaltungskraft und Modernität. Ford verkauft die mit der Rationalisierung verbundenen zahlreichen Zwänge nicht als ein notwendiges Übel, sondern als einen zusätzlichen Gewinn für den Einzelnen. Modernität und Vervollkommnung werden von ihm als Beschleunigung übersetzt, und seine Bewunderer buchstabieren Fortschritt als »Fordschritt«. Henry Ford ist der große Held der »goldenen Jahre« vor Beginn der Weltwirtschaftskrise. Aldous Huxley führt in seinem Roman »Schöne neue Welt« eine neue Zeitrechnung ein: »nach Ford« ihr Name.

Zahlreiche europäische Autobauer übernehmen die Blaupausen des Amerikaners, wenn auch zumeist mit erheblichen Modifikationen. Nach einem Besuch in Detroit entschließt sich auch Louis Renault, auf der Ile Seguin, mitten in der Seine, einen solchen modernen Industrietempel voller technischer Rasanz zu bauen. Im November 1929 stellt er diese Schnellfabrikationsanlage mit ihrem anderthalb Kilometer langen Montageband der Öffentlichkeit vor. Selbst Lenin stimmt in den Anfangsjahren der Sowjetunion in die fast weltweite Bewunderung von Henry Ford und der »wissenschaftlichen Arbeitsorganisation« ein, doch erhält die Zeitverdichtung hier eine andere ideologische Richtung. Während Ford als Belohnung für die Beschleunigung dem einzelnen Arbeiter mehr Geld verspricht und dieses Versprechen auch einhält, ist Beschleunigung in der von der KPdSU und den sowjetischen Gewerkschaften begründeten Wettbewerbsbewegung – der so genannten Stachanow-Bewegung, benannt nach jenem Grubenarbeiter, der 1935 seine Arbeitsnorm mit 1 300 Prozent übertrifft – Beweis für Dienst am Vaterland. Wenn es gelingt, Fünfjahrespläne in vier Jahren zu erfüllen, soll dies die Fähigkeit der neuen Gesellschaft demonstrieren, sogar die Zeit zu revolutionieren. Ganz in der Tradition der Französischen Revolution versuchen die frühen Kommunisten, der Zeit eine neue Gestalt zu geben und eine selbstgeschaffene Zeitordnung an die Stelle der biblischen zu setzen. Sie möchten sich als Schöpfer einer neuen Welt und Zeit sehen. Im November 1931 erklären sie jeden sechsten Tag zum Ruhetag, müssen aber 1940 wegen des nicht zu brechenden Widerstandes in der Bevölkerung zur Siebentagewoche zurückkehren.[54]

Spätestens seit Ausbruch der Weltwirtschaftskrise findet in ganz Europa die allgemeine Euphorie ein Ende, und viele fallen vom Glauben an eine neue Weltschöpfung auf der Grundlage von Taylorismus und Fordismus ab. Vor allem Schriftsteller und Journalisten sehen jetzt nur noch den dressierten Menschen, der zu einem stumpfsinnigen Werkzeug degradiert ist. Der »rasende Reporter« Egon Erwin Kisch demontiert 1930 in seinem »Paradies Amerika« die Wunderwelt von Glück und Wohlstand als Mythos. Seine Beschreibung der Fließbandarbeit zeigt den Arbeiter als Roboter: »Ein Griff nach der Kette, Auflegen der Schraubenmutter, ein Griff nach der Kette, Einstecken der Schraube, ein Griff nach der Kette, zwei Hammerschläge, ein Griff nach der Kette, Ansetzen des autogenen Bohrers, Funken stieben, ein Griff nach der Kette, Befestigung der Bleilamelle, [...] ein Griff nach der Kette, Handbewegung und Ergebnis, Körperhaltung und Einsatz, Mensch und Maschine, immerfort gleich.« Und eine Halle weiter: »Jetzt zeigt sich, dass das Fließband das Tempo der Arbeit bestimmt, nicht aber die Arbeit das Tempo des Bandes.«[55] Ähnlich ernüchtert zeigt sich Karl Grünberg nach einem Besuch des Berliner Montagewerks der Ford Motor Company. Nach seinen Worten setzt jeder Arbeiter »den letzten Hauch daran, dem Tempo des nach der gegipfelten Einzelleistung laufenden Bandes zu folgen. Da gibt's keinen Raum für nebensächliche Gedanken. Keine Zeit etwa, eine Zigarette anzuzünden, ein Wort mit dem Nachbar zu reden oder gar auszutreten. [...] denn das neue Arbeitsstück steht schon wieder in drohender Nähe, an dem dieselben Handgriffe vorzunehmen sind. [...] Ford braucht weder das Sprechen noch das Austreten zu rationalisieren. Das alles besorgt das Laufband!«[56]

Auch die neuen Rationalisierungsinstitute, vor allem das »Deutsche Institut für technische Arbeitsschulung« (Dinta), werden in die Kritik einbezogen. Letzteres ist nach den Worten des sozialkritischen Schriftstellers Erik Reger, von 1919 bis 1927 Pressereferent bei Krupp in Essen, ein »Laboratorium für gewinnbringende Menschenbehandlung«, das sich die »Seelenbewirtschaftung« zur Aufgabe gemacht hat. In anderen Instituten werden »Hämmer, Pressluftinstrumente und Fließbänder [...] geprüft wie Menschen und die Menschen [...] wie Werkzeuge«: »Alles, um die Menschen zu schonen und die Werkzeuge auszunutzen, aber auch, um die Werkzeuge zu schonen und die Menschen auszunutzen.« Erik Reger wiederholt in seinem Roman lediglich, was viele Ingenieure sagen und schreiben. Sie führen nach eigenen Worten Zeitstudien durch zur Ermittlung einer »optimalen Nutzungsquote von Mensch und Maschine«, zur »Anpassung des Menschen an die Arbeit« und zur »Anpassung der Arbeit an den Menschen«.[57]

Mit rot unterlaufenen Augen giften die Arbeiter erneut gegen die verhassten Zeitnehmer an, da sie das Ticken der Stoppuhren angeblich wie Peitschenschläge trifft. 1930 druckt »Die Linkskurve« ein Seelendiagramm eines Nieters ab, der beim Anblick des »Kalkulators« danach fiebert, seinen Hammer auf dessen »haarlose Hirndecke« fliegen zu lassen: »Der Kalkulator hat's mir angetan. Der

Mann, der die Zeit beherrscht. Der für uns die Minuten macht, die für den Betrieb zu Dividenden werden. [...] Mit Stoppuhr und Rechenschieber versucht er
ein Attentat auf mein Kräfteverhältnis. [...] Bis auf den tausendsten Teil der Minute soll der Handgriff immer wieder auf Verbilligungsmöglichkeit geprüft werden. Und der Kalkulator ist da wie ein Regen, den ich nicht am Eindringen in
meine zerlöcherten Schuhe hindern kann. [...] Die Haare kleben feucht in der
Stirn und – immer billiger, billiger wird der Mensch.«[58] Die Stimmung ist angesichts des Millionenheers an Arbeitslosen radikal umgeschlagen; der Pendel
schlägt ins entgegengesetzte Extrem aus.

Trotz vielfältiger Kritik und Widerstände geht die Rationalisierung weiter,
und vor allem die technische Rationalisierung erfasst immer neue Wirtschafts-
sektoren, an erster Stelle den Bergbau. Individuelle Leistungsentlohnung, Stopp-
uhrkontrollen sowie der Einsatz von Abbauhämmern, Schüttelrutschen, Gummi-
förderbändern und Bohrmaschinen, vereinzelt auch von Schrämmaschinen lassen
das Arbeitstempo unter Tage nach dem Ersten Weltkrieg rasant ansteigen, und
die Arbeitsproduktivität verdoppelt sich. 1913 hatten die Bergwerksgesellschaf-
ten an der Ruhr lediglich 264 Presslufthämmer eingesetzt, 1925 sind es bereits
50 000. Mit den Schüttelrutschen hält eine fließbandähnliche Transporttechnik
Einzug, endgültig nach Einführung des Gummiförderbandes seit 1926. Die Gru-
benleitungen geben über den Maschinenrhythmus den Arbeitstakt vor, messen
und kontrollieren die Arbeitsergebnisse und verstärken die Arbeitsaufsicht. Im
Ruhrgebiet erhöht sich der Anteil der mechanisch geförderten Kohle von 1913
bis 1925 von zwei auf 48 Prozent und steigt bis 1929 weiter auf 91 Prozent an.
Die Unterschiede zum Arbeitstempo der Vorkriegszeit sind augenfällig. Der
rasch vibrierende Abbauhammer schüttelt den Bergmann bis ins Innerste durch
und zwingt den gesamten menschlichen Köper zu raschen Bewegungen, so sehr
dieser sich auch dagegen auflehnt – das Tempo dominiert, es beherrscht den
Menschen. Und ähnlich wie im Straßenverkehr offenbart sich auch hier das Zer-
störungspotenzial der Geschwindigkeit in seinem ganzen Ausmaß. Die Unfall-
häufigkeit steigt sprunghaft an, und der ohrenbetäubende Lärm, den die vielen
schnellen Maschinen verursachen, übertönt die Bewegungen der Deckgebirge,
sodass die Bergleute einen drohenden Einsturz kaum noch wahrnehmen können.
Gleichwohl gelingt es auch hier nach 1926, die Sicherheitsstandards zu erhöhen
und die Menschen auf die neuen Bedingungen einzustellen.[59]

Obwohl die Rationalisierung nach amerikanischem Vorbild mit der Arbeits-
losigkeit der Weltwirtschaftskrise ihr Renommee einbüßt, sie als Arbeitsplatz-
vernichter verschrien ist und nicht wenige Wissenschaftler den »Amerikanismus« als Cholera und Pest verdammen, gewöhnen sich die Arbeiter allmählich

an das höhere Tempo und die stärkere Kontinuität der Arbeit. Als in Solingen die Schleiferei als Folge der Elektrifizierung wieder wie vormals zur Heimarbeit wird, haben die neuen Heimarbeiter die industrielle Zeitökonomie bereits völlig verinnerlicht. Sie machen nicht mehr wie ihre Vorfahren nach Lust und Laune blau, sondern bemühen sich, möglichst rationell und zeitsparend zu arbeiten. Nunmehr dreht sich alles um Geschwindigkeit.[60] Auch unter dem Nationalsozialismus verliert die Rationalisierung keineswegs ihre Anziehungskraft. Fritz Todt, der Generalinspekteur für das deutsche Straßenwesen, nennt Taylor und Ford als seine Vorbilder, und Hitler zeigt sich fasziniert von der amerikanischen Technik. Die Rationalisierung geht weiter, wenn auch in veränderter Form.

Taylorismus und Fordismus in der Bürowelt

Rationalisierung und Fließarbeit bleiben in der Zwischenkriegszeit nicht auf Fabrik und Massenproduktion beschränkt. Fortan hat auch in den Büros die Arbeit flüssig von der Hand zu gehen. Auch an den Schreibtischen entscheidet die Stoppuhr über die optimale Organisation der Arbeitsabläufe und über den Einsatz neuer technischer Hilfsmittel. Ein rasch größer werdendes Heer von Erfindern bietet seine Dienste an. Seit 1820 hatten erste Rechenmaschinen Eingang in einige wenige Kontors gefunden, aber erst die neue Generation der kompakten Maschinen für alle vier Grundrechenarten findet seit Mitte der 1880er Jahre vermehrte Akzeptanz, mehr noch seit der Jahrhundertwende nach Reduzierung der Tastatur von 99 auf die heute noch übliche Zehnertastatur und erst recht in der Zwischenkriegszeit, als der elektrische Antrieb das Rechnen nochmals beschleunigt. Vor allem in den Großunternehmen, den Banken und Versicherungen steigt der Rechenbedarf sprunghaft an. Die neuen Maschinen beschleunigen die Arbeit, sie erlauben die Einstellung geringer qualifizierter Arbeitskräfte und senken die Fehlerquote. Gleichzeitig rüsten Restaurants, Bars, Kaufhäuser und Ladenketten ihre Geschäfte mit Registrierkassen aus, die eine schnellere Abfertigung der Kunden, ein schnelleres Abrechnen und auch eine bessere Kontrolle der Kellner und Verkäufer ermöglichen.

Ebenso bringt die Schreibmaschine mehr Tempo in die Büros – mehr Tempo beim Schreiben, beim Lesen und beim Anfertigen von Kopien mit Hilfe von Kohlepapier. Mit ihrem Einzug in die Geschäftswelt ist eine schöne Handschrift neben Fleiß und Pünktlichkeit nicht mehr unbedingt das Nonplusultra an Qualifikation. Zahllose Tüftler hatten sich bereits seit dem 18. Jahrhundert an einer

Mechanisierung des Schreibens versucht, doch erst als gegen Ende des 19. Jahrhunderts die Büroabteilungen der Unternehmen an Größe zunehmen und zum Kostenproblem werden, endet die Experimentierphase. Alltagstaugliche und relativ billige Maschinen kommen auf den Markt. Von Mitte der 1880er Jahre bis zum Ersten Weltkrieg verkaufen allein in den USA mehr als hundert Hersteller – an der Spitze die Remington Typewriter Company – mehrere Millionen Schreibmaschinen. Gleichzeitig gewinnt die Stenografie an Bedeutung, ebenso die Hektografie zur Vervielfältigung von Briefen und Drucksachen, verschiedene Abzieh-, Typendruck-, Metallfolien- und fotochemische Verfahren, schließlich die mit Bogenlampen bestückten Blaupausenmaschinen zur schnellen Vervielfältigung von Konstruktionszeichnungen.[61]

Die Jahre der Inflation nach dem Ersten Weltkrieg und besonders die »goldenen Jahre« von Weimar bringen neben Licht auch viel frischen Wind in die vielfach noch dunklen und verstaubten Büroabteilungen. Besonders Banken und Versicherungen geraten während der Inflationsjahre in den Würgegriff der Kosten. Sie müssen wöchentlich neue Prämienrechnungen erstellen, bis schließlich deren Einlösungswert geringer ist als das Papier, auf dem sie ausgestellt sind. Sie reagieren, indem zunächst viele Schnörkel im Schriftverkehr wegfallen und mit dem Ende der Monarchie auch die alten Titulaturen und Höflichkeitsformeln. Aufmerksam lesen die Unternehmensleiter die amerikanische Studie »Waste in Industrie« – Verschwendung in der Industrie – aus dem Jahre 1921. Sie gilt unter Zeitgenossen als das eigentliche Manifest der Rationalisierungsbewegung. Wissenschaftler verlangen eindringlich eine »Taylorisierung in der Verwaltung«, und das Reichskuratorium für Wirtschaftlichkeit beginnt, verschiedene Möglichkeiten zur Rationalisierung der Büroarbeit zu testen.[62] Es fordert Zeitplanung, Zeit- und Bewegungsstudien, »Fließarbeit« und Leistungslohnsysteme. Oft sind es recht simple, jedoch ungemein wirksame Neuerungen, die Arbeitsgänge vereinfachen, verbilligen und beschleunigen. So löst das Karteisystem das alte umständliche Registersystem ab, und Locher, Büroklammern und Schnellhefter helfen, mehr Ordnung in die Arbeitsabläufe zu bringen. Steh-, Hänge- und Flachkarteien beschleunigen das Einordnen und Wiederfinden. Die hohen Stapel von abgelegtem Schriftgut machen stehenden Aktenordnern Platz, die einen schnellen Zugriff auf den gesuchten Vorgang ermöglichen. Ein Lehrbuch über das moderne Büro aus dem Jahre 1930: »Durchschreibung, loses Blatt, Karteikarte und Maschinen sind heute neben anderem Gerät Wahrzeichen der neuzeitlichen Bürowirtschaft, wie früher Federkiel und dicke Folianten.«[63]

Am spektakulärsten aber ist der Einzug der neuen Maschinen in die Büros. Die Hersteller werben täglich mit weiteren Erfindungen und Verbesserungen, als wollten sie die Angestellten ganz aus den Schreibstuben verdrängen. In der Versicherungswirtschaft und im Versandhandel bringt Mitte der 1920er Jahre die Einführung eines Adressier-Systems – kurz »Adrema« genannt – einen ersten Rationalisierungsschritt. Mit seinen Adressschablonen, die bei den Versicherern die Adresse des Versicherten sowie Kundennummer und Prämie enthalten, dient es zur Ausfertigung der Rechnungen, es wird benutzt für die Karteikarten der Zentralkartei und der Bestandsverwaltung.[64] Gleichzeitig führen immer mehr Großunternehmen das Lochkartenverfahren ein, das der Bauingenieur Herman Hollerith für die amerikanische Volkszählung des Jahres 1890 entwickelt und inzwischen wesentlich verbessert hatte. Als Erster hatte er dem langsamen und geisttötenden Auszählen von Informationen den Kampf angesagt und die Lebensläufe auf die winzigen Stanzlöcher der Lochkarte reduziert, mit der er Buchhaltung und Statistik ebenso reformiert und beschleunigt wie Taylor mit seinem »scientific management« die industrielle Produktion. Schon kurz vor dem Ersten Weltkrieg hatten Hunderte von Großfirmen aus der Metall- und Elektro-, der Chemischen und der Textilindustrie sowie Kaufhäuser in der ganzen Welt zu Holleriths Kunden gezählt. Sie setzten die Lochkartenmaschinen für Lagerhaltung, Kostenerfassung, Lohnabrechnung oder Verkaufsstatistiken ein. Eisenbahn- und Postgesellschaften, Statistische Ämter, die Reichsversicherungsanstalt und Krankenkassen kamen hinzu, ehe in der Zwischenkriegszeit die Nachfrage nach den zeitsparenden Maschinen sprunghaft ansteigt. Als Sortier- und Tabelliermaschinen erreichen sie einen Durchlauf von 15 000 Karten pro Stunde.[65]

Auch der Fordismus macht vor den Büroetagen nicht halt. Dort hat ebenfalls alles »am laufenden Band« zu funktionieren. Großunternehmen verlegen ein dichtes Netz von Rohrpostleitungen in ihren Betrieben, durch das sie mit Hochdruck Briefbomben schießen. Andere experimentieren mit Drahtpost und Förderbändern. In Anlehnung an die Industrie werden die Großraumbüros neu organisiert und mit Hilfe von Zeit- und Bewegungsstudien optimiert. Wege und Bewegungen werden auf ein Minimum reduziert, und Abteilungen und Schreibtische so angeordnet, dass Akten und Diktatwalzen von einem Angestellten zum nächsten weitergereicht werden können, dass die Arbeit im wahrsten Sinne des Wortes von Hand zu Hand geht. »Fließende Geschäftsabwicklung« wird zum obersten Effizienzgebot der Bürorationalisierung.[66] Je schneller der Durchlauf, desto besser. Zeit ist Geld.

Das Telefon macht die meisten Laufburschen überflüssig. Lichtsignale geben in Sekundenschnelle Informationen weiter. Der Fernschreiber, 1898 von Siemens & Halske entwickelt, kann von der Sekretärin wie eine Schreibmaschine benutzt werden, und die Nachricht kommt beim Empfänger in Normalschrift an;

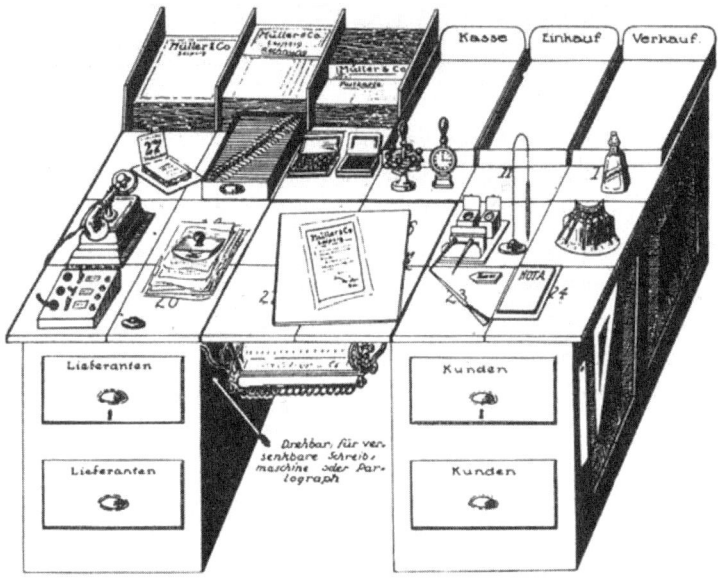

Abbildung 16: »Taylorisierter« Schreibtisch

sie muss nicht mehr decodiert werden.[67] Viele Unternehmen führen das Diktafon ein, wodurch Stenotypistinnen zur reinen Schreibkräften werden. Apparate zum Falzen, Adressieren, Frankieren, Verschließen und Öffnen der Post sparen Arbeitskräfte ein, die viele Unternehmen nach Ende der Inflation als zu langsam und damit als zu teuer erachten. An den Eingängen der Betriebe mehren sich nach dem Weltkrieg die Stechuhren, die die Arbeitspausen selbsttätig herausrechnen und dem Lohnbüro nur »die tatsächlich verbrauchte Zeit« übermitteln, wie es in einem Artikel über das moderne Bürohaus heißt.[68] Immer wieder geht es um Zeitgewinn und Zeitkontrolle – bei der Rohrpost wie bei den Stechuhren.

Mit manchen Neuerungen lassen sich lediglich Sekunden gewinnen, die sich aber während eines Jahres zu Stunden und Tagen addieren. So werden die Schreibtische mit Verweis auf Frederick W. Taylor nach arbeitswissenschaftlichen Grundsätzen untersucht und Telefon, Papier, Löscher, Schreibmaterialien und Lineal einem »Normalplatz« zugewiesen, »um ein mit der Zeit blindes Hingreifen und Finden der Sachen mit dem geringsten Zeit- und Kraftaufwand zu ermöglichen«, wie es im Deutsch der Rationalisierer heißt (Abb. 16). Von den Schreibtischen verbannt werden die alten Tintenfässer, weil sie »zu viele unnötige und ablenkende Bewegungen« verursachen. Erlaubt sind neben Bleistiften lediglich Füllfederhalter und Kopierstifte, die ebenso wie die anderen Arbeitsmittel in Seh- und Reichweite zu liegen haben. Alles, was weiter als 75 Zentimeter von der Nasenspitze entfernt ist, kostet wertvolle Zeit.[69] Auch die Schreibtischarbeit wird mit Hilfe von Bewegungsstudien untersucht und durch Zielzeiten standardisiert: Aktenschublade öffnen und schließen = 0,04 Minuten, Setzen auf Stuhl = 0,033 Minuten, Drehstuhl drehen = 0,009 Minuten. Der neue Mann und die neue Frau sollen objektiviert und quantifiziert, sie sollen mittels Uhren- und Maschinensprache neu definiert werden.[70]

Die Neugestaltung der Bürolandschaft macht vor nichts Halt. Wissenschaftler testen verschiedene Formen von Arbeitsstühlen, den Energieverbrauch von Stenotypistinnen bei unterschiedlichen Geräuschspegeln, erarbeiten Empfehlungen für das Spitzen von Bleistiften sowie Normen für Papierformate, Formulare und Aktenordner sowie entsprechende Innenmaße für Büromöbel. Sie möchten alles Individuelle aus den Büros verbannen und nur noch Typisiertes und Genormtes über die Schwelle lassen: Ordner, Vordrucke, Formulare und Karteien. Sie geben Richtlinien zur Auswahl von geeigneten Stenotypistinnen heraus und bieten entsprechende Eignungsprüfungen an, mit denen sich die geforderten guten Nerven, Geschicklichkeit, Konzentrationsfähigkeit, Augenmaß und Reaktionsgeschwindigkeit ermitteln lassen. Sie beraten bei der »Taylorisierung der Körperbewegungen« und wollen damit »amerikanische Fixigkeit« in das vertraut-verstaubte Büro bringen.[71] Sie schauen den Schreibkräften genau auf die Finger, optimieren die Armstellung, ordnen die Tastatur der Schreibmaschinen neu, bestehen auf dem Zehnfingersystem und beseitigen die Schwingungen des Manuskripthalters – dies alles, um die Zahl der Anschläge zu erhöhen. In einem Industriebetrieb in Hannover arbeiten die Stenotypistinnen im Takt von Grammofonmusik, und die Handelskammer der Stadt fordert im Jahre 1931 in einem Preisausschreiben dazu auf, eine flotte Begleitmusik zum Maschinenschreiben zu komponieren, die das Arbeitstempo weiter erhöht.[72] Die Deutsche Reichspost entwickelt neue Konzepte für die Organisation, Normierung, Typisierung, Mechanisierung und Motorisierung der einzelnen Arbeitsschritte und versucht in ihrer Versuchsabteilung, mit Hilfe von Zeit- und Bewegungsstudien die Briefabfertigung zu verbessern, das heißt zu beschleunigen. Bewegungsabläufe von Handstemplern werden auf Filmen festgehalten, um die rationellste Form des Stempelns zu finden. Bald darauf aber verdrängen Briefstempelmaschinen den Menschen. Sie schaffen bis zu 1 800 Briefe oder Karten in der Minute, wogegen selbst ein geübter Handstempler über 65 Briefe in der Minute nicht hinauskommt.[73]

Das neue Büro ist schnell, aber laut, sehr laut sogar. Die stillen Kontore des frühen 19. Jahrhunderts mit ihren kratzenden Federkielen haben sich in eine lärmerfüllte Fabrikationshalle verwandelt, in der Telefone läuten, Schreibmaschinen klappern und die schweren Wagen der Buchungsmaschinen hin und her rasseln. Dazwischen klatschen Stempel aufs Papier und Menschen hasten durch die Räume, rufen, fluchen und sprechen. Schreibkräfte ärgern sich über die noch schwergängigen Schreibmaschinen und über hakende und eingeklemmte Typenhebel. Die schöne neue Bürowelt verbreitet ein neues Lebensgefühl, aber auch Hektik und Stress; und sie macht krank. Ebenso wie die Fabrikwelt wird die Bürowelt endgültig auf Leistung getrimmt. Leistung ist der eigentliche Maßstab im Umgang mit den Marktgesetzen, also mit der Zeitökonomie. Als Leistung gelten Tempo, Zeitsparen und natürlich Pünktlichkeit.[74]

Taylorismus und Fordismus im Privathaushalt

Die in den Büros und Fabrikhallen eingesetzten Planer, Zeitnehmer, Messkontrolleure und Zeitstudien-Ingenieure arbeiten alle darauf hin, die größte Leistung in der kleinsten Zeiteinheit zu erreichen. Sie impfen den betroffenen Arbeitern und Angestellten ein neues Zeitbewusstsein ein und zwingen ihnen einen neuen Arbeitsrhythmus auf. Es ist bezeichnend für die große Wirkungskraft der so beschleunigten Arbeit, dass sie in Form eines Vulgärtaylorismus auch den Schulen und Kirchen zur Anwendung empfohlen[75] und schließlich zum Vorbild für das private Leben wird, für die Freizeit wie für die Arbeit im Privathaushalt. Gleichzeitig mit dem Taylorismus dringt das Beschleunigungsvirus durch verschiedene Türen auch in die Lebenswelten ein. Teile der Frauenbewegung erhoffen sich von einer taylorisierten Hausarbeit eine gesellschaftliche Aufwertung dieser Tätigkeit sowie eine Befreiung der Hausfrau vom alltäglichen Einerlei. Sie modellieren aus ihr eine Haushaltsmanagerin und Haushaltsingenieurin, die von ihrer Betriebszentrale in der Küche aus diesen hauswirtschaftlichen Betrieb dirigiert.[76]

Die beiden Amerikanerinnen Christine Frederick und Lilian Gilbreth bemühen sich ebenso wie in Deutschland Erna Meyer, die Erkenntnisse von Taylor auf die Hausarbeit zu übertragen. Frederick wörtlich: »Verlieren wir nicht Zeit mit Gehen in schlecht organisierten Küchen? [...] Könnten nicht die Hausarbeiten, wie ein Zug von Station zu Station, pünktlich abrollen?«[77] Als Erste predigen die beiden Amerikanerinnen eine umfassende Rationalisierung des Haushalts, die gleichgesetzt wird mit »technischer Vernunft« und demokratischer Zivilisation, mit Wohlstand und einem Mehr an Freiheit. Damit einher geht eine positivere Bewertung alles Technischen und Maschinellen. Eine neue Ethik bricht sich Bahn und preist auch für die Hausfrau wortreich die »Schönheit der Technik«.[78]

Die Frauenbewegung, ganz gleich ob »sozialistisch«, »fortschrittlich« oder »gemäßigt«, zielt mit ihren Vorschlägen in erster Linie auf eine Entlastung der Hausfrau von ihrer zeitaufwändigen, knochenharten Arbeit ab, damit sie die gewonnene Zeit für »höhere« Tätigkeiten nutzen kann: für bezahlte Arbeit und finanzielle Unabhängigkeit, für Mitarbeit in der Arbeiterbewegung und für öffentliche Aufgaben, besonders aber für Bildung und Teilhabe an Kultur.[79] Selbstverwirklichung statt Selbstausbeutung ist das Ziel, eine hauswirtschaftliche Ausbildung der Weg. Das Einküchenhaus mit seiner zentralen Küche für mehr als 50 Wohnungen kommt erneut ins Gespräch. Lily Braun hatte schon vor dem Ersten Weltkrieg darauf hingewiesen, dass eine solche Küche mit den modernsten Geräten ausgestattet sein müsste: »Giebt es doch schon Abwaschmaschinen, die in drei Minuten zwanzig Dutzend Teller und Schüsseln reinigen und abtrocknen!«[80] Der Frauenrechtlerin ging es dabei um die Emanzipation der Frau und um die Qualität des Familienlebens, es ging ihr um eine ökonomische Reform von Wohnung, Haushalt und Konsum, kurz: um eine soziale Lebensreform. Die sozialdemokratische Nationalökonomin Claire Richter sieht nach dem Krieg in der Rationalisierung der Hausarbeit die einzige Möglichkeit »zur Befreiung des Familienlebens« von der geisttötenden Qual des täglichen Einerlei beziehungsweise zur Flucht aus dem »Sibirien für die Frau«, wie sich Erich Scheurmann in seinem Buch »Los vom Haushalt!« ausdrückt, auf das sich fast alle Vertreterinnen der Rationalisierungsbewegung berufen.[81]

Alle sind sich darin einig, dass die traditionelle Form der Hausarbeit unter den gewandelten Bedingungen der Nachkriegszeit den Frauen nicht mehr zumutbar ist. »Man sagt nicht zuviel, wenn man behauptet, dass uns der Krieg unsere Männer gemordet hat, aber der Frieden unsre Frauen mordet«, schreibt 1924 die Historikerin Agnes von Zahn-Harnack, Gründungsmitglied eines Hausfrauenvereins, und plädiert dafür, nach dem Vorbild des Taylor-Systems »die Arbeit der Hausfrau einfacher, rationeller, zeit- und kräftesparender« zu gestalten.[82] Rationalisierung wird als kulturelle Leistung gesehen und mit kulturellem Aufstieg und Zivilisation gleichgesetzt. Erst der rationalisierte Haushalt eröffne die Möglichkeit, die höhere »moralische« Anstalt der Familie voll zu nutzen und die Familie aus der damals viel beschworenen Krise zu führen. Erst eine rationeller betriebene Hausarbeit eröffne Zeit für Kinder und Ehemann, für sozialen Aufstieg und Anerkennung sowie für Weiterbildung.[83]

Diese Bildung ist unter anderem nötig zum Gebrauch der neuen Produkte und Geräte, die die Industrie in immer neuen Werbekampagnen als ein Muss für die moderne, selbstbewusste Hausfrau anpreist. Zu deren Gebrauch gehören oft »wirkliche, wissenschaftliche Kenntnisse«, so Christine Frederick. Zur Führung eines Haushaltes gehöre nicht nur profanes Allgemein- und Erfahrungswissen, sondern eine Menge technischer Sachverstand, »auch gewisse Kenntnisse der Chemie oder Physik«, so Frederick weiter.[84] Sie spielt damit an auf die tiefgreifenden Veränderungen innerhalb des Privathaushalts, der mit Industrialisierung und Urbanisierung zwar verschiedene Tätigkeiten abgibt, in dem die Frau aber andererseits neue Standards übernehmen und sich neues Wissen aneignen muss, um die Marktgüter gebrauchsfertig und genussfähig zu machen. Dabei geht das neue konstitutive Element des modernen Privathaushalts von den Wissenschaften aus, den Natur- und Wirtschaftswissenschaften zumal. Unter ihrem Einfluss gewinnt der Privathaushalt eine neue Qualität.[85]

Nach den Vorstellungen von Christine Frederick und anderen schlüpft die Hausfrau gewissermaßen in den Overall des Ingenieurs, aber auch in den feinen Zwirn des Managers, wenn sie in ihrem »häuslichen Büro« mit seinen Registermappen, Karteikästen und Rechnungsbüchern Buch führt und am Schluss des Jahres die Inventurkarten prüft. Aus der Hausfrau soll eine hochqualifizierte Betriebsleiterin werden, die mit Stoppuhr und Versuchstabelle in der »Schaltzentrale« des Hauses die Arbeitsabläufe und den Einsatz des »Maschinenparks« optimiert. Sie soll zur Organisationsingenieurin aufsteigen, weil der Haushalt »genau wie jedes kaufmännische Unternehmen ein wirtschaftlicher Betrieb« ist und »unter den gleichen Bedingungen [...] zu führen« ist, erklärt eine Vertreterin der rationellen Hauswirtschaft mit sichtlichem Stolz.[86] Die Rationalisierer wollen im Verein mit Teilen der Frauenbewegung den Primat der moralischen Normen durch den Primat der Effizienz ersetzen. Wurde im 19. Jahrhundert von der »guten Hausfrau« vor allem Frömmigkeit, Liebe, Geduld, Anspruchslosigkeit, Fleiß Ordnung und Sparsamkeit verlangt – wie in dem berühmten Bestseller »Das häusliche Glück«[87] –, so hat die »taylorisierte« Hausfrau der Zwischenkriegszeit in erster Linie durch Effizienz zu glänzen. Dabei hat sie in ihrer neuen Rolle auch zur Steigerung des Volkswohlstandes beizutragen sowie zur »Verbilligung, Vermehrung und Verbesserung der Güter«, wie das Reichskuratorium für Wirtschaftlichkeit das Ziel aller Rationalisierung definiert.[88] Ein großer Teil der Hauswirtschaftsliteratur appelliert an die staatsbürgerliche Verantwortung der Hausfrau, durch Rationalisierung ihrer »Pflicht gegenüber dem Vaterland« gerecht zu werden. »Die Hausfrauen können Deutschland vor dem Bankrott und Untergang retten«, heißt es während der Inflationsjahre.[89]

Die Frauenbewegung hilft, den »Küchen-Taylorismus« nach oben zu spülen, jene Rationalisierung der Hausarbeit nach den Regeln der wissenschaftlichen Betriebsführung. Bereits während des Ersten Weltkriegs empfiehlt Margarethe Weinberg, eine Vertreterin der modernen Hauswirtschaftslehre, das Taylor-

System, welches »wegen der damit erzielten Ersparnisse an Zeit, Kraft und Betriebskosten in der ganzen Welt berechtigtes Aufsehen erregt hat«, auf den Privathaushalt zu übertragen.[90] Christine Frederick singt das Hohe Lied der wissenschaftlichen Betriebsführung, »die zu staunenerregenden Leistungssteigerungen
in der Industrie geführt« hat, und empfiehlt deren Übertragung auf die Hausarbeit mit der Küche als dem Kernstück des häuslichen Betriebs. In ihrem Geleit-
wort zur deutschen Ausgabe meint Adele Schreiber enthusiastisch: »Die Verfas-
serin gibt völlig neue Anregungen, zeigt einen Weg zur Musterhausfrau nicht im
Sinne des alten, unerfreulichen Sich-Verbrauchens im Hauswesen, sondern im
Gegenteil mit dem Ziel, den Haushalt so zu meistern, dass er sich mit einem
Mindestmaß an Zeit und Mühe fast automatisch erledigen und die Aufgaben von
Mutterschaft und Beruf mehr zu ihrem Recht kommen lässt.«[91] Allen Beteiligten
ist klar, dass dies keine leichte Aufgabe ist. Erna Meyer, die 1925 ihr Buch »Der
neue Haushalt« auf den Markt bringt, das ganz auf die deutschen Verhältnisse
zugeschnitten ist und 1929 bereits in der 37. Auflage vorliegt, meint, die Lösung
der Aufgaben im Haushalt sei »um kein Haar leichter als etwa die bei der Leitung eines industriellen Betriebes« anfallenden.[92]

Christine Frederick bemängelt an den meisten Hausfrauen, dass sie die Qualität der Haushaltsführung mit der »Menge der geleisteten Arbeit und dem Grad
der daraus entstehenden Erschöpfung« gleichsetzen, wobei die aufgewendete
Mühe, Kraft und Zeit um ein Mehrfaches größer seien als zur Erreichung des
Ziels notwendig. Die Hausfrauen müssen Schelte hinnehmen, weil sie »noch zu
viel zu sehr von Traditionen und damit zusammenhängenden Gefühlen abhängig« seien und sich nicht nach dem Vorbild von Industriebetrieben und Büros
von schwerer körperlicher Arbeit frei machen.[93] Sie werden von Frederick auf
die Studien von Taylor und Gilbreth und vor allem auf deren »planmäßige
Denkart« hingewiesen. In einem ersten Schritt trennt Frederick Planung, Organisation und Kontrolle strikt von der manuellen Durchführung der Arbeit.

Nach der Inflation beginnen die konkreten Maßnahmen. Die Wissenschaftler
schieben die Hausfrau zunächst zur Seite und zerlegen ihre gesamte Tätigkeit in
viele kleine und kleinste Elemente, um sie anschließend wieder neu zusammenzusetzen mit dem Ziel, den kraftsparendsten und schnellsten Arbeitsablauf zu
entwickeln.[94] Das Reichskuratorium für Wirtschaftlichkeit wird um eine Abtei-
lung »Hauswirtschaft« erweitert, die alle Arbeitsgänge im Haushalt »taylorisiert«, die unzählige Studien zum Verbrauch von Kraft, Geld und Zeit durchführt
und die günstigste Methode und das beste Gerät ermittelt. Waschen und Spülen,
Fußbodenreinigung und Fensterputzen werden ganz nach ergonomischen, kraft-,
zeit- und materialsparenden Gesichtspunkten analysiert, um eine einzig korrekte

Art der Durchführung festzulegen. Nach Frederick gibt es nur einen einzigen Weg, eine jede Arbeit optimal zu beenden, und diesen effizientesten, so genannten »normalen« Weg suchen die Wissenschaftlerinnen mit Hilfe von Planung und Kontrolle, von Verstand und Stoppuhr herauszufinden. Frauen wie Frederick und Gilbreth trichtern der Hausfrau ein, dass »Organisationsfähigkeit die Fundgrube für Zeitgewinn und Leistungsfähigkeit« ist, wie in einem Lehrbuch vermerkt.[95] Frederick selbst zeigt exemplarisch, wie beim Reinigen von Haushalt und Wäsche der »Vergeudung an Kraft« zu begegnen ist. Sie fordert die Hausfrauen dazu auf, beim Kauf von Küchengeräten darauf zu achten, ob sie Brennstoff, Arbeit, Schritte und Zeit sparen.[96]

Eine wesentliche Möglichkeit zur Einsparung von Kraft und Energie sehen die Vertreter der neuen Haushaltswissenschaft in einer Verkürzung der Arbeitswege.[97] Sie gründen im Jahre 1926 die »Reichsforschungsgesellschaft für Wirtschaftlichkeit im Bau- und Wohnungswesen« (RFG) mit einem besonderen Ausschuss für Küchen- und Hauswirtschaftsrationalisierung. Zunächst aber rücken sie die Möbel zusammen, um eine bessere Koordination der wichtigsten Arbeitsgänge zu erreichen. Der Architekt Bruno Taut fordert von der neuen Wohnung vor allem »Lichtheit, Klarheit, Übersichtlichkeit, Freiheit von jeglichem Ballast, von jeglichem Museumscharakter«. Er verlangt, in der Wohnung nicht mehr ein »romantisches Idyll« zu sehen, »ebenso wenig wie in der Dynamo- und Schalthalle des Kraftwerks«.[98] Ähnlich wie Adolf Loos möchte er »soziale Erziehungsarbeit« leisten, indem er die Hausarbeit durch Verzicht auf Ornamente reduziert, um den Frauen Zeit zu geben »für die edleren Möglichkeiten des Lebens«.[99] Der vielseitige Maler und Gebrauchsgrafiker Walter Dexel stellt 1926 an die Frauen die rhetorische Frage: »Tragen Sie noch Schleppen? Siebenteilige Faltenröcke? Taillen mit rostfreien Eisenstangen? [...] Schwerlich – aber fast ausnahmslos, meine Damen, bewohnen Sie Wohnungen, die den siebenteiligen Faltenröcken und den Taillen mit rostfreien Eisenstangen entsprechen. [...] Sie vergeuden ruhig weiter die Hälfte Ihres Lebens durch überflüssiges Hin- und Herlaufen in töricht angeordneten Räumen, Sie stauben geduldig Mengen überflüssigen Hausrates, um nicht zu sagen Unrates, ab. [...] Liebes Mädchen mit Bubikopf und glattem Kleidchen! [...] Siehst du nicht den Unterschied zwischen dir und deiner Tante Emma, warum wohnst du so wie Tante Emma?«[100]

Plüsch und Verzierungen landen nach dem Motto »Weg mit dem Nippes!« auf dem Kehrichthaufen; Ästhetik und Schönheit werden neu definiert. Die Hausfrau sieht sich mit immer neuen Glücksversprechen von Architekten und Designern umworben. Bruno Taut kategorisch: »Die neue Bewegung [...] kennt nichts, was dem Raum seine Eigenschaft als Raum nimmt, lässt also danach fast alles fort, was die Kunstgewerbezeit herbeigeführt hat: Gardinen, Stores, Übergardinen, [...] ferner alles, was die Wand in ihrer Eigenschaft vernichtet, wie in der Hauptsache Bilder, Spiegel und plastischer oder sonstiger angeschraubter oder aufgesetzter Schmuck.« Taut fordert eine »Gehirnhygiene« und eine »Raumbefreiung« von allem Überflüssigen wie Kissen und Fransen, Nippes und Verzierungen, Haussegen und Möbel, eine Befreiung von der »Tyrannei des Leblosen«.[101] Die Devise heißt: Weg mit allen Staubfängern! Auf den Müll mit der Salonkunst! Es lebe die Einfachheit! Auch Erna Meyer wiederholt diese Forderung.[102] Die Umerziehung zur schlichten Form beginnt.

Andere gehen noch einen Schritt weiter. Die aus Wien kommende Architektin Grete Schütte-Lihotzky entwickelt als Mitarbeiterin von Ernst May im Frankfurter Hochbauamt unter Berücksichtigung von Arbeitsplatzanalysen, Zeit- und Bewegungsstudien die bekannte Frankfurter Küche, eine häusliche Wirtschaftszentrale, in der wie auch in ähnlichen Küchentypen jeder Fleck optimal genutzt ist, in der jeder überflüssige Schritt und Handgriff vermieden wird, die nach tayloristischen Regeln konzipiert zeit- und kraftsparend ist und es der Hausfrau ermöglicht, »sitzend von einem Stuhle aus fast die gesamte Küchenarbeit zu erledigen«, so Walter Dexel.[103] Schütte-Lihotzky konzipiert die Frankfurter Küche nach dem Vorbild der Mitropa-Speisewagenküche als Kleinstküche in einer Größe von sechs bis sieben Quadratmetern. Sie ist mit Einbaumöbeln ausgestattet, die ringsum an den Wänden verteilt sind. Es gibt kein Küchenbüfett mehr und auch keinen Küchentisch. Alle beweglichen Möbel fehlen, und jede Ecke ist bis unter die Decke sinnvoll genutzt. Neu sind auch die geschlossenen Fronten, neu auch die Schiebetüren und Rollläden als Schranktüren. Nur glatte Flächen sind erlaubt; nur sie entsprechen den neuen hygienischen und arbeitstechnischen Anforderungen. Die Architekten platzieren alle Einrichtungsgegenstände so, dass die Hausfrau eine möglichst kleine Strecke zurücklegen muss (Abb. 17). Grete Schütte-Lihotzky schreibt im Jahre 1921: »Eine Küche [...] müsste aussehen etwa wie eine Apotheke, wo jedes Fläschchen und jede Kleinigkeit sein ganz besonderes Gefach oder seinen ganz bestimmten Platz hat, mit genauer Aufschrift«.[104] Hier ist das Laboratorium Vorbild. Alle Arbeitsflächen besitzen dieselbe Höhe und lassen sich durch herausziehbare Platten vergrößern. Um das Reinigen zu erleichtern und zu beschleunigen, fehlen den Möbeln die Füße und sind stattdessen durch einen Sockel mit dem Boden vermauert. Als Bodenbelag empfehlen die Innenarchitekten Linoleum und Xylolith. Ähnlichen Konzepten folgen die Stuttgarter, die Münchener oder die Reformküche des Ingenieurs Otto Haarer, ebenso die Egri-Küche oder die von dem Architekten Gerhard Kraus entworfene »Küche der Neuzeit«.[105]

Abbildung 17: Frankfurter Küche

Vor allem die Firma Gebr. Haarer nimmt sich der Küchengeräte an und gestaltet sie nach taylorschen Prinzipien völlig neu. Die Hausfrau bekommt durchlochte Rührlöffel in die Hand, mit denen sie in der Hälfte der Zeit eine Rührmasse schaumig schlagen kann. Ihr wird der Kauf von feuerfestem »Durax-Geschirr« empfohlen, in dem sie das Essen direkt vom Herd auf den Tisch bringen kann. Alles, was zu schwer zu reinigen ist, wird abgelehnt, ebenso alles, was nur mit erheblichem Zeitaufwand aufzubauen ist. Die neuen Hausfrauenzeitschriften veröffentlichen fast wöchentlich Vergleichstests, in denen sie den Zeitaufwand von »Hand- und Maschinenarbeit« gegenüberstellen. Lohnt sich der Kauf einer Bohnenschneidemaschine, da die Reinigung viel Zeit in Anspruch nimmt? Lohnt sich die Anschaffung von nicht rostendem Besteck, das nicht mehr abgeschmirgelt werden muss? Fast immer entscheidet die Stoppuhr über eine positive oder negative Bewertung. Der Hausfrau wird eine ganz neue Küche aufgedrängt, die wie ein modernes Labor erscheint: kühl, funktional und aseptisch, einer Fabrik wesensverwandter als dem »trauten Heim«.

Alle Reformer wollen der Hausfrau zu helfen, Kraft zu sparen. Als wichtigster Indikator für diese Kraftersparnis aber dient die Verringerung des Zeitaufwandes. Der Architekt Franz Denner errechnet im Jahre 1929 die volkswirtschaftlichen Einsparungen, die sich allein mit Hilfe neuer Möbel erzielen lassen: »Es gibt 1927 in Deutschland 16 Millionen möblierte Wohnungen, wenn durch besser geformte Möbel und andere Gebrauchsgegenstände bei der Beseitigung von Schmutz und Staub wöchentlich nur eine Viertelstunde Zeit gespart wird, dann ergibt das für Deutschland 4 Millionen Arbeitsstunden wöchentlich oder 666 000 Arbeitsstunden werktäglich.«[106] Die Reduzierung von Kosten und Zeit verspricht sich der Deutsche Normenausschuss auch von der Normung des Küchenmobiliars und des Küchengerätes. Deckel und Gummiringe für Einmachgläser, Töpfe, Pfannen Ofen- und Herdplatten und anderes mehr erhalten genau festgelegte Größen; das zeitaufwändige Suchen nach dem passenden Ring beim Einwecken entfällt. Zuvor waren allein für Ofen- und Herdplatten 285 verschiedene Formen und Größen in Gebrauch.

Die Bemühungen der Reformer, die fortgesetzte »Sklaverei der Frau« – wie Bruno Taut sich ausdrückt – durch Rationalisierung von Arbeitsplatz und Arbeit zu beenden, findet durch die Architekten des »Neuen Bauens« Unterstützung. Krieg und Inflation haben in Deutschland breite Bevölkerungsschichten verarmen lassen, und die Kapitalknappheit schlägt sich in hohen Zinsen nieder, worunter auch der private Wohnungsbau zu leiden hat. Die Wohnungsnot nimmt bedrohliche Ausmaße an, besonders in den großen Städten. Hier ist der Staat gefordert, der sich fortan auf dem Wohnungsmarkt in großem Maße als Investor betätigt, wegen leerer Kassen aber alle Kunstgriffe der Kostensenkung und Sparsamkeit anwenden muss. An den Bau von Wohnhäusern mit reich verzierten Fassaden, großen und hohen Räumen sowie platzfressenden Treppenhäusern und Fluren ist nicht mehr zu denken. Die relativ wenigen öffentlichen Mittel lassen zunächst nur die Förderung von Wohnungen von 70 bis 130 Quadratmetern zu; später sogar nur von 48 bis 78 Quadratmetern.[107] Die vom Bauhaus entworfenen »Wohnmaschinen« sind auch als Reaktion auf diese Zwänge zu verstehen. Bruno Taut wendet sich scharf gegen jede Raumverschwendung: die riesigen Schlafzimmer, die Speisezimmer in der Größe von Tanzsälen, die Wohnküchen – er ist gegen jede Großzügigkeit. »Die Kabinen der Dampfer und der Schlafwagen sprechen schon dagegen«, argumentiert er kurz und bündig. Und dann weiter: »Wenn für Lüftung gesorgt ist, so kann man in einem minimal kleinen Raum sicher besser schlafen als in einem Saal. [...] Wenn man noch von festen Bettstellen durch Ersatz von aufklappbaren Patentbetten absieht und die Waschtische fest eingebaut in das Bad verlegt, so kann man auch den kleinen Schlafzimmerraum selbst bei Tage für Näharbeiten, Schularbeiten der Kinder usw. verwenden.«[108]

Den Architekten geht es zuallererst um Sparsamkeit, um Senkung der Baukosten. Die finanziellen Zwänge der Nachkriegszeit geben zwar den entscheidenden Anstoß zur Konzeption dieser kleineren Wohnungen, werden jedoch mit einem neuen Ethos verbrämt. Die »neue Einfachheit und Sparsamkeit« führe »durch Beschränkung auf Notwendiges und Wesentliches zu höchster Entfaltung der Persönlichkeit«, so der Architekt Fritz Bloch.[109] Schmackhaft gemacht werden die neuen einengenden Grundrisse mit einer Reduzierung der Hausarbeit, mit Erleichterungen und einem Gewinn an freier Zeit. Freizeit wird versprochen, weil es in diesen glatten Wohnkisten nach Erna Meyer möglich ist, den »Ablauf (des) täglichen Lebens reibungslos« zu gestalten, also ohne Reibungsverluste, ohne Einbußen an Kraft, Energie und Zeit.[110] Die Forderung der Architekten lautet: kurze Wege und kleinste Staubflächen, Reduzierung der Baukosten und der Wegekosten. Kritiker sprechen beim seriellen Massenwohnungsbau von durchrationalisierten Wohnmaschinen, die wie ein Automobil aus vorgefertigten, genormten Teilen am Fließband zusammengesetzt werden. Mit der alten plüschigen Gemütlichkeit ist es in einem solchen Baukasten endgültig vorbei. Letztlich geben sich die Rationalisierer nicht damit zufrieden, die Arbeitsräume neu zu gestalten. Sie dringen mit ihren vielfältigen Maßnahmen vielmehr bis in den innersten Raum des privaten Universums vor und mischen sich in das Intimleben und das private Tun vieler Menschen ein. Ihre in Beton gegossene Botschaft lautet: schneller kochen, schneller putzen, schneller schlafen, schneller leben.

Dies gilt erst recht für das Metallhaus, wie es 1924 erstmals von dem Flugzeugfabrikanten Junkers entworfen und als Patent angemeldet wird. Die neue Konstruktion aus einem Stahlskelett mit eingehängten Blechwänden ist ebenso widerstandsfähig wie herkömmliche Holz-, Stein- und Betonbauten, verbraucht aber weniger Material, ist billiger und vor allem schneller errichtet. Die neuen Häuser sind ganz nach dem Geist der Zeit. Sie verstehen sich nicht mehr als Immobilien, sondern sind mobil wie die Menschen, können schnell errichtet und wieder abgebaut sowie rasch von einem Ort zum anderen transportiert werden. Progressive Architekten sehen im »transportablen Haus« das »moderne Wohnzelt des europäischen Nomaden«, der mit seinem Haus im Gepäck durch Europa zieht. Selbst dem flottesten Großstädter gehen diese Konstruktionen jedoch zu weit. Nur wenige Prototypen verlassen die Fabrikationshalle in Dessau.[111]

Überall in Europa wird nach dem Ersten Weltkrieg über neue Konzepte des Wohnens und der Haushaltsführung nachgedacht, da die Hausfrau inzwischen einem immensen Zeitdruck ausgesetzt ist. Die Verarmung weiter Teile der Mittelschichten und des Kleinbürgertums hat die behäbige Haushaltsführung eines Teils des Bürgertums beendet. Für viele werden Zugehfrauen und Hausangestellte unbezahlbar. Immer mehr Frauen sehen sich gezwungen, ihren Haushalt ohne fremde Hilfe zu besorgen. Aus Hausherrinnen werden Hausfrauen, die in ihren alten weiträumigen Wohnungen bei weiterhin extrem zeitaufwändigen und anstrengenden Arbeiten vielfach überfordert sind. Gleichzeitig schrauben Pädagogen und Pädiater, Mediziner und auch der Staat die Anforderungen weiter in die Höhe. Schon Ende des 19. Jahrhunderts hatten Ärzte und Schulen, Journalisten und Beratungsstellen sowie der Staat über Wohnungsinspektion und neue Gesetze die private und öffentliche Hygiene ein großes Stück vorangebracht. Das Bad am Samstag, die Haarwäsche und das tägliche Zähneputzen, die Reinlichkeit auf dem Klosett, der regelmäßige Wäschewechsel und Sorgfalt beim Aufbewahren von Lebensmittel belasten in erster Linie die Hausfrauen. Die Kampagnen zur Reduzierung der Säuglingssterblichkeit, die neuen Erkenntnisse der Ernährungswissenschaft und die allgemein von der Medizin ausgehenden Standards tun ein Übriges. Die Entdeckung der Mikroorganismen als Krankheitserreger hatte bereits seit den 1880er Jahren eine weit verbreitete Mikrobenfurcht ausgelöst, gegen die die Frauen mit dem Kochen und Bügeln der Wäsche ankämpfen.[112] Der gesamte neue Aufgabenkatalog stellt die Hausfrauen vor nur schwer lösbare Probleme; er führt zu einer Art Hygienestress. Die Rationalisierung der Haushaltsführung ist eine zwangsläufige Antwort. Sie soll den Betroffenen zeigen, dass Schnelligkeit im Alltag ein machtvoller Problemlöser sein kann.

Angesichts der offensichtlichen Zeitprobleme bei der Haushaltsführung kommt nach dem Ersten Weltkrieg eine Vielzahl bisher nicht gekannter Haushaltsgeräte auf den Markt. Die Technik präsentiert sich als neue, moderne Haushaltshilfe und die Elektrizität als Dienstmädchen für alle und alles. Letztere verhilft dem populären Glauben an den technischen Fortschritt zu neuer Schubkraft und fördert mit Blick auf Amerika einen regelrechten Technik-Enthusiasmus. Mit der Elektrizität wird eine Technisierung des gesamten Lebens vorstellbar. Als »saubere Energie« bezieht sie ihre Attraktivität aus der Vielzahl an »intelligenten« Einsatzmöglichkeiten, durch die sich manche brachiale, schweißtreibende und zeitaufwändige Tätigkeit aus Arbeitswelt und Privatsphäre verbannen lässt. Die Elektrizität ist in der Zwischenkriegszeit bereits nicht mehr nur auf ein bestimmtes Produkt bezogen, sondern zu einer »Technologie« herangewachsen, die universal anwendbar und als Komponentensystem ausbaufähig ist. Im modernen Haushalt der Weimarer Zeit wird die Elektrotechnik zu einer Schlüsseldisziplin, die in der Haushaltstechnik für einen Quantensprung sorgt und im privaten Bereich fast unbegrenzte Mechanisierungsmöglichkeiten eröffnet, wenn sich auch viele Pläne erst in der zweiten Hälfte des 20. Jahrhunderts realisieren lassen. Elektrischer Strom und Elektromotor werden zu Wegbereitern neuer Geräte. Die Industrie preist Gas- und Elektroherde, Kompressor-Kühlschränke und handbetriebene Geschirrspüler, die ersten Waschmaschinen und Wäscheschleudern, elektrische Bügeleisen und Staubsauger lautstark an, wenn sich diese auch aufgrund technischer Mängel und fehlender Massenkaufkraft noch nicht durchsetzen können.[113] Gleichzeitig sollen die neuen Schnell- und Fertiggerichte dem zunehmenden Stress entgegenwirken. Erleichterung der Hausarbeit ist das Ziel, eine schnellere Beendigung der einzelnen Tätigkeiten die Folge.

Mit hohem Energieaufwand gehen Chemiker und Techniker gegen eine der traditionell großen »Zeiträuberinnen« des Privathaushalts vor: die Wäsche, die große Wäsche zumal. Die Wäschepflege ist zeitraubend und Schwerstarbeit zugleich, und vor allem der Waschtag bringt den Tagesablauf erheblich durcheinander. Die Buntwäsche beansprucht monatlich zwei Tage Arbeitszeit, die Weißwäsche vier bis sechs Tage.[114] Bereits gegen Ende des 19. Jahrhunderts hatte die Seifenindustrie der Hausfrau angeboten, ihr mit flüssigen, geraspelten und pulverisierten Seifen zur Hand zu gehen, um die zeitaufwändige Selbsterzeugung aus Fettabfällen, Pottasche und ungelöschtem Kalk überflüssig zu machen. 1876 hatte zudem der Kaufmann Fritz Henkel ein erstes »Universal-Waschmittel« entwickelt, das zwar noch keine Bleichkraft besaß, aber das Wasser enthärtete und Eisenablagerungen verhinderte. Ihm folgte zwei Jahre später »Henkel's Bleich-Soda«, mit dem sich Vergilbungen beseitigen ließen. »Unser Universal-Waschmittel [...] reinigt in auffallend kurzer Zeit die Wäsche von Schmutz, so dass die Hälfte der Arbeitszeit gespart wird«, heißt es in der ersten Anzeige von Henkel & Comp. Der Erfolg blieb nicht aus, zumal die Neuentwicklung einherging mit dem neuen Hygienebewusstsein und den neuen Hygienekampagnen, in denen die Hausfrauen verpflichtet wurden, die Wäsche öfter zu wechseln und »reiner« zu waschen.[115] In der »Düsseldorfer Zeitung« preist Henkel 1907 schließlich das »erste selbsttätige Waschmittel« an: Mit dem neuen »Persil« erzielt die Hausfrau »durch einmaliges Kochen ohne Mühe, ohne Reiben blendend weiße Wäsche«, so die Botschaft. Die Chemie präsentiert sich der modernen Hausfrau als Helfer, und diese nimmt die Hilfe an. Es beginnt die chemotechnische Revolutionierung des Wäschewaschens. 1912 produziert das Düsseldorfer Unternehmen 19 750 Tonnen Persil, 1927 bereits 60 000 Tonnen.[116] Im Jahre 1929 entwickeln die I.G. Farben das erste synthetische Waschmittel, das unter dem Namen »Igepon« auf den Markt kommt. Andere Unternehmen versuchen das zeitraubende Waschen und Bügeln durch Einführung von Wegwerfprodukten ganz zu eliminieren. Im Jahre 1929 melden die Vereinigten Papierwerke A.-G., Nürnberg, mit den »Tempo-Taschentüchern« ein ganz neues Produkt als Warenzeichen an.[117]

Auch die Hersteller von Haushaltsgeräten bieten der Hausfrau ihre Dienste an. Zwar hatten schon im 19. Jahrhundert Spitäler, Gefängnisse, die Textilproduzenten und das Gewerbe für ihre Wäsche Maschinen eingesetzt und in die Keller moderner Bürgerhäuser wurden von unten beheizbare Waschkessel eingemauert, die normale Hausfrau dagegen holte sich am Waschtag weiterhin aufgerissene Hände und einen steifen Rücken. Seit Ende der 1860er Jahre fand der Dampfwaschtopf im Privathaushalt einige Verbreitung. Aber erst im 20. Jahrhundert eilt die Industrie der Hausfrau zu Hilfe. Den Anfang machen kurz nach der Jahrhundertwende Hilfswaschmaschinen, die noch nicht beheizbar sind. Mit Hilfe einer Kurbel wird nach dem Vorbild der Buttermaschine von außen ein Waschkreuz bewegt und die Wäsche durch Bewegung und Reibung gesäubert. Um der Gefahr von Rostflecken vorzubeugen, geben die Käufer zunächst hölzernen Maschinen den Vorzug. 1913/14 bietet die Firma Miele erstmals eine Kraftwaschmaschine mit eingebautem Elektromotor an. Weitere Systeme kommen hinzu. Sie bringen nach amerikanischen Untersuchungen eine Zeitersparnis von mehr als einem Fünftel bei einer größeren Wäschemenge.[118] Allerdings müssen die Hausfrauen weiterhin einweichen, kochen, spülen, auswringen und die Wäscheberge zwischen Kochkessel, Waschmaschine und Trockenraum hin- und hertragen. Nur für sehr wenige lohnt sich die Anschaffung eines solchen noch recht unvollkommenen und teuren Gerätes. Dies gilt auch für die in den 1930er Jahren entwickelten beheizbaren Bottichwaschmaschinen. Die Frauen behelfen sich vorerst mit den kleinen billigeren Hilfsmitteln: Wäschestampfern, Wringmaschinen und vor allem Waschmitteln.

Die Nahrungsmittelindustrie erkennt ebenfalls die Zeichen der Zeit und greift der gestressten Hausfrau mit Minuten- und Fertiggerichten, die in rationell durchorganisierten Fabrikbetrieben hergestellt werden, in zweifacher Weise unter die Arme: Die Produkte sind relativ preiswert und schnell zuzubereiten. Die Schweiz wird zum Pionier dieser technisierten Nahrungsmittelproduktion. Käse und Schokolade stehen am Anfang. Die Massenproduktion von Schokolade und Zigaretten führt um die Jahrhundertwende zudem zur Beschleunigung des Verkaufs mit Hilfe von Groschenautomaten. Nach 1900 beginnen im Brauwesen Versuche zur Beschleunigung der Gärprozesse. Typischer aber sind die neuen »schnellen« Nahrungsmittel. Bereits 1865 war die Liebig's Extract of Meat

Company gegründet worden, die aus dem Fleisch südamerikanischer Rinder, die nur wegen ihrer Häute, Hörner und Knochen geschlachtet wurden, einen Fleischextrakt zur Zubereitung von Bouillon herstellte.[119] Weitaus größeren Erfolg erzielen die Produkte von Julius Maggi, der 1883 mit der Fabrikation von Suppenmehlen und drei Jahre später mit der Herstellung von Suppenwürze begann. Gleichzeitig brachte die Firma Knorr in Heilbronn Suppentafeln in verschiedenen Geschmacksrichtungen auf den Markt. Beide erweitern in den folgenden Jahren ihr Sortiment und bieten Suppenrollen, Bouillonwürfel und Fleischbrühen an.[120] In ihrer Werbung heben sie die Bequemlichkeit und Zeitersparnis bei der Zubereitung hervor. Für Maggi verfasst der Dichter Frank Wedekind eine solche Annonce: »›Zeit ist Geld‹ sagt der Sohn Albions und hat recht, sofern es sich um fleißige Menschen handelt. Geld zu machen ist die Losung des Tages; und daraus folgt, dass der Mann seine Zeit ausnützen solle, um dem Tage gerecht zu werden. Aber auch die Zeit der Frau ist Geld. Sie erzieht ihre Kinder und schafft dadurch ein Kapital, das reichlich Zinsen trägt. Darum verwende die Mutter nicht zuviel ihrer kostbaren Zeit auf die leidige Küche, sondern kaufe sich Maggi's Suppen-Nahrung, die schon binnen 15 Minuten die nahrhafteste Suppe liefert und somit selbst wiederum aufs beste zum Wohle der Kinder beiträgt.«[121] Auch die Konservenindustrie stellt sich in der Zwischenkriegszeit mit Fertiggerichten auf die neuen Bedürfnisse ein, findet aber vorerst nicht nur wegen des Dosengeschmacks kaum Käufer. Ihren Kreationen haftet das Image der Kriegs- und Notjahre an – während des Weltkrieges hatte sie ihre Schnellgerichte in großen Mengen für die Soldaten an der Front produziert. Die meisten populären Zeitschriften der Arbeiterbewegung veröffentlichen seitenlange Tipps für schnelle und nahrhafte Mahlzeiten, ebenso für zeit- und arbeitssparende Techniken.[122]

Bereits im Jahre 1891 fasst das Blatt »Heimath und Fremde« die bisher mit Hilfe von Physik und Chemie erzielten Fortschritte zusammen: »Sie ersparen ihr unendlich viel Zeit, lassen sie leichter, müheloser wirthschaften, nahrhaftere Speisen auf den Tisch bringen. – Wir haben jetzt Waschmaschinen, die Feuerung, Zeit, Geld ersparen, die Wäsche schonen, Fleisch-Hack-, Schäl-, Reib-, Filtrirmaschinen, die den Kochprozess wesentlich vereinfachen, allerhand Dampf-Kochtöpfe und Bratapparate, die, sobald nur das Feuer gut unterhalten wird, ganz selbständig kochen und der Hausfrau gestatten, die Zeit, die sie sonst am Herde verbringen musste, nutzbringender zu verwerthen. In gleicher Weise sind die Extrakte, deren sich jetzt die moderne Küche bemächtigt hat, von unschätzbarem Werth. Ehedem musste man den Suppentopf, um eine kräftige Suppe zu erzielen, vier Stunden lang auf dem Feuer halten; jetzt genügt ein Löffel Fleischextrakt und im Nu herzustellendes siedendes Wasser, um eine wohlschmeckende und weit kräftigere Bouillon zu bereiten. Was in dieser Weise einem Haushalte an Zeit und Geld erspart wird, ist kaum zu berechnen.«[123]

Die Ziele der Befürworter einer Rationalisierung des Privathaushalts sind vielgestaltig: Entlastung der Hausfrau, Kostenreduzierung, Frauenemanzipation und Schaffung von Freiräumen. Sie finden ihren gemeinsamen Nenner in der Beschleunigung der Arbeit. Jede einzelne Neuerung bringt mehr Tempo in Küche und Familienleben und lehrt die Hausfrau, dass Zeit Geld ist – viel Geld sogar. Alle Neuerungen treiben die Hausfrau zur Eile an wie das Fließband den Fabrikarbeiter. Sie internalisieren die Normen abstrakter Arbeit, darunter die Arbeitszeitnormen. Sie führen zur Bewirtschaftung der Zeit in Küche und Haushalt. Typisch für die vielen Männer und Frauen, die in der Zwischenkriegszeit an einer Rationalisierung des Privathaushalts arbeiten, ist, dass sie die Zeit als knappes und nützliches Gut ansehen und zunächst die Leerzeiten auszuschalten versuchen, ehe sie mit Hilfe von Bewegungs- und Ermüdungsstudien sowie einer Neuorganisation der Arbeit die Produktion pro Zeiteinheit erhöhen und die Produktivitätsfortschritte mit Hilfe der Stoppuhr messen.

Selbst zu Ende der Weimarer Republik kennen die meisten Frauen die zeitsparenden Wohnmaschinen des Neuen Bauens nur von außen. Gleichwohl sind viele von ihnen, in erster Linie Fabrikarbeiterinnen und Büroangestellte, auch im privaten Leben bereits vom Beschleunigungsvirus befallen. Sie verrichten ihre Hausarbeit nach denselben Maximen, die ihnen an ihrem Arbeitsplatz in der Wirtschaft eingeimpft wurden. Sie wünschen sich ausdrücklich, ihre Arbeit in Haus und am Herd durch den Einsatz von Maschinen noch weiter beschleunigen und rationalisieren zu können, auch wenn diese Wünsche in der Zwischenkriegszeit noch nicht in Erfüllung gehen. In einem Aufsatzwettbewerb beschreiben Arbeiterinnen im Jahre 1930 ihren Tagesablauf und die verschiedenen Aufgaben und Handgriffe in minutiöser Exaktheit. Sie denken in Kategorien von Zeit und Beschleunigung, als ob ihnen auch zu Hause ein Zeitnehmer im Nacken säße. Sie sind sich der stetig verrinnenden Zeit bewusst und versuchen mit Hilfe von Zeitplänen, arbeitssparenden Produkten und Vermeidung unnötiger Wege, ökonomisch mit ihr umzugehen. Auch im Haushalt hat jeder Handgriff zu sitzen, da Eisenbahn und Straßenbahn nicht warten. Sie lassen sich vom Friseur den praktischen Bubikopf schneiden, um beim Frisieren möglichst wenig Zeit zu verlieren. Sie haben die Zeitdisziplin völlig verinnerlicht.[124]

Für die meisten Missionare der Rationalisierung im Privathaushalt soll die neue Religion freie Zeit schaffen: Freizeit zur Selbstverwirklichung der Frau, zur Muße, zum Zusammensein mit der Familie. Die Frau soll sich durch Addition der eingesparten Minuten täglich ein Zeitpolster zulegen, über das sie nach eigenem Gutdünken verfügen kann. Doch dieser Zeitgewinn ist längst verplant für zusätzliche Aufgaben.[125] Was schließlich bleibt, ist neben der Versachlichung des Alltags zunächst ein Mehr an Tätigkeiten. Neue Anforderungen schieben sich vor diese freie Zeit, und aus knochenharter Arbeit wird Hektik. Zudem lassen sich aufgrund der wirtschaftlichen Notjahre viele gutgemeinten Pläne noch nicht realisieren. Andere Vorschläge schockieren die an Nippes und Wohnküche gewohnten Menschen zu sehr, und erst die nachfolgende Generation wird lernen, sich ohne Plüschvorhänge und inmitten von kaltem Chrom wohl zu fühlen. Anfang der 1930er Jahre dagegen zeigen sich die meisten erleichtert, dass sie von den »sogenannten Wohnmaschinen, häuslichen Laboratorien, deren Hebel von weiblichen Monteuren bedient werden, wie sie uns neuerungssüchtige Übertreiber phantasievoll ausmalen«, weitgehend verschont geblieben sind.[126]

Taylorisiertes Essen und Genießen

Die Idee der »schnellen Küche« bleibt nicht auf den Privathaushalt beschränkt. In den zunehmend quirligeren Städten stellt sich auch das Gaststättengewerbe auf die gehetzten und gestressten Esser ein, zumal für viele der in den Innenstädten beschäftigten Arbeiter und Angestellten die Mittagspause nicht ausreicht, um zu Hause eine Mahlzeit einzunehmen. Die kurze Pause, die ihnen Maschine und Stechuhr gewähren, öffnet eine gastronomische Lücke. Um die Jahrhundertwende und in zunehmendem Maße während der Zwischenkriegszeit entstehen zahlreiche nüchtern eingerichtete Selbstbedienungs-Restaurants, die einige wenige Speisen zu festen Preisen anbieten: schnell, preisgünstig und nahrhaft – in einer Zeit steigender Einkommen eine verlockende Alternative zu Henkelmann und Stulle. Den extremsten Ausdruck dieser Schnell-Verköstigung bildet das Automatenrestaurant, das 1896 erstmals auf der Berliner Gewerbeausstellung vorgestellt wird und in der Folgezeit unter dem Slogan »Kein Trinkgeld, bediene Dich selbst, zwanglos, rasch und gut!« in Deutschland und Nordamerika zum Renner wird.[127] Sobald der Groschen gefallen ist, dürfen die atemlosen Esser zugreifen. Ihnen bleibt keine Zeit zu prüfen, ob es schmeckt oder nicht, sie wollen und sollen in möglichst kurzer Zeit satt werden. Viele beklagen diesen »Notwendigkeitsgeschmack« (Pierre Bourdieu), der sie an Kriegs- und Notzeiten erinnert, sowie den Verlust aller Gemütlichkeit. Immer mehr Städter aber akzeptieren diese schnelle Küche als Ausdruck von Dynamik und Modernität. Der Futurist Filippo Tommaso Marinetti bejubelt sie gar als »Ausdruck von Göttlichem«. Wörtlich: »Ich pflege oft zwischen zwei Eilzügen am Bahnhof zu essen; mein Blut springt von der Uhr an der Wand zum dampfenden Teller; die Spirale aus Angst und Erinnerung dreht sich ins Herz. Es muss sofort mit Geschwindigkeit gestärkt werden.«[128]

Als die Zwischenkriegszeit auch bei der Essensaufnahme zum großen Spurt ansetzt, nehmen sich die Macher der neuen Imbisskultur die Fließbänder der Schlachthöfe von Chicago und der Automobilfabriken von Henry Ford zum Vorbild. Sie ordnen rigoros ihr gesamtes Geschäft der Geschwindigkeit unter: die Essenszubereitung, die Essensausgabe und den Essensverzehr. Zuerst installieren sich an den großen Autostraßen der USA Restaurantketten, die ganz auf die Bedürfnisse der Autofahrer zugeschnitten sind. 1921 eröffnet in Wichita, Kansas, das »White-Castle«, das erste Imbissrestaurant der ersten Hamburger-Kette. Hinzu kommen noch in den 1920er Jahren Tausende von Fast Food Stands. Sie wetteifern an der Westküste darum, wer welches neue und wiedererkennbare Produkt mit noch mehr Tempo servieren könne. Der maschinell hergestellte Hamburger wird hier zum Standard für den eiligen Esser und den eiligen Autofahrer, dem findige Ketten alsbald mit der Einrichtung von Drive-in-Restaurants noch zusätzliche Minuten an kostbarer Zeit »schenken«. Nicht nur die Brüder Richard und Maurice McDonald, die 1937 ihr erstes Hamburger-Drive-in im Osten von Pasadena eröffnen, imitieren Ford mit ihrem Speedee-Selbstbedienungssystem, das wie die Fordsche Fließproduktion auf ein standardisiertes Massenprodukt zugeschnitten ist. Jeder einzelne Schritt in Produktion und Verzehr ist präzise durchkalkuliert, jeder einzelne Weg und jede Bewegung der Beschäftigten penibel berechnet, normiert und auf Tempo angelegt, der Gerätepark exakt ausgefeilt. Ein ganz normales Drive-in-Restaurant verwandelt sich so in eine Fabrik für Schnellesser. In der zweiten Jahrhunderthälfte wird dieser Kampf gegen die Zeit bei Einbeziehung der vor- und nachgelagerten Produktionsstufen auch ein Kampf gegen die Grenzen der Natur. Die Aufzucht von Rindern und Hühnern in Massentierhaltung wird durch Futterbeigaben mit Geheimrezepten aus pharmazeutischen Labors deutlich beschleunigt und die Verweildauer der Restaurantbesucher durch speziell geformte Sitzschalen auf ein Minimum reduziert. Auch wird sich das Körpergewicht der Fast Food-Esser deutlich schneller als das der übrigen Bevölkerung erhöhen.

Ebenso gilt es in der Werkskantine, Zeit zu sparen. Auch hier drängen die Rationalisierer zur Eile, und das Ford-System erzielt die beste Zeit. Ein Besucher der Kantine im Ford-Montagewerk in Berlin: »Die Wirkung dieses Systems tritt am besten bei der halbstündigen Mittagspause in Erscheinung. Mit schmutzstarrenden Händen und Gesichtern stürzt alles im Marsch-Marsch-Tempo zur Kantine des Westhafens, wo sogar die Kellner schon vom Fordsystem angesteckt sind. Auf den Tischen befinden sich bereits an bestimmten Plätzen die bestimmten Gläser und Bestecke. [...] Das Essen ist schnell heruntergeschlungen. Der Rest der Pause reicht gerade, um ein Bedürfnis zu verrichten oder, eine Zigarette rauchend, ins Leere zu starren.«[129]

Selbst das Atemholen nach dem Essen wird auf ein Minimum zusammengepresst. Die recht zeitaufwändigen Pfeifen und Zigarren mit ihren langen Vorbereitungs- und Genussphasen müssen der schnellen, nervösen Zigarette weichen – nach einer Zigarettenlänge ist es mit der Gemütlichkeit wieder vorbei. Die Zigarette ist – so Alexander von Gleichen-Rußwurm im Jahre 1914 – »das Kind einer Zeit, in der die Reize flüchtig sind, die Unterhaltung in gedrängter Kürze von dannen eilt, in der ein Augenblick der Erholung kein Verweilen gestattet.«[130] Andere sehen in der Zigarette »eine Passade [...], flüchtig, vorüberhuschend«.[131] Sie gehört »zum Turfleben wie das Glas perlenden Champagners, das in den hastigen Pausen geschlürft wird, um die Nerven zu kühlen. [...] In dieser Luft gedeiht der Sinn für die betäubenden Wolken der Zigarette. Kurzlebig, schnell genossen und schnell wegzuwerfen, wenn die Zunge genug hat.«[132] Die Zigarette erinnert den Raucher schon bald wieder daran, dass er Anderes zu tun hat, dass Zeit Geld ist, dass er sich zu sputen hat.

Immer mehr Menschen inhalieren diesen Beschleunigungsimperativ. Allein in Dresden, der deutschen Zigarettenstadt, produzieren im Jahre 1925 ein paar Maschinen annähernd 25 Milliarden Zigaretten. Wie in nur wenigen anderen Industriezweigen hat die Maschine in dieser Branche die Produktion extrem auf Hochtouren gebracht. Gegen Ende des 19. Jahrhunderts, als noch der Handarbeitsbetrieb vorherrschte, brachte es ein Zigarettenarbeiter täglich auf 1 000 bis 1 200 Zigaretten; Mitte der 1920er Jahre produzieren die neuen Maschinen in acht Stunden 400 000 bis 500 000 Stück. Dagegen werden die Zigarren, neben der Pfeife ein Symbol für die vorindustrielle Bedächtigkeit, weiterhin wie im frühen 19. Jahrhundert in Handarbeit hergestellt. Seit 1933 gilt hier ein Maschinenverbot – im 19. und 20. Jahrhundert ein Unikum.[133]

Zusammenfassung

Überall in der Gesellschaft erscheint wie ein erhobener Zeigefinger der Geschwindigkeitsimperativ – mal als Genuss, mal als ein Muss. Überall in der Gesellschaft bringen kleine versteckte Motoren das Leben auf Hochtouren. Eisenbahn, Elektrische und Automobil beschleunigen den Verkehr, und über allem kreisen bereits die ersten Flugzeuge. Überall in der Wirtschaft wird die Ressource Zeit Schritt für Schritt betriebswirtschaftlich optimiert. Die immer schneller rotierende Fabrikmaschinerie reißt die Arbeiter gnadenlos mit, und der lange Arm der Industrie greift kraftvoll in den privaten Raum hinein. Das Beschleunigungsvirus verschafft sich Eingang in die Geschäfts- wie Privathäuser. Wirtschaftliche Maßstäbe prägen die Gesellschaft – die Wirtschaftsdynamik dringt tief in die Poren der Menschen ein. Der moderne Kapitalismus gleicht nicht nur aus der Sicht von Joseph Schumpeter einem permanenten Wettlauf gegen die Zeit mit den dynamischen Unternehmern als Rennläufern, die sich mit Hilfe von Neuerungen Pioniergewinne sichern, die jedoch unter der Hetzjagd der Konkurrenten nur eine Zeitlang Bestand haben. Ihre Bemühungen um Steigerung der Arbeitsproduktivität ähneln dem Wettlauf zwischen Hase und Igel. Jeder Verbesserung der Arbeitsproduktivität folgt unter dem Druck der Konkurrenz der Zwang zu einer nochmaligen Steigerung. Der Schnelle frisst den Langsamen. Und je kapitalintensiver die Betriebe werden, desto größer die Verluste bei Stillstand; je kapitalintensiver die Fertigungstechniken, um so höher der Wert der Zeit.

Der hektische Bewegungstakt von Wirtschaft und Straße überträgt sich auf den Alltag. Der Mensch internalisiert nach und nach die während der Arbeitszeit übernommenen Gewohnheiten. Unter dem Sturmlauf des wirtschaftlichen Fortschritts verändert sich der Lebensrhythmus – die Zeit läuft schneller. Die Zeiträume füllen und das Leben intensiviert sich. Eine »amerikanische« Nervosität lässt die städtische Gesellschaft vibrieren, erzittern, hasten. Die Vielzahl der Eindrücke, die kontinuierlich auf den Großstadtmenschen niederprasselt, zwingt ihn zur schnellen, flexiblen Reaktion und zu einer neuen Koordination seiner Fähigkeiten. Der Schriftsteller und Feuilletonist Bernard von Brentano schreibt in den 1920er Jahren angesichts des Rhythmus von Berlin: »Alles flimmert und glitzert, die großen und die kleinen farbigen Schaufenster, die Lichter der Lichtreklame, nichts ist beständig, wechselnd wie die Gedanken der Menschen, die alles beleben, wird immer ein Ding wieder vom anderen belebt.«[134] Die Akzeleration des Lebens verändert die Psyche der Menschen, und die Nervosität entwickelt sich zur typischen Krankheit des Großstädters. Sigmund Freud zitiert 1907 in seiner Abhandlung über »Die ›Kulturelle‹ Sexualmoral und die moderne Nervosität« den Heidelberger Neurologen Wilhelm Erb, der über die Städter klagt, sie suchten die »Erholung in gesteigerten Reizen«, und der Psychologe Willy Hellpach analysiert ihr stetiges Hasten als ein »Funktionsgesetz«.[135] Letztlich macht Geschwindigkeit viele krank, deren Sinne sich noch nicht an die neuen, von der Technik veränderten Lebens- und Arbeitsbedingungen angepasst haben.[136]

Manche wehren sich und wollen nicht gehorchen, sie glauben nicht an die Versprechungen, Tempo verkörpere Energie und Daseinsfreude, mache das Leben intensiver und lebenswerter. 1928 wettert der Journalist und Schriftsteller Fred Hildenbrandt gegen dieses Diktat und meint, »die romantischen Menschen [...] stehen gereizt auf wider diese Zeit und das verdammte Tempo, sie wittern misstrauisch den Orkan von Oberflächlichkeit und Verantwortungslosigkeit, der über die Welt hereinzubrechen droht, sie klagen die Kunst an und die Liebe, die Technik und die Politik, sie haben einen einzigen Fehler: sie erinnern sich zuviel. Sie sagen, dass die früheren Zeiten in Wahrheit intensiver waren, dass Tempo nicht ein äußerlicher, sondern ein innerer Begriff wäre, dass [...] das Geldverdienenwollen mit nieerlebter Wucht und Lockung in die Paradiese eingebrochen sei. Sie vermissen das Lächeln in diesem Tempo und behaupten, es sei zum Grinsen geworden«. Andere versuchen die Geschwindigkeitserfolge zu relativieren. Robert Musil im Jahre 1927: »Geschwindigkeiten sind merkwürdigerweise das Konservativste, was es gibt. Trotz Eisenbahn, Flugzeug, Automobil, Tourenzahl, Zeitlupe sind ihre äußeren Grenzen heute noch die gleichen wie in der Steinzeit; schneller als der Gedanke oder der Blitz und langsamer als eine Schnecke ist in der Sprache nichts geworden.«[137]

Dagegen glauben sich die »Kinder dieser Zeit« dem modernen Lebenstempo gewachsen, wobei die »Herrlichkeit des neuen Tempos« für sie darin besteht, »dass neue Brücken in Geschwindigkeit gebaut werden, dass neue Automobile kommen, die schneller fahren als die früheren, dass die Zeitungen heftiger und vielfältiger sind und nun beinahe zu jeder Stunde des Tages erscheinen, [...] dass die Eisenbahnen elektrisch werden, dass die Flugzeuge reizend über alle Ozeane hinwegkommen, [...] das alles ist toll, ist hervorragend, ist nieerlebt, ist neu, ist sensationell, ist Tempo, Tempo, Tempo!«[138] Die ganz profane Ruhe, Entspanntheit und Spontaneität werden zugunsten einer rastlosen, prometheischen Vision aufgegeben, die Zukunft könne durch eine permanente Beschleunigung und Zeitoptimierung gesichert werden. Sie sehen sich unterstützt von der pharmazeutischen Industrie, die Medikamente gegen den Stress entwickelt und suggeriert, jeder könne sich, ohne körperlich Schaden zu nehmen, in die Hände der Geschwindigkeitsmacher begeben.

Die gesteigerte Bewegung, das immer höhere Tempo, die zunehmende Dynamisierung des Lebens werden von den scharfsinnigen Betrachtern als nicht mehr umkehrbare Entwicklung gesehen. Ernst Jünger macht darauf aufmerksam, dass diese vermehrte Bewegung sich nicht nur auf den Verkehr beschränke, der

»die Geschwindigkeit von Geschossen zu erreichen strebt«. Sie ist vielmehr zu beobachten »auf den Feldern, auf denen gesät und geerntet wird, in den Schächten, aus denen man Erz und Kohle bricht [...] Sie arbeitet in tausendfacher Variation an der kleinsten Werkbank wie in den großen Revieren der Produktion. Sie fehlt weder in den Laboratorien der Wissenschaft noch in den Kontoren des Handels, noch in irgendeinem Gebäude der privaten oder öffentlichen Hand. Es gibt keine noch so entlegene Stätte, [...] an der sie nicht hämmert, treibt oder ihre Signale gibt.«[139] Offenbar existieren keine Grenzen für die Nutzung zeitlicher Ressourcen.

Das Tempo verändert die Umwelt und auch die Menschen, die ihre erotischen Beziehungen immer öfter ebenso geschäftsmäßig schnell beenden wie ihre Geschäftskontrakte, die sich die Fähigkeit aneignen, eine Fülle von Eindrücken schnell zu verarbeiten, denen Pünktlichkeit zur zweiten Natur wird, um im Kosmos Großstadt das eigene Leben mit dem der anderen, der Arbeits- und Öffnungszeiten, der Abfahrzeiten und Termine zu synchronisieren, die gezwungen sind, mit kleinen und kleinsten Zeiteinheiten zu rechnen, denen die Pflicht zur Pünktlichkeit fest im Nacken sitzt und sie zur Eile antreibt.[140] Diese modernen Städter, die im »Berliner Tempo« von einem Termin zum nächsten hetzen, demonstrieren mit ihren schnellen Bewegungen auch außerhalb ihres Berufes wirtschaftlichen Erfolg. Wer keine Zeit hat, hat viel Geld, und wer nichtstuend an der Straßenecke steht, ist meist ein Fall für die Fürsorge. Der Zeitmangel reiht sich neben die traditionellen Statussymbole ein. Die Non-Stopp-Gesellschaft ist geboren.

12. Zeit der Künstler

Rasende Bilder

Im 20. Jahrhundert gibt die industrialisierte Welt den Rhythmus des Lebens vor, und die Großstädte pulsieren im Geschwindigkeitsrausch. Sie sind die eigentlichen Metropolen der Dynamik. Vater und Lenker dieser immer rascher rotierenden Welt ist der Kommerz, ist »Gott Business«, wie Hermann Kesser 1929 notiert: »Er arbeitet rastlos an der Steigerung des Tempos und des Verkehrs«.[1] Die meisten Stadtbewohner fühlen sich mit Leib und Seele in diesem quirligen Spannungsfeld gefangen. Sie zeigen sich je nach Temperament und Stimmung beglückt von Vielfalt und Tempo oder gestresst von Hetze und Lärm. Sie verändern eher unbewusst ihre Einstellung und ihr Verhalten, indem sie sich den neuen Gegebenheiten schrittweise anpassen. Dagegen registrieren viele Künstler mit hellwachen Sinnen den Einfluss der neuen technischen Umwelt auf Körper und Geist und reagieren ebenfalls teils ablehnend, teils enthusiastisch auf diesen Teil der Industriellen Revolution, der in der Geschwindigkeit seinen gemeinsamen Nenner findet. Zahlreiche Kunstschaffende reflektieren, praktizieren und testen ununterbrochen die Zeiteffekte der technologischen Zivilisation, finden jedoch erst nach einer langen Experimentierphase kurz nach der Wende zum 20. Jahrhundert geeignete künstlerische Mittel, um sich auf die Dynamik der modernen Welt einzustellen. Indem sie auf die Beschleunigung des Lebens mit den ihnen eigenen Mitteln antworten, tragen sie zugleich zur Stabilisierung und Verinnerlichung des Beschleunigungsimperativs bei.

Geschwindigkeit in der Malerei

Nachdem bereits die Barockkünstler mit dem Mittel der Undeutlichkeit versucht hatten, Bewegung abzubilden, war der Klassizismus wieder zu der alten Starrheit zurückgekehrt. Im 19. Jahrhundert näherten sich Maler wie Adolph Menzel oder Honoré Daumier nur ganz langsam der Eisenbahn als der großen raumgreifenden

Innovation des Industriezeitalters. Selbst die glänzenden Eingangshallen der industriellen Welt – Kaufhäuser, Bahnhöfe, Ausstellungshallen – betraten sie nur selten und mit unverkennbarer Schwellenangst.[2] Auch kamen ihnen nur wenige Mittel zur Darstellung von Geschwindigkeit in den Sinn. Wie schon von Leonardo da Vinci empfohlen, behalfen sich die meisten weiterhin mit Augenblicksdarstellungen, die anhand von Körperhaltung und Muskelspiel eine Bewegung assoziierten, oder sie zeigten allein die Wirkungen eines schnellen Ritts oder eines stürmischen Windes: Staubwolken und wehendes Haar, gebeugte Bäume und aufwirbelndes Laub; hinzu kamen Geschwindigkeitslinien. Schon wesentlich mutiger griff William Turner das steigende Tempo und die kraftstrotzenden Tempomaschinen als Thema auf, indem er das Neue mit schnellem Farbauftrag, flüchtig hingeworfenen Farben und raschen Pinselstrichen auf die Leinwand zu bannen versuchte. Er entdeckte in »Regen, Rauch und Schnelligkeit« die Schönheit der Lokomotive, die fauchend durch den nassen Nebel saust. Er malte mit neuer Technik Phänomene, die bis dahin für unmalbar galten.[3]

Im Impressionismus fand dieser verkürzte Malprozess durch Edgar Degas und Claude Monet seine Vollendung. Die unvollkommen gemalte Form erweckte den Eindruck rascher Bewegung, sie drückte die nicht fixierbare Dynamik in ihrer ganzen Flüchtigkeit aus. Diese Tempo-Malerei zwang den Betrachter nicht mehr, sich auf Details zu konzentrieren, sondern alles zusammen in sich aufzunehmen: Lebewesen und Maschinen, Natur und Licht mitsamt der Unübersichtlichkeit von sich überschneidenden Bewegungen. Die Impressionisten suchten das Vorübergehende im schnellen Wandel der Stimmungen wiederzugeben, so wie es sich in Licht und Farben äußert. Die Verselbständigung des Flüchtigen und Momentanen beförderte die Farbe in den Vordergrund und zwang Form und Gegenstand ins hintere Glied. Die neuen Bilder waren auf Verflüssigung angelegt. Sie ließen die Formen aus flüssigen Farbmassen hervorquellen und setzten sie in Bewegung. Die Tänzerinnen von Degas' »Ballettprobe« kreisten geradezu vor den Augen der zeitgenössischen Betrachter – das ganze Bild drehte sich vor ihren Augen. Hinzu kam eine nie gekannte Fülle an Licht, das vibrierend Bewegung und damit Zeit dokumentierte. Das Licht wurde hier zu einem Schatten der Zeit. Obwohl die Impressionisten nicht mehr nur die Langsamkeit der vorindustriellen Zeit darstellten, sondern auch die Unruhe, Bewegungen und Spannungen der Moderne, standen sie noch in der Tradition des Landschafts-, Genre- und Figurenbildes. Wo sie aufs Land gingen – bis in die 1880er Jahre vornehmlich in die Umgebung von Paris –, betrachteten sie die Natur konsequent mit den Augen des erholungsuchenden Städters. Rauchende Fabrikschlote lediglich am Horizont, ein Eisenbahnzug, der die Landschaft in der Ferne qualmend durchquert, die moderne Eisenbahnbrücke von Argenteuil, die Monet wiederholt auf die Leinwand bannte, aus diesem Blickwinkel interpretierten sie die Welt der Technik. Sie rückten die von Dampf und Rauch umhüllte Eisenbahn mit ihrer starken atmosphärischen Ausdruckskraft ins Bild, so Monet mit seinen Bildern vom Bahnhof St. Lazare, vor allem aber die bewegte Welt der Großstadt mit ihren Cafés und Varietés, ihren Bahnhöfen und Ballsälen, Marktplätzen und Maschinenhallen, Restaurants und Rennbahnen, nicht jedoch die neue Tempomaschine Automobil. Sie dokumentierten eine Welt vor-automobiler Verkehrsmittel,[4] blieben aber nicht unberührt von der aggressiven Neugestaltung der französischen Hauptstadt unter Georges Eugène Haussmann, der seit den 1850er Jahren die mittelalterliche Stadt mit ihren engen, langsamen Gassen aufbrach, durchpflügte, einebnete, der Breschen zur Moderne schlug und jede Kurve vermied, um dem Verkehr des beginnenden Industriezeitalters freie Bahn zu verschaffen, der das Tempo der Großstadt insgesamt ungemein beschleunigte. Die Impressionisten enthielten sich jeglicher Kritik an diesem modernen Tempo, aber auch jeder Verherrlichung. Sie tasteten sich neugierig an die industrielle Beschleunigung heran, waren jedoch von freudiger Anbetung noch weit entfernt.

Ganz anders zu Beginn des 20. Jahrhunderts die Futuristen – sie nehmen die Geschwindigkeit und Nervosität des modernen Großstadtlebens wie im Rausch wahr und zeigen sich vom Schwindel erregenden Tempo und Lärm in den Straßenschluchten genauso fasziniert wie von der modernen Welt der Technik mit ihren hochtourig drehenden Maschinen und der fast bis auf Lichtgeschwindigkeit beschleunigten Nachrichtenübermittlung. Sie stellen sich den großen Themen der Gegenwart – Dynamik, Bewegung, Geschwindigkeit und technischer Fortschritt – und stehen damit im schrillen Gegensatz zu Kubismus und Expressionismus. Sie zeigen sich geradezu elektrisiert vom neuen Klang der Großstadt mit ihrem mahlenden Geräusch von eisernen Getrieben und Kolben sowie dem Kreischen der Räder von Lokomotiven und Schnellbahnen – Stahl auf Stahl. Hinzu kommt die neue Bilderwelt des Alltags: reflektierendes Metall und gläserne Durchsichtigkeit, Farbe und Reklame, eine zunehmende Geschwindigkeit und eine scheinbar schneller dahineilende Zeit. Die Perspektive der Künstler verändert sich. Sie haben fortan Licht und Lärm, Rhythmus und Maschinentakt, Bewegung und Tempo in den Blick zu nehmen.[5]

Wie keine andere Gruppierung singen die Futuristen das Hohe Lied der Geschwindigkeit und erklären Tempo und Beschleunigung zur neuen »Moral-Religion«. Sie treten an, um mit ihrer Kunst die junge Generation beim Anblick von rasenden Maschinen und industriellem Fortschritt in einen lustvollen Begeisterungsrausch zu versetzen. Sie starten einen vehementen Angriff auf die Ver-

gangenheit und wollen die Jugend für sich gewinnen. Ihr Zündkopf und Sprach-
rohr Filippo Tommaso Marinetti im Mai 1916: »Wenn Beten im Kommunizieren
mit dem Göttlichen besteht, so ist Fortbewegung in großer Geschwindigkeit ein
Gebet. Heiligkeit des Rades und der Schienen. Man muss auf den Schienen
knien, die göttliche Geschwindigkeit anzubeten. [...] Unsere Heiligen sind das
Licht und die elektromagnetischen Schwingungen mit 3 x 10^{10} Metern pro Sekunde. Der Rausch der hohen Geschwindigkeiten im Automobil ist nichts ande-
res als die Freude, sich mit der einzigen *Göttlichkeit* vereinigt zu fühlen. Die
Sportler sind die ersten Katechumenen dieser Religion.« Marinetti nennt als
»vom Göttlichen bewohnte Orte« die Züge und die Zugrestaurants, wo man in
Eile essen kann, die Bahnhöfe und die Autorennstrecken, die Kinofilme und die
Telegrafenämter sowie die großen Pariser Modeschöpfer, »die durch die schnelle
Erfindung der Moden die Leidenschaft für das Neue und den Hass auf das schon
Gesehene schaffen«. Und weiter: »Benzin ist göttlich. Religiöse Ekstase der 100-
PS-Motoren. Die Freude beim Schalten von der dritten in die vierte Geschwin-
digkeit. [...] Geschwindigkeit macht gelenkig, sie treibt den Blut-Eisenbahn-
Automobil-Flugzeug-Kreislauf der Welt an.« Er definiert Geschwindigkeit als
»Verachtung aller Hindernisse«, als »Begierde nach dem Neuen und Unerforsch-
ten«, als »Modernität, Hygiene«, dagegen Langsamkeit als »Stillstand, [...]
Sehnsucht nach dem schon Geschehenen, Idealisierung von Müdigkeit und Ru-
he, Skepsis vor dem Unerforschten«.[6]

Die Futuristen machen aus der Geschwindigkeit eine Ideologie des modernen
Lebens, eine neue Religion, der sich alle und alles zu unterwerfen haben.[7] Sie
ziehen die Konsequenzen aus der Veränderung der zeitlichen und räumlichen
Wahrnehmung, die spätestens seit Beginn des Eisenbahnzeitalters erfolgte, sie
ergehen sich in einem Kult der Geschwindigkeit, und sollte er den Tod bringen.
1843 hatte Heinrich Heine noch formuliert: »Durch die Eisenbahn wird der
Raum getötet, und es bleibt uns nur noch die Zeit übrig.« Die Futuristen lassen
den Raum endgültig hinter sich und heben die beschleunigte Zeit auf den Thron:
»Zeit und Raum sind gestern gestorben. Wir leben bereits im Absoluten, denn
wir haben schon die ewige, allgegenwärtige Geschwindigkeit erschaffen.«

Im Jahre 1905 preist Mario Morasso in einem Essay die Schönheit des Automobils und stellt dieses technische Kunstwerk einem Beispiel klassischer Ästhetik gegenüber – der Nike von Samothrake.[8] Marinetti nimmt diesen Vergleich
in sein erstes Manifest von 1909 auf und erklärt die Herrlichkeit der Welt um eine neue Schönheit bereichert, »die Schönheit der Geschwindigkeit«.[9] Radikaler
als andere Künstler reflektieren die Futuristen über die Beschleunigung der Bewegungen, über Schnelligkeit und Dynamismus, über die Revolutionierung des

Nachrichten- und Transportsystems, die fiebrige Hast der Modernität und die Spirale der Beschleunigung in immer neuen Lebensbereichen.[10] Sie fordern vehement und mit viel Klamauk die literarische und bildnerische Umsetzung dieses Dynamismus.

Marinetti und seine Freunde wollen beweisen, dass der technische »Dynamismus« eine ruhig fixierende Wahrnehmung von Gegenständen nicht mehr zulässt. »Los! Machen wir endlich Schluss mit den Porträtisten, den Malern von Interieurs, den Seen, von Bergen! [...] Wir haben sie lange genug ertragen, alle diese impotenten Sommerfrischen-Maler! Machen wir endlich Schluss mit den Marmorpfuschern, deren Werke die Plätze füllen und die Friedhöfe entweihen!«, so heißt es im Manifest der futuristischen Maler.[11] Da alles in Bewegung ist, sich ständig verändert und zum Teil auflöst, geben sie sich nicht mehr damit zufrieden, einzelne Momente auf die Leinwand zu fixieren, sondern versuchen, ganze Bewegungsabläufe samt den damit verbundenen Empfindungen festzuhalten. Für sie gelten als ästhetische Maßstäbe nicht mehr die antiken Venus- und Apollfiguren in verstaubten Museen, sondern Industrieobjekte, Automobile, Flugzeuge und das elektrische Licht. Sie exkommunizieren die antiken Statuen und sprechen die rasenden Industrieprodukte aus Eisen und Stahl heilig. Sie verscheuchen den Frieden der Kontemplation und ersetzen ihn durch den Krieg der Geräusche. Sie heben eine neue Ästhetik aufs Podest, die Ausdruck des Dynamischen und Kurzlebigen wie auch der Intensität des Lebens ist, die wiedergibt, was Henri Bergson »die fließende Dauer« nannte. Sie wollen mit ihrer Malerei beweisen, dass nichts in Raum und Zeit unbeweglich ist, dass – wie Heraklit sagte – »alles fließt«.[12] Dazu im Technischen Manifest der futuristischen Malerei: »Alles bewegt sich, alles fließt, alles vollzieht sich mit größter Geschwindigkeit. Eine Figur steht niemals unbeweglich vor uns, sondern sie erscheint und verschwindet unaufhörlich. Durch das Beharren des Bildes auf der Netzhaut vervielfältigen sich die in Bewegung befindlichen Dinge, ändern ihre Form und folgen aufeinander wie Schwingungen im Raum. So hat ein galoppierendes Pferd nicht vier, sondern zwanzig Beine, und ihre Bewegungen sind dreieckig.«[13]

Mit markanten Strichen beziehen sie eine deutliche Gegenposition zu den Impressionisten, die nach ihrer Meinung lediglich einen bestimmten Augenblick wiederzugeben versuchen, während sie selbst alle Bewegungen der Zeit, des Ortes, der Form und der Farbe in einer Synthese zusammenfassen und das wahre Leben malen, das heißt die Bewegung.[14] Umberto Boccioni notiert in seinem Tagebuch: »Ich spüre, dass ich das Neue, die Frucht unseres industriellen Zeitalters malen will!« Wenig später verkündet er, bald auch das Unsichtbare zu veranschaulichen – nicht mehr die Natur und die menschlichen Formen, sondern die

Vibrationen, die Geschwindigkeit der Formen und den Rhythmus des in Bewegung befindlichen Gegenstandes.[15] Carlo Carrà geht noch einen Schritt weiter und fordert eine Malerei der Töne, Geräusche und Gerüche, da das moderne Leben »dynamisch, tönend, geräuschvoll und duftend« ist. Er verlangt nach einer Malerei mit einem »Rot, Rooootttt, Knallroooootttttt, das schreit«, er fordert »alle Farben der Geschwindigkeit, [...] der Music-Halls, alle Farben der Bewegung, die zeitlich, aber nicht räumlich gefühlt werden.«[16]

Die Futuristen sind aller Tradition zum Trotz gewillt, die Bewegung und das Tempo der modernen Welt ins Bild rücken, und zielen mit dem Revolver auf den romantischen Mondschein. Dazu Umberto Boccioni: »Es handelt sich also darum, eine Form zu finden, die Ausdruck dieses neuen Absolutums ist: *der Geschwindigkeit*, die ein wirklich moderner Mensch nicht unberücksichtigt lassen kann. Es handelt sich darum, die Aspekte zu untersuchen, die das Leben in der Geschwindigkeit und in der aus ihr folgenden Simultanität angenommen hat.« Und weiter: »Bis heute haben die Menschen die Veränderungen beobachtet, die der Wind in den Pflanzen, der Landschaft, den Gewändern usw. hervorruft. Sie haben noch nicht beachtet, dass die Eisenbahnzüge, die Autos, die Fahrräder und die Flugzeuge die beschauliche Auffassung von der Landschaft über den Haufen geworfen haben.«[17] Sie sollten dagegen niederknien vor der »ganz neuen Schönheit der schnellen Lastwagen, die mit gewaltigem Getöse, aber sicher und atemberaubend dahinfahren«.[18]

Die Futuristen fordern ihre Malerkollegen mit schrillen und polemischen Worten auf, endlich die Konsequenzen aus der Veränderung der räumlichen und zeitlichen Wahrnehmung zu ziehen und die rauschhafte Allgegenwart der Geschwindigkeit ins Bild zu bringen und mutiger als bisher auf das moderne Leben zu reagieren. Sie wollen die Kunst beschleunigen und sie auf die Höhe des Kräftespiels bringen, das die moderne Technik vor aller Augen inszeniert. Sie höhnen über die zögerliche Auseinandersetzung der meisten Maler mit Industrie und Technik, Arbeit und städtischer Zivilisation sowie der Beschleunigung des Lebens und gehen ihnen an den Stehkragen.

Angeregt durch die Fotografien von Ernst Mach, der 1884 mit Hilfe von kürzesten Belichtungszeiten extreme Geschwindigkeiten, so die Luftbewegungen um eine fliegende Gewehrkugel, sichtbar machte, malt Luigi Russolo im Jahre 1911 »Dynamismus eines Automobils« – das Auto als Projektil, das mit maximaler Geschwindigkeit, höchster Präzision und funkensprühenden Reifen pfeilgerade seinem Ziel entgegenrast, das mit der Kühlerhaube die rotglühende, blutfarbene Luft rücksichtslos, gewaltsam und in einer alles vernichtenden Geschwindigkeit zur Seite pflügt – eher Geschoss als Fahrzeug, mehr bedrohlicher

Abbildung 18: Marcel Duchamp: Akt, eine Treppe hinabsteigend (1912)
© Succession Marcel Duchamp / VG Bild-Kunst, Bonn 2003

Bolide als gemütliches Gefährt – Tempo tötet.[19] Auto und Flugzeug werden zu
den rasanten Idealvehikeln futuristischer Ideenflüge. Dabei bleibt die Chronofotografie von Eadweard Muybridge und Etienne-Jules Marey mit ihren bewegungsanalytischen Elementen nicht ohne Einfluss auf diese Maler.[20] Zeitgleich
mit Russolo malt Marcel Duchamp »Dulzinea« und einige Monate später den
»Akt, eine Treppe herabsteigend, Nr. 2« (Abb. 18). Kurz darauf greift auch Giacomo Balla diese Ideen auf. Seine Gemälde »Hand des Geigenspielers«, »Mädchen, das über den Balkon läuft« – beide aus dem Jahre 1912 – und ein Jahr später »Flug der Schwalben« orientieren sich stark an Mareys Mehrfachbelichtungen. Balla versucht zunächst die ruhige, gemessene, gleichmäßige Bewegung auf
der Leinwand festzuhalten – nicht die Hetze oder das wilde Tempo. Ab 1913 legt
er unter dem Eindruck des Großstadtverkehrs in Rom einen Gang zu, erhöht in
einer Serie von zwanzig Bildern zum Thema »Dynamische Penetrationen eines
Automobils« kontinuierlich die Geschwindigkeit und steigert sich im Anblick
der aggressiv dahinrasenden Autos, der kreisenden Bewegungen ihrer Räder, der
vorbeihuschenden Umgebung sowie des ohrenbetäubenden Lärms und der benzingeschwängerten Luft in einen zunehmenden Geschwindigkeitsrausch, den er
mit dynamischen Spiralbewegungen und »tosenden« Farben wiederzugeben versucht. Bei ihm verschwinden die starren Formen der Materie, um allein den Spuren der Energie Platz zu machen.

Mit ihrer ersten Ausstellung im Jahre 1912 in Paris, die anschließend auch in
London, Berlin, Brüssel, München, Frankfurt, Zürich, Wien und anderen Städten
zu sehen ist, grenzen sich die Futuristen mit großem Nachdruck von den »Post-Impressionisten« und Kubisten wie Picasso, Braque und Léger ab und werfen
ihnen vor, sich auf »das Unbewegliche, das Erstarrte und alle statischen Zustände der Natur« zu versteifen. »Wir dagegen suchen mit völlig zukunftsträchtigen
Gesichtspunkten einen Stil der Bewegung, was vor uns niemals versucht worden
ist.«[21] Sie kritisieren an Picasso, dass er seine Figuren seziert und zerstückelt,
dass er versucht, aus anatomischen Teilen ein Lebewesen zusammenzusetzen,
aber lediglich tote, einbalsamierte Wesen auf die Leinwand bringt.[22] Sie dagegen
thematisieren Bewegung – Carlo Carrà mit »Die rüttelnde Droschke«, Umberto
Boccioni mit »Die Straße dringt ins Haus«.

Zeitgleich mit den Futuristen zeigen sich einige Pariser Kubisten überwältigt
von der großstädtischen Bilderflut, die mit ihren grellen Farben und schreiender
Werbung, ihren Lärmkaskaden und hektischen Bewegungen auf den Betrachter
niederprasselt. Robert Delaunays drei Versionen von »L'équipe de Cardiff« zeigt
»Magic Paris« als brodelnde Großstadt mit Eiffelturm, Flugzeug, Riesenrad,
Sportlern und Reklame – ein wirres Durcheinander von Bewegungen – ein be-

rauschendes Großerlebnis von tumultuöser Hektik – Unruhe pur. Seine »Hommage à Blériot« versteht sich als Anbetung der modernsten Technik, und die rasenden Flugzeugmotoren lassen die Menschen engelsgleich den Eiffelturm umfliegen.[23] In Deutschland finden die Expressionisten, vor allem Ernst Ludwig Kirchner, eigene Stilmittel, um die Dynamik der Großstadt zum Ausdruck zu bringen: »Kraftlinien« und hektische Pinselschraffuren. Ludwig Meidners Stadtlandschaften explodieren geradezu von Energie.

Als unter dem Eindruck des Ersten Weltkrieges, der russischen Oktoberrevolution sowie der Novemberunruhen, des Spartakusaufstands, der faschistischen Putschversuche und der Inflation die Kunstszene von revolutionärer Unruhe erfasst wird und eine Fülle neuer Stilrichtungen hervorbringt, reflektieren diese verschiedenen »Kunstismen« nicht mehr so sehr die Beschleunigung der Arbeits- und Alltagswelten als vielmehr die politische Zeitenwende mit ihrer Hektik der Revolutions- und Nachkriegssituation. Die »Novembergruppe« um Max Pechstein und Georg Tappert beginnt ihr Manifest mit dem Bekenntnis: »Wir stehen auf dem fruchtbaren Boden der Revolution. Unser Wahlspruch heißt: Freiheit, Gleichheit, Brüderlichkeit!« Die Vertreter des linken Flügels dieser Gruppe schockieren in ihrer kämpferischen Gesinnung mit aufreizenden und krassen Darstellungen aus der Welt des Lumpenproletariats sowie der skrupellosen Kriegsgewinnler, Raffkes und Schieber. Georg Scholz porträtiert 1920 die »Industriebauern«, die trotz ihres unerschütterlichen Glaubens an Kirche und Kaiser bereits im Banne der neuen Religion des industriellen Fortschritts und der beschleunigten Produktion stehen. Überall suchen Künstler nach einem neuen Bezug zum Leben. In einem schrillen Happening agieren die Dadaisten mit Klamauk gegen jegliche Kunst, verhöhnen angesichts der modernen Fotografie die Malerei als mühselige »Pinselei« und preisen statt dessen Foto, Maschine und moderne Technologie. Mit ihrer »mechanischen Malerei« wollen sie sich erholen von der »Terpentinvergiftung« der Galeriemaler. Wieland Herzfelde polemisiert gegen das zeitraubende Malen von Körpern, Blumen und Landschaften und fordert die Künstler auf, zur Schere zu greifen und aus fotografischen Darstellungen im Handumdrehen alle Dinge auszuschneiden, die sie benötigen. Für George Grosz und John Heartfield haben im Zeitalter von Turbine, Elektrizität und Automobil Pinsel und Leinwand ihre Berechtigung verloren – sie lassen die »Maschinenkunst« hochleben. Gleichzeitig präsentiert Raoul Hausmann seine berühmte Dada-Collage »Tatlin at home« – einen Mann, der nichts als Maschinen im Kopf hat.[24]

Andere lassen sich anregen durch die auf Fotoplatten gebannten Lichtkurven, die Frank B. Gilbreth bei seinen Zeit- und Bewegungsstudien mit Hilfe von

Glühlampen produziert, die er an den sich bewegenden Körperteilen befestigt hat. Im Gegensatz zu den Futuristen, welche die Bewegung in einzelne Phasen zerlegen und die Bewegungsschritte in ihrer Abfolge darstellen, konzentrieren sich wieder andere darauf, die Bewegungsform selbst zum Ausdruck zu bringen. Vor allem Paul Klee zeigt in seinen Arbeiten ab 1920, dass alles aus Bewegung heraus entsteht – aus Bewegung und durch Bewegung. Er übersetzt Bewegung in Zeichen und Symbolen, in seinen vielfältigen Möglichkeiten knapp und zusammenfassend dargestellt in seinem »Pädagogischen Skizzenbuch« aus dem Jahre 1925. Joan Miró folgt ihm wenige Jahre später.[25]

Währungsstabilisierung und wirtschaftlicher Aufschwung glätten auch in den Kreisen der Künstler die revolutionären Wogen und lassen die künstlerische Unruhe der unmittelbaren Nachkriegsjahre als Ekstase und Chaos erscheinen. Mit der Neuen Sachlichkeit flaut die Aggressivität ab, und es kehren Ruhe und Nüchternheit in die Malerei ein. Es setzt sich die Erkenntnis durch, dass die Futuristen mit ihrer »spiraligen«, gehetzten und abstrakten Malweise nur vordergründig das moderne Leben wiederzugeben vermögen, dass sich in Hetze und Raserei nur die Folgen der Technisierung des Lebens zeigen. Dagegen versuchen die Vertreter der Neuen Sachlichkeit mit ihren kühlen, unorganisch-erstarrten Bildern von metallischer Härte, die Dominanz der Technologie über den Menschen in der Zeit der Rationalisierung und Standardisierung aufzuzeigen und den Technikkult wie die Maschinenschwärmerei anzuprangern. Sie verherrlichen Effizienz und Klarheit, Reinheit und Tempo der modernen, von den Maschinen geprägten Lebenswelt, ergehen sich in einem quasireligiösen Technikkult, warnen aber auch vor der Kälte und der alles unterjochenden Kraft der Maschinenwelt. Menschen erscheinen in diesen Stillleben als stumme und wehrlose Gefangene eines künstlichen Kosmos aus Röhren und Gitterwerken, dirigiert von Maschinen und elektrischen Apparaten, fast erdrückt von den Konstruktionen des Fortschritts aus Eisen und Beton, umklammert von den Produkten der beschleunigten Massenfabrikation, bombardiert mit allen nur möglichen Botschaften – Marionetten ihrer eigenen Schöpfungen. Karl Grossberg, Georg Scholz, Christian Schad, Franz Radziwill oder Oskar Nerlinger lassen mit ihrem magischen Realismus die Betrachter ihrer Bilder frösteln angesichts dieser »schönen neuen Welt«. Die Piktogramme von Gerd Arntz über Arbeiter und Fabrik sowie die »Arbeitsmänner« von Franz Wilhelm Seiwert zeigen in harten Linien die Entindividualisierung des Menschen durch die neuen Arbeitstechniken vor dem Hintergrund von Fließband und Uhr.[26] Wenn die Maschinen in Gang gesetzt werden, beginnen die Menschen Hand in Hand mit Rädern und Walzen zu rotieren, sie stehen unter Strom wie die Motoren und Apparate. Die Betrachter erkennen sich selbst.

Gleichzeitig propagieren in Italien die neuen Vertreter des Futurismus zu Füßen der alles »beherrschenden Gottheit« der Maschine eine »Industrialisierung der Kunst«. Sie schwärmen wie die Gründungsväter der Bewegung vom Heulen der Sirenen, von Schwungrädern und Zahnrädern, vom Geruch von Schmieröl und vom Ozonduft der Elektrizitätswerke: »Wir fühlen wie Maschinen, wir fühlen uns aus Stahl erbaut, auch wir Maschinen, auch wir mechanisiert!« Andere versuchen sich weiterhin an einer Darstellung von Tempo und Dynamik, so Gerardo Dottori mit seinem Triptychon der Geschwindigkeit aus dem Jahre 1926/27 oder Tullio Crali mit den »Kräften der Kurve« drei Jahre später. In den 1930er Jahren entwirft Fortunato Depero für die Casa del Fascio in Genua große Wandreliefs mit dem »vervielfältigten Menschen« als gut geöltem Rädchen in der gigantischen Maschinerie industrieller Komplexe.[27]

Ebenfalls Anfang der 1930er Jahre wendet sich die zweite Generation der Futuristen erneut dem »gottgleichen« Fliegen zu, das bereits Marinetti vor dem Ersten Weltkrieg fasziniert hatte. Die jungen Künstler sehen, angeregt durch die immer neuen Geschwindigkeitsweltrekorde, im Flugzeug das zukünftige Symbol von Geschwindigkeit und formen mit ihrer Aeromalerei eine neue Sicht der Welt. Sie geben sich in ihren Darstellungen von Tempo und Dynamik nicht mehr erdverbunden, sie bringen nicht mehr die Geschwindigkeit von Automobilen auf die Leinwand, sondern drehen Loopings hoch über den Städten. Im Katalog zur ersten Ausstellung der Flugmalerei im Jahre 1931 in Rom erklären sie, dass »die Elemente dieser neuen Wirklichkeit keine feste Basis haben, sondern sich auf die dauernde Bewegung selbst gründen, dass der Maler nur beobachten und malen kann, wenn er selbst an der Geschwindigkeit teilnimmt«.[28]

Im selben Jahr präsentiert Salvador Dalí sein Gemälde »Die Beständigkeit der Erinnerung« – verbogene und zerfließende Uhren in der Landschaft. Manche verstehen diese surrealistisch-irrationalen Bildphantasien als Protest gegen die Diktatur des beschleunigten Zeittaktes, als stumme Schreie gegen die chronologische Zurichtung des Alltags. Ähnliches gilt für Joseph Beuys Objekt »2 Wurfkreuze mit Stoppuhren auf Pflockkreuz« von Anfang der 1950er Jahre.[29]

Geschwindigkeit in der Bildhauerei

Gleichzeitig mit den Malern versuchen auch Bildhauer, ein Höchstmaß an Dynamik und Bewegung in ihre Skulpturen einzumeißeln. Sie modulieren Bewegung – Bewegung der Skulptur im Raum und gleichzeitig innere Bewegung. Die festen Formen der traditionellen Plastiken lösen sich auf, und es entstehen flüchtige, kaum fassbare Figuren aus neuen, oft ganz unterschiedlichen Materialien. Die Künstler stellen den Menschen nicht mehr als Standbild isoliert in seine Umwelt mit Tieren und Pflanzen als dekoratives Beiwerk, sondern bringen die vielfältigen Bewegungen dieser ganzen Teilwelt »in die Muskellinien eines Körpers« ein, wie Umberto Boccioni formuliert. »So kann aus der Achselhöhle eines Mechanikers das Rad eines Triebwerks hervorragen, so kann die Linie eines Tisches den Kopf des Lesenden durchschneiden«. Die Skulpturen von Boccioni brechen die Figuren auf und öffnen der Umwelt einen Zugang in deren Inneres. Die Bildhauer der Schnelligkeit suchen nicht mehr nach der idealen Harmonie bei der Darstellung des Menschen, sondern zeigen auch extreme Situationen und Augenblicke, das Fragmentarische und Unabgeschlossene, den Torso.[30] Das futuristische Auge wendet sich voller Ekel von der Kunst der akademischen Aktdarstellung ab, »die ihre emotionelle Funktion erst ausüben kann, wenn sie einen Mann oder eine Frau völlig ausgezogen hat«, so Boccioni. Auch für die Bildhauerei geben die Futuristen die neuen Themen vor: die Welt der Technik und Geschwindigkeit, nicht die »blinde und törichte Nachahmung der aus der Vergangenheit ererbten Formeln«. Sie erweitern den Themenkatalog um völlig neue Welten: »Wir dürfen nicht vergessen, dass das Tick-Tack und die sich drehenden Zeiger einer Uhr, das Auf und Ab eines Kolbens in einem Zylinder, das Ineinandergreifen von Zahnrädern mit dem ständigen Erscheinen und Verschwinden ihrer stählernen Zähne, dass die Wucht eines Lenkrades oder der Wirbel eines Propellers alles bildnerische und malerische Elemente sind, deren sich eine futuristische Plastik bedienen muss. Das Öffnen und das Schließen eines Ventils schafft einen ebenso schönen, aber unendlich viel neueren Rhythmus als der des Augenlides eines Tieres!«[31] Auch die Drahtplastiken des Ingenieurs Frank B. Gilbreth, mit denen er seine Bewegungskurven von den Fotoplatten in eine räumliche Form überträgt, regen offenbar die Künstler an und lassen sie bei der Darstellung von Bewegung zum gleichen Material greifen.[32]

Geschwindigkeit in der Fotografie

Malern und Bildhauern geht es schon lange nicht mehr um eine passgenaue Abbildung der Realität. Seitdem die »Lichtmalerei«, also die Fotografie, ihnen in dieser Hinsicht den Rang abgelaufen hat, versuchen sie mit immer neuen Techniken und Stilmitteln Stimmungen, Gefühle, Wirkungen und auch Bewegungen einzufangen – das Leben in seinen vielfältigen Dimensionen. Aber auch die Fotografen wollen sich nicht in der Rolle von Registriertechnikern nur mit Augenblicksdarstellungen, mit Schnappschüssen zufrieden geben, wobei die langen Belichtungszeiten in den Anfangsjahren dieser Technik nur Standbilder zulassen – eine erstarrte, mumifizierte Welt, die nicht wagt, Atem zu holen. Die Heliografie von Joseph Nicéphore Niépce, der 1826 mit seinen Experimenten beginnt, benötigt noch zwischen sechs und acht Stunden Belichtungszeit für eine Naturaufnahme. Louis Jacques Mandé Daguerre kommt mit 15 Minuten aus, und gegen Ende des Jahrhunderts sind seit der Chronofotografie von Etienne-Jules Marey Belichtungszeiten von 1/1000 Sekunden möglich.[33] Mit Verbesserung der Technik entstehen im letzten Viertel des 19. Jahrhunderts Momentaufnahmen, die suggerieren, sie könnten den Lauf und die Rasanz der modernen Welt anhalten und die Geschwindigkeit annullieren. Aufnahmen von Blitzen und Tornados finden den Beifall des Publikums. Die Kamera lässt den Reiz des flüchtigen Blicks und des überraschenden Blickwinkels entdecken.

Gleichzeitig beginnen bereits vor Erfindung des Films die Bilder zu »laufen«. Als es den ersten Fotografen gelingt, Bewegungen und Bewegungsabläufe einzufangen, eröffnet sich den Betrachtern eine völlig neue, faszinierende Welt, die auch die Malerei verändert. Technisch versierte Fotografen entwickeln Kameras, mit denen sich der Augenblick zerlegen und die Zusammensetzung von Bewegungen bis in den Bruchteil einer Sekunde hinein festhalten lässt. In Kalifornien beginnt im Jahre 1872 der englische Fotograf Eadweard Muybridge auf Betreiben von Leland Stanford, dem Präsidenten der Central Pacific Eisenbahn-Gesellschaft, mit der Ablichtung von galoppierenden und schnell trabenden Rennpferden. Bis zum Jahre 1878 entwickelt Muybridge eine Methode, um ein vorbeilaufendes Pferd mit Hilfe von zwölf nebeneinander postierten Kameras, die kurz nacheinander ausgelöst werden, in seinen einzelnen Bewegungsphasen auf Fotoplatten zu fixieren. Technische Voraussetzungen dieser »Moment-Fotografie«, die für das menschliche Auge nicht mehr erkennbare schnelle Bewegungen festhält, sind kürzeste Belichtungszeiten. Seine frühen Fotos versieht Muybridge mit exakten Angaben über die Geschwindigkeit der aufgenommenen Pferde. Bewegungsstudien von anderen Tieren und auch von Sportlern mit bis zu 42 Kameras schließen sich an. Sie gehen um die staunende Welt. Nie zuvor ist der Augenblick derartig zertrümmert worden. Mehrjährige Vortragsreisen in Amerika und Europa über »Die Haltung von Lebewesen in Bewegung« folgen. Zur Vorführung der einzelnen Bildsequenzen bedient sich Muybridge der rotierenden »Wundertrommel«, des von ihm so benannten »Zoopraxinoskops«, das durch die schnelle Aufeinanderfolge der einzelnen Bilder eine fließende Bewe-

Abbildung 19: Etienne Jules Marey: Radfahrer

gung vortäuscht. Diese Bewegungsserien sorgen auf der Weltausstellung von Chicago 1893 für die erste kinematische Sensation.[34]

Angeregt durch die Studien von Muybridge versucht im Jahre 1882 auch der französische Arzt und Physiologe Etienne-Jules Marey, schnelle Bewegungen in ihren einzelnen Phasen auf Papier festzuhalten, Zeit und Raum offen zu legen. Dazu »schießt« er zunächst mit einer Gewehrkamera, einer »fotografischen Flinte«, in der eine runde Fotoplatte rotiert, innerhalb von einer Sekunde zwölfmal auf fliegende Vögel. Das Resultat ist wenig zufriedenstellend – vor dem hellen Hintergrund des Himmels sind die Vögel nur unscharf als kleine schwarze Gebilde zu erkennen. Noch im selben Jahr ändert Marey seine Technik, fotografiert mit feststehender Kamera in rascher Folge bei kleinsten Belichtungszeiten die Bewegungen weißgekleideter Personen, heller Tiere oder springender Bälle vor einem schwarzen Hintergrund und fixiert die gesamte Folge von Bildern auf einer einzigen Platte (Abb. 19). Er komprimiert den gesamten Bewegungsablauf auf einem einzigen Bild, nicht mehr wie Muybridge auf zwölf bis 42 Fotos. Zeitweise arbeitet er mit vier Apparaten zur Erfassung der Bewegung in allen Raumdimensionen. Als »Ingenieur des Lebens« zeigt Marey nebeneinander die verschiedenen Stufen des Bewegungsablaufs beim Weitsprung: Anlauf, Absprung, Flug, Landevorbereitung und Landung, auf einem anderen Anflug und Landung eines Silberreihers.[35]

In den folgenden Jahren bedienen sich zahlreiche Wissenschaftler dieser Chronofotografie, so der Physiker Ernst Mach, der 1884 in Prag erfolgreich den Flug einer Pistolenkugel festhält.[36] Während Muybridge und Marey nur unscharfe Bilder von den sich bewegenden Körpern herstellen können, die eher Schattenrissen gleichen, präsentiert der deutsche Fotograf Ottomar Anschütz ab 1885

Reihenaufnahmen von vorher nie gesehener Schärfe. Auch entwickelt er ein Vorführgerät – »Schnellseher« genannt –, um die starren Einzelbilder wieder in Bewegung zu setzen. 1888 konstruiert er zudem eine Hochgeschwindigkeitskamera und hält im Auftrag des deutschen Kriegsministeriums auf dem Artillerieschießplatz der Firma Krupp den Flug von Kanonenkugeln fest.[37] Muybridge, Marey, Mach und Anschütz reißen schnellste Bewegungen aus ihrem zeitlichen Verlauf heraus; sie zeigen die Schönheit der Geschwindigkeit und entmystifizieren sie zugleich. Sie nehmen den Film vorweg. Sie korrigieren zahlreiche Fehler, die allen Malern, Grafikern und Bildhauern bei der Darstellung der verschiedenen Gangarten der Pferde unterlaufen waren. Edgar Degas und andere nutzen die Fotos von Muybridge und Marey für ihre Darstellungen von Tänzern und Pferden. Degas ist der Erste, der Bewegungen wissenschaftlich malt.[38] Auguste Rodin setzt die Vorteile der Malerei und Bildhauerei dagegen. Nach seiner Meinung lügt die Fotografie, »denn in der Realität steht die Zeit nicht still«, so Rodin wörtlich. Es müsse dem Künstler gelingen, »den Eindruck einer Geste zu vermitteln, die in mehreren Augenblicken ausgeführt wird«, dann gebe er die Realität wahrheitsgetreu wieder, während die Fotografie die Zeit jäh unterbreche.[39]

Wenig später lernen die Bilder auf ganz andere Art zu laufen, und der Film demonstriert mit Zeitraffer, Zeitlupe und Standbild, dass er über die besseren technischen Mittel verfügt, um Bewegungsvorgänge, ob langsam oder schnell, anschaulich zu machen. Der Fotoapparat hat fortan bei der Darstellung von Geschwindigkeit zwar nicht ausgedient, ist aber eindeutig ins zweite Glied gedrängt. Allein als Wegbegleiter des Automobils dokumentiert er weiterhin die Dynamik der modernen Welt. Fotos der Jahrhundertwende von den ersten Autorennen liefern mit ihren Verwischungen und Unschärfen unfreiwillig gelungene Inszenierungen des Tempos.[40] Erst in der Zwischenkriegszeit erlebt der Fotoapparat eine Renaissance bei der Darstellung von Geschwindigkeit. Jetzt aber kommen die Anstöße nicht von Forschern, sondern von Bildreportern, die die Atmosphäre des quirligen Großstadtlebens auf die Platte bannen. Sie zielen mit ihren Objektiven aus fahrenden Autos oder verlängern die Belichtungszeiten, um verschwommene Impressionen vom großstädtischen Tempo zu liefern. Sie zeigen eine Frau mit wehenden Haaren am Steuer eines fahrenden Kabrios: »Mit dem Wind um die Wette«. Als Sportfotograf lässt Tim Gidal 1931 mit schwindelerregenden Fotos aus Flugzeugen die Leser von Illustrierten teilhaben an den Rauschzuständen der neuen Helden der Geschwindigkeit. Seine rasante Bildfolge über die Schau- und Kunstflüge von Ernst Udet vermittelt einen Eindruck von den Gefühlen dieses ehemaligen Jagdfliegers, wenn dieser sich aus großer Höhe mit Loopings und Rollen auf die Zuschauer hinabstürzt – »Udet trudelt«, rotiert,

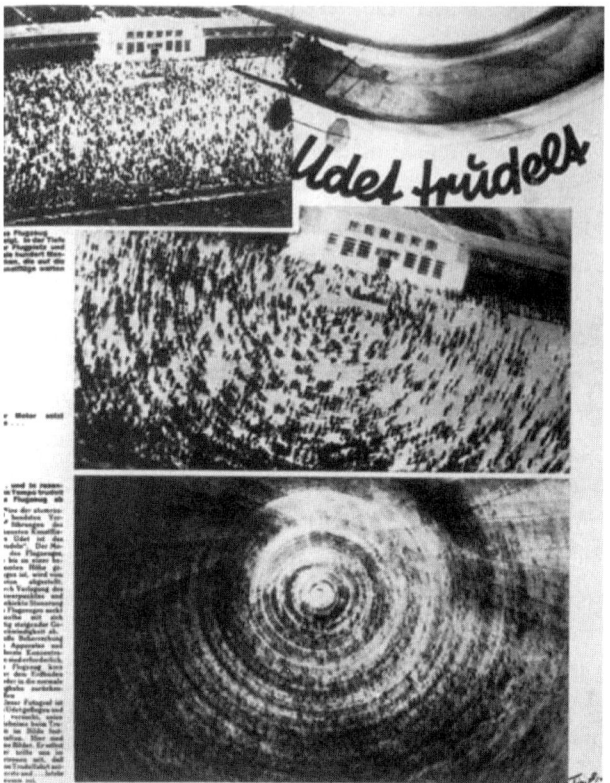

Abbildung 20: Tim Gidal: »Udet trudelt«

strudelt (Abb. 20). Der moderne Sport liefert die dynamischsten Bilder. Moholy-Nagy zeigt einen Motorradfahrer, eins mit seiner Maschine, mehr Ungeheuer als Mensch, ein Donnerkeil aus Stahl, der bedrohlich auf den Betrachter zujagt. Mit Collagetechniken demonstriert er die Allgegenwart des modernen Tempos. Diese neue Bildsprache vermag am Ende der Weimarer Republik die Geschwindigkeit bereits besser zum Ausdruck zu bringen als tausend wohlgeformte Worte.

Geschwindigkeit im Film

Die Filmemacher versuchen mitzuhalten, soweit es die anfangs noch unvollkommene Technik erlaubt. In Paris gelingt es den Brüdern Lumière, das Problem des Filmtransports zu lösen, indem sie den Transportmechanismus der Nähmaschine auf den Filmprojektor übertragen. Sie erhöhen die Geschwindigkeit der Bildfolge, sodass das menschliche Auge nicht mehr Schritt halten kann und die einzelnen Bilder nur noch verschwommen, in Bewegung sieht. In ihren berühmten Vorführungen im Salon Indien des Grand Café zeigen sie ab 1895 Bewegung und nochmals Bewegung: Arbeiter beim Verlassen der Fabrik oder den berühmten Film »Ankunft eines Zuges auf dem Bahnhof von La Ciotat«, der bei den ersten Kinobesuchern Panik hervorruft, da sie glauben, von der Lokomotive überfahren zu werden. »Das Bild ist zum Leben erwacht«, schreibt Max Gorki, der einer der ersten Vorführungen beiwohnt. Die Kameraleute präsentieren zunächst in kurzen Sequenzen die vielfältigen Möglichkeiten des neuen Mediums, auch für wissenschaftliche Zwecke. Der deutsche Filmpionier Oskar Messter konstruiert an der Wende zum neuen Jahrhundert eine Hochfrequenzkamera, um eine fallende Katze in Zeitlupe zu zeigen. Die Masse der Zuschauer zieht es jedoch vor, Tempo in anderer Form zu konsumieren. Wenn tölpelhafte Polizisten in nie gesehener Geschwindigkeit hinter Wurstdieben herjagen und eine Spur der Verwüstung hinterlassen, bleibt kein Auge trocken. Die dynamische Bewegung im Raum wird zum Nonplusultra für filmisches Inszenieren: fahrende Autos, rennende Menschen, rasende Hunde, galoppierende Pferde. Nach dem Ersten Weltkrieg wird der Filmtheoretiker Béla Balázs anmerken, der Film habe gegenüber der Bühne den Vorteil, Bewegung und Tempo als Ausdrucksmittel nutzen zu können: »Das große Erlebnis der Schnelligkeit kann nur im Film dargestellt werden«.[41] Das »nervöse Zeitalter« lässt sich lustvoll von seinem eigenen Tempo unterhalten. Die Menschen wollen Geschwindigkeit sehen, auch wenn sie diese noch nicht selbst am Steuer eines Automobils »erfahren« können.[42]

Nicht wenige Schriftsteller zeigen sich vom frühen Kurzfilm und dessen Vorliebe für Zeitraffer, Zeitdehnung, Rückwärtslauf, Stoptrick, Montagen und erste Kameraschwenks fasziniert. Für sie sind die Schnittfolgen und Zeitsprünge, die abrupten Wechsel und bewussten Lücken, die Zerstückelung von Raum und Zeit sowie die Ausschaltung der natürlichen Zeit ein dynamisiertes Abbild der modernen Verkehrs- und Wahrnehmungsrevolutionen sowie der modernen Großstadt, in der die Nacht zum Tag wird. Für sie gilt die Kinematografie als die große Illusion, dem Fluss der Zeit habhaft zu werden. Keine Kunst ist metaphorisch mehr mit Begriffen von Zeitlichkeit aufgeladen als der Film. Mit leuchtenden Augen verfolgen Künstler die Wirkungen, die sich aus den ständig veränderten Standorten der Kamera ergeben. Die bewegten Lichtbilder mit ihren ruhelosen Wechseln von Optik und Perspektive, Montagen und Zeitsprüngen interpretieren sie ebenso wie das nervöse Geflimmer des Films als ein getreues Abbild der Großstadtdynamik, der modernen Nervosität mit ihren vielen Turbulenzen und des atemlosen Tempos des urbanen Lebens. Im Film verliert der Raum seine Statik und die Zeit ihre unumkehrbare Richtung. Das Frühere lässt sich mühelos in das Später verlagern, das Spätere an den Anfang. Alles ist möglich, sogar der Sprung über ganze Lichtjahre hinweg. Der Film hetzt den Betrachter, lässt ihn nicht bei einem Bild verweilen. Der Schriftsteller Ferdinand Hardekopf sieht im Jahre 1910 in der »Rapidität« der von schnellen Schnitten vorangetriebenen Filmhandlung das kongeniale Darstellungsmittel für ein Publikum, das sich nicht mehr voller Andacht, zeitvergessen und in sich gekehrt zum klassischen Theater versammelt, sondern an schnelle Reizwechsel gewöhnt sich zum »nervösen Visorium« zusammenfindet und »in gedrängten Minuten viel und vielerlei sehen« möchte.[43]

Der Film kann Zeitabläufe in einem ganz neuen Rhythmus gestalten und mit Hilfe der Montage am Schneidetisch die Produktion völlig unabhängig vom endgültigen szenischen Ablauf organisieren. Er ist Herr über die Zeit. Er kann zwar die Uhrzeit nicht außer Kraft setzen, aber er stärkt doch die Illusion von der menschlichen Freiheit und Fähigkeit gegenüber der Zeit. Zugleich ist die schnell abrollende Filmhandlung zugeschnitten auf die Bedürfnisse des Großstädters, der permanent nach Abwechslung giert und an hastige Wechsel der Sinneseindrücke gewöhnt ist.[44] Der Film lebt ebenso wie die moderne Stadt von der Bewegung. Beide können bei keinem Bild und an keinem Ort endgültig Halt machen. Im Vergleich dazu wirkt das Theater statisch, unbeweglich, »will nicht von der Stelle rücken«, wie ein Kritiker meint. Der Kontrast könnte kaum größer sein: »Dort, als gellten die Pfiffe der Lokomotive, das Gerassel der Propeller, das Stampfen der Maschinen an unser Ohr – als ständen wir im wilden rastlosen Hasten und Treiben einer Stätte der Großindustrie; hier das Recken und Gähnen der Matten und Müden, die Zeit und Leben verschlafen und verträumen wollen.«[45]

Wenige Jahre vor dem Weltkrieg enden diese »Flegeljahre des Kinos«, und es beginnt die Zeit der abendfüllenden längeren Stummfilme. Charles Chaplin macht mit seinen ersten Slapsticks als Mischung aus komödiantischem Drive und herzzerreißendem Seelenschmerz Furore. Andere wie der Engländer Robert William Paul setzen trickreich neue Schnitttechniken ein, lassen ein Auto eine Hausfassade hochrasen und in Lichtgeschwindigkeit den Saturn umkreisen.[46] Neben den Dramen und Melodramen locken Sensationsfilme die Massen: reißerische Großstadtgeschichten mit wilden Verfolgungsjagden als Höhepunkten und den modernen Tempomaschinen als Hauptdarstellern: Eisenbahn, Auto und Flugzeug.[47] Tempo bleibt weiterhin eine entscheidende filmische Kategorie. Nach dem Krieg markiert das aufwändige Filmprojekt »Metropolis« unter der Regie von Fritz Lang Höhepunkt und Endpunkt der Stummfilmzeit: in seiner Architektur in weiten Teilen Abbild der modernen Stadt der Geschwindigkeit, wie sie gleichzeitig Le Corbusier entwirft. Davon wird noch die Rede sein.

1927 entsteht unter der Regie des unermüdlichen Filmexperimentators Walter Ruttmann »Berlin. Sinfonie einer Großstadt« – ein einziger Tag im Chaos der Metropole vom frühen Morgen bis spät in die Nacht – großstädtische Gezeiten, erkennbar an dem bisweilen brutal gesteigerten Tempowechsel – eine zuckende Unruhe, die schockiert. Ruttmann dynamisiert die äußere Welt: die Straßen, Plätze, Maschinen, natürlich auch den Verkehr. Die Stadt erwacht, steigert im Tagesverlauf ihr Tempo bis zur Hektik und überdreht schließlich. Eine rotierende Spirale symbolisiert diese Eruptionen von Geschwindigkeit. Dynamik und Rasanz des städtischen Verkehrs peitschen den Film voran und sorgen für eine pausenlose Bewegtheit. Im Rhythmus von Geschäftstätigkeit und Nachtruhe scheint die Stadt immer wieder Luft zu holen, um in einer erneuten Ekstase kreischend schwindelerregende Pirouetten zu drehen. Schnelle Schnitte und die Ohren wie Augen betäubenden Bilder von einer Achterbahnfahrt erzeugen auf dem dramatischen Höhepunkt des Films im Zuschauer eine nicht zu bändigende Nervosität, die Verständnis für den Selbstmord einer Frau hervorrufen soll. Der Regisseur will nach eigenen Worten »aus den millionenfach tatsächlich vorhandenen Bewegungsenergien des Großstadtorganismus eine Filmsinfonie [...] schaffen«. Er möchte die Zuschauer »den Rausch der Bewegung« erleben lassen und die Menschen »zum Schwingen« bringen – möchte sie mit Bildern des spiralig wirbelnden Lebens hypnotisieren. In diesem Film vereinen sich – so ein Kurztext zum Film – »der mächtige Rhythmus der Arbeit, der rauschende Hymnus des Vergnügens, der Verzweiflungsschrei des Elends und das Donnern der steinernen Straßen«.[48] Mit rabiater Schnitttechnik, jähen Raumwechseln und Hunderten von Kürzeln der großstädtischen Nervosität projiziert Ruttmann Pulsschlag und Lebensgefühl der Metropole auf die Leinwand. Großstadt steht hier für Mobilität aller ihrer Teile, vor allem aber steht sie für Schnelligkeit.

Unmittelbar nach der Erstaufführung des Films meldet sich Siegfried Kracauer zu Wort und kritisiert scharf die Gleichsetzung von Berlin mit Tempo: »Hei, wie geschafft wird, wie die Bildstreifen durcheinander rasen, damit nur jeder Provinzler – und viele Berliner gehören zu dieser Sorte Provinzler – sich an der Raserei berausche, an der Konfusion, an den Gegensätzen, den Maschinenteilen, den Autobussen, die immer wieder einmal auf dem Potsdamerplatz sich kreuzen, den gymnastischen Schutzleuten, an dem ganzen blöden Getriebe, das zum Glück nicht Berlin selbst ist, sondern nur eine Summe verworrener Vorstellungen, die Literatengehirne über die Großstadt ausgebrütet haben«.[49] Wer Recht hat, sei dahingestellt. Entscheidend ist, dass alle vom Tempo reden und es in allen Kunstformen darstellen, dass sie Tempo mit Modernität, Fortschritt und Zukunft gleichsetzen.

Die Filmsprache der Zwischenkriegszeit zwingt den Kinobesuchern völlig neue Sehgewohnheiten auf. Mit ihren schnellen Schnitten und wechselnden Einstellungen verlangt sie immer neue Assoziationen und ein permanentes Mitdenken. Der Zuschauer, durch das städtische Leben an Geschwindigkeit in allen Lebensbereichen gewöhnt, vermag inzwischen dem Inhalt dieser hastig jagenden Kurzschnitte zu folgen, während er ein Jahrzehnt zuvor denselben Film nur als ein flackerndes Grau wahrgenommen hätte. Der Filmtheoretiker Béla Balázs im Jahre 1930: »Interessant [...] ist, dass es möglich war, das Tempo des Kurzschnittes bis zu der Wirbelmontage der russischen Filme zu steigern. Bedingung dafür ist nämlich, dass wir diese kurzen Bildchen, die im Bruchteil einer Sekunde an uns vorbeifliegen, überhaupt perzipieren. Wir hätten vor zehn Jahren so einen jagenden russischen Kurzschnitt einfach mit den Augen noch nicht erfassen können. [...] Wir haben auch schneller sehen gelernt.«[50]

Diese Bilder von der Schnellkraft der Stadt der 1920er Jahre mögen späteren Generationen als relativ behäbig erscheinen. Noch ist die Vielfalt der Bilder und Nachrichten, die unablässig ins Bewusstsein hineindrängen, relativ überschaubar. Auto, Telefon, Radio und Fernsehen werden dies bald radikal ändern. Blitzartige Wechsel mit ständig neuen Eindrücken werden dann zum inneren Gesetz der modernen Gesellschaft werden. Die Zahl der Kontakte wird zunehmen bei immer kürzeren und flüchtigeren Kontaktzeiten. Die Menschen werden sich in den folgenden Jahrzehnten auf unterschiedlichen Kanälen immer häufiger kreuzen und dabei immer schneller ihren Weg fortsetzen. Sie werden Distanzen beliebig überbrücken[51] – steigende Mobilität mit schnelleren Akteuren.

Geschwindigkeit in der Werbung

Auch andere, »niedere« Künste lassen sich vom Takt der Maschinen und des Verkehrs, vom Elan des Sports und der Tempobegeisterung mitreißen. Schon früh nimmt die Werbesprache Fahrt auf. Seit Beginn des 20. Jahrhunderts fühlen sich nur noch Provinz und Landbevölkerung von den von Farben und Formen überbordenden Plakaten eines Jules Chéret angesprochen, dem Großstädter dagegen erscheint diese Plakatkunst mit ihrem Gemäldestil, den überladenen und bis ins Detail ausgemalten Objekten sowie den wuchernden Ornamenten und allegorischen Figuren als zopfig, bemoost und unzeitgemäß. Selbst die noch junge und lebensprall bewegte Plakatkunst von Toulouse-Lautrec wirkt bereits überfrachtet – erst recht die textreichen Plakate, die noch überall zu finden sind. Der Bevölkerung von London, Paris oder Berlin fehlt die eine Minute, um die erklärenden Worte zu lesen, sie zeigt sich genervt angesichts der Darstellung übertrieben großer Fabrikkomplexe und der protzigen Präsentation von Medaillen. Bereits in den letzten Jahren des 19. Jahrhunderts hatten Plakat-Preisausschreiben eine »leichte Fasslichkeit der Darstellung und der Aufschrift sowie möglichste Fernwirkung« gefordert,[52] ehe der 1907 gegründete Deutsche Werkbund gegen den falschen Pathos der alten »Reklameschöpfer« und deren sentimentale Jugendstilplakate zu polemisieren beginnt. Mit beißendem Spott ziehen sie über das sensationsgierige »Zirkusplakat« und das marktschreierische Anpreisen der Waren her.[53] Der Mitinhaber der Berliner Druckerei Hollerbaum & Schmidt, Ernst Growald, versammelt seit 1905 die Elite der Berliner Sachplakat-Entwerfer um sich – Julius Klinger, Lucian Bernhard, Hans Rudi Erdt, Ernst Deutsch und andere – und formuliert in seiner Kampfschrift »Der Plakat-Spiegel«[54] die Forderungen an das neue Plakat: Inmitten der verkehrsdurchtobten, vielstimmigen Großstadtstraße hat es »Klartext« zu reden, und zwar im »Telegrammstil« ohne jede Frakturschnörkel, es hat Esprit zu versprühen ohne alle Sentimentalitäten, es hat den ganzen »Phrasennebel« wegzupusten, kurz: Es hat sich dem großstädtischen Tempo anzupassen und effizient zu sein. Das Plakat muss sich gegen den schnellen Verkehrsfluss behaupten, muss sich ihm in den Weg stellen, muss im Gedächtnis haften bleiben. Je höher die Verkehrsgeschwindigkeit, desto auffälliger sind die Blickfänge zu gestalten.[55]

Die sich etablierende Psychologie entdeckt die Reklame und bestätigt umgehend diese Forderungen. Hugo Münsterberg, der Nestor der Werbepsychologie in Deutschland, schreibt im Jahre 1912 unter dem Eindruck der amerikanischen Effizienz-Bewegung: »Die Aufgabe der Psychotechnik wäre [...] zu ermitteln, wie jene gesuchte Befriedigung der wirtschaftlichen Bedürfnisse am leichtesten, am schnellsten, am besten, am sichersten, am nachhaltigsten erreicht werden könne.«[56] Die Fachleute sind sich einig: Das Plakat muss auffallen und sich den Betrachtern innerhalb von Augenblicken einprägen.[57] Wenn ein Plakat Geschichten erzählt, bleibt davon – so ein anderer Autor – »im Autobusfenster bei der Vorüberfahrt nichts hängen«.[58] Die Hetze der Großstadt verbietet den Plakatmachern, Romane an die Hauswände zu kleben. Sie zwingt sie, den vorbeihastenden Menschenmassen durch äußerste Konzentration auf wenige reine Farben, einfache Formen, einen einzigen Artikel und eine klare Typografie in Bruchteilen von Sekunden eine Botschaft zu übermitteln.[59] Die Plakate von Hans Rudi Erdt für Opel aus dem Jahre 1911 (Abb. 21) oder Lucian Bernhard für Manoli-

Abbildung 21: Hans Rudi Erdt: Werbung für Opel (1911)

Zigaretten und Stiller-Schuhe von 1910 bzw. 1908 sind hervorragende Beispiele für solche flotten, einprägsamen Werbebotschaften.[60] Eine neue Ästhetik des Massenartikels hält Einzug in die Straßen. Sie lässt das Sachplakat zum Blickfang werden. Auch die Produktion von Emailschildern zielt in diese Richtung.

Gleichzeitig bringt Ernst Deutsch in einige seiner Plakate zusätzlichen Drive hinein. Die besten Beispiele sind seine drei Poiretmädchen für die Hochschule für Zuschneidekunst – ein Parademarsch mit Scheren – oder sein Salamander-Plakat von 1912 – ein aufgeregter Gänsemarsch rotberockter Frauen (Abb. 22).[61] Die Autoproduzenten lassen Rennautos durch das Bild fahren oder bringen das Automobil zusammen mit dem zukünftigen Repräsentanten der Höchstgeschwindigkeit, dem Flugzeug, aufs Bild.[62] Nur wenig später lässt auch der Futurist Fortunato Depero auf seinen Ausstellungsplakaten die Puppen tanzen oder entfacht in seinen Werbeplakaten für den Fahrradhersteller Bianchi eine vorher nie gesehene Dynamik; ähnlich László Moholy-Nagy im Bauhaus.[63]

Die stilprägenden Gestalter der Gebrauchskunst der 1920er Jahre richten sich weitgehend nach den Empfehlungen von Walter Gropius, der 1916 mitten im Krieg in seinen »Vorschlägen zur Gründung einer Lehranstalt als künstlerische

Abbildung 22: Ernst Deutsch: Werbung für Salamander (1912)

Beratungsstelle für Industrie, Gewerbe und Handwerk« ein »organisches Gestalten« gefordert hatte: »Zu der knappen Straffheit des modernen technischen und wirtschaftlichen Lebens, zu der Ausnutzung von Material, Geldmitteln, Arbeitskräften und Zeit passt nicht mehr irgendeine erborgte Stilform des Rokoko oder der Renaissance; denn die an sich edle Form wird, sinnlos verwendet, zur sentimentalen Phrase. Die neue Zeit fordert den eigenen Sinn. Exakt geprägte Formen, jeder Zufälligkeit bar, klare Kontraste und Einheit von Form und Farbe werden entsprechend der Energie und Ökonomie des modernen öffentlichen Lebens das ästhetische Rüstzeug des modernen Werkkünstlers werden.«[64]

Die führenden Gebrauchsgrafiker der Nachkriegszeit machen sich umgehend daran, diese Grundsätze zu realisieren. Walter Dexel wiederholt mit Blick auf die städtische Reklame, was vor dem Krieg bereits andere gesagt hatten: »Der Großstadtmensch, der keine Zeit zu verlieren hat, denkt gar nicht mehr daran, das Durcheinander der vielen, grellen einander überschreienden und überschneidenden Schilder und Transparente zu beachten, die sich heutzutage an der Front eines Geschäftshauses häufen. Der Mensch ist bequem und die Entzifferung von Wirrwarr ist anstrengend, also wird Anteilnahme nicht erregt und der Entschluss, zu kaufen, wird nicht gefördert.« An anderer Stelle: »Die Zeiten, als wir noch gemütlich spazieren gingen und Lust hatten, Bildchen ausgiebig zu betrachten

Abbildung 23: Laszlo Moholy-Nagy: Plakatentwurf (um 1925)

und womöglich eine lange Geschichte dazu zu lesen, sind bei uns jedenfalls vorbei.«[65] Die Gesetze des Marktes übernehmen seit Ende des Jahrhunderts und erst recht während der Zwischenkriegszeit in den Metropolen das Regime über das Leben der Bewohner – sie bringen ihre Geh- und Sehgewohnheiten auf Trab.

Die führenden Künstler des Bauhauses richten auch die Typografie an diesen Grundsätzen aus, reduzieren Buchstaben und Ziffern konsequent auf die elementarsten Gestaltungsformen, verwerfen alle ästhetischen Besonderheiten und Surrogate und suchen nach der größtmöglichen Einfachheit. Moholy-Nagy fordert »Klarheit, Knappheit, Präzision« von metallischer Härte und glaubt, in Zukunft werde das Typofoto das neue Tempo der neuen visuellen Literatur regeln.[66] Er und andere verabschieden sich von allem Dekorativem, um ohne jeden Umweg mitten ins Auge des Betrachters zu treffen (Abb. 23). Sie propagieren eine Werbung mit einer Typografie des Augenblicks und rasch erkennbaren Realfotos. Sie preisen diese absolute Nüchternheit als vollendete Ästhetik des technischen Zeitalters, als Amerikanismus und Jugendlichkeit, als Einswerden von Kunst und

Kommerz. Zur Anwendung kommen eine von Dada und Bauhaus herkommende Form der Fotokollage und Typografie. Walter Dexel verlangt von einer zeitgemäßen Typografie »schnellste und beste Lesbarkeit«, und die beste Schrift sei die, »die jeder sofort entziffert«.[67] Für die Avantgarde der Künstler steht die herkömmliche Antiqua zu sehr festgemauert auf breiten Füßen und spielt mit ihren Serifen auf die Tradition an. Sie selbst favorisieren die schnörkellose, selbstsichere, horizontal gestreckten Groteske, die gänzlich ohne »Stand« ist.[68] Josef Albers entwickelt eine Schablonen-Schrift, deren Lesbarkeit mit der Entfernung ansteigt.[69] Die so genannte Neue Reklame wird verstanden als ästhetische Anregung für die breiten Massen, als knallharte Botschaft, nüchtern und schnell zu denken, zu handeln und zu leben. 1928 schreibt Georg Friedrich Hartlaub im »Kunstblatt«, die Neue Werbung entspreche ganz dem Geiste der jungen Generation, »die aller Romantik abhold, entschlossen zu unserer aufs Technische, Normierte und ›Amerikanische‹ gerichteten Lebensgewohnheit *ja* sagt«.[70]

Gesteigert wird dieses Denken, als mit der Elektrifizierung der Großstädte neue Reklameformen die Blicke auf sich ziehen: sich bewegende oder wechselnde Leuchtschriften und Lichterketten an Häuserfassaden, Geschäften und Kinos. Hinzu kommt die Werbung an allem, was sich bewegt: Autos, Taxis, Autobussen, Straßenbahnen und U-Bahnen. Seit Mitte der 1920er Jahre tragen Flugzeuge auf Rumpf und Tragfläche Aufschriften von Markenfirmen, und der Waschmittelproduzent Henkel wirbt für sein Spitzenprodukt Persil mit vielbestaunten »Himmelsschriften« und einer gigantischen Leuchttafel mit 4 000 elektrischen Glühbirnen.[71] Diese grellen Leuchtreklamen zerreißen mit bewegten Bildern und wechselnden Texten die Ruhe der nächtlichen Großstadt. Ihre Botschaft ist eindeutig: Die Nacht ist nicht nur zur Ruhe da. Die künstliche Helligkeit erlaubt es fortan, die Hetze der Metropolen auch in die Nacht hinein zu verlängern.

Gleichzeitig eilen die neuen Werbefilmer mit dem Zeitraffer durch die Warenwelt und projizieren eine ganz neue Wunderwelt auf die Leinwand, in der sich nicht nur die Hausarbeit in einem niemals gesehenen Tempo fast von selbst erledigt. Seit der Jahrhundertwende nutzen sie die Verblüffung der Zuschauer für ihre Zwecke aus. Sie lassen die Akteure auf das Publikum zugehen und mit Kunststücken glänzen. Direkt vor den Augen des Betrachters quillt ein Teigklumpen schnell und mächtig auf – dank Dr. Oetkers Backpulver. Die Waschmaschine verwandelt den mühsam langen Waschtag mit einigen Umdrehungen in einen einzigen Feiertag – dank Miele.[72] Die neuen technischen Helfer machen fast alles schneller, besser und leichter – so die Botschaft. Wieder ist es der geniale Walter Ruttmann, der mit seinen dynamischen Kurzfilmen für den Reifenhersteller Excelsior in Hannover die meisten anderen Werbefilmer weit hinter sich

sowie schwerfällig und statisch erscheinen lässt. Er spielt mit den Grundformen
Kreis und Dreieck, attackiert mit den Spitzen des Dreiecks, das den Ausdruck
eines grimmigen Gesichts annimmt, den sich rasch drehenden Reifen, der sich
unter der Wucht der Stöße zwar dehnt und elastisch nachgibt, aber nicht platzt.[73]

Die neue flotte Werbesprache und die Rationalisierung des Wohnens reißen
auch die Designer mit. Die wulstigen, verschnörkelten Gebrauchsgegenstände
des Alltags sind spätestens seit den ausgehenden 1920er Jahre als Staubfänger
und Zeiträuber »out« und werden von stromlinienförmigen Massenprodukten
verdrängt. In den USA ist das Streamline-Design das Nonplusultra an Modernität. Es findet Anwendung bei der Gestaltung von Lippenstiften, Brotröstern,
Staubsaugern, Autos, Lokomotiven und Flugzeugen. Verchromte horizontale
»Speed Lines« sorgen für die gewünschte Dynamik, ebenso die beliebte Trop-
fenform, die als Synonym für einen alles mitreißenden Fortschritt steht.

Geschwindigkeit in der Literatur

Verschiedene Literaten hatten – wie bereits gezeigt – die Beschleunigung der
Welt unter der wuchtigen Wirkungsmacht von Dampfmaschine und Eisenbahn
Anfang des 19. Jahrhunderts in den Blick genommen. Auch an der Wende zum
20. Jahrhundert hat diese Eisenbahnlyrik noch nichts von ihrer dynamischen Frische eingebüßt, präsentiert sich jedoch unter dem Eindruck einer weiter beschleunigten Welt mit immer neuen Sprachformen. Lange bevor der Regisseur
Walter Ruttmann im Jahre 1927 in seinem Berlin-Film das moderne Tempo mit
Hilfe von harten Schnitts und extrem verkürzten Bild-Montagen einfängt, bereitet Julius Hart in seiner Eisenbahnlyrik diesen Kino-Eindruck dynamisch beweg-
ter Bilder durch eine sprachlich beschleunigte Visualisierung vor. In seinem Gedicht »Vom Westen kam ich« aus der Zeit kurz vor der Jahrhundertwende formuliert er: »Hindonnernd rollt der Zug! Es saust die Luft, / Ein anderer rast
dumpfrasselnd risch vorüber, – / Fabriken rauchgeschwärzt, im Wasserduft /
Glänzt Flamm' um Flamme, düster, trüb und trüber.«[74] Andere Autoren bleiben
hinter dieser Dynamik meilenweit zurück, obwohl sie das Automobil zum
Hauptakteur ihrer Erzählung machen. Der Lyriker und Erzähler Otto Julius Bierbaum unternimmt seine »Empfindsame Reise im Automobil« im Jahre 1903
nicht im »Rasewagen«, sondern bewusst im »Reisewagen«. Er möchte – wie er
sagt – »bald mit der Geschwindigkeit eines Expresszuges, bald im Postwagen-

tempo« reisen, um von den Reizen der Umwelt nicht überflutet zu werden. Er möchte »mit dem modernsten aller Fahrzeuge auf altmodische Weise reisen«.[75]

Doch angesichts der alles mitreißenden Beschleunigungsspirale seit der Jahrhundertwende geht die Suche nach neuen Stilmitteln weiter. Ebenso wie die Maler begreifen die Schriftsteller, dass die hektische Moderne mit ihren dynamischen Kraftfeldern nicht mehr in der altbackenen Sprache einer Agrargesellschaft wiederzugeben und zu interpretieren ist. Im deutschen Sprachraum machen sich Arno Holz und Johannes Schlaf mit einem Foto-Fonogramm-Stil daran, die überkommenen Dichtersprachen zu zertrümmern. Im Wien der Jahrhundertwende praktiziert Peter Altenberg einen eigenen Telegrammstil von außerordentlicher Knappheit und Schnelligkeit, der dem Zeitalter der Blitzzüge und Automobile entspricht, der ebenso in einem Ausstellungskatalog oder Kochbuch stehen könnte. Er kreiert »Fünfminutenszenen«, die weniger wichtige Zwischenglieder einfach überspringen und nach höchstens zwei oder drei Minuten bereits beendet sind. In seiner Schilderung des Sommers in der Stadt heißt es: »Weißes Segelleben in lackierten Jachten. Die Damen bekommen teint ambré. Alles entfettet sich. Wer siegt in der Regatta? Risa, gib mir die Hand über den Steg. Mittage mit 10 000 Tonnen Sonnenhitze, wie das Gewicht von Schlachtschiffen; Nachmittage mit Aprikosen, Weichseln, Edel-Stachelbeeren; Abende wie eingekühlter Gießhübler; Nacht --- hörst du die Schwäne ihre Schnäbel öffnen und schließen?!«[76]

Anderen Schriftstellern geht es um eine Neubestimmung von Technik und Kunst. In Berlin und andernorts diskutiert man die Sprachkritik von Filippo Tommaso Marinetti, der die Literaten mit wilden Gesten auffordert, sich rückhaltlos dem Dynamismus des großstädtischen Lebens und dessen rauschhafter Anziehungskraft hinzugeben, der gleichzeitig mit seinen verschiedenen Manifesten diese neue Dynamik mit meisterhaftem Elan zelebriert. In ihrer Mischung aus dramatisch gesteigerter Erzählung, schrill zugespitzter Programmatik und alles Alte zur Seite schiebender Polemik brechen die Futuristen mit viel Getöse auch in die Literaturszene ein und verbreiten ihre revolutionäre Botschaft mit Hilfe der neuen Nachrichtenkanäle in kürzester Zeit in ganz Europa.[77] Sie fragen nach der Logik der Maschine und fordern ihre schreibenden Kollegen auf, das energetische Kraftfeld des elektrifizierten und motorisierten Lebens zum Sprechen zu bringen. 1913 ruft Marinetti dazu auf, »beim Sprechen brutal die Syntax zu zerstören«, »keine Zeit mit dem Bau von Sätzen zu verlieren« und »ganz außer Atem in Eile« die Seh-, Gehör- und Geruchsempfindungen wiederzugeben. »Das Ungestüm seiner Dampf-Emotion wird das Rohr des Satzes zersprengen, die Ventile der Zeichensetzung und die Regulierbolzen der Adjektive. Viele

Handvoll von essentiellen Worten ohne irgendeine konventionelle Ordnung.«[78] Marinetti liefert selbst ein Beispiel für solche »Worte in Freiheit« – eine provozierende Schlachtenbeschreibung im Telegrammstil mit dem Titel »Bataille. Poids + Odeur«: »*tatatata* gewehrfeuer *pink pank pum pam pam* mandarine rotewolle maschinengewehre klappern heim-für-aussätzige wunden vorwärts feuchtes fleisch schmutz lieblichkeit äther geklirr tornister gewehre kanonen«.[79]

Empört schreit das literarische Europa auf angesichts dieser radikalen Absage an Traditionen und Konventionen. Guillaume Apollinaire, Alfred Döblin und andere attackieren aufs Heftigste diesen Telegrammstil als »Rohheit gegen die Kunst« – so Döblin. Und weiter: »Entsetzlich, – und doch scheint es fast wahr zu sein. Wir sollen einzig das Meckern, Paffen, Rattern, Heulen, Näseln der irdischen Dinge imitieren, das Tempo der Realität zu erreichen suchen, und dies sollte nicht Phonographie, sondern Kunst, und nicht nur Kunst, sondern Futurismus heißen?«[80] Mehr Anklang findet Marinetti mit seinen Wortplakaten, auf denen die Worte »instinktmäßig« deformiert und in schnörkelloser Typologie wiedergegeben sind. Sie werden nur wenig später von den Dadaisten jubelnd aufgenommen. Auch das Titelblatt zu seiner Publikation »Zang Tumb Tumb« mit Eindrücken aus dem Balkanfeldzug von 1912/13 ist entsprechend gestaltet.[81]

Bereits bevor Marinetti mit den verschiedenen Manifesten Geschwindigkeit und Maschinenwelt in Malerei und Schreibstil einbringen will, interpretiert der Comic-Strip seit den 1890er Jahren in »bewegten« Bildern und knappen Worten auf ganz neue Art dieses bewegende Zeitalter. Mit gezeichneten, untertitelten Standfotos treibt in New York Windsor McCay seit 1905 seinen »Little Nemo« wie in einem Film voran und lässt ihn meist außerhalb von Zeit und Realität in einer bisweilen surrealistischen Traumwelt agieren. Gleichzeitig erscheinen die Comic-Strips von George Herriman, der einen neuen schnellen, slapstick-artigen Stil kreiert – einige wenige schnelle Striche und schon startet »Krazy Cat« mit qualmenden Pfoten und rast »Zip!« und »Peng!« durch die Bilderwelt – Lautmalerei in knappster Form.[82]

In den Comic Strips rollt das Automobil seit Anbeginn über die Straße. In der hohen Literatur dauert es länger. Erst im Zeichen der Neuen Sachlichkeit rückt das Auto als Symbol des modernen Tempos vermehrt in den Blickwinkel der Schriftsteller. Zwei der großen Romane dieser Jahre beginnen nicht zufällig mit Szenen aus dem großstädtischen Straßenverkehr. Alfred Döblin lässt den entlassenen Häftling Franz Biberkopf in »Berlin Alexanderplatz« mit der Straßenbahn ins Bild fahren, und bei Robert Musil betritt »Der Mann ohne Eigenschaften« bei einem Autounfall die Bühne. Das Szenario davor: »Autos schossen aus schmalen, tiefen Straßen in die Seichtigkeit heller Plätze. Fußgängerdunkelheit bildete wolkige Schnüre. Wo kräftigere Striche der Geschwindigkeit quer durch ihre lockere Eile fuhren, verdickten sie sich, rieselten nachher rascher und hatten nach wenigen Schwingungen wieder ihren gleichmäßigen Puls. Hunderte Töne waren zu einem drahtigen Geräusch ineinander verwunden«.[83] Noch besser bringt Joseph Roth die Schnelligkeit des motorisierten Straßenverkehrs aufs Papier. Er notiert beim Anblick eines Motorradfahrers: »Die ganze Erscheinung des Motorradfahrers ist, ohne Motorrad, ein Spuk; [...] Am wahrscheinlichsten wirkt der Motorradfahrer, wenn er in unmessbarer Geschwindigkeit dahergerast kommt, knatternd, rauchend, dampfend, knallend, in dumpf zischendem Grollen, ein horizontal gleitender Donnerkeil aus Leder, Gummi und Stahl, aus unbekannten Fernen abgeschossen gegen ein unvorstellbares Ziel.«[84] Dagegen verbindet der Schriftsteller Kurt Pinthus Schnelligkeit mit dem rasenden Jetzt – er sieht die Lebenszeit in den hyperaktiven Städten schneller dahineilen als auf dem weiterhin träge vor sich hindösenden platten Land. Im Jahre 1919 schreibt er: »Die Gegenwart ist ein vorüberhuschendes Nichts sich kreuzender Determinanten, zerronnen, ehe sie erfasst, bedacht, genossen; ein Sturzbach aus der Vergangenheit und zugleich ein Augenblick Zukunft, die vorüberspritzend bereits Vergangenheit wird.«[85] Tempo gehört in der Nachkriegszeit endgültig zum Alltag, oder wie es Joseph Roth 1930 ausdrückt: »Unsere Zeit verdient die Namen, die sie führt: Fortschritt, Tempo, Neue Sachlichkeit.«[86]

Andere Schriftsteller suchen diese großen Themen der Zeit auf die Lyrik anzuwenden und ihre Sprache der »Logik der Maschine« anzupassen. In der internationalen Enquete über die Möglichkeiten des »freien Verses« ohne traditionelle Versmaße und Reimschemata schreibt der Futurist Gian Pietro Lucini im Jahre 1909: »Heute sind die Dynamomaschinen mit der aus der Kraft eines Wasserfalls gewonnenen elektrischen Energie geladen, geben Licht und schmelzen Metalle. [...] Heute, zum Rauch der Fabriken und Lokomotiven, heute ertönt der freie Vers, steht im Einklang mit der Zeit und ist das Maß.«[87] Luciano Folgore veröffentlicht ein Gedicht über die »Elektrizität«, in dem es heißt: »Kraftwerke, Arbeitsgeräte / von dieser Macht gelenkt, / schwere Trosse, / die gierig verschlingen / Raum, Zeit und Geschwindigkeit, / oh Arm der Elektrizität, / der überall hinreicht, / das Leben ergreift und es verwandelt / und es vermischt mit schnellen Elementen, / oh mächtige Räderwerke, / herrliche Kinder der Elektrizität«.[88] Marinetti dagegen bekräftigt in verschiedenen Gedichten sein Faible für schnelle Rennwagen, an deren Steuer er unbegrenzte Möglichkeiten spürt: »Feuriger Gott aus stählernem Geschlecht, / Automobil, das fernsüchtig / geängstet stampft, in scharfen Zähnen das Gebiss!« Und gegen Ende: »Schneller! Noch schneller! Ohne Ruh und Reue! / Die Bremsen los! Ihr könnt nicht? Brecht sie denn, / dass sich des Motors Schwung verhundertfacht! / Hurrah! Die niedre Erde fesselt mich nicht mehr.«[89] Als Rennfahrer schüttelt Marinetti die irdischen Raum- und Zeitgrenzen ab und hebt von der Erde ab.

Die Futuristen helfen wie keine andere Gruppe, die traditionellen Vorbehalte gegen alles Technische in der Kunst abzubauen. Auch andere veröffentlichen in den 1920er Jahren Gedichte über Elektrizitätswerke, das Kolbenherz des Dieselmotors und die Faszination von Automobilweltrekorden. Die »Kälte-Freaks« der Neuen Sachlichkeit, die ihre Wohnungen mit nackten Wänden und kalten Stahlrohrsesseln wie Kühlschränke ausstatten, finden auch unter den Schriftstellern lernwillige Schüler, sodass der Kulturkritiker Friedrich Sieburg bereits 1926 vor der »Anbetung von Fahrstühlen« warnt: »Welche Weltfremdheit spricht doch aus dieser Ingenieurs-Romantik, die nicht versteht, wie ein Vergaser arbeitet und deshalb aus dem Pochen von sechs Zylindern den Atem unserer Zeit heraushört.«[90]

Gleichzeitig kündigt sich das Zeitalter der Luftfahrt an, »das Zeitalter der Flügel«, wie der französische Publizist Henry Kistemaekers schreibt[91] – nicht das des langsamen Zeppelins, sondern das des schnellen Flugzeugs. Fasziniert pilgern im September 1909 Schriftsteller, Maler und Komponisten Seite an Seite mit der vornehmen Gesellschaft zur europäischen Luftfahrtschau nach Brescia, wo einige Aviatiker mit vogelähnlich flatternden Maschinen – so genannten Ornithoptern – experimentieren, andere sich in ihren Flugzeugen mit Katapulten in den Himmel der modernen Helden schleudern lassen, aus dem die meisten aber wieder schnell herunterfallen, um mit Beulen, Blessuren und Schrott den Heimweg anzutreten. Noch gleicht Fliegen oftmals eher einer Bodenakrobatik. Den Preis des Schnellsten über die Strecke von einem Kilometer mit fliegendem Start gewinnt Leutnant Mario Calderara; er wird zum Liebling des Publikums. Unter den Zuschauern befindet sich neben den Brüdern Max und Otto Brod, Franz Kafka und Giacomo Puccini auch der stets in den Mittelpunkt drängende und auf Show-Effekte bedachte Dichter Gabriele D'Annunzio, der unter dem Jubel des Publikums und eigene Verse aus »Ikarus« zitierend Calderaras Rekord-Aeroplan besteigt und für wenige Minuten eine Höhe von zehn Metern erreicht. Seitdem ist Fliegen für D'Annunzio »göttlich«.[92] Als Flieger wird er am Ersten Weltkrieg teilnehmen und mit spektakulären Einsätzen und Angriffen auf dalmatinische Häfen zu neuem, zweifelhaftem Ruhm gelangen, bevor er die Stadt Fiume besetzt und dort für 15 Monate einen autokratisch und sozialrevolutionär geprägten Freistaat errichtet.

Obwohl D'Annunzio in seinem Roman »Vielleicht – vielleicht auch nicht« aus dem Jahre 1910 relativ früh am Beispiel von Automobil und Aeroplan die

Ekstase der Beschleunigung und Geschwindigkeit bejubelt, beziehen die meisten der späteren Flugzeugdichtungen ihre Anregungen von den Futuristen.[93] 1916 verfasst Marinetti sein Manifest »Die neue Religion – Moral der Geschwindigkeit«, in dem er Dynamik zum obersten Gebot erhebt und Stillstand mit Tod gleichsetzt. Darin heißt es: »Rasen rasen fliegen fliegen Gefahr Gefahr tausend hundert tausend Gefahren [...] Um größere Frische und ein intensiveres Leben zu genießen als auf den Flüssen und auf dem Meer, muss man mit Höchstgeschwindigkeit in eisigem Gegenwind fliegen.«[94] In Anlehnung an die Futuristen fordert in Deutschland Yvan Goll eine neue Poetik, die sich an den neuen Flugbewegungen orientiert: »Steil müsste unsere Sprache sein: steil, schmal, eisern, steinern wie ein Obelisk.« Er fordert eine Anpassung an die »gewaltige Geschwindigkeit des Lebens, die durch die Technik hervorgerufen« ist, denn »daneben gähnen Goethe und Werfel nur!«[95] Er fordert einen Gleichklang zwischen Flug- und Sprachrevolution. Noch radikaler möchte Johannes R. Becher das Expresstempo des Aeroplans in das Sprachtempo einer neuen dynamisierten Sprache übertragen.[96] Die technikbegeisterten Schriftsteller des ausgehenden Kaiserreichs geben sich gereizt angesichts der gemächlichen Sprache ihrer Väter; sie überkommt eine nervöse Unruhe angesichts der Diskrepanz zwischen Sprache und Lebenstempo.

Diese Befruchtung der Sprache durch die schnellen Flieger und Flugzeuge läuft aus, als Charles A. Lindbergh am 21. Mai 1927, aus New York kommend, nach einem Alleinflug mit einer Durchschnittsgeschwindigkeit von über 173 km/h in Le Bourget bei Paris landet. Lindbergh verkörpert mit seinen linkischen Bewegungen und seinem kindlichen Gesichtsausdruck nicht mehr den noblen Herrenflieger nach der Art eines D'Annunzio, noch den Übermenschen nietzscheanischer Prägung. Er ist vielmehr Techniker und Handwerker, abhängig von der gewissenhaften und fehlerfreien Arbeit seines Teams, von planmäßiger Vorbereitung und zahlreichen Tests. Er beendet die Epoche der fliegenden Helden, und in seiner nüchternen, biederen Art bietet er sich dem Publikum geradezu zur Identifikation an. Aus Helden werden Menschen wie du und ich. Lindbergh zivilisiert den Heroismus.[97] Mit ihm beginnt die Demokratisierung des Fliegens. Die neue Stufe der Schnelligkeit rückt seit Lindberghs Flug für immer mehr Menschen in greifbare Nähe.

Geschwindigkeit im Theater

Neben der Malerei, Bildhauerei und Dichtung wollen die Futuristen mit jugendlichem Elan auch das Theater von Grund auf reformieren. Dabei war die Dynamisierung des Theaterspiels bereits seit rund zwei Jahrzehnten im Gange. Den Anstoß gaben die neuen Möglichkeiten der Theatertechnik. Mit der Elektrizität hatten auch Dreh-, Schiebe- und Versenkbühnen Einzug in die großen Häuser gehalten. Sie erleichterten und beschleunigten die Szenenwechsel. Das Publikum zeigte sich geradezu elektrisiert von dem neuen dekorativen Kulissenzauber eines Max Reinhardt, der mit seinen flotten Inszenierungen Illusionen vervielfachte und bisher nie gesehene Träume auf die Bühne brachte. Hinzu kam eine neue Art des Schauspielens. Vor allem Josef Kainz riss seit 1883 die Zuschauer am Deutschen Theater in Berlin zu Beifallsstürmen hin. Er beschleunigte das Sprechen und peitschte das Spiel vorwärts. Er steigerte sich mit nervöser Dynamik in einen Geschwindigkeitsrausch und verkörperte mit seiner ungeduldigen Sprache das neue Lebensgefühl der großstädtischen Jugend. Im neuen Jahrhundert bedient sich das Theater bisweilen auch des Films, setzt ihn zur Überbrückung der einzelnen Szenen ein und steigert die Dramatik der Handlung durch einen mehrfachen Wechsel von Film und Spiel. Auch auf der Bühne wird Tempo verlangt, kein behäbiges Dahinplätschern, keine pathetischen Gebärden. »In« ist schon vor der Jahrhundertwende Tempo der Handlung, Tempo des Spiels, Tempo der Sprache, Tempo der Gedanken.[98]

Doch die Futuristen wollen mehr. Gemeinsam mit anderen fordert Marinetti im Jahre 1915 die Zerstörung der traditionellen Theatertechnik und den Aufbau eines »futuristischen synthetischen Theaters«: »In wenige Minuten, in wenige Worte und in wenige Gesten wird eine Unzahl von Situationen, Empfindungen, Ideen, Sinneswahrnehmungen, Ereignissen und Symbolen zusammengedrängt. [...] Mit dieser synthetischen, auf das Wesentliche beschränkten Kürze wird das Theater auch die Konkurrenz mit dem *Film* aufnehmen und gewinnen können.« Ein solches »dynamisches, simultanes« Theater soll aus der Improvisation heraus entstehen, »der blitzartigen Intuition und der Aktualität, die beeinflussend und offenbarend wirkt«.[99] Noch rücksichtsloser als die Filmregisseure hetzen die futuristischen Theatermacher mit dem Zeitraffer durch Geschichte und Geschichten. Corraddo d'Errico präsentiert in »Vestita di rosso e di nero« seine Hauptfigur Eva in rascher Folge in sechs verschiedenen Bildern und Altersstufen von 14 bis 40 Jahren, als junges Mädchen von moralischer Strenge bis hin zur Prostituierten.[100] Gleichzeitig entwirft der Maler, Typograf und Verleger Fedele Azari das futuristische »Lufttheater« mit Flugzeugen und Piloten als Akteuren.[101]

Geschwindigkeit in der Musik

Kaum eine der verschiedenen Künste ist vor den Futuristen sicher; alle sollen der modernen Dynamik angepasst, allen sollen das Maschinenzeitalter und das moderne Lebenstempo eingearbeitet werden. Luigi Russolo fordert 1913 eine futuristische Musik mit Geräuschen des Explosionsmotors, da Beethoven und Wagner die Nerven und Herzen der Menschen lange genug gemartert hätten. »Gibt es ein lächerlicheres Schauspiel als zwanzig Männer, die sich abmühen, das Miauen einer Geige zu verdoppeln?«, fragt Russolo wie meist in der Pose des Provokateurs. Mit einer neuen Geräuschkunst, mit der er das moderne Lebenstempo einzufangen hofft, glaubt er die »schläfrige Atmosphäre der Konzertsäle« beleben und die Langweile, Stille und Statik aus ihnen vertreiben zu können.[102]

Dabei hatte die Musik als Zeitkunst schon mehr als ein Jahrhundert zuvor auf die unverkennbare Beschleunigung von Produktion und Verkehr mit einer Erhöhung der Spielgeschwindigkeit reagiert. Nach 1800 häuften sich die Stimmen, die kritisch anmerkten, die Tempi in der Musik hätten deutlich angezogen. Der Mozart-Biograph Otto Jahn schrieb im Jahre 1854: »Ein Grundschaden für alle Leistungen des Orchesters ist das Ueberhetzen der meisten Tempo's.« Er sprach missvergnügt von einem »hastigen Abjagen«.[103] Im 19. Jahrhundert nahm die Geschwindigkeit bereits die Seele der Musik in ihren Besitz, erkennbar auch an den lang anhaltenden Ovationen für die Virtuosen, die bei dem »Teufelsgeiger« Niccolò Paganini in kaum enden wollende Beifallsstürme und einen wahren Paganini-Kult ausarteten. Geigen-Virtuosen demonstrierten mit flinken Fingern ein rasend-schnelles Spiel, und Sänger suchten mit langen, hohen und schnellen Koloraturen und Trillern den Beifall der Zuhörer – prestissimo.[104] Beethoven komponierte mit der Hammerklaviersonate ein Klavierstück, das in punkto Geschwindigkeit den Solisten das Äußerste abverlangte und mit der angegebenen Metronomzahl über hundert Jahre lang als nicht spielbar galt.[105] Andere Komponisten suchten sich der modernen beschleunigten Welt in konventioneller Tonsprache zu nähern, so Hector Berlioz in seinem Stück »Gesang der Eisenbahn« von 1846.

Den Futuristen ist klar, dass eine weitere Beschleunigung des Spiels nicht möglich ist und für sich allein dem Tempo der Hochindustrialisierung nicht gerecht würde. Sie haben sich aber auch für die Musik in den Kopf gesetzt, an ihrem Credo festzuhalten und die Prinzipien der Bewegung, Geschwindigkeit und Gleichzeitigkeit in den Konzertsälen zu Gehör zu bringen. So suchen sie über neue Klangwelten einen Zugang zu den modernen Lebenswelten zu finden, kombinieren die Geräusche von Straßenbahnen und Autos und provozieren ihr

Publikum mit Donner und Brummen, Pfeifen und Schnarchen – sie machen Krach, sie machen Geräusche, die sie Musik nennen. Ihr Lärm bringt nichts – das Konzertpublikum weigert sich zuzuhören und wünscht sich weiterhin die Klassiker von Bach bis Brahms und Wagner; sie sollen auch fortan den Ton angeben. Die Avantgardisten um Arnold Schönberg und Alban Berg finden mit ihrem »Aufstand der Dissonanzen« nach dem Weltkrieg ebenfalls nur wenig Zuhörer und noch weniger Gefolgschaft.

Gleichwohl bleibt es nicht beim Status quo, vor allem nicht nach der Inflation. Eine neue Sachlichkeit erfasst auch die klassische Musik, und das heißt Ausschaltung von allem Romantischen, Psychologisierenden und Ekstatischen sowie eine Beschränkung der inneren Dynamik auf das musikalische Material und eine weitgehende Unabhängigkeit vom Gestaltungswillen des jeweiligen Komponisten. Nach den Worten von Igor Strawinsky, der die »tönenden Ohrfeigen« der Futuristen mit Begeisterung aufnimmt, soll Musik »wie eine Nähmaschine laufen«. Die Künstler entdecken erneut das unnachgiebige Tempo der Musik von Johann Sebastian Bach, und Otto Klemperer interpretiert dessen Werke in lange nicht mehr gehörter straffer Form ohne jeglichen Schwulst. Darauf aufbauend kreiert Paul Hindemith einen Neoklassizismus mit unkomplizierten rhythmischen Grundmotiven, der den Eindruck eines musikalischen Perpetuum Mobile vermittelt, das mechanisch und pausenlos wie die erwähnte Nähmaschine läuft.[106] Igor Strawinsky, der wie kein anderer das Romantische aus der zeitgenössischen Musik verbannen möchte, propagiert absolute Klarheit, die Musik als »fotografiertes Erleben«.[107] In dieser Form finden Maschinenkult und Amerikabegeisterung auch in der Musik ihren Niederschlag.

Ähnlich den Ingenieuren und Technikern orientieren sich viele Komponisten während dieser Zeit der relativen wirtschaftlichen Stabilisierung an den USA. Für sie gehört jede sentimental-romantische Überspannung in der Musik ähnlich wie Gehrock und Schnürkorsett in die Mottenkiste. Modern sind für sie Lebensnähe und Optimismus, Sportlichkeit und Technizismus. »In« ist der Drive des amerikanischen Jazz, wie ihn Duke Ellington mit seinen »Chocolate Kiddies« in Berlin präsentiert und die Menschen in rasende Begeisterung versetzt. Der Jazz wird bejubelt, weil er das großstädtische Lebensgefühl wiedergibt mit der ruhelosen Freizeit als sportlichem Vergnügen. Ein Musikblatt fasst im Telegrammstil zusammen: »Für uns bedeutet der Jazz [...] Abbild der Zeit: Chaos, Maschine, Lärm, höchste Steigerung der Extensität. [...] Befreiung also von ›Gemütlichkeit‹.«[108] Bertolt Brecht spricht von »Jazzbands, in denen lauter Ingenieure Musik« machen.[109] Ebenso wie die Innenarchitekten der 1920er Jahre versuchen auch die Komponisten, die von den meisten Menschen so sehr geliebte Gemütlichkeit als verstaubten Plunder auszurangieren.

Die neusachliche Musik greift diese Tendenzen auf und integriert Technik
und Tempo. Musikkritiker fordern die Komponisten auf, in die Untergrundbahnen und Fabriken zu gehen, die »elektrischen Kraftzentren« zu skandieren und
der »magischen Präzision grandioser Stahl-Strukturen« musikalisch Ausdruck zu
verleihen. Sie möchten den Geräuschen der modernen tempogeladenen Welt und
dem Technischen mehr Raum gewähren. Sie fordern, die Empfindungen beim
Heranbrausen einer Lokomotive festzuhalten und zum künstlerischen Erlebnis zu
verdichten.[110] Sie verweisen als gelungene Beispiele auf das »Konzert für
Schlagorchester und Sirene« von Edgar Varèse aus dem Jahre 1924 oder den
»Tanz des Stahls« von Sergej Prokofieff von 1927 – beide reißen die Zuhörer
mit und binden sie in das Tempo der Zeit ein. Auch der französische Komponist
Arthur Honegger sucht mit einer vom Jazz beeinflussten Musik seinen Sympathien für Eisenbahn und Automobil Ausdruck zu verleihen. Sein Orchesterstück
»Pacific 231« aus dem Jahre 1923 – benannt nach der zu dieser Zeit schnellsten
amerikanischen Lokomotive – verkörpert Kraft und Dynamik, Beschleunigung
und Geschwindigkeit.

Ebenso bringt die Zeitoper die rasende Moderne auf Bühne und ins Gehör:
Maschinen, Amerikanismus, fetzige Schlager – eine mitreißende Mixtur aus
Technik und Geschwindigkeit. Komponisten wie Ernst Křenek oder Kurt Weill
arbeiten mit Jazzelementen und Telefongesprächen, lassen Staubsauger aufheulen und Polizeiautos vorbeijagen, zitieren beschleunigte Foxtrott- und Charlestonklänge und singen ein Loblied auf die Vitalität der Neuen Welt und der quirligen Großstadt. Sie lassen den Geist der schnellen und hyperaktiven amerikanischen Gesellschaft über den Ozean herüberwehen, bringen Faszination und
Schrecken der Technik auf die Bühne und präsentieren ihre Werke auf den Plakaten unter dem Signum von Schnellzuglokomotiven und Bahnhofsuhren.[111] Sie
rationalisieren die Oper, indem sie gegen die »kulinarische« Genussmusik, die
Zuhörer in einen Rausch versetzen soll, sowie gegen alle Benebelung durch Musik ankämpfen. »Jazz, rezitativer Gesang, eher gesprochenes, als gesungenes
Wort, gehetztes Tempo zeichnen heutiges Empfinden in nüchterner, klarer Linie
ab«, so ein Kritiker.[112] Die Komponisten setzen das Leben – das beschleunigte
Leben zumal – in Musik um. Sie präsentieren apokalyptische Visionen der modernen Industrie- und Massengesellschaft analog zu Fritz Langs Film »Metropolis« aus dem Jahre 1926. Andere sehen in mechanischen Instrumenten einen
Weg, um die begrenzten Fähigkeiten der menschlichen Hand zu überwinden und
bisher unausführbare Tempi, Stärkegrade und Rhythmen zu Gehör zu bringen.[113]

Gleichzeitig verändert das Radio die Welt der Musik und ihrer Konsumenten. Die Radiowellen lassen den Raum zwischen Programmveranstalter und Hörer auf ein Nichts zusammenschrumpfen, und die Musik ist damit akustisch im gesamten Sendegebiet zu hören. Sie lässt sich mit Hilfe von Wachsmatrizen und Schelllackplatten speichern und ist jederzeit abrufbar. Da die Aufnahmekapazität der Schallplatten zunächst noch sehr begrenzt ist, lösen die Produzenten die populären Arien und Lieder aus Opern und Operetten, um sie gesondert zu vermarkten. Der Rundfunk perfektioniert dieses System, mixt diese kurzen Ausschnitte aus abendfüllenden Musikstücken zu einem »bunten Abend«, in den sich jeder jederzeit ein- und ausschalten kann[114] – Musik für den eiligen Bürger, »Drive-in-Musikstationen« für einige Minuten der Muße.

Geschwindigkeit in der Architektur

Noch nachdrücklicher verkünden die Architekten des Bauhauses den Beschleunigungsimperativ. Sie mauern ihn in Stein und Beton, indem sie mit ihren glatten »Wohnmaschinen« und Reformküchen die Menschen auffordern, auch im Privatbereich alles schneller zu tun. Sie realisieren, was die Futuristen bereits vor dem Ersten Weltkrieg lediglich als Worte formuliert hatten, als sie von der Schönheit des Zements und des Eisens schwärmten, die von den Architekten »durch das Vorblenden karnevalesker Schmuckinkrustationen« entweiht würden. Schon damals forderten sie ein »dynamisches architektonisches Bewusstsein«[115] und höhnten darüber, dass die »steigende Zunahme an Maschinen«, die »Schnelligkeit des Verkehrswesens« und die vielen Phänomene des modernen Lebens die »angeblichen Erneuerer der Architektur keinen Augenblick aus der Fassung« bringen, »als könnten wir, Akkumulatoren und Generatoren von Bewegung, mit unseren mechanischen Verlängerungen, mit dem Lärm und der Geschwindigkeit unseres Lebens, noch in denselben Straßen leben, die von den Menschen vor vier-, fünf- oder sechshundert Jahren für ihre Erfordernisse gebaut wurden«. Bereits die ersten Futuristen verwarfen das Monumentale, Schwere und Statische und bejahten das Leichte, Kurzlebige und Geschwinde: »Wir fühlen, dass wir nicht mehr die Menschen der Kathedralen, der Paläste und der Versammlungssäle sind, sondern wir sind die Menschen der großen Hotels, der Bahnhöfe, der breiten Straßen, der riesigen Tore, [...] der schnurgeraden Autobahnen, der heilsamen Stadtsanierungen.«[116] Vor dem Krieg erwies in Deutschland vor allem der Architekt Peter Behrens den neuen Hochgeschwindigkeitsmaschinen seine Referenz. Die von ihm im Jahre 1909 entworfene Halle der AEG-Turbinenfabrik in Berlin kündet vom Sieg der rasend schnellen Dampfturbine über die im Vergleich zu ihr geradezu bedächtigen Dampfmaschine.

Nach dem Krieg tritt Erich Mendelsohn mit dynamischen Bauformen vor die Öffentlichkeit, die jedoch deutlich von denen der Futuristen abweichen. Sein 1920/21 gebauter weißer Einstein-Turm bei Potsdam, ein astronomisches Labor für den in Berlin lebenden Albert Einstein, gleicht dem Aufbau eines Ozeandampfers, ohne Ecken und rechte Winkel, mit Fenstern aus gerundeten Luken, dessen Wände zu gleitenden Massen verschmelzen. Der ganze Turm scheint sich wie ein Ozeandampfer in Bewegung zu setzen, scheint Fahrt aufzunehmen.[117] Gleichzeitig beschreitet Le Corbusier einen ganz anderen Weg und entwickelt ein Wohnkonzept mit Einrichtungsgegenständen, die so einfach und glatt sind, dass mit einem Minimum an persönlichem Arbeitsaufwand alles fast von selbst läuft. Andere bringen Tempo in den Privathaushalt, indem sie auf Tapeten, Vorhänge und Tischtücher verzichten und alles abwaschbar machen. Wassily Kandinsky erklärt die kahle Wand zur »Idealwand«, zur »keuschen Wand«, zu einem »fast primären Element«.[118] Es entstehen hochkonzentrierte Arbeitseinheiten der kurzen Wege und der schnellen Handgriffe. Die idealen Wohnungen verzichten nach dem Willen der führenden Architekten auf alle Gemütlichkeitsspender und demonstrieren eiskalte Zweckmäßigkeit als neues Schönheitsideal. Walter Müller-Wulckow verlangt 1930 eine puritanische Einfachheit, knappste Ausstattung und »funktionellste Reibungslosigkeit«. Er empfiehlt dem modernen »sport- und gymnastikgestählten Körper« die federnden Stahlrohrsessel von Marcel Breuer und dem Erholung suchenden Geist weiße, glatte Wände.[119] Fast alles ist klappbar, schwenkbar, stapelbar, verstellbar, austauschbar, abwaschbar: Tische, Betten, Stühle, Geschirr. Die neue private Sachkultur ist ähnlich der Fabrik normiert, rationalisiert, taylorisiert. Sie ist ganz auf Schnelligkeit getrimmt, alle Reibungspunkte sind weggehobelt. Jeder Plüsch wird als Plunder, jede Begradigung als Behaglichkeit definiert.

Parallel dazu erhält die Stadt ein neues Gesicht verpasst – ein Lifting ohne alle Falten und Altersfurchen. Auch sie, die Großstadt zumal, hat sich wie Maschine und Fabrik den Grundsätzen des Taylorismus und Fordismus zu unterwerfen, auch sie soll reibungslos funktionieren. Mitte der 1920er Jahre entwirft Ludwig Hilberseimer die zukünftige Hochhausstadt, deren »völlig durchdachter Organismus« in krassem Gegensatz steht zu der planlosen »Häufung disparater Elemente« in den bisherigen Städten. Er verlangt, das Einzelhaus, »das die Großstadt in ein unübersehbares Chaos« und lähmende Endlosigkeit verwandelt, abzureißen, und setzt an seine Stelle Hochhäuser, die er nach einem geometrischen

Abbildung 24: Ludwig Hilberseimer: Großstadtarchitektur (1927)

Muster anordnet und mit allem zum Leben Notwendigen versieht: Wohnungen, Gemeinschaftseinrichtungen, Geschäften und Büros (Abb. 24). Sein Ziel ist die Erleichterung und Beschleunigung des Lebens. Alles hat wie am Fließband abzulaufen: Hausarbeit, Erwerbsarbeit und der Übergang von Freizeit und Arbeitszeit. Hier werden Arbeits- und Lebenswelten mit Hilfe der Stoppuhr gestaltet, auch hier dominiert die gerade Linie als schnellste Verbindung zwischen zwei Punkten.[120] Walter Gropius plädiert für eine Streifen- bzw. Zeilenbauweise der Häuser, um den Boden optimal zu nutzen und den Menschen lange Wege und damit viel Zeit und Geld zu ersparen. Er empfiehlt zwecks möglichst dichter Bebauung und optimaler Besonnung eine Nord-Süd-Ausrichtung der Zeilen und setzt dieses Konzept ganz konsequent bei der 1929 errichteten Dammerstocksiedlung in Karlsruhe um.[121] Die Planer des »Neuen Berlin« sehen die Großstadt als wohlfunktionierende Maschine und konzipieren sie nach denselben Regeln wie Henry Ford seinen Schnellbetrieb. In diesen vollmechanisierten Städten haben die Plätze angesichts des auf allen Menschen lastenden Zeitdrucks nur noch die Funktion von »Clearing-Punkten«, wie es im Jargon der Architekten heißt.[122] Für Kommunikation wie auf den alten Markt- und Rathausplätzen fehlen hier Zeit und Raum; sie reduziert sich auf knappste Botschaften zwischen Werbeplakaten und vorbeihastenden Menschen.

Auf ähnliche Weise rüttelt und zerrt Le Corbusier an allen Barrieren. In knalligen Lettern schreibt er gegen die alte, verwinkelte Stadt an und fordert die neue, geradlinige Metropole der Geschwindigkeit: »Die Stadt, die über Geschwindigkeit verfügt, verfügt über den Erfolg.« Er gerät beim Anblick der neuen Tempomaschinen geradezu in Ekstase: »Autos, Autos, schnell, schnell!« Er fordert eine gerade »Straße der Arbeit«, die es den Schnellbahnen, Straßenbahnen, Bussen und Autos erlaubt, »sie schnell zu durchlaufen, schnell gerade und rasch darum, weil sie gerade ist«. Er ruft die Gesellschaft auf, sich »von dem unordentlichen Knäuel ihrer Straßen« zu befreien und zur Geraden hinzustreben: »Der Mensch, der gerade zieht, beweist, dass er sich selbst begriffen hat und eintritt in die Ordnung. Kultur ist ein Geisteszustand der Rechtwinkligkeit.« Er sieht in den vielen Staus, hervorgerufen durch träge Fuhrwerke und Handkarren, eine die Gesellschaft krank machende Verstopfung und fordert als Befreiung aufgestelzte, kreuzungsfreie »Durchgangsautobahnen für den Blitzverkehr«. Für Le Corbusier ist Geschwindigkeit »brutale Notwendigkeit«: »Wozu den Zeiten der Hirten nachtrauern!«[123] In den meisten seiner Bücher nennt Le Corbusier den Taylorismus und später auch den Fordismus als Orientierungsmarke; auf vielen seiner Pläne ist das Automobil als Symbol von Geschwindigkeit zu sehen.

Diese weißen Städte der primären Körper, der Rechtkantblöcke und neuen Bauten mit ihren schnörkellosen Fronten und rechtwinkligen Fenstern, die streng geometrischen Grundraster der neuen Siedlungen und die Inneneinrichtungen der Häuser mit ihren würfelförmigen Elementen weisen die Menschen Tag und Nacht auf die Bedeutung der geraden Linie hin. Sie fordern sie geradezu auf, Umwege zu vermeiden und stets den direkten Weg zu suchen. Sie sind zu verstehen als ein aus Stein und Beton geformter Imperativ der Schnelligkeit. Nach dem Ersten Weltkrieg vermerkt Arthur Eloesser zu den Straßen im modernen Berlin: »Mit ihrer Geradlinigkeit, mit ihrer strengen Richtung, mit ihrem glatten Lauf zu einem Ziele halten sie uns nicht zu gemächlichem Verweilen auf, sondern sie scheinen uns zu einem beschleunigten Tempo einzuladen.«[124] Die Botschaft des Neuen Bauens lautet: »Himmelhohe« Räume und »weitläufige« Schlafzimmer, verwinkelte Wohnungen und staubgieriges Inventar kosten nicht nur viel Geld, sondern auch viel zu viel Zeit, was letztlich dasselbe ist. Bei der unter der künstlerischen Leitung von Ludwig Mies van der Rohe erstellten und im Sommer 1927 in Stuttgart eröffneten Weißenhofsiedlung geht es bei dieser Reduktion auf das Wesentliche in erster Linie nicht um Avantgarde-Ästhetik und Luxus, sondern um günstige Wohnungen und gesundes Wohnen. Die konservativen Architekten trifft das Ergebnis wie ein Keulenschlag: Häuser ohne Fensterläden, ohne Giebeldächer und Gauben, grellweiß, mit Dachterrassen und Langfenstern. Paul Schultze-Naumburg, der seine Bauten weiterhin mit historischen Bezügen befrachtet, wettert, die Häuser im Bauhausstil sähen aus wie Schlafwagen auf einem Abstellgleis, entworfen von den Nomaden der Hauptstadt.[125] Letztlich beglückt die neue Stromlinieneleganz nur wenige Zeitgenossen, schockiert hingegen zutiefst das auf Tradition bedachte Publikum.

Gleichwohl gelingt es den Vertretern des Neuen Bauens, den Geschwindigkeitsimperativ mit Eisen und Beton in den Metropolen zu verankern. In Berlin beschleunigen sie mit schnurgeraden Linien das ohnehin schon hohe Tempo. Siegfried Kracauer über die Hauptstadt: »Unsere Architektur ist entsetzlich dynamisch: entweder jagt sie unvermittelt senkrecht nach oben oder sucht auf horizontale Weise das Weite. Und die Straßen gar – wenn ich an die Kantstraße denke, so befällt mich sofort das unwiderstehliche Verlangen, ohne Aufenthalt ihrem Fluchtpunkt zuzujagen, der irgendwo im Unendlichen liegen muss«.[126] Den Architekten gelingt es, die Flaneure von den Straßen zu vertreiben.

Gleichzeitig plädiert die Avantgarde der Architekten für eine Industrialisierung, Taylorisierung und Beschleunigung des Bauens. Sie wollen nicht akzeptieren, dass der Hausbau im Zeitalter von Massenfertigung und Automobilbau immer noch nach denselben Methoden erfolgt, die schon beim Bau der mittelalterlichen Kathedralen zur Anwendung kamen. Bereits kurz vor dem Ersten Weltkrieg fordert Walter Gropius von der Bauwirtschaft Normierung, Typisierung und Rationalisierung. Noch während des Krieges greifen auch andere seine Ideen auf. Max Taut wendet früh eine Skelett- und Fertigbauweise an. Als im Jahre 1928 Hannes Meyer die Amtsführung des Bauhauses übernimmt, verkündet er umgehend, er verstehe unter einem Architekten keinen »Künstler«, sondern einen »Spezialisten der Organisation«.[127] Ludwig Hilberseimer entwirft Pläne für Städte der Zukunft, die völlig auf dem Prinzip der industriellen Typisierung und Normierung beruhen – »mechanisierte Weltstädte« mit riesigen Hochhäusern und Hochstraßen, in denen sich das Leben »reibungslos« zwischen den beiden Polen Arbeit und Sport abspielt.[128]

Gropius entwickelt Typenhäuser aus standardisierten Einzelteilen, um über Massenfabrikation und Serienmontage zu einer spürbaren Verbilligung und Beschleunigung des Bauens zu kommen – angesichts der Wohnungsnot in der Weimarer Zeit ein zugkräftiges Argument. Nach dem Vorbild von Henry Fords T-Modell denkt er an »Wohn-Fords« aus Eisen und Beton, austauschbaren Fertigteilen bei zugleich hoher Flexibilität. 1927 schreibt er: »Während der Ingenieur seit langem bewusst für die Fabrik und das Erzeugnis, das aus ihr hervorgeht, die knappste Lösung sucht, die mit möglichst geringem Aufwand an mechanischer und menschlicher Arbeitskraft, an Zeit, Material und Geld ein Maximum an Leistung ergibt, beginnt die Bauwirtschaft erst seit kurzem ihren Kurs auf ein gleiches Ziel für den Bau von Wohnhäusern zu richten.«[129] Oder an anderer Stelle: »die moderne rationalisierte bauwirtschaft wird sich all das zunutze machen müssen, was die industrie in ihren betrieben zum großen teil bereits durchgeführt hat: ausschaltung von kostspieligen leerläufen durch geistreiche ökonomie im verbrauch von arbeitszeit und material.«[130] Unter dem Eindruck des Fordismus fordert er den Einsatz arbeits- und zeitsparender Spezialmaschinen: Schnellmischer, Schnellbau-Aufzüge und Laufkräne. Er ist überzeugt, dass nur Trägheit und Vorurteile den Hausbau nach den Produktionsmethoden von Ford verhindern.

In Dessau-Törten bekommt Gropius von 1926 an Gelegenheit, seine Pläne umzusetzen – mit mäßigem Erfolg. Die Kalkulation ist problematisch. Vor allem aber stellen sich bald technische Mängel ein, hervorgerufen durch Unterschiebung von schlechtem Material und Sabotage durch beteiligte Handwerker, die um ihre berufliche Zukunft fürchten.[131] Überzeugender ist das 1925 unter der Leitung von Stadtbaurat Ernst May begonnene Siedlungsprogramm für das »Neue Frankfurt« mit seinen rund 30 000 Wohnungen. Zur Senkung der Herstellungskosten und Mieten kommen hier Methoden der Rationalisierung, Typisierung und Vorfabrikation zur Anwendung. Mit Hilfe von Plattenbauweise, industrieller Fertigung und genormten Türen, Fenstern und Küchen sowie Montage verkürzt sich die Bauzeit gegenüber dem herkömmlichen Ziegelbau um fast 50 Prozent. Auf den Großbaustellen in Frankfurt kommen Laufkräne zum Einsatz, die sich an den exakt ausgerichteten Häuserfronten entlang auf Schienen bewegen und im Siedlungsbau erstmals die Anwendung der Fließarbeit erlauben. Das Frankfurter Musterhaus für die Stuttgarter Weißenhofsiedlung wird 1927 einschließlich Erdarbeiten, Innenausbau und Möblierung des Erdgeschosses in nur sechs Tagen errichtet.[132]

Die architektonischen Zeitzeugen der Jahre von Weimar rufen mit erhobenem Zeigefinger zur Beschleunigung auf. Sie nehmen den Kampf gegen die Langsamkeit, Bedächtigkeit und das Pausierende auf. Die Innenarchitekten setzen auf eine »Ästhetik aus der Tiefkühltruhe«, die eine Ästhetik für schnelle Leute ist.[133] Zudem integrieren die Architekten in viele der von der Bevölkerung besuchten Bauten Beschleunigungsstrecken, um die Menschen unmerklich auf Trapp zu bringen. Die neuen Warenhäuser zwingen die potenziellen Käufer mit Hilfe von breiten Eingangspassagen und Rolltreppen en masse in die Einkaufswelt und fertigen sie durch viel Personal und neue Registrierkassen möglichst schnell wieder ab. In den in Mode gekommenen Schnellimbissen und Stehcafés ist die zeitraubende Gemütlichkeit ohnehin passé. Der zunehmende Straßenverkehr gebietet es, die Straßen im Eilschritt zu überqueren. Der Flugverkehr verkürzt die Entfernungen zwischen den einzelnen Kontinenten ganz extrem. Das weiter fortschreitende Städtewachstum, das die Distanzen zwischen Arbeits- und Wohnplatz kontinuierlich verlängert, erhöht den Zeitdruck auf die Menschen und lässt sie in einem wahren Wettlauf mit der Zeit zur Arbeit hasten, um sich dort

von der Stechuhr auf der Zeitkarte bestätigen zu lassen, zeitig und ohne Zeitverlust angekommen zu sein. Die hochindustrialisierte Welt ist überall – im öffentlichen wie im privaten Bereich – mit Wegweisern bestückt, die die Menschen auf
die Beschleunigungsspur leiten.

Die Bevölkerung folgt dieser Spur. Bereits 1926 schreibt der Architekt Hannes Meyer: »Die Gleichzeitigkeit der Ereignisse erweitert maßlos unsern Begriff
von ›Zeit und Raum‹, sie bereichert unser Leben. Wir leben schneller und daher
länger. Unser Sinn für Geschwindigkeit ist geschärfter denn je, und Schnellig-
keitsrekorde sind mittelbar Gewinn für alle. [...] Bouroughs Rechenmaschine befreit unser Hirn, der Parlograph unsere Hand, Fords Motor unsern ortsgebunde-
nen Sinn und Handley-Page[134] unsern erdgebundenen Geist. [...] Schon schmä-
hen unsre Kinder die fauchende Dampflokomotive und vertrauen sich kühl und
gemessen dem Wunder elektrischer Zugkraft.«[135]

Zusammenfassung

Für die Künstler ist der Zeitraum vom ausgehenden 19. Jahrhundert bis Anfang
der 1930er Jahre eine Zeit ungewöhnlicher Kreativität, in der sie in einem wahren »Raum- und Zeitrausch« leben und arbeiten. Sie schöpfen bewusst oder unbewusst aus den Trümmern einer untergehenden Gesellschafts- und Wirtschafts-
ordnung, in der »alles seinen Platz und alles seine Zeit« hatte. Sie sehen sich
umgeben von einer neuen Technik und von neuen Normen und seit Einsteins Re-
lativitätstheorie auch von einem neuen Zeitverständnis. Die neue Kunst der Jahrhundertwende versucht gleichfalls, Zeit und Ort neu zu bestimmen.[136] Als die
Künstler mit dem ganzen ihnen zur Verfügung stehenden Instrumentarium Werbung für die Beschleunigung machen, hat die Langsamkeit endgültig ausgespielt.

TEIL III

TEMPOPHASE SEIT 1950

13. Zeit der Elektronik
Die Jagd nach der Nanosekunde

Trotz Eisenbahn, Automobil und Flugzeug partizipieren bis in die ersten Jahre nach dem Zweiten Weltkrieg nur kleine Teile der Gesellschaft an den neuen Beschleunigungsinstrumenten, und dies nur sporadisch. Zwar kommt in den Industriestaaten bereits der größte Teil der Bevölkerung am Arbeitsplatz tagtäglich mit den Produktionsbeschleunigern direkt in Berührung, und auch im Personentransport können die meisten mit Hilfe der Eisenbahn Fahrt aufnehmen, aber der Besitz von Automobil, Telefon oder Waschmaschine bleibt zunächst nur einer Minderheit vorbehalten. Die Motorisierung von Bevölkerung und Landwirtschaft steht noch bevor. Tempo ist noch nicht demokratisiert, doch ist der Boden bereitet und der Start erfolgt. Es geht fortan darum, die Massen und den Lebensalltag endgültig einzubeziehen und die letzten »Ruhezonen« zu beseitigen.

Das historisch beispiellose Wirtschaftswachstum der zweiten Hälfte des 20. Jahrhunderts bietet den idealen Nährboden für die rasche und endgültige Ausbreitung des Beschleunigungsvirus bis hinein in entlegene Ecken der industrialisierten Welt. Mit dem wirtschaftlichen Wachstum dringen die mentalen, sozialen und technologischen Formen der Beschleunigung immer tiefer und nachhaltiger in alle Bereiche von Wirtschaft und Gesellschaft vor und erzeugen einen »dromologischen Rausch« (Paul Virilio). Selbst in den Privathaushalt, diesen traditionellen Anti-Beschleunigungsraum, halten die Tempomacher in Form der Haushaltstechnik in großer Zahl Einzug und verändern das Leben und die Mentalität der Menschen. Die meisten der neuen Geräte sind heute technisch derart perfektioniert und in das tägliche Leben integriert, dass wir uns mit einem einzigen Exemplar nicht mehr zufrieden geben: Zweitfernseher und Zweitwagen sind fast ebenso selbstverständlich wie das Drittradio oder das Handy als Ergänzung zum Netzgerät. Darüber hinaus übt der Umgang mit vielen dieser Beschleunigungsinstrumente wie Auto, PC oder Internet bei einem Teil der Nutzer eine eigene Faszination aus. Sie greifen zu diesen Tempomaschinen, um ganz in sie einzutauchen, sich von ihnen forttragen zu lassen und sich ihnen mit Leib und Seele hinzugeben.

Demokratisierung der Geschwindigkeit

In der zweiten Hälfte des 20. Jahrhunderts geht in der europäischen und nordamerikanischen Wirtschaft die technische und organisatorische Beschleunigung der Produktion nach dem Vorbild des 19. und 20. Jahrhunderts ungebremst weiter. Ein Heer von Ingenieuren und Betriebswirten arbeitet mit Erfolg daran. Im Gefolge von Internationalisierung, Globalisierung und weltweiter medialer Vernetzung müssen sich heute auch Schwellen- und Entwicklungsländer dem Beschleunigungsimperativ beugen. Im globalen Wettbewerb zählt neben Preis und Qualität vor allem die schnelle Verfügbarkeit als entscheidendes Kriterium, besonders angesichts des immer rascheren Wechsels der Moden. Weltweit operierende Großkonzerne werden auch in der Dritten Welt zu vehementen Verfechtern dieser Philosophie. Der in der ganzen Welt tätige ABB-Konzern fordert von seinen Mitarbeitern: »Denk schneller. Deine Idee von heute wird in fünf Jahren überholt sein. [...] Such nicht nach etwas Perfektem. Tu endlich was. Lieber nur 98,5 Prozent als 1,5 Jahre zu spät – oder zu teuer. Perfektion ist Zeitlupe, Phantasie ist Lichtgeschwindigkeit.« Percy Barnevik, der zeitweilige Management-Star an der Spitze des Konzerns, predigt Tempo und nochmals Tempo. »Mir sind zehn Entscheidungen lieber, von denen sich drei als falsch erweisen, als Perfektion im Schneckentempo«, so der Schwede. Die Mannheimer Filiale des Konzerns benötigte Ende der 1980er Jahre für die Fertigung einer Turbine 79 Stunden, 1995 sind es 35, und schon bald sollen es 26 Stunden sein. Wie Barnevik denken und handeln viele Unternehmer. Sie lassen traditionelle Zeitgrößen in Entwicklung und Produktion in einem geradezu atemberaubenden Tempo schrumpfen, so etwa die Zeitspanne zwischen dem Entdecken einer Jugendmode und ihrer Präsentation in den Regalen von H & M. Nicht nur Produkte wandeln sich immer schneller, sondern auch die Anforderungen an die Denk- und Arbeitsweisen von Unternehmern und Mitarbeitern. Hinzu kommt die seit Beginn der Industrialisierung anhaltende technische Produktionsbeschleunigung, die heute mit Hilfe von Robotern unvermindert weitergeht. Die im Vergleich zu Osteuropa und Asien sehr hohen Basislöhne in den führenden Industriestaaten veranlassen die Unternehmen, Arbeiter durch Maschinen und Niedriglöhner in diesen Ländern zu ersetzen. Erstmals hat die technische Rationalisierung auch den Dienstleistungssektor voll erfasst. Seit dem Dotcom-Crash und der Konjunkturflaute zu Beginn des 21. Jahrhunderts bestellen immer mehr Firmen die benötigten Industriegüter direkt am Bildschirm, ohne Handelsreisende und Makler zu beschäftigen. Supermarktketten jagen ihre Warenbestellungen über Datenleitungen direkt bis ans Produktionsband der Herstellerfirma, während Sekretärinnen und Sachbearbeiter nur noch leere Posteingangskörbe vorfinden und ohne Beschäftigung nach Hause gehen müssen, ebenso Lagerarbeiter, weil Logistik und Lagerhaltung automatisiert sind.[1]

Ein extrem scharfes Damoklesschwert schwebt drohend über den Köpfen der Unternehmer: Wer zu spät kommt, den bestraft der Markt. Überall in den Vorstandsetagen sucht man am Ende des 20. Jahrhunderts nach immer neuen Wegen, neben den Herstellungs- auch die Innovationszeiten der Produkte zu verkürzen, womit aber auch deren schnelle Überalterung vorprogrammiert ist sowie eine Verkürzung ihrer Lebenszeiten. Um bei diesen kurzen Produktlebenszyklen den Anschluss nicht zu verlieren, sehen sich die Unternehmen gezwungen, ihren Aufwand für Forschung und Entwicklung immer weiter zu erhöhen, und tragen damit zu einer nochmaligen Reduzierung von Produktlebenszyklen bei. 1975 besteht der Umsatz der Siemens AG zu 60 Prozent aus Produkten, die älter als fünf Jahre sind; 1986 sind es nur noch 44 Prozent – Tendenz steigend.[2]

Geschwindigkeit ist in der weltweiten Konkurrenzwirtschaft immer mehr ein unverzichtbares Element des Managements. Die neuen Speed-Manager fordern Turbo-Innovationen, Turbo-Produktionen, Turbo-Marketing; sie versprechen Wettbewerbsvorteile mit Hilfe von höchster Geschwindigkeit. Verkaufsingenieure unterbreiten mit dem Laptop unterm Arm ihren Kunden hier und jetzt ein verbindliches Angebot, und bei McDonald's erhält der Gast innerhalb von drei Minuten nach Bestellung sein Essen. Softwarekonzerne arbeiten an der Entwicklung von Programmen rund um die Uhr und rund um den Globus, und wenn die japanischen Entwickler Feierabend haben, werden die Daten zur Weiterbearbeitung nach Europa transportiert und von dort weiter nach Amerika.[3] Die Werbung für Markenartikel begnügt sich oft nur noch mit knappsten Andeutungen: Camel mit einigen Körnern Wüstensand und Palmen, Marlboro mit der Farbe Rot, Lucky-Strike mit dem Scheibenauge.[4] »Rapid prototyping«, »high speed injection moulding«, »just in time production« – so lauten einige Modeworte, mit denen die industriellen Produzenten an der Schwelle des Y2K ihr auf Speed getrimmtes Tun und Denken zum Ausdruck bringen.

Viele werden sich der Schnelligkeit dieses modernen Wirtschaftens erst bewusst, als nach dem Zusammenbruch des Eisernen Vorhangs die Menschen aus zwei unterschiedlichen Geschwindigkeitskulturen sich Seite an Seite im High-Speed-Wirtschaftssystem des Westens wiederfinden und ihre Rhythmen nicht oder nur sehr schwer koordinieren können. Während in Deutschland die politische Einigung in einem schwindelerregenden Tempo erfolgt, vollzieht sich die wirtschaftliche und mentale Vereinigung im Schneckentempo. Ganz offensichtlich fanden in den sozialistischen Ländern seit dem Zweiten Weltkrieg nicht dieselben Rezepte der Rationalisierung Anwendung wie im Westen, vor allem nicht das der Beschleunigung der Arbeit. Günter Kunert beschreibt die Entwicklung in der DDR seit dem Bau der Berliner Mauer als erpresste Langsamkeit und Dornröschenschlaf. Während sich die Menschen ihren Träumen hingaben, blieb die Zeit stehen. Als die Weltläufe jenseits der Mauer ihren beschleunigten Fortgang nahmen, döste man unter den eine glorreiche Zukunft verheißenden roten Fahnen eher vor sich hin, um sich beim Aufwachen bisweilen nach der Munterkeit der ausufernden Industriegesellschaft zu sehnen. Auf der westlichen Seite der Mauer beneideten manche die so Eingesperrten um ihren verlangsamten Daseinsrhythmus, um diesen reduzierten Pulsschlag des öffentlichen und privaten Lebens. Kunerts Fazit: Im Vergleich zur Bundesrepublik ging es in der DDR gemächlich zu, und viele fühlten sich durchaus glücklich ob dieser Langsamkeit: Irgendwann waren die zehn Jahre, die man auf das Pappmobil Trabi warten musste, auch vorüber.[5]

Derweil sucht im Westen selbst die ländliche Welt, die bis nach dem Zweiten Weltkrieg den Glücksversprechen der Rationalisierer und Landmaschinenhersteller voller Misstrauen begegnet war, die selbst von dem Allzweckbeschleuniger Traktor nichts hatte wissen wollen, ebenfalls im Tempo ihr Fortkommen und löst sich von der Natur als Zeitgeber. Bis in die 1950er Jahre transportierten die Bauern ihre Ernte noch immer auf zweiachsigen, eisenbereiften Ackerwagen, gezogen von Pferden und Kühen. Sie bearbeiteten den Acker, indem sie mit langsamen Schritten den ebenfalls von Pferden oder Kühen gezogenen Pflug führten. Sie richteten sich nach dem Arbeitstempo der Tiere und setzten auf Altbewährtes. Erst Mitte der 1950er Jahre verdrängt das »Eiserne Pferd« mit seiner größeren Ausdauer und Kraft sowie seinem deutlich höheren Tempo Pferde, Ochsen und Kühe. 1954 übertreffen in der Bundesrepublik Deutschland die von den Schleppern geleisteten Zugkräfte erstmals die der Tiere. Dann geht alles sehr schnell. Seit Beginn der Massenmotorisierung und der vermehrten Landflucht nehmen die Landwirte in immer neuen Rekordzeiten ihre Äcker unter den Pflug und bringen die Ernte ein. Der Mähdrescher, aus den USA eingeführt, beschleunigt die Ernte in nie gekanntem Maße. Vor und nach dem Ersten Weltkrieg hatte der Arbeitsaufwand für das Mähen von einem Hektar Getreide samt Einbringen und Dreschen mit Hilfe einer Göpeldreschmaschine rund 150 Arbeitsstunden betragen, in der zweiten Hälfte der 1960er Jahre fallen für die gleiche Arbeit bei Einsatz eines Großmähdreschers nur noch zwei Arbeitsstunden an, wenig später nur noch eine einzige.[6] Mähdrescher und Melkmaschinen arbeiten zudem auch in der Nacht – die Nacht wird erstmals auch auf dem Lande nutzbar und beherrschbar. Inzwischen haben die Bauern begriffen, dass sie nicht mehr Landwirte, sondern Agrarproduzenten sind, für die ähnliche Regeln der Rationalisierung gelten wie für industrielle Unternehmer. Fortan geht es nicht mehr nur darum, die Arbeit mit Unterstützung von technischem Gerät in altbewährtem Rhythmus auszuführen, sie ist auch mit der größten Schnelligkeit zu erledigen.

Ferner nutzen diese Agrarproduzenten die moderne Gentechnologie, die gerade im Tempo den Fortschritt sucht. Gegen Ende des 20. Jahrhunderts gibt sich die Landwirtschaft nicht mehr mit einer PS-starken Mechanisierung und Beschleunigung der Arbeit zufrieden, sondern greift voller Ungeduld zusätzlich in die für sie nun offenbar viel zu träge Evolution der Natur ein. Tiere und Pflanzen sollen schneller wachsen und neue Eigenschaften annehmen, für die die Natur bisher eine halbe Ewigkeit benötigte. Die Zuchtsau hat im Schweinsgalopp dick zu werden, der Käse muss sich beim Reifen sputen. Die Züchter setzen nicht mehr nur auf die klassischen Methoden, da ihnen die Einlagerung selbst einfachster Merkmale viel zu lange dauert und die Resultate höchst unsicher sind. Als Anfang der 1970er Jahre mit der Isolierung von Nukleinsäureabschnitten und der Rekombination von DNA die technische Grundlage der Gentechnologie gelegt ist, setzt ein Wettlauf im Klonen von Genen ein, verbunden mit der hektischen Gründung kommerzieller Unternehmen, die zunächst auf die medizinische Anwendung der Gentechnologie abzielen. Schon bald folgt die Landwirtschaft. Seit 1984 ist es der Grünen Gentechnik möglich, das Pflanzengenom gezielt zu verändern, um die agronomischen Eigenschaften der Pflanzen und die Qualität des Ernteguts zu optimieren sowie die Nachhaltigkeit der Produktion zu erhöhen.

Die Veterinärwissenschaftler beschleunigen gleichzeitig die Wachstumsphase bis zur Schlachtreife der Tiere und gieren ebenfalls nach den Wundern der Gentechnik. Mit genetisch veränderten Lebewesen überspringen sie ohne Skrupel die Schranken der Artgrenzen, die in der traditionellen Züchtung von Nutztieren noch Gültigkeit hatten. Dieses genetische Klonen tritt 1988 in eine neue Phase ein, als erstmals eine genetisch veränderte Maus patentiert wird. In den Jahren 1995 bis 1997 führen schließlich Ian Wilmut und Keith Campbell im Roslin Institute in Schottland durch das Klonen von Schafen – Megan, Morag, Dolly und Polly – der Welt vor Augen, was die weitere Zukunft bringen wird. Sie klonen Polly aus einer kultivierten, vorher genetisch veränderten Zelle, indem sie der Zellkultur ein menschliches Gen hinzufügen. Die neuen Biotechnologien wollen die Menschheit endgültig in das Zeitalter der biologischen Kontrolle befördern, so die Wissenschaftler. Sie arbeiten mit Hochdruck an einer Turbolandwirtschaft, von der die Akteure bis in die Zeit nach dem Zweiten Weltkrieg noch Lichtjahre entfernt waren. Sie treiben die Evolution im Schnellzugtempo voran und zitieren die Zukunft ebenso in ihr Labor wie die vielen Mediziner, die gleichzeitig weltweit darum wetteifern, mit Hilfe von Stammzellen alle möglichen menschlichen Körpergewebe wieder instand zu setzen, abgestorbene Herzgewebe zu reparieren, zerstörte Knorpel nachwachsen zu lassen und sogar Hirne nach einem Schlaganfall zu regenerieren. Vieles scheint möglich, was bisher nur in Science-Fictions formuliert wurde. Der amerikanische Molekularbiologe Lee M. Silver prognostiziert in seinem Buch »Das geklonte Paradies« spätestens für das 24. Jahrhundert zwei Arten von Menschen: die »Naturbelassenen« und die »Gen-Reichen«.[7] Der Homo sapiens betrachtet seine Biologie als Baustelle, auf der er nach den Regeln der Rationalisierung zu Werke geht.

Aus weiten Teilen der Naturwissenschaften sind die schnellen Verfahren und die superschnellen Techniken inzwischen nicht mehr wegzudenken. In riesigen Teilchenbeschleunigern werden die kleinsten Bausteine der Materie mit Energie vollgepumpt und treffen anschließend in Lichtgeschwindigkeit wie Geschosse auf andere Teilchen, um diese zu zerreißen: Schnellschüsse an den äußersten Grenzen der Physik. Gleichzeitig entziffern superschnelle Großrechner im Auftrag von Genetikern mehr als tausend Genbuchstaben pro Sekunde. Ein Genom, für das die Forscher früher ein Jahr brauchten, sequenzieren sie heute in zwei Stunden.[8] Daneben zerlegen Physiker die Zeit in immer kleinere Bruchstücke. Sie produzieren Laserpulse, die kürzer sind als eine Femtosekundo – diese beginnt 15 Stellen nach dem Komma. Mit derart knappsten Pulsen machen sie Blitzaufnahmen von der Mikrowelt und beschießen zur Erzielung sauberster Schnitte mit Kurzpuls-Lasern Metalle und Gewebe, denen bei dieser Hochgeschwindigkeit keine Zeit bleibt zu schmelzen oder zu verkokeln – sie lösen sich gewissermaßen in Luft auf. Gegen Ende des 19. Jahrhunderts hatte Eadweard Muybridge bei seinen Fotoaufnahmen galoppierender Pferde zwölf Bilder in einer halben Sekunde geschossen. In den 1930er Jahren war der Fotograf Harold Edgerton bis zur Mikrosekunde ($= 10^{-6}$) vorgedrungen, als er fliegende Pistolenkugeln bei geöffnetem Kameraverschluss für einen solchen winzigen Bruchteil einer Sekunde anblitzte. Heute sind Forscher bei ihrer Jagd nach der nächsten Kommastelle bereits in den Bereich der Attosekunde vorgestoßen, bis zum trillionstel Teil einer Sekunde. So wie Muybridge, der nachweisen konnte, dass ein galoppierendes Pferd kurzzeitig alle vier Hufe in der Luft hat, wollen die modernen Hochgeschwindigkeitsfotografen die Elektronen sichtbar machen, die um den Atomkern flitzen, um anschließend atomare Prozesse in eine gewünschte Richtung zu treiben.[9] An der Wende zum neuen Jahrtausend haben die meisten Menschen das Beschleunigungsprinzip vollkommen verinnerlicht, ohne sich dessen bewusst zu sein: Stadt- und Landbewohner, Militärs und Techniker, Wissenschaftler und Künstler.

Gleichzeitig mit den Beschleunigungsbemühungen von Wissenschaftlern und Technikern suchen die Menschen im trauten Heim nach Fortschritt mit Hilfe von Geschwindigkeit, wenn sie dabei auch nach einem wesentlich moderateren Tempo streben. Viele Pläne der Zwischenkriegszeit, die den taylorisierten und elektrifizierten Haushalt zum Ziel hatten, sind heute Wirklichkeit. Vor allem die vielen Elektrogeräte erleichtern und beschleunigen die Arbeit der Hausfrau. Kühlschränke, Elektroherde, Bügeleisen, Mixer und Staubsauger bringen neben der Erleichterung auch viel Zeitersparnis. Mit der Verwendung von Obst- und Gemüsekonserven verschwindet das zeitaufwändige Einmachen aus den Stundenplänen. Zur vielleicht wichtigsten Kraft- und Zeitsparmaschine ist die Waschmaschine geworden, die den gefürchteten großen Waschtag vergessen lässt. Vollwaschmittel machen das zeitraubende Einweichen überflüssig, und die Wirtschaftswunderfäden Nylon und Perlon erlauben ebenso wie in der DDR Dederon die schnelle Wäsche zwischendurch. Der Wäschetrockner beendet Jahrzehnte später zudem die Abhängigkeit von der Natur und das lange Warten auf Anziehbares. Gleichzeitig etablieren sich um den Haushalt herum neue Dienstleister, die sich von den traditionellen nur durch ihre höhere Geschwindigkeit unterscheiden: Schnellreinigungen, Schnellreparaturen, Schnelltransporter und Pizzaservices. Der Tante-Emma-Laden weicht dem Selbstbedienungsladen, der einen schnelleren Zugriff auf die Waren erlaubt.[10] Im letzten Drittel des Jahrhunderts macht schließlich eine ganz neue Generation von Fertiggerichten und Küchengeräten der Essenszubereitung nochmals Dampf: Neben den traditionellen Dosengerichten und der schnelleren Fünf-Minuten-Terrine stapelt sich die moderne Tiefkühlkost, die mit Hilfe von Mikrowellen bereits nach wenigen Minuten auf den Tisch kommt. Ebenso verdrängt Fast Food das zeitaufwändige Kochen. Schokoriegel und Energy-Drinks für den schnellen Hunger überschwemmen den Markt. Auch außerhalb der eigenen vier Wände zwingt der gehetzte Durchlaufesser die Gastronomie, sich seinem Eiltempo anzupassen. Verschiedene Ketten eröffnen schnelle Nudelbars, offerieren Turbo-Gemüse und werben mit Eintopfgerichten, die ruck, zuck verzehrt werden können. Alles wird Fast Food. Der allgemeine Trend zur Eile hinterlässt auch in Küche, Esszimmer und Restaurants seine Beschleunigungsspuren.

Der Zeitfaktor rückt zudem aufgrund der rascheren Alterung vieler Produkte des Alltags ins Blickfeld, wobei die beschleunigte Vergänglichkeit zumeist eine Folge des schnell wechselnden Geschmacks ist. Design wird zum Design auf Zeit – auf kürzeste Zeit. Neue Produkte werden sofort kopiert und zwingen die Produzenten, sofort mit nochmals Neuem auf den Markt zu kommen. Eine mehrjährige Garantie erscheint vielfach bereits als der Gipfel der Haltbarkeit, und kaum jemand wäre bereit, den doppelten Preis für eine Verdreifachung der Lebensdauer zu zahlen. Für Handys, die zwei Jahre lang in Gebrauch sind, werden austauschbare Chassis angeboten, damit die Nutzer jederzeit den Besitz eines neuen Modells vortäuschen können, auch gegenüber sich selbst. Viele von Natur aus langlebige Artikel wollen im Nu konsumiert werden. Sie tauchen oft wie kurze Blitze rund um den Erdball auf, leuchten heute hell, um morgen nur noch Müll zu hinterlassen.[11]

Die großen Erfolge bei der Produktion von Geschwindigkeit verhelfen den Menschen in der zweiten Hälfte des 20. Jahrhunderts auch bei der Überwindung des Raums zu weiteren Fortschritten. Städte, Länder und Kontinente rücken noch näher zusammen, weil die Geschwindigkeiten und Kapazitäten der Transportmittel steigen, das Netz von Eisenbahnen, Straßen und Schifffahrtswegen dichter und durch Luftstraßen ergänzt wird und die Pünktlichkeit der wichtigsten Verkehrsträger zunimmt. Seit der Massenmotorisierung der 1960er Jahre hat sich die Beschleunigung des Transports von Menschen und Waren verallgemeinert. Die Eisenbahn hatte mit ihrem weitmaschigen Schienennetz nur einen kleinen Teil der Landmasse berührt, wogegen die Motorisierung des Verkehrs mit Hilfe von Pkw, Lkw, Autobus und Motorrad für eine flächendeckende Beschleunigung sowie eine gewaltige Vermehrung des Transportvolumens sorgt. Im Straßenbau wird in ganz Europa der Autobahnbau zum Synonym für Modernität, der schnelle Verkehr zur Grundlage für schnelles Wirtschaftswachstum. Während die als langsam geltende Eisenbahn immer weniger Kunden zählt, explodiert der als Zeitsparer entdeckte Individualverkehr geradezu. Erst als gegen Ende des Jahrhunderts die Staus auf den Autobahnen drastisch zunehmen und vor allem Frankreich und Deutschland in Hochgeschwindigkeitszüge und -strecken investieren, erlebt die Eisenbahn eine gewisse Renaissance. Sie wird im wahrsten Sinne des Wortes aber vom steilen Aufstieg des Luftverkehrs überflügelt, zumal seit 1970 bei den Fernreisen die nahe an der Schallgrenze operierenden Großraumflugzeuge zum Einsatz kommen.

In rasantem Tempo steigen die gesamten Verkehrsleistungen. Im binnenländischen Personenverkehr der alten Bundesrepublik erhöhen sich die Leistungen von Eisenbahnen, Personenkraftwagen, Motorrädern und Flugzeugen von rund 88 Milliarden Personenkilometern (pkm) im Jahre 1950 bis 1990 auf 730 Milliarden pkm und erreichen im wiedervereinigten Deutschland des Jahres 2000 rund 926 Milliarden pkm.[12] Dahinter verbergen sich Quantitäts- und Qualitätssprünge von bisher noch nie gesehener Weite – eine gewaltige Steigerung des Transportvolumens und der durchschnittlichen Transportgeschwindigkeit, augenfällig vor allem im Luftverkehr. Die Eroberung der dritten Dimension für den

Verkehr verändert vor allem den Fernverkehr grundlegend. Der Personenverkehr über See verlagert sich im letzten Drittel des 20. Jahrhunderts fast gänzlich in die Luft. Der Ozeandampfer, zu Beginn des Jahrhunderts noch als schnelles Verkehrsmittel bejubelt, ist heute zum Synonym für Gemächlichkeit und Überfluss an Zeit geworden – Transportmittel für Rentner ohne Zeitnot. Dabei übertrifft die Spitzengeschwindigkeit dieser modernen Luxusliner die der »Titanic« ganz beträchtlich – die »Queen Mary 2« bringt es auf 32 Knoten. Die Überwindung des Raumes, die den Menschen bis an die Schwelle zum 20. Jahrhundert immer viel Kraft, Zeit und Geduld abverlangt hatte, wird an der Wende zum 21. Jahrhundert für einen Großteil der Bevölkerung zur Routine – zur komfortablen Routine. Sie ermöglicht aber neben Menschen und Gütern auch Viren und Bakterien, binnen Stunden eine Reise rund um die Erde anzutreten. Die Lungenkrankheit SARS erreicht Anfang 2003 bereits Europa und Kanada, bevor ihre Gefährlichkeit im Ursprungsland China erkannt wird.

Seitdem im Jahre 1969 die ersten Menschen den Mond betreten haben, ist das Zeitalter der Luft- und Raumfahrt angebrochen. Die Eroberung des Weltalls und die Reisen zum Mond sind nur möglich durch Vorstoß in ganz neue Geschwindigkeitsdimensionen, die inzwischen fast alltäglich und nur im Falle einer Katastrophe eine Schlagzeile wert sind. Um die Erdanziehungskraft zu überwinden, müssen die Trägerraketen auf 28 000 km/h beschleunigen – erst dann werden Piloten zu Astronauten.

Auch die Militärs aller Länder versuchen weiterhin, die größtmögliche zur Verfügung stehende Geschwindigkeit für ihre Zwecke zu nutzen. Nach dem Zweiten Weltkrieg geht auf militärischem wie zivilem Gebiet das Wettrennen um das schnellste Flugzeug zunächst mit unvermindertem Einsatz weiter. Am 14. Oktober 1947 durchbricht der amerikanische Major Charles E. G. Yeager mit seiner »Glamourous Glennis«, einer »Bell X-1«, die mit einem Raketentriebwerk ausgerüstet ist, als erster Mensch die Schallmauer und erreicht eine Spitzengeschwindigkeit von 1 556 km/h. Im September des folgenden Jahres knackt erstmals auch ein mit Strahltriebwerken ausgerüstetes Flugzeug, eine britische »De Havilland DH 110«, die Schallgrenze. Für die Militärs sind Überschallgeschwindigkeiten inzwischen Routine. Bereits 1956 hatte eine »Bell X-2« die Höchstmarke auf Mach 3,2 geschraubt – 3 370 km/h. Im folgenden Jahrzehnt erreicht das in 30 Kilometern Höhe operierende Aufklärungsflugzeug Lockheed SR 71 »Blackbird« 3 500 km/h und legt die Strecke New York–London in 114 Minuten zurück. Die Amerikaner wollen allein aus Prestigegründen noch mehr und konstruieren mit dem »X-15« ein Raketenflugzeug, das zugunsten neuer Rekordmarken auf elementare Flugeigenschaften verzichtet, das geradezu verstümmelt wird und mit seinen Stummelflügeln von 6,7 Metern Spannweite nicht mehr aus eigener Kraft vom Boden aufsteigen kann. Es muss sich von einer »Boeing-52« in die Höhe tragen lassen, wo der Treibsatz gezündet wird. 1961 gelingen mit diesem superschnellen Vogel Mach 3, zwei Jahre später Mach 6, und im Oktober 1967 steigert ein weiterentwickeltes Modell den Rekord in über 90 Kilometern Flughöhe auf Mach 6,72, also 7 297 km/h.[13] – Tempo ist das Höchste.

Auch auf und unter dem Wasser ist für die Militärs Geschwindigkeit weiterhin das A und O. Vor allem das U-Boot entzieht sich fortan mit zuvor nie gekanntem Tempo den anderen Waffen. Im Zweiten Weltkrieg hatte Admiral Dönitz bei seiner funkgesteuerten Rudeltaktik noch U-Boote eingesetzt, die lediglich auf dem Wasser schneller als die meisten anderen Schiffe waren, die neuen amerikanischen atomgetriebenen U-Boote sind es seit Ende der 1950er Jahre auch unter dem Meeresspiegel. Als der Atomantrieb aus Tauchbooten echte Unterwasserfahrzeuge macht, deren Operationsdauer in den Tiefen der Weltmeere nur noch durch die Nahrungsmittelreserven begrenzt wird, gilt es, eine völlig neue Rumpfform zu entwickeln, um auch getaucht bei Höchstgeschwindigkeit operieren zu können. Der Rumpf der »Albacore« – seit den späten 1950er Jahren Prototyp der neuen optimalen Rumpfform – ist im Querschnitt kreisrund. Er erlaubt den U-Booten fortan, sich schneller als ein Schnellboot fortzubewegen – sie fliegen geradezu durch das Wasser. Sie erhöhen ihre Schlag- und Abschreckungskraft zudem durch Kombination mit den schnellsten Waffen überhaupt. Seit dem Jahre 1960 können sie aus dem Wasser ballistische Raketen auf bis zu 6 000 Kilometer entfernte Ziele abfeuern.

Mit diesen Raketen, die Sprengstoffe mit hoher Geschwindigkeit über Kontinente hinwegtragen, hat der Raum seine Widerstandskraft endgültig eingebüßt. Seine Weite bietet kaum noch Schutz. Gegen die immer schnelleren Waffen eines Angreifers ist eine erfolgreiche Gegenwehr nur mit Hilfe der Schnelligkeit selbst möglich – mit noch schnelleren Raketen und vor allem mit höchst sensiblen Frühwarnsystemen. Im Zeitalter der mit 25-facher Schallgeschwindigkeit fliegenden Interkontinentalraketen geht es nicht mehr um Tage, sondern um Sekunden. Eine derartige Verringerung der Reaktionszeiten überfordert den Menschen, der ein elektronisches Führungs- und Entscheidungssystem zu Hilfe rufen muss, das an seine Seite oder an seine Stelle tritt: »C³I« genannt – Command, Control, Communication and Intelligence. Computer entscheiden hier in Bruchteilen von Sekunden, ob ein Alarm falsch oder richtig ist.[14] Seit dem ersten Golfkrieg gegen den Irak setzt die amerikanische Luftwaffe bereits die höchstmögliche Geschwindigkeit, die Lichtgeschwindigkeit, ein, indem sie ihre Raketen von den Flugzeugen aus auf Laserstrahlen zum Ziel leitet. Die todbringenden Bomben rasen gewissermaßen auf Lichtstrahlen ins Ziel.

Am eindrucksvollsten gelingt jedoch die Überbrückung des Raums beim Transport von Nachrichten. Über das Netz der Straßen, Schienen und Fluglinien legt sich das Netz der Telekommunikation mit Drähten und Wellen. Es hat den Raum heute gewissermaßen vernichtet und die Schnelligkeit bis zum Ideal der Gleichzeitigkeit gesteigert. Die Telegrafie mit ihrer langwierigen Eingabe, der Ver- und Entschlüsselung von Nachrichten ist durch ein weltumspannendes Telefonnetz mit Selbstwahl und automatischer Vermittlung abgelöst worden. Dabei bedeutet das sich seit 1980 etablierende reine Digitalsystem bei Übertragung und Vermittlung in mehrfacher Hinsicht Geschwindigkeit pur. Das Analogsignal wird 8000-mal pro Sekunde abgetastet und die erhaltenen Einzelwerte werden mit einer achtstelligen Binärzahl verschlüsselt.[15]

Zur selben Zeit hat sich der »Bild-Rundfunk« neben dem »Ton-Rundfunk« etabliert. Wie schon der Film macht sich das Fernsehen die Geschwindigkeit zunutze, um das Auge wie mit einem Zaubertrick zu täuschen. In der Fernsehröhre tastet ein Elektronenstrahl die einzelnen Bildpunkte nacheinander ab; er rast über die Zeilen und bringt die winzigen Pünktchen mit einer Schnelligkeit zum Leuchten, dass das Ganze dem trägen menschlichen Auge wie ein Bild erscheint. Gerade dieses Geschwindigkeitsmedium repräsentiert den Zeitgeist der Raserei wie kaum eine andere technische Apparatur. Wenn jede Fünfundzwanzigstelsekunde 300 000 Bits ein neues Fernsehbild erzeugen, bekommen die Zuschauer die Möglichkeit, überall in der Welt live mit dabei zu sein.[16]

Seitdem im Jahre 1962 mit Hilfe des Satelliten »Telstar« die erste direkte Fernsehübertragung zwischen den USA und Europa gelang, vor allem aber seitdem im folgenden Jahr der erste Nachrichtensatellit auf eine geostationäre Umlaufbahn gebracht wurde, ist die Welt auch sichtbar zu einem Nichts zusammengeschrumpft. Politische, sportliche und gesellschaftliche Begebenheiten rund um den Globus werden identisch mit ihrer Vermittlung an das televisionäre Publikum. Die Ermordung des ägyptischen Ministerpräsidenten Sadat im Jahre 1981, der Fall der Berliner Mauer 1989, die letzten Fußballweltmeisterschaften oder der zweite Irakkrieg können weltweit in »Echtzeit« verfolgt werden. Im Jahre 2003 ist während der Bombardierung von Bagdad auf einem Hochhaus der Stadt eine Fernsehkamera installiert, die ununterbrochen die Einschläge von Bomben und Raketen sowie das Abwehrfeuer im Visier hat und live in die ganze Welt überträgt. Schon seit Jahren können die Börsennotierungen von New York, Tokio, London und Frankfurt täglich überall auf dem Globus unmittelbar verfolgt werden. Damit verkürzen sich die Reaktionszeiten, um Geldströme um den Erdball zu schicken. Die als Verstärker benutzten Satellitensysteme lassen es kaum noch zu, dass einzelne Länder ihre Bürger von diesen Informationen ausschließen. Hier zeigt sich, dass seit Ende des 20. Jahrhunderts bereits nicht mehr das Automobil, auch nicht die Hochgeschwindigkeitszüge oder Düsenflugzeuge die eigentlichen Zugmaschinen zur Verkürzung der Zeit sind, sondern die Audiovision und die Technologien der Realzeit. Im Zeitalter von Internet und Satellitenfernsehen ist die intensive Zeit nicht mehr die der physischen Transportmittel. Aus einer gewissen Resignation heraus statten die Autokonstrukteure den im Vergleich zu den neuen Medien relativ langsamen Pkw heute zunehmend mit dem häuslichen Zubehör der Ruhe und Statik aus – mit Stereoanlage, Flaschenhalter, Fernseher. Sie machen das Automobil stautauglich.[17]

Das allgegenwärtige Fernsehauge trägt aber auch zu einer Beschleunigung der Abfolge von Modeströmungen bei sowie zu einer raschen weltweiten Verbreitung von lokalen Moden. Der Rap aus den amerikanischen Ghettos findet bereits wenige Wochen später Nachahmer in Tokio oder Bangkok. Haarmoden aus Liverpooler Vororten werden von australischen Jugendlichen übernommen, ehe die Printmedien noch davon berichtet haben. Auch auf dem politischen und gesellschaftlichen Sektor häufen sich, zum Teil durch das Fernsehen kraftvoll unterstützt, Beschleunigungen. Beim Zusammenbruch der DDR und der anschließenden Wiedervereinigung Deutschlands erleben die Menschen aufgrund der Berichterstattung der Medien sehr viel intensiver und näher als während des Zeitalters der Französischen Revolution eine Beschleunigung der Geschichte. Die Fernsehberichterstattung überträgt die friedlichen Demonstrationen bis in den hintersten Winkel des Erzgebirges und wirkt als Verstärker der auf die Straße gebrachten Unzufriedenheit.

Neben dem Live-Fernsehen sorgt am Ende des Jahrtausends der Aufbau des Internets für die spektakulärste und folgenreichste Beschleunigung des Nachrichtentransports. Davon wird noch die Rede sein. Mit dem E-Mail verändern und verkürzen sich erneut die Ausdrucksformen, so wie sie sich bereits im 19. Jahrhundert mit Einführung des Telegrafen verkürzt hatten. Anrede- und Grußformeln reduzieren sich auf eine legere Kürze; man kommt gleich zur Sache. Ein gepflegtes Layout ist Nebensache, und die Antworttaste mahnt zur sofortigen Bearbeitung.[18] Kurzum: Eine zuvor nie erlebte Beschleunigung ist der gemeinsame Nenner der wirtschaftlichen und technischen Entwicklung des 20. Jahrhunderts. Die Geschwindigkeit der Kommunikation steigert sich um den Faktor 10^7, die Reisegeschwindigkeit und die Fähigkeit, Krankheiten unter Kontrolle zu bringen, um den Faktor 10^2, die Geschwindigkeit der Datenverarbeitung um den Faktor 10^6. Einen derartigen Demokratisierungsschub von Geschwindigkeit hatte es in der bisherigen Geschichte noch niemals gegeben.[19]

Überall in Wirtschaft und Gesellschaft ist Geschwindigkeit inzwischen verankert und scheint der Universalschlüssel zum Erfolg zu sein. Alles unterliegt dem Druck der Kürze. Wie selbstverständlich fordern Politiker im Verbund mit Versicherern, die Aufenthaltszeiten in den Krankenhäusern drastisch zu verkürzen, um die Kassenbeiträge zu senken. Als neue Heroen einer so genannten Gesundheitsreform präsentieren die Medien Mediziner, welche die Patienten wie auf einem Fließband durch ihre Abteilungen schleusen und dabei offenbar auch den Heilprozess beschleunigen. »Bei uns wird der Patient auf den Tisch gelegt, Katheder rein, ratz, fatz, nach 15 Minuten haben wir die Wahrheit. Bums, basta, aus«, gibt ein Berliner Speed-Kardiologe aus einem Stromlinien-Krankenhaus zu Protokoll.[20] Bildungspolitiker, das Ohr am Zeitgeist, fordern neben einem Mehr an Ausbildung ebenfalls ein höheres Tempo bei der Aneignung von Wissen. Sie träumen davon, die Lehrzeiten an Gymnasien und Hochschulen mit Hilfe von radikal »taylorisierten« Schülern und Studenten sowie schnelllaufenden Lehr-Fließbändern ohne alle Leerzeiten nach der Produktionsmethode von Fords Modell T radikal beschleunigen zu können.

Das raschere Produktions- und Transporttempo verändert immer mehr Lebensweise, Verhalten und Wahrnehmung der Menschen. Der moderne Mann und die moderne Frau des ausgehenden 20. Jahrhunderts begreifen das Leben als sportliche Herausforderung und drücken aufs Tempo. Sie folgen immer williger dem Ticken eines inneren Zeitmaßes, das sich mit der Erhöhung der Produktivität kontinuierlich beschleunigt. Dieser intensivierte Umgang mit der Zeit findet seinen Niederschlag unter anderem in der Gehgeschwindigkeit. Je größer die Stadt, desto fixer sind ihre Einwohner, aber desto zahlreicher sind auch die Herzkranzgefäß-Erkrankungen. Mediziner beschreiben die herzinfarktgefährdete Persönlichkeit als ungeduldig, schnell beim Gehen, schnell beim Essen, oftmals mit zwei Dingen gleichzeitig beschäftigt, stolz auf ihre Pünktlichkeit.[21] Je reicher ein Land, desto rascher der Takt, in dem sich seine Einwohner bewegen. In den Kulturen, in denen schnell gesprochen und gearbeitet wird, sind die Menschen meist auch schnell unterwegs, egal wohin der Weg führt. Wer spazieren geht, ist nicht unbedingt langsamer als jemand, der einen Termin hat. Viel wichtiger ist der Beruf: Manager bewegen sich rascher als Arbeiter, und diese wiederum schneller als Arbeitslose. Hamburg hält den deutschen Rekord im Gehen, dagegen nehmen niederbayerische Landmänner eher entspannt ihren Weg, und die New Yorker eilen etwa doppelt so schnell durch die Straßen wie griechische Bauern. Je größer die Stadt, desto höher auch der Anteil der Armbanduhrträger und die Genauigkeit der öffentlichen Uhren, desto öfter blicken die Menschen auf ihren Zeitmesser. Geschwindigkeit steckt an.[22]

Solche Erkenntnisse sind nicht neu. Bereits kurz nach dem Zweiten Weltkrieg legte der Soziologe Willy Hellpach eine Studie über die Menschen in der Großstadt vor und verglich diese mit der Landbevölkerung. Er kam zu dem Schluss, der Großstädter verfüge über eine deutlich größere Beweglichkeit: Sie »erstreckt sich auf die ganze Motorik: auf die Bewegungen des Körpers im Gehen, Sichwenden, Eilen, aber auch auf die Bewegungen des Gesichts und der Sprechorgane, auf Mienenspiel und Redeweise. Und sie erstreckt sich ebenso auf die psychische wie die physische Seite der Motorik, sie ist psychophysisch: der Großstädter ist gesprächiger, er spricht auch rascher, er ist unruhiger, unsteter in jeder Hinsicht, aber er hastet auch mehr – sein Bewegungsdrang ist ebenso erhöht wie sein Bewegungstempo.«[23]

Gegen Ende des 20. Jahrhunderts wird Geschwindigkeit immer mehr zum Selbstzweck. Die Beschleunigung von Produktion, Transport und Konsum verändert neben dem inneren und äußeren Verhalten der Menschen auch ihre Normen und ihr Tun, ihre Wünsche und ihre Vorlieben. Es ist wie schon in der Zwischenkriegszeit vor allem der Sport, der zeigt, wie sehr die Menschen dieses Denken verinnerlicht haben, wie sehr sie nach Geschwindigkeit gieren, wie versessen sie auf Tempo sind, selbst wenn ihnen dieses keinerlei Nutzen beschert. Die Gesellschaft hebt jene Spitzensportler aufs Podest und kürt sie zu Helden, die sich auf die allerschnellsten Körperbewegungen verstehen bei allerschnellster Koordination. Sie eilt seit den 1950er Jahren erneut in Scharen zum Geschwindigkeitsfestival der Formel 1, und die Massen lassen sich weltweit von den superschnellen Rennwagen in ihren Bann ziehen. Zu Ende des Jahrhunderts locken diese motorsportlichen Großereignisse alle zwei Wochen Milliarden Menschen an die Rennpisten und vor die Fernsehschirme. Wie noch niemals zuvor geht es um kleinste zeitliche Differenzen. 1972 erfolgt die Zeitmessung bei den Olympischen Spielen in München erstmals in hundertstel Sekunden. Gegen Ende des Jahrhunderts entscheiden bereits in vielen Sportarten tausendstel Sekunden über Sieg und Niederlage, so im Bob- und Autorennsport. Die Kommandostände und Boxen der Formel 1 sind voll gestopft mit Zeitmessgeräten, um exakt rekonstruieren zu können, wo die Fahrer Sekundenbruchteile »verloren« haben. Seit 1977 werden nur noch elektronisch gestoppte Bestleistungen als Weltrekorde anerkannt. Obwohl die oftmals minimalen Abstände mit dem bloßen Auge nicht zu erkennen sind, wird der Schnellere umjubelt und mit Geld überhäuft, der um eine Reifenbreite Unterlegene dagegen schnell vergessen. In Anlehnung an diese Zeitmessung im Hochgeschwindigkeitssport können heute Mil-

lionen von Stoppuhren an digitalen Armbanduhren in aller Welt auf die tausendstel Sekunde genau messen, obwohl der Mensch physiologisch gar nicht in
der Lage ist, dermaßen exakt auf ein äußeres Signal hin zu reagieren und den
Knopf zu drücken.[24]

Spitzensportler wie Normalbürger versuchen bei dieser Jagd um kleinste Sekundenbruchteile durch den vermehrten Einsatz von Wissenschaft und Technik,
ihre Schritte, Skier und Räder ständig weiter zu beschleunigen. Seit der Zwischenkriegszeit prägen arbeitswissenschaftliche Methoden wie Bewegungsstudien auch den Leistungssport. Heute werden Menschen und Maschinen in den
Windkanal beordert, um anschließend in neuer Gestalt auf den Rennpisten aufzu-
laufen – deformiert, stromlinienförmig und windschlüpfrig. Abfahrtsläufern,
Skispringern, Rodlern und Radrennfahrern wird eine neue Haut verpasst, und
Schwimmer haben sich Attribute ihrer Menschlichkeit und Männlichkeit zu ent-
ledigen. Sie haben ihre Körperhaare dem Gott der Geschwindigkeit zu opfern –
eine Verkürzung des Wettkampfs um einige Hunderstelsekunden winkt als Lohn.
In den modernen Leistungszentren suchen Wissenschaftler die Leistungsgrenzen
in bisher nicht erreichbare Höhen zu schrauben, indem sie die bereits zu Beginn
des 20. Jahrhunderts in den Bewegungsstudien von Frank Gilbreth benutzten
Methoden weiterentwickeln und mit Hilfe modernster Computertechnologie und
Hochgeschwindigkeitskameras Bewegungsabläufe zu optimieren suchen, ebenso
wie Sportpsychologen über ein mentales Training das Zusammenspiel von Körper und Geist. Materialforscher unterstützen diese zeitaufwändigen Bemühungen
mit der Entwicklung schnellerer Laufschuhe, schnellerer Räder oder noppenbe-
stückter Fußballschuhe, die härtere, schnellere Schüsse erlauben. In der Epoche
des Hochleistungssports wird der Athlet zu einer präzise funktionierenden Maschine modelliert, deren Leistung durch chemische Stimulanzien und »technische Aufputschmittel« unaufhörlich gesteigert wird. Bereits in den 1950er Jahren
resümierte Jürgen Habermas: »Der Trainingsprozess des Hochleistungssportlers
beginnt wie ein Produktionsprozess im Forschungslabor.« Der auf Geld bringen-
de Zeitersparnis getrimmte Leistungssport versteht sich als Gegenpol zum Zeit-
vertreib der Müßiggänger.

Sport ist längst zu einem Spezialgebiet der Arbeitsrationalisierung geworden.[25] Gibt es noch einen Sport, der viel Zeit beansprucht oder sogar die Langsamkeit fördert? Selbst neben den Schachspielern tickt gnadenlos die Uhr. Ohne
sie scheint kein Sportler mehr auszukommen. Heute wollen auch die Freizeit-
sportler kaum einmal auf die moderne, individuell programmierte Stoppuhr am
Handgelenk verzichten, die ihnen Auskunft gibt über Pulsschlag und Belast-
ungsgrenzen. Die Attribute des Sports – Dynamik, Tempo, Rekord – dringen

über solche Gebrauchsartikel und über die Kleidung in die Arbeitswelt ein und verstärken das dortige Tempo weiter. Wer heute Turnschuhe und Trainingsanzüge im Büro trägt, möchte damit signalisieren, wie viel Dynamik, Fitness und Leistungswille in ihm steckt.

Wie bereits in der Zwischenkriegszeit gipfelt diese Verselbständigung der Geschwindigkeit und die Jagd nach Rekorden erneut in dem Versuch, den Geschwindigkeitsweltrekord auf dem Lande an sich zu reißen. Nach immer neuen Rekordmarken schraubt im Jahre 1983 der Schotte Richard Noble mit »Thrust 2« den Rekord auf 1 019 km/h. Doch für einen Briten bedeutet die 1 000 km/h-Grenze nicht die Erfüllung seiner Träume. Die magische Marke, die es zu überwinden gilt, ist die Schallmauer. Vierzehn Jahre dauern die Vorbereitungen des »Mach 1 Clubs«, ehe im Oktober 1997 der acht Tonnen schwere schwarze Gigant »Thrust SSC« in der Black-Rock-Wüste in Nevada an den Start rollt – rechts und links zwei gewaltige Triebwerke vom Typ »Rolls-Royce Spey 205s«, vorne eine scharfe Spitze, hinten ein langes Leitwerk und in der Mitte versenkt ein winziges Cockpit. Am Steuer sitzt der Tornado-Pilot der Royal Air Force, der 35-jährige Andy Green, ein wahrer Geschwindigkeitsfanatiker. Als Green die beiden Triebwerke mit ihren hunderttausend PS auf Leistung bringt und die Nachbrenner zündet, brüllt das Ungetüm wie von rasenden Schmerzen gepeinigt auf – 170 Dezibel lassen die Titanbleche neben den Auslässen der Triebwerke zittern und beben. Dann beschleunigt »Thrust SSC«, scheint geradezu zu explodieren, rast im Tiefflug über die knochenharte Lehmpiste, erreicht nach 16 Sekunden 1 000 km/h und einen Augenblick später die Höchstgeschwindigkeit auf jener markierten Meile mit den Messinstrumenten. Die Durchfahrt dauert fünf Sekunden, ehe die Bremsschirme aus dem Heck gefeuert werden und das Gefährt zum Halten bringen, um es für den zweiten Lauf startklar zu machen. Fast auf den Tag genau 50 Jahre, nachdem Chuck Yeager in der »Bell X-1« erstmals die Schallmauer durchflogen hat, gelingt Andy Green die Rekordfahrt durch die Schallmauer – über 1 229 km/h im Durchschnitt der beiden Läufe. »Wir wollten die Ersten sein, die mit einem Bodenfahrzeug Überschall fahren. [...] Unser Team hat den größten Rekord aufgestellt, den es je geben wird«, gibt er anschließend zu Protokoll. Und der Aerodynamiker des Rekordfahrzeugs Ron Ayers: »Wir bahnten den Weg hinter die Schallmauer als Pioniere. Jeder folgende ist nur noch ein Tourist.« Pilot und Konstrukteur wollen nicht in Vergessenheit geraten wie jener Pilot mit Namen Chamberlain, der im Jahre 1927 seinen Non-Stopp-Flug von Amerika nach Berlin eine Woche zu spät unternahm, um den ewigen Ruhm zu ernten, der Charles Lindbergh zuteil wurde. Den einzigen

Zweck ihres Rekords sehen Andy Green und die Konstrukteure darin zu beweisen, dass man ihn erreichen kann.[26]

Gleichzeitig suchen abseits vom professionellen Sport immer mehr Speedfreaks nach dem ultimativen Kick, lassen sich mit einem Explosionsmotor im Rücken, auf schnellen Brettern oder im freien Fall vom Tempovirus in einen Geschwindigkeitsvollrausch versetzen, der Abwechslung bringen soll vom nüchternen und erlebnisfreien Berufsalltag. Sie leben nur noch entlang der kürzesten Verbindung zwischen zwei Punkten und balancieren auf dem äußerst schmalen Grat zwischen kontrolliertem Zustand und dem außer Kontrolle geratenen. Am Steuer eines 5 000 PS starken Track-Bootes, das in fünf Sekunden auf 350 km/h beschleunigt und auf 100 Meter zehn Liter Sprit schluckt, donnern sie über das Wasser, um von der kleinsten Welle oder Böe durch die Luft gewirbelt und in Stücke zerrissen zu werden. Andere wollen die schnellsten Menschen ohne Fremdantrieb sein, testen zunächst im Windkanal ihre Körperhaltung sowie die aerodynamische Verkleidung mit einem Helm in Form eines Forellenkopfes und mit nach hinten windschlüpfrig verlängerten Waden, um sich anschließend auf steilste Hänge fliegen zu lassen und auf Skiern schnurstracks mit 240 km/h zu Tal zu rasen. Jeder Sturz führt zu meist lebensgefährlichen Knochenbrüchen und schlimmsten Verbrennungen. »Ich betreibe keinen Sport, ich entwickle Geschwindigkeit. [...] Man denkt nicht nach, man denkt nur an die Geschwindigkeit!«, gibt der Arzt Michael Prüfer nach einer solchen Rekordfahrt während der Olympischen Winterspiele 1992 in Albertville zu Protokoll.[27] Andere wollen noch höher hinaus und noch höhere Geschwindigkeiten erleben. Bereits im Jahre 1960 lässt sich der Amerikaner Joe Kittinger in einem Ballon bis an die Grenze zum Weltraum tragen und springt in einer Höhe von über 31 000 Metern ab, wobei er im freien Fall in der dünnen Luft eine Geschwindigkeit von 1 149 km/h erreicht. Trotz aller Anstrengungen gelingt es keinem dieser Sekundenjäger, die Zeit zu besiegen, sie zu überholen und damit der Vergänglichkeit ein Ende zu setzen.

An der Wende zum 21. Jahrhundert werden immer mehr Menschen wie Sklaven des Gottes Kronos von einer peinigenden Ungeduld und fast panischen Angst gepackt, wenn etwas langsam geht. Stetigkeit und Langsamkeit gelten als altmodisch, Temposteigerung als modern, in der Kunst als avantgardistisch. Selbst für klassische Musikstücke werden Rekordlisten angelegt. Beethoven präsentierte die »Eroica« bei der Uraufführung im Jahre 1804 in 60 Minuten, Leonard Bernstein beschleunigte sie in Wien auf 53 Minuten und 20 Sekunden und um nochmals vier Minuten bei einem Konzert im schnelllebigen New York. 1987 dirigiert Michael Gielen das Werk »jugendfrisch« in nur noch 43 Minuten.[28] Im gesamten Leben gilt Schnelligkeit als zeitgemäß. Kinder haben möglichst schnell wissend und gesellschaftstauglich zu werden, Sterbende haben schneller aus dem Leben zu scheiden – die aktive Sterbehilfe zielt auf einen beschleunigten Tod.

Geschwindigkeit im Computerzeitalter

Doch trotz aller Raketen und Rekordleistungen setzt sich in der zweiten Hälfte des 20. Jahrhunderts eine andere Tempomaschine an die Spitze aller Rekordlisten, verändert das Leben und verstärkt den kollektiven Geschwindigkeitsrausch weiter: der Computer. Er wird zur universell einsetzbaren Tempomaschine und sorgt für einen neuen, gewaltigen Beschleunigungsschub von nie gekannter Intensität und Breitenwirkung. Er automatisiert und beschleunigt das Rechnen, Lesen und Schreiben, das logische Vergleichen und Schließen, er speichert, filtert, ordnet und sucht Informationen. Mit dem Computer im Verbund stoßen die meisten der älteren Tempomaschinen in ganz neue Geschwindigkeitsdimensionen vor. Computer steuern Raketen, Flugzeuge, Hochgeschwindigkeitszüge und vor allem den Nachrichtenverkehr. Sie bieten einen blitzschnellen Antrieb für alle Arten der Fernübertragung und Fernpräsenz. Ohne Computer wären die moderne Medizintechnik – die Röntgen-Computer-Tomographie zum Beispiel – oder die gentechnische Herstellung von Medikamenten wie Insulin oder der Hepatitis B-Impfstoff nicht möglich. Auf der nächsten Stufe steuert der Computer Körperfunktionen, künstliche Bauspeicheldrüsen regeln den Insulinspiegel und implantierte Messinstrumente alarmieren den Notarzt.

Auch die Produktion ist heute durchdrungen von Mikroelektronik und elektronischer Datenverarbeitung. Rechner beziehungsweise Mikroprozessoren dirigieren in den Fabrikhallen die schnell drehenden Werkzeugmaschinen und Walzgerüste und dienen beim so genannten CAD-Verfahren – dem Computer Aided Design – zur Konstruktion und Simulation von geometrisch höchst anspruchsvollen Produkten. Sie ermöglichen den Übergang von der standardisierten Massenfertigung zur hochvolumigen und hochflexiblen Produktion bis hinab zu kleinsten Stückzahlen – vom Fordismus zum »Post-Fordismus« (Benjamin Coriat). Bei Großaufträgen mit knappen Zeitvorgaben helfen Rechner Zeit-, Fertigungs- und Qualitätsdaten zu erfassen. Sie steuern den Bearbeitungsprozess und kontrollieren den gesamten Material-, Energie- und Informationsfluss. Sie erlauben eine hochgradige Produkt- und Prozessflexibilität, die auf Kundenwünsche schnellstmöglich reagieren kann. Sie helfen entscheidend mit, das Problem der Fertigungsgenauigkeit zu bewältigen und das Just-in-time-System bei der Lagerhaltung zu optimieren.[29]

Vor allem der japanischen Automobilindustrie gelingt es seit den späten 1970er Jahren durch Entwicklung eines computergestützten Produktionsmanagements bei der Toyota Motor Corporation unter der Federführung von Taiichi Ohno, Zeit und Arbeitskräfte optimal zu nutzen. Ohno löst sich von dem auf Henry Ford zurückgehenden Fließverfahren mit seiner Produktstandardisierung und beendet die auf Taylor zurückgehende Zergliederung der Arbeit in immer kleinere und einfachere Teilarbeitsgänge. Er minimiert Personal- und Materialpuffer und verknüpft das Null-Puffer-Prinzip mit dem Null-Fehler-Prinzip. Er erhöht den Automatisierungsgrad, nutzt konsequent die Möglichkeiten der EDV und setzt die Arbeitskräfte flexibler ein. Ein weltweiter Wettlauf um eine Weiterentwicklung der Lean Production beginnt, und immer wieder ist der Computer Grundlage der neuen schnelleren und flexibleren Produktionsverfahren sowie der schnelleren Modellwechsel, die kennzeichnend sind für die Produktionspolitik der Automobilindustrie seit dem ausgehenden 20. Jahrhundert.[30]

Mit ihren vielfältigen Koppelungsmöglichkeiten können Computer inzwischen zeitintensive Routinen und Abläufe beschleunigen, sogar die Kopfarbeit. Sie arbeiten höchst effizient als Hochleistungsmotoren im Zentrum der neuen Informationstechnologien und auch der Gentechnik, die ohne diese Informationsverarbeitungsmaschinen bei der Entschlüsselung, Manipulation und Reprogrammierung der in der lebendigen Materie enthaltenen Informationscodes kaum von der Stelle käme. Als relativ billige und handliche Maschinen in Form von Personal-Computern sind sie wesentlich daran beteiligt, dass die neuen Informationstechnologien sich innerhalb von zwei Jahrzehnten im Eilschritt über den gesamten Globus ausbreiten können, während anderthalb Jahrhunderte zuvor die Industrielle Revolution mit ihren schwergewichtigen Antrieben sich nur sehr selektiv und vergleichsweise langsam den Weg bahnte. Die Entwicklung immer leistungsfähigerer Chips macht es in Verbindung mit der stetigen Miniaturisierung und fallenden Preisen zudem möglich, Mikroprozessoren in viele Maschinen des Alltagslebens einzubauen, um diese zu steuern oder die von ihrer Geschwindigkeit ausgehenden Gefahren zu entschärfen. Im Auto stützen sich ABS, Kraftstoffeinspritzung, Lambda-Sonde und Airbag auf diese elektronischen Schnelldenker. Wie seit Beginn der Industrialisierung und vor allem zu Beginn des 20. Jahrhunderts die Handarbeit, so wird jetzt auch das geistige Arbeiten genauestens analysiert, zerlegt und als Computerprogramm neu zusammengefügt. Aufgrund der Leistungsfähigkeit des Computers gilt heute der Dienstleistungssektor als ähnlich rationalisierungsfähig wie einst die Fabriken. Ziel ist auch auf diesem Gebiet ein effizienteres Wirtschaften durch Rationalisierung der Zeit und Abtrennung vom menschlichen Arbeitsvermögen.

Wie schon bei der Entwicklung der früheren Tempomaschinen – Dampfmaschinen und Raketen – waren jahrzehntelange Vorarbeiten nötig, um die Basistechnologien zu entwickeln, ohne die die heutigen Computer nicht denkbar wären. Dazu gehört die Erfindung des Transistors in den Bell Laboratories in Murray Hill, New Jersey, im Jahre 1947, das heißt der Bau eines ersten Festkörperverstärkers zur schnellen Verarbeitung elektrischer Impulse in einem binären Code von Unterbrechung und Verstärkung. Der Transistor benötigt sehr viel weniger Strom und Platz als die bisherigen Verstärker und lässt sich zudem immer weiter verkleinern, sodass auf heutigen Chips Millionen von Transistoren Platz finden. Zur Vorgeschichte des Computers gehört auch die Entwicklung integrierter Schaltkreise seit 1957 durch Jack Kilby, einem Ingenieur von Texas Instruments, und Bob Noyce, einem der Gründer von Fairchild. Mit jeder Halbierung der Leitungswege innerhalb eines solchen Schaltkreises verdoppelt sich die Schaltgeschwindigkeit. Die Miniaturisierung geht so weit, dass die Strukturen heutiger Schaltkreise nur noch mit Hilfe des Mikroskops zu erkennen sind. Sie erlauben minimalste Schaltzeiten von weit weniger als 10^{-9} Sekunden und ermöglichen es, zunächst Speicher und dann ganze Rechnereinheiten mitsamt Steuerwerken auf einem einzigen Chip unterzubringen. 1971 bringt die Firma Intel aus Palo Alto den ersten 4-Bit-Mikroprozessor »Intel 4004« unter der Bezeichnung »mikroprogrammierbarer Computer auf einem Chip« auf den Markt.[31]

Diese Entwicklung verzahnt sich mit der sehr viel älteren Entwicklung der Datenverarbeitung, die bis auf den englischen Mathematiker Charles Babbage zurückgeht, der 1833 mit dem Plan einer »Analytical Engine« die Grundstruktur heutiger Rechner lieferte. Über die Zähl-, Sortier- und Tabelliermaschinen von Hermann Hollerith aus Buffalo führte der Weg weiter zu den ersten lauffähigen programmgesteuerten Rechnern von Konrad Zuse und Howard H. Aiken. Der im Jahre 1941 von Zuse fertiggestellte Digitalrechner »Z 3« benötigte eine Sekunde Rechenzeit für 15 bis 20 Additionen und vier bis fünf Sekunden für eine Multiplikation. Er war wie der »Mark I« von Aiken, ein Ungetüm von 16 Metern Länge und 35 Tonnen schwer, noch vollständig mit elektromechanischen Bauteilen, mit Relais, ausgerüstet. Dagegen war der 1945 fertiggestellte, die Fläche einer Turnhalle ausfüllende legendäre »ENIAC« bereits mit Röhren bestückt – 18 000 an der Zahl. Sie ließen die Schaltzeiten sinken und die Rechengeschwindigkeiten um das Eintausend- bis Zweitausendfache steigen. Die Nutzung gedruckter Schaltungen und Transistoren brachte nur wenig später eine weitere Beschleunigung der Rechengeschwindigkeit. Der 1959 vorgestellte IBM 1401 erlaubte bereits eine Multiplikationsgeschwindigkeit von 500 Zahlen in der Sekunde, und die seit 1964 von IBM angebotene Großrechnerfamilie vom System 360 ließ mit ihren 11 x 11 mm großen Schaltkreiskarten die Rechengeschwindigkeit von 1 300 Additionen in der Sekunde auf 160 000 geradezu explodieren. Der gleichzeitig von der Control Data Corporation ausgelieferte, extrem teure Superrechner »CD 6600« brachte es sogar auf eine Million Multiplikationen in der Sekunde.[32]

Der größte Leistungssprung, der Grundlage für die allgemeine Verbreitung und Nutzung des Computers wird, erfolgt jedoch erst nach Entwicklung und Verbreitung des Mikroprozessors seit 1971. Er leitet eine Revolution in der Revolution ein; fortan kann ein Computer auf einem Chip untergebracht werden. Die Datenverarbeitung lässt sich von nun an überall installieren. Sie findet umgehend Eingang in Wirtschaft und Privathaushalte, als es der Industrie gelingt, eine handliche Alternative zu den tonnenschweren Großrechnern anzubieten, diesen Dinosauriern der EDV-Frühzeit. 1975 baut Ed Roberts in New Mexico einen ersten Kisten-Computer, den er nach einer Figur aus der amerikanischen Fernsehserie »Star Trek« »Altair« nennt. Er liefert die Grundlage für »Apple I« und »Apple II«, den ersten im Handel erfolgreichen Mikrocomputer. Kurz darauf greift IBM diese Idee auf und bringt 1981 eine eigene Version des Mikrocomputers auf den Markt, dem das Unternehmen den zündenden Namen »Personal Computer« gibt – kurz: »PC«. Drei Jahre später präsentiert Apple mit dem »Macintosh« den ersten benutzerfreundlichen PC. Die Entwicklung einer eigenen PC-Software besonders durch Bill Gates und Paul Allen, die Gründer von Microsoft, trägt ebenfalls zum raschen, exponentiellen Wachstum des Computermarktes bei, zumal Microsoft weltweit Standards setzt.[33]

Parallel dazu beginnt ein rasantes weltweites Wettrennen um die größtmögliche Leistungsfähigkeit der Chips. Die Entwicklung folgt von Anfang an dem Tempo-Pfad. Der erste Prozessor von 1971 ist bereits in Linien von etwa 6,5 Mikrons[34] ausgelegt, der »Pentium« von Intel begnügt sich dagegen 1995 mit einer Größe von 0,35 Mikrons. Das heißt, dass 1971 etwa 2 300 Transistoren auf einen Chip von der Größe eines Reißnagels gepackt werden, 1993 dagegen schon 35 Millionen. Bis heute folgt diese Entwicklung dem »Moore's Law«, benannt nach Gordon Moore, dem Mitgründer von Intel Corp. Er sagte bereits Mitte der 1960er Jahre voraus, die Anzahl der auf einem Siliziumchip vorhandenen Transistoren werde fortan exponentiell wachsen und sich alle 18 bis 24 Monate verdoppeln. Die Speicherkapazität, die im Jahre 1971 aus heutiger Sicht dürftige 1 024 Bits beträgt, erreicht 1993 bereits 16 384 000 Bits, und im Jahre 2003 sind Chips mit einem Gigabit Speicherkapazität auf dem Markt, das sind über

1,07 Milliarden Bits. Angekündigt werden bereits Chips mit vier Gigabits. Zur Mitte der 1990er Jahre sind Mikroprozessoren mit 64 Bits 550-mal schneller als der erste Intel-Chip. Schon arbeiten Computerwissenschaftler im Verbund mit Chemikern an der Entwicklung elektronischer Schalterelemente, die chemische Prozesse anstelle von Licht benutzen und nur noch die Größe eines Moleküls besitzen. Sie erlauben – so die Hoffnung – den Bau von Hochgeschwindigkeits-Computern, die 100-Milliarden-mal schneller wären als ein Pentium-Mikroprozessor.[35] Die Fortschritte auf technologischem Gebiet vollziehen sich mit einer nie erlebten Geschwindigkeit. Wie noch nie verkürzt sich die Halbwertzeit des Wissens in Forschung und Entwicklung. Wie noch nie überschwemmen permanent Wellen neuer Produkte den Markt, strahlen von der Mikroelektronik auf andere Märkte aus und lassen kaum eine Branche unberührt.

Die an der Weiterentwicklung Beteiligten zielen beim Transport von Nachrichten aber nicht nur auf die höchstmögliche Geschwindigkeit, sondern auch auf größtmögliche Mengen ab. Zu Ende des 20. Jahrhunderts bieten rasante Fortschritte im Bereich der Opto-Elektronik wie Glasfaser-Optik und Laserverbindungen sowie der Technologie der gebündelten Digitalübertragung die Grundlage für den sprunghaften Anstieg der Übertragungskapazitäten der Leitungen. Als 1956 das erste transatlantische Telefonkabel in Betrieb genommen wurde, verfügte es über 50 Kanäle, das 1988 in Betrieb genommene erste Glasfaser-Transatlantik-Kabel bereits über mehr als 30 000. Mitte der 1990er Jahre können Glasfaserkabel 85 000 Verbindungen bewältigen. Andere Transmissionstechnologien wie Funk oder Koaxialkabel verbreitern das Spektrum der Nutzungsmöglichkeiten zusätzlich. Im Zusammenspiel vieler dieser Technologien entsteht gegen Ende des Jahrhunderts das Internet, das vielleicht revolutionärste Medium des Informationszeitalters.

Seine Entwicklung ist Ausdruck einer neuen Grundhaltung, eines Rechtsanspruchs auf Teilhabe an Geschwindigkeit. Heute geht vor allem die jüngere Generation wie selbstverständlich davon aus, jederzeit und überall in Echtzeit mit der ganzen Welt kommunizieren zu können. Sie tut dies nicht mehr nur in der auf ein absolutes Minimum reduzierten und codierten Sprache des Telegrammzeitalters, sondern unter Nutzung der auf Auge und Ohr abzielenden modernen Kommunikationstechniken, also mit Bildern, Tönen, Texten und Daten. Sie akzeptiert ohne Wehmut die Zerstörung der überkommenen Hierarchie zwischen schriftlicher und audiovisueller Kultur und übernimmt mit sichtlichem Vergnügen die neue ausdrucksstärkere Kommunikationsform, die erstmals die verschiedenen Kommunikationsweisen schriftlicher, oraler und audiovisueller Spielarten im selben System durch Bildung eines Hypertextes und einer Meta-Sprache vereint. Aus den Büros, Internet-Cafes und Wohnzimmern der ganzen Welt werden heute unablässig riesige Datenmengen in Form von Texten, Bildern und Tönen mit höchster Geschwindigkeit und in solchen Größenordnungen rund um den Globus geschickt, sodass die menschlichen Sinne diese hochbeschleunigten Zeichen lediglich als ein ununterbrochenes weißes Rauschen wahrnehmen könnten, würden sie nicht wieder auf die vergleichsweise langsamen Reaktionszeiten des Menschen heruntergebremst. Ebenso wie ein PS-starkes Auto ohne Bremsen wertlos wäre, so auch die sich der Lichtgeschwindigkeit annähernden Zeichentransportsysteme ohne vor- und nachgeschaltete Verlangsamungsapparate in Form von Bildschirmen, Lautsprechern oder Speichersystemen. Sie »spreizen« die als kompaktes Paket ankommenden Zeichen erneut und machen sie in Form von Bildern, Tönen oder Texten für Auge, Ohr und Verstand aufnehmbar.[36]

Das Internet geht zurück auf die Bemühungen der Advanced Research Projects Agency (ARPA) des US-Verteidigungsministeriums, das als Reaktion auf den Sputnik-Schock seit Anfang der 1960er Jahre die Konstruktion eines gegenüber nuklearen Angriffen unempfindlichen Kommunikationssystems plante. 1969 geht das erste Computer-Netzwerk mit insgesamt vier Knoten online. Es wird nach seinem Sponsor ARPANET genannt und soll helfen, durch Verknüpfung entfernter Computer zusätzliche Rechenkapazität zu gewinnen. Es steht auch den Forschungszentren offen, die mit dem US-Verteidigungsministerium zusammenarbeiten. Als die Wissenschaftler dieses Netz, das 1972 bereits über 37 Knoten verfügt und sich bald darauf zu einem internationalen Netzwerk entwickelt, immer intensiver für eigene Kommunikationszwecke nutzen, erfolgt im Jahre 1983 seine Aufspaltung in einen militärischen Teil – MILNET genannt – und einen wissenschaftlichen Teil, der fortan den Wissenschaftlern aller Disziplinen zur Verfügung steht und weiter unter dem Namen ARPANET läuft. Zwei neue von der National Science Foundation (NSF) errichtete Netze – CSNET und BITNET – nutzen das ARPANET weiterhin als Rückgrat ihres Kommunikationssystems, bis dieses Anfang 1990 als technologisch überholt geschlossen wird. In den nächsten fünf Jahren dient das von der National Science Foundation betriebene NSFNET als Basis des Internets, ehe 1995 kommerzieller Druck und das Wachstum der Netze von Privatkonzernen zu seiner Schließung führen. Anschließend tun sich kommerzielle Ableger der regionalen Netzwerke der NSF zusammen, um gemeinsame Regeln zu erstellen, ohne jedoch eine wirkliche Aufsichtsbehörde zu bilden. Hinzu kommen Mitglieder einer wild wuchernden Computer-Gegenkultur, die, ausgeschlossen von den Netzen des Pentagon und der großen Wissenschaftsorganisationen, seit den 1980er Jahren eigene Computer-Netze mit eigenständigen Technologien entwickelt hatten, um ihre Computer über normale Telefonleitungen miteinander zu verbinden. Gerade diese Hacker-szene, die mit ihren vielen innovativen Einfällen und neuen Technologien einen ganz wesentlichen Beitrag zur Entwicklung des Internets liefert, zeigt, wie sehr die Teilhabe an der größtmöglich zur Verfügung stehenden Geschwindigkeit an der Wende zum neuen Jahrtausend von großen Teilen der Bevölkerung wie selbstverständlich eingefordert wird. Dies war im 19. Jahrhundert bei der Ent-wicklung von Post, Telegrafie oder Dampfmaschine noch nicht der Fall.

Das Internet verliert endgültig seinen ursprünglichen Charakter, nur Compu-terspezialisten vorbehalten zu sein, und entwickelt sich zu einem hypermodernen Kommunikationsmittel für breite Schichten der Bevölkerung, als im Jahre 1990 eine Forschergruppe am Centre Européen pour Recherche Nucléaire (CERN) in Genf das »world wide web« (www) entwickelt und das Suchen durch Organisa-tion der Internet-Seiten nach Inhalten und nicht mehr nach Orten entscheidend vereinfacht. 1994 bringt die zu diesem Zweck kurz zuvor in Kalifornien gegrün-dete Firma Netscape den ersten zuverlässigen Netscape Navigator auf den Markt, ein weiterer Motor für den Erfolg des Internets, das innerhalb weniger Jahre die ganze Welt erobert. Gegen Ende des Jahrhunderts entsteht innerhalb kürzester Zeit ein weltumspannendes »Web« von größter Dichte und nie gekannter Kapa-zität.[37] Mit ihm suchen auch andere Kommunikationssysteme Verbindung auf-zunehmen. Die Geräte der dritten Handy-Generation bieten bereits die Möglich-keit, Zugang zum Internet zu bekommen. 1973 gab es erst 25 Computer im ge-samten Netzwerk, und selbst Anfang der 1980er Jahre zählten die damaligen rund 25 Netzwerke erst ein paar tausend Nutzer. Anfang der 1990er Jahre ge-winnt der Diffusionsprozess an Dynamik. 1992 überschreitet die Zahl der mit dem Internet verbundenen Computer die Ein-Millionen-Marke und im Jahre 2001 bereits die Schwelle von 100 Millionen.[38] Bald werden Milliarden Geräte am Web als der wichtigsten und mit Abstand breitesten und schnellsten globalen Datenautobahn angeschlossen sein. Ohne Zweifel gab es noch kein anderes Kommunikationsmedium in der Geschichte, das sich ähnlich schnell auf der ganzen Welt durchsetzen konnte. Mit ihm wird die Eroberung des Raums über-holt durch die Eroberung der Bilder des Raums, so Paul Virilio.

Alle diese modernen Informations- und Kommunikationstechnologien de-monstrieren ihre vielfältigen Möglichkeiten beim Aufbau einer globalen Wirt-schaft. Neben der Neustrukturierung von Unternehmen und Finanzmärkten im Gefolge der Wirtschaftskrise der 1970er Jahre und der Liberalisierungs- und De-regulierungspolitik der führenden Industriestaaten erweisen sie sich durch die konsequente Komprimierung von Zeit und Raum als die entscheidenden Trieb-kräfte der Globalisierung. Online-Management ermöglicht es heute Unternehmen, auf der ganzen Welt zu arbeiten und Produktionsstätten am anderen Ende der Welt in Echtzeit zu dirigieren und zu kontrollieren. Dagegen musste sich noch in der ersten Hälfte des 19. Jahrhunderts die Unternehmensleitung in London rund zwei Jahre gedulden, ehe sie aus ihrer Filiale in Indien eine Rückantwort erhielt. Auch der Telegraf erlaubte nur relativ kurze Meldungen, sodass Vorstandsmitglieder international tätiger Unternehmen in der ersten Hälfte des 20. Jahrhunderts noch immer regelmäßig mit Schiff und Bahn in anderen Ländern und Kontinenten zu sehr zeitaufwändigen Kontrollfahrten unterwegs waren. Heute lässt sich mit Hilfe der modernen Kommunikationstechnologien über Ländergrenzen und Kontinente hinweg gewissermaßen ein internationales Fließband errichten. Solche vernetzten Weltunternehmen können ihre Produktionsvolumina zeitlich sehr eng an die Nachfrage koppeln und schnell reagieren. Der italienische Textilproduzent Benetton wird im Jahre 1995 vor allem deshalb von seinem amerikanischen Konkurrenten Gap überholt, weil die Italiener nicht in der Lage sind, ebenso schnell wie Gap auf Veränderungen des Kundengeschmacks zu reagieren. Gap kommt alle zwei Monate mit neuen Modellen auf den Markt, Benetton nur zweimal im Jahr. Dabei ermöglicht die Computertechnologie eine unmittelbare Reaktion auf die immer geringer werdenden Halbwertzeiten von Jugendkulturen durch eine sehr schnelle Veränderung von Entwürfen.[39] Das flexible Management-System der vernetzten Produktion operiert flexibel mit der Zeit und behandelt diese als Ressource, als Unterscheidungsfaktor zur Zeitlichkeit anderer Unternehmen.[40] Die neuen Informationstechnologien bieten dabei die Möglichkeit, den bei globaler Produktion notwendigen Transport von Gütern mit Hilfe von Luftverkehr, transozeanischen Schifffahrtslinien, Eisenbahnen und Autobahnen logistisch zu optimieren.

Dieselben modernen Informations- und Kommunikationstechnologien verbinden gleichzeitig unter Nutzung spezieller Computersysteme und -programme die Finanzzentren rund um den Globus und erlauben es, mit komplexen Finanzprodukten umzugehen und Transaktionen mit höchster Geschwindigkeit durchzuführen. Sie sorgen seit Beginn der 1980er Jahre für eine globale Integration der Finanzmärkte. Erstmals in der Geschichte ist ein globaler Kapitalmarkt entstanden, der als Ganzes in Echtzeit funktioniert. Transaktionen in Höhe von Milliarden US-Dollar oder Euro werden in den elektronischen Schaltkreisen, die die Erde umfassen, innerhalb von Sekunden abgewickelt. Riesige Kapitalien können innerhalb kürzester Zeit zwischen Volkswirtschaften hin und her geschoben werden – mit ein entscheidender Grund für das dramatische Anwachsen der globalen Finanzströme seit den 1980er Jahren. Zeit ist hier wie auch früher schon der entscheidende Faktor, der über Gewinn oder Verlust entscheidet. Nur geht es dabei heute um Sekunden und nicht mehr um Tage oder Wochen. Der prozentuale Anteil aller grenzüberschreitenden Beteiligungen und Obligationen am Brutto-Inlandsprodukt (BIP) betrug im Jahre 1980 in keinem der führenden Industrieländer mehr als zehn Prozent. 1992 schwankt er bereits zwischen 72 Prozent des BIP in Japan und 122 Prozent in Frankreich – Tendenz steigend – stark steigend. Der Tagesumsatz der Devisenmärkte erreicht im Jahre 1998 weltweit rund 1,5 Billionen US-Dollar, was mehr als 110 Prozent des BIP von Großbritannien in diesem Jahr entspricht. Neben den riesigen und schnell anschwellenden Strömen von Bildern und Tönen, Symbolen und Informationen umkreisen computergestützt und -beschleunigt gewaltige Ströme von Kapital die Erde mit dem Internet als technologischem Rückgrat.[41] Sie werden zu dem eigentlichen Kennzeichen der neuen Turboökonomie. Mit dem Internet entkoppelt sich die Zeit von jeder räumlichen Bezogenheit.

Die auf der Grundlage lichtschneller Kommunikationssysteme im Entstehen begriffene globale Netzwerkgesellschaft, deren Mitglieder quasi auf der ganzen Welt zu Hause sind, findet auch in den Künsten ihren Niederschlag. So wie zu Beginn des 20. Jahrhunderts Maler und Architekten die verschiedenen Signale einer beschleunigten Gesellschaft aufgefangen und mit eigenen Stilmitteln in Bilder und Gebäude umgesetzt haben, tun dies auch einzelne Künstler an der Jahrtausendwende. Sie reagieren damit auf die Verformung von Raum und Zeit durch die neuen Informationstechnologien, die den Raum in gewisser Weise zum Verschwinden bringen, ihn entmaterialisieren. In den Netzwerken von mikroelektronischen Geräten, Telekommunikation, computergestützter Verarbeitung, Funksystemen und Hochgeschwindigkeitstransport existieren keine traditionellen Orte mehr, sondern nur Prozesse und Funktionen. Der amerikanische Soziologe Manuel Castells spricht vom neuen »Raum der Ströme«. Auch erleben wir in der Netzwerkgesellschaft die Zerschlagung der linearen, irreversiblen und messbaren Zeit, wir erleben eine Vermischung der Zeitebenen, eine zeitlose Zeit, die durch den Einsatz von verschiedenen Technologien bisherige Beschränkungen abschütteln kann. Die Medien präsentieren unaufhörlich Zeit-Collagen – sie organisieren die Zeitlichkeit, wie sie gerade passt.

Auf diese Vermehrung der elektronischen Räume und der virtuellen Zeit antworten die Architekten der so genannten Postmoderne mit den Stilmitteln einer ahistorischen, entlokalisierten und akulturellen Architektur. Sie mischen alle kulturellen Codes ohne Abfolge und Ordnung zusammen. Weil die quer durch alle Kulturen gehende globale Netzwerkgesellschaft sich keinem Ort und angesichts einer extrem beschleunigten Zeit auch keiner Kultur mehr zugehörig fühlt, flüchtet sie sich in eine »Architektur der Nacktheit«, deren Formen transparent, neutral und sauber sind. Das von Ricardo Bofill entworfene Flughafengebäude in Barcelona oder der von Rafael Moneo kreierte neue Madrider Bahnhof für den Hochgeschwindigkeitszug AVE sind Beispiele.[42] Dieser Architekturstil findet vor allem beim Bau von modernen Geschwindigkeitszentralen Anwendung: Flughäfen, Bahnhöfen, Telekommunikationszentralen, Logistikzentren. Auch die von Frank Gehry entworfene und im Jahre 2003 eröffnete Walt Disney Concert Hall in Los Angeles ist in diesem Zusammenhang zu nennen. Sie brandet wie glitzernde Meereswellen gegen die Hochhaus-Klippen der sie umgebenden Großstadt an. Diese komplizierte Architektur mit ihren anrollenden, spritzenden und auslaufenden Wellen konnte nur mit Hilfe eines für die Luftfahrt- und Automobilindustrie entwickelten Computerprogramms realisiert werden.

Geschwindigkeit als Kulturrevolutionär

An der Wende zum neuen Jahrtausend ist die Welt mit unzähligen Beschleunigungsmaschinen vollgestellt, die den Menschen das Leben erleichtern, die sie aber auch zur Eile antreiben und die mit ihrer letztlich unnatürlichen Schnelligkeit auch als Vorbild dienen für das Leben im High-Speed-Tempo. Zahlreiche Berufe sind stolz auf ihre internalisierte Atemlosigkeit, die sie wie einen Ausweis von Modernität vor der Brust tragen. In den 1920er Jahren hatten Gewerkschaften und Frauenverbände die Rationalisierungs- beziehungsweise Beschleunigungsmaßnahmen zunächst noch begrüßt, weil sie sich davon eine entscheidende Zeitersparnis zum Wohle der Menschen versprachen – ein Mehr an Freizeit, die zur Bildung, zum Vergnügen und zur Muße genutzt werden sollte. Schon zuvor hatte die industrielle Entwicklung darauf abgezielt, Arbeitszeit zu sparen und die Verwendungsmöglichkeiten der Freizeit zu vermehren. Die Folge war eine immer weiter wachsende Produktivität der Arbeitszeit, eine immer breitere Palette an Konsummöglichkeiten und eine Hebung des materiellen Wohlstands, damit verbunden aber auch eine historisch beispiellose Verknappung der Zeit.[43] Die Anfang des Jahrhunderts gehegte Hoffnung, durch eine immer weiter vorangetriebene Beschleunigung von Produktion und Transport der Zeitnot zu entrinnen, hat sich als trügerisch erwiesen. Die Einsparungen an Zeit haben den Menschen zwar viele Freiräume geöffnet, die zur Muße und selbstbestimmten Aktivitäten genutzt werden, sie haben zum Teil aber eine noch größere Hetze zur Folge, sodass vielfach aus hoffnungsvollen Zeitnutzern »gehetzte Zeitsparer« (Karlheinz A. Geißler) wurden, die in extremen Stresssituationen nicht selten zu einer Art »Stress-Alzheimer« neigen. Ihr Gehirn tut genau das, was ein Computer bei Überlastung tut. Es stürzt ab, versagt den Dienst, und das Erinnerungsvermögen lässt den Betroffenen im Stich. Selbst die Namen engster Freunde sind nicht mehr präsent.[44]

Gerade während der sich stetig verlängernden Freizeit lassen sich immer mehr Menschen vom Beschleunigungsvirus anstecken. Mit Blick auf die riesige Palette an Konsumangeboten packt den Einzelnen die Angst, etwas zu verpassen. Grund der Hektik ist aber kein Mangel an Zeit, sondern das Überangebot an Verwendungsmöglichkeiten. Der Mensch antwortet mit Zeitkomprimierung und »Vergleichzeitigung«, er versucht in die starre Zeithülle eines jeden Tages ein Maximum dieser Angebote hineinzupacken. Dazu gehört die Verkürzung jedes einzelnen Events bei Vermehrung der Zahl der Ereignisse. Der lange Jahresurlaub wird verdrängt von mehreren Kurzurlauben, der Discobesuch von einem mehrfachen Wechsel der Disco pro Nacht. Wir stehen an für eine Last-Minute-Reise und für einen schnellen Snack im Fast-Food-Restaurant. Aufputschmittel sollen helfen, die schlaflose Zeit zu verlängern, um mehr zu erleben. Spezielle Institute bieten Kurse an in Schnell- und Diagonallesen, in Zeit-Planung, Zeit-Einteilung und Zeit-Budgetierung, Autobahnkirchen rufen zur Zehn-Minuten-Andacht. Hyperaktive Geschäftsleute mit einem dichten Terminkalender springen zu einem kurzen Abstecher in die Espresso-Bar, um »express« einen Muntermacher zu sich zu nehmen. Viele Jüngere verlassen die ausgetretenen Verkehrswege und brechen mit höchstem Speed zu einem weltweiten Trip über die Datenautobahn auf. Sie suchen ihr Glück in einem Leben in Überschallexistenz.[45] Die Losungsworte beim Steigerungsspiel der multioptionalen Konsumgesellschaft lauten: Bigger – Better – Faster – More.[46] Es ist dies ein fortwährendes Hasten »von Begierde zu Begierde«. Soziologen interpretieren diesen fiebrigen Erlebnishunger als Folge zunehmender Gottlosigkeit des modernen Menschen, der sein Glück hier und heute einfordert und sich nicht auf die Ewigkeit vertrösten lässt.[47] Viele Menschen finden ein Optimum an Glücksgefühlen in Schnelligkeit; Geschwindigkeit macht sie happy. Sie genießen eine Skiabfahrt oder eine Autofahrt bei höchstem Tempo, kreischen vor Lust auf der Achterbahn und suchen den ultimativen Kick beim Bungeejumping.

Auch das gleichzeitige Abwickeln unterschiedlicher Tätigkeiten gehört für alle, die permanent auf der Überholspur leben, inzwischen zum Alltag: Telefonieren beim Auto- oder Zugfahren, Radiohören beim Joggen oder Zeitunglesen beim Frühstück. Auf amerikanischen Highways zählt zur morgendlichen Rushhour der frühstückende Autofahrer bereits zum gewohnten Bild. Der versierte »Dine and Driver« hat seinen Wagen mit Becherhalter und einem zwischen

Lenkrad und Brust zu befestigenden Essenstablett ausgerüstet und trägt eine Vinylschürze zum Schutz des Büroanzugs vor Kaffee- und Ketchupspritzern.[48] Verschiedene Fernsehsender präsentieren Nachrichten gleichzeitig auf fünf oder sechs verschiedenen Fenstern des Bildschirms: Neben dem Nachrichtensprecher füttern mehrere Laufbänder die Süchtigen der Hochgeschwindigkeitskultur mit Informationen über allgemeine Ereignisse, Aktien-, Futures-, Börsen- und Devisenkurse sowie über die Uhrzeit.[49] Die Geschwindigkeit eines solchen Lebens lässt soziale Lebensmarken immer mehr zu flüchtigen Lebenspunkten zusammenschrumpfen. Tagelange Familienfeiern reduzieren sich aufgrund der Möglichkeiten des modernen Verkehrs auf einige wenige Stunden des Zusammenseins, auf punktuelle Kontakte. In dieser hochtourigen Welt ist Zeitwohlstand kaum zu finden.

Die Beschleunigung des Lebens geht heute ungebremst weiter und wird angetrieben durch die Nutzung von Zeiteinheiten zu wirtschaftlichen Zwecken sowie durch immer neue Technologien. Wie bereits in den Kontoren der Fernhändler des Spätmittelalters und in den ersten Fabriken im England des ausgehenden 18. Jahrhunderts wird heute weiterhin – den »Fortschritt« fest im Blick – an einer noch ausgeklügelteren Bewirtschaftung der Zeit gearbeitet und Zeiteinheiten werden in immer kleinere Zeitintervalle geteilt. Mit Hilfe des technischen oder organisatorischen Fortschritts gewinnt man aus dem gewonnenen Zeitintervall ein neues Zeitintervall, aus dem der technische und organisatorische Fortschritt dann nochmals ein Zeitintervall gewinnt, aus dem wiederum usw. usw.[50] Letztendlich zwingt der Wunsch nach Zugehörigkeit zur prestigeträchtigen Geschwindigkeitsklasse viele Menschen zu einem permanenten Spurt im Arbeitsleben, um das Geld zu verdienen, das ein schnelles Auto oder ein schneller Computer kostet. Hier stellt sich die Frage, ob diese Beschleunigungsinstrumente nicht zu Zeitdieben mutiert sind.

Dem stetig gesteigerten Tempo passt sich die Maschine Mensch immer wieder an. Gerade die junge Generation lernt von Kindesbeinen an, mit diesem High-Speed umzugehen und mit ihm zu leben. Musikkanäle für Jugendliche präsentieren rund um die Uhr Videoclips, die mit ihren schnellen Schnittfolgen exakt auf das Lebensgefühl von Fünfzehn- und Zwanzigjährigen zugeschnitten sind, während die Älteren – in einer langsameren Welt aufgewachsen – schnell zu einem ruhigeren Kanal flüchten. Ein dreieinhalb Minuten dauernder Musikvideoclip besteht meist aus mehr als hundert Einstellungen, die alle zwei Sekunden wechseln. Aber auch Actionfilme wie »Rambo II« haben ihre Einstellungslänge auf durchschnittlich 2,9 Sekunden reduziert – ein schrille Dramaturgie der Geschwindigkeit. Die Fernseh- und Kinowerbung arbeitet ebenso mit schnellen und schnellsten Schnitten, sodass uns heute Werbefilme aus der Zwischenkriegszeit höchst langatmig vorkommen und ungeduldig werden lassen.[51] Bisweilen wird die Grenze des Sehbaren gleichwohl überschritten, und die Regisseure von Sportsendungen und Actionfilmen sind immer häufiger gezwungen, das Geschehen mit extremer Zeitlupe zu wiederholen. Der in der Disco geschulte Musikhörer hat sich auf immer kürzere Intervalle eingestellt – 249 Beats pro Minute sind für die jungen Hörer nicht mehr unerträglich. Mit dem Joystick in der Hand üben sie sich von Kindesbeinen an in Tempo und Ungeduld. Autofahrer haben gelernt, die riesige und augenblicklich sich verändernde Informationsflut, die gerade im großstädtischen Straßenverkehr unablässig auf sie einhämmert, in Bruchteilen von Sekunden zu verarbeiten und blitzartig darauf zu reagieren.

Gleichwohl: Der beschleunigte Wechsel der Zeichen beschleunigt zwar die Reaktionszeit, behindert jedoch das Denken und Fühlen, verhindert, dass Töne, Bilder, Gerüche und Meinungen bleibende und fruchtbare Eindrücke hinterlassen. Die Reizüberflutung raubt uns eine intensive Zeitpräsenz, die entscheidend ist für eine geistige und emotionale Aufarbeitung.[52] Und noch etwas: Während die Jüngeren in diese rasende Welt hineinwachsen, stehen die Älteren erschrocken, verwirrt und hilflos vor dieser auf Quicktime programmierten Welt – mit ein Grund für die Entstehung generationsspezifischer Lebenswelten. Aber auch die Älteren lernen teilweise, mit diesem höheren Tempo umzugehen. Anders ist es kaum zu erklären, dass sich die gefühlte Zeit in den vergangenen Jahrzehnten keineswegs beschleunigt hat, dass immer weniger Menschen an der Beschleunigung leiden und sich gerade die Erfolgreichen bei hohem Tempo wohlfühlen.[53]

Tempo entpuppt sich als großer Kulturrevolutionär. Interkontinentalflüge und weltumspannende Kommunikationsmedien führen zu Erdschrumpfung und Entfernungsschwund, stellen Heterogenes abstandslos nebeneinander und zwingen die Menschen, mit diesen Beschleunigungs- und Vervielfachungseffekten Schritt zu halten. Die Flüchtigkeit der Zeit und die Vielfalt der Reize, die für moderne Zeitreisende nur einen kurzen Moment aufblitzen und meist nur für einen ganz kurzen Augenblick wichtig sind, erlauben kein affektives Platznehmen in einem größeren Zeitraum. Es handelt sich dabei um eine Momentkommunikation, um eine technisch bedingte und auf eine Punktzeit reduzierte Verkürzung, Schrumpfung und Minimalisierung der historischen Dimension von Kommunikation.[54]

Bis zu welcher Grenze der Mensch diese fortgesetzte Beschleunigung und Reizüberflutung verkraften kann, wissen wir nicht. Wir wissen lediglich, dass der einmal gezündete Beschleunigungsmechanismus kaum noch zu stoppen ist, es sei denn durch eine gewaltige Katastrophe. Die Beschleunigung des Lebens weist viele Ähnlichkeiten mit dem Aufstieg einer Weltraumrakete auf. Einmal gezündet, gibt es keine Verlangsamung und kein Zurück mehr. Daher prophezeien viele, Kronos, der Gott der Zeit, werde seine Kinder verschlingen. Sachkundige Beobachter der Wirtschaft verweisen darauf, dass die unaufhörliche Kürzung von Produktlebenszeiten bei gleichzeitig beständiger Steigerung des Aufwandes für Forschung und Entwicklung unmöglich unbegrenzt fortzusetzen ist. Es besteht eine zeitliche Untergrenze, die deutlich über Null liegt, da die Verbraucher allein aus finanziellen Gründen einem zu rasch wechselnden Angebot nicht folgen können und das früher erworbene Produkt nicht umgehend dem Abfall übergeben wollen. Wird die Verkürzung von Produktlebenszyklen weiter fortgesetzt, so bricht der Umsatz ein, und die beteiligten Unternehmen stecken in der Beschleunigungsfalle fest, aus der es kaum ein Entrinnen gibt.[55] Andere Gesellschaftskritiker verweisen auf die Suchtgefahren, die von der Beschleunigung aller Lebensbereiche ausgehen. So lasse die intensive Nutzung von schnellen Computern die Menschen in ihrer familiären Umgebung rasch ungeduldig werden, weitschweifendes Reden nervt sie, und allmählich vermeiden sie jede Kommunikation.[56]

Unzweifelhaft ist der Takt des Lebens immer mehr eine Sache des Tempos. Eine Geschichte, die in Afrika erzählt wird, mag den Mechanismus der über Jahrhunderte gewachsenen Non-Stopp-Gesellschaft in wenigen Sätzen verständlich machen: Jeden Morgen wachen in Afrika Gazellen auf. Sie wissen, sie müssen schneller laufen als die schnellsten Löwen, um nicht gefressen zu werden. Jeden Morgen wachen in Afrika Löwen auf. Sie wissen, sie müssen schneller laufen als die langsamsten Gazellen, ansonsten würden sie verhungern. Letztlich ist es egal, ob du Gazelle oder Löwe bist: Wenn die Sonne aufgeht – musst du rennen.[57]

Doch trotz aller Beschleunigungstendenzen und aller Hektik sind für die moderne Zeiterfahrung auch Entschleunigung und Stillstand charakteristisch: der tägliche Stau auf der Autobahn und der müde Blick auf den Bildschirm. Nicht jeder lässt sich vom allgemeinen Geschwindigkeitsrausch mitreißen, und selbst die Infizierten halten immer wieder inne und schalten auf Leerlauf. Zwischen High-Speed und Slow-Motion existieren zahlreiche Zwischenstufen. Der stundenlange Fernsehkonsum oder das Switchen mit der Fernbedienung, das ziellose Surfen im Internet oder der wochenlange Strandurlaub, ja selbst der normale Arbeitsrhythmus in vielen Berufen stehen in scharfem Kontrast zu den rasenden Zeiten. Hinzu kommt die schnell wachsende Gruppe von »Zwangsentschleunigten«: Arbeitslose, Kranke, Pflegebedürftige. Auch hat die Etablierung des Ruhestandes als neuer Lebensphase bei deutlich gestiegener Lebenserwartung und kürzer werdender Lebensarbeitszeit die frei zur Verfügung stehende Zeit für den

Einzelnen um ein Mehrfaches erhöht. Diese Freizeit wird oft zur Leerzeit, und nicht selten bleibt das Fernsehen das einzige lebensabendfüllende Programm. So aktiv die meisten der jungen Alten auch sind, das Altern der Gesellschaft hat insgesamt zur Folge, dass ein immer größerer Teil der Bevölkerung eher in der Gemächlichkeit sein Glück suchen muss. Die »späte Freiheit« bedeutet auch, mehr Entscheidungsfreiheit über die Zeit zu gewinnen, dem Diktat der Arbeitswelt und damit der Uhr auszuweichen und einer selbstgewählten Zeitordnung zu folgen. Diese Freiheit wird heute zweifellos von immer mehr älteren Menschen genutzt. Sie ist Teil einer neuen Kultur des Alters. Gleichzeitig ist der Ratgebermarkt voll von Publikationen, die zur Ruhe mahnen, die zum Flanieren auffordern und mit den Wohltaten von Mußestunden werben. Musiker stemmen sich gegen den allgemeinen Trend zu einem immer furioser voranstürmenden Elan vital und bremsen etwa die Symphonien von Beethoven wieder auf ein gemächlicheres Grundmetrum herunter.

Auch wird bei aller weitergehenden Beschleunigung erkennbar, dass die alten Taktgeber des Lebens an Wirkungskraft verlieren, etwa Sonnenaufgang und Sonnenuntergang als zeitliche Eckpunkte der Arbeitszeit. Heute befindet sich selbst die Nacht als Taktgeber auf dem Rückzug. Dasselbe gilt für die auf die Arbeitswelt abgestimmten Zeitmarken: Ladenöffnungszeiten, Polizeistunden oder Sendezeiten des Fernsehens, die in der frühen Bundesrepublik noch vor Mitternacht endeten. Ähnliches gilt für die Religion, die bis vor wenigen Jahrzehnten über das Kirchenjahr mit seiner Fasten- und Adventszeit sowie den Sonn- und Feiertagen tief in die Zeitordnung eingriff. Der Mensch lässt sich seine Zeitgestaltung immer weniger vorschreiben. Auch in dieser Hinsicht ist er dabei, sich die Erde vollkommen untertan zu machen. Er verschafft sich vermehrt Möglichkeiten, die Zeit frei zu planen und zu gestalten, sofern er dazu fähig ist, sich Zeitoasen zu schaffen und sinnvoll auszufüllen. Er gewinnt zusätzliche Entscheidungsfreiheit über die Zeit und deren Ordnung. Er passt seine Lebensweise trotz zunehmender Beschleunigung immer mehr der selbstgemachten Zeitordnung an. Er bekommt neben den Tempomaschinen von der Industrie auch Zeitdehnungsmaschinen in die Hand, mit denen er seine Zeit freier modellieren kann, etwa den Videorecorder, der die Wiederholung von Lieblingssequenzen erlaubt. Er löst sich von den zeitlichen Zwängen des starren, festgeschriebenen Tagesablaufs, dessen strikte Einhaltung im bürgerlichen Zeitalter immer ein Ausweis von Ordnung und Fleiß, Lebensbeherrschung und Disziplin gewesen ist. Die Zeitdisziplin wechselt aus dem sozialen Raum zu den Individuen, um dort zur »Eigenzeit« zu werden.

Dieser Wandel vollzieht sich in der Freizeitwelt wie auch in der Arbeitswelt. Nicht mehr »Pünktlichkeit«, also Unterordnung unter die Uhr, sondern »Flexibilisierung« lautet ein Stichwort für die zukünftige Zeitorganisation. Der Zeittakt wird vermehrt dereguliert und entstandardisiert. Schon seit einigen Jahrzehnten experimentiert die Wirtschaft mit flexiblen Arbeitszeiten – seit einiger Zeit auch mit flexiblen Lebensarbeitszeiten. Die Telearbeit geht bei dieser Individualisierung noch einen Schritt weiter. Bei der Heimarbeit mit Hilfe des Computers können Anfang, Ende und Pausen selbst bestimmt werden. Die moderne Wirtschaft mit ihrer wachsenden Abhängigkeit vom schnellen Reagieren lehrt uns, dass es oft wichtiger ist, spontan und variabel auf das Unerwartete zu antworten, als krampfhaft an der alten Tugend der Pünktlichkeit festzuhalten.[58]

Das alles mag sich verlockend anhören, doch steht den zahlreichen Vorteilen auch eine Vielzahl an Nachteilen gegenüber. Die zeitlichen Orientierungsmarken – ob von der Natur oder dem Menschen gesetzt – haben immer auch entlastend gewirkt. Sie tragen zur gesellschaftlichen Ordnung bei und wirken normgebend: der arbeitsfreie Sonntag, die verschiedenen Feiertage, der Arbeitsbeginn, die Mittagspause, die Polizeistunde. Mit der Auflösung der Zeitmuster verschwinden diese Orientierungsmarken; sie hinterlassen eine gewisse Leere. Ein steigender Koordinationsaufwand ist die Folge. Immer öfter kann die Frage nach dem gemeinsamen Termin nicht beantwortet werden. Zeitdruck und eine individualisierte Zeitgestaltung potenzieren sich gegenseitig. Die damit verbundenen Probleme haben die Entwicklung technischer Hilfsmittel begünstigt, mit denen wir heute allzeit und überall erreichbar sind. Die Produzenten von Handys und die Mobilfunkgesellschaften profitieren davon. Die Erreichbarkeit verdrängt die Pünktlichkeit.[59]

Die heutige Gesellschaft hat ihre Uniformität abgelegt. Sie lässt eine Vielzahl an Zeitformen zu – sehr viel mehr als die Arbeitsgesellschaft der letzten 150 Jahre. Sie eröffnet viele neue Möglichkeiten, individuell und elastisch mit Zeitvorgaben umzugehen, das Tempo selbst zu bestimmen und zeitsouverän zu sein. Der Volkswohlstand hat mit dem Zeitwohlstand eine neue Dimension erreicht. Dieser erlaubt, im Alltag und im Beruf viele Zeitformen zu leben: Pausen, Warten, Wiederholungen, Verlangsamung und Tempo. Er wird zur Kultur des 21. Jahrhunderts gehören wie die Beschleunigung fast aller Lebensbereiche zum 20. Jahrhundert. Wo und wann auch immer aber Tempo nötig und möglich ist, erreicht es in der Produktion, im Transport, im Sport oder im Denken und Handeln Größenordnungen, die vor noch nicht langer Zeit als unvorstellbar galten.

Es bleibt abzuwarten, bis zu welcher Marke die Steigerung der Geschwindigkeit in den einzelnen Lebensbereichen weitergehen wird. Seitdem sie in der Informationstechnologie Lichtgeschwindigkeit erreicht hat, ist hier nur noch eine weitere Diffusion und Perfektionierung möglich. Dagegen dürften beim Transport von Menschen und Gütern wie auch bei Produktion und Konsum die Grenzen noch lange nicht erreicht sein, und die Fortschritte in den Biowissenschaften werden für eine weitere Beschleunigung der Evolution sorgen. Zugleich aber wird im 21. Jahrhundert – darauf hat Gerhard Schulze hingewiesen – der Trend mehr dahin gehen, »den gegebenen Möglichkeitsraum zu erhalten und seinen Gebrauch zu beherrschen« – oder anders ausgedrückt – die Teilhabe an den vorhandenen Tempomachern weiter zu demokratisieren. Anstelle des Aufbaus immer neuer Beschleunigungssysteme sollte in Zukunft nach dem Motto verfahren werden: »Es könnte Besseres geben, das schon jetzt erreichbar ist«, das heißt, das Vorhandene eher zu bewahren und zu pflegen, als nur in einer weiteren Steigerung den Fortschritt zu suchen.[60]

Da das mit einem riesigen Aufwand aufgebaute Beschleunigungs- und Geschwindigkeitssystem heute bereits in vielen seiner Teile reiner Selbstzweck ist und ins Absurde abdriftet, sind solche Mahnungen und Prognosen ernst zu nehmen. Es kann nicht Ziel der Beschleunigung sein, alles, jede Tätigkeit der Kontrolle der Uhr zu unterwerfen, auf Null zu reduzieren und damit zu vernichten. Ein Großteil der schönsten Stunden des Lebens benötigt ohnehin keine Uhr. Es gilt, die Gunst der Stunde zu nutzen. Am Schluss sei an Michael Endes Romanfigur Momo erinnert, die sagt: »Zeit ist Leben. Und das Leben wohnt im Herzen. Und je mehr die Menschen daran sparten, umso weniger hatten sie.«

Anmerkungen

Einleitung: Zeit-Los

1 Virilio (1989), S. 156. **2** Sombart (1987), Bd. 3, S. 23f. **3** Virilio (1994), S. 134. **4** Schulze (2003), S. 81. **5** Zu diesen Stufen der Steigerung: Ebd., S. 52f.; 60. **6** Virilio (1989), S. 34. **7** Schulze (2003), S. 84f.

1. Zeit des Dorfes

1 Nipperdey (1983), S. 173f. **2** A. Borst (1992), S. 39; Jürgen P. Rinderspacher, Axel Ermert: *Zeiterfahrung in der Leistungsgesellschaft,* in: Burger (1986), S. 308. **3** Le Roy Ladurie (1980), S. 299f. **4** Thompson (1973), S. 83f. **5** Wendorff (1988), S. 146. **6** Münch (1992), S. 170. **7** Nigel J. Thrift: *The making of capitalism in time consciousness,* in: J. Hassard (Hg.): The Sociology of Time, London 1990, S. 105-129. **8** Gurjewitsch (1987), S. 159f. **9** Wendorff (1988), S. 37. **10** Hans-Willy Hohn: *Zyklizität und Heilsgeschichte,* in: Zoll (1988), S. 130. **11** Erhard Chvojka: *Zeit der Städter, Zeit der Bauern,* in: Chvojka, Schwarcz, Thien (2002), S. 192-202. **12** Marc Bloch: *Feudal Society,* London 1962, S. 86. **13** Jacques Le Goff: *Die Kultur des europäischen Mittelalters,* München 1970, S. 293. **14** O. Borst (1983), S. 347. **15** Ebd., S. 356f. **16** Thompson (1973), S. 88f. **17** Sombart (1987), Bd. 2, S. 62f. **18** Geißler: *Zeiten* (1999), S. 5. **19** Wissell (1974), S. 318. **20** Bernard Lepetit: *Frankreich 1750-1850,* in: Mieck (1993), Bd. 4, S. 503. **21** Carsten Küther: *Menschen auf der Straße,* Göttingen 1983, S. 42f. **22** Christa Dericum: *Der ewige Kampf gegen Entfernungen – Vom Urtrieb der Fortbewegung,* in: Kemper (1997), S. 12. **23** Wendorff (1980), S. 130. **24** Ebd., S. 116. **25** Ebd., S. 26. **26** Glasser (1936), S. 100f. **27** Zit. nach Wendorff (1980), S. 126. **28** Zit. nach O. Borst (1971), S. 169. **29** Weber (1901), S. 14. **30** Fritz Rörig: *Die europäische Stadt im Mittelalter,* 4. Aufl., Götingen 1964, S. 114f. **31** Henning (1996), Bd. 2, S. 198. **32** Voigt (1965), Bd. 2, S. 385f. **33** W. Herrmann (1940), S. 13-16. **34** Jacques Le Goff: *Kultur des europäischen Mittelalters,* Zürich 1970, S. 223. **35** Braudel (1985), S. 452. **36** Ohler (1986), S. 140. **37** Vgl. Christian Ewert: *Itinerar und Herrschaft im Spätmittelalter,* in: Historical Social Research 21 (1996), S. 89-114. **38** Hamburg 1706. **39** Karte bei Ziessow (1998), S. 47. **40** Vgl. Löschburg (1977), S. 83. **41** Abb. ebd., S. 32. **42** Wolfgang Griep: *Die harte Speis der Reiserei – Zu Fuß unterwegs,* in: Ziessow (1998), S. 19; Klaus Herbers: *Der Jakobsweg. Mit einem mittelalterlichen Pilgerführer unterwegs nach Santiago de Compostela,* Tübingen 1986, S. 95f. **43** Aus: Gerd Hardach, Jürgen Schilling: *Das Buch vom Markt,* Luzern/Frankfurt a. M. 1980, S. 82. **44** Lindemann (1978), S. 17. **45** Ebd., S. 18. **46** Dohrn-van Rossum (1992), S. 298. **47** Ebd., S. 302. **48** Sombart (1987), Bd. 2, S. 257, 261. **49** Dohrn-van Rossum (1992), S. 302. **50** Löschburg (1977), S. 62. **51** Voigt (1965), Bd. 2, S. 400. **52** Otto Gönnenwein: *Das Stapel- und Niederlagsrecht,* Weimar 1939. **53** Voigt (1965), Bd. 2, S. 401. **54** Zit. nach Quetsch (1891), S. 21, Anm. 1. **55** Quetsch (1891), S. 26. **56** Ebd., S. 32. **57** Elfriede Rehbein: *Zu Wasser und zu*

Lande, München 1984, S. 177.   **58** Zit. nach Quetsch (1891), S. 372.   **59** Quetsch (1891), S. 8.   **60** Rinderspacher (1985), S. 26f.

2. Zeit der Stadt

1 Pitirim A. Sorokin: *Social and cultural dynamics,* Bd. 2, London/New York 1937, S. 318. **2** Ernst Jünger: *Das Sanduhrbuch,* Frankfurt a. M. 1954, S. 88; Wendorff (1980), S.139f.; Geißler: *Vom Tempo* (1999), S. 64-75, 84.   **3** Dohrn-van Rossum (1988), S. 97-102. **4** Whitrow (1991), S. 161.   **5** Gerhard Zweckbronner: *Von der klösterlichen Zeitordnung zum öffentlichen Stundentakt,* in: Deutsche Gesellschaft für Chronometrie (2002), S. 13.   **6** Hans-Werner Prahl: *Wird die Zeit knapp?,* in: Fromme u. a. (1990), S. 154.   **7** Dohrn-van Rossum (1988), S. 105, 117.   **8** Jenzen (1989), S. 51; Sigrid u. Klaus Maurice: *Stundenangaben im Gemeinwesen des 16. und 17. Jahrhunderts,* in: Klaus Maurice, Otto Mayr (Hg.): Die Welt als Uhr, München/Berlin 1980, S. 148-151.   **9** Peter G. Thielen: *Die Rolle der Uhr im geistlichen und administrativen Alltagsleben der Deutschordenskonvente in Preussen,* in: Ernst Bahr (Hg.): Studien zur Geschichte des Preussenlandes, Marburg 1963, S. 392-396.   **10** Wendorff (1980), S. 147.   **11** J. Leclercq (1974), S. 9.   **12** Kirchmann (1998), S. 127ff.   **13** Jenzen (1989), S. 52, 103ff.; David S. Landes: *Revolution in Time. Clocks and the Making of the Modern World,* Cambridge Mas./London 1983, S. 91f.   **14** J. C. Russell: *Die Bevölkerung Europas 500-1500,* in: Cipolla, Borchardt (1978), Bd. 1, S. 21; Roger Mols: *Die Bevölkerung Europas 1500-1700,* in: Cipolla, Borchardt (1979), Bd. 2, S. 20.   **15** Hermann Lübbe: *Globalisierung. Zur Theorie der zivilisatorischen Evolution,* in: Reinhold Biskup (Hg.): Globalisierung und Wettbewerb, Bern/Stuttgart/Wien 1996, S. 46-50.   **16** Kleinspehn (1989), S. 55.   **17** Rinderspacher (1985), S. 32; Günter Dux: *Die Zeit in der Geschichte,* Frankfurt a. M. 1989, S. 333. **18** Kirchmann (1998), S. 354.   **19** Jacques Le Goff: *Die Stadt als Kulturträger 1200-1500,* in: Cipolla, Borchardt (1978), Bd. 1, S. 53-56.   **20** J. Leclercq (1974), S. 7.   **21** Dollinger (1989), S. 215ff.   **22** Rörig (1971), S. 219.   **23** Sombart (1987), Bd. 2, S. 118.   **24** Rinderspacher (1985), S. 38.   **25** Willi A. Boelcke: *Wirtschaftsgeschichte Baden-Württembergs von den Römern bis heute,* Stuttgart 1987, S. 72ff.   **26** Schulte (1923), S. 110.   **27** Kulischer (1976), Bd. 1, S. 331.   **28** Heinrich v. Eicken: *Geschichte und System der Mittelalterlichen Weltanschauung,* Stuttgart 1887, S. 513; Helmut Braun: *»Interest Taking Survives all Opposition«,* in: Hans-Christian Mager, Henry Schäfer, Klaus Schrüfer (Hg.): Private Versicherung und Soziale Sicherung. FS Roland Eisen, Marburg 2001, S. 461f.   **29** Schreiner (1987), S. 399.   **30** Gurjewitsch (1980), S. 168f.   **31** Zit. nach Kulischer (1976), Bd. 1, S. 349.   **32** Henning (1991), Bd. 1, S. 299-304.   **33** Schulte (1923), S. 129.   **34** Kulischer (1976), Bd. 1, S. 350f. **35** Schulte (1923), S. 130f.   **36** Karl Otto Müller: *Welthandelsbräuche (1480-1540),* Stuttgart/Berlin 1934, S. 326.   **37** Le Goff (1977), S. 393f.   **38** Jean-François Lyotard: *Zeit heute,* in : Heinrich Meier (Hg.): Zur Diagnose der Moderne, München1990, S. 159.   **39** Gendolla (1992), S. 51.   **40** Kulischer (1976), Bd. 1, S. 303.   **41** Le Goff (1960), S. 426.   **42** Text und Kommentar bei A. Borst (1992), S. 387-395.   **43** Theodor Gustav Werner: *Das kaufmännische Nachrichtenwesen im späten Mittelalter und in der frühen Neuzeit und sein Einfluß auf die Entstehung der handschriftlichen Zeitung,* in: Scripta Mercaturae 1975, H. 2, S. 6f., 34.   **44** Höhne (1977), Bd. 2, S. 17f.   **45** Vgl. Immanuel Wallerstein: *Das moderne Weltsystem. Die Anfänge kapitalistischer Landwirtschaft und die europäische Weltökonomie im 16. Jahrhundert,* Frankfurt a. M. 1986, S. 122.   **46** Zit. nach ebd., S. 124.   **47** Ugo Tucci: *Alle origini dello spirito capitalistico a Venezia,* in: Studi in onore di Amintore Fanfani, III, Mailand 1962, S. 545-557.   **48** Franco Borlandi (Hg.): *El libro di mercante e usanze de'paesi,* Torino 1936, zit. nach Le Goff (1977), S. 410f., Anm. 3.   **49** Zit. nach Schulte (1923), S. 126.   **50** Wolfram Fischer: *Markt- und Informationsnetze in der (frühneuzeitlichen) Wirtschaftsgeschichte des atlantischen Raums,* in: Ders.: Expansion, Integration, Globalisierung, Göttingen 1998, S. 26. **51** Iris Origo: *»Im Namen Gottes und des Geschäfts«. Lebensbild eines toskanischen Kaufmanns der Frührenaissance,* 2. Aufl., München 1986, S. 106, 127.   **52** Zit. nach Dohrn-van

Rossum (1992), S. 212. **53** Otto Müller: *Welthandelsbräuche (1480-1540),* Stuttgart 1934, S. 188. **54** North (1991), S. 10-12. **55** Schreiner (1987), S. 400. **56** Schulte (1923), S. 84f. **57** Robert S. Lopez: *The Commercial Revolution of the Middle Ages 950-1350,* Cambridge 1976, S. 80-84. **58** Kulischer (1976), Bd. 1, S. 307. **59** Hagedorn (1914), S. 21. **60** Ebd., S. 20. **61** Zum Schiffsbau des Mittelalters und der frühen Neuzeit siehe: Ludwig, Schmidtchen (1997), S. 149-152, 473-485; Voigt (1965), Bd. 2, S. 40-65, J. N. Ball: *Merchants and Merchandise. The Expansion of Trade in Europe 1500-1630,* London 1977, S. 171-184. **62** Vogel (1915), Bd. 1, S. 473. **63** Ebd., S. 481f. **64** Jay (2000), S. 195. **65** Hagedorn (1914), Tafel XXVII. **66** Dollinger (1989), S. 445f. **67** Hagedorn (1914), S. 112; Olechnowitz (1960), S. 14, 22; Ulrich Troitzsch: *Die Entwicklung der Technik vom späten 16. Jh. bis zum Beginn der industriellen Revolution,* in: Troitzsch, Weber (1987), S. 217. **68** Vogel (1915), S. 535. **69** Ludwig, Schmidtchen (1997), S. 492-495. **70** Vogel (1915), S. 536. **71** Ebd., S. 535. **72** Kulischer (1976), Bd. 1, S. 301; Voigt (1965), Bd. 2, S. 234; Karl-Dietrich Hüllmann: *Finanzgeschichte des Mittelalters,* Berlin 1805. **73** Gönnenwein (1939), S. 256-267. **74** Hermann Kellenbenz: *Die Durchfuhr durch die schleswig-holsteinische Landbrücke als Konkurrenz der Öresundfahrt,* in: Herbert Knittler (Hg.): Wirtschafts- und sozialhistorische Beiträge. FS Alfred Hoffmann, München 1979, S. 148. **75** Jessen-Klingenberg (1995), S. 17-24. **76** Reichert (2001), S. 23. **77** Ludwig, Schmidtchen (1997), S. 502f. **78** Ebd., S. 159ff., 499ff. **79** Reichert (2001), S. 25. **80** Ludwig, Schmidtchen (1997), S. 157, 507. **81** Braudel (1986), S. 382. **82** Zu den Laufzeiten: Roland Schäffer: *Zur Geschwindigkeit des »staatlichen« Nachrichtenverkehrs im Spätmittelalter,* in: Zeitschrift des Historischen Vereines für Steiermark 76 (1985), S. 101-119. **83** Ohler (1986), S. 96; Dallmeier (1977), T. 1, S. 48. **84** Wolfgang Freiherr Stromer von Reichenbach: *Die Nürnberger Handelsgesellschaft Gruber-Podmer-Stromer im 15. Jahrhundert,* Nürnberg 1962, S. 116. **85** Stieda (1921), S. XIX. **86** Dohrn-van Rossum (1992), S. 302. **87** A. Borst (1992), S. 155f. **88** Klaus Beyrer: *Der alte Weg eines Briefes,* in: Beyrer, Täubrich (1996), S. 18. **89** Dohrn-van Rossum (1992), S. 304. **90** Zit. nach ebd., S. 307; North (1991), S. 12. **91** Glaser, Werner (1990), S. 87; Dohrn-van Rossum (1992), S. 302. **92** Joachim Ernst von Beust: *Versuch einer ausführlichen Erklärung des Postregals,* Bd. 1, Jena 1747, S. 44f. **93** Dallmeier (1977), T. 1, S. 51. **94** Zit. nach Behringer (1990), S. 27. **95** Dallmeier (1977), T. 2, S. 3, Nr. 2. **96** Behringer (1990), S. 16f. **97** Ebd., S. 18, 38, 40; Klaus Gerteis: *Reisen, Boten, Posten, Korrespondenz in Mittelalter und Früher Neuzeit,* in: Pohl (1989), S. 32. **98** Zit. nach Behringer (1990), S. 39. **99** Behringer (1990), S. 67. **100** Richard Ehrenberg: *Das Zeitalter der Fugger,* Bd. 2, Jena 1896, S. 15ff. **101** Dohrn-van Rossum (1992), S. 311. **102** Zit. nach Behringer (1990), S. 55. **103** Behringer (1990), S. 58. **104** Ebd., S. 49. **105** H. Leclerc (1985), S. 9f. **106** Hermann Kellenbenz: *Wirtschaft und Gesellschaft Europas 1350-1650,* in: Ders. (1986), Bd. 3, S. 300f.; Dohrn-van Rossum (1992), S. 300-313. **107** Wolfram Fischer: *Expansion, Integration, Globalisierung,* Göttingen 1998, S. 22. **108** Zit. nach Dohrn-van Rossum (1992), S. 312. **109** Wolfram Fischer: *Expansion, Integration, Globalisierung,* Göttingen 1998, S. 23. **110** Christoph Schorer: *Memminger Chronik,* Memmingen 1660, S. 51. **111** Fritz Ohmann: *Die Anfänge der deutschen Post und die Taxis,* Leipzig 1909, S. 319f. **112** Vertrag vom 4. Jan. 1623, in: Dallmeier (1977), T. 2, S. 88, Nr. 191. **113** Stephan (1859), S. 12f.; siehe auch Grosse (1902), S. 37. **114** Behringer (1990), S. 81. **115** H. Leclerc (1985), S. 9; Glaser, Werner (1990), S. 89; North (1991), S. 12f. **116** North (1991), S. 268. **117** Walter Enrei, Wolfgang von Stromer: *Textiltechnische und hydraulische Erfindungen und ihre Innovatoren in Mitteleuropa im 14./15. Jahrhundert,* in: Technikgeschichte 41 (1974), S. 89-117. **118** A. Borst (1992), S. 227. **119** Ludwig, Schmidtchen (1997), S. 230; Karl-Heinz Ludwig: *Invention, Innovation und Privilegierung in der ersten Hälfte des 16. Jahrhunderts,* in: Technikgeschichte 45 (1978), S. 154f. **120** Ludwig, Schmidtchen (1997), S. 587. **121** Albert Kapr: *Johannes Gutenberg,* 2. Aufl., München 1988, S. 155f. **122** Elizabeth L. Eisenstein: *The Printing Press as an Agent of Change,* 2 Bde., Cambridge/ London/New York/Melbourne 1979. **123** Höhne (1977), Bd. 2, S. 19f. **124** Johannes Burkhardt: *Das Reformationsjahrhundert. Deutsche Geschichte zwischen Me-*

dienrevolution und Institutionenbildung 1517-1617, Stuttgart 2002, S. 30-76. **125** Rinderspacher (1985), S. 55. **126** Paul Virilio: *Revolutionen der Geschwindigkeit,* Berlin 1993, S. 24.

3. Zeit der Macht

1 Zu den Ausführungen in diesem Kapitel vor allem Ludwig, Schmidtchen (1997), S. 266-348 sowie Volker Schmidtchen: *Kriegswesen im späten Mittelalter,* Weinheim 1990, S. 151-211. **2** Ebd., S. 162. **3** Staats- und Universitätsbibliothek Göttingen, aus Ludwig, Schmidtchen (1997), S. 317. **4** Kramer (1995), S. 116. **5** Kramer (1995), S. 114. **6** Bernhard Rathgen: *Das Aufkommen der Pulverwaffe,* München 1925, S. 31. **7** Guido Panciroli (Pancirollus): *Nova reperta sive Rerum memorabilium iam olim deperditarum et recens inventarum lib. duo.* Aus dem Italienischen ins Lateinische übers. v. H. Salmuth, Amberg 1599, tit. 18, p. 666, zit. nach Kramer (1995), S. 126. **8** Volker Schmidtchen: *Riesengeschütze des 15. Jahrhunderts,* in: Technikgeschichte 44 (1977), S. 163f. **9** Wolfgang Pircher: *Gleichzeitigkeit,* in: Chvojka, Schwarcz, Thien (2002), S. 45. **10** Parker (1990), S. 44f. **11** Zu den baulichen Konsequenzen: Ludwig, Schmidtchen (1997), S. 418-433. **12** Zit. nach Parker (1990), S. 30. **13** Ebd., S. 118-122. **14** Ebd., S. 126. **15** Ebd., S. 27.

4. Zeit der Fabrikanten

1 Klaus Schreiner: *Diversitas temporum,* in: Reinhart Herzog, Reinhart Koselleck (Hg.): Epochenschwelle und Epochenbewusstsein, München 1987, S. 384f. **2** Werner Conze: Art. *Arbeit,* in: Geschichtliche Grundbegriffe, Bd. 1, Stuttgart 1972, S. 162. **3** Aegidius Albertinus: *Lucifers Königreich,* abgedruckt bei Paul Münch (Hg.): *Ordnung, Fleiß und Sparsamkeit,* München 1984, S. 127. **4** Johannes Mathesius: *Syrach Mathesij* (1589), ebd., S. 105. **5** Michael Weinzierl: *Zeit und Zivilisation,* in: Chvojka, Schwarcz, Thien (2002), S. 208. **6** Abraham a Sancta Clara: *Centi-Folium Stultorum In Quarto* (1709), in: Paul Münch (Hg.): *Ordnung, Fleiß und Sparsamkeit,* München 1984, S. 149. **7** Joachim Westphal: *Faulteuffel* (1569), ebd. S. 94; Münch (1992), S. 156f. **8** Zit. nach Klaus Maurice, Otto Mayr (Hg.): *Die Welt als Uhr,* München/Berlin 1980, S. 152. **9** Gottfried Wilhelm Leibniz: *Societät und Wirtschaft* (1671), zit. nach Werner Conze: Art. *Arbeit,* in: Geschichtliche Grundbegriffe, Bd. 1, Stuttgart 1972, S. 169. **10** Justus Möser: *Patriotische Phantasien,* in: Sämtliche Werke, Bd. 4, Oldenburg u. a. 1943, S. 15. **11** Messerli (1995), S. 160f. **12** So bei dem Physiokraten Johann August Schlettwein: *Allgemeine Sätze von der Glückseligkeit der Staaten,* Mainz 1782, S. 3. **13** Bd. 1, 2. Aufl., Leipzig 1758, S. 403, 406. **14** Dazu Werner Conze: Art. *Arbeit,* in: Geschichtliche Grundbegriffe, Bd. 1, Stuttgart 1972, S. 174-181. **15** Adam Smith: *Der Wohlstand der Nationen,* München 1974, S. 9f. **16** Paulinyi, Troitzsch (1997), S. 58ff. **17** Kupferstich von Henry Beighton, Science Museum in London, aus: Paulinyi, Troitzsch (1997), S.59. **18** Paulinyi, Troitzsch (1997), S. 128. **19** Jan A. van Houtte: *Die Niederlande 1650-1850,* in: Mieck (1993), Bd. 4, S. 342. **20** Paulinyi, Troitzsch (1997), S. 67ff. **21** Sombart (1987), Bd. 1, S. 798; Ulrich Troitzsch : *Die Entwicklung der Technik vom späten 16. Jh. bis zum Beginn der industriellen Revolution,* in: Troitzsch, Weber (1987), S. 207. **22** Ebd., S. 211f.; Landes (1983), S. 84. **23** Paulinyi, Troitzsch (1997), S. 214ff. **24** Zit. nach Radkau (1989), S. 109. **25** Landes (1983), S. 66. **26** Phyllis Deane: *The First Industrial Revolution,* Cambridge 1969, S. 84-99. **27** Georg Weerth: *Sämtliche Werke,* Bd. 3, Berlin 1957, S. 159. **28** Paulinyi, Troitzsch (1997), S. 298f. **29** Samuel Lilley: *Technischer Fortschritt und die Industrielle Revolution 1700-1914,* in: Cipolla, Borchardt (1976), Bd. 3, S. 125, Abb. 1. **30** Landes (1983), S. 110. **31** Archibald u. Nan L. Clow: *Die Schwefelsäure in der industriellen Revolution,* in: Musson (1977), S. 165-183; D. W. F. Hardie: *Die Macintoshs und die* *und die Anfänge der chemischen Industrie,* in: Musson (1977), S. 197-204; Paulinyi, Troitzsch (1997), S. 412-423. **32** Radkau (1989), S. 93f. **33** Nach Bohnsack (1981), S. 235. **34** Landes (1983), S. 89. **35** Paulinyi, Troitzsch (1997), S. 307-312; Bohnsack (1981); W. English: *The textile industry,* London 1969; Akos Paulinyi: *John Kays Schnellade, ihre Verbreitung und Folgewirkungen,* in: Technikgeschichte 52 (1985), S. 95-112. **36** *Annales des Arts et Manufactures,* 1808, Bd. XXX, S. 214, ND bei Treue, Manegold (1966), S. 104f. **37** Gendolla (1992), S. 66 ; Paulinyi, Troitzsch (1997), S. 313f. **38** Aus: Sigvard Strandh: *Die Maschine,* Freiburg/Basel/Wien 1980, S. 196. **39** Karl H. Mommertz: *Bohren, Drehen und Fräsen. Geschichte der Werkzeugmaschinen,* Reinbek 1981; Paulinyi, Troitzsch (1997), S. 328-337; Landes (1983), S. 108. **40** Ebd., S. 107f. **41** Paulinyi, Troitzsch (1997), S. 337-352. **42** Ebd., S. 402-405. **43** Radkau (1989), S. 108f. **44** Goebel (1956), S. 67. **45** Ebd., S. 118. **46** Leitartikel der »Times« v. 29. Nov. 1814, zit. nach Goebel (1956), S. 146; siehe auch: Hans Bolza: *Friedrich Koenig und die Erfindung der Druckmaschine,* in: Technikgeschichte 34 (1967), S. 79-89; Jürgen Zeidler: *Druckgewerbe und Massenpresse,* in: Boberg, Fichter, Gillen (1984), S. 372f. **47** Goebel (1956), S. 121, 123f., 504. **48** Jürgen Zeidler: *Druckgewerbe und Massenpresse,* in: Boberg, Fichter, Gillen (1984), S. 375f. **49** Gottfried Niedhart: *Großbritannien 1750-1850,* in: Mieck (1993), Bd. 4, S. 429. **50** Jan A. van Houtte: *Die Niederlande 1650-1850,* in: ebd., S. 337ff. **51** Jan Dhont, Marinette Bruwier: *Die Industrielle Revolution in den Niederlanden (Belgien und Holland) 1700-1914,* in: Cipolla, Borchardt (1977), Bd. 4, S. 74ff. **52** Landes (1983), S.145. **53** Werner Kroker: *Wege zur Verbreitung technologischer Kenntnisse zwischen England und Deutschland in der zweiten Hälfte des 18. Jahrhunderts,* Berlin 1971; Ilja Mieck: *Preußische Gewerbepolitik in Berlin 1806-1844,* Berlin 1965; Akos Paulinyi: *Der Technologietransfer für die Metallbearbeitung und die preußische Gewerbeförderung 1820-1850,* in: Fritz Blaich (Hg.): Die Rolle des Staates für die wirtschaftliche Entwicklung, Berlin 1982, S. 99-142; Paulinyi, Troitzsch (1997), S. 466-476. **54** H. Leclerc (1985), S. 14. **55** Zit. nach Stephan (1859), S. 134. **56** Grosse (1902), S. 37; Stephan (1859), S. 18. **57** Léon (1970), S. 153. **58** Cavaillès (1946), S. 155f. **59** Léon (1970), S. 153. **60** Braudel (1985), S. 462. **61** Bernard Lepetit: *Chemins de terre et voies d'eau. Réseaux de transport et organisation de l'espace en France 1740-1840,* Paris 1984; zum Straßenbau in Europa nach 1750: Simon P. Ville: *Transport and the Development of the European Economy, 1750-1918,* Houndmills/London 1990, S. 14-19. **62** Guy Michaud: *Les routes de France depuis les origines jusqu'à nos jours,* Paris 1959, S. 106. **63** Ebd., S. 111; Johann Georg Krünitz (Hg.): *Ökonomisch-technologische Encyklopädie,* Th. 116, Berlin 1810, S. 101. **64** Cavaillès (1946), S. 266. **65** Léon (1970), S. 159. **66** Waltershausen (1931), S. 229. **67** Arthur Young: *A six months' tour through the North of England* (1771), zit. nach Kulischer (1976), Bd. 2, S. 371. **68** Bagwell (1974), S. 38-41. **69** Ebd., S. 41f. **70** Paulinyi, Troitzsch (1997), S. 430-434 ; Bagwell (1974); Harold J. Dyos, Derek H. Aldcroft (Hg.): *British transport. An economic survey from the 17th century to the 20th,* London 1974. **71** Horst Günther (Hg.): *Karl Philipp Moritz. Werke,* Bd. 2, 2. Aufl., Frankfurt a. M. 1993, S. 11. **72** Ebd., S. 33, 125, 59. **73** Bagwell (1974), S. 43. **74** Fritz Blaich: *Die Epoche des Merkantilismus,* Wiesbaden 1973, S. 151-154. **75** Sälter (1917), S. 4. **76** Allgemeines Landrecht, Teil II, Titel XV, § 1 und 13. **77** Thomas Brune: *Von Nützlichkeit und Pünktlichkeit der Ordinari-Post,* in: Bausinger, Beyrer, Korff (1991), S. 126f. **78** Sälter (1917), S. 3. **79** Wilhelm Wening: *Das Straßenwesen in der Provinz Westfalen,* Diss. Würzburg 1921, S. 46. **80** Sälter (1917), S. 4, 11; Clemens Wischermann: *Chausseebau und Landverkehr in Westfalen während der Frühindustrialisierung,* in: Wilfried Reininghaus, Karl Teppe (Hg.): Verkehr und Region im 19. und 20. Jahrhundert. Westfälische Beispiele, Paderborn 1999, S. 71-94. **81** Voigt (1965), Bd. 2, S. 421f. **82** Friedrich Wilhelm August Bratring: *Statistisch-topographische Beschreibung der gesamten Mark Brandenburg,* Bd. 3, Berlin 1809, ND Berlin 1968, S. 76. **83** Klaus Beyrer: *Zeit der Postkutschen,* in: Beyrer (1992), S. 14f. **84** Beyrer (1985), S. 187. **85** Behringer (1990), S. 119-126. **86** So neben anderen Paul Jacob Marperger: *Kurtzgefaste Geographische / Historische u. Mercatorische Beschreibung Aller derjenigen Länder u. Provintzien / Welche den Königlich Preußischen Und Chur-Brandenburgischen Scepter in Deutschland unterworffen,* Berlin 1710, S. 291. **87** Stephan (1859), S. 311.

88 Beyrer (1992), S. 82. **89** Klaus Beyrer: *Mit der Postkutsche zum regelmäßigen Reiseverkehr,* in: Kemper (1997), S. 93. **90** Zit. nach Wolfgang Behringer: *Die Fahrdienste der Reichspost,* in: Beyrer (1992), S. 55. **91** Beyrer (1985), S. 234. **92** Zit. nach Beyrer (1992), S. 169. **93** Gottfried North: *Eine Revolution im Reiseverkehr – Die Schnellpost,* in: Bausinger, Beyrer, Korff (1991), S. 291-297. **94** Henning (1996), Bd. 2, S. 195-207. **95** Klaus Beyrer: *Eilwagen und Schnellpost,* in: Beyrer (1992), S. 190f. **96** Thomas Brune: *Von Nützlichkeit und Pünktlichkeit der Ordinari-Post,* in: Bausinger, Beyrer, Korff (1991), S. 127. **97** Joseph v. Eichendorff: *Aus dem Leben eines Taugenichts,* in: Eichendorff: Werke und Schriften, hg. v. Gerhart Baumann, Bd. 2, Darmstadt 1958, S. 385. **98** Behringer (1990), S. 123. **99** Erhard Riedel: *Zur Geschichte der Reisegeschwindigkeiten,* in: Archiv für Postgeschichte in Bayern 8 (1952/54), S. 117-121. **100** Heinrich v. Treitschke: *Deutsche Geschichte im 19. Jahrhundert,* 3. Aufl., Leipzig 1890, S. 581. **101** Zit. nach Glaser, Werner (1990), S. 293. **102** Klaus Beyrer: *Eilwagen und Schnellpost,* in: Beyrer (1992), S. 189. **103** Segeberg (1997), S. 121. **104** Joseph v. Eichendorff: *Aus dem Leben eines Taugenichts,* in: Eichendorff: Werke und Schriften, hg. v. Gerhart Baumann, Bd. 2, Darmstadt 1958, S. 351. **105** Von 3 Gramm Silber auf 1,8 bis 2,2 Gramm Silber je t/km; nach Henning (1996), Bd. 2, S. 204. **106** Zit. nach Glaser, Werner (1990), S. 199. **107** Léon (1970), S. 149f. **108** Paulinyi, Troitzsch (1997), S. 140f.; Paul Lächler, Hans Wirz: *Die Schiffe der Völker,* Olten/Freiburg i. Br. 1962, S. 411. **109** Zit. nach Whipple (1992), S. 29. **110** Ebd., S. 18-42. **111** Ebd., S. 51-70. **112** Pierre Rousseau: *Histoire des transports,* Paris 1961, S. 298. **113** Whipple (1992), S. 103-123; David R. MacGregor: *The Tea Clippers, their history and development, 1833-1875,* 3. Aufl., London 1983, S. 244; S. Colum Gilfillan: *Inventing the Ship,* Chicago 1935, S. 156-175. **114** Whipple (1992), S. 42-45. **115** Ebd., S. 144-159. **116** Paul Virilio: *Revolutionen der Geschwindigkeit,* Berlin 1993, S. 15. **117** Rinderspacher (1985), S. 41; Nowotny (1989), S. 49. **118** Louis Bergeron, François Furet, Reinhart Koselleck: *Das Zeitalter der europäischen Revolution 1780-1848,* Frankfurt a. M./Hamburg 1969, S. 303; Gendolla (1992), S. 66f.

5. Zeit des Dampfes

1 B. Gastineau: *La Vie en chemin de fer,* zit. nach Virilio (1978), S. 25. **2** Heinrich Heine: *Sämtliche Schriften,* hg. v. K. Briegleb, Bd. 5, München 1974, S. 449. **3** Zit. nach Jay (2000), S. 293. **4** Lothar Gall, Manfred Pohl (Hg.): *Die Eisenbahn in Deutschland,* München 1999, S. 17. **5** Theodor Mundt: *Spaziergänge und Weltfahrten,* Bd. 1, Altona 1838, S. 108f. **6** Mahr (1982), S. 32f. **7** Adolph Peter Adler: *Viaggio in Italia,* zit. nach A. Braun (2001), S. 53. **8** Heinrich Heine: *Lutetia,* in: Sämtliche Werke, Bd. 9, Frankfurt a. M. 1910, S. 291f. **9** Gay (1986), S. 67. **10** Friedrich v. Raumer: *England,* Bd. 2, 2. Aufl., Leipzig 1842, S. 323. **11** Schivelbusch (1989), S. 24. **12** Paulinyi, Troitzsch (1997), S. 447ff. **13** Segeberg (1997), S. 127. **14** Schivelbusch (1989), S. 14f. **15** Zit. nach Segeberg (1997), S. 126. **16** Joseph v. Eichendorff: *Erlebtes,* in: Eichendorff: Werke und Schriften, hg. v. Gerhart Baumann, Bd. 2, Darmstadt 1958, S. 1019. **17** Quarterly Review 63 (1839), S. 23, zit. nach Schivelbusch (1989), S. 16. **18** Heinrich Heine: *Lutetia,* in: Sämtliche Werke, Bd. 9, Frankfurt a. M. 1910. **19** Abdruck bei Treue, Manegold (1966), S. 70. **20** Virilio (1978), S. 25. **21** Walter Steitz: *Die Entstehung der Köln-Mindener Eisenbahn,* Köln 1974, S. 36f. **22** Schivelbusch (1989), S. 61. **23** Zit. nach Manfred Riedel: *Vom Biedermeier zum Maschinenzeitalter. Zur Kulturgeschichte der ersten Eisenbahnen in Deutschland,* in: Archiv für Kulturgeschichte 43 (1961), S. 122. **24** Baroli (1969), S. 53. **25** Bd. 8, Hildburghausen 1846, S. 155. **26** Hans Christian Andersen: *Sämtliche Werke,* Bd. 1, T. 1, Braunschweig 1843, S. 25. **27** Jacob Burckhardt: *Briefe,* bearb. v. Max Burckhardt, Bd. 1, Basel 1949, S. 151. **28** Baroli (1969), S. 58. **29** Julia Cartwright (Mrs. Ady) (Hg.): *The Journals of Lady Knightley of Fawsley* (1915), S. 39, zit. nach Gay (1986), S. 73. **30** Joseph v. Eichendorff: *Erlebtes,* in: Eichendorff: Werke und Schriften, hg. v. Gerhart Baumann, Bd. 2, Darmstadt 1958,

S. 1020. **31** Georg Weerth: *Sämtliche Werke*, Bd. 3, Berlin 1957, S. 111. **32** Schivelbusch (1989), S. 152-157; Glaser (1981), S. 22-30. **33** A. Braun (2001), S. 128-135; Schivelbusch (1989), S. 45-50. **34** Alexis de Tocqueville: *Notizen über eine Reise nach England* (1835), zit. nach Treue, Manegold (1966), S. 128f. **35** Georg Weerth: *Sämtliche Werke*, Bd. 3, Berlin 1957, S. 47, 49. **36** Zit. nach König, Weber (1997), S. 172. **37** Ernst Beutler (Hg.): *Johann Wolfgang Goethe. Gedenkausgabe der Werke. Briefe und Gespräche*, Bd. 21, Zürich 1951, S. 634; Osten (2003), S. 11, 19. **38** Radkau (1989), S. 143. **39** Alfred Gottwaldt: *Dampf auf Schienen – Die ersten Lokomotiven*, in: Kemper (1997), S.141. **40** Matschoss (1987), S. 194-202 ; Paulinyi, Troitzsch (1997), S. 439-443. **41** Georg Weerth: *Sämtliche Werke*, Bd. 3, Berlin 1957, S. 185. **42** Zit. nach Treue, Manegold (1966), S. 67. **43** König, Weber (1997), S. 173; Volker Then: *Eisenbahnen und Eisenbahnunternehmer in der Industriellen Revolution*, Göttingen 1997, S. 80. **44** Friedrich Harkort: *Eisenbahnen. (Railroads)*, in: Hermann Nr. 26 v. 30. März 1825. **45** Kommissionsbericht v. 1843, Abdruck bei Walter Steitz (Hg.): *Quellen zur deutschen Wirtschafts- und Sozialgeschichte im 19. Jahrhundert bis zur Reichsgründung*, Darmstadt 1980, S. 169. **46** Friedrich List: *Über ein sächsisches Eisenbahn-System als Grundlage eines allgemeinen deutschen Eisenbahn-Systems und insbesondere über die Anlegung einer Eisenbahn von Leipzig nach Dresden*, Leipzig 1833, S. 29ff. **47** Robert v. Mohl: *Die Polizeiwissenschaft nach den Grundsätzen des Rechtsstaates*, Bd. 2, 2. Aufl., Tübingen 1844, S. 414ff. **48** Karl Knies: *Die Eisenbahnen und ihre Wirkungen*, Braunschweig 1853, S. 68. **49** Peter Gleber: *Von der Ortszeit über die Eisenbahnzeit zur Mitteleuropäischen Zeit*, in: Deutsche Gesellschaft für Chronometrie (2002), S. 32-38; Wolfgang von Hippel u. a.: *Eisenbahnfieber. Badens Aufbruch ins Eisenbahnzeitalter*, Ubstadt-Weiher 1990; Levine (1997), S. 103ff.; Karl Friedrich Walbrach: *Als es zum ersten Mal dreizehn schlug*, in: Frankfurter Allgemeine Zeitung Nr. 111 v. 15. Mai 2002, S. 10. **50** H. Leclerc (1985), S. 20f. **51** Fabre (1963), S. 47. **52** Jiøí Nováèek: *Geschichte der Post*, Hanau 1989, S. 155f.; Henning (1996), Bd. 2, S. 543; Klaus Herrmann: *Die Bahnpost*, in: Beyrer, Täubrich (1996), S. 78-81. **53** A. Braun (2001), S. 37. **54** Abb. bei A. Braun (2001), S. 25. **55** Karriolposten dienen der Brief- und Paketbeförderung auf Nebenlinien. Neben dem Kutscher ist auf dem einachsigen Karren Platz für einen Reisenden. H. Leclerc (1985), S. 15. **56** Henning (1996), Bd. 2, S. 543. **57** Nipperdey (1983), S. 191. **58** Karl Knies: *Die Eisenbahnen und ihre Wirkungen*, Braunschweig 1853, S. 82. **59** Maxwell G. Lay: *Die Geschichte der Straße*, Frankfurt a. M. 1994, S. 159; Horst Weigelt: *Mit Segel und Kurbel*, in: Kemper (1997), S. 130. **60** Rainer Schipporeit: *Eisenbahn unter der Erde – Die erste U-Bahn*, in: Kemper (1997), S. 161f. **61** Goerd Peschken: *Die Hochbahn*, in: Boberg, Fichter, Gillen (1984), S. 132f.; Heinz Jung, Wolfgang Kramer: *Die U-Bahn*, ebd., S. 138f. **62** Arthur Eloesser: *Die Straße meiner Jugend* (1919), Berlin 1987, S. 98. **63** Virilio (1989), S. 83. **64** König, Weber (1997), S. 201f. **65** In: *Verhandlungen des Vereins zur Beförderung des Gewerbefleißes*, Jg. 1896, S. 220; Matschoss (1987), S. 173. **66** Wilhelm Treue: *Neue Verkehrsmittel im 19. und 20. Jahrhundert. Dampf-Schiff und -Eisenbahn, Fahrrad, Automobil, Luftfahrzeuge*, in: Pohl (1989), S. 322f. **67** Kölner Zeitung v. 13. Juli 1816. **68** Henning (1996), Bd. 2, S. 209; Matschoss (1987), S. 176. **69** Die Forderungen sind zusammengefasst in der Flugschrift: *Darstellung der Lage der Segelschiffahrt auf dem Rheine und der zur Hebung derselben nothwendigen Maßregeln*, Wesel 1848; W. Herrmann (1940), S. 21. **70** König, Weber (1997), S. 142-145. **71** Edmund H. Stinnes: *Ein Genie in chaotischer Zeit*, Bern 1979, S. 10. **72** König, Weber (1997), S. 146. **73** Art. *Dampfschiffahrt*, in: Brockhaus Conversations-Lexikon, Bd. 4, Leipzig 1883, S. 827; Matschoss (1987), S. 176-179. **74** König, Weber (1997), S. 161; der amerikanische Schriftsteller John Griesemer setzt der »Great Eastern« in seinem im Jahre 2003 erschienenen Roman »Rausch« (engl. Original: »Signal and Noise«) ein Denkmal. **75** Aus: Museum für Kommunikation (2000), S. 221. **76** Francis E. Hyde: *Cunard and the North Atlantic 1840-1973*, London/Basingstoke 1975, S. 30. **77** Aus: Museum für Kommunikation (2000), S. 38f. **78** D. A. Farnie: *East and West of Suez. The Suez Canal in History 1854-1956*, Oxford 1969, S. 7-31. **79** Wilhelm Treue: *Neue Verkehrsmittel im 19. und 20. Jahrhundert*, in: Pohl (1989), S. 324. **80** König, Weber (1997), S. 152-168. **81** Heide Gerstenberger, Ulrich Welke: *Vom Wind zum Dampf. Sozialgeschichte der deutschen Handelsschiffahrt im Zeitalter der Industrialisierung*,

Münster 1996, S. 112-124. **82** Matschoss (1987), S. 178; Wilhelm Treue: *Neue Verkehrsmittel im 19. und 20. Jahrhundert,* in: Pohl (1989), S. 323f. **83** Kilian Künzi: *Telegraf,* in: Museum für Kommunikation (2000), S. 98f. **84** Art. *Dampfschiffahrt,* in: Brockhaus Conversations-Lexikon, Bd. 4, Leipzig 1883, S. 828; Hans Pieper: *In 28 Minuten von London nach Kalkutta,* in: Museum für Kommunikation (2000), S. 124f. **85** Knies (1857), S. 97. **86** Art. *Dampfschiffahrt,* in: Brockhaus Conversations-Lexikon, Bd. 4, Leipzig 1883, S. 828, 831; D. A. Farnie: *East and West of Suez. The Suez Canal in History 1854-1956,* Oxford 1969, S. 14-19. **87** Cornelius Neutsch: *Die Schiffspost,* in: Beyrer, Täubrich (1996), S. 86-95. **88** Art. *Dampfschiffahrt,* in: Brockhaus Conversations-Lexikon, Bd. 4, (1883), S. 829. **89** Schmidt (1998), S. 69. **90** Ebd., S. 71f. **91** Erschienen 1865 bzw. 1873. **92** Jürgen P. Rinderspacher, Axel Ermert: *Zeiterfahrung in der Leistungsgesellschaft,* in: Burger (1986), S. 310f. **93** Zit. nach Rainer Schipporeit: *Eisenbahn unter der Erde – Die erste U-Bahn,* in: Kemper (1997), S. 162. **94** Volker Hagedorn: *Ah, die Nerven! Das kenne ich! Das leidenschaftliche Leben des Hector Berlioz,* in: DIE ZEIT Nr. 51 v. 11. Dez. 2003, S. 46.

6. Zeit der Ströme

1 Barthold G. Niebuhr: *Geschichte des Zeitalters der Revolution,* Altona 1845, S. 54f. **2** Zit. nach ebd., S. 79. **3** Edouard Gerspach: *Histoire administrative de la télégraphie aérienne en France,* in: Annales télégraphiques 3 (1860), S. 48. **4** Kilian Künzi: *Telegraf,* in: Museum für Kommunikation (2000), S. 22f. **5** Aschoff (1974), S. 42; Glaser, Werner (1990), S. 213f. **6** Flichy (1994), S. 23-54; Herbarth (1978); Th. Karras: *Geschichte der Telegraphie,* Braunschweig 1909, S. 27-33, dort auch die weiteren Informationen zum optischen Telegrafen von Chappe. **7** Ebd., S. 26. **8** Aus: Museum für Kommunikation (2000), S. 30. **9** Herbarth (1978), S. 19. **10** Ebd., S. 90f. **11** Flichy (1994), S. 39, 42. **12** Aschoff (1974), S. 33. **13** Denkschrift über »Die Anlegung telegraphischer Linien innerhalb der Königlichen Staaten« vom Dez. 1830, zit. nach Klaus Beyrer: *Die optische Telegraphie als Beginn der modernen Telekommunikation,* in: Teuteberg, Neutsch (1998), S. 22. **14** Geoffrey Wilson: *The Old Telegraphs,* London 1976. **15** Flichy (1994), S. 78. **16** Klaus Beyrer: *Die optische Telegraphie als Beginn der modernen Telekommunikation,* in: Teuteberg, Neutsch (1998), S. 25. **17** Flichy (1994), S. 70. **18** Ebd., S. 77. **19** Karras: *Geschichte der Telegraphie,* Braunschweig 1909, S. 195-244. **20** Bernhard Puschmann: *Über den Aachener Eisenbahntelegraphen,* in: Technikgeschichte 34 (1967), S. 350-360. **21** Jay (2000), S. 295. **22** Ebd., S. 295. **23** Aus: Museum für Kommunikation (2000), S. 38. **24** Wessel (1983), S. 147. **25** Wolfgang Löser: *Die Rolle des preußischen Staates bei der Ausrüstung der Eisenbahnen mit elektrischen Telegraphen in der Mitte des 19. Jahrhunderts,* in: Jahrbuch für Wirtschaftsgeschichte 1963, S. 194-202; Josef Reindl: *Partikularstaatliche Politik und technische Dynamik: Die drahtgebundene Telegraphie und der Deutsch-Österreichische Telegraphenverein von 1850,* in: Teuteberg, Neutsch (1998), S. 29f. **26** Wessel (1983), S. 154f., 161. **27** Wessel (1983), S. 25; Weber (1901), S. 172. **28** Kilian Künzi: *Telegraf,* in: Museum für Kommunikation (2000), S. 52-66. **29** Ebd., S. 41. **30** Zit. nach Josef Reindl: *Partikularstaatliche Politik und technische Dynamik,* in: Teuteberg, Neutsch (1998), S. 27. **31** Knies (1857), S. 133. **32** Ebd., S. 135-140. **33** Ebd., S. 141. **34** Ines Zöttl: *Er wollte immer der Erste sein,* in: DIE ZEIT Nr. 21 v. 15. Mai 2003, S. 21. **35** König, Weber (1997), S. 161. **36** Artur Fürst: *Telegraphie und Telephonie,* Berlin 1923, S. 86; Kilian Künzi: *Telegraf – Kommunizieren durch den Draht,* in: Museum für Kommunikation (2000), S. 95-98. **37** Hans Pieper: *In 28 Minuten von London nach Kalkutta,* in: Museum für Kommunikation (2000), S. 162-184; König, Weber (1997), S. 219f. **38** Zit. nach Messerli (1995), S. 218. **39** Knies (1857), S. 190f. **40** Kilian Künzi: *Telegraf – Kommunizieren durch den Draht,* in: Museum für Kommunikation (2000), S. 98-101. **41** Jay (2000), S. 296. **42** Zit. nach Flichy (1994), S. 81. **43** Zit. ebd., S. 82. **44** 1866 kostet ein Telegramm zwischen Europa und Amerika im Umfang von 20 Wörtern mindestens 400 Mark, jedes weitere Wort 20 Mark zusätzlich. **45** Cornelius Neutsch: *»Erste*

Nervenstränge des Erdballs«: Interkontinentale Seekabelverbindungen vor dem Ersten Weltkrieg, in: Teuteberg, Neutsch (1998), S. 47-66. **46** Joseph Hoppe: *Die Nerven des Globus. Telegraphenkabel im 19. Jahrhundert*, in: Kultur und Technik 1996, H. 1, S. 52; Knies (1857), S. 224f.; Knies (1857), S. 184; Sax (1878), S. 270f.; Jay (2000), S. 297. **47** Jeffrey Kieve: *The Electric Telegraph. A Social and Economic History*, Newton Abbot 1973, S. 237. **48** Flichy (1994), S. 84-89. **49** Knies (1857), S. 95. **50** Josef Reindl: *Partikularstaatliche Politik und technische Dynamik*, in: Teuteberg, Neutsch (1998), S. 27-46. **51** Zit. nach Flichy (1994), S. 95. **52** Hesse (2002), S. 173f. **53** Christian Wapler: *Kommunikationsnetze*, in: Boberg, Fichter, Gillen (1984), S. 360-365. **54** Georg Steinhausen: *Geschichte des deutschen Briefes*, Berlin 1889, S. 409. **55** Hans-Christian Täubrich: *Alles auf eine Karte*, in: Beyrer, Täubrich (1996), S. 112-119; Heinrich Stephan: *Vorschlag zur Einführung der Postkarte*, Karlsruhe 1865. **56** Weber (1901), S. 239. **57** Zit. nach Kittler (1986), S. 360; dort auch weitere Überlegungen zum Telegrammstil. **58** Friedell (1983), Bd. 2, S. 1456f. **59** Knies (1857), S. 206ff. **60** Walther G. Hoffmann: *Das Wachstum der deutschen Wirtschaft seit der Mitte des 19. Jahrhunderts*, Berlin/Heidelberg/New York 1965, S. 420ff. **61** Sombart (1987), Bd. 3, S. 653. **62** Clemens Zimmermann: *Kommunikationsmedien in der ländlichen Gesellschaft. Telegraf und Telefon 1850-1930*, in: Werner Rösener (Hg.): Kommunikation in der ländlichen Gesellschaft vom Mittelalter bis zur Moderne, Göttingen 2000, S. 368. **63** John E. Kingsbury: *The Telephone and Telephone Exchanges*, New York 1972, S. 84f. **64** Erst 1923 gelingt es im Siemens-Labor in Berlin, über eine Leitung gleichzeitig sechs Telegramme mit Hilfe von sechs verschiedenen Wechselstromfrequenzen zu senden; einige Jahre später bereits zwanzig. Braun, Kaiser (1997), S. 403. **65** Zur technischen Entwicklung des Telefons bis 1913: König, Weber (1997), S. 492-510. **66** Zit. nach Flichy (1994), S. 143. **67** Gendolla (1992), S. 78. **68** Sidney H. Aronson: *Bell's electrical toy: What's the use?*, in: Ithiel de Sola Pool (Hg.): The Social Impact of the Telephone, Cambridge/Mass. 1977, S. 27f. **69** Herbert N. Casson: *The History of the Telephone*, Chicago 1910, S. 248. **70** König, Weber (1997), S. 497-499. **71** Flichy (1994), S. 159. **72** Hesse (2002), S. 187-190; Christian Wapler: *Kommunikationsnetze*, in: Boberg, Fichter, Gillen (1984), S. 366f. **73** Wolfgang Mache: *Reis-Telefon (1861/64) und Bell-Telefon (1875/77)*, in: J. Becker (1989), S. 56f. **74** Weber (1901), S. 177. **75** Horst A. Wessel: *Die Verbreitung des Telephons bis zur Gegenwart*, in: Teuteberg, Neutsch (1998), S. 69, 76; J. Becker: *Die Anfänge der Telefonie*, in: Ders. (1989), S. 69, 71. **76** Deutsche Verkehrs-Zeitung 1920, S. 216, zit. nach Ursula D. Nienhaus: *›Das Fräulein vom Amt‹ im internationalen Vergleich*, in: Gold, Koch (1993), S. 48f. **77** Helmut Gold: *›Fräulein vom Amt‹ –Eine Einführung zum Thema*, in: Gold, Koch (1993), S. 31. **78** Zit. nach Ursula Holtgrewe: *Die Arbeit der Vermittlung – Frauen am Klappenschrank*, in: J. Becker (1989), S. 119. **79** Radkau (1998), S. 230; Robert Jütte: *Geschichte der Sinne*, München 2000, S. 221f. **80** Zapp (1992), S. 110-126. **81** Flichy (1994), S. 167f.; Jean Cazenoble: *Les Origines de la télégraphie sans fil*, Paris 1981, S. 100ff. **82** Margot Fuchs: *Anfänge der drahtlosen Telegraphie im Deutschen Reich 1897-1918*, in: Teuteberg, Neutsch (1998), S. 113-131; Wessel (1983), S. 505-510. **83** Michael Friedewald: *Telefunken und der deutsche Schiffsfunk 1903-1914*, in: Zeitschrift für Unternehmensgeschichte 2001, S. 27-57. **84** Gordon R. Greb: *The golden anniversary of broadcasting*, in: Journal of Broadcasting 3 (1958/59), H. 1, S. 3-13; Erik Barnouw: *A History of Broadcasting in the United States*, Bd. 1, New York/Oxford 1966, S. 33ff.; Flichy (1994), S. 180-190. **85** Christian Wapler: *Kommunikationsnetze*, in: Boberg, Fichter, Gillen (1984), S.368f. **86** Radkau (1998), S. 173ff.; Joachim Radkau: *Die wilhelminische Ära als nervöses Zeitalter, oder: Die Nerven als Netz zwischen Tempo- und Körpergeschichte*, in: Geschichte und Gesellschaft 20 (1994), S. 211-241. **87** Zit. nach Messerli (1995), S. 220. **88** Kornig: *Umgangs-Handbuch für den Verkehr mit Nervösen*, Berlin 1893, S. 5. **89** Zit. nach Messerli (1995), S. 222. **90** P. Leubuscher, W. Bibrowitz: *Die Neurasthenie in Arbeiterkreisen*, in: Deutsche Medizinische Wochenschrift 31 (1905), Nr. 2, S. 820ff. **91** Schlote (1996), S. 24f. **92** Siehe Luhmann (1971), S. 147. **93** Schlote (1996), S. 62f. **94** Jürgen Kocka: *Arbeitsverhältnisse und Arbeiterexistenzen*, Bonn 1990, S. 481-486. **95** Niemann (2000), S. 93-133; Niemann (1995), S. 39-83. **96** Kurt Mauel: *Die Bedeutung der Dampfturbine für die Entwicklung der elektrischen Energieerzeugung*, in: Technikgeschichte 42 (1975), S. 229-242; R. H. Parsons: *The steam turbine and other inventions of Sir Charles Parsons*, Repr. London 1948; König, Weber (1997), S. 336f.   **97** Michael Nuwer: *From batch to flow. Production technology and work-force skills in the steel industry, 1880-1920*, in: Technology and Culture 29 (1988), S. 808-838; Ulrich Wengenroth: *Unternehmensstrategien und technischer Fortschritt. Die deutsche und britische Stahlindustrie 1865-1895*, Göttingen 1986; König, Weber (1997), S. 287f.   **98** König, Weber (1997), S. 69.   **99** Karl Heinz Mommertz: *Vom Bohren, Drehen, Fräsen. Geschichte der Werkzeugmaschinen*, Reinbek 1981; Grace Rogers Cooper: *The invention of the Sewing machine: Its intention and development*, 2. A., Washington, DC 1976.   **100** Hebeisen (1999), S. 57; Volker Benad-Wagenhoff: *Rationalisierung vor der Rationalisierung*, in: Technikgeschichte 56 (1989), S. 205-218.   **101** Landes (1983), S. 280f.   **102** Otto Höhne: *Geschichte der Setzmaschinen*, Leipzig 1925; Richard E. Huss: *The development of printer's mechanical typesetting methods, 1822-1925*, Charlottesville 1973; König, Weber (1997), S. 520ff.; Reinald Schröder: *Die Industrialisierung des Buchdruckgewerbes in Deutschland vor 1914*, in: Technikgeschichte 57 (1990), S. 91-110.   **103** Heinz Haberkorn: *Anfänge der Fotografie*. Reinbek 1981; Fritz Kempe: *Daguerreotypie in Deutschland*, Seebruck 1979; König, Weber (1997), S. 228f.   **104** Gronemeyer (1993), S. 106.   **105** Friedell (1983), Bd. 2, S. 1351.   **106** A. Braun (2001), S. 21ff.

7. Zeit des Sports

1 Dazu detailliert Eichberg (1978).   **2** Eichberg (1975), S. 60.   **3** Krockow (1972), S. 14.   **4** Eichberg: *Sport* (1980), S. 360f.; Eichberg (1978), S. 42; Maria Kloeren: *Sport und Rekord. Kultursoziologische Untersuchungen zum England des sechzehnten bis achtzehnten Jahrhunderts*, Münster 1985, S. 194-203.   **5** Wray Vamplew: *Horse-Racing*, in: Tony Mason (Hg.): Sport in Britain. A social history, Cambridge u. a. 1989, S. 216.   **6** Reglements für die Cavallerie und für die Dragoner vom 1. Juni 1743, zit. nach Eichberg (1978), S. 39.   **7** Hans Handler, Erich Lessing: *Die Spanische Hofreitschule zu Wien*, Wien/München/Zürich 1972, S. 110ff.   **8** Max Jähns: *Roß und Reiter in Leben und Sprache, Glauben und Geschichte der Deutschen*, Bd. 2, Leipzig 1872, S. 407-417; Eisenberg (1999), S. 162-178.   **9** Ghislaine Bouchet: *Le cheval à Paris de 1850 à 1914*, Genève 1993, S. 262-272.   **10** Eichberg: *Sport* (1980), S. 351-355.   **11** Franz Schulze: *Die Entwicklung des Segelsports in Deutschland*, Berlin 1908; Eichberg: *Sport* (1980), S. 355.   **12** Walter Schaufelberger: *Der Wettkampf in der alten Eidgenossenschaft. Zur Kulturgeschichte des Sports vom 13. bis ins 18. Jahrhundert*, Bd. 1, Bern 1972, S. 95-140; Eichberg (1978), S. 45-49.   **13** Franz Begov: *Sportgeschichte der frühen Neuzeit*, in: Ueberhorst (1980), Bd. 3/1, S. 145-164.   **14** Eichberg (1978), S. 51-53; ders. (1979), S. 100.   **15** Erich Geldbach: *Die Philanthropen als Wegbereiter moderner Leibeskultur*, in: Ueberhorst (1980), Bd. 3/1, S. 185f.; Hajo Bernett: *Johann Christoph Friedrich GutsMuths*, ebd., S. 197-214; Eichberg (1978), S. 56.   **16** Eichberg: *Zivilisation* (1980), S. 85.   **17** Eichberg (1975), S. 62.   **18** Klinge (1926), S. 310f.   **19** Ebd., S. 312; Eichberg (1975), S. 61.   **20** Eichberg (1978), S. 57-60.   **21** C. J. Luther: *Geschichte des Schnee- und Eissports*, in: Gustav Adolf Erich Bogeng (Hg.): Geschichte des Sports aller Völker und Zeiten, Bd. 2, Leipzig 1926, S. 529-545; Eichberg: *Sport* (1980), S. 367f.   **22** Ebd., S. 366f.   **23** Ebd., S. 369.   **24** Krockow (1972), S. 15; Eichberg (1979), S. 31.   **25** Mandell (1986), S. 197ff.; Eichberg (1979), S. 104.   **26** Eichberg: *Zivilisation* (1980), S. 83.   **27** Thomas Nipperdey: *Deutsche Geschichte 1866-1918*, Bd. 1, München 1990, S. 171-175.   **28** Klinge (1926), S. 330.   **29** Werner Sombart: *Deutscher Sozialismus*, Berlin-Charlottenburg 1934, S. 40.   **30** Eichberg (1978), S. 222f.   **31** Hans Joachim Teichler, Gerhard Hauk (Hg.): *Illustrierte Geschichte des Arbeitersports*, Berlin/Bonn 1987, S. 59.   **32** Virilio (1994), S. 99.   **33** Eichberg: *Sport* (1980), S. 356f.; Gronen, Lemke (1987), S. 77; Helmuth Poll: *Die Demokratisierung der Geschwindigkeit*, in: Bott (1985), S. 63.   **34** Hans Pohl: *Adam Opel. Unternehmer im Zeitalter der Industrialisierung*, Rüsselsheim 1995, S. 99-102, 119-122.   **35** Gronen, Lemke (1987), S. 175.   **36** Ebd., S. 223.   **37** Jutta Franke u. a.: *Illustrierte Fahrrad-Geschichte*, Berlin 1987,

S. 28; Eichberg: *Sport* (1980), S. 357. **38** Gronen, Lemke (1987), S. 213. **39** Merki (2002), S. 252, Anm. 173. **40** Ebd., S. 249f.; Gronen, Lemke (1987), S. 111; Möser (2002), S. 142. **41** Rolf Nürnberg: *Johnny Weissmüller und Arne Borg* (1927), in: Schütz, Vogt (1986), S. 27. **42** Hannes Küpper: *Der fliegende Fisch* (1927), in: Schütz, Vogt (1986), S. 31. **43** Gerhard Zweckbronner: *Der Kampf gegen die Uhr – Sport im Industriezeitalter,* in: Deutsche Gesellschaft für Chronometrie (2002), S. 64. **44** Musil (1999), Bd. 1, S. 45. **45** Dazu F. Becker (2000), S. 223-243. **46** Otto Pelzer: *Der Kampf um die Zehntelsekunde,* in: Carl Diem u. a. (Hg.): Stadion. Das Buch von Sport und Turnen, Gymnastik und Spiel, Berlin 1928, S. 106. **47** Johnny Weißmüller: *Mein Körper,* in: Der Querschnitt 12/1 (1932), H. 1, S. 417. **48** F. Becker (2000), S. 236ff. **49** Bienert (1992), S. 12f. **50** Erik Reger: *Union der festen Hand,* Neuaufl., Berlin 1946, S. 589.

8. Zeit der Motoren

1 Merki (2002), S. 199-214; Haubner (1998), S. 47f., 110. **2** Merki (2002), S. 214-229. **3** Allgemeine Automobil-Zeitung 1906, Nr. 1, S. 29f., zit. nach Haubner (1998), S. 77f. **4** Merki (2002), S. 247-257; Barbara Walter: *Vom »Herrenfahrer« zum »Werksfahrer«,* in: Niemann, Feldenkirchen, Hermann (2002), S. 55. **5** Zit. nach Möser (2002), S. 71. **6** Möser (2002), S. 22-26. **7** Niemann (2000), S. 146; Mercedes-Benz AG (1994), S. 67; Kruk, Lingnau (1986), S. 33. **8** Scharfe (1990), S. 229. **9** Mercedes-Benz AG (1990), S. 121. **10** Cimarosti (1973), S. 52. **11** Kirchberg (1992), S. 69. **12** Zit. nach Barthel, Lingnau (1986), S. 137. **13** Marie Holzer: *Das Automobil* (1912), zit. nach A. Braun (2001), S. 47. **14** Büttner, Feez (1937), S. 32. **15** Ebd., S. 25. **16** Peter Borscheid: *Tempo adelt,* in: Niemann, Feldenkirchen, Hermann (2002), S. 65-75. **17** Berliner Tageblatt vom 4. Jan. 1909, zit. nach Sachs (1984), S. 132. **18** Glaser (1986), S. 13. **19** Allgemeine Automobilzeitung 17 (1906), S. 33. **20** *Automobilsport und Automobilindustrie,* in: Münchner Neueste Nachrichten 1913, Nr. 366, Sonderausgabe zur Ersten Automobil-Ausstellung in München, S. 6. **21** Kirchberg (1992), S. 59. **22** Niemann (1995), S. 115-149. **23** Zit. nach Rosemann (1958), S. 30. **24** Cimarosti (1973), S. 299. **25** Niemann (1995), S. 125. **26** Haubner (1998), S. 116. **27** Nelson-Bohnalite-Kolben von Elektronmetall, in: Motor Nov. 1929. **28** Zit. nach Mercedes-Benz AG (1994), S. 127. **29** Mercedes-Benz AG (1990), S. 127ff.; Daimler-Benz AG (o.J.), S. XIII. **30** Kubisch, Rietner (1987), S. 19, 27; Kitschigin (1972). **31** Peter Kirchberg: *Die Entwicklung der Rennwagentechnik von den Anfängen bis 1939,* in: Niemann, Feldenkirchen, Hermann (2002), S. 38. **32** Neubauer (1958), S. 211. **33** Ebd., S. 211. **34** Zit. nach Schmidt-Bergmann (1993), S. 56. **35** Kubisch, Rietner (1987), S. 20. **36** Reinhold Otte: *Großkampftag auf der Avus,* in: Motor Juni 1932, S. 11. **37** Kitschigin (1972), S. 92. **38** Büttner, Feez (1937), S. 83f. **39** Kurt Möser: *Zwischen Systemopposition und Systemteilnahme: Sicherheit und Risiko im motorisierten Straßenverkehr 1890-1930,* in: Niemann, Hermann (1999), S. 164f. **40** Fack (2000), S. 333. **41** Barthel, Lingnau (1986), S. 142. **42** John Rozendaal: *Der Wind als Modelleur des Autos,* in: Motor Mai 1932, S. 13f. u. Juni 1932, S. 21-25. **43** König, Weber (1997), S. 463; Peter Borscheid: *Tempo adelt,* in: Niemann, Feldenkirchen, Hermann (2002), S. 75-78. **44** Zit. nach Rosemann (1958), S. 23. **45** Käsmann (1984), S. 15-17; *Der rote Teufel: Camille Jenatzy,* in: Mercedes-Benz Classic 1 (2003), S. 43-46; Hans Joachim Klersy: *Vor 100 Jahren: Rekordfahrt im Elektroauto,* in: Frankfurter Allgemeine Zeitung Nr. 97 v. 27. April 1999, S. T 6. **46** Kubisch (1986), S. 29. **47** Möser (2002), S. 52-66. **48** Rosemann (1958), S. 17. **49** Artur Vieregg: *Stand der Automobil-Weltrekorde an der Wende 1929/30,* in: Motor Febr. 1930, S. 32. **50** Mercedes-Benz AG (1994), S. 130; Wilfried Feldenkirchen:»Vom Guten das Beste«. Von Daimler und Benz zur DaimlerChrysler AG, Bd. 1, München 2003, S. 90f. **51** Rolf Nürnberg: *Major Segrave* (1927), in: Schütz, Vogt (1986), S. 23. **52** Virilio (1989), S. 195. **53** Zit. nach Büttner, Feez (1937), S. 101f. **54** Käsmann (1984), S. 65ff. **55** Oscar Weller: *Die neuen Angriffe auf den*

Weltrekord, in: Motor März 1929, S. 20. **56** Büttner, Feez (1937), S. 100f. **57** Rosemann (1958), S. 82f. **58** Ebd., S. 96f. **59** Murko (1994), S. 9. **60** Rosemann (1958), S. 58f. **61** Reinhold Otte: *Großkampftag auf der Avus,* in: Motor Juni 1932, S. 12. **62** Rosemann (1958), S. 91f.; Erwin Tragatsch: *Das grosse Rennfahrerbuch,* Bern/Stuttgart 1970, S. 161. **63** Oscar Weller: *Die neuen Angriffe auf den Weltrekord,* in: Motor März 1929, S. 20. **64** Paul Virilio: *Der negative Horizont,* München/Wien 1989, S. 34. **65** Gronemeyer (1993), S. 138f. **66** Richard Woldt: *Die Arbeitswelt der Technik,* Berlin 1926, zit. nach Abelshauser, Faust, Petzina (1985), S. 186f. **67** Schulze (2003), S. 93. **68** Ernst Jünger: *Der Arbeiter. Herrschaft und Gestalt,* Stuttgart 1982, S. 148. **69** Kurt Möser: *Zwischen Systemopposition und Systemteilnahme: Sicherheit und Risiko im motorisierten Straßenverkehr 1890-1930,* in: Niemann, Hermann (1999), S. 163, 166.

9. Zeit der Sicherheit

1 Dahl (1989/90), S. 171f. **2** Michael Freiherr von Pidoll: *Der heutige Automobilismus. Ein Protest und Weckruf,* Wien 1912. **3** In: Automobil-Welt August 1903, zit. nach Glaser (1986), S. 16. **4** Jugend 1904, Nr. 35, S. 715. **5** Zit. nach Glaser (1986), S. 13. **6** Filius: *Ohne Chauffeur. Ein Handbuch für Besitzer von Automobilen und Motorradfahrer,* Wien 1904, 5. erw. Aufl. 1913, S. 22f., zit. nach Fack (2000), S. 149. **7** Fack (2000), S. 439. **8** L. Baudry de Saunier: *Praktische Rathschläge für Automobilisten,* Wien/Pest/Leipzig 1902, S. 12f. **9** Allgemeine Automobil-Zeitung 1908, Nr. 17, S. 33. **10** Arps (1965), S. 486. **11** Husberg (1999), S. 329 u. 331. **12** Zatsch (1993), S. 193ff. **13** Husberg (1999), S. 330. **14** Zatsch (1993), S. 194; Möser (2002), S. 27f. **15** Zit. nach Wachtel (1970), S. 12. **16** Rudolf Kempf: *Das deutsche Chauffeurwesen,* in: Zeitschrift des Mitteleuropäischen Motorwagen-Vereins 1908, S. 192-201. **17** Benedikt von Hebenstreit: *Die Geschichte der Verkehrspsychologie,* in: Niemann, Hermann (1999), S. 40f. **18** Zit. nach Merki (2002), S. 177. **19** Zatsch (1993), S. 198. **20** Scharfe (1993), S. 150. **21** Arps (1965), S. 499. **22** Wachtel (1970), S. 8. **23** Merki (2002), S. 352f.; Möser (2002), S. 90f. **24** *Die Erziehung der Fuhrleute,* in: Allgemeine Automobil-Zeitung 1911, Nr. 34, S. 55. **25** Zit. nach Glaser (1986), S. 14f. **26** Ebd., S. 15. **27** Zit. nach Klaus Strohmeyer: *Rhythmus der Großstadt,* in: Boberg, Fichter, Gillen (1986), S. 44. **28** Hitzer (1972), S. 95f. **29** Fack (2000), S. 166. **30** Merki (2002), S. 338f. **31** Weckerle (1972), S. 50. **32** Hey (1928), S. 217. **33** G. v. Pawlowski: *Automobil-Rennen und Volkserziehung,* in: Allgemeine Automobil-Zeitung v. 7. Febr. 1900. **34** Zit. nach Sachs (1984), S. 41. **35** Über den Verkehr mit Automobilen, in: Münchener Neueste Nachrichten. Automobilistische Sonderausgabe zur Ersten Automobil-Ausstellung in München, Nr. 366 (1913), zit. nach Glaser (1986), S. 15f. **36** Hitzer (1972), S. 90. **37** Zit. nach Wolfgang Sachs: *Die automobile Gesellschaft,* in: Franz-Josef Brüggemeier, Thomas Rommelspacher (Hg.): Besiegte Natur. Geschichte der Umwelt im 19. und 20. Jahrhundert, München 1989, S. 114. **38** Fack (2000), S. 114. **39** H. Dechamps: *Ist das Motorrad oder eine andere Fahrzeugtype bestimmt ›Volksautomobil‹ zu werden?,* in: Der Motorwagen 7 (1904), S. 418, zit. nach Fack (2000), S. 191. **40** Verhandlungen des Hauses der Abgeordneten / Preußischer Landtag – Stenographische Berichte, 23. Sitzung am 10. Febr. 1914, Bd. 2, Sp. 1 828, zit. nach Fack (2000), S. 191. **41** Zit. nach Fack (2000), S. 266; siehe auch Harry Niemann: *Zum Interaktionsverhältnis Mensch – Technik innerhalb der Rahmenbedingungen von Schulung und Verrechtlichung in den Anfangsjahren des Automobilismus,* in: Harry Niemann, Armin Hermann (Hg.): Die Entwicklung der Motorisierung im Deutschen Reich und den Nachfolgestaaten, Stuttgart 1995, S. 104-145. **42** H. A. Martens: *Psychologie und Verkehrswesen,* Leipzig 1919, zit. nach Benedikt von Hebenstreit: Die Geschichte der Verkehrspsychologie, in: Niemann, Hermann (1999), S. 45. **43** Zatsch (1993), S. 370; Fack (2000), S. 234. **44** Fack (2000), S. 271. **45** Zit. nach Fack (2000), S. 300. **46** Hey (1928), S. 222. **47** Norbert Elias: *Über den Prozeß der Zivilisation,* Bd. 2, 6. Aufl., Frankfurt a. M. 1979, S. 317-319. **48** Louis-Sébastien Mercier: *Tableau de Paris. Bilder aus dem vorrevolutionären Paris* (1786), Zürich

1990, S. 358. **49** Fack (2000), S. 260. **50** Merki (2002), S. 363ff. **51** Fack (2000), S. 250. **52** Ebd., S. 213f.; Möser (2002), S. 91-9 6. **53** F. Schmidt: *Die Strasse. Ausstellung München 1934,* in: Deutsche Technik 2 (1934), S. 564. **54** *Statistisches Jahrbuch für das Deutsche Reich* 28.-35. u. 47.- 57. Jg. (1907-1914, 1928-1938). **55** B. von Lengerke: *Grundlinien zur Verminderung der Auto-Unfälle,* in: Motor Febr. 1929, S. 13. **56** Dieter Riesenberger: *Das Deutsche Rote Kreuz: eine Geschichte 1864-1990,* Paderborn u. a. 2002, S. 235-238; Fack (2000), S. 243f. **57** Heike Weishaupt: *Die Entwicklung der passiven Sicherheit im Automobilbau von den Anfängen bis 1980 unter besonderer Berücksichtigung der Daimler-Benz AG,* Bielefeld 1999, S. 25ff. **58** Zatsch (1993), S. 185-332; Merki (2002), S. 355. **59** Arps (1965), S. 495-498. **60** Borscheid (1990), S. 257. **61** Wallmann's Versicherungszeitschrift 1904/05, S. 2 161. **62** Arps (1976), S. 117-155; Borscheid (1990), S. 298-301. **63** Möser (2002), S. 41-44. **64** Motor 1927, S. 70. **65** Eduard Engler: *100 000 Kilometer am Steuer des Automobils,* Berlin/München o. J. (1907), S. 31f. **66** Scharfe (1993), S. 162. **67** Fersen (1986), S. 400-412; Peter Kirchberg: *Die Entwicklung der Rennwagentechnik von den Anfängen bis 1939,* in: Niemann, Feldenkirchen, Hermann (2002), S. 39. **68** Julius Bierbaum: *Eine empfindsame Reise im Automobil,* Berlin 1903, S. 98 u. 108. **69** Fersen (1986), S. 400f. **70** Hans Jürgen Sproß: *Verkehrssicherheit im Spiegel der Werbung,* in: Niemann, Hermann (1999), S. 84. **71** Merki (2002), S. 323f.; Möser (2002), S. 45f. **72** B. von Lengerke: *Grundlinien zur Verminderung der Auto-Unfälle,* in: Motor Febr. 1929, S. 13ff. **73** Fack (2000), S. 81f.; 128f.; Konrad von Kirchbach: *Der Einfluss des Kraftfahrzeugs auf die Gestaltung der Straße,* in: Niemann, Hermann (1999), S. 212-217. **74** K. Rothenburg: *Das Anhalten des Kraftfahrzeuges auf kürzeste Entfernung,* in: Motor April 1930, S. 41. **75** Le Corbusier (1929), S. IX, 10, 156, S. 137. **76** Hey (1928), S. 218. **77** Le Corbusier (1929), S. 137. **78** Zit. nach ebd., S. 157. **79** Ebd., S. 179. **80** Hermann Hesse: *Der Steppenwolf* (1927), München 1963, S. 150f. **81** Frankfurter Zeitung, Nr. 147 vom 24. Febr.1931, zit. nach Abelshauser, Faust, Petzina (1985), S. 191.

10. Zeit der Kriegsmaschinen

1 Schmiedecke: *Die Verkehrsmittel im Kriege,* 2. Aufl., Berlin 1911; Dietmar Kamper: *Zeitopfer: Vom ewigen Kalender zum Alltag der Termine,* in: Kamper, Wulf (1987), S. 260. **2** Walter Oertel: *Der Motor in Kriegsdiensten,* Leipzig 1906, S. 5f. **3** Linnenkohl (1990), S. 11-32. **4** Ebd., S. 56-80. **5** Bernhardi (1912), S. 256, 240. **6** Eksteins (1990), S. 143f., 155; zit. nach Peter Knoch: *Erleben und Nacherleben,* in: Gerhard Hirschfeld, Gerd Krumeich, Irina Renz (Hg.): »Keiner fühlt sich hier mehr als Mensch ...«, Frankfurt a. M 1996, S. 238. **7** Georg von Viebahn: *Der Herbstfeldzug 1914,* in: Wissen und Wehr 10(1929), S. 612; Möser (2002), S. 127. **8** Abb. bei Bernd Hüppauf: *Schlachtenmythen und die Konstruktion des »Neuen Menschen«,* in: Gerhard Hirschfeld, Gerd Krumeich, Irina Renz (Hg.): »Keiner fühlt sich hier mehr als Mensch ...«, Frankfurt a. M. 1996, S. 85. **9** Zit. nach Friedrich Kittler: *Im Telegrammstil,* in: Hans Ulrich Gumbrecht, K. Ludwig Pfeiffer (Hg.): Stil, Frankfurt a. M. 1986, S. 359. **10** Alfred Graf Schlieffen: *Der Krieg in der Gegenwart,* in: Gesammelte Schriften, Bd. 1, Berlin 1913, S. 17. **11** Theodor Fontane: *Der deutsche Krieg von 1866,* Berlin 1870, ND Düsseldorf/Köln 1979, Bd. 1, S. 610-622. **12** Storz (1992), S. 276. **13** Ebd., S. 269. **14** Bernhardi (1912), S. 482. **15** Virilio (1989), S. 102f. **16** In: Beiheft zum Militär-Wochenblatt 1909, H. 4/5, S. 167f. **17** Storz (1992), S. 275-278. **18** Keegan (2000), S. 116-125; Zu den Uniformen der europäischen Armeen: Storz (1992), S. 285-293. **19** German Werth: *1916, Schlachtfeld Verdun,* Berlin 1994, S. 71f. **20** Hermann Balck: *Ordnung im Chaos. Erinnerungen 1893-1948,* Osnabrück 1980, S. 21. **21** Von Reichenau: *Die wachsende Feuerkraft und ihr Einfluss auf Taktik, Heerwesen und nationale Erziehung,* Berlin 1904, S. 14. **22** Zit. nach Keegan (2000), S. 131. **23** Werner Beumelburg (Bearb.): *Ypern 1914,* Berlin 1926, S. 9. **24** Linnenkohl (1990), S. 41. **25** Keegan (2000), S. 234. **26** Ebd., S. 286f. **27** Linnenkohl (1990), S. 15-32; Braun, Kaiser (1997), Bd. 5, S. 194f. **28** Ernst Jünger: *In*

Stahlgewittern, 14. Aufl., Berlin 1934, S. 82f. **29** Wilhelm Lamszus: *Das Menschenschlacht-haus*, Hamburg/Berlin 1912, S. 94f. **30** Ferguson (1999), S. 281f.; Eksteins (1990), S. 223. **31** Keegan (2000), S. 400-417, 510; Werner Beumelburg: *Flandern 1917*, Berlin 1928, S. 147. **32** Werner Beumelburg (Bearb.): *Ypern 1914*, Berlin 1926, S. 68. **33** Schwarte (1920), S. 23-33. **34** Werner Beumelburg (Bearb.): *Ypern 1914*, Berlin 1926, S. 190f. **35** Kurt Tucholsky: *Vor Verdun*, in: Die Weltbühne Nr. 32 v. 7. Aug. 1924, zit. nach German Werth: *1916, Schlachtfeld Verdun*, Berlin 1994, S. 87. **36** Ernst Jünger: *In Stahlgewittern*, 14. Aufl., Berlin 1934, S. IX. **37** Geyer (1984), S. 100f. **38** Wilhelm Lamszus: *Das Menschenschlachthaus*, Hamburg/Berlin 1912, S. 19f. **39** F. W. A. Hobart: *Das Maschinengewehr*, Stuttgart 1973, S. 135f. **40** Ferguson (1999), S. 278f. **41** Von Löbell's Jahresberichte über das Heer- und Kriegswesen 38 (1911), S. 358; zu den Tanks siehe: Möser (2002), S. 132-136. **42** Ferguson (1999), S. 287; Keegan (2000), S. 274-278. **43** Keegan (2000), S. 38; Schwarte (1920), S. 262-271. **44** Schniewindt: *Die Nachrichtenverbindungen zwischen den Kommandobehör-den während des Bewegungskrieges 1914*, in: Wissen und Wehr 10 (1929), H. 3, S. 129-152. **45** Keegan (2000), S. 130-135. **46** Ferro (1988), S. 173f. **47** Bertolt Brecht: *Der Flug der Lindberghs*, zit. nach Siegfried (2001), S. 84f. **48** Wagner (1989), S. 110-142; Horst Boog: *Strategischer Luftkrieg in Europa*, in: Militärgeschichtliches Forschungsamt (2001); Bd. 7, S. 302-312. **49** Zu den Strategien und Folgen des Luftkrieges: Friedrich (2002). **50** Ebd., S. 61, 68. **51** Zit. nach ebd., S 81. **52** Ebd., S. 111-115, 193f.; Hans-Ulrich Wehler: *Deutsche Gesellschaftsgeschichte*, Bd. 4: 1914-1949, München 2003, S. 931-933. **53** Ernst Jünger: *Das Wäldchen 125*, 4. Aufl., Berlin 1929, S. 80, 78f., 77. **54** Ernst Bloch: *Die Angst des Ingenieurs*, in: Gesamtausgabe, Bd. 9: Literarische Aufsätze, Frankfurt a. M. 1985. S. 353. **55** Horst Boog: *Strategischer Luftkrieg in Europa*, in: Militärgeschichtliches Forschungsamt (2001), Bd. 7, S. 398-404; Weinberg (1995), S. 602ff.

11. Zeit der Rationalisierung

1 Delabar (2002), S. 72. **2** Erich Kästner: *Emil und die Detektive* (1928), in: Ders.: Gesammelte Schriften, Bd. 6, Köln 1959, S. 203. **3** Walter Benjamin: *Der Erzähler*, in: Ders.: Gesammelte Schriften, hg. von R. Tiedemann, H. Schweppenhäuser, Bd. II/2, Frankfurt a. M. 1991, S. 439. **4** Radkau (1989), S. 226. **5** Henning Rogge: *Die Fabrik wird zur Maschine*, in: Boberg, Fichter, Gillen (1984), S. 324-331; Werner Siebel: *Fabrikarbeit und Rationalisierung*, ebd., S. 315f. **6** Alois Riedler: *Schnellbetrieb, Erhöhung der Geschwindigkeit und Wirtschaftlichkeit der Maschinenbetriebe*, Berlin 1899, S. X. **7** Frederick W. Taylor: *The Principles of Scientific Management*, New York 1911. **8** Hughes (1991), S. 193; Hebeisen (1999), S. 16-37; Troitzsch, Weber (1987), S. 399ff.; Daniel Nelson: *Frederick W. Taylor and the Rise of Scientific Management*, Madison/London 1980. **9** Hebeisen (1999), S. 44-49. **10** Ebd., S. 57f. **11** Robert Kanigel: *The one best way*, New York 1997. **12** Taylor (1917), S. 11. **13** Walther Moede: *Arbeitstechnik*, Stuttgart 1935, S. 9. **14** Taylor (1917), S. 126f. **15** Rinderspacher (1985), S. 59. **16** Taylor (1917), S. 48f. **17** Gottl-Ottlilienfeld (1926), S. 8, 10. **18** Taylor (1917), S. XII. **19** Hebeisen (1999), S. 130-135. **20** Zit. nach Hughes (1991), S. 202. **21** Der Arbeitgeber, Nr. 9 (1913), S. 104f., zit. nach Abelshauser, Faust, Petzina (1985), S. 32. **22** Burchardt (1977), S. 57; Troitzsch, Weber (1987), S. 400. **23** Giedion (1982), S. 120-127; Rüdiger Seltz: *Menschenökonomie*, in: Deutsche Gesellschaft für Chronometrie (2002), S. 56ff. **24** Taylor (1917), S. 81. **25** Homburg (1991), S. 295f. **26** Walther Moede: *Arbeitstechnik*, Stuttgart 1935, S. 11. **27** König, Weber (1997), S. 427-441. **28** Spur (1993), S. 44; Troitzsch, Weber (1987), S. 404ff.; Rüdiger Seltz: *»Laboratorien der Moderne«: Psychotechnik und »Rationelle Menschenwirtschaft«*, in: Landesmuseum für Technik und Arbeit in Mannheim (Hg.): Tanz auf dem Vulkan. Die goldenen 20er in Bildern, Szenen und Objekten, Begleitheft Normierung 1, Mannheim 1995, S. 11-20. **29** Otto Bauer: *Kapitalismus und Sozialismus nach dem Weltkrieg*, Wien 1931, S. 79f. **30** Franz Söllheim: *Taylorsystem für Deutschland*, München/Berlin 1922, S. 22, zit. nach Erker (1996), S. 144; Ewald Sachsenberg: *Der Mensch in der Fabrik,* in: Zeitschrift des Vereines Deutscher Ingenieure 70 (1926), S. 556-562. **31** Borscheid (2001), S. 26f.; Braun, Kaiser (1997), S. 52-60. **32** Lüddecke (1925), S. 21f. **33** Max Rössiger: *Der Angestellte um 1930,* Berlin 1930, S. 80. **34** Jaun (1986), S. 68, 86ff.,195, 230. **35** Ebd., S. 264. **36** Zit. nach Wendorff (1980), S. 565f. **37** Erker (1996), S. 144-147. **38** Radkau (1989), S. 225; Homburg (1991), S. 459f., 464. **39** Volker Benad-Wagenhoff: *Rationalisierung vor der Rationalisierung,* in: Technikgeschichte 56 (1989), S. 205-218. **40** A. Wallichs: *Fabrikorganisation und Werkzeugmaschine,* in: Zeitschrift des Vereins Deutscher Ingenieure 69 (1925), S. 222. **41** Giedion (1982), S. 103-110. **42** Ebd., S. 114-120. **43** Hughes (1991), S. 209f.; Möser (2002), S. 157; Henry Ford: *My Life and Work,* Leipzig 1926, S. 50; Barbara Mettler-v. Meibom: *Geduld oder das Wissen um das richtige Zeit-Maß,* in: Heidelberger Club (1999), S. 166f. **44** Geyer (1984), S. 165. **45** Giedion (1982), S. 140ff.; Hounshell (1984), S. 217-261. **46** Ford (1926), S. 143, 150, 155; Troitzsch, Weber (1987), S. 401ff. **47** Spur (1993), S. 50; Hounshell (1984), S. 224. **48** Georg Schlesinger: *Neue Wege zum Fabrikationserfolg,* in: Zeitschrift des Vereins Deutscher Ingenieure 69 (1925), S. 270. **49** O. Moog: *Drüben steht Amerika ... Gedanken nach einer Ingenieurreise durch die Vereinigten Staaten,* 3. Aufl., Braunschweig 1927, S. 85, 118, zit. nach Radkau (1989), S. 272; siehe auch Frank Mäckbach: *Produktionsbeschleunigung,* in: Zeitschrift des Vereines Deutscher Ingenieure 70 (1926), S. 569-571. **50** Gottl-Ottlilienfeld (1926), S. 13. **51** Zit. nach Möser (2002), S. 164. **52** Riebensahm (1925), S. 21. **53** Ebd., S. 19. **54** Castells (2003), Bd. 1, S. 487f. **55** Egon Erwin Kisch: *Bei Ford in Detroit,* in: Ders.: Gesammelte Werke IV, Berlin 1962, S. 270f. **56** Karl Grünberg: *Ford Motor Company,* in: Mit der Zeitlupe durch die Weimarer Republik, Berlin 1960, zit. nach Abelshauser, Faust, Petzina (1985), S. 48. **57** Erik Reger: *Union der festen Hand,* Neuaufl., Berlin 1946, S. 475, 482. **58** Kurt Huhn: *Der Kalkulator,* in: Die Linkskurve, Berlin 1930, Nr. 4, zit. nach Friedrich G. Kürbisch (Hg.): *Dieses Land schläft einen unruhigen Schlaf. Sozialreportagen 1918-45,* Bonn 1981, S. 111-113. **59** Braun, Kaiser (1997), S. 22-26; Peter Borscheid: *Vom Ersten zum Zweiten Weltkrieg,* in: Wilhelm Kohl (Hg): Westfälische Geschichte, Bd. 3: Das 19. und 20. Jahrhundert. Wirtschaft und Gesellschaft, Düsseldorf 1984, S. 355f.; Radkau (1989), S. 230; Burghardt (1990), S. 27-37; Helmuth Trischler: *Arbeitsunfälle und Berufskrankheiten im Bergbau 1851 bis 1945,* in: Archiv für Sozialgeschichte 28 (1988), S. 128-134. **60** Radkau (1989), S. 227. **61** König, Weber (1997), S. 482-487. **62** K. Sender: *Amerikanische Bureauorganisation,* Zürich 1921; Otto Goebel: *Taylorismus in der Verwaltung,* Hannover 1925; Reichskuratorium für Wirtschaftlichkeit (Hg.): *Handbuch der Rationalisierung,* Berlin/Wien 1930, S. 640f. **63** Otto Hummel: *Neuzeitliche Bürowirtschaft,* Berlin/Leipzig 1930, zit. nach Abelshauser, Faust, Petzina (1985), S. 79; Walter Portmann: *Karteikunde,* Stuttgart 1928; Franz Lerner: *Vom Gänsekiel bis zum Büroterminal,* Frankfurt a. M. 1982. **64** Borscheid (1990), S. 156f. **65** König, Weber (1997), S. 487-492; Karl Rowaldt: *Neuzeitliche Büroeinrichtung,* in: Das Bürohaus 1(1924), S. 49; Klaus Strohmeyer: *Rhythmus der Großstadt,* in: Boberg, Fichter, Gillen (1986), S. 36. **66** Eduard Hanftmann: *Organisation und rationelle Arbeitsmethoden in kaufmännischen Betrieben,* Diss. Chemnitz 1927, S. 27. **67** Theo Pirker: *Büro und Maschine. Zur Geschichte und Soziologie der Mechanisierung der Büroarbeit,* Basel/Tübingen 1962, S. 57ff.; Johannes Willers: *Das Nachrichtenwesen,* in: Bott (1985), S. 83. **68** Karl Rohwaldt: *Neuzeitliche Büroorganisation,* in: Das Bürohaus 1 (1924), S. 50. **69** Irene Margarete Witte: *Amerikanische Büroorganisation,* 2. Aufl., München/Berlin 1926, S. 19, 24f. **70** Levine (1997), S. 110f. **71** Dr. Bode: *Der Beruf der Stenotypistin,* in: Jahrbuch der Frauenarbeit 6 (1930), S. 70ff. **72** Annette Koch: *Die weiblichen Angestellten in der Weimarer Republik,* in: Gold, Koch (1993), S. 169. **73** Heike Pauschardt: *Rationalisierung – Optimierung,* in: Beyrer, Täubrich (1996), S. 122f., 125. **74** Schlote (1996), S. 143. **75** Burchardt (1977), S. 60. **76** Schlegel-Matthies (1995), S. 186-191. **77** Christine Frederick: *Housekeeping with Efficiency,* New York 1913, Vorwort. **78** Hermand, Trommler (1988), S. 49-64. **79** Carola Sachse: *Anfänge der Rationalisierung der Hausarbeit in der Weimarer Republik,* in: Orland (1990), S. 51ff. **80** Zit. nach Hiltraud Schmidt-Waldherr: *Rationalisierung der Hausarbeit in den zwanziger Jahren,* in: Tornieporth (1988), S. 35. **81** Claire Richter: *Das Ökonomiat,* Berlin 1919, S. 28; Erich Scheurmann: *Los vom Haushalt!* Buchenbach in

Baden (o. J.), S. 4. **82** Agnes von Zahn-Harnack: *Die arbeitende Frau*, Breslau 1924, S. 89. **83** Gretha Bielefeld: *Die Mechanisierung des Haushalts und ihre volkswirtschaftliche Bedeutung*, Langensalza 1930, S. 9. **84** Frederick (1922), S. 44, 41. **85** Borscheid (1997), S. 14ff. **86** Martha Bode: *Rationelle Hauswirtschaft*, Berlin 1927, S. 5. **87** Commission des Verbandes »Arbeiterwohl« (Hg.): *Das häusliche Glück*, 11. Aufl., Mönchen-Gladbach/Leipzig 1882, S. 5-20. **88** Fritz Giese: Art. *Rationalisierung*, in: Handwörterbuch der Arbeitswissenschaft 1930, Sp. 3620. **89** Willi Wygodzinski: *Die Hausfrau und die Volkswirtschaft*, Tübingen 1916, S. 27; Heinz Potthoff: *Die Bedeutung des Haushalts in der Volkswirtschaft*, Berlin 1921, S. 14f. **90** Schlegel-Matthies (1995), S. 174-186; Margarethe Weinberg: *Die Ausnutzung der menschlichen Arbeitskraft (Taylor-System) in der Hauswirtschaft*, in: Frauenwirtschaft 8 (1917), H. 3, S. 49-53, zit. nach Borscheid (1997), S. 127f.; Methfessel (1992), S. 39-47. **91** Frederick (1922), S. IV. **92** Meyer (1928), S. 28. **93** Frederick (1922), S. 2f., 6. **94** Borscheid (1997), S. 110-117. **95** Hedwig Heyl: *Hauswirtschaft*, Dessau 1927, S. 9. **96** Borscheid (1997), S. 187f. **97** Schlegel-Matthies (1995), S. 155-173. **98** Taut (1924), S. 95 ; siehe auch Erna Meyer : *Die Elemente des Küchengrundrisses*, in : Hauswirtschaftliche Jahrbücher 3 (1930), S. 33-47. **99** Bettina Zöller-Stock: *Der Innenraum im Werk Bruno Tauts*, in: Nerdinger, Hartmann (2001), S. 232. **100** Walter Dexel: *Vom Wohnen und vom Bauen* (1926), in: Dexel (1976), S. 78ff. **101** Taut (1924), S. 32f., 61. **102** Meyer (1928), S. 71ff.; Methfessel (1992), S. 37f. **103** Walter Dexel: *Die Wohnung* (1927), in: Dexel (1976), S. 116. **104** Zit. nach Joachim Krausse: *Die Frankfurter Küche*, in: Oikos (1992), S. 105. **105** Ebd., S. 123ff., Meyer (1928), S. 102, 109, 114f. **106** Orland (1983), S. 244. **107** Joachim Krausse: *Die Frankfurter Küche*, in: Oikos (1992), S. 103. **108** Taut (1924), S. 67f. **109** Block (1928), S. 90f. **110** Erna Meyer: *Die Wohnung als Arbeitsstätte der Hausfrau*, in: Block (1928), S. 164. **111** Siegfried (2001), S. 275-281. **112** Hausen (1987), S. 276f. **113** Orland (1990), S. 84-91; Borscheid (1997), S. 171-178; Giedion (1982), S. 595-643. **114** Als zeitgenössischer Bericht: Alois Döring, Heidi Gansohr-Meinel: *Wäschewaschen im Rheinland - Ergebnisse einer Bestandsaufnahme*, in: Die große Wäsche (1988), S. 16. **115** Orland (1991), S. 143-149. **116** Ernst Primosch, Wolfgang Zengerling (Hg.): *125 Jahre Henkel*, Düsseldorf 2001, S. 17, 26; Hausen (1987), S. 292f. **117** VP-Schickedanz AG (Hg.): *Tempo – 60 Jahre. Die Geschichte einer bahnbrechenden Idee*, Nürnberg 1989, S. 12. **118** *Waschmaschinen für den Haushalt*, in: Hauswirtschaftliche Jahrbücher 3 (1930), S. 64; Giedion (1982), S. 608-625; Hausen (1987), S. 295f. **119** Radkau (1989), S. 134f.; Teuteberg (1989), S. 12-21. **120** Teuteberg (1989), S. 51-78. **121** Hartmut Vinçon (Hg.): Frank Wedekinds Maggi-Zeit, Darmstadt 1992, S. 75. **122** Atina Grossmann: *Eine ›neue Frau‹ im Deutschland der Weimarer Republik?*, in: Gold, Koch (1993), S. 158. **123** Zit. nach Messerli (1995), S. 184f. **124** Deutscher Textilbeiterverband (Hg.): *Mein Arbeitstag, mein Wochenende*, Berlin 1930, S. 80-154; Atina Grossmann: *Eine ›neue Frau‹ im Deutschland der Weimarer Republik?*, in: Gold, Koch (1993), S. 153-156. **125** Carola Sachse: *Anfänge der Rationalisierung der Hausarbeit in der Weimarer Republik*, in: Orland (1990), S. 56. **126** Margarete-Maria Prowe-Bachus: *Auswirkungen der Technisierung im Familienhaushalt*, Diss. Köln 1933, S. 19. **127** König (2000), S. 174f.; Cornelia Kemp, Ulrike Gierlinger (Hg.): *Wenn der Groschen fällt ... Münzautomaten – gestern und heute*, München 1988, S. 18-20. **128** Zit. nach Schmidt-Bergmann (1993), S. 206. **129** Karl Grünberg: *Ford Motor Company*, in: Mit der Zeitlupe durch die Weimarer Republik, Berlin 1960, zit. nach Abelshauser, Faust, Petzina (1985), S. 48. **130** Alexander v. Gleichen-Rußwurm: *Der Werdegang der Zigarette*, in: Garbáty (1914), S. 5. **131** Felix Poppenberg: *Allerlei von der Zigarette*, in: Garbáty (1914), S. 16. **132** Arno Arndt: *Sport und Zigarette*, in: Garbáty (1914), S. 101. **133** Radkau (1989), S. 235; Carl Hausberg: *Die deutsche Zigaretten-Industrie und die Entwicklung zum Reemtsma-Konzern*, Würzburg-Aumühle 1938, S. 22-24; Klaus Strohmeyer: *Rhythmus der Großstadt*, in: Boberg, Fichter, Gillen (1986), S. 46. **134** Zit. nach Gerd Kuhn: *Urbanisierung, Mobilität, Kommunikation*, in: Beyrer, Täubrich (1996), S. 107. **135** Wilhelm Erb: *Über die wachsende Nervosität unserer Zeit* (1893); Willy Hellpach: *Mensch und Volk der Großstadt*, 2. Aufl., Stuttgart 1952, S. 71. **136** Robert Jütte: *Geschichte der Sinne*, München 2000, S. 201. **137** Robert Musil: *Geschwindigkeit ist eine Hexerei*, in: Vossische Zeitung vom Mai 1927, zit.

nach Bienert (1992); S. 87. **138** Fred Hildenbrandt: *Vom Tempo dieser Zeit* (1928), in: Schütz, Vogt (1986), S. 16f. **139** Ernst Jünger: *Der Arbeiter,* 2. Aufl., Hamburg 1932, S. 95. **140** Bienert (1992), S. 72f.

12. Zeit der Künstler

1 Hermann Kesser: *Potsdamer Platz,* in: Die neue Rundschau 40(1929), S. 400, zit. nach Bienert (1992), S. 64. **2** A. Braun (2001), S. 71f. **3** Friedell (1983), Bd. 2, S. 1331. **4** A. Braun (2001), S. 90-92; Held, Schneider (1993), S. 370-372; Kondylis (1991), S. 93f.; Wendorff (1980), S. 437. **5** Ulrich Schulze: *Lust zum Untergang,* in: Bußmann (1992), S. 27. **6** Filippo Tommaso Marinetti: *La nuova religione-morale della velocità* (1916), in: Ders.: *Teoria e invenzione futurista,* Milano 1983, S. 130-138, zit. nach Schmidt-Bergmann (1993), S. 201-206. **7** Carl Einstein: *Werke,* hg. v. Hermann Haarmann, Klaus Siebenhaar, Bd. 4, Berlin 1992, S. 490. **8** Mario Morasso: *La nuova arma* (1905), zit. nach Claudia Salaris: *Bedeutende Aspekte und Vertreter in der Entwicklung der Literatur und der dichterischen Visualisierung des Futurismus zwischen 1909 und 1944,* in: Bartsch, Scudiero (2002), S. 91. **9** Filippo Tommaso Marinetti: *Manifest des Futurismus* (1909), in: Schmidt-Bergmann (1993), S. 75-80. **10** Schmidt-Bergmann (1993), S. 34. **11** Schmidt-Bergmann (1993), S. 97. **12** Giovanni Lista: *Was ist Futurismus?,* in: Bartsch, Scudiero (2002), S. 32f. **13** Abdruck bei Schmidt-Bergmann (1993), S. 307. **14** Umberto Boccioni: *Warum wir keine Impressionisten sind* (1914), zit. nach Apollonio (1972), S. 220. **15** Baumgarth (1966), S. 53, 70. **16** Carlo Carrà: *Die Malerei der Töne, Geräusche und Gerüche,* vom 11. Aug. 1913, zit. nach Baumgarth (1966), S. 185. **17** Zit. nach Baumgarth (1966), S. 209. **18** Enrico Prampolini, Ivo Pannaggi, Vinicio Paladini: *Die mechanische Kunst* (1922), zit. nach Baumgart (1966), S. 222. **19** A. Braun (2001), S. 104f. **20** Herbert Molderings: *Film, Photographie und ihr Einfluss auf die Malerei in Paris um 1910,* in: Wallraf-Richartz-Jahrbuch 37 (1975), S. 247-286. **21** Zit. nach Baumgarth (1966), S. 80f. **22** Baumgarth (1966), S. 207 ; Apollonio (1972), S. 227. **23** Anne Baldassari: *Du commerce des signes,* in: Centre Georges Pompidou (1990), S. 45f. **24** Hermand, Trommler (1988), S. 360-368. **25** Giedion (1982), S. 126-138. **26** Hermand, Trommler (1988), S. 390-398; Hughes (1991), S. 349-354. **27** Prampolini, Pannaggi, Paladini: *L'Arte meccanica,* in: Noi 2 (1922), S. 1f., zit. nach Bartsch, Scudiero (2002), S. 44. **28** Maurizio Scudiero: *Die Metamorphosen des Futurismus, von der futuristischen Rekonstruktion des Universums zur mechanischen Kunst,* in: Bartsch, Scudiero (2002), S. 24f.; Gudrun Escher: *Aeropittura – Arte Sacra Futurista,* ebd., S. 49. **29** Geißler: *Vom Tempo* (1999), S. 159f. **30** Kondylis (1991), S. 104-107. **31** Umberto Boccioni: *Die futuristische Bildhauerkunst* (1912), zit. nach Baumgarth (1966), S. 194-200. **32** Giedion (1982), S. 127-131. **33** Aurel Schmidt: *Von Raum zu Raum,* Berlin 1998, S. 73. **34** Württembergischer Kunstverein (1976), S. 14-29; Hilmar Hoffmann, Martin Loiperdinger: *Wilhelminisches Kino,* in: Hoffmann, Klotz (1993a), S. 163; A. Braun (2001), S. 98f.; Rossell (2001), S. 45. **35** Centre Georges Pompidou (1977), S. 25-36. **36** Rossell (2001), S. 47. **37** Ebd., S. 48-117. **38** Michel Baudson: *Von der kinematischen Darstellung zur vierten Dimension,* in: Baudson (1985), S. 166. **39** Zit. nach Virilio (1992), S. 104. **40** A. Braun (2001), S. 102. **41** Béla Balázs: *Skizzen zu einer Dramaturgie des Films* (1924), ND in: Wolfgang Gersch, Magda Nagy (Hg.): *Béla Balázs Schriften zum Film,* Bd. 1, München/Budapest 1982, S. 113; Flichy (1994), S. 131-136. **42** Hilmar Hoffmann, Martin Loiperdinger: *Wilhelminisches Kino,* in: Hoffmann, Klotz (1993a), S. 167ff.; A. Braun (2001), S. 106f. **43** Ferdinand Hardekopf: *Der Kinematograph* (1910), zit. nach Segeberg (1997), S. 267. **44** Kondylis (1991), S. 124ff.; Knut Hickethier: *Beschleunigte Wahrnehmung,* in: Boberg, Fichter, Gillen (1986), S. 148f.; Glaser (1981), S. 148-152; Wendorff (1980), S. 439. **45** Julius Hart: *Schaulust und Kunst,* in: Die Woche 15 (1913), zit. nach Jörg Schweinitz (Hg.): *Prolog vor dem Film. Nachdenken über ein neues Medium 1909-1914,* Leipzig 1992, S. 253. **46** In: The Motorist (1906). **47** Hilmar Hoff-

mann, Martin Loiperdinger: *Wilhelminisches Kino,* in: Hoffmann, Klotz (1993a), S. 172-178.
48 Abdruck bei Bienert (1992), S. 95. **49** Siegfried Kracauer: *Wir schaffens,* in: Frankfurter
Zeitung v. 17. Nov. 1927, zit. nach Bienert (1992), S. 94. **50** Helmut H. Diederichs, Wolfgang Gersch (Hg.): *Béla Balázs Schriften zum Film,* Bd. 2, Budapest/München 1984, S. 90.
51 Kondylis (1991), S. 195. **52** Lamberty (2000), S. 191, 194. **53** Julius Klinger: *Plakate
und Inserate,* in: Die Kunst in Industrie und Handel. Jahrbuch des Deutschen Werkbundes, Jena 1913, S. 110-112. **54** *Erfahrungssätze für Plakat-Künstler und Besteller,* Berlin 1908.
55 Klaus Strohmeyer: *Rhythmus der Großstadt,* in: Boberg, Fichter, Gillen (1986), S. 41ff.
56 Hugo Münsterberg: *Psychologie und Wirtschaftsleben,* Leipzig 1912, S. 144. **57** Jürgen
Krause: *Reklame-Kultur,* in: Bußmann (1992); S. 189f.; Bruno Volger: *Die Kunst der Reklame,*
Leipzig 1901, S. 123; Ernst Growald: *Der Plakat-Spiegel,* Berlin 1904, S. 12, 22; Dirk Rein-
hardt: *Von der Reklame zum Marketing,* Berlin 1993, S. 88. **58** Paul Mahlberg: *Vom Plakat
als Erzieher des Kunstsinns,* in: Deutsche Kunst und Dekoration, Jg. 1913, S. 200. **59** Dirk
Reinhardt: *Vom Intelligenzblatt zum Satellitenfernsehen,* in: Borscheid, Wischermann (1995),
S. 50. **60** Abb. bei Jürgen Krause: *Reklame-Kultur,* in: Bußmann (1992), S. 111, 120. **61**
Abb. ebd., S. 194, 109. **62** Siehe Angela Zatsch: *Reich, schnell, mobil. Automobilwerbung zu
Beginn des 20. Jahrhunderts,* in: Borscheid, Wischermann (1995), S. 282-293. **63** Gabriella
Belli: *Un précurseur du graphisme publicitaire moderne: Fortunato Depero,* in: Centre Geor-
ges Pompidou (1990), S. 167, 177, 291. **64** Hartmut Probst, Christian Schädlich (Hg.): *Walter
Gropius. Ausgewählte Schriften,* Berlin 1988, S. 62. **65** Walter Dexel: *Reklame im Stadtbilde*
(1927), in: Dexel (1976), S. 122, 124. **66** Laszlo Moholy-Nagy: *Zeitgemäße Typographie,* in:
Offset, Buch und Werbekunst 7 (1926), zit. nach Wingler (1968), S. 95; ders.: *Malerei, Fotografie, Film* (1927), ND Mainz 1967. **67** Walter Dexel: *Was ist neue Typographie?,* in: Dexel
(1976), S. 130. **68** Lothar Lang: *Das Bauhaus 1919-1933,* Berlin 1965, S. 104-109; Heinrich
Klotz: *Das »Neue Bauen«,* in: Hoffmann, Klotz (1993b), S. 151. **69** Wingler (1968), S. 427.
70 S. 175, zit. nach Hermand, Trommler (1988), S. 406, dazu S. 404-407. **71** Agde (1998),
S. 56f. **72** Lamberty (2000), S. 214-223. **73** Agde (1998), S. 32, 90. **74** Zit. nach Segeberg
(1997), S. 239. **75** Otto Julius Bierbaum: *Empfindsame Reise im Automobil,* Berlin 1903,
S. 1, 8. **76** Zit. nach Friedell (1983), Bd. 2, S. 1457. **77** Segeberg (1997), S. 225. **78** Filippo Tommaso Marinetti: *Zerstörung des Syntax. Drahtlose Phantasie. Befreite Worte* (1913),
zit. nach Schmidt-Bergmann (1993), S. 213. **79** Filippo Tommaso Marinetti: *Anhang des
Supplements zum technischen Manifest der Futuristischen Literatur,* zit. nach Baumgarth
(1966), S. 250. **80** Alfred Döblin: *Futuristische Worttechnik,* in: Ders.: Aufsätze zur Literatur, Olten/Freiburg i. Br. 1963, S. 13. **81** Siehe Schmidt-Bergmann (1993), S. 258f. **82** Ulrich Schulze: *Lust zum Untergang,* in: Bußmann (1992), S. 36f. **83** Musil (1999), Bd. 1, S. 9.
84 Joseph Roth: *Der Motorradfahrer* (1931), in: Ders.: Werke, hg. v. Klaus Westermann,
Bd. 3, Köln 1991, S. 293. **85** Kurt Pinthus: *Rede für die Zukunft* (1919), in: Wolfgang Rothe
(Hg.): *Der Aktivismus 1915-1920,* München 1969, S. 116. **86** Joseph Roth: *Schluss mit der
»Neuen Sachlichkeit«* (1930), in: Ders.: *Werke,* hg. v. Klaus Westermann, Bd. 3, Köln 1991,
S. 159. **87** Filippo Tommaso Marinetti (Hg.): *Enquête internationale sur le Vers libre,* Mai-
land 1909, zit. nach Baumgarth (1966), S. 20. **88** Luciano Folgore: *Elektrizität,* zit. nach
Baumgarth (1966), S. 277. **89** Filippo Tommaso Marinetti: *An das Rennautomobil* (1912), zit.
nach Schmidt-Bergmann (1993), S. 269f. **90** In: Die Literarische Welt v. 23. Juli 1926, zit.
nach Helmut Lethen: *Chicago und Moskau,* in: Boberg, Fichter, Gillen (1986), S. 197f.
91 Ingold (1978), S. 82f. **92** Franz Kafka: *Die Aeroplane in Brescia,* in: Malcolm Pasley
(Hg.): Max Brod – Franz Kafka. Eine Freundschaft, Frankfurt a. M. 1987, S. 17-26; Max Brod:
Flugschau in Brescia, ebd. **93** Ingold (1978), S. 28-49. **94** Zit. nach Ingold (1978), S. 244.
95 Yvan Goll: *Das Wort an sich. Versuch einer neuen Poetik,* in: Die neue Rundschau
32 (1921), S. 615f., zit. nach Segeberg (1997), S. 261. **96** Johannes R. Becher: *Die neue Syntax* (vor 1916), ebd., S. 262. **97** Ingold (1978), S. 269-277. **98** Knut Hickethier: *Beschleunigte Wahrnehmung,* in: Boberg, Fichter, Gillen (1986), S. 145-148, 151, 153f. **99** Filippo
Tommaso Marinetti, Emilio Settimelli, Bruno Corra: *Das futuristische synthetische Theater*
(1915), zit. nach Schmidt-Bergmann (1993), S. 227f. **100** Mario Verdone: *Kennzeichen des
futuristischen Theaters,* in: Bartsch, Scudiero (2002), S. 88. **101** Ingold (1978), S. 295-299.

102 Luigi Russolo: *Die Geräuschkunst* (1913), zit. nach Schmidt-Bergmann (1993), S. 235-241. **103** Zit. nach Wehmeyer (1993), S. 95. **104** Wehmeyer (1993), S. 88f. **105** Braun (2001), S. 140f. **106** Dazu Hermand, Trommler (1988), S. 299-312. **107** Hans Georg Fellmann: *Exkurs über das Thema »Moderne Musik«* (1931), in: Schütz, Vogt (1986), S. 224. **108** Paul Stefan in: Musikblätter des Anbruch v. April 1925, zit. nach Hermand, Trommler (1988), S. 314f. **109** Bertolt Brecht: *Gesammelte Werke in 20 Bänden*, Bd. 20, Frankfurt 1967, S. 592. **110** Hermand, Trommler (1988), S. 315f.; Friedrich Feldens: *Neue Musik und aktives Hören* (1929), in: Schütz, Vogt (1986), S. 195. **111** Hermand, Trommler (1988), S. 317-322; Sigrid Neef: *Wenn Geschichte ihre schlimmstmögliche Wendung nimmt. Oper zwischen 1918 und 1933,* in: Hoffmann, Klotz (1993b), S. 123ff.; Martin Friedland: *Der Verfall der Oper* (1929), in: Schütz, Vogt (1986), S. 238. **112** Herbert Fleischer: *Romantische und aktuelle Oper* (1932), in: Schütz, Vogt (1986), S. 248f. **113** H. H. Stuckenschmidt: *Zukunft der mechanischen Musik* (1928), in: Schütz, Vogt (1986), S. 81; Braun, Kaiser (1997), S. 277-279. **114** Knut Hickethier: *Beschleunigte Wahrnehmung,* in: Boberg, Fichter, Gillen (1986), S. 154f. **115** Maurizio Scudiero: *Die Metamorphosen des Futurismus,* in: Bartsch, Scudiero (2002), S. 19. **116** Antonio Sant'Elia: *Die futuristische Architektur* (1914), zit. nach Apollonio (1972), S. 212f., 215. **117** Heinrich Klotz: *Das »Neue Bauen«,* in: Hoffmann, Klotz (1993b), S. 148f. **118** Wassily Kandinsky: *Die kahle Wand,* in: Der Kunstnarr 1 (1929), zit. nach Wingler (1968), S. 162. **119** Walter Müller-Wulckow: *Die deutsche Wohnung der Gegenwart,* Königstein 1932, S. 11f., 62; siehe insgesamt Hermand, Trommler (1988), S. 408-411. **120** Ludwig Hilberseimer: *Großstadtarchitektur,* Stuttgart 1927, S. 3-21. **121** Brigitte Franzen: *Die Siedlung Dammerstock in Karlsruhe 1929,* Marburg 1993. **122** Hermand, Trommler (1988), S. 416f. **123** Le Corbusier (1929), S. 156, 5f., 10, 173, 33, 137, 103, 101, 156. **124** Arthur Eloesser: *Die Straße meiner Jugend* (1919), Berlin 1987, S. 33. **125** Hughes (1991), S. 325f. **126** Siegfried Kracauer: *Ein paar Tage Paris,* in: Frankfurter Zeitung v. 5. April 1931, zit. nach Bienert (1992), S.79. **127** Hermand, Trommler (1988), S. 413. **128** Ebd., S. 416f. **129** Walter Gropius: *Systematische Vorarbeit für rationellen Wohnungsbau,* in: Bauhaus 1 (1927), zit. nach Wingler (1968), S. 136. **130** Walter Gropius: *Der große Baukasten,* in: Das Neue Frankfurt 2 (1926/27), S. 25-27. **131** Wingler (1968), S. 396-399; Hughes (1991), S. 320f. **132** *Ernst May und das Neue Frankfurt 1925-1930.* Ausstellungskatalog Frankfurt a. M. 1986, Berlin 1986. **133** Bernd Guggenberger: *Mensch und Geschwindigkeit – Vom richtigen Umgang mit der Zeit,* in: Heidelberger Club (1999), S. 96. **134** Ein Verkehrsflugzeug. **135** Hannes Meyer: *Die neue Welt* (1926), in: Ders.: Bauen und Gesellschaft, Dresden 1980, S. 27f. **136** Nowotny (1989), S. 21f.

13. Zeit der Elektronik

1 Nikolaus Pieper: *Die permanente Revolution,* in: DIE ZEIT Nr. 51 v. 15. Dez. 1995, S. 33f. ; Kolja Rudzio: *Zu schnell für den Erfolg,* in: DIE ZEIT Nr. 19 v. 30. April 2003, S. 24; Helmut Drüke: *Geschwindigkeit als strategischer Erfolgsfaktor,* in: Heidelberger Club (1999), S. 55-78; Thomas Fischermann: Aufschwung paradox. In den USA ist die New Economy bei den Dienstleistern angekommen, in: DIE ZEIT Nr. 2 v. 31. Dez. 2003, S. 22. **2** C.-F. v. Braun (1994), S. 123f.; 239. **3** Matthias zur Bonsen: *Speed durch Umfeld-Monitoring,* in: Hirzel, Leder & Partner (Hg.): Speed-Management, Wiesbaden 1992, S. 23f. **4** Bernd Guggenberger: *Mensch und Geschwindigkeit - Vom richtigen Umgang mit der Zeit,* in: Heidelberger Club (1999), S. 98. **5** Günter Kunert: *Eingemauert im Paradies,* in: DIE ZEIT Nr. 33 v. 9. Aug. 2001, S. 29. **6** Franz (1969), S. 317; K. Herrmann (1988), S. 207, 211. **7** Gerhard Thews (Hg.): *Grüne Gentechnik,* in: Akademie-Journal 1/2002; Ian Wilmut, Keith Campbell, Colin Tudge: *Dolly. Der Aufbruch ins biotechnische Zeitalter,* München/Wien 2001, S. 27ff.; Osten (2003), S. 50; Castells (2003), Bd. 1, S. 59f. **8** Gero von Randow, Andreas Sentker: *Technisches Leben, lebende Technik,* in: DIE ZEIT Nr. 27 v. 29. Juni 2000, S. 3; Dahl (1989/90), S. 173f. **9** Max Rauner: *Tausend Körnchen Gegenwart,* in: DIE ZEIT Nr. 38 v. 11.9.2003,

S. 37.   **10** Michael Wildt: *Privater Konsum in Westdeutschland in den 50er Jahren,* in: Schildt, Sywottek (1993), S. 275-289; Ingo Braun: *Technik-Spiralen,* Berlin 1993, S. 108-117. **11** Aigner, Marchsteiner (1999), S. 12ff.   **12** Bundesverkehrsministerium (Hg.): *Verkehr in Zahlen,* Köln 1997; *Verkehr in Zahlen 2002/2003,* Hamburg 2002.   **13** Paturi (1983), S. 94-97; Braun, Kaiser (1997), S. 441-454.   **14** Gendolla (1992), S. 94; Peter Gendolla: *Punktzeit,* in: Wendorff (1989), S. 136.   **15** Flichy (1994), S. 206-214; Braun, Kaiser (1997), Bd. 5, S. 405-409.   **16** Gendolla (1992), S. 91; Ariane Barth: *Im Reißwolf der Geschwindigkeit,* in: Der Spiegel Nr. 20 (1989), S. 201.   **17** Virilio (1992), S. 35, 44f.   **18** Hans-Christian Täubrich: *Von der »snailmail« zur E-mail,* in: Schneider, Geißler (1999), S. 115.   **19** Geißler: *Vom Tempo* (1999), S. 89.   **20** Henning Sussebach, Stefan Willeke: *Therapieren, aber dalli,* in: DIE ZEIT Nr. 42 v. 10. Okt. 2002, S. 14.   **21** Levine (1997), S. 50.   **22** Robert Levine: *Eine Landkarte der Zeit. Wie Kulturen mit der Zeit umgehen,* München 1998.   **23** Willy Hellpach: *Mensch und Volk in der Großstadt,* Stuttgart 1952, S. 30, zit. nach Bienert (1992), S. 228. **24** C.-F. v. Braun (1994), S. 212.   **25** Jürgen Habermas: *Soziologische Notizen zum Verhältnis von Arbeit und Freizeit,* in: Helmuth Plessner u. a. (Hg.): *Sport und Leibeserziehung,* München 1967, S. 39f.   **26** Klemens Polatschek: *Ab durch die Schallmauer,* in: DIE ZEIT Nr. 37 v. 5. Sept. 1997, S. 88; *Schockwelle in der Wüste. Ein ZEIT-Gespräch mit Andy Green,* in: DIE ZEIT Nr. 7 v. 5. Febr. 1998, S. 34.   **27** Virilio (1994), S. 103.   **28** Geißler: *Vom Tempo* (1999), S. 91f.   **29** Braun, Kaiser (1997), Bd. 5, S. 410-421.   **30** Ebd., S. 421-425.   **31** Ebd., S. 340-352.   **32** Ebd., S. 353-369.   **33** Ebd., S. 375-388; Castells (2003), Bd. 1, S. 46f. **34** 1 Mikron = 1 Millionstel Meter.   **35** Castells (2003), Bd. 1, S. 44f., 48, 57f.   **36** Gendolla (1992), S. 79.   **37** Castells (2003), Bd. 1, S. 49-56; Janet Abbate: *Inventing the Internet,* Cambridge MA 1999; John Naughton: *A Brief History of the Future: The Origins of the Internet,* London 1999; Peka Himannen: *The Hackers' Ethic and the Spirit of Informationalism,* New Haven 2001.   **38** Castells (2003), Bd. 1, S. 396.   **39** Aigner, Marchsteiner (1999), S. 62. **40** Castells (2003), Bd. 1, S. 494.   **41** François Chesnais: *La Mondialisation du capital,* Paris 1994, S. 209 ; Castells (2003), Bd. 1, S. 110, 145f. ; 491.   **42** Castells (2003), Bd. 1, S. 474-479.   **43** Georg Franck: *Aufmerksamkeit, Zeit, Raum,* in: Bergelt, Völckers (1991), S. 80f. **44** Claus-Peter Lieckfeld: *Unter Druck,* in: Schneider, Geißler (1999), S. 157.   **45** Dahl (1989/90), S. 180, S. 29.   **46** Horst W. Opaschowski: *Macht Geschwindigkeit glücklich?,* in: Heidelberger Club (1999), S. 29.   **47** Harald Seubert: *Die Suche nach dem wahren Glück,* in: Heidelberger Club (1999), S. 189; Eva Illouz: Der Konsum der Romantik, Frankfurt/New York 2003, S. 84.   **48** Wolfgang König: *Fast food,* in: Adam, Geißler, Held (1998), S. 56. **49** Geißler: *Vom Tempo* (1999), S. 124f.   **50** Jürgen P. Rinderspacher, Axel Ermert: *Zeiterfahrung in der Leistungsgesellschaft,* in: Burger (1986), S. 313.   **51** Klaus Beck: *Zwischen Zeitnot und Langeweile,* in: Schneider, Geißler (1999), S. 79; Axel Schlote: *Gut beschirmt,* ebd., S. 120f.   **52** Bernd Guggenberger: *Mensch und Geschwindigkeit – Vom richtigen Umgang mit der Zeit,* in: Heidelberger Club (1999), S. 93f.   **53** Lothar Dittmer: *Ein, zwei, drei, im Sauseschritt? Gemach, gemach,* in: Frankfurter Allgemeine Sonntagszeitung v. 9. Juni 2002, S. 66.   **54** Bernd Guggenberger: *Unterwegs im Nirgendwo,* in: Bergelt, Völckers (1991), S. 60f.; Peter Gendolla: *Punktzeit,* in: Wendorff (1989), S. 138.   **55** C.-F. v. Braun (1994), S. 119-192, 239f.   **56** Peter Heintel: *Macht Geschwindigkeit glücklich?* In: Heidelberger Club (1999), S. 113.   **57** Geißler: *Vom Tempo* (1999), S. 194.   **58** Ebd., S. 138-150; ders.: *Die Uhr geht mit der Zeit. Was bringt die Simultankultur?,* in: Körber-Stiftung (Hg.): *Reflexion und Initiative,* Hamburg 2003, S. 87,89.   **59** Ebd., S. 111-121; Carsten Fock: *Leben stand-by. Mobiltelefon und Zeitverwendung,* in: Schneider, Geißler (1999), S. 91-104.   **60** Schulze (2003), S. 327.

Literatur

Abelshauser, Werner/Anselm Faust/Dietmar Petzina (Hg.) (1985): *Deutsche Sozialgeschichte 1914-1945. Ein historisches Lesebuch,* München

Adam, Barbara/Karlheinz A. Geißler/Martin Held (Hg.) (1998): *Die Nonstop-Gesellschaft und ihr Preis,* Stuttgart/Leipzig

Agde, Günter (1998): *Flimmernde Versprechen. Geschichte der deutschen Werbefilmung im Kino seit 1897,* Berlin

Aigner, Carl/Uli Marchsteiner (Hg.) (1999): *Haltbar bis ... ... immer schneller. Design auf Zeit,* Köln

Apollonio, Umbro (1972): *Der Futurismus,* Köln

Arps, Ludwig (1965): *Auf sicheren Pfeilern. Deutsche Versicherungswirtschaft vor 1914,* Göttingen

— (1976): *Durch unruhige Zeiten. Deutsche Versicherungswirtschaft seit 1914, 2. Teil: Von den 20er Jahren zum 2. Weltkrieg,* Karlsruhe

Aschoff, Volker (1974): *Aus der Geschichte der Nachrichtentechnik* (Rheinisch-Westfälische Akademie der Wissenschaften N 244), Opladen

— (1995): *Geschichte der Nachrichtentechnik,* Bd. 2, 2. Aufl., Berlin/Heidelberg

Bagwell, Philip S. (1974): *The Transport Revolution from 1770,* London

Baroli, Marc (1969): *Le train dans la littérature française,* Paris

Barthel, Manfred/Gerold Lingnau (1986):*100 Jahre Daimler-Benz. Die Technik,* Mainz

Bartsch, Ingo/Maurizio Scudiero (Hg.) (2002): *...auch wir Maschinen, auch wir mechanisiert! ... Die zweite Phase des italienischen Futurismus 1915-1945,* Dortmund

Baudson, Michel (Hg.) (1985): *Zeit. Die vierte Dimension in der Kunst,* Weinheim

Baumgarth, Christa (1966): *Geschichte des Futurismus,* Reinbek bei Hamburg

Bausinger, Hermann/Klaus Beyrer/Gottfried Korff (Hg.) (1991): *Reisekultur. Von der Pilgerfahrt zum modernen Tourismus,* München

Becker, Frank (2000): *Der Sportler als »moderner Menschentyp«. Entwürfe für eine neue Körperlichkeit in der Weimarer Republik,* in: Clemens Wischermann, Stefan Haas (Hg.): Körper mit Geschichte, Stuttgart, S. 223-243

Becker, Jörg (Hg.) (1989): Hessische Blätter für Volks- und Kulturforschung, Bd. 24: *Telefonieren,* Marburg

Behringer, Wolfgang (1990): *Thurn und Taxis: Die Geschichte ihrer Post und ihrer Unternehmen,* München

Bergelt, Martin/Hortensia Völckers (Hg.) (1991): *Zeit-Räume. Zeiträume – Raumzeiten – Zeitträume,* München/Wien

Bernhardi, Friedrich v. (1912*): Vom heutigen Kriege,* Berlin

Beyrer, Klaus (1985): *Die Postkutschenreise,* Tübingen

— (Hg.) (1992): *Zeit der Postkutschen. 3 Jahrhunderte Reisen 1600-1900,* Karlsruhe

Beyrer, Klaus/Hans-Christian Täubrich (Hg.) (1996): *Der Brief. Eine Kulturgeschichte der schriftlichen Kommunikation*, Heidelberg

Bienert, Michael (1992): *Die eingebildete Metropole. Berlin im Feuilleton der Weimarer Republik*, Stuttgart

Bitzel, Uwe (1991): *Die Konzeption des Blitzkrieges bei der deutschen Wehrmacht*, Frankfurt a. M./Bern, New York/Paris

Block, Fritz (Hg.) (1928): *Probleme des Bauens*, Potsdam

Boberg, Jochen/Tilmann Fichter/Eckhart Gillen (Hg.) (1984): *Exerzierfeld der Moderne. Industriekultur in Berlin im 19. Jahrhundert*, München

— (1986): *Die Metropole. Industriekultur in Berlin im 20. Jahrhundert*, München

Bohnsack, Almut (1981): *Spinnen und Weben*, Reinbek bei Hamburg

Borscheid, Peter (1990): *100 Jahre Allianz 1890-1990*, München

— (1997): *Der Einzug der Wissenschaften ins Private*, Frankfurt a. M./New York

— (2001): *Zeit und Raum. Von der Beschleunigung des Lebens*, in: Reinhard Spree (Hg.): Geschichte der deutschen Wirtschaft im 20. Jahrhundert, München, S. 23-49

Borscheid, Peter/Clemens Wischermann (Hg.) (1995): *Bilderwelt des Alltags. Werbung in der Konsumgesellschaft des 19. und 20. Jahrhunderts*, Stuttgart

Borst, Arno (1990): *Computus. Zeit und Zahl in der Geschichte Europas*, Berlin

— (1992): *Lebensformen im Mittelalter*, 12. Aufl., Frankfurt a. M./Berlin

Borst, Otto (1971): *Die Esslinger Pliensaubrücke. Kommunale Verkehrs- und Wirtschaftspolitik vom frühen Mittelalter bis zur Gegenwart*, Esslingen

— (1983): *Alltagsleben im Mittelalter*, Frankfurt a. M.

Bott, Gerhard (Hg.) (1985): *Leben und Arbeiten im Industriezeitalter*. Ausstellungskatalog, Stuttgart

Braudel, Fernand (1985): *Sozialgeschichte des 15.-18. Jahrhunderts: Der Alltag*, München

— (1986): *Sozialgeschichte des 15.-18. Jahrhunderts: Der Handel*, München

Braun, Andreas (2001): *Tempo, Tempo! Eine Kunst- und Kulturgeschichte der Geschwindigkeit im 19. Jahrhundert*, Frankfurt a. M.

Braun, Christoph-Friedrich v. (1994): *Der Innovationskrieg. Ziele und Grenzen der industriellen Forschung und Entwicklung*, München/Wien

Braun, Hans-Joachim/Walter Kaiser (1997): *Propyläen Technikgeschichte, Bd. 5: Energiewirtschaft, Automatisierung, Information seit 1914*, Berlin

Burchardt, Lothar (1977): *Technischer Fortschritt und sozialer Wandel. Das Beispiel der Taylorismus-Rezeption*, in: Wilhelm Treue (Hg.): Deutsche Technikgeschichte, Göttingen, S. 52-98

Burger, Heinz (Hg.) (1986): *Zeit, Natur und Mensch*, Berlin

Burghardt, Uwe (1990): *Die Rationalisierung im Ruhrbergbau (1924-1929)*, in: Technikgeschichte 57, S. 15-42

Bußmann, Klaus (Hg.) (1992): *1910 Halbzeit der Moderne*, Stuttgart

Büttner, Alex/Fred Feez (1937): *Männer, Kurven und Rekorde*, 3. Aufl., Stuttgart

Castells, Manuel (2002/03): *Das Informationszeitalter*, 3 Bde., Opladen

Cavaillès, Henri (1946): *La route française, son histoire, sa fonction*, Paris

Centre Georges Pompidou (Hg.) (1977): *E. J. Marey 1830/1904. La photographie du mouvement*, Paris

— (1990): *Art & Publicité 1890-1990*, Paris

Chvojka, Erhard/Andreas Schwarcz/Klaus Thien (Hg.) (2002): *Zeit und Geschichte. Kulturgeschichtliche Perspektiven*, Wien/München

Cimarosti, Adriano (1973): *Auto-Rennsport. Grands Prix Wagen, Piloten, Formeln,* Bern/Stuttgart

Cipolla, Carlo M./Knut Borchardt (Hg.) (1978/80): *Europäische Wirtschaftsgeschichte,* 5 Bde., Stuttgart/New York

Dahl, Jürgen (1989/90): *Die Eile hat der Teufel erfunden,* in: Scheidewege 19, S. 171-181

Daimler-Benz AG (Hg.) (o. J.): *Die Renngeschichte der Daimler-Benz Aktiengesellschaft und ihrer Ursprungsfirmen 1894-1939,* 2. Aufl., Stuttgart

Dallmeier, Martin (1977): *Quellen zur Geschichte des europäischen Postwesens 1501-1806,* Teil 1 und 2, Kallmünz

Delabar, Walter (2002): *Tempo, Karambolage oder der Anfang vom Untergang,* in: Werner Möller (Hg.): Die Welt spielt Roulette. Zur Kultur der Moderne in der Krise 1927 bis 1932, Frankfurt/New York, S. 71-83

Deutsche Gesellschaft für Chronometrie/Landesmuseum für Technik und Arbeit in Mannheim (Hg.) (2002): *Alle Zeit der Welt. Von Uhren und anderen Zeitzeugen,* Mannheim

Dexel, Walter (1976): *Der Bauhausstil – ein Mythos. Texte 1921-1965,* Starnberg

Dohrn-van Rossum, Gerhard (1988): *Zeit der Kirche – Zeit der Händler – Zeit der Städte,* in: Rainer Zoll (Hg.): Zerstörung und Wiederaneignung von Zeit, Frankfurt a. M., S. 89-119

— (1992): *Die Geschichte der Stunde. Uhren und moderne Zeitordnung,* München/Wien

Dollinger, Philippe (1989): *Die Hanse,* 4. erw. Aufl., Stuttgart

Eichberg, Henning (1975): *Leistung in ihrer historischen Veränderlichkeit,* in: Deutscher Sportbund (Hg.): Sport, Leistung, Gesellschaft, München, S. 59-64

— (1978): *Leistung, Spannung, Geschwindigkeit: Sport und Tanz im gesellschaftlichen Wandel des 18./19. Jahrhunderts,* Stuttgart

— (1979): *Der Weg des Sports in die industrielle Zivilisation,* 2. Aufl., Baden-Baden

— (1980): *Sport im 19. Jahrhundert – Genese einer industriellen Verhaltensform,* in: Horst Ueberhorst (Hg.): Geschichte der Leibesübungen, Berlin/München/ Frankfurt a. M.

— (1980): *Zivilisation und Breitensport,* in: Gerhard Huck (Hg.): Sozialgeschichte der Freizeit, Wuppertal, S. 77-93

Eisenberg, Christiane (1999): *»English sports« und deutsche Bürger. Eine Gesellschaftsgeschichte 1800-1930,* Paderborn

Eksteins, Modris (1990): *Tanz über Gräben. Die Geburt der Moderne und der Erste Weltkrieg,* Reinbek bei Hamburg

Erker, Paul (1996): *Das Bedaux-System,* in: Zeitschrift für Unternehmensgeschichte 41, S. 139-158

Fabre, Maurice (1963): *Geschichte der Verkehrsmittel zu Lande,* Lausanne

Fack, Dietmar (2000): *Automobil, Verkehr und Erziehung. Motorisierung und Sozialisation zwischen Beschleunigung und Anpassung 1885-1945,* Opladen

Ferguson, Niall (1999): *Der falsche Krieg. Der Erste Weltkrieg und das 20. Jahrhundert,* Stuttgart

Ferro, Marc (1988): *Der Große Krieg 1914-1918,* Frankfurt a. M.

Fersen, Olaf v. (1986): *Ein Jahrhundert Automobiltechnik. Personenwagen,* Düsseldorf

Flichy, Patrice (1994): *Tele. Geschichte der modernen Kommunikation,* Frankfurt a. M./New York/Paris

Ford, Henry (1926): *Das große Heute, das größere Morgen,* Leipzig

Franz, Günther (Hg.) (1969): *Die Geschichte der Landtechnik im 20. Jahrhundert*, Frankfurt a. M.

Frederick, Christine (1922): *Die rationelle Haushaltführung*, 2. Aufl., Berlin

Freyberg, Thomas v. (1989): *Industrielle Rationalisierung in der Weimarer Republik*, Frankfurt/New York

Friedell, Egon (1983): *Kulturgeschichte der Neuzeit*, 2 Bde. (1927/31), 4. Aufl., München

Friedrich, Jörg (2002): *Der Brand. Deutschland im Bombenkrieg 1940-1945*, München

Fromme, Johannes u. a. (Hg.) (1990): *Zeiterleben – Zeitverläufe – Zeitsysteme*, Bielefeld

Garbáty, E. (Hg.) (1914): *Die Cigarette*, Berlin

Gay, Peter (1986): *Erziehung der Sinne*, München

Geißler, Karlheinz A. (1999): *Vom Tempo der Welt. Am Ende der Uhrzeit*, Freiburg/Basel/Wien

— (1999): *Die Zeiten ändern sich. Vom Umgang mit der Zeit in unterschiedlichen Epochen*, in: Aus Politik und Zeitgeschichte. Beilage zur Wochenzeitung Das Parlament vom 30.07.1999, S. 3-10

— (2002): *Wart' mal schnell. Minima Temporalia*, 2. Aufl., Stuttgart/Leipzig

Gendolla, Peter (1992): *Zeit. Zur Geschichte der Zeiterfahrung*, Köln

Gerstenberger, Heide/Ulrich Welke (1996): *Vom Wind zum Dampf. Sozialgeschichte der deutschen Handelsschiffahrt im Zeitalter der Industrialisierung*, Münster

Geyer, Michael (1984): *Deutsche Rüstungspolitik 1860-1980*, Frankfurt a. M.

Giedion, Sigfried (1982): *Die Herrschaft der Mechanisierung*, Frankfurt a. M.

Glaser, Hermann (1981): *Maschinenwelt und Alltagsleben*, Frankfurt a. M.

— (1986): *Das Automobil. Eine Kulturgeschichte in Bildern*, München

Glaser, Hermann/Thomas Werner (1990): *Die Post in ihrer Zeit. Eine Kulturgeschichte menschlicher Kommunikation*, Heidelberg

Glasser, Richard (1936): *Studien zur Geschichte des französischen Zeitbegriffes*, München

Goebel, Theodor (1956): *Friedrich Koenig und die Erfindung der Schnellpresse*, Würzburg

Gold, Helmut/Annette Koch (Hg.) (1993): *Fräulein vom Amt*, München

Gönnenwein, Otto (1939): *Das Stapel- und Niederschlagsrecht*, in: Hansischer Geschichtsverein (Hg.): Quellen und Darstellungen zur Hansischen Geschichte, Neue Folge, Bd. XI, Weimar

Gottl-Ottlilienfeld, Friedrich v. (1926): *Fordismus*, 3. Aufl., Jena

— (1929): *Vom Sinn der Rationalisierung*, Jena

Gronemeyer, Marianne (1993): *Das Leben als letzte Gelegenheit. Sicherheitsbedürfnisse und Zeitknappheit*, Darmstadt

Gronen, Wolfgang/Walter Lembke (1987): *Geschichte des Radsports, des Fahrrades*, Haushamm

Grosse, R. (1902): *Das Postwesen in der Kurpfalz im 17. und 18. Jahrhundert*, Tübingen/Leipzig

Gurjewitsch, Aaron J. (1980): *Das Weltbild des mittelalterlichen Menschen*, München

— (1987): *Mittelalterliche Volkskultur*, München

Hagedorn, Bernhard (1914): *Die Entwicklung der wichtigsten Schiffstypen bis ins 19. Jahrhundert*, Berlin

Haubner, Barbara (1998): *Nervenkitzel und Freizeitvergnügen. Automobilismus in Deutschland 1886-1914*, Göttingen

Hausen, Karin (1987): *Große Wäsche. Technischer Fortschritt und sozialer Wandel in Deutschland vom 18. bis ins 20. Jahrhundert*, in: Geschichte und Gesellschaft 13, S. 273-303

Hebeisen, Walter (1999): *F. W. Taylor und der Taylorismus*, Zürich

Heidelberger Club für Wirtschaft und Kultur e.V. (Hg.) (1999): *Im Rausch der Geschwindigkeit*, Berlin/Heidelberg/New York

Held, Jutta/Norbert Schneider (1993): *Sozialgeschichte der Malerei vom Spätmittelalter bis ins 20. Jahrhundert*, Köln

Henning, Friedrich-Wilhelm (1991/96): *Handbuch der Wirtschafts- und Sozialgeschichte Deutschlands*, 2 Bde., Paderborn/München/Wien/Zürich

Herbarth, Dieter (1978): *Die Entwicklung der optischen Telegrafie in Preußen* (Landeskonservator Rheinland Arbeitsheft 15), Köln

Hermand, Jost/Frank Trommler (1988): *Die Kultur der Weimarer Republik*, Frankfurt a. M.

Herrmann, Klaus (1988): *Die Veränderung landwirtschaftlicher Arbeit durch Einführung neuer Technologien im 20. Jahrhundert*, in: Archiv für Sozialgeschichte 28, S. 203-237

Herrmann, Walther (1940): *Die Industrialisierung des Verkehrs*, Jena

Hesse, Jan-Otmar (2002): *Im Netz der Kommunikation. Die Reichs-Post- und Telegraphenverwaltung 1876-1914*, München

Hey (1928): *Das Kraftfahrzeug im öffentlichen Verkehr*, in: C. Fritz Allmers/R. Kaufmann u. a. (Hg.): Das deutsche Automobilwesen der Gegenwart, Berlin, S. 215-222

Heyl, Hedwig (1927): *Hauswirtschaft*, Dessau

Hitzer, Hans (1972): *Die Geschichte der Verkehrszeichen – vom Steinhaufen zur Verkehrsampel*, in: ADAC-Motorwelt 11, S. 90-98

Hoffmann, Hilmar/Heinrich Klotz (Hg.) (1993a): *Die Kultur unseres Jahrhunderts 1900-1918*, Düsseldorf u. a.

— (1993b): *Die Kultur unseres Jahrhunderts 1918-1933*, Düsseldorf u. a.

Höhne, Hansjoachim (1977): *Report über Nachrichtenagenturen*, 2 Bde., Baden-Baden

Homburg, Heidrun (1991): *Rationalisierung und Industriearbeit. Arbeitsmarkt, Management, Arbeiterschaft im Siemens Konzern Berlin 1900-1939*, Berlin

Hounshell, David A. (1984): *From the American system to mass production 1800-1932*, Baltimore/London

Hughes, Thomas P. (1991): *Die Erfindung Amerikas*, München

Husberg, Volker (1999): *Die Integration von Radfahrern in den Verkehr. Erfolg und Integration in Westfalen (1890-1935)*, in: Wilfried Reininghaus/Karl Teppe (Hg.): Verkehr und Region im 19. und 20. Jahrhundert, Paderborn, S. 325-338

Ingold, Felix Philipp (1978): *Literatur und Aviatik. Europäische Flugdichtung 1909-1927*, Basel/Stuttgart

Jaun, Rudolf (1986): *Management und Arbeiterschaft. Verwissenschaftlichung, Amerikanisierung und Rationalisierung der Arbeitsverhältnisse in der Schweiz 1873-1959*, Zürich

Jay, Peter (2000): *Das Streben nach Wohlstand. Die Wirtschaftsgeschichte des Menschen*, Berlin/München

Jenzen, Igor A. (1989): *Uhrzeiten. Die Geschichte der Uhr und ihres Gebrauches*, Frankfurt a. M.

Jessen-Klingenberg, Manfred (1995): *Erste Vorläufer und Projekte für eine künstliche Wasserverbindung zwischen Nord- und Ostsee vom frühen Mittelalter bis zum 18. Jahrhundert*, in:

Rainer Lagoni/Hellmuth St. Seidenfus/Hans-Jürgen Teuteberg (Hg.): Nord-Ostsee-Kanal 1895-1995, Neumünster, S. 15-31

Kamper, Dietmar/Christoph Wulf (Hg.) (1987): *Die sterbende Zeit,* Darmstadt

Karras, Th. (1909): *Geschichte der Telegraphie,* Braunschweig

Käsmann, Ferdinand C. W. (1984): *Weltrekordfahrzeuge. Die schnellsten Wagen 1898 bis heute,* Stuttgart

Keegan, John (2000): *Der Erste Weltkrieg,* Reinbek bei Hamburg

Kellenbenz, Hermann (1986): *Handbuch der europäischen Wirtschafts- und Sozialgeschichte,* Bd. 3, Stuttgart

Kemper, Peter (Hg.) (1997): *Am Anfang war das Rad. Eine kleine Geschichte der menschlichen Fortbewegung,* Frankfurt a. M./Leipzig

Kirchberg, Peter (Hg.) (1992): *Automobilrennen und Wettbewerbe in aller Welt,* Teil 1: 1898-1908, München

Kirchmann, Kay (1998): *Verdichtung, Weltverlust und Zeitdruck,* Opladen

Kitschigin, Richard (1972): *Rennen, Reifen und Rekorde. Die Avus Story,* Stuttgart

Kittler, Friedrich (1986): *Im Telegrammstil,* in: Hans Ulrich Gumbrecht/K. Ludwig Pfeiffer (Hg.): Stil. Geschichten und Funktionen eines kulturwissenschaftlichen Diskurselements, Frankfurt a. M., S. 358-370

Kleinspehn, Thomas (1989): *Der flüchtige Blick. Sehen und Identität in der Kultur der Neuzeit,* Reinbek bei Hamburg

Klemm, Friedrich (1983): *Geschichte der Technik,* Reinbek bei Hamburg

Klinge, Erich (1926): Geschichte der Leichtathletik, in: G. A. E. Bogeng (Hg.): *Geschichte des Sports aller Völker und Zeiten,* Bd. 1, Leipzig, S. 310-333

Knies, Karl (1857): *Der Telegraph als Verkehrsmittel,* Tübingen

Kondylis, Panajotis (1991): *Der Niedergang der bürgerlichen Denk- und Lebensform,* Weinheim

König, Wolfgang (2000): *Geschichte der Konsumgesellschaft,* Stuttgart

König, Wolfgang/Wolfhard Weber (1997): *Propyläen Technikgeschichte, Bd. 4: Netzwerke, Stahl und Strom,* Berlin

Koselleck, Reinhart (1995): *Vergangene Zukunft,* Frankfurt a. M.

Kramer, Gerhard W. (1995): *Berthold Schwarz. Chemie und Waffentechnik im 15. Jahrhundert,* München

Krockow, Christian Graf v. (1972): *Sport und Industriegesellschaft,* München

Kruk, Max/Gerold Lingnau (1986): *100 Jahre Daimler Benz. Das Unternehmen,* Mainz

Kubisch, Ulrich (1986): *100 Jahre Automobil,* in: Markt für klassische Automobile und Motorräder, Sonderheft 2

Kubisch, Ulrich/Gert Rietner (1987): *Die AVUS im Rückspiegel: Rennen, Rekorde, Rückstaus,* Berlin

Kulischer, Josef (1976): *Allgemeine Wirtschaftsgeschichte des Mittelalters und der Neuzeit,* 2 Bde., 5. Aufl., Darmstadt

Lackner, Helmut (1992): *Die technische Rationalisierung als Thema der Romanliteratur in der Zwischenkriegszeit,* in: Technikgeschichte 59, S. 241-261

Lamberty, Christiane (2000): *Reklame in Deutschland 1890-1914,* Berlin

Landes, David S. (1983): *Der entfesselte Prometheus,* München

Leclerc, Herbert (1985): *Von der Botenordnung zum Reichskursbuch,* in: Archiv für deutsche Postgeschichte, H. 1, S. 8-34

Leclercq, Jean (1974): *Zeiterfahrung und Zeitbegriff im Spätmittelalter,* in: Albert Zimmermann (Hg.): Antiqui und Moderni, Berlin/New York, S. 1-20

Le Corbusier (1929): *Städtebau.* Übersetzt und hg. von Hans Hildebrandt, Stuttgart/Berlin/Leipzig

Le Goff, Jacques (1977): *Au Moyen Age: Temps de l'Église et temps du marchand,* in: Ders.: Annales E.S.C. 26 (1960), S. 417-433; dt.: *Zeit der Kirche und Zeit des Händlers im Mittelalter,* in: Claudia Honegger (Hg.): M. Bloch, F. Braudel, L. Febvre u. a. Schrift und Materie der Geschichte, Frankfurt a. M., S. 393-414

Léon, Pierre (1970): *Economies et sociétés préindustrielles,* Bd. 2 : 1650-1780, Paris

Le Roy Ladurie, Emmanuel (1980): *Montaillou. Ein Dorf vor dem Inquisitor 1294 bis 1324,* Frankfurt a. M./Berlin/Wien

Levine, Robert (1997): *Eine Landkarte der Zeit. Wie Kulturen mit Zeit umgehen,* München/Zürich

Lindemann, Margot (1978): *Nachrichtenübermittlung durch Kaufmannsbriefe,* München/New York

Linnenkohl, Hans (1990): *Vom Einzelschuss zur Feuerwalze. Der Wettkampf zwischen Technik und Taktik im Ersten Weltkrieg,* Koblenz

Löschburg, Winfried (1977): *Von Reiselust und Reiseleid,* Frankfurt a. M.

Lüddecke, Theodor (1925): *Das amerikanische Wirtschaftstempo als Bedrohung Europas,* Leipzig

Ludwig, Karl-Heinz/Volker Schmidtchen (1997): *Propyläen Technikgeschichte, Bd. 2: Metalle und Macht 1000 bis 1600,* Berlin

Luhmann, Niklas (1971): *Politische Planung. Aufsätze zur Soziologie von Politik und Verwaltung,* Opladen

Mahr, Johannes (1982): *Eisenbahnen in der deutschen Dichtung,* München

Mandell, Richard O. (1986): *Sport. Eine illustrierte Kulturgeschichte,* München

Marey, Etienne-Jules (1985): *Chronophotograph* (Schriftenreihe des Deutschen Filmmuseums Frankfurt: Kinematograph Nr. 2), Frankfurt a. M.

Matschoss, Conrad (1987): *Geschichte der Dampfmaschine* (1901), ND 4. Aufl., Hildesheim

Mercedes-Benz AG (Hg.) (1990): *100 Jahre Daimler-Motoren-Gesellschaft 1890-1990,* Stuttgart

— (1994): *Benz & Cie. Zum 150. Geburtstag von Karl Benz,* Stuttgart

Merki, Christoph Maria (2002): *Der holprige Siegeszug des Automobils 1895-1930,* Wien/Köln/Weimar

Messerli, Jacob (1995): *Gleichmäßig pünktlich schnell. Zeiteinteilung und Zeitgebrauch in der Schweiz im 19. Jahrhundert,* Zürich

Methfessel, Barbara (1992): *Hausarbeit zwischen individueller Lebensgestaltung, Norm und Notwendigkeit,* Hohengehren

Meyer, Erna (1928): *Der neue Haushalt,* 29. Aufl., Stuttgart

Mieck, Ilja (Hg.) (1993): *Handbuch der europäischen Wirtschafts- und Sozialgeschichte,* Bd. 4, Stuttgart

Militärgeschichtliches Forschungsamt (Hg.) (1979/2001): *Das Deutsche Reich und der Zweite Weltkrieg,* 7 Bde., Stuttgart

Minaty, Wolfgang (Hg.) (1984): *Die Eisenbahn. Gedichte, Prosa, Bilder,* Frankfurt a. M.

Möser, Kurt (2002): *Geschichte des Autos,* Frankfurt a. M.

Münch, Paul (1992): *Lebensformen in der frühen Neuzeit,* Frankfurt a. M./Berlin

Murko, Matthias u. a. (1994): *Motorrad-Legenden. Nürnberger Zweiradgeschichte,* Nürnberg

Museum für Kommunikation (Hg.) (2000):*In 20 Minuten von London nach Kalkutta. Aufsätze zur Telegrafiegeschichte*, Bern

Musil, Robert (1999): *Der Mann ohne Eigenschaften*, 2 Bde., Reinbek bei Hamburg

Musson, A. E. (Hg.) (1977): *Wissenschaft, Technik und Wirtschaftswachstum im 18. Jahrhundert*, Frankfurt a. M.

Nerdinger, Winfried/Kristiana Hartmann u. a. (Hg.) (2001): *Bruno Taut 1880-1938*, Stuttgart/München

Neubauer, Alfred (1958): *Männer, Frauen und Motoren*, Hamburg

Niemann, Harry (1995): *Wilhelm Maybach. König der Konstrukteure*, Stuttgart

— (2000): *Gottlieb Daimler. Fabriken, Banken und Motoren*, Stuttgart

Niemann, Harry/Wilfried Feldenkirchen/Armin Hermann (Hg.) (2002): *Die Geschichte des Rennsports*, Bielefeld

Niemann, Harry/Armin Hermann (Hg.) (1999): *Geschichte der Straßenverkehrssicherheit im Wechselspiel zwischen Fahrzeug, Fahrbahn und Mensch*, Bielefeld

Nipperdey, Thomas (1983): *Deutsche Geschichte 1800-1866. Bürgerwelt und starker Staat*, München

North, Michael (1991): *Nachrichtenübermittlung und Kommunikation in norddeutschen Hansestädten im Spätmittelalter und der Frühen Neuzeit*, in: Archiv für deutsche Postgeschichte, H. 2, S. 8-16

Nowotny, Helga (1989): *Eigenzeit. Entstehung und Strukturierung eines Zeitgefühls*, Frankfurt a. M.

Ohler, Norbert (1986): *Reisen im Mittelalter*, München

Oikos (1992): *Von der Feuerstelle zur Mikrowelle; Haushalt und Wohnen im Wandel*. Ausstellungskatalog, Gießen

Olechnowitz, Karl-Friedrich (1960): *Der Schiffbau der hansischen Spätzeit. Eine Untersuchung zur Sozial- und Wirtschaftsgeschichte der Hanse*, Weimar

Orland, Barbara (1983): *Effizienz im Heim. Die Rationalisierungsdebatte zur Reform der Hausarbeit in der Weimarer Republik*, in: Kultur und Technik. Zeitschrift des Deutschen Museums in München, H. 4, S. 244

— (Bearb.) (1990): *HaushaltsTräume. Ein Jahrhundert Technisierung und Rationalisierung im Haushalt*, Königstein i. T.

— (1991): *Wäsche Waschen. Technik- und Sozialgeschichte der häuslichen Wäschepflege*, Reinbek bei Hamburg

Osten, Manfred (2003): *»›Alles veloziferisch‹ oder Goethes Entdeckung der Langsamkeit«. Zur Modernität eines Klassikers im 21. Jahrhundert*, Frankfurt a. M.

Parker, Geoffrey (1990): *Die militärische Revolution. Die Kriegskunst und der Aufstieg des Westens 1500-1800*, Frankfurt/New York

Paturi, Felix R. (1983): *Von der Erde zu den Sternen, 200 Jahre Luftfahrt*, Aarau/Stuttgart

Paulinyi, Akos/Ulrich Troitzsch (1997): *Propyläen Technikgeschichte, Bd. 3: Mechanisierung und Maschinisierung 1600 bis 1840*, Berlin

Pohl, Hans (Hg.) (1989): *Die Bedeutung der Kommunikation für Wirtschaft und Gesellschaft*, Stuttgart

Quetsch, Franz H. (1891): *Geschichte des Verkehrswesens am Mittelrhein von den ältesten Zeiten bis zum Ausgang des achtzehnten Jahrhunderts*, Freiburg i. Br.

Quinones, Ricardo J. (1972): *The Renaissance Discovery of Time*, Cambridge

Radkau, Joachim (1989): *Technik in Deutschland. Vom 18. Jahrhundert bis zur Gegenwart*, Frankfurt a. M.
— (1998): *Das Zeitalter der Nervosität*, München/Wien
Reger, Erik (1946): *Union der festen Hand*, Neuauflage, Berlin
Reichert, Folker (2001): *Erfahrung der Welt. Reisen und Kulturbegegnung im späten Mittelalter*, Stuttgart/Berlin/ Köln
Riebensahm, P. (1925): *Der Zug nach USA*, Berlin
Rinderspacher, Jürgen P. (1985): *Gesellschaft ohne Zeit*, Frankfurt/New York
Rörig, Fritz (1971): *Großhandel und Großhändler im Lübeck des 14. Jahrhunderts*, in: Ders.: Wirtschaftskräfte im Mittelalter, 2. Aufl., Wien/Köln/Graz, S. 216-246
Rosemann, Ernst (1958): *Phänomen Geschwindigkeit. Die Geschichte der Auto- und Motorrad-Weltrekorde*, Frankfurt a. M.
Rossell, Deac (2001): *Faszination der Bewegung. Ottomar Anschütz zwischen Photographie und Kino*, Basel/Frankfurt a. M.

Sachs, Wolfgang (1984): *Die Liebe zum Automobil*, Reinbek bei Hamburg
Sälter, Fritz (1917): *Entwicklung und Bedeutung des Chaussee- und Wegebaus in der Provinz Westfalen unter ihrem ersten Oberpräsidenten Ludwig Freiherrn von Vincke, 1815-1844*, Diss. Marburg
Sax, Emil (1878): *Die Verkehrsmittel in Volks- und Staatswirthschaft*, Bd. 1, Wien
Scharfe, Martin (1990): *»Ungebundene Circulation der Individuen«. Aspekte des Automobilfahrens in der Frühzeit*, in: Zeitschrift für Volkskunde 86, S. 216-243
— (1993): *Obendrüber. Neue Erfahrungen mit den Alpen in der Frühzeit des Automobils*, in: Geschichte und Region/Storaie regione 2, S. 145-164
Schildt, Axel/Arnold Sywottek (Hg.) (1993): *Modernisierung im Wiederaufbau. Die westdeutsche Gesellschaft der 50er Jahre*, Bonn
Schivelbusch, Wolfgang (1989): *Geschichte der Eisenbahnreise. Zur Industrialisierung von Raum und Zeit im 19. Jahrhundert*, Frankfurt a. M.
Schlegel-Matthies, Kirsten (1995): *»Im Haus und am Herd«. Der Wandel des Hausfrauenbildes und der Hausarbeit 1880-1930*, Stuttgart
Schlote, Axel (1996): *Widersprüche sozialer Zeit. Zeitorganisation im Alltag zwischen Herrschaft und Freiheit*, Opladen
Schmidt, Aurel (1998): *Von Raum zu Raum. Versuch über das Reisen*, Berlin
Schmidt-Bergmann, Hansgeorg (1993): *Futurismus*, Hamburg
Schmidtchen, Volker (1977): *Bombarden, Befestigungen, Büchsenmeister*, Düsseldorf
— (1990): *Kriegswesen im späten Mittelalter*, Weinheim
Schneider, Manuel/Karlheinz A. Geißler (Hg.) (1999): *Flimmernde Zeiten. Vom Tempo der Medien*, Stuttgart/Leipzig
Schneider, Peter-Paul u. a. (Hg.) (1987): *Literatur im Industriezeitalter*, 2 Bde., 2. Aufl. (Marbacher Kataloge 42), Marbach am Neckar
Schreiner, Klaus (1987): *»Diversitas temporum« – Zeiterfahrung und Epochengliederung im späten Mittelalter*, in: Reinhart Herzog/Reinhart Kosselleck (Hg.): Epochenschwelle und Epochenbewusstsein, München, S. 381-428
Schröder, Reinald (1990): *Die Industrialisierung des Buchdruckgewerbes in Deutschland vor 1914*, in: Technikgeschichte 57, S. 91-110

Schulte, Aloys (1923): *Geschichte der Grossen Ravensburger Handelsgesellschaft 1380-1530*, Bd. 1, Stuttgart/Berlin

Schulze, Gerhard (2003): *Die beste aller Welten. Wohin bewegt sich die Gesellschaft im 21. Jahrhundert?*, München/Wien

Schütz, Erhard/Jochen Vogt (Hg.) (1986): *Der Scheinwerfer. Ein Forum der Neuen Sachlichkeit 1927-1933*, Essen

Schwarte, M. (1920): *Die Technik im Weltkriege*, Berlin

Segeberg, Harro (1997): *Literatur im technischen Zeitalter. Von der Frühzeit der deutschen Aufklärung bis zum Beginn des Ersten Weltkriegs*, Darmstadt

Siegfried, Detlef (2001): *Der Fliegerblick. Intellektuelle, Radikalismus und Flugzeugproduktion bei Junkers 1914 bis 1934*, Bonn

Sombart, Werner (1987): *Der moderne Kapitalismus*, 3 Bde., 2. Aufl., München/Leipzig 1916/27, ND München

Spur, Günter u. a. (1993): *Automatisierung und Wandel der betrieblichen Arbeitswelt*. Akademie der Wissenschaften zu Berlin, Forschungsbericht 6, Berlin/New York

Stephan, H. (1859): *Geschichte der Preußischen Post von ihrem Ursprunge bis auf die Gegenwart*, Berlin

Stieda, Wilhelm (Hg.) (1921): *Hildebrand Veckinchusen. Briefwechsel eines deutschen Kaufmanns im 15. Jahrhundert*, Leipzig

Storz, Dieter (1992): *Kriegsbild und Rüstung vor 1914*, Herford/Berlin/Bonn

Taut, Bruno (1924): *Die neue Wohnung*, 2. Aufl., Leipzig

Taylor, Frederick W. (1917): *Die Grundsätze wissenschaftlicher Betriebsführung*, München/Berlin

Teuteberg, Hans-Jürgen (1989): *Kleine Geschichte der Fleischbrühe*, Münster

Teuteberg, Hans-Jürgen/Cornelius Neutsch (Hg.) (1998): *Vom Flügeltelegraphen zum Internet*, Stuttgart

Thompson, E. P. (1973): *Zeit, Arbeitsdisziplin und Industriekapitalismus*, in: Rudolf Braun/Wolfram Fischer u. a. (Hg.): Gesellschaft in der industriellen Revolution, Köln, S. 81-112

Tornieporth, Gerda (Hg.) (1988): *Arbeitsplatz Haushalt: Zur Theorie und Ökologie der Hausarbeit*, Berlin

Treue, Wilhelm/Karl-Heinz Manegold (1966): *Quellen zur Geschichte der industriellen Revolution*, Göttingen/Frankfurt/Zürich

Troitzsch, Ulrich/Wolfgang Weber (Hg.) (1987): *Die Technik*, Stuttgart

Ueberhorst, Horst (Hg.) (1980): *Geschichte der Leibesübungen*, Bd. 3/1, Berlin/München/Frankfurt a. M.

Varchmin, Jochim/ Joachim Radkau (1981): *Kraft, Energie und Arbeit*, Reinbek bei Hamburg

Ville, Simon P. (1990): *Transport and the Development of the European Economy, 1750-1918*, London

Virilio, Paul (1978): *Fahren, Fahren, Fahren...*, Berlin

— (1989): *Der negative Horizont*, München/Wien

— (1992): *Rasender Stillstand*, München/Wien

— (1994): *Die Eroberung des Körpers*, München/Wien

Vogel, Walther (1915): *Geschichte der deutschen Seeschiffahrt*, Bd. 1, Berlin

Voigt, Fritz (1965): *Verkehr. Bd. 2: Die Entwicklung des Verkehrssystems*, Berlin

Wachtel, Joachim (Hg.) (1970): *Faksimilequerschnitt durch frühe Automobil-Zeitschriften,* München/Bern/Wien

Wagner, Wolfgang (1989): *Die ersten Strahlflugzeuge der Welt,* Koblenz

Waltershausen, A. Sartorius v. (1931): *Die Entstehung der Weltwirtschaft,* Jena

Die große Wäsche (1988). Ausstellungskatalog (Schriften des Rheinischen Museumsamtes, Bd. 42), Köln

Weber, Friedrich (1901): *Post und Telegraphie im Königreich Württemberg,* Stuttgart

Weckerle, Hans (1972): *Das Auto – Wegbereiter neuer visueller Sprachformen,* in: Klaus Honnef (Hg.): Verkehrskultur, Recklinghausen, S. 47-57

Wehmeyer, Grete (1993): *prestißißimo. Die Wiederentdeckung der Langsamkeit in der Musik,* Reinbek bei Hamburg

Weinberg, Gerhard L. (1995): *Eine Welt in Waffen. Die globale Geschichte des Zweiten Weltkriegs,* Stuttgart

Wendorff, Rudolf (1980): *Zeit und Kultur. Geschichte des Zeitbewusstseins in Europa,* Opladen

— (1988): *Der Mensch und die Zeit,* Opladen

— (Hg) (1989): *Im Netz der Zeit. Menschliches Zeiterleben interdisziplinär,* Stuttgart

Wessel, Horst A. (1983): *Die Entwicklung des elektrischen Nachrichtenwesens in Deutschland und die rheinische Industrie,* Wiesbaden

Whipple, A. B. C. (1992): *Die Seefahrer. Die Klipper,* Eltville a. Rh.

Whitrow, G. J. (1991): *Die Erfindung der Zeit,* Hamburg

Wingler, Hans M. (1968): *Das Bauhaus,* 2. Aufl., Bramsche

Wissell, Rudolf (1974): *Des alten Handwerks Recht und Gewohnheit* II, 2. erw. u. bearb. Aufl., hg. v. Ernst Schraepler, Berlin

Württembergischer Kunstverein (Hg.) (1976): *Eadweard Muybridge,* Stuttgart

Zapp, Immo (1992): *Die Bedeutung moderner Kommunikationstechnik für die Entwicklung der Terminmärkte für Agrarprodukte,* in: Klaus Herrmann/Harald Winkel (Hg.): Vom »belehrten« Bauern. Kommunikation und Information in der Landwirtschaft vom Bauernkalender bis zur EDV, St. Katharinen, S. 99-126

Zatsch, Angela (1993): *Staatsmacht und Motorisierung am Morgen des Automobilzeitalters,* Konstanz

Ziessow, Karl-Heinz (Hg.) (1998): *Auf Achse. Mobilität im ländlichen Raum,* Cloppenburg

Zoll, Rainer (Hg.) (1988): *Zerstörung und Wiederaneignung von Zeit,* Frankfurt a. M.

Zorn, Wolfgang (1977): *Verdichtung und Beschleunigung des Verkehrs als Beitrag zur Entwicklung der »modernen Welt«,* in: Reinhart Koselleck (Hg.): Studien zum Beginn der modernen Welt, Stuttgart, S. 115-134

Zug der Zeit – Zeit der Züge (1985). *Deutsche Eisenbahn 1835-1985.* Ausstellungskatalog, 2 Bde., Berlin